UMA TEORIA DA JUSTIÇA

UMA TEORIA DA JUSTIÇA
Edição revista

John Rawls

Tradução
JUSSARA SIMÕES
Revisão técnica e da tradução
ÁLVARO DE VITA

martins fontes
selo martins

© 1971 by the President and Fellows of Harvard College.
Publicado através de acordo com Harvard University Press.
© 2016, Livraria Martins Fontes Editora Ltda., São Paulo, para a presente edição.
Esta obra foi publicada originalmente em inglês sob o título *A Theory of Justice*
por Harvard University Press, EUA.

Nova tradução, baseada na edição americana revista pelo autor
Jussara Simões

Publisher *Evandro Mendonça Martins Fontes*
Coordenação editorial *Vanessa Faleck*
Capa *Katia Harumi Terasaka*
Revisões gráficas *Mauro de Barros*
Margaret Presser
Dinarte Zorzanelli da Silva
Revisão *Julio de Mattos*

Dados Internacionais de Catalogação na Publicação (CIP)
(Câmara Brasileira do Livro, SP, Brasil)

Rawls, John, 1921-2002. Uma teoria da justiça / John Rawls ; tradução Jussara Simões ; revisão técnica e da tradução Álvaro de Vita. – 4ª ed. rev. – São Paulo : Martins Fontes – selo Martins, 2016. – (Coleção justiça e direito)

Título original: A theory of justice
ISBN 978-85-8063-267-5

1. Direito – Filosofia 2. Justiça – Teoria
I. Vita, Álvaro de. II. Título. III. Série.

16-01828   CDU-340.114

Índices para catálogo sistemático:
1. Justiça : Direito : Teoria 340.114

Todos os direitos desta edição no Brasil reservados à
Martins Editora Livraria Ltda.
Av. Dr. Arnaldo, 2076
01255-000 São Paulo SP Brasil
Tel.: (11) 3116.0000
info@emartinsfontes.com.br
www.emartinsfontes.com.br

Para Mard

SUMÁRIO

Apresentação da edição brasileira.................................. XI
Prefácio da edição revista... XXXV
Prefácio.. XLIII

Primeira parte. Teoria

CAPÍTULO I. JUSTIÇA COMO EQUIDADE

1. O papel da justiça 4
2. O objeto da justiça 8
3. A ideia central da teoria da justiça 13
4. A posição original e justificação 21
5. O utilitarismo clássico 26
6. Alguns contrastes inter-relacionados 33
7. O intuicionismo 41
8. O problema da prioridade 49
9. Algumas observações acerca da teoria moral 55

CAPÍTULO II. OS PRINCÍPIOS DE JUSTIÇA

10. As instituições e a justiça formal 65
11. Dois princípios de justiça 73
12. Interpretações do segundo princípio 79
13. A igualdade democrática e o princípio de diferença... 91
14. A igualdade equitativa de oportunidades e a justiça procedimental pura 101

15. Bens primários sociais como a base das expectativas.. 108
16. Posições sociais relevantes 113
17. A tendência à igualdade 120
18. Princípios para indivíduos: o princípio de equidade .. 130
19. Princípios para indivíduos: os deveres naturais 137

CAPÍTULO III. A POSIÇÃO ORIGINAL

20. A natureza da argumentação a favor de concepções de justiça 144
21. A apresentação de alternativas 148
22. As circunstâncias da justiça 153
23. As restrições formais do conceito de justo 158
24. O véu de ignorância 165
25. A racionalidade das partes 173
26. O raciocínio que conduz aos dois princípios de justiça 182
27. O raciocínio que conduz ao princípio da utilidade média 195
28. Algumas dificuldades do princípio da utilidade média 203
29. Alguns argumentos principais a favor dos dois princípios de justiça 215
30. Utilitarismo clássico, imparcialidade e benevolência .. 226

Segunda parte. Instituições

CAPÍTULO IV. LIBERDADE IGUAL

31. A sequência de quatro estágios 239
32. O conceito de liberdade 247
33. A liberdade igual de consciência 252
34. A tolerância e o interesse comum 260
35. A tolerância para com os intolerantes 266
36. A justiça política e a constituição 272
37. Limitações ao princípio de participação 281
38. O império da lei 290
39. Definição da prioridade da liberdade 301
40. A interpretação kantiana da justiça como equidade .. 311

CAPÍTULO V. AS PARCELAS DISTRIBUTIVAS

41. O conceito de justiça na economia política............ 322
42. Algumas observações acerca dos sistemas econômicos..................... 329
43. Instituições de fundo para a justiça distributiva..... 342
44. O problema da justiça entre gerações................... 354
45. Preferência temporal.. 365
46. Outros casos de prioridade................................... 371
47. Os preceitos de justiça... 377
48. Expectativas legítimas e mérito moral................... 386
49. Comparação com concepções mistas..................... 392
50. O princípio da perfeição.. 404

CAPÍTULO VI. DEVER E OBRIGAÇÃO

51. Os argumentos a favor dos princípios do dever natural................. 415
52. Os argumentos a favor do princípio de equidade... 427
53. O dever de obedecer a uma lei injusta................... 437
54. O *status* da regra da maioria................................. 443
55. A definição de desobediência civil......................... 452
56. A definição de objeção de consciência.................. 458
57. A justificação da desobediência civil..................... 462
58. A justificação da objeção de consciência............... 469
59. O papel da desobediência civil.............................. 475

Terceira parte. Fins

CAPÍTULO VII. O BEM COMO RACIONALIDADE

60. A necessidade de uma teoria do bem..................... 489
61. A definição do bem para casos mais simples......... 493
62. Um comentário sobre o significado....................... 500
63. A definição do bem para planos de vida............... 504
64. A racionalidade deliberativa.................................. 514
65. O Princípio Aristotélico... 524
66. A definição do bem aplicada a pessoas................. 535
67. Autorrespeito, excelências e vergonha.................. 543
68. Contrastes entre o justo e o bem........................... 552

CAPÍTULO VIII. O SENSO DE JUSTIÇA

69. O conceito de sociedade bem-ordenada 560
70. A moralidade da autoridade 571
71. A moralidade de associação 576
72. A moralidade de princípios 583
73. Características dos sentimentos morais 592
74. A ligação entre atitudes morais e atitudes naturais .. 599
75. Os princípios da psicologia moral 605
76. O problema da estabilidade relativa 612
77. O fundamento da igualdade 622

CAPÍTULO IX. O BEM DA JUSTIÇA

78. Autonomia e objetividade 634
79. A ideia de união social 642
80. O problema da inveja 653
81. Inveja e igualdade 659
82. Os fundamentos da prioridade da liberdade 668
83. Felicidade e fins predominantes 676
84. O hedonismo como método de escolha 684
85. A unidade do eu 691
86. O bem do senso de justiça 699
87. Considerações finais sobre a justificação 712

Tabela de conversão 727
Índice remissivo 731

APRESENTAÇÃO DA EDIÇÃO BRASILEIRA

Há maneiras diversas de justificar o julgamento de que esta é uma das obras fundamentais produzidas no campo da teoria política no século XX. Uma delas consiste em entrar de chofre em uma área específica da reflexão normativa sobre questões de tolerância, justiça política e justiça distributiva para logo se dar conta de que não é sequer possível formular os problemas, nessa área de investigação, sem partir da teoria formulada por John Rawls em *Uma teoria da justiça*. Foi o que eu próprio fiz em meus trabalhos no campo das teorias contemporâneas da justiça[1]. Nesta apresentação, no entanto, vou seguir um caminho diferente e realçar a importância deste livro para restaurar a teoria política normativa, enquanto tal, como uma "área do conhecimento".

Em um ensaio publicado em 1956, e que somente por essa razão ainda costuma ser lembrado, Peter Laslett anunciou a "morte da teoria política"[2]. De fato, essa avaliação tinha certa razão de ser, pelo menos no que se refere à filosofia política anglo-saxônica. Não há nenhum esforço mais ambicioso de teorização, nesse campo, durante o longo pe-

---
1. Remeto o leitor ao meu *A justiça igualitária e seus críticos* (São Paulo: Martins Fontes, 2007).
2. Laslett, Peter. "Introdução". *In* Peter Laslett (org.). *Philosophy, Politics, and Society*. Oxford: Basil Blackwell, 1956. Literalmente, Laslett afirmou que, "pelo menos no momento, a filosofia política está morta". *Ibid.*, p. vii.

ríodo que separa a publicação dos últimos escritos políticos dos grandes pensadores utilitaristas britânicos, sobretudo os de John Stuart Mill entre 1859 e 1863, e a década de 1960. Esse período é marcado pela ausência da "grande teoria", no campo da filosofia política e da reflexão normativa anglo-saxônicas, e indagar por que isso ocorreu, e como esse contexto intelectual foi alterado, ajuda a entender a importância do livro de Rawls.

Não pretendo ter nenhuma contribuição muito original a dar ao esforço de esclarecimento das razões desse eclipse da teoria política normativa. Seguindo uma sugestão de Philip Pettit, há razões "metodológicas", que estão relacionadas ao desenvolvimento de certas perspectivas intelectuais e teóricas, inicialmente na filosofia analítica anglo-saxônica e depois na ciência política norte-americana, e há razões "substantivas", que dizem respeito ao clima político e ideológico que imperava nas democracias liberais por volta de meados do século XX[3]. As "razões metodológicas" referem-se a uma atitude intelectual de ceticismo sobre a possibilidade de submeter valores e julgamentos avaliativos a um exame e a uma discussão racionais. Esse ceticismo se instala nas ciências sociais e na teoria do Direito sob a égide de pensadores do porte, respectivamente, de um Max Weber e de um Hans Kelsen. No caso da filosofia política anglo-saxônica, a "morte" da teoria política normativa resultou da posição de predomínio quase absoluto que o positivismo lógico conquistou no campo da filosofia analítica entre as décadas de 1920 e 1940.

Foge aos objetivos desta apresentação (e também à minha competência técnica) desenvolver uma discussão apropriada do positivismo lógico, tal como se desenvolveu em Viena, em inícios do século XX, e tal como depois foi formulado nas obras de um Alfred Ayer e de um T. D. Weldon.

---

3. Pettit, P., "Analytical Philosophy". *In* Robert Goodin e Philip Pettit, *A Companion to Contemporary Political Philosophy.* Oxford: Blackwell Publishers, 1995, p. 7-38.

Mas é preciso pelo menos fazer menção à forma como positivistas lógicos, como Ayer, distinguiam as proposições que têm um conteúdo cognitivo daquelas que meramente exprimem sentimentos de aprovação ou de desaprovação. Da ótica do positivismo lógico, só há dois tipos de proposições dotadas de conteúdo cognitivo: (1) as proposições que se exprimem na matemática e na lógica, denominadas "analíticas", que são verdadeiras por definição; e (2) as proposições denominadas "sintéticas" ou "empíricas", que são aquelas cuja verdade pode ser demonstrada por meio de metodologia científica rigorosa[4]. E o que dizer dos julgamentos avaliativos que se manifestam na ética, na teoria política, e também em outros campos da atividade humana, como a estética? Esses julgamentos, para a perspectiva intelectual que estamos considerando, não se apresentam na forma de proposições ou crenças de natureza cognitiva, eles meramente exprimem *sentimentos* laudatórios ou de desaprovação. Essa posição sobre o *status* epistemológico de julgamentos de valor foi por vezes denominada "emotivismo" na ética.

Não vou me estender nesse tópico, mas parece evidente que há fortes afinidades entre o positivismo lógico e o tipo de ciência política empírica que ganhou força nos Estados Unidos por volta de meados do século XX, o denominado "behaviorismo". No auge de sua influência, a teoria política, para seus expoentes como David Easton, só poderia ser entendida como "teoria empírica" ou "teoria positiva", identificando-se isso, por sua vez, como o tipo de conhecimento que resultasse da observação de regularidades no comportamento político, da verificação por meio de proposições testáveis, do emprego de técnicas e métodos rigorosos de pesquisa (incluindo de quantificação, quando possível e relevante) e de uma estrita separação entre valores e expli-

---

4. Aqui estou me valendo, sobretudo, de fontes secundárias. Além do ensaio de Pettit, já mencionado, cf.: Buckler, Steve, "Normative Theory", *in* David Marsh e Gerry Stoker, *Theory and Methods in Political Science* (New York: Palgrave Macmillan, 2002) e, sobretudo, Vincent, Andrew, *The Nature of Political Theory* (Oxford: Oxford University Press, 2004), capítulo 3.

cações de natureza causal. O problema não estava (e não está) no entendimento de que a "teoria empírica" deveria exibir essas características, e sim na suposição de que nenhuma outra forma de teoria política poderia existir. Como observa Andrew Vincent, criou-se uma espécie de divisão tácita de trabalho entre a filosofia política dominada pelo positivismo lógico e a ciência política empírica: enquanto a ciência política (e as ciências sociais de modo geral) passavam por "provedores de primeira ordem" de conhecimento político empírico, cabia à filosofia ou à teoria política em seu sentido mais tradicional uma "tarefa de segunda ordem" de realizar um exame rigoroso do uso que se faz dos termos do vocabulário político. A teoria política ainda poderia ter algum papel, desde que se limitasse a uma atividade de segunda ordem, intelectualmente pouco desafiadora, que não incluía o esforço de teorização normativa[5].

Além desses desenvolvimentos intelectuais, há razões substantivas que podem ser apontadas para explicar esse período de silêncio na teoria política normativa anglófona. Uma delas é a de que simplesmente havia pouca inquietação e poucas dúvidas, nas mentes de filósofos analíticos e de cientistas políticos behavioristas, sobre quais deveriam ser nossos compromissos racionais em matéria de valores e fins a serem perseguidos por meio de instituições políticas e sociais e de políticas públicas. Fazendo referência ao conhecido livro de Daniel Bell (*O fim da ideologia*, publicado originalmente em 1960), Andrew Vincent aponta um "movimento do fim da ideologia", que repudiava tanto a teoria política normativa como a ideologia política[6]. Para muitos desses filósofos e cientistas políticos (como Daniel Bell e Seymour Lipset), e nisso eles davam expressão ao ambiente político e ideológico que prevalecia em suas sociedades, um consenso com respeito aos fins mais fundamentais da política havia sido alcançado, pelo menos nas democracias

---

5. Andrew, *op. cit.*, p. 85.
6. *Ibid.*, p. 55.

industriais. As controvérsias públicas, nessas condições, só poderiam se limitar aos meios mais eficazes para alcançar fins com respeito aos quais havia consenso, que era uma tarefa para a qual as ciências sociais empíricas estavam mais preparadas para enfrentar do que a teoria política. É verdade que seguia sendo um problema de que forma se deveriam equilibrar as exigências conflitantes da liberdade e da igualdade, dois valores políticos centrais da tradição democrática ocidental. Mas, sobre isso, as posições se dividiam entre aqueles para quem esse problema não era passível de solução racional e aqueles para quem o utilitarismo era a perspectiva normativa aceita e oferecia respostas corretas para esse e outros conflitos de valores. No introdução que escreveu para a edição de 1990 de seu *Political Argument* (publicado originalmente em 1965), Brian Barry chega a dar mais peso, para explicar o declínio da teoria política normativa do qual estamos falando, à prevalência do utilitarismo do que ao positivismo lógico e seus desdobramentos na filosofia analítica[7]. Para aqueles que aceitam a ética utilitarista, o conflito entre valores políticos fundamentais é somente aparente. A suposição é a de que todos os nossos julgamentos de valor, incluindo os de natureza política, podem ser reduzidos a, ou interpretados por referência a, um fundamento ou uma substância única, a saber, a utilidade (em geral interpretada no sentido da busca da satisfação do desejo racional), que é aquilo que instituições e políticas públicas devem ter por objetivo elevar na sociedade. "A adesão ao utilitarismo", diz Barry, "contribui para uma filosofia política tediosa, porque, uma vez que o objetivo tenha sido postulado (alguma versão do 'princípio da maior felicidade', de Bentham), tudo o mais se torna uma questão de discutir sobre os meios mais eficazes para esse fim. Existe um dever de obedecer à lei? Depende das consequências para a utilidade agregada. Governos podem ser legitimamente derru-

---

7. Barry, Brian. *Political Argument. A Reissue With a New Introduction.* Berkeley: University of California Press, 1990, p. xxxv.

bados por meio da força? Mesma resposta. A igualdade econômica é desejável? Novamente, a mesma resposta"[8].

Certamente há razões de natureza substantiva que respondem pelo ressurgimento da teoria política normativa anglo-saxônica, mas aqui vou me concentrar na alteração do contexto intelectual. É difícil exagerar a importância dos ensaios de teoria política de Isaiah Berlin para alterar o quadro de estagnação que descrevi acima. Em um texto publicado originalmente em 1962, intitulado "Ainda existe a teoria política?", Berlin sustentou que, além dos dois tipos de proposições cognitivas aceitas pelo positivismo lógico, há uma terceira esfera de conhecimento, que diz respeito a questões que envolvem julgamentos de valor tais como "o que é a justiça?"[9]. "Quando perguntamos por que um homem deve obedecer", diz Berlin, "estamos pedindo a explicação do que é normativo em questões como autoridade, soberania, liberdade, e a justificação de sua validade em argumentos políticos. Essas são palavras em nome das quais ordens são dadas, homens são coagidos, guerras são travadas, novas sociedades são criadas e antigas destruídas.[10]"

Questões de natureza normativa, argumentou Berlin, continuam a ser levantadas porque não existe consenso sobre uma forma definitiva de respondê-las. O entendimento que Berlin tinha sobre por que um consenso dessa natureza não pode ser alcançado o levou a rechaçar tanto o utilitarismo como o positivismo lógico. Não há respostas definitivas para essas questões porque, diversamente daquela que é uma das suposições fundamentais do utilitarismo, nós vivemos em um mundo caracterizado por um profundo pluralismo de valores. Não há essa substância ou entidade única, a felicidade ou a utilidade, à qual todos os valores e

---

8. *Ibid.*
9. Berlin, Isaiah. *Estudos sobre a humanidade. Uma antologia de ensaios.* Editado por Henry Hardy e Roger Hausheer. São Paulo: Companhia das Letras, 2002, p. 99-130.
10. *Ibid.*, p. 105.

fins possam ser reduzidos, e que seja suficientemente homogênea para servir de base a uma medição objetiva e a comparações interpessoais. E porque essas questões envolvem configurações distintas de valores, elas não são suscetíveis de um tratamento puramente empírico ou lógico. Mas isso não significa – o que não é literalmente afirmado no texto de Berlin, mas está de acordo com o espírito de sua argumentação – que as duas únicas alternativas, nesses casos, sejam ou bem um conhecimento causal ou formal ou bem a ignorância e a arbitrariedade. Em questões de julgamento avaliativo, na política, do fato de que não há consenso não se segue que nenhum julgamento seja possível ou que todos os julgamentos sejam igualmente arbitrários. Em relação a uma questão em relação à qual pessoas razoáveis discordam – digamos: "é desejável haver igualdade econômica e, se for, de que forma deveríamos entendê-la?" –, ainda pode haver julgamentos que são mais convincentes ou mais justificáveis do que outros. Entre um conhecimento de natureza causal e a ignorância existe o julgamento, e julgamentos podem ser piores ou melhores.

É hora de introduzir o livro de Rawls. *Uma teoria da justiça* foi o grande divisor de águas, pelo menos na teoria política de extração da filosofia analítica. Rawls concebeu seu projeto como sendo o de articular de forma sistemática uma perspectiva normativa que oferecesse uma alternativa sobretudo ao utilitarismo, de natureza contratualista em sua fundamentação e que fosse liberal-igualitária em seus compromissos normativos substantivos. Como para Berlin, isso envolvia a aceitação de uma visão pluralista sobre os valores, o que implicava rejeitar a suposição utilitarista, antes mencionada, de que todos os nossos compromissos normativos de caráter político possam ser interpretados por referência a um padrão único, o princípio de utilidade. Mas há uma diferença fundamental entre os dois pensadores. Berlin tinha uma visão trágica da política na qual esse pluralismo de valores se exprime. Valores tais como a liberdade negativa, os diferentes sentidos de liberdade positiva e a igualdade socioeconômica podem ser objetivos, no sentido de que razões melhores ou piores podem ser oferecidas para justificá-los, mas as exigências que fazem às instituições sociais e políticas podem conflitar entre si de uma forma tal que, no limite, escolhas dilemáticas se tornem inescapáveis. O projeto de Rawls, em contraste, a despeito de também aceitar o pluralismo moral profundo das sociedades contemporâneas – o "fato do pluralismo" – propõe-se a dar um passo além da posição de Berlin e articular uma perspectiva normativa segundo a qual se poderia demonstrar que uma determinada configuração de valores deve ser vista como preferível a outras, pelo menos para nós, que almejamos ser cidadãos de uma sociedade democrática e pelo menos com respeito a um rol de questões políticas mais urgentes que envolvem um componente de desacordo moral. Essa demonstração não poderia se apresentar como um conhecimento de natureza causal nem como uma argumentação lógico-dedutiva – ainda que Rawls tenha flertado com esta última modalidade de demonstração, sobretudo em seu célebre argumento a partir da "posição original", desenvolvido no capítulo 3 de *Uma teoria da justiça*[11]. Isso só poderia se apresentar como um esforço para articular, em todos os *fronts* possíveis, as razões pelas quais deveríamos ver uma certa configuração de valores políticos como preferível a outra ou a outras. Novamente, entre o conhecimento causal e o lógico-dedutivo, de um lado, e a ignorância, de outro, há lugar para o julgamento, e esse julgamento pode ser fundamentado, de formas que são suscetíveis de avaliações qualitativas, em razões que deveríamos ver como mais ou como menos convincentes. Podemos oferecer razões – o que na teoria política normativa denominamos uma "justi-

---

11. De acordo com esse argumento, deveríamos considerar mais justificados aqueles princípios de justiça que partes motivadas unicamente por seu interesse próprio escolheriam se estivessem deliberando (em uma situação hipotética de deliberação moral) por detrás de um "véu de ignorância" que as impedisse de levar em conta suas posições e vantagens sociais, seus talentos naturais e capacidade produtiva e suas doutrinas e concepções do bem.

ficação" – para mostrar uma dada configuração de valores como sendo mais aceitável ou mais razoável do que outra e, nesse caso, a discussão vai girar em torno dos méritos dessa justificação.

Uma forma de interpretar o que Rawls se propôs fazer em *Uma teoria da justiça* é a seguinte: a ideia central era a de articular de uma forma sistemática, em uma teoria, as razões pelas quais nós, se nos concebemos como cidadãos de uma sociedade democrática, deveríamos considerar mais *razoável* uma determinada configuração de valores políticos ou, o que nesse caso vem a ser a mesma coisa, uma concepção específica de justiça política e social. Mais "razoável" do que o quê? Rawls enxergou seus principais contendores em alguma versão do utilitarismo de Bentham e Sidgwick, de uma parte, e em diferentes versões de doutrinas morais e políticas "perfeccionistas", de outra. Devemos entender, sob esta última denominação ("perfeccionismo"), todas aquelas doutrinas que estão comprometidas com uma determinada concepção sobre os fins últimos da vida humana e que, em suas variantes políticas, atribuem à autoridade política o papel de guiar os membros da comunidade política, por meio da distribuição de recursos e oportunidades, da educação e mesmo da coerção, na direção do ideal de excelência prescrito[12]. Um exemplo claro disso é o ideal do *homo politicus*, que é central em toda uma tradição do humanismo ou do republicanismo cívico que remonta a Aristóteles, entendido como *a* forma de vida que permite o desenvolvimento das faculdades morais e intelectuais humanas em seu mais alto grau[13]. Sob o pluralismo moral que constitui uma condição permanente da sociedade contemporânea, um Estado justo, para Rawls, não pode impor a seus cidadãos uma visão única do bem, da excelência humana ou daquilo

---

12. Cf. seção 50 de *Uma teoria da justiça*.
13. Essa concepção da boa vida para o homem, e da noção de liberdade como autogoverno coletivo que lhe é associada, havia sido o alvo central da crítica de Berlin à "liberdade positiva". (Berlin, *op. cit.*, p. 226-72).

que tem um valor moral supremo. A tolerância com relação aos fins últimos é uma condição para o respeito mútuo entre cidadãos que divergem em suas concepções e "doutrinas abrangentes do bem". Esse é um componente importante da concepção de liberdade articulada em *Uma teoria da justiça*. Se discordamos sobre como devemos viver, podemos, nós, que almejamos ser cidadãos de uma sociedade democrática, nos colocar de acordo sobre termos equitativos de cooperação social que permita a cada um (dentro de certos limites bastante amplos[14]) viver de acordo com suas próprias convicções sobre o que confere valor moral à vida humana? A resposta de Rawls para essa questão é afirmativa: a despeito do pluralismo moral, é possível formular uma concepção de justiça política e social que especifique termos equitativos de cooperação social *para uma sociedade democrática*. Esta expressão e outras congêneres empregadas por Rawls – o que, em algumas passagens, pode incluir até mesmo termos como "democracia constitucional" ou "regime democrático" – têm o sentido de identificar não tanto (ou não somente) um regime político, e sim muito mais uma ordem socioeconômica e política que garanta a seus membros um *status* social igual. O governo democrático, em sentido estrito, constitui somente um dos componentes dessa noção normativamente mais ambiciosa de "sociedade democrática". Ainda que a parafernália teórica mobilizada no capítulo 3 de *Uma teoria da justiça*, para desenvolver a argumentação a partir da "posição original", possa nos distrair disso, o real ponto de partida da argumentação normativa da teoria de Rawls é uma noção de igualdade humana fundamental ou de valor intrínseco igual dos seres humanos. Uma sociedade justa ou, o que vem a ser a mesma coisa, uma

---

14. "Dentro de certos limites bastante amplos" só tem o sentido de esclarecer que o esforço de justificação de "termos justos de acordo" não necessita abranger aqueles que professam concepções intolerantes ou discriminatórias do bem.

sociedade democrática, é aquela cujas instituições sociais, econômicas e políticas tratam seus membros como pessoas moralmente iguais. Isso significa que a vida de cada pessoa conta igualmente, tem o mesmo valor intrínseco, e os arranjos institucionais básicos da sociedade devem oferecer o suporte necessário – no que se refere a direitos, liberdades, oportunidades e recursos sociais escassos – para que cada um seja capaz de fazer algo de valioso de sua própria vida segundo suas próprias luzes e viver de acordo com suas próprias convicções de valor moral. Na medida em que isso ocorre, a "estrutura básica da sociedade" (que é aquilo a que princípios de justiça devem se aplicar) oferece o suporte institucional apropriado para que cada pessoa possa desenvolver um sentido de respeito por si própria, que, mais do que recursos materiais, é o bem mais importante quando se trata de assegurar a igualdade de *status*[15].

Essa ideia de igualdade humana fundamental, ainda que constitua o ponto de partida do esforço de justificação normativa, é excessivamente genérica para que dela seja possível derivar de forma direta uma concepção específica de justiça social. Para perceber isso, basta levar em conta que a ética utilitarista parte precisamente desse mesmo ponto de partida – o que se expressa no dito de Bentham de que "o bem-estar de cada um conta e o de ninguém conta por mais do que um" – para disso derivar o princípio da "maior felicidade do maior número", que é um dos critérios de justiça na sociedade para os quais Rawls se propõe oferecer uma alternativa. Podemos entender toda a Parte I de *Uma teoria da justiça* como um esforço para extrair uma concepção mais específica de justiça da noção abstrata de igualdade humana fundamental. É especialmente importante o "argumento da

---

15. A "estrutura básica da sociedade" distribui "bens primários sociais" (cf. seção 15 de *Uma teoria da justiça*): direitos e liberdades, oportunidades e recursos escassos tais como renda e riqueza. Mas a forma como essa estrutura o faz pode ou não criar as "bases sociais do respeito por si próprio", que é entendido por Rawls como o bem primário mais importante.

arbitrariedade moral" desenvolvido no capítulo 2 do livro, segundo o qual uma sociedade que objetiva assegurar essa forma de igualdade humana fundamental em suas instituições sociais e políticas não pode permitir que as perspectivas de vida de seus membros sejam determinadas pelo acaso social ou genético. O julgamento normativo substantivo em questão – e que é "modelado" no argumento da posição original, desenvolvido no capítulo 3, por meio da metáfora do "véu de ignorância" – é o de que não é justo que, em uma sociedade democrática, as pessoas sofram os efeitos de fatores que respondem pela produção de desigualdades socioeconômicas e que estão fora do seu próprio controle. A ninguém é dado escolher a posição na qual virá a se encontrar na distribuição de encargos e benefícios sociais, ao se tornar (ao nascer) membro de uma dada estrutura básica, nem é dado escolher os próprios talentos naturais que, ao serem cultivados e exercidos, possibilitarão a seus portadores um quinhão maior ou menor dos benefícios da cooperação social[16]. Não vou me estender, no momento, no exame desse argumento, que é central para a discussão normativa sobre justiça distributiva – nisso se incluindo o debate teórico sobre essa temática pós-*Uma teoria da justiça*[17].

O que julgo importante enfatizar, no contexto da presente discussão sobre a importância do livro de Rawls para a teoria política normativa, é que a concepção de justiça que é extraída da noção de igualdade humana fundamental não deve ser entendida como um valor a mais a ser acrescentado a uma lista de valores políticos – e essa é uma maneira de recolocar a distinção entre os projetos de Berlin e de Rawls a que fiz menção antes. Uma concepção de justiça é entendida, por Rawls, como uma configuração de valores políticos, ou como uma forma de arbitrar as exigências conflitantes

---

16. A ideia não é a de que diferenças de talentos naturais, *em si mesmas*, produzam desigualdades sociais, e sim a de que os arranjos institucionais (sobretudo o regime socioeconômico) recompensam de forma muito desigual os portadores de diferentes talentos e capacidade produtiva.

17. Remeto o leitor aos capítulos 5 e 6 da obra mencionada na nota 1.

APRESENTAÇÃO DA EDIÇÃO BRASILEIRA

dos valores políticos mais importantes da tradição de pensamento democrático. Pouco surpreendentemente, esses valores são a liberdade, a igualdade e a fraternidade. A concepção substantiva de justiça que Rawls propôs, em *Uma teoria da justiça*, como a melhor interpretação da noção de igualdade humana fundamental tem a ambição de oferecer não somente uma interpretação desses três valores políticos como também uma forma de arbitrar as exigências conflitantes que esses valores podem fazer às instituições básicas da sociedade.

Muito esquematicamente, podemos dizer o seguinte: Rawls se empenhou em articular a melhor justificação possível para uma concepção de justiça que foi formulada por meio de dois princípios, mas que, de fato, é constituída por três componentes: um princípio de liberdades e direitos fundamentais que devem ser assegurados igualmente a todos e que abrange os direitos liberais clássicos (tais como as liberdades de consciência, de pensamento, de associação e de expressão), os direitos e liberdades necessários à existência de uma estrutura democrática de autoridade política e as garantias e prerrogativas que estão associadas a uma noção de "império da lei" e de "devido processo legal"; um princípio de igualdade equitativa de oportunidades, segundo o qual as oportunidades para alcançar as posições ocupacionais e de autoridade mais valorizadas na sociedade deveriam ser iguais para aqueles que têm talentos similares e a mesma disposição de cultivá-los e de exercê-los; e o "princípio de diferença", ou critério *maximin*[18] de justiça social,

---

18. Abreviação de *maximum minimorum*. Rawls emprega o termo, na seção 26 de *Uma teoria da justiça*, para designar a regra de decisão segundo a qual agentes racionais, sob condições de incerteza, optam pela alternativa cujo pior resultado possível é melhor do que os piores resultados das demais alternativas sob consideração. A "regra *maximin* de escolha racional" é usada por Rawls para justificar por que agentes racionais deliberando por trás do "véu de ignorância", na "posição original", escolheriam os dois princípios de justiça. No texto, estou usando o termo para designar, não uma regra de decisão racional sob incerteza, e sim um princípio de justiça social, de acordo com o qual a estrutura institucional mais justa é aquela que (supondo-se que as

segundo o qual as desigualdades socioeconômicas só são moralmente legítimas se tiverem por objetivo maximizar o quinhão de recursos sociais escassos do quintil ou do terço mais desfavorecido da sociedade. Este último componente, que está entre as proposições normativas mais controversas da teoria de Rawls, já implica admitir que uma igualdade econômica estrita, como quer que isso seja interpretado, não é aquilo que a igualdade de *status* requer. Um perfil de distribuição relativamente desigual de renda e riqueza pode se justificar, por razões morais, caso se possa demonstrar que tal perfil propicia quinhões distributivos (de renda e riqueza) maiores, em termos absolutos, para todos e, sobretudo, para os que se encontram na posição social mínima da sociedade, do que seria o caso sob uma distribuição estritamente igualitária.

Esses três componentes se dispõem em uma ordenação que Rawls denominou "léxica" e que corresponde a uma forma específica de arbitrar as exigências conflitantes que podem ser feitas pelo primeiro componente (que corresponde a uma formulação da ideia de liberdade), pelo segundo componente (uma formulação da noção de igualdade) e pelo terceiro componente (que Rawls entende como uma interpretação política da ideia de fraternidade). A intuição que está por trás dessa ordenação léxica é a de exprimir o compromisso normativo substantivo segundo o qual a busca de igualdade socioeconômica, ou de mais igualdade socioeconômica, não deve se fazer à custa de sacrificar as liberdades e os direitos protegidos pelo primeiro princípio. A suposição de Rawls é a de que os cidadãos de uma sociedade democrática, sobretudo supondo-se que as necessidades básicas mais urgentes tivessem sido satisfeitas, não teriam

---

exigências dos dois outros componentes da concepção de justiça em questão tenham sido satisfeitos) eleva ao nível máximo possível o quinhão distributivo daqueles que se encontram na posição social mínima. Na literatura sobre justiça distributiva pós-*Uma teoria da justiça*, o termo "maximin" é quase sempre empregado no sentido que estou usando, isto é, para designar um princípio de justiça.

nenhuma razão para aceitar um *trade-off* entre igualdade socioeconômica e direitos e liberdades fundamentais[19]. É claro que, como todo compromisso normativo substantivo, essa é uma posição controversa, que tem de ser defendida contra visões morais substantivas que não veriam tanto problema em sacrificar direitos e liberdades fundamentais se isso fosse o preço a ser pago para se fomentar uma dada forma de justiça econômica na sociedade. A recomendação geral que decorre dessa ordenação léxica de princípios de justiça é algo que vai na seguinte direção: dentre os arranjos institucionais, políticos e socioeconômicos, que oferecem um grau similar de proteção aos direitos civis, aos direitos políticos e às garantias do império da lei (que só poderá ser algum arranjo de constituição democrática), a preferência deve recair naqueles que melhor garantam uma igualdade equitativa de oportunidades; e, dentre estes últimos, a preferência deve ser dada àquele no qual o quinhão de recursos sociais escassos for maior para aqueles que se encontram no quintil inferior da curva de distribuição de renda e riqueza. Este último passo, que é uma recomendação (aqui expressa de forma muito abstrata) do princípio de diferença, se faz necessário porque o ideal de justiça na sociedade da teoria de Rawls não é a de uma igualdade meritocrática, que é aquilo que resultaria do princípio de igualdade equitativa de oportunidades, caso fosse possível levá-lo até as últimas consequências. O princípio de diferença exprime uma ideia de termos equitativos de acordo entre os mais talentosos (os que têm uma capacidade pro-

---

19. Em *O liberalismo político*, publicado originalmente em 1993, Rawls afirma que "o primeiro princípio, que trata dos direitos e liberdades básicos iguais, pode facilmente ser precedido de um princípio lexicamente anterior, que prescreva a satisfação das necessidades básicas dos cidadãos, ao menos à medida que a satisfação dessas necessidades básicas seja necessária para que os cidadãos entendam e tenham condições de exercer de forma fecunda esses direitos e liberdades. É evidente que um princípio desse tipo tem de estar pressuposto na aplicação do primeiro princípio". (Rawls, John. *O liberalismo político*. São Paulo: Ática, p. 49-50).

dutiva que lhes permite obter um quinhão distributivo maior sob uma economia de mercado) e aqueles cujos talentos e capacidade produtiva só lhes permitem realizar as tarefas menos gratificantes e mais mal recompensadas na sociedade. Ao passo que os mais talentosos, dispondo-se a aceitar as implicações distributivas do princípio de diferença, podem, dessa forma, esperar a cooperação voluntária dos menos talentosos em arranjos socioeconômicos sob os quais eles, os mais talentosos, de todo modo ficam com o quinhão distributivo mais favorável, os menos talentosos encontram, por meio da realização desse princípio, o suporte institucional necessário para desenvolver o próprio senso de justiça e um sentido de respeito por si próprio. Só é possível dar sentido à ideia desse acordo vendo-a, como Rawls a entende, como uma interpretação política do valor da fraternidade.

Disse antes que a tolerância em relação aos fins últimos da vida é uma característica central da concepção de liberdade articulada pela teoria política de Rawls. Não cabe à autoridade política, em uma sociedade democrática, impor ou dirigir os cidadãos para uma forma de vida que se julgue ser virtuosa, como quer que isso possa ser compreendido. Cabe aos cidadãos constituírem seus próprios julgamentos sobre as convicções de valor moral com base nas quais desejam viver. Mas agora vemos que essa interpretação da tolerância não pode ser dissociada – ou pelo menos, isso não é dissociado em *Uma teoria da justiça*[20] – de uma visão da justiça distributiva. A concepção de liberdade e de tolerância

---

20. Não é nada claro que esse seja o caso em *O liberalismo político*, que é o texto em que Rawls se propôs, segundo sua própria avaliação, a dar uma resposta mais convincente ao pluralismo moral (ao pluralismo de "doutrinas abrangentes do bem") do que aquela articulada em *Uma teoria da justiça*. O segundo princípio de justiça e, em particular, seu componente mais controverso, o princípio de diferença, não desempenha nenhum papel real na argumentação do *overlapping consensus* ("consenso sobreposto"), que constitui a principal inovação teórica de *O liberalismo político* em relação a *Uma teoria da justiça*. A melhor crítica à noção de consenso sobreposto, em meu entender, é aquela feita por Brian Barry em "John Rawls and the Search for Stability" (*Ethics* 105, 1995, p. 874-915).

APRESENTAÇÃO DA EDIÇÃO BRASILEIRA   XXVII

em questão não se resume a uma noção de liberdade negativa, que se limitaria a prescrever que, diante de controvérsias morais que ninguém pode resolver, é melhor que cada pessoa possa, sem sofrer interferências por parte da autoridade política, fazer suas próprias escolhas de acordo com as convicções de valor moral que julga serem mais corretas. Não há dúvida de que há um lugar para essa concepção de liberdade negativa na teoria de Rawls, mas essa é somente a primeira parte da história. A segunda parte é a de que os cidadãos de uma sociedade democrática devem ter não somente um âmbito de discrição como também os recursos – no que diz respeito a oportunidades educacionais e ocupacionais e a um quinhão equitativo da renda e da riqueza da sociedade – que os capacitem a viver suas vidas de acordo com as "concepções do bem" e convicções de valor moral que, de acordo com suas próprias luzes, julgam ser mais verdadeiras. O objetivo último da justiça na sociedade não é o de fomentar a igualdade socioeconômica em si mesma, e sim o de realizar essa forma de liberdade *efetiva*, que é formulada de maneira sintética na seguinte passagem da seção 33 de *Uma teoria da justiça*: "considerando-se os dois princípios em conjunto, a estrutura básica deve ser organizada para maximizar o valor, para os mais desfavorecidos, do esquema completo de liberdades fundamentais compartilhado por todos. Isso define o fim da justiça social".

Nas décadas que se seguiram à publicação de *Uma teoria da justiça*, a teoria de Rawls foi objeto de um vigoroso debate intelectual, tanto no que se refere à fundamentação como no que diz respeito à moralidade política substantiva, liberal-igualitária, que descrevi brevemente acima. Como admitiu um crítico ferrenho do liberalismo igualitário proposto em *Uma teoria da justiça*, "os filósofos políticos se veem agora na obrigação ou de trabalhar dentro da teoria [da justiça distributiva] de Rawls ou de explicar por que não o fazem"[21].

---
21. Nozick, Robert. *Anarchy, State, and Utopia*. New York: Basic Books, 1974, p. 183.

Um comentário sucinto sobre a fundamentação contratualista concebida por Rawls nos permitirá, nesse ponto, retornar à questão que levantei no início desta Apresentação, sobre a importância de *Uma teoria da justiça* para a teoria política normativa. Uma possibilidade de interpretação – não literal, é bom que se diga – do tipo de justificação contratualista adotada consiste em ver isso como uma argumentação no sentido de que os dois princípios de justiça propostos são aqueles que ninguém poderia razoavelmente rejeitar para servir de carta fundamental para a estrutura básica de uma sociedade democrática se os deliberantes: (1) levassem em conta as circunstâncias de pluralismo moral e de escassez relativa de recursos materiais; (2) estivessem situados em uma posição de igualdade, que excluísse de consideração tanto as vantagens decorrentes de posição ou *status* social ou de capacidade produtiva superiores como as diferenças de doutrinas do bem professadas; e (3) estivessem igualmente motivados a alcançar termos de acordo aceitáveis para todos. De fato, isso é um esboço de uma interpretação do contratualismo rawlsiano que incorpora substancialmente as contribuições de autores como Thomas Scanlon e Brian Barry[22]. Como quer que essa justificação contratualista seja interpretada, muito peso recai sobre uma ideia do que seria razoável acordar em uma situação hipotética de deliberação moral, na qual os deliberantes estariam sujeitos a condições apropriadas de imparcialidade moral.

Esse padrão de justificação de julgamentos normativos na política não é somente uma resposta às alternativas que o positivismo lógico e a ciência política behaviorista reser-

---

22. Barry, Brian. *Theories of Justice*. Berkeley: University of California Press, 1989, Parte II. Em um ensaio de 1985, publicado no Brasil pela revista *Lua Nova*, Rawls aproxima-se dessa interpretação de seu contratualismo como um padrão de acordo razoável ao reconhecer que havia sido um erro afirmar, como está dito na seção 3 de *Uma teoria da justiça*, que "a teoria da justiça é uma parte, talvez a mais importante, da teoria da escolha racional". Cf. Rawls, John. "Justiça como equidade: uma concepção política, não metafísica" (*Lua Nova* 25, 1992).

varam à teoria política normativa: ou a análise conceitual ou uma recaída no emotivismo e mesmo na ideologia. Esse padrão de justificação de princípios de justiça que tem por base uma noção de acordo ou de aceitabilidade razoável também se distingue dos esforços de fundamentação que encontramos em perspectivas normativas que podemos denominar "convencionalistas", que se empenham em fundamentar julgamentos normativos enfocando os valores compartilhados por grupos dotados de uma identidade coletiva, comunidades ou nações. O consenso fundado em uma noção de aceitabilidade razoável, entre pessoas que podem discordar entre si sobre como a coerção coletiva da sociedade deve ser empregada no caso de decisões políticas fundamentais mas que estão igualmente motivadas a alcançar termos equitativos de acordo, não deve ser confundido com algum tipo de consenso comunal ou convencional. Em *Uma teoria da justiça*, Rawls restabeleceu os valores e julgamentos normativos na política como uma dimensão merecedora de discussão racional, mas ele não fez isso no espírito de um crítico ou de um intérprete cultural – como é claramente o caso, para mencionar somente um exemplo, da perspectiva normativa articulada por Michael Walzer em *As esferas da justiça* e outros de seus escritos[23].

    O espírito do projeto rawlsiano é o de identificar a concepção de justiça política e social que nós, cidadãos de uma sociedade democrática (ou que aspiramos a essa condição), deveríamos ver como a mais razoável, e que espécie de instituições isso requer. Que componentes dessa concepção possam entrar em choque com percepções morais ("significados sociais", no vocabulário de Walzer) que ainda são amplamente prevalentes nas sociedades liberais do presente certamente indica o grau de dificuldade política para realizá-la, mas não oferece uma razão para recuar da posição normativa de que essa concepção é a única que poderia es-

---

23. Walzer, Michael. *As esferas da justiça. Uma defesa do pluralismo e da igualdade*. São Paulo: Martins Fontes, 2003.

pecificar termos equitativos de acordo para a estrutura básica de uma sociedade cujos membros se concebem como cidadãos livres e moralmente iguais. Para exemplificar o que está sendo dito: não é uma objeção ao "princípio de diferença" afirmar que suas recomendações entram em choque com percepções morais, que podem gozar de grande aceitação, segundo as quais diferenças de mérito e de esforços individuais ofereceriam razões para justificar vastas desigualdades socioeconômicas.

É verdade que Rawls sustenta, em *Uma teoria da justiça*, que a concepção de justiça que resulta do dispositivo hipotético de deliberação moral por ele concebido deve ser confrontada, e isso é parte do esforço de justificação, com um rol de "julgamentos ponderados de justiça", tais como os de que a intolerância religiosa e a discriminação racial são injustas ou o de que é injusto que uma pessoa tenha suas perspectivas de vida determinadas por uma loteria social ou genética[24]. A concepção de justiça mais razoável para nós, que desejamos ser membros de uma sociedade que assegure a igualdade de *status* para todos, é aquela que melhor acomoda os julgamentos de justiça com respeito aos quais estamos mais seguros e que são mais firmemente reconhecidos, explícita ou implicitamente, pelas instituições e pela cultura política de uma democracia constitucional e, de modo mais geral, pela tradição de pensamento democrático como um todo. Mas note-se que, mesmo quando apela a "julgamentos ponderados de justiça", a justificação de uma concepção de justiça para uma sociedade democrática não é "interpretacionista". A ambição do projeto de Rawls era identificar uma área de consenso moral sobre convicções que envolvem valores políticos que pudesse ser estendida, de forma plausível, para lidar com questões, sobretudo as de igualdade socioeconômica e justiça distributiva, com respeito às quais não há consenso. Mas é a concepção de

---

24. Cf. passagens sobre o "método do equilíbrio reflexivo", nas seções 4 e 9 do livro.

APRESENTAÇÃO DA EDIÇÃO BRASILEIRA   XXXI

justiça que se mostrar normativamente mais justificada que faz esse trabalho de extensão e, ao fazer isso, vai de encontro a avaliações normativas que ainda gozam de grande aceitação nas sociedades liberais, como é o caso, mencionado no parágrafo anterior, da percepção moral "lockiana" segundo a qual uma pessoa tem um direito moral de reter para si todos os benefícios que auferiu por meio de seus próprios esforços e do emprego de seus próprios talentos e capacidade produtiva[25].

Uma das coisas que estou sugerindo nesta Apresentação é que são os aspectos mais controversos e intelectualmente mais ambiciosos do projeto de Rawls que fizeram deste livro um marco na revivescência da teoria política normativa. Vou complementar essa ideia com um comentário de natureza metodológica. Uma grande parte da pesquisa que é feita na área de teoria política, inclusive no Brasil, orienta-se por perguntas do seguinte tipo: "o que o pensador ou teórico A (Platão, ou Aristóteles, ou Kant, ou Habermas ou Rawls ou algum outro) disse sobre a questão B?". Ou então: "qual é a história do conceito B?" ou ainda "o que queremos dizer ao empregar o conceito B?". Esse tipo de exegese textual, de história intelectual ou de discussão de natureza conceitual tem uma relação no mínimo incerta com aquilo que podemos pensar de um problema ou de um determinado objeto hoje. Uma das razões que respondem pela importância que *Uma teoria da justiça* teve para restaurar o prestígio da teoria política como uma área do conhecimento está na atitude medotodológica vigorosamente "orientada por problemas" que é característica do projeto intelectual rawlsiano[26].

---

    25. Essa "percepção moral lockiana" está na base da "teoria da titularidade", de Robert Nozick, que representou o principal esforço, no campo da teoria política normativa, de articular uma alternativa liberal-conservadora à concepção de justiça liberal-igualitária proposta por Rawls em *Uma teoria da justiça*. Cf. o livro de Nozick citado na nota 21 acima.
    26. Em um ensaio publicado alguns anos atrás, Ian Shapiro criticou a ciência política contemporânea, em particular aquela de extração da teoria da

À parte inúmeras outras discussões secundárias, Rawls se propôs enfrentar três problemas centrais, a que correspondem as três partes em que o livro está organizado. O problema discutido na Parte I foi o que recebeu mais atenção nesta Apresentação. Qual é a concepção de justiça política e social mais apropriada para a estrutura básica de uma sociedade democrática e de que forma podemos justificá-la, sem recair no "emotivismo" ou no mero proselitismo ideológico, por meio de uma racionalidade que seja apropriada ao domínio da reflexão normativa? Na Parte II, o problema diz respeito aos arranjos institucionais necessários para colocar em prática os dois princípios de justiça. Naquilo que é uma combinação em grande estilo de teoria política normativa e "teoria aplicada", Rawls examina como constituições que protegem direitos fundamentais, limitações à regra da maioria, a garantia do estado de direito, diferentes regimes socioeconômicos, sistemas de tributação e a forma de tratar a desobediência civil e a objeção de consciência poderiam contribuir para a realização da concepção de justiça proposta na Parte I. E na Parte III do livro, o problema fundamental levantado é o da estabilidade normativa de uma sociedade cuja estrutura básica realizasse as exigências dos dois princípios. Uma sociedade democrática, tal como concebida em *Uma teoria da justiça*, seria estável pelas "razões certas", isto é, seus cidadãos (pelo menos uma maioria significativa deles) desenvolveriam uma disposição a em geral cumprir, sem que a razão para isso fosse o temor da coerção, com as exigências de instituições justas? Mesmo

---

escolha racional, por ser insuficientemente "orientada por problemas". Uma pesquisa "orientada por problemas" (em contraste com uma pesquisa "orientada pelo método" ou "orientada pela teoria"), especifica a problemática de pesquisa de uma forma que não é um mero artefato das teorias e métodos empregados para estudá-la. Acredito que a crítica de Shapiro também se aplique, com algumas adaptações, ao estilo de pesquisa em teoria política à qual fiz referência no texto. (Shapiro, Ian. "Problems, Methods, and Theories in the Study of Politics, or What's Wrong With Political Science and What To Do About It". *Political Theory*, vol. 30, 4, 2002, p. 596-619).

supondo-se a vigência de instituições justas, com base em que podemos supor que, em geral, os cidadãos se disporiam a cumprir com essas exigências, quando fazer isso conflita com os próprios interesses ou com a doutrina abrangente do bem que se considera verdadeira? Esses são problemas que devem ser tratados como questões em aberto e fazer isso é a melhor forma de manter viva a forma de praticar a teoria política para a qual Rawls restituiu credibilidade. Aqueles que se dispuserem a estudar este livro "longo, e não somente em páginas" (como está dito no Prefácio de 1971), verão que não só os problemas levantados, mas também a forma como Rawls os enfrentou, continuam servindo de fonte de inspiração para os teóricos políticos que concebem sua atividade como um esforço de refletir sobre a dimensão normativa das questões públicas controversas do mundo contemporâneo e, em particular, sobre a natureza da justiça na sociedade.

ÁLVARO DE VITA
São Paulo, maio de 2007

PREFÁCIO DA EDIÇÃO REVISTA

É com grande prazer que escrevo este prefácio à edição revista de *Uma teoria da justiça*. Apesar das muitas críticas à obra original, ainda aceito seus esquemas principais e defendo suas doutrinas fundamentais. Naturalmente, eu gostaria, como era de esperar, de ter feito certas coisas de outra maneira, e agora faria muitas retificações importantes. Porém, se viesse a escrever *Uma teoria da justiça* outra vez, não escreveria, como às vezes dizem alguns autores, um livro completamente diferente.

Em fevereiro e março de 1975, o texto original em inglês passou por revisões consideráveis para a edição alemã daquele ano. Até onde me foi dado saber, essas revisões foram incluídas em todas as traduções subsequentes e não houve acréscimo de nenhuma outra desde então. Todas as traduções partiram, portanto, do mesmo texto revisto. Já que este texto revisto contém o que acredito serem aprimoramentos significativos, as edições traduzidas (contanto que seja preservada a precisão) até o momento foram superiores ao original. Esta edição revista contém esses aprimoramentos.

Antes de comentar as alterações mais importantes, e por que foram feitas, comentaria a concepção de justiça apresentada em *Uma teoria da justiça*, concepção essa que chamo de "justiça como equidade". Considero as ideias e os objetivos principais dessa concepção os mesmos da concepção filosófica da democracia constitucional. Espero que a justiça como equidade pareça razoável e útil, mesmo que não seja totalmente convincente, para uma vasta gama de opiniões políticas ponderadas e, assim, expresse uma parte essencial do núcleo universal da tradição democrática. Menciono os objetivos e as ideias principais de tal concepção no prefácio à primeira edição. Conforme explico no segundo e no terceiro parágrafos daquele prefácio, eu queria elaborar uma concepção de justiça que fornecesse uma alternativa sistemática razoável ao utilitarismo, que de um modo ou de outro há muito domina a tradição do pensamento político anglo-saxão. O principal motivo para querer encontrar essa alternativa é a fragilidade, penso eu, da doutrina utilitarista para servir de base às instituições da democracia constitucional. Não acredito, acima de tudo, que o utilitarismo consiga oferecer uma teoria satisfatória dos direitos e das liberdades fundamentais dos cidadãos como pessoas livres e iguais, requisito da mais alta importância para a teoria das instituições democráticas. Usei a interpretação mais geral e abstrata da ideia do contrato social por intermédio da ideia da posição original como meio de fazê--lo. O objetivo primeiro da justiça como equidade era oferecer uma teoria convincente dos direitos e das liberdades fundamentais e de sua prioridade. O segundo objetivo era integrar essa teoria à interpretação da igualdade democrática, que levava ao princípio da igualdade de oportunidades e do princípio da diferença[1].

Nas revisões que fiz em 1975, eliminei certos pontos fracos da edição original. Tentarei agora indicá-los, embora acredite que grande parte do que vou dizer não seja inteligível sem conhecimento prévio do texto. Deixando de lado essa preocupação, uma das mais graves fragilidades estava na teoria da liberdade, cujos defeitos foram indicados por

---

1. Sobre esses dois princípios, cf. §§ 12-14 do Cap. II. São esses dois princípios e, em especial, o princípio da diferença, que outorgam à justiça como equidade seu caráter liberal, ou socialdemocrático.

PREFÁCIO DA EDIÇÃO REVISTA

H. L. A. Hart em sua discussão crítica de 1973[2]. A partir do § 11, fiz alterações para esclarecer diversas dificuldades apontadas por Hart. Preciso acrescentar, porém, que a explanação contida no texto revisto, embora bastante aperfeiçoado, ainda não é totalmente satisfatória. Há uma versão melhor em texto posterior, de 1982, intitulado "The Basic Liberties and Their Priority"[3]. É um texto que tenta responder ao que considero as mais importantes objeções de Hart. Ali diz-se que os direitos e as liberdades fundamentais, e sua prioridade, garantem igualmente a todos os cidadãos as condições sociais imprescindíveis para o desenvolvimento adequado e o exercício pleno e bem-informado de suas duas capacidades morais – a capacidade de ter um senso de justiça e a capacidade de ter uma concepção do bem – no que chamo de dois casos fundamentais. Em poucas palavras, o primeiro caso fundamental é a aplicação dos princípios da justiça à estrutura básica da sociedade por meio do exercício do senso de justiça dos cidadãos. O segundo caso fundamental é a aplicação das capacidades de razão prática e raciocínio dos cidadãos na formação, na revisão e na busca racional de sua concepção do bem. As liberdades políticas iguais, inclusive seu valor equitativo (ideia apresentada no § 36), e a liberdade de pensamento, de consciência e de associação, devem assegurar que o exercício das capacidades morais pode ser livre, informado e eficaz nesses dois casos. Essas mudanças na teoria da liberdade se encaixam, creio, muito bem dentro da estrutura da justiça como equidade conforme se encontra no texto revisto.

Uma segunda deficiência grave da edição original foi sua interpretação dos bens primários. Foram definidos como coisas que pessoas racionais querem, seja o que for que

---

2. Cf. seu "Rawls on Liberty and Its Priority", *University of Chicago Law Review,* 40, 1973, p. 534-55.
3. Cf. *Tanner Lectures on Human Values* (Salt Lake City, University of Utah Press, 1982), Vol. III, p. 3-87; republicado com o título de *Lecture VIII* in John Rawls, *Political Liberalism* (Nova York, Columbia University Press, 1993).

queiram além delas; o que eram e por que seria explicado pela teoria do bem no Capítulo VII. Infelizmente, aquele texto deixou ambíguo se o fato de algo ser um bem primário depende apenas dos fatos naturais da psicologia humana ou se também depende de uma concepção moral da pessoa que abraça certo ideal. Essa ambiguidade deve ser resolvida a favor da segunda alternativa: deve-se considerar que as pessoas têm duas capacidades morais (as mencionadas acima) e dois interesses de ordem superior no desenvolvimento e no exercício dessas capacidades. Os bens primários são agora caracterizados como aquilo de que elas precisam em seu *status* de cidadãs livres e iguais e de membros normais e plenamente cooperativos da sociedade durante toda a vida. Devem-se fazer as comparações interpessoais com fins de justiça política recorrendo-se ao índice de bens primários dos cidadãos, e esses bens são vistos como aquilo que responde a suas necessidades de cidadãos, ao contrário de suas preferências e desejos. A partir do § 15, fiz alterações para expressar essa mudança de perspectiva, mas essas alterações são inferiores à exposição mais completa que fiz num texto publicado em 1982, intitulado "Social Unity and Primary Goods"[4]. Assim como no caso das alterações feitas na explanação das liberdades fundamentais, acho que as alterações necessárias à explanação dos bens primários podem ser inseridas na estrutura do texto revisto.

Houve muitas outras alterações, em especial no Capítulo III e também, embora em número menor, no Capítulo IV. No Capítulo III, simplesmente tentei tornar o raciocínio mais claro e menos propenso a mal-entendidos. As alterações são numerosas demais para serem citadas aqui, porém não se afastam, creio, em nenhum aspecto importante, da edição original. Depois do Capítulo IV há algumas modificações. Modifiquei o § 44 do Capítulo V acerca do princípio

---

4. Esse texto foi publicado em *Utilitarianism and Beyond*, org. Amartya Sen e Bernard Williams (Cambridge, Cambridge University Press, 1982), p. 159-85; também em John Rawls, *Collected Papers*, compilado por Samuel Freeman (Cambridge, Mass. Harvard University Press, 1999), Cap. 17, p. 359-87.

de poupança justa, mais uma vez tentando torná-lo mais claro; e reescrevi os seis primeiros parágrafos do § 82 do Capítulo IX para corrigir um erro grave na argumentação em defesa da prioridade da liberdade[5]; e há outras alterações no restante dessa seção. Talvez para a identificação do que considero as duas alterações importantes, as das explanações das liberdades fundamentais e dos bens primários, essas indicações bastem para transmitir a natureza e a extensão das modificações. Se estivesse escrevendo agora *Uma teoria da justiça*, trataria duas coisas de outra maneira. Uma delas é como apresentar o argumento da posição original (cf. Capítulo III) a favor dos dois princípios de justiça (cf. Capítulo II). Teria sido melhor apresentá-lo com duas comparações. Na primeira, as partes decidiriam entre os dois princípios da justiça, considerados em unidade, e o princípio de utilidade (média) como princípio único de justiça. Na segunda comparação, as partes decidiriam entre os dois princípios da justiça e esses mesmos princípios, a não ser em razão de uma alteração importante: o princípio de diferença seria substituído pelo princípio da utilidade (média). (Denominei de concepção mista os dois princípios após essa substituição, e fica entendido que se deve aplicar o princípio de utilidade sujeito às restrições dos princípios anteriores: o princípio das liberdades iguais e o princípio da igualdade equitativa de oportunidades.) Usar essas duas comparações tem o mérito de separar os argumentos a favor das iguais liberdades fundamentais e sua prioridade dos argumentos a favor do próprio princípio de diferença. Os argumentos a favor das liberdades fundamentais iguais são, à primeira vista, muito mais fortes, pois os argumentos a favor do princípio de diferença envolvem um equilíbrio mais delicado de ponderações. O objetivo principal da justiça como equidade é alcançado quando se demonstra que os dois princípios seriam

---

5. Sobre esse erro, cf. "Basic Liberties and Their Priority", *ibid.*, n.º 83, p. 87, ou *Political Liberalism*, n.º 84, p. 371.

adotados na primeira comparação, ou mesmo numa terceira comparação, na qual se adotasse a concepção mista da segunda comparação, em vez do princípio de utilidade. Continuo a achar importante o princípio de diferença e ainda o defenderia, presumindo (como na segunda comparação) um cenário institucional que satisfaça os dois princípios anteriores. Mas é melhor reconhecer que essa defesa é menos evidente e não tem probabilidade de alcançar a força do argumento a favor dos dois princípios prioritários.

Outra alteração que eu faria agora seria distinguir com mais nitidez a ideia de democracia dos cidadãos-proprietários (apresentada no Capítulo V) da ideia do estado de bem-estar social[6]. Essas ideias são bem diferentes, mas como ambas permitem a propriedade privada de meios de produção, podemos nos deixar enganar e achar que são essencialmente iguais. Uma das principais diferenças é que as instituições de fundo da democracia dos cidadãos-proprietários, com seu sistema de mercados competitivos (viáveis), objetiva dispersar a propriedade de riquezas e capital e, assim, impedir que uma pequena parte da sociedade controle a economia e, indiretamente, a própria vida política. A democracia dos cidadãos-proprietários evita isso, não por meio da redistribuição da renda para aqueles que têm menos ao fim de cada período, por assim dizer, mas, pelo contrário, garantindo a ampla disseminação da propriedade de ativos produtivos e de capital humano (talentos desenvolvidos e capacidades treinadas) no início de cada período; tudo isso num cenário de iguais liberdades fundamentais e igualdade equitativa de oportunidades. A ideia não é apenas ajudar os que levam a pior em razão do acaso ou da má sorte (embora seja preciso fazê-lo), mas, pelo contrário, deixar todos os cidadãos em condição de administrar seus próprios assun-

---

6. A expressão "democracia dos cidadãos-proprietários", bem como algumas características da ideia, é empréstimo de J. E. Meade, *Efficiency, Equality, and the Ownership of Property* (Londres, G. Allen & Unwin, 1964); cf. esp. Cap. V.

tos e participar da cooperação social amparados no respeito mútuo em condições apropriadamente igualitárias.

Observemos aqui duas concepções distintas do objetivo das instituições políticas no decorrer do tempo. No estado de bem-estar social, o objetivo é que ninguém caia abaixo de um padrão de vida razoável e que todos recebam certas proteções contra acidentes e desgraças – por exemplo, seguro--desemprego e assistência médica. A redistribuição da renda serve a esse objetivo quando, ao fim de cada período, é possível identificar os que precisam de assistência. Tal sistema pode permitir grandes e hereditárias desigualdades de riquezas, incompatíveis com o valor equitativo das liberdades políticas (discutido no § 36), bem como grandes disparidades de renda que transgridem o princípio de diferença. Embora se faça algum esforço para garantir a igualdade equitativa de oportunidades, esse sistema é insuficiente, ou mesmo ineficaz, dadas as disparidades de riqueza e de influência política que permite.

Numa democracia dos cidadãos-proprietários, em contraste, o objetivo é realizar a ideia de sociedade como sistema equitativo de cooperação no decorrer do tempo entre cidadãos que são pessoas livres e iguais. Assim, as instituições fundamentais devem, desde o início, pôr nas mãos dos cidadãos em geral, e não só de alguns, os meios produtivos para que sejam membros da sociedade capacitados a cooperar. A ênfase recai sobre a dispersão contínua ao longo do tempo da propriedade de capital e de recursos por intermédio das leis de herança e doação, sobre a igualdade equitativa de oportunidades garantidas por provisões para educação e treinamento etc., bem como sobre as instituições que apóiam o valor equitativo das liberdades políticas. Para percebermos a força plena do princípio de diferença, é preciso levá-lo ao contexto da democracia dos cidadãos-proprietários (ou de um regime socialista liberal), e não ao de um estado de bem-estar social: é um princípio de reciprocidade, ou de mutualidade, para a sociedade encarada como um sistema justo de cooperação entre cidadãos livres e iguais de uma geração para outra.

A menção (algumas linhas atrás) de um regime socialista liberal me leva a acrescentar que a justiça como equidade deixa em aberto a questão de serem esses princípios mais bem realizados por alguma forma de democracia dos cidadãos-proprietários, ou por um regime socialista liberal. Deixo essa questão para ser resolvida pelas condições históricas e pelas tradições, instituições e forças sociais de cada país[7]. Como uma concepção política, então, a justiça como equidade não conta com nenhum direito natural à propriedade privada dos meios de produção (embora considere o direito à propriedade pessoal necessário à independência e à integridade dos cidadãos), nem com um direito natural às empresas pertencerem e serem administradas pelos trabalhadores. Oferece, em vez disso, uma concepção de justiça à luz da qual, dadas as circunstâncias de cada país, essas questões possam ser razoavelmente decididas.

JOHN RAWLS
Novembro de 1990

---

7. Cf. os dois últimos parágrafos do § 42, Cap. V.

PREFÁCIO

Ao apresentar *Uma teoria da justiça*, tentei reunir em uma visão coerente as ideias expressas nos trabalhos que redigi nos últimos doze anos. Volto a discorrer sobre todos os temas principais desses textos, em geral de maneira bem mais pormenorizada. Também discorro sobre as questões adicionais necessárias para aperfeiçoar a teoria. A exposição divide-se em três partes. A primeira parte trata de maneira bem mais elaborada do mesmo tema de "Justice as Fairness" [Justiça como equidade] (1958) e "Distributive Justice: Some Addenda" [Justiça distributiva: alguns adendos] (1968), ao passo que os três últimos capítulos da segunda parte correspondem, respectivamente, porém com muitos acréscimos, aos temas de "Constitutional Liberty" [Liberdade constitucional] (1963), "Distributive Justice" [Justiça distributiva] (1967) e "Civil Disobedience" [Desobediência civil] (1966). O segundo capítulo da última parte trata dos assuntos de "The Sense of Justice" [O senso de justiça] (1963). A não ser em alguns pontos, os outros capítulos dessa parte não são iguais aos textos publicados. Embora as ideias principais sejam mais ou menos as mesmas, tentei eliminar incompatibilidades, bem como ampliar e fortalecer a argumentação em muitos pontos.

Talvez eu consiga explicar melhor meu objetivo neste livro da seguinte maneira: em grande parte da filosofia moral moderna, a teoria sistemática predominante tem sido alguma forma de utilitarismo. Um dos motivos disso é que o utilitarismo foi adotado por uma longa linhagem de autores brilhantes que elaboraram uma doutrina impressionante em alcance e requinte. Às vezes esquecemos que os grandes utilitaristas, Hume e Adam Smith, Bentham e Mill, eram teóricos sociais e economistas de primeira linha; e que sua doutrina moral foi estruturada para atender aos requisitos de seus interesses mais gerais e encaixar-se em um esquema abrangente. Os que os criticavam não raro o faziam de uma perspectiva bem mais restrita. Assinalavam as obscuridades do princípio de utilidade e observavam as incongruências óbvias entre muitas de suas implicações e nossos sentimentos morais. Mas creio que não conseguiram construir uma concepção moral sistemática e viável para opor-se a ele. O resultado é que quase sempre parece que somos obrigados a escolher entre o utilitarismo e o intuicionismo. É bem provável que acabemos por nos acomodar com uma variação do princípio de utilidade circunscrita e restrita de certos modos *ad hoc* pelas restrições intuicionistas. Essa tese não é irracional, e não há garantia de que possamos fazer algo melhor. Porém isso não é motivo para não tentar.

    Tentei generalizar e elevar a uma ordem mais alta de abstração a teoria tradicional do contrato social tal como formulada por Locke, Rousseau e Kant. Assim, espero que se possa aprimorar a teoria de modo que não fique mais sujeita às objeções mais óbvias, quase sempre fatais. Ademais, essa teoria parece oferecer uma explanação sistemática alternativa da justiça que é superior, pelo menos é isso que argumento, à tradição utilitarista predominante. A teoria resultante é de natureza fortemente kantiana. Na verdade, não tenho pretensões à originalidade nas teses que apresento. As principais ideias são clássicas e bem conhecidas. Minha intenção foi organizá-las em uma estrutura geral, recorrendo a ferramentas simplificadoras para que se possa perceber toda sua força. A minha aspiração ao escrever este livro se realizará completamente se ele oferecer ao leitor

PREFÁCIO   XLV

uma compreensão mais clara das principais características estruturais da concepção alternativa de justiça que está implícita na tradição contratualista e indicar o caminho de uma elaboração mais pormenorizada. Das teses tradicionais, é essa concepção, creio, que mais se aproxima dos nossos juízos ponderados acerca da justiça e constitui o alicerce moral mais apropriado à sociedade democrática.

É um livro longo, não só em número de páginas. Portanto, a fim de facilitar sua leitura, farei algumas observações à guisa de orientação. As ideias intuitivas fundamentais da teoria da justiça são apresentadas nos §§ 1-4 do Capítulo I. Desse ponto, é possível passar diretamente à discussão dos dois princípios da justiça para instituições nos §§ 11-17 do Capítulo II e, então, à explicação da posição original, que ocupa todo o Capítulo III. Talvez seja necessário passar os olhos no § 8, sobre o problema da prioridade, caso o leitor não o conheça. Em seguida, partes do Capítulo IV, §§ 33--35, sobre a liberdade igual, e §§ 39-40, sobre o significado da prioridade da liberdade e a interpretação kantiana, oferecem o melhor panorama da doutrina. Até aqui, temos cerca de um terço do todo, que abrange a maior parte dos fundamentos da teoria.

Há o risco, porém, de que sem a análise da argumentação da última parte a teoria da justiça não seja corretamente entendida. Deve-se dar ênfase especial às seguintes seções: §§ 66-67 do Capítulo VII, sobre valor moral e autorrespeito e noções correlatas; § 77 do Capítulo VIII, sobre as bases da igualdade; e §§ 78-79 sobre autonomia e união social; § 82, sobre a prioridade da liberdade; e §§ 85-86, sobre a unidade do eu e a congruência, todos no Capítulo IX. Somando-se essas seções às outras, ainda temos bem menos da metade do texto.

Os títulos das seções, os comentários introdutórios de cada capítulo e o índice remissivo orientam o leitor acerca do teor do livro. Este comentário parece supérfluo, a não ser para dizer que evitei longas discussões metodológicas. Há breves ponderações acerca da natureza da teoria moral no § 9 e sobre a justificação no § 4 e no § 87. Há uma pequena digressão sobre o significado do "bem" no § 62. Ocasionalmente há comentários e apartes metodológicos, mas em geral tento elaborar uma teoria substantiva da justiça. As comparações e os contrastes com outras teorias, bem como as críticas ocasionais, em especial ao utilitarismo, são considerados meios para esse fim.

Embora não tenha inserido a maior parte dos Capítulos IV-VIII entre as partes mais fundamentais do livro, não estou sugerindo que esses capítulos sejam periféricos, ou meras aplicações. Pelo contrário, acredito que um dos testes importantes da teoria da justiça é seu grau de eficácia na introdução de ordem e sistema nos nossos juízos ponderados relativos a uma vasta gama de questões. Por conseguinte, é preciso tratar dos tópicos desses capítulos e, com as conclusões a que se chegar, modificar a visão proposta. Nesse aspecto, porém, o leitor tem mais liberdade para seguir suas preferências e examinar os problemas que mais lhe interessarem.

Ao escrever este livro, contraí muitas dívidas, além daquelas indicadas no texto. Gostaria de reconhecer algumas aqui. Três versões do manuscrito passaram pelas mãos de alunos e colegas, e foram incalculáveis os benefícios decorrentes das inúmeras sugestões e críticas que recebi. Sou grato a Allan Gibbard por sua crítica à primeira versão (1964--65). Para responder a suas objeções ao véu de ignorância conforme então apresentadas, parecia necessário incluir uma teoria do bem. O resultado foi a ideia de bens primários, fundamentada na concepção discutida no Capítulo VII. Também devo agradecimentos a ele, bem como a Norman Daniels, por assinalar as dificuldades da minha interpretação do utilitarismo como fundamento dos deveres e das obrigações individuais. Suas objeções me levaram a eliminar grande parte desse tema e simplificar o tratamento dessa parte da teoria. David Diamond fez objeções veementes à minha exposição acerca da igualdade, principalmente por ter deixado de levar em conta a importância do *status*. Acabei por incluir uma explanação do autorrespeito como bem primário para tentar resolver essas e outras questões, inclusive a da sociedade como união social de uniões sociais e a da prioridade da liberdade. Tive conversas proveitosas com David Richards sobre os problemas da obrigação e do dever políticos. Embora a supererrogação não seja um dos temas principais do livro, em meus comentários sobre o assunto recebi ajuda de Barry Curtis e John Troyer; mesmo assim eles ainda podem ter objeções ao que digo. Também devo agradecer a Michael Gardner e Jane English por várias correções que consegui fazer no texto final.

Tive a sorte de receber críticas valiosas de pessoas que discutiram meus textos já publicados[1]. Agradeço a Brian Barry, Michael Lessnoff e R. P. Wolff pelas discussões acerca da formulação dos dois princípios da justiça e dos argumentos em sua defesa[2]. Nos pontos em que não aceitei as conclusões deles, fui obrigado a ampliar a argumentação para responder a suas objeções. Espero que a teoria agora apresentada não suscite mais as dificuldades que levantou, nem as apontadas por John Chapman[3]. A relação entre os dois princípios da justiça e o que denomino concepção geral da justiça é semelhante à que foi proposta por S. I.

---

1. Na ordem mencionada no primeiro parágrafo, as remissões aos seis trabalhos são as seguintes: "Justice as Fairness", *The Philosophical Review*, Vol. 57 (1958); "Distributive Justice: Some Addenda", *Natural Law Forum*, Vol. 13 (1968); "Constitutional Liberty and the Concept of Justice", *Nomos VI: Justice*, org. C. J. Friedrich e John Chapman (Nova York, Atherton Press, 1963); "Distributive Justice", *Philosophy, Politics, and Society*, Third Series, org. Peter Laslett e W. G. Runciman (Oxford, Basil Blackwell, 1967); "The Justification of Civil Disobedience", *Civil Disobedience*, org. H. A. Bedau (Nova York, Pegasus, 1969); "The Sense of Justice", *The Philosophical Review*, Vol. 62 (1963).

2. Cf. Brian Barry, "On Social Justice", *The Oxford Review* (Trinity Term, 1967), p. 29-52; Michael Lessnoff, "John Rawls' Theory of Justice", *Political Studies*, Vol. 19 (1971), p. 65-80; e R. P. Wolff, "A Refutation of Rawls' Theorem on Justice", *Journal of Philosophy*, Vol. 63 (1966), p. 179-90. Embora "Distributive Justice" (1967) tenha ficado pronto e enviado ao editor antes da publicação do artigo de Wolff, lamento que, por descuido, eu não tenha acrescentado uma remissão a seu artigo na prova tipográfica.

3. Cf. John Chapman, "Justice and Fairness", em *Nomos VI: Justice*.

Benn[4]. Agradeço a ele, e também a Lawrence Stern e Scott Boorman, pelas sugestões nesse sentido. A essência das críticas de Norman Care à concepção de teoria moral encontrada nos textos me parece bem-fundada, e tentei elaborar a teoria da justiça de modo a evitar suas objeções[5]. Ao fazê-lo, aprendi muito com Burton Dreben, que me esclareceu a tese de W. V. Quine e me convenceu de que as ideias de significado e analiticidade não têm papel essencial na teoria moral tal como a concebo. Não é preciso discutir aqui, num ou noutro sentido, sua importância para outras questões filosóficas, mas tentei tornar a teoria da justiça independente delas.

Assim, segui, com algumas modificações, a perspectiva de meu "Outline for Ethics"[6]. Também gostaria de agradecer a A. K. Sen por suas atentas discussão e críticas da teoria da justiça[7]. Por meio delas, aprimorei a exposição em vários pontos. O livro dele será indispensável para os filósofos que queiram estudar a teoria mais formal da escolha social segundo os economistas. Ao mesmo tempo, os problemas filosóficos recebem um tratamento minucioso.

Muitas pessoas se dispuseram a fazer comentários por escrito a respeito das diversas versões do manuscrito. Os comentários de Gilbert Harman sobre o primeiro manuscrito foram fundamentais e me obrigaram a abandonar inúmeras opiniões e fazer algumas mudanças fundamentais em muitos pontos. Recebi outros enquanto estava no Instituto de Fi-

---

4. Cf. S. I. Benn, "Egalitarianism and the Equal Consideration of Interests", *Nomos IX: Equality*, org. J. R. Pennock e John Chapman (Nova York, Atherton Press, 1967), p. 72-8.

5. Cf. Norman Care, "Contractualism and Moral Criticism", *The Review of Metaphysics*, Vol. 23 (1969), p. 85-101. Eu também gostaria de agradecer às críticas feitas ao meu trabalho por R. L. Cunningham, "Justice: Efficiency or Fairness", *The Personalist*, Vol. 52 (1971); Dorothy Emmett, "Justice", *Proceedings of the Aristotelian Society*, Vol. sup. (1969); Charles Frankel, "Justice and Rationality", em *Philosophy, Science, and Method*, org. Sidney Morgenbesser, Patrick Suppes e Morton White (Nova York, St. Martin's Press, 1969); e Ch. Perelman, *Justice* (Nova York, Random House, 1967), esp. p. 39-51.

6. *The Philosophical Review*, Vol. 50 (1951).

7. Cf. *Collective Choice and Social Welfare* (San Francisco, Holden-Day, 1970), esp. p. 136-41,156-60.

losofia em Boulder (início de 1966), de Leonard Krimerman, Richard Lee e Huntington Terrell; e novamente de Terrell, mais tarde. Tentei adaptar-me a eles, e aos comentários bastante extensos e instrutivos de Charles Fried, Robert Nozick e J. N. Shklar, todos de grande valia durante todo o meu trabalho. Na elaboração da teoria do bem, recebi muitas contribuições de J. M. Cooper, T. M. Scanlon e A. T. Tymoczko, e das conversas no decorrer de muitos anos com Thomas Nagel, a quem também sou grato pelo esclarecimento acerca da relação entre a teoria da justiça e o utilitarismo. Devo também agradecer a R. B. Brandt e Joshua Rabinowitz, por suas muitas ideias úteis para o aperfeiçoamento do segundo manuscrito (1967-68), e a B. J. Diggs, J. C. Harsanyi e W. G. Runciman por uma correspondência esclarecedora.

Durante a redação da terceira versão (1969-70), Brandt, Tracy Kendler, E. S. Phelps e Amélie Rorty foram uma constante fonte de conselhos, e suas críticas foram uma grande ajuda. Sobre este manuscrito, recebi de Herbert Morris, Lessnoff e Nozick muitos comentários e sugestões de mudança que foram valiosos. Livraram-me de vários lapsos e melhoraram muito o livro. Devo agradecimentos especiais a Nozick pela inesgotável ajuda e pelo incentivo durante as últimas etapas. Lamentavelmente, não pude responder a todas as críticas recebidas, e estou consciente das falhas que ainda persistem; mas a medida da minha dívida não é a deficiência em comparação ao que poderia ser, porém a distância percorrida desde o início.

O Centro de Estudos Avançados em Stanford foi o local ideal para concluir meu trabalho. Gostaria de apresentar meu profundo agradecimento por seu apoio em 1969-70, e pelo apoio das fundações Guggenheim e Kendall em 1964-65. Agradeço a Anna Tower e a Margaret Griffin pela ajuda no manuscrito final.

Sem a boa vontade de todas essas boas pessoas, eu jamais teria terminado este livro.

JOHN RAWLS
Cambridge, Massachusetts
Agosto de 1971

PRIMEIRA PARTE
Teoria

Capítulo I
Justiça como equidade

Neste capítulo introdutório, delineio algumas das ideias principais da teoria da justiça que pretendo aperfeiçoar. A exposição é informal e tem a intenção de preparar o caminho para as argumentações mais pormenorizadas subsequentes. É inevitável que haja intercessões entre esta e discussões posteriores. Parto da descrição do papel da justiça na cooperação social e de uma breve explanação do objeto principal da justiça, a estrutura básica da sociedade. Apresento, então, a ideia central da justiça como equidade, uma teoria da justiça que generaliza e eleva a um nível mais alto de abstração a concepção tradicional do contrato social. O pacto social é substituído por uma situação inicial que contém certas restrições procedimentais aos argumentos apresentados, cujo fito é levar a um consenso original no tocante a princípios da justiça. Com o intuito de esclarecer e comparar, também trato das concepções clássicas de justiça do utilitarismo e do intuicionismo, examino algumas das diferenças entre essas teorias e a justiça como equidade. O objetivo que me orienta é elaborar uma teoria da justiça que seja uma alternativa viável a essas doutrinas que há muito dominam nossa tradição filosófica.

1. O papel da justiça

A justiça é a virtude primeira das instituições sociais, assim como a verdade o é dos sistemas de pensamento. Por mais elegante e econômica que seja, deve-se rejeitar ou retificar a teoria que não seja verdadeira; da mesma maneira que as leis e as instituições, por mais eficientes e bem organizadas que sejam, devem ser reformuladas ou abolidas se forem injustas. Cada pessoa possui uma inviolabilidade fundada na justiça que nem o bem-estar de toda a sociedade pode desconsiderar. Por isso, a justiça nega que a perda da liberdade de alguns se justifique por um bem maior desfrutado por outros. Não permite que os sacrifícios impostos a poucos sejam contrabalançados pelo número maior de vantagens de que desfrutam muitos. Por conseguinte, na sociedade justa as liberdades da cidadania igual são consideradas irrevogáveis; os direitos garantidos pela justiça não estão sujeitos a negociações políticas nem ao cálculo de interesses sociais. A única coisa que nos permite aquiescer a uma teoria errônea é a falta de uma melhor; de maneira análoga, a injustiça só é tolerável quando é necessária para evitar uma injustiça ainda maior. Por serem as virtudes primeiras das atividades humanas, a verdade e a justiça não aceitam compromissos.

Essas proposições parecem expressar nossa convicção intuitiva da primazia da justiça. Sem dúvida estão expressas de maneira excessivamente forte. Seja como for, quero investigar se essas alegações, ou outras semelhantes, se sustentam e, caso se sustentem, como podem ser interpretadas. Para tal fim, é necessário elaborar uma teoria da justiça à luz da qual essas alegações possam ser interpretadas e avaliadas. Começarei pela análise do papel dos princípios da justiça. Vamos supor, para organizar as ideias, que a sociedade é uma associação de pessoas mais ou menos autossuficiente que, em suas relações mútuas, reconhece certas normas de conduta como obrigatórias e que, na maior parte do tempo, se comporta de acordo com elas. Vamos supor também que essas normas especificam um sistema de cooperação criado para promover o bem dos que dele participam. Então, embora a sociedade seja um empreendimento cooperativo que visa ao benefício mútuo, está marcada por um conflito, bem como uma identidade, de interesses. Há identidade de interesses porque a cooperação social torna possível uma vida melhor para todos do que qualquer um teria se dependesse apenas dos próprios esforços. Há conflito de interesses porque ninguém é indiferente no que se refere a como são distribuídos os benefícios maiores produzidos por sua colaboração, pois, para atingir seus fins, cada um prefere uma parcela maior a uma parcela menor desses benefícios. Há necessidade de um conjunto de princípios para escolher entre os diversos modos de organização social que definem essa divisão de vantagens e para selar um acordo acerca das parcelas distributivas apropriadas. Esses princípios são os princípios da justiça social: são um modo de atribuir direitos e deveres nas instituições básicas da sociedade e definem a distribuição apropriada dos benefícios e dos encargos da cooperação social.

Digamos agora que a sociedade é bem-ordenada não somente quando foi planejada para promover o bem de seus membros, mas também quando é realmente regulada por uma concepção pública da justiça. Ou seja, é uma sociedade na qual (1) todos aceitam e sabem que os outros aceitam os mesmos princípios de justiça; e (2) as instituições sociais fundamentais geralmente atendem, e em geral se sabe que atendem, a esses princípios. Nesse caso, embora seus membros possam fazer exigências mútuas excessivas, eles não obstante reconhecem uma perspectiva comum da qual suas reivindicações podem ser julgadas. Se as inclinações dos seres humanos para o interesse próprio tornam necessária a vigilância mútua, seu senso público de justiça lhes permite se unir em uma associação segura. Entre indivíduos com objetivos e propósitos díspares, uma concepção compartilhada de justiça define os vínculos da amizade cívica; o desejo geral de justiça limita a busca de outros fins. Pode-se imaginar a concepção pública da justiça como aquilo que constitui a carta fundamental de uma associação humana bem-ordenada.

É claro que as sociedades existentes raramente são bem-ordenadas nesse sentido, pois o que é justo e injusto está sempre em discussão. Há discordância acerca de quais princípios devem definir as condições fundamentais da associação. Não obstante, ainda podemos dizer, apesar dessa discordância, que cada pessoa tem uma concepção de justiça. Isto é, cada qual compreende a necessidade e está disposto a corroborar um conjunto característico de princípios para a atribuição de direitos e deveres fundamentais e para decidir qual ele e os demais consideram ser a distribuição adequada dos benefícios e dos encargos da cooperação social. Assim, parece natural considerar o conceito de justiça distinto das diversas concepções de justiça e como sendo especificado pelo papel que esses diferentes conjuntos de princípios, essas diversas concepções, têm em comum[1]. Quem defende concepções distintas de justiça pode, então, concordar que as instituições são justas quando não se fazem distinções arbitrárias entre pessoas na atribuição dos direitos e dos deveres fundamentais, e quando as leis definem um equilíbrio apropriado entre as reivindicações das vantagens da vida social que sejam conflitantes entre si. Os homens concordam com essa descrição de instituições justas, contanto que as ideias de distinção arbitrária e de equilíbrio apropriado, que estão contidas no conceito de justiça, estejam abertas para que cada um as interprete segundo os princípios de justiça que aceita. Esses princípios põem em destaque que similaridades e que diferenças entre as pessoas são importantes na atribuição dos direitos e dos deveres, e especificam qual é a divisão de vantagens apropriada. É claro que essa diferença entre o conceito e as diversas concepções de justiça não resolve nenhuma questão im-

---

1. Neste ponto, concordo com H. L. A. Hart, *The Concept of Law* (Oxford, The Clarendon Press, 1961), p. 155-9.

portante. Simplesmente ajuda a identificar o papel dos princípios da justiça social. Algum grau de consenso nas concepções de justiça não é, porém, o único pré-requisito para a viabilidade de comunidades humanas. Há outros problemas sociais fundamentais, em especial os da coordenação, da eficiência e da estabilidade. Assim, é preciso que os planos dos indivíduos se encaixem uns nos outros para que suas atividades sejam compatíveis entre si e possam ser todas realizadas sem que as expectativas legítimas de cada um sofram frustrações graves. Ademais, a realização desses planos deve levar à realização dos objetivos sociais de maneira que sejam eficientes e compatíveis com a justiça. E, por fim, o esquema de cooperação social deve ser estável: deve ser cumprido de maneira mais ou menos regular, com suas normas básicas cumpridas de forma voluntária. Quando ocorrerem infrações, devem existir forças estabilizadoras que evitem outras violações e que tendam a restaurar a ordem. Agora está claro que esses três problemas estão vinculados ao da justiça. Na ausência de certo grau de concordância a respeito do que é justo e injusto, está claro que é mais difícil para os indivíduos coordenarem seus planos de maneira eficiente a fim de garantir que acordos mutuamente benéficos sejam mantidos. A desconfiança e o ressentimento corroem os vínculos da civilidade, e a suspeita e a hostilidade tentam as pessoas a agir de maneira que evitariam em outras circunstâncias. Assim, embora o papel característico das concepções de justiça seja especificar os direitos e os deveres fundamentais, e definir as parcelas distributivas apropriadas, o modo como determinada concepção o faz fatalmente influi nos problemas da eficiência, da coordenação e da estabilidade. Não podemos, em geral, avaliar a concepção de justiça unicamente por seu papel distributivo, por mais útil que seja esse papel na identificação do conceito de justiça. Precisamos levar em conta suas relações mais amplas, pois, embora a justiça tenha certa prioridade por ser a mais importante virtude das instituições, ainda assim é verdade que, permanecendo constantes as demais condições, uma concepção de justiça é preferível a outra quando suas consequências mais amplas são mais desejáveis.

2. O objeto da justiça

Diz-se que muitos tipos de coisa são justos e injustos: não só leis, instituições e sistemas sociais, mas também diversos tipos de atividades, entre elas decisões, julgamentos e atribuições de culpa. Também rotulamos de justas e injustas as opiniões e as disposições de pessoas, bem como as próprias pessoas. Nosso tema, porém, é o da justiça social. Para nós, o objeto principal da justiça é a estrutura básica da sociedade, ou, mais precisamente, o modo como as principais instituições sociais distribuem os direitos e os deveres fundamentais e determinam a divisão das vantagens decorrentes da cooperação social. Por instituições mais importantes entendo a constituição política e os arranjos econômicos e sociais mais importantes. Assim, a proteção jurídica da liberdade de pensamento e da liberdade de consciência, mercados competitivos, a propriedade privada dos meios de produção e a família monogâmica são exemplos de instituições sociais importantes. Em conjunto, como um só esquema, essas instituições mais importantes definem os direitos e os deveres das pessoas e repercutem em seus projetos de vida, no que podem esperar vir a ser e no grau de bem-estar a que podem almejar.

A estrutura básica é o principal objeto da justiça porque suas consequências são profundas e estão presentes desde o início. Aqui a ideia intuitiva é que essa estrutura contém várias posições sociais e que as pessoas nascidas em condições diferentes têm expectativas diferentes de vida, determinadas, em parte, tanto pelo sistema político quanto pelas circunstâncias econômicas e sociais. Assim, as instituições da sociedade favorecem certos pontos de partida mais que outros. Essas são desigualdades muito profundas.

Além de universais, atingem as oportunidades iniciais de vida; contudo, não podem ser justificadas recorrendo-se à ideia de mérito. É a essas desigualdades, supostamente inevitáveis na estrutura básica de qualquer sociedade, que se devem aplicar em primeiro lugar os princípios da justiça social. Esses princípios, então, regem a escolha de uma constituição política e os elementos principais do sistema econômico e social. A justiça de um arranjo social depende, em essência, de como se atribuem os direitos e os deveres fundamentais e também das oportunidades econômicas e das condições sociais dos diversos setores da sociedade.

O âmbito da nossa investigação está limitado de duas maneiras. Em primeiro lugar, interesso-me por um caso especial do problema da justiça. Não tratarei da justiça das instituições e dos costumes sociais em geral nem, a não ser de passagem, da justiça do direito dos povos e das relações entre Estados (§ 58). Portanto, quando se supõe que o conceito de justiça se aplica sempre que há distribuição de algo que se considere vantajoso ou desvantajoso, só estaremos interessados em um exemplo de sua aplicação. Não há motivo para supor de antemão que os princípios que são satisfatórios para a estrutura básica sejam válidos para todos os casos. Esses princípios podem não funcionar nas normas e nas práticas de associações privadas ou de grupos sociais menos abrangentes. Podem ser irrelevantes para as diversas convenções e para os diversos costumes informais da vida cotidiana; podem não elucidar a justiça, ou, talvez melhor, a equidade de arranjos cooperativos voluntários ou dos procedimentos para realizar acordos contratuais. As condições do direito dos povos podem exigir outros princípios, inferidos de maneira um tanto diferente. Ficarei satisfeito se for possível formular uma concepção razoável de justiça para a estrutura básica da sociedade, concebida, por ora, como um sistema fechado, isolado das outras sociedades. A importância desse caso especial é óbvia e não precisa de explicação. É natural conjecturar que, assim que tivermos uma teoria sólida para esse caso, à sua luz os problemas restantes da justiça serão mais maleáveis. Com as devidas modificações, tal teoria deve oferecer a chave para algumas dessas outras questões.

A outra limitação da nossa discussão é que, na maioria dos casos, examino os princípios da justiça que regeriam uma sociedade bem-ordenada. Presume-se que todos ajam de forma justa e façam sua parte na sustentação das instituições justas. Embora a justiça possa ser, conforme salientou Hume, uma virtude cautelosa e ciumenta, ainda assim podemos perguntar como seria uma sociedade perfeitamente justa[2]. Dessa forma, examino principalmente o que denomino teoria da obediência estrita em oposição à teoria da obediência parcial (§§ 25, 39). Esta estuda os princípios que regem de que modo devemos lidar com a injustiça. Abrange temas como a teoria do direito penal, a doutrina da guerra justa e a justificação das diversas modalidades de oposição a regimes injustos, da desobediência civil e da objeção de consciência à militância de resistência e à revolução. Também aqui contidas estão as questões da justiça compensatória e da comparação entre uma forma e outra de injustiça institucional. É óbvio que os problemas da teoria da obediência parcial são questões prementes e urgentes. É com essas coisas que nos deparamos na vida cotidiana. O motivo para começar pela teoria ideal é que ela oferece, creio, o único fundamento para o entendimento sistemático desses problemas mais prementes. A discussão da desobediência civil, por exemplo, depende da teoria ideal (§§ 55-59). Pelo menos, vou supor que não se pode alcançar um entendimento mais profundo de outra maneira, e que a natureza e os objetivos de uma sociedade perfeitamente justa constituem o componente central da teoria da justiça.

Não há como não admitir que o conceito de estrutura básica é um tanto vago. Nem sempre estão claros quais ins-

---

2. *An Enquiry Concerning the Principles of Morals*, Seção III, Parte I, § 3, org. L. A. Selby-Bigge, 2.ª edição (Oxford, 1902), p. 184.

TEORIA   11

tituições ou quais aspectos dessas instituições se devem incluir. Mas seria prematuro nos preocuparmos com essa questão agora. Passarei à discussão dos princípios que se aplicam ao que com certeza faz parte da estrutura básica como a entendemos intuitivamente. Tentarei, depois, ampliar a aplicação desses princípios para que tratem do que parece constituir os elementos principais dessa estrutura. Talvez esses princípios venham a ser perfeitamente gerais, embora isso seja improvável. Basta que se apliquem aos casos mais importantes de justiça social. Devemos ter em mente que dispor de uma concepção de justiça para a estrutura básica é algo que tem um valor intrínseco. Não é o caso de descartá-la somente porque seus princípios não são satisfatórios em todos os casos.

Deve-se, então, considerar que a concepção de justiça social oferece em primeiro lugar um padrão por meio do qual se devem avaliar os aspectos distributivos da estrutura básica da sociedade. Não se deve confundir esse padrão, porém, com os princípios que definem as outras virtudes, pois a estrutura básica e os arranjos sociais em geral podem ser eficientes ou ineficientes, liberais ou antiliberais, e muitas outras coisas, bem como justos ou injustos. Uma concepção completa, que define os princípios de todas as virtudes da estrutura básica, juntamente com seus respectivos pesos quando em conflito, é mais do que uma concepção da justiça; é um ideal social. Os princípios de justiça são apenas uma parte, embora talvez a mais importante, de tal concepção. Um ideal social, por sua vez, está ligado a uma concepção de sociedade, uma visão sobre como se devem entender os objetivos e os propósitos da cooperação social. As diversas concepções de justiça provêm das distintas noções de sociedade, contra um pano de fundo de visões conflitantes acerca das necessidades naturais e das oportunidades da vida humana. Para compreendermos totalmente uma concepção de justiça, precisamos explicitar a concepção de cooperação social da qual ela provém. Porém, ao fazê-lo, não devemos perder de vista o papel especial dos princípios de justiça ou do objeto principal ao qual se aplicam.

Nessas observações preliminares, distingui o conceito de justiça, que se refere a um equilíbrio apropriado entre exigências conflitantes, de uma concepção de justiça, entendida como um conjunto de princípios correlacionados que objetiva identificar as considerações relevantes que determinam esse equilíbrio. Também caracterizei a justiça como apenas uma parte de um ideal social, embora a teoria que proporei sem dúvida amplie o sentido usual que se tem disso. Essa teoria não é apresentada como uma descrição de significados comuns, mas como uma interpretação de certos princípios distributivos para a estrutura básica da sociedade. Presumo que qualquer teoria ética razoavelmente completa deva conter princípios para esse problema fundamental e que esses princípios, sejam quais forem, constituem sua doutrina da justiça. Acredito que o conceito de justiça é definido, então, pelo papel de seus princípios na atribuição de direitos e deveres e na definição da divisão apropriada das vantagens sociais. A concepção da justiça é uma interpretação desse papel.

Esse método, porém, talvez pareça não adequar-se à tradição. Creio, porém, que o faz. O sentido mais específico que Aristóteles atribui à justiça, e do qual provêm as formulações mais conhecidas, é o de abster-se da *pleonexia*, isto é, abster-se de tirar alguma vantagem em benefício próprio, tomando o que pertence a outrem, sua propriedade, suas recompensas etc., ou de negar a alguém o que lhe é devido, o cumprimento de uma promessa, o pagamento de uma dívida, a demonstração do devido respeito, e assim por diante[3]. É evidente que essa definição está estruturada para aplicar-se

---

3. *Nicomachean Ethics* [Ética a Nicômaco], *1129b-11305*. Sigo a interpretação de Gregory Vlastos, "Justice and Happiness in *The Republic*", em *Plato: A Collection of Critical Essays*, organizado por Vlastos (Garden City, N.Y., Doubleday and Company, 1971), Vol. 2, p. 70 s. Cf. discussão da justiça em Aristóteles em W. F. R. Hardie, *Aristotle's Ethical Theory* (Oxford, The Clarendon Press, 1968), Cap. X.

a ações e que as pessoas são consideradas justas à medida que tenham, como elemento permanente do seu caráter, um desejo firme e eficaz de agir com justiça. A definição de Aristóteles pressupõe claramente, porém, uma interpretação do que pertence à pessoa e do que lhe é devido. Ora, esses direitos quase sempre provêm, acredito, das instituições sociais e das expectativas legítimas que suscitam. Não há motivo para pensar que Aristóteles discordaria disso, e ele decerto tem uma concepção de justiça social para dar conta dessas alegações. A definição que adoto tem o intuito de aplicar-se diretamente ao caso mais importante, o da justiça da estrutura básica. Não há conflito com a noção tradicional.

3. A ideia central da teoria da justiça

Meu objetivo é apresentar uma concepção de justiça que generalize e eleve a um nível mais alto de abstração a conhecida teoria do contrato social conforme encontrada em, digamos, Locke, Rousseau e Kant[4]. Para isso, não devemos achar que o contrato original tem a finalidade de inaugurar determinada sociedade ou de estabelecer uma forma específica de governo. Pelo contrário, a ideia norteadora é que os princípios de justiça para a estrutura básica da sociedade constituem o objeto do acordo original. São

---

4. Conforme indico no texto, considerarei definitivas da tradição contratualista as obras *Segundo tratado do governo* (in *Dois tratados sobre o governo*, São Paulo, Martins Fontes, 1998), de Locke, *O contrato social* (São Paulo, Martins Fontes, 3.ª ed., 1996) de Rousseau e as obras de Kant sobre a ética a partir de *Os fundamentos da metafísica da moral*. Apesar de toda sua grandeza, o *Leviatã* (São Paulo, Martins Fontes, 2003), de Hobbes levanta alguns problemas especiais. J. W. Gough, *The Social Contract*, 2.ª ed. (Oxford, The Clarendon Press, 1957), é um estudo histórico geral e também Otto Gierke, *Natural Law and the Theory of Society*, tradução e introdução de Ernest Barker (Cambridge, The University Press, 1934). A apresentação do contrato visto principalmente como teoria ética se encontra em G. R. Grice, *The Grounds of Moral Judgment* (Cambridge, The University Press, 1967). Cf. também § 19, nota 30.

eles os princípios que pessoas livres e racionais, interessadas em promover seus próprios interesses, aceitariam em uma situação inicial de igualdade como definidores das condições fundamentais de sua associação. Esses princípios devem reger todos os acordos subsequentes; especificam os tipos de cooperação social que se podem realizar e as formas de governo que se podem instituir. Chamarei de justiça como equidade essa maneira de encarar os princípios da justiça.

Assim, devemos imaginar que aqueles que entram em cooperação social escolhem juntos, em um único ato conjunto, os princípios que devem atribuir os direitos e os deveres fundamentais e determinar a divisão dos benefícios sociais. Os homens devem decidir de antemão como devem regular suas reivindicações mútuas e qual deve ser a carta fundacional de sua sociedade. Assim como cada pessoa deve decidir por meio de reflexão racional o que constitui seu bem, isto é, o sistema de fins que lhe é racional procurar, também um grupo de pessoas deve decidir, de uma vez por todas, o que entre elas será considerado justo ou injusto. A escolha que seres racionais fariam nessa situação hipotética de igual liberdade, presumindo-se, por ora, que esse problema de escolha tem solução, define os princípios da justiça.

Na justiça como equidade, a situação original de igualdade corresponde ao estado de natureza da teoria tradicional do contrato social. Essa situação original não é, naturalmente, tida como situação histórica real, muito menos como situação primitiva da cultura. É entendida como situação puramente hipotética, assim caracterizada para levar a determinada concepção de justiça[5]. Entre as características es-

---

5. Kant expressa com clareza que o pacto original é hipotético. Cf. *The Metaphysics of Morals*, Parte I *(Rechtslehre)*, sobretudo §§ 47, 52; e Parte II de "Concerning the Common Saying: This May Be True in Theory but It Does Not Apply in Practice", em *Kant's Political Writings*, org. Hans Reiss e trad. de H. B. Nisbet (Cambridge, The University Press, 1970), p. 73-87. Cf. discussão mais aprofundada em Georges Vlachos, *La Pensée politique de Kant* (Paris, Presses Universitaires de France, 1962), p. 326-35; e J. G. Murphy, *Kant: The Philosophy of Right* (Londres, Macmillan, 1970), p. 109-12, 133-6.

senciais dessa situação está o fato de que ninguém conhece seu lugar na sociedade, sua classe ou seu *status* social; e ninguém conhece sua sorte na distribuição dos recursos e das habilidades naturais, sua inteligência, força e coisas do gênero. Presumirei até mesmo que as partes não conhecem suas concepções do bem nem suas propensões psicológicas especiais. Os princípios de justiça são escolhidos por trás de um véu de ignorância. Isso garante que ninguém seja favorecido ou desfavorecido na escolha dos princípios pelo resultado do acaso natural ou pela contingência de circunstâncias sociais. Já que todos estão em situação semelhante e ninguém pode propor princípios que favoreçam sua própria situação, os princípios de justiça são resultantes de um acordo ou pacto justo. Dadas as circunstâncias da posição original, a simetria das relações de todos para com todos os demais, essa situação inicial é equitativa entre os indivíduos tidos como pessoas morais, isto é, como seres racionais com objetivos próprios e capacitados, presumirei, para ter um senso de justiça. A posição original é, pode-se dizer, o *status quo* apropriado e, assim, os consensos fundamentais alcançados nela são equitativos. Isso explica a adequação da expressão "justiça como equidade": ela expressa a ideia de que os princípios da justiça são definidos por acordo em uma situação inicial que é equitativa. A expressão não significa que os conceitos de justiça e equidade sejam idênticos, da mesma forma que a expressão "poesia como metáfora" não significa que os conceitos de poesia e metáfora sejam idênticos.

A justiça como equidade começa, como já disse, com uma das escolhas mais gerais dentre todas as que as pessoas podem fazer em conjunto, ou seja, a escolha dos princípios primeiros de uma concepção de justiça que objetiva regular todas as subsequentes críticas e reformas das instituições. Depois de escolher uma concepção de justiça, podemos supor que elas devem escolher uma constituição e uma legislatura para promulgar leis, e assim por diante, tudo em consonância com os princípios da justiça inicialmente acordados. A nossa situação social será justa se for tal que, por meio dessa sequência de acordos hipotéticos, tivermos compactuado o sistema geral de normas que a define. Ademais, supondo-se que a posição original defina um conjunto de princípios (isto é, que seja escolhida determinada concepção de justiça), então será verdade que, quando as instituições sociais atendem a esses princípios, seus participantes podem afirmar que estão cooperando em condições com as quais concordariam se fossem pessoas livres e iguais cujas relações mútuas fossem equitativas. Todos considerariam seus arranjos sociais como satisfazendo as estipulações que aceitariam em uma situação inicial contendo restrições razoáveis e amplamente aceitas à escolha de princípios. O reconhecimento geral desse fato seria o fundamento da aceitação pública dos princípios correspondentes da justiça. Naturalmente, nenhuma sociedade pode ser um sistema de cooperação no qual se ingressa voluntariamente, no sentido literal; cada pessoa se encontra, ao nascer, em determinada situação em alguma sociedade específica, e a natureza dessa situação repercute de maneira substancial em suas perspectivas de vida. Contudo, uma sociedade que satisfaça os princípios da justiça como equidade aproxima-se tanto quanto possível de ser um sistema voluntário, pois obedece aos princípios com os quais pessoas livres e iguais concordariam em circunstâncias equitativas. Nesse sentido, seus membros são autônomos e as obrigações que reconhecem são autoassumidas.

Uma das características da justiça como equidade é conceber as partes na posição inicial como racionais e mutuamente desinteressadas. Isso não significa que as partes sejam egoístas, isto é, indivíduos que têm apenas certos tipos de interesse, por exemplo, riqueza, prestígio e poder. Mas são concebidas como pessoas que não têm interesse nos interesses alheios. Devem supor que até seus objetivos espirituais podem sofrer oposição, da mesma maneira que podem sofrer oposição os objetivos daqueles que professam outras religiões. Ademais, deve-se interpretar o conceito de racionalidade, na medida do possível, no sentido estrito, que é o mais comum na teoria econômica, de adotar os meios mais eficazes para determinados fins. Modificarei um pouco esse conceito, como explico mais adiante (§ 25), mas é preciso fazer um esforço para não introduzir nele nenhum elemento ético controverso. A posição inicial deve caracterizar-se por condições amplamente aceitas.

Na elaboração da concepção de justiça como equidade, uma das principais tarefas é decidir que princípios da justiça seriam escolhidos na posição original. Para isso, precisamos descrever essa posição com alguns pormenores e formular criteriosamente o problema de escolha que ela apresenta. Tratarei dessas questões nos capítulos a seguir. Pode-se salientar, porém, que, uma vez que os princípios de justiça são considerados decorrentes de um pacto original em uma situação de igualdade, não há como saber se o princípio da utilidade seria reconhecido. A princípio, parece muito pouco provável que pessoas que se consideram iguais, com direito a fazer suas exigências umas às outras, aceitassem um princípio que talvez exija perspectivas de vida inferiores para alguns simplesmente em troca de uma soma maior de vantagens desfrutadas por outros. Como todos querem proteger seus próprios interesses e sua capacidade de promover a própria concepção do bem, ninguém tem motivo para aceitar uma perda duradoura para si mesmo a fim de gerar um saldo líquido maior de satisfação. Na ausência de impulsos benevolentes fortes e duradouros, um homem racional não aceitaria uma estrutura básica só porque eleva ao máximo a soma algébrica de vantagens, fossem quais fossem as consequências permanentes dessa estrutura sobre seus próprios direitos e interesses fundamentais. Assim, parece que o princípio da utilidade é incompatível com a concepção de cooperação social entre iguais para se obterem vantagens mútuas. Parece incompatível com a ideia de reciprocidade implícita na ideia de sociedade bem-ordenada. Ou, pelo menos, será essa minha argumentação.

O que sustentarei é que as pessoas presentes na situação inicial escolheriam dois princípios bem diferentes: o primeiro requer igualdade na atribuição dos direitos e dos deveres fundamentais, ao passo que o segundo afirma que as desigualdades sociais e econômicas, por exemplo, as desigualdades de riqueza e autoridade, só serão justas se resultarem em vantagens recompensadoras para todos e, em especial, para os membros menos favorecidos da sociedade. Esses princípios excluem a justificativa de instituições com base na argumentação de que as privações de alguns são compensadas por um bem maior agregado. Pode ser conveniente, mas não é justo que alguns tenham menos para que outros possam prosperar. Porém não há injustiça nos benefícios maiores recebidos por uns poucos, contanto que, com isso, melhore a situação das pessoas não tão afortunadas. A ideia intuitiva é que, se o bem-estar de todos depende de um sistema de cooperação, sem o qual ninguém teria uma vida satisfatória, a divisão das vantagens deve suscitar a cooperação voluntária de todos que dela participam, incluindo-se os que estão em situação menos favorável. Os dois princípios mencionados aparentam ser uma base equitativa sobre a qual os mais favorecidos por talento natural, ou mais afortunados em posição social, duas coisas das quais não nos podemos considerar merecedores, possam esperar a cooperação voluntária dos outros quando algum sistema viável seja uma condição necessária para o bem-estar de todos[6]. Quando decidimos procurar uma concepção de justiça que neutralize os acidentes da dotação natural e das contingências de circunstâncias sociais como fichas na disputa por vantagens políticas e econômicas, somos levados a esses princípios. Eles expressam a consequência do fato de deixarmos de lado os aspectos do mundo social que parecem arbitrários de um ponto de vista moral.

    O problema da escolha dos princípios, porém, é extremamente difícil. Não espero que a solução que vou propor seja convincente para todos. Por conseguinte, vale observar desde o início que a justiça como equidade, assim como ou-

---

6. Devo a formulação dessa ideia intuitiva a Allan Gibbard.

tras visões contratualistas, consiste em duas partes: (1) uma interpretação da situação inicial e do problema da escolha que nela se apresenta e (2) um conjunto de princípios que, segundo se procura demonstrar, seriam acordados. Pode-se aceitar a primeira parte da teoria (ou alguma variação dela), mas não a segunda, e vice-versa. O conceito da situação contratual inicial pode parecer razoável, embora os princípios propostos sejam rejeitados. É claro que quero sustentar que a concepção mais apropriada dessa situação conduz a princípios de justiça distintos do utilitarismo e do perfeccionismo, e que, portanto, a doutrina contratualista é uma alternativa para essas visões. Contudo, pode-se contestar essa argumentação, mesmo que se admita que o método contratualista é um modo útil de estudar as teorias éticas e de apresentar seus pressupostos fundamentais. A justiça como equidade é um exemplo do que chamo de teoria contratualista. Pode haver objeção ao termo "contrato" e às expressões correlatas, mas acho que ele será bastante útil. Muitas palavras têm conotações enganosas, que a princípio costumam confundir. Os termos "utilidade" e "utilitarismo" decerto não são exceções. Também eles têm conotações indesejáveis que os críticos hostis estão propensos a explorar; não obstante, são suficientemente claros para quem está disposto a estudar a doutrina utilitarista. O mesmo deveria ocorrer com o termo "contrato" aplicado às teorias morais. Conforme mencionei, para entendê-lo é preciso ter em mente que ele implica certo nível de abstração. Especificamente, o teor do acordo pertinente não é formar determinada sociedade ou adotar determinada forma de governo, mas aceitar certos princípios morais. Ademais, os empreendimentos mencionados são puramente hipotéticos: uma visão contratualista afirma que certos princípios seriam aceitos em uma situação inicial bem definida.

 O mérito da terminologia contratualista é expressar a ideia de que os princípios da justiça podem ser concebidos como princípios que seriam escolhidos por pessoas racionais e que, assim, é possível explicar e justificar as concepções de justiça.

A teoria da justiça é uma parte, talvez a mais importante, da teoria da escolha racional. Além disso, os princípios de justiça tratam de reivindicações conflitantes das vantagens conquistadas pela cooperação social; aplicam-se às relações entre várias pessoas ou grupos. A palavra "contrato" indica essa pluralidade, bem como a condição de que a divisão apropriada das vantagens esteja de acordo com princípios aceitáveis por todas as partes. A condição de publicidade dos princípios da justiça também é uma conotação da fraseologia contratualista. Assim, se esses princípios resultam de um acordo, os cidadãos têm conhecimento dos princípios que outros adotam. É característico das teorias contratualistas salientar a natureza pública dos princípios políticos. Por fim, a doutrina contratualista tem uma longa tradição. Expressar o vínculo com essa corrente de pensamento ajuda a definir ideias e está de acordo com a devoção natural. Há, portanto, algumas vantagens no uso do termo "contrato". Com as devidas precauções, não há por que ele ser enganoso.

Uma observação final. A justiça como equidade não é uma teoria contratualista completa, pois está claro que a ideia contratualista pode ser ampliada à escolha de qualquer sistema ético mais ou menos completo, isto é, de um sistema que contenha os princípios de todas as virtudes, e não só da justiça. Na maior parte do tempo, só analisarei os princípios da justiça e outros estritamente relacionados a ele; não tento discutir as virtudes de maneira sistemática. Naturalmente, se a justiça como equidade se sair razoavelmente bem, um próximo passo seria estudar a visão mais geral indicada pela expressão "retidão como equidade". Mas nem essa teoria mais ampla abrangeria todas as relações morais, já que pareceria conter somente nossas relações com outros seres humanos e não levaria em conta como devemos nos comportar com relação aos animais e todo o resto da natureza. Não afirmo com veemência que a noção de contrato ofereça um modo de tratar dessas questões, que são decerto da maior importância; e deverei deixá-las de lado. Precisamos reconhecer a abrangência limitada da justiça como equidade e do tipo geral de visão que exemplifica. Não é possível decidir de antemão até que ponto suas conclusões teriam de ser reformuladas, uma vez que essas outras questões tivessem sido compreendidas.

4. A posição original e justificação

Afirmei que a posição original é o *status quo* inicial apropriado para garantir que os acordos fundamentais nele alcançados sejam equitativos. Esse fato gera a expressão "justiça como equidade". Torna-se claro, então, que quero dizer que uma concepção de justiça é mais razoável que outra, ou mais justificável do que outra, quando pessoas racionais na situação inicial escolheriam seus princípios, e não outros, para o papel da justiça. As concepções de justiça devem ser classificadas por sua aceitabilidade a pessoas nessas circunstâncias. Entendida dessa maneira, a questão da justificação se resolve por meio da resolução de um problema de deliberação: precisamos verificar quais princípios seria racional adotar, dada a situação contratual. Isso vincula a teoria da justiça à teoria da escolha racional.

Para que essa interpretação do problema da justificação tenha êxito, precisamos, naturalmente, descrever com algum grau de minúcia a natureza desse problema de escolha. O problema da decisão racional só encontra solução definitiva quando conhecemos as convicções e os interesses das partes, suas relações entre si, as opções que têm a escolher, o procedimento por meio do qual tomam suas decisões etc. Conforme as circunstâncias de escolha se apresentam de maneiras diversas, também são escolhidos princípios diferentes a elas correspondentes. O conceito da posição original, como o denominarei, é o da interpretação filosoficamente preferida dessa situação de escolha inicial para os fins da teoria da justiça.

Porém, como decidir qual é a interpretação a ser preferida? Em primeiro lugar, suponho que existe um amplo consenso de que os princípios de justiça devem ser escolhidos sob determinadas condições. Para justificar determinada descrição da situação inicial, demonstra-se que ela contém esses pressupostos de aceitação geral. Argumenta-se, partindo de premissas amplamente aceitas, porém fracas, na direção de conclusões mais específicas. Cada um dos pressupostos deve ser, em si, natural e plausível; alguns podem parecer inócuos ou mesmo triviais. O objetivo do método contratualista é demonstrar que, juntos, impõem ponderáveis limites aos princípios aceitáveis de justiça. O resultado ideal seria que essas condições definissem um único conjunto de princípios; mas eu me darei por satisfeito se bastarem para classificar as principais concepções tradicionais de justiça social.

Não devemos nos deixar enganar, então, pelas condições um tanto incomuns que caracterizam a posição original. A ideia aqui é simplesmente tornar nítidas para nós mesmos as restrições que parece razoável impor a argumentos a favor de princípios de justiça e, por conseguinte, a esses próprios princípios. Assim, parece razoável e de modo geral aceitável que ninguém seja favorecido ou desfavorecido pelo acaso ou pelas circunstâncias sociais na escolha dos princípios. Também parece haver consenso geral de que deve ser impossível adaptar os princípios às circunstâncias de casos pessoais. Também devemos garantir que determinadas inclinações e aspirações e concepções individuais do bem não tenham influência sobre os princípios adotados. O objetivo é excluir os princípios que seria racional alguém propor para aceitação, por menor que fosse a possibilidade de êxito, se essa pessoa conhecesse certos fatos que, do ponto de vista da justiça, são irrelevantes. Por exemplo, se determinado homem soubesse que era rico, poderia achar razoável defender o princípio de que os diversos impostos em favor do bem-estar social fossem considerados injustos; se ele soubesse que era pobre, seria bem provável que propusesse o princípio oposto. Para representar as restrições desejadas, imagina-se uma situação na qual todos carecem desse tipo de informação. Exclui-se o conhecimento dessas contingências que geram discórdia entre os homens e permitem que se deixem levar pelos preconceitos. Desse modo chega-se ao véu de ignorância de maneira natural. Esse conceito não deve causar nenhuma dificuldade se tivermos em mente que seu propósito é expressar restrições a argumentos. A qualquer momento podemos ingressar na posição original, por assim dizer, simplesmente obedecendo a determinado método, ou seja, argumentando em favor de princípios de justiça de acordo com essas restrições. Parece razoável supor que as partes na situação original são iguais. Isto é, todos têm os mesmos direitos no processo da escolha dos princípios; todos podem fazer propostas, apresentar razões para sua aceitação, e assim por diante. É óbvio que a finalidade dessas condições é representar a igualdade entre os seres humanos como pessoas morais, como criaturas que têm uma concepção do próprio bem e estão capacitadas a ter um senso de justiça. Considera-se que o fundamento da igualdade é a similaridade nesses dois aspectos. Os sistemas de fins não são classificados segundo seu valor, e presume-se que cada pessoa tem a capacidade necessária para entender quaisquer princípios adotados e agir em conformidade com eles. Junto com o véu de ignorância, essas condições definem os princípios da justiça como aqueles que pessoas racionais interessadas em promover seus interesses aceitariam em condições de igualdade, quando não há ninguém que esteja em vantagem ou desvantagem em razão de contingências naturais ou sociais.

Há, porém, outro aspecto na justificação de determinada definição da posição original. Trata-se de verificar se os princípios que seriam escolhidos são compatíveis com nossas convicções ponderadas acerca da justiça ou as ampliam de maneira aceitável. Podemos observar se a aplicação desses princípios nos levaria a formular os mesmos juízos sobre a estrutura básica da sociedade que agora formulamos intuitivamente e nos quais depositamos a maior confiança; ou se, nos casos em que haja dúvidas em nossos juízos atuais e eles sejam expressos com hesitação, esses princípios apresentam uma solução que podemos aceitar após reflexão. Temos certeza de que certas perguntas devem ser respondidas de determinada maneira. Por exemplo, acreditamos que a intolerância religiosa e a discriminação racial são injustas. Achamos que examinamos essas questões cuidadosamente e chegamos ao que acreditamos ser um juízo imparcial que não é distorcido por uma atenção excessiva a nossos próprios interesses. Essas convicções são pontos fixos provisórios aos quais presumimos que qualquer concepção de justiça deva encaixar-se. Temos, porém, muito menos certeza no tocante a qual é a distribuição correta da riqueza e da autoridade. Sobre isso talvez estejamos procurando um meio de eliminar nossas dúvidas. Podemos, então, examinar a interpretação da situação inicial, por meio da capacidade de seus princípios de acomodar nossas convicções mais firmes e de oferecer orientação quando isso for necessário.

Na procura da descrição mais adequada dessa situação trabalhamos em duas frentes. Começamos por descrevê-la de modo que represente condições amplamente aceitas e de preferência fracas. Verificamos, então, se essas condições têm força suficiente para produzir um conjunto significativo de princípios. Em caso negativo, procuramos outras premissas igualmente razoáveis. Em caso afirmativo, porém, e se esses princípios forem compatíveis com nossas convicções ponderadas de justiça, então até este ponto tudo vai bem. Mas é possível que haja discrepâncias. Nesse caso, temos uma escolha. Podemos modificar a caracterização da situação inicial ou reformular nossos juízos atuais, pois até os juízos que consideramos pontos fixos provisórios estão sujeitos a reformulação. Com esses avanços e recuos, às vezes alterando as condições das circunstâncias contratuais, outras vezes modificando nossos juízos para que se adaptem aos princípios, suponho que acabemos por encontrar uma descrição da situação inicial que tanto expresse condições razoáveis como gere princípios que combinem com nossos juízos ponderados devidamente apurados e ajustados. Denomino esse estado de coisas equilíbrio reflexivo[7]. É equilíbrio porque finalmente nossos princípios e juízos coincidem; e é reflexivo porque sabemos a quais princípios nossos juízos se adaptam e conhecemos as premissas que lhes deram origem. No momento tudo está em ordem. Mas esse equilíbrio não é obrigatoriamente estável. Está sujeito a desestabilizar-se com um exame mais aprofundado das condições que se devem impor à situação contratual e por casos particulares que possam nos levar a reavaliar nossos juízos. Mas, por ora, fizemos o possível para tornar coerentes e justificar nossas convicções acerca da justiça social. E chegamos a uma concepção da posição original.

Naturalmente, não vou elaborar todo esse processo. Contudo, podemos encarar a interpretação da posição original que apresentarei como resultado de tal roteiro hipotético de reflexão. Representa a tentativa de acomodar em um único sistema tanto os pressupostos filosóficos razoáveis impostos aos princípios quanto nossos juízos ponderados de justiça. No processo de chegar à interpretação mais adequada da situação inicial, não há um ponto onde se apele ao que é evidente por si mesmo no sentido tradicional, quer de concepções gerais, quer de convicções específicas. Não afirmo que os princípios de justiça propostos sejam verdades necessárias ou dedutíveis de tais verdades. Não se pode deduzir uma concepção de justiça de premissas axiomáticas ou de condições impostas a princípios; mais precisamente, a justificação de tal concepção é uma questão de corroboração mútua de muitas ponderações, do ajuste de todas as partes em uma visão coerente.

Uma observação final. Queremos dizer que certos princípios da justiça se justificam porque foram aceitos em uma

---

7. O processo de ajuste mútuo dos princípios e dos juízos ponderados não é exclusivo da filosofia moral. Cf. em Nelson Goodman, *Fact, Fiction, and Forecast* (Cambridge, Mass., Harvard University Press, 1955), p. 65-8, observações paralelas a respeito da justificação dos princípios das inferências dedutiva e indutiva.

situação inicial de igualdade. Venho salientando que essa posição original é puramente hipotética. É natural perguntar por que devemos nos interessar por esses princípios, morais ou de outra natureza. A resposta é que as premissas inseridas na descrição da situação original são premissas que de fato aceitamos. Ou, caso não as aceitemos, talvez possamos nos convencer a fazê-lo por meio de reflexão filosófica. Pode-se demonstrar o fundamento de cada aspecto da situação contratual. Assim, o que faremos é reunir em uma única concepção uma série de condições impostas a princípios que, após cuidadosa ponderação, estaremos dispostos a reconhecer como razoáveis. Essas restrições expressam o que estamos dispostos a considerar como injunções a termos equitativos de cooperação social. Uma forma de encarar a ideia da posição original é, portanto, considerá-la um recurso expositivo que resume o significado dessas condições e nos ajude a deduzir suas consequências. Por outro lado, essa concepção também é uma ideia intuitiva que indica sua própria elaboração, de forma que, conduzidos por ela, somos levados a definir com mais clareza o ponto de vista do qual podemos interpretar melhor as relações morais. Precisamos de uma concepção que nos capacite a avistar nosso objetivo a distância: a ideia intuitiva da posição original deverá fazê-lo[8].

5. O utilitarismo clássico

Há muitas formas de utilitarismo, e a evolução da teoria teve continuidade em anos recentes. Não farei um levantamento dessas formas aqui nem levarei em conta os numerosos refinamentos presentes nos debates contemporâneos. Meu objetivo é elaborar uma teoria da justiça que re-

---

8. Henri Poincaré observa: "Il nous faut une faculté qui nos fasse voir le but de loin, et, cette faculté, c'est l'intuition". *La Valeur de la science* (Paris, Flammarion, 1909), p. 27.

presente uma alternativa ao pensamento utilitarista em geral e, portanto, a todas as suas versões. Acredito que a diferença entre a visão contratualista e o utilitarismo continua essencialmente a mesma em todos esses casos. Por conseguinte, vou comparar a justiça como equidade com variações conhecidas de intuicionismo, de perfeccionismo e de utilitarismo a fim de mostrar as diferenças fundamentais da maneira mais simples. Com isso em mente, o tipo de utilitarismo que descreverei aqui é a doutrina clássica estrita, que em Sidgwick tem, talvez, sua formulação mais clara e acessível. A ideia principal é que a sociedade está ordenada de forma correta e, portanto, justa, quando suas principais instituições estão organizadas de modo a alcançar o maior saldo líquido de satisfação, calculado com base na satisfação de todos os indivíduos que a ela pertencem[9].

---

9. Usarei a obra de Henry Sidgwick, *The Methods of Ethics*, 7.ª ed. (Londres, 1907), como síntese do desenvolvimento da teoria moral utilitarista. O Livro III de seus *Principles of Political Economy* (Londres, 1883) aplica essa doutrina a questões de justiça social e econômica, e é precursor de A. C. Pigou, *The Economics of Welfare* (Londres, Macmillan, 1920). A obra de Sidgwick, *Outlines of the History of Ethics*, 5.ª ed. (Londres, 1902), contém uma breve história da tradição utilitarista. Podemos segui-la na suposição, um tanto arbitrária, de que ela começa com *An Inquiry Concerning Virtue and Merit* (1711) de Shaftesbury e *An Inquiry Concerning Moral Good and Evil* (1725) de Hutcheson. Ao que tudo indica, Hutcheson foi o primeiro a formular claramente o princípio de utilidade. Diz ele em *Inquiry*, Seção III, § 8, que "melhor é o ato que produz a maior felicidade para o maior número de pessoas; e pior é aquele que, de igual maneira, ocasiona infelicidade". Outros trabalhos importantes do século XVIII são as obras de Hume, *A Treatise of Human Nature* (1739) e *An Enquiry Concerning the Principles of Morals* (1751), a obra de Adam Smith, *A Theory of the Moral Sentiments* (1759) [trad. bras. *Teoria dos sentimentos morais*, São Paulo, Martins Fontes, 1999], e a de Bentham, *The Principles of Morals and Legislation* (1789). A essas obras, devemos acrescentar os textos de J. S. Mill representados por *Utilitarianism* (1863) e de F. Y. Edgeworth, *Mathematical Psychics* (Londres, 1888).

Nos últimos anos a discussão do utilitarismo tomou novo rumo ao concentrar-se no que podemos chamar de problema da coordenação e questões correlatas de publicidade. Essa mudança provém dos textos de R. F. Harrod, "Utilitarianism Revised", *Mind*, Vol. 45 (1936); J. D. Mabbott, "Punishment", *Mind*, Vol. 48 (1939); Jonathan Harrison, "Utilitarianism, Universalisation, and Our Duty to Be Just", *Proceedings of the Aristotelian Society*, Vol. 53 (1952-1953); e J. O. Urmson, "The Interpretation of the Philosophy of J. S. Mill",

Em primeiro lugar, é possível observar que há, de fato, um modo de ver a sociedade que facilita a hipótese de que a concepção mais racional de justiça é a utilitarista. Vejamos: todo homem, ao realizar seus próprios interesses, está decerto livre para contrabalançar suas próprias perdas com seus próprios ganhos. Podemos nos impor um sacrifício agora por uma vantagem maior depois. Age muito bem, pelo menos quando não prejudica ninguém, a pessoa que procura alcançar o máximo de seu próprio bem e promover tanto quanto possível seus objetivos racionais. Ora, por que não deveria a sociedade agir com base no mesmo princípio aplicado ao grupo e, portanto, acreditar que aquilo que é racional para um homem é justo para uma associação de homens? Assim como o bem-estar de uma pessoa se constrói com uma série de satisfações obtidas em momentos diversos no decorrer da vida, da mesma maneira deve-se construir o bem-estar da sociedade com base na satisfação dos sistemas de desejos dos muitos indivíduos que a ela pertencem. Já que o princípio para um indivíduo é elevar ao máximo o próprio bem-estar, o próprio sistema de desejos, o princípio para a sociedade é promover ao máximo o bem-estar do grupo, realizar no mais alto grau o sistema abrangente de desejos ao qual se chega a partir dos desejos de seus membros. Assim como o indivíduo avalia ganhos pre-

---

Philosophical Quarterly, Vol. 3 (1953). Cf. também J. J. C. Smart, "Extreme and Restricted Utilitarianism", *Philosophical Quarterly*, Vol. 6 (1956), e *An Outline of a System of Utilitarian Ethics* (Cambridge, The University Press, 1961). Cf. explicações desses assuntos em David Lyons, *Forms and Limits of Utilitarianism* (Oxford, The Clarendon Press, 1965); e Allan Gibbard, "Utilitarianisms and Coordination" (tese, Harvard University, 1971). Deixarei de lado os problemas levantados por essas obras, por mais importantes que sejam, pois não tratam diretamente da questão mais elementar da distribuição, que pretendo discutir.

Por fim, devemos mencionar os textos de J. C. Harsanyi, principalmente "Cardinal Utility in Welfare Economics and in the Theory of Risk-Taking", *Journal of Political Economy*, 1953, e "Cardinal Welfare, Individualistic Ethics, and Interpersonal Comparisons of Utility", *Journal of Political Economy*, 1955; e R. B. Brandt, "Some Merits of One Form of Rule-Utilitarianism", *University of Colorado Studies* (Boulder, Colorado, 1967). Cf. adiante §§ 27-28.

sentes e futuros contra perdas presentes e futuras, também a sociedade pode fazer o balanço de satisfações e insatisfações entre os diversos indivíduos. E, assim, por meio dessas ponderações, chega-se ao princípio de utilidade de maneira natural: a sociedade está bem-ordenada quando suas instituições elevam ao máximo o saldo líquido de satisfações. O princípio de escolha na associação humana é interpretado como uma extensão de princípio de escolha para uma pessoa. A justiça social é o princípio da prudência racional aplicado a uma concepção agregativa do bem-estar do grupo (§ 30)[10].
Essa ideia se torna ainda mais atraente mediante uma outra ponderação. Os dois conceitos principais da ética são os do justo e do bem; creio que deles provém o conceito de pessoa moralmente digna. A estrutura da teoria ética é, então, em grande parte definida pelo modo como define e interliga essas duas ideias elementares. Parece, então, que a maneira mais simples de interligá-las é adotada pelas teorias teleológicas: define-se o bem independentemente do justo e, então, define-se o justo como aquilo que eleva o bem ao máximo[11]. Mais precisamente, justas são as instituições e os atos que, dentre as alternativas disponíveis, produzem o bem maior, ou pelo menos tanto bem quanto quaisquer

---

10. Sobre esse ponto cf. também D. P. Gauthier, *Practical Reasoning* (Oxford, Clarendon Press, 1963), p. 126 s. O texto trabalha a sugestão que se encontra em "Constitutional Liberty and the Concept of Justice", *Nomos VI: Justice*, org. C. J. Friedrich e J. W. Chapman (Nova York, Atherton Press, 1963), p. 124 s.; que, por sua vez, se relaciona com a ideia de justiça como decisão administrativa de ordem superior. Cf. "Justice as Fairness", *Philosophical Review*, 1958, p. 185-7. Cf. referências a utilitaristas que afirmam explicitamente essa ampliação no § 30, nota 37. Em *General Theory of Value* (Nova York, Longmans, Green, and Company, 1926), p. 674-7. R. B. Perry afirma que o princípio da integração social é distinto do princípio da integração pessoal. Ele atribui o erro de ignorar esse fato a Émile Durkheim e a outros com opiniões semelhantes. A concepção da integração social de Perry é aquela suscitada por um propósito benevolente compartilhado e predominante. Cf. § 24 adiante.
11. Adoto aqui a definição de teorias teleológicas de W. K. Frankena em *Ethics* (Englewood Cliffs, N.J., Prentice Hall, Inc., 1963), p. 13.

outras instituições e atos acessíveis na forma de possibilidades reais (cláusula adicional necessária quando há mais de uma possibilidade de maximização). As teorias teleológicas têm um profundo apelo intuitivo porque parecem expressar a ideia de racionalidade. É natural pensar que racionalidade consiste em elevar algo ao máximo e que, em questões morais, o que deve ser elevado ao máximo é o bem. De fato, é tentador supor que é evidente por si mesma a afirmação de que se deveria organizar tudo de modo a conduzir ao bem maior.

É essencial ter em mente que, em uma teoria teleológica, se define o bem independentemente do justo. Isso significa duas coisas. Primeiro, a teoria explica nossos juízos ponderados relativos àquilo que constitui o bem (nossos juízos de valor) como uma classe de juízos intuitivamente discerníveis pelo bom senso, e então propõe a hipótese de que o justo consiste em elevar o bem ao máximo, como já foi especificado. Em segundo lugar, a teoria permite-nos julgar o bem sem remissão ao que é justo. Por exemplo, se dizemos que o prazer é o único bem, então é provável que se possam reconhecer e classificar os prazeres pelo valor por meio de critérios que não pressupõem nenhum modelo do que é justo, ou do que em geral julgaríamos como tal. Contudo, se a distribuição dos bens também for considerada um bem, talvez de ordem superior, e a teoria nos orienta a produzir o bem máximo (incluindo-se, entre outros, o bem da distribuição), não temos mais uma perspectiva teleológica no sentido clássico. O problema da distribuição recai no conceito de justo como o entendemos intuitivamente e, assim, falta à teoria uma definição independente do bem. A clareza e a simplicidade das teorias teleológicas clássicas provêm, em grande parte, do fato de que decompõem os nossos juízos morais em duas classes: ao passo que uma delas é caracterizada separadamente, a outra é, depois, vinculada à primeira por um princípio de maximização.

As doutrinas teleológicas diferem, bem claramente, no modo de especificar a concepção do bem. Se o bem for entendido como a realização da excelência humana nas diversas formas de cultura, temos o que se pode chamar de perfeccionismo. Essa ideia se encontra em Aristóteles e Nietzsche, entre outros. Se o bem for definido como prazer, temos o hedonismo; como felicidade, o eudaimonismo, e assim por diante. Vou interpretar o princípio de utilidade em sua forma clássica, isto é, como aquele que define o bem como a satisfação do desejo, ou, talvez melhor, como a satisfação do desejo racional. Isso está de acordo com a teoria utilitarista em todos os pontos essenciais, e creio que oferece uma interpretação correta dela. Os termos apropriados da cooperação social são definidos por tudo quanto, em determinado contexto, possibilite o total mais elevado de satisfação dos desejos racionais dos indivíduos. É impossível negar a plausibilidade e o apelo iniciais dessa concepção.

A característica marcante da teoria utilitarista da justiça é que não importa, exceto indiretamente, o modo como essa soma de satisfações se distribui entre os indivíduos, assim como não importa, exceto indiretamente, como cada pessoa distribui suas satisfações ao longo do tempo. A distribuição correta em ambos os casos é a que produz a satisfação máxima. A sociedade deve distribuir seus meios de satisfação, quaisquer que sejam, direitos e deveres, oportunidades e privilégios, e as diversas formas de riqueza, de modo a alcançar esse máximo, se for possível. Mas, por si só, nenhuma distribuição de satisfação é melhor do que outra, exceto que se deve preferir a distribuição mais igualitária como um critério de desempate[12]. É verdade que certos preceitos comuns de justiça, em especial aqueles que tratam da proteção das liberdades e dos direitos, ou os que expressam reivindicações de mérito, parecem contradizer essa argumentação. Mas, de uma perspectiva utilitarista, a interpretação desses preceitos e de seu caráter aparentemente peremptório é a de que esses são os preceitos que a experiência mostra que devem ser estritamente respeitados

---

12. Sobre este aspecto, cf. Sidgwick, *The Methods of Ethics*, p. 416 s.

e que só se deve afastar deles em circunstâncias excepcionais, quando se quer elevar ao máximo a soma das vantagens[13]. Contudo, como acontece com todos os outros preceitos, os da justiça são derivados do fim único de alcançar o saldo máximo de satisfação. Em princípio, não há, então, por que os ganhos maiores de alguns não possam compensar as perdas menores de outros; ou, o que é mais importante, por que a violação da liberdade de poucos não possa ser justificada pelo bem maior compartilhado por muitos. Simplesmente acontece que, na maioria das situações, pelo menos em um estágio de avanço razoável da civilização, a soma maior de vantagens não é promovida dessa maneira. Não há dúvida de que o rigor dos preceitos da justiça ditados pelo bom senso tem certa utilidade na limitação da inclinação humana para a injustiça e para atos socialmente ofensivos; mas o utilitarista acredita que é errado afirmar esse rigor como um princípio primeiro da moralidade. Assim como é racional que um homem eleve ao máximo a realização de seu sistema de desejos, também é justo que a sociedade eleve ao máximo o saldo líquido de satisfação levando em conta todos os seus membros.

A maneira mais natural, então, de chegar ao utilitarismo (embora não seja, é claro, o único modo de fazê-lo) é adotar para toda a sociedade o princípio da escolha racional para um único ser humano. Depois que se reconhece isso, logo se entende o lugar do observador imparcial e a ênfase na solidariedade na história do pensamento utilitarista. É, de fato, por meio da concepção do observador imparcial e do uso da identificação empática na orientação da nossa imaginação que o princípio adequado para uma única pessoa se aplica à sociedade. É esse observador que se supõe que realize a organização necessária dos desejos de todas as pessoas em um único sistema coerente de desejos; é por meio dessa construção que muitas pessoas se fundem

---

13. Cf. J. S. Mill, *Utilitarianism*, Cap. V, os dois parágrafos finais [trad. bras. *A liberdade/Utilitarismo*, São Paulo, Martins Fontes, 2000].

em uma só. Dotado de capacidades ideais de empatia e imaginação, o observador imparcial é o indivíduo perfeitamente racional que se identifica com os desejos dos outros e os vivencia como se fossem seus. Desse modo, ele averigua a intensidade desses desejos e lhes atribui um peso apropriado no sistema único de desejos cuja satisfação o legislador ideal tenta, então, elevar ao máximo por meio de ajuste nas normas do sistema social. Nessa concepção de sociedade, indivíduos separados são vistos como um certo número de curvas ao longo das quais se devem atribuir direitos e deveres e alocar meios escassos de satisfação, de acordo com normas que possibilitem a máxima satisfação de desejos. A natureza da decisão tomada pelo legislador ideal não é, portanto, substancialmente diferente da decisão de um empresário que decide como elevar os lucros ao máximo por meio da produção deste ou daquele produto, ou daquela de um consumidor que decide como elevar ao máximo sua satisfação por meio da compra deste ou daquele conjunto de bens. Em todos esses casos há uma única pessoa cujo sistema de desejos define a melhor distribuição de meios limitados. A decisão correta é, em essência, uma questão de administração eficiente. Essa interpretação da cooperação social é consequência de estender para a sociedade o princípio de escolha para um único ser humano e, depois, fazer com que essa extensão funcione, fundindo todas as pessoas em uma por meio dos atos imaginativos do observador imparcial empático. O utilitarismo não leva a sério a distinção entre as pessoas.

6. Alguns contrastes inter-relacionados

Afigurou-se para muitos filósofos, e isso parece encontrar apoio nas convicções do bom senso, que fazemos, como uma questão de princípio, uma distinção entre as exigências da liberdade e do direito, de um lado, e o desejo de aumentar o bem-estar agregado, de outro; e que damos certa prioridade, quando não um peso absoluto, àquelas exigências. Cada membro da sociedade é visto como possuidor de uma inviolabilidade fundamentada na justiça ou, como dizem alguns, no direito natural, à qual nem mesmo o bem-estar de todos os outros pode se sobrepor. As justiça nega que a perda da liberdade para alguns se justifique com um bem maior partilhado por outros. Fica excluído o raciocínio que equilibra os ganhos e as perdas de várias pessoas como se fossem uma só pessoa. Por conseguinte, em uma sociedade justa, as liberdades fundamentais são inquestionáveis e os direitos garantidos pela justiça não estão sujeitos a negociações políticas nem ao cálculo dos interesses sociais.

A justiça como equidade tenta justificar essas convicções de bom senso relativas à prioridade da justiça, demonstrando que são consequência dos princípios que seriam escolhidos na posição original. Esses juízos expressam as preferências racionais e a igualdade inicial das partes contratantes. Embora reconheça que, estritamente falando, sua doutrina entra em conflito com esses sentimentos de justiça, o utilitarista afirma que os preceitos de justiça ditados pelo bom senso e as noções de direito natural só têm validade subordinada como normas secundárias; eles surgem do fato de que, nas condições de uma sociedade civilizada, é de grande utilidade social obedecer a esses preceitos na maioria dos casos e só permitir sua violação em circunstâncias excepcionais. Até mesmo o zelo excessivo com que estamos propensos a afirmar esses preceitos e apelar a esses direitos ganha certa utilidade, pois contrabalança a tendência humana natural de transgredi-los de maneiras não sancionadas pela utilidade. Quando entendemos isso, a disparidade óbvia entre o princípio utilitarista e a força dessas convicções de justiça deixa de ser uma dificuldade filosófica. Assim, embora a doutrina contratualista considere sólidas as nossas convicções acerca da prioridade da justiça, o utilitarismo procura explicá-las como uma ilusão socialmente útil.

Uma segunda diferença reside no fato de que, embora o utilitarismo estenda a toda a sociedade o princípio de escolha para uma única pessoa, a justiça como equidade, por ser contratualista, supõe que os princípios da escolha social e, portanto, os princípios de justiça, são eles próprios o objeto de um acordo original. Não há motivo para supor que os princípios que devem reger uma associação de seres humanos seja uma simples extensão de princípio de escolha para um único indivíduo. Pelo contrário, se presumirmos que o princípio regulador correto para qualquer coisa depende da natureza de tal coisa, e que a pluralidade de pessoas diferentes com diversos sistemas de objetivos é uma característica essencial das sociedades humanas, não devemos esperar que os princípios da escolha social sejam utilitaristas. Na verdade, nada do que se disse até aqui demonstrou que as partes envolvidas na situação original não escolheriam o princípio de utilidade para definir as condições da cooperação social. Essa é uma questão difícil, que examinarei mais adiante. É perfeitamente possível, com base em tudo o que se sabe nesta altura, que alguma forma do princípio de utilidade fosse adotada e, por conseguinte, que a teoria contratualista acabasse por conduzir a uma justificativa mais profunda e mais tortuosa do utilitarismo. De fato, Bentham e Edgeworth às vezes insinuam uma derivação desse tipo, embora não a elaborem de maneira sistemática e, pelo que sei, também não a encontramos em Sidgwick[14]. Por ora vou apenas presumir que as pessoas presentes na posição original rejeitariam o princípio de utilidade e que adotariam, em seu lugar, pelos motivos delineados, os dois princípios de justiça já mencionados. Seja como for, partindo-se do ponto de vista da teoria contratualista, não se pode chegar a um princípio de escolha social por meio da mera extensão do princípio de prudência

---

14. Sobre Bentham, cf. *The Principles of International Law*, Essay I, em *The Works of Jeremy Bentham*, org. John Bowring (Edimburgo, 1838-1843), Vol. II, p. 537; sobre Edgeworth, cf. *Mathematical Psychics*, p. 52-6, e também as primeiras páginas de "The Pure Theory of Taxation", *Economic Journal*, Vol. 7 (1897), onde o mesmo argumento é apresentado de maneira mais sucinta. Cf., adiante, § 28.

racional para que também abarque o sistema de desejos elaborado pelo observador imparcial. Fazer isso significa não levar a sério a pluralidade e a distinção dos indivíduos, nem reconhecer como fundamento da justiça aquilo com que as pessoas estariam de acordo. Aqui podemos observar uma curiosa anomalia. Costuma-se pensar que o utilitarismo é individualista, e decerto com bons motivos. Os utilitaristas foram ardorosos defensores da liberdade e da liberdade de pensamento e afirmavam que o bem da sociedade se constitui das vantagens desfrutadas pelos indivíduos. Contudo, o utilitarismo não é individualista, pelo menos quando se chega a ele pela via mais natural de reflexão, na qual, ao fundir todos os sistemas de desejos, aplica à sociedade o princípio de escolha feito para um único indivíduo. E, assim, vemos que a segunda diferença está ligada à primeira, pois é essa fusão, e o princípio nela baseado, que submete os direitos garantidos pela justiça ao cálculo dos interesses sociais.

O último contraste que mencionarei agora é que o utilitarismo é uma teoria teleológica, ao passo que a teoria da justiça como equidade não o é. Por definição, então, a segunda é uma teoria deontológica, que não especifica o bem independentemente do justo, ou não interpreta o justo como aquilo que maximiza o bem. (Repare-se que as teorias deontológicas são definidas como não teleológicas, e não como teorias que caracterizam a correção moral das instituições e dos atos independentemente de suas consequências. Todas as doutrinas éticas dignas de atenção levam em conta as consequências ao julgar o que é certo. Aquela que não o fizesse seria simplesmente irracional, insana.) A justiça como equidade é uma teoria deontológica no segundo sentido, pois, se presumirmos que as pessoas da posição original escolheriam um princípio de liberdade igual e restringiriam as desigualdades sociais e econômicas àquelas do interesse de todos, não há motivo para pensar que as instituições justas maximizariam o bem. (Aqui suponho, com o utilitarismo, que o bem se define como a satisfação do desejo racional.) Naturalmente, não é impossível que se venha a produzir a maximização do bem, mas seria por coincidência. A questão de alcançar o mais alto saldo líquido de satisfação nunca se apresenta na justiça como equidade; esse princípio de elevação ao máximo não é usado.

Há mais um aspecto nesse contexto. No utilitarismo, a satisfação de qualquer desejo tem algum valor intrínseco que se deve levar em conta ao decidir o que é justo. No cálculo do maior saldo de satisfação, não importa, exceto indiretamente, quais são os objetos do desejo[15]. Devemos organizar as instituições de modo a obter a soma mais alta de satisfações; não questionamos sua origem nem sua qualidade, mas apenas o modo como realizá-las influiria na totalidade de bem-estar. O bem-estar social depende direta e exclusivamente dos níveis de satisfação ou insatisfação dos indivíduos. Assim, se os seres humanos têm certo prazer em discriminar uns aos outros, na sujeição de outrem a um grau inferior de liberdade como meio de aumentar seu autorrespeito, então a satisfação desses desejos deve ser avaliada em nossas deliberações segundo sua intensidade, ou qualquer outro parâmetro, juntamente com outros desejos. Se a sociedade decidir negar-lhes a satisfação, ou suprimi-los, será porque esses desejos tendem a ser socialmente destrutivos e se pode obter um bem-estar maior de outras maneiras.

Na justiça como equidade, por outro lado, as pessoas aceitam de antemão um princípio de liberdade igual, e sem conhecer seus próprios objetivos específicos. Implicitamente concordam, portanto, em adaptar as concepções de seu próprio bem àquilo que os princípios de justiça exigem, ou pelo menos em não reivindicar nada que os transgrida. O indivíduo que descobre gostar de ver outros em situações de liberdade menor compreende que não tem direito algum a essa satisfação. O prazer que sente com as privações alheias é errado em si mesmo: é uma satisfação que requer a transgressão de um princípio com o qual ele con-

---

15. Bentham, *The Principles of Morals and Legislation*, Cap. I, Seção IV.

cordaria na posição original. Os princípios do direito e, portanto, da justiça impõem limites a quais satisfações têm valor; impõem restrições ao que são concepções razoáveis do bem individual. Ao elaborar planos e ao decidir acerca de aspirações, os indivíduos devem levar em conta essas restrições. Por conseguinte, na justiça como equidade, não se tomam as propensões e as inclinações das pessoas como dadas, sejam quais forem, para depois se procurar a melhor maneira de realizá-las. Pelo contrário, os desejos e aspirações individuais são restringidos desde o início pelos princípios de justiça que especificam os limites que os sistemas humanos de objetivos devem respeitar. Podemos expressar essa ideia dizendo que na justiça como equidade o conceito do justo precede o do bem. Um sistema social justo define o âmbito dentro do qual os indivíduos devem criar seus objetivos, e serve de estrutura de direitos e oportunidades e meios de satisfação, dentro da qual e pela qual se pode procurar alcançar esses fins. A prioridade da justiça se explicita, em parte, afirmando-se que os interesses que exigem violação da justiça não têm nenhum valor. Não tendo mérito absolutamente nenhum, não podem anular as exigências da justiça[16].

Essa prioridade do justo sobre o bem na justiça como equidade acaba sendo a característica principal dessa concepção. Isso impõe certos critérios à moldagem da estrutura básica como um todo; esses critérios não devem gerar propensões e comportamentos contrários aos dois princípios de justiça (isto é, a certos princípios que recebem um teor definido desde o início) e devem garantir a estabilidade das instituições justas. Assim, impõem-se certos limites iniciais ao que é bom e quais formas de caráter são moral-

---

16. A prioridade do justo é uma das principais características da ética kantiana. Cf., por exemplo, *The Critique of Practical Reason*, Cap. II, Livro I da Parte I, esp. p. 62-5 do Vol. 5 de *Kants Gesammelte Schriften, Preussische Akademie der Wissenschaften* (Berlim, 1913). Há uma formulação clara em "Theory and Practice" (para abreviar o título), *Political Writings*, p. 67 s.

mente dignas, e também aos tipos de pessoa que os seres humanos devem ser. Ora, qualquer teoria da justiça define alguns limites desse tipo, isto é, os limites necessários para que seus princípios primeiros possam ser satisfeitos nas circunstâncias vigentes. O utilitarismo exclui os desejos e as inclinações que, se incentivados ou permitidos em determinadas situações, levem a um menor saldo líquido de satisfação. Mas essa restrição é muito geral e, na ausência de conhecimentos pormenorizados das circunstâncias, não indica com precisão quais são esses desejos e essas inclinações. Por si só, isso não constitui objeção ao utilitarismo. É apenas uma característica da doutrina utilitarista essa grande dependência de fatos e contingências da vida humana para decidir quais formas de caráter moral se devem incentivar numa sociedade justa. O ideal moral da justiça como equidade se incorpora de uma forma muito mais profunda nos princípios primeiros da teoria ética. Isso é característico de doutrinas de direitos naturais (a tradição contratualista) em comparação com a teoria da utilidade.

Ao expor essas diferenças entre a justiça como equidade e o utilitarismo, pensei apenas na doutrina clássica. Essa é a tese de Bentham e Sidgwick e dos economistas utilitaristas Edgeworth e Pigou. O tipo de utilitarismo adotado por Hume não serviria aos meus objetivos; na verdade, não é utilitarista, estritamente falando. Em seus famosos argumentos contra a teoria contratualista de Locke, por exemplo, Hume afirma que os princípios da fidelidade e da obediência se fundamentam ambos na utilidade e que, portanto, nada se ganha quando se baseia a obrigação política num contrato original. A doutrina de Locke representa, para Hume, uma complicação desnecessária: podia-se muito bem apelar logo à utilidade[17]. Mas parece que por utilidade Hume só está entendendo os interesses e necessidades genéricos da sociedade. Os princípios de fidelidade e obe-

---

17. "Of the Original Contract", *Essays: Moral, Political, and Literary*, org. T. H. Green e T. H. Grose, Vol. I (Londres, 1875), p. 454 s.

diência provêm da utilidade no sentido em que a manutenção da ordem social só é possível se esses princípios forem geralmente respeitados. Mas o que Hume supõe é que cada um tem possibilidade de se beneficiar, considerando-se sua vantagem a longo prazo, quando a lei e o Estado se conformam aos preceitos fundamentados na utilidade. Não há menção aos ganhos de alguns compensarem as desvantagens de outros. Na opinião de Hume, então, parece que a utilidade é idêntica a alguma forma de bem comum; as instituições satisfazem suas exigências quando servem aos interesses de todos, pelo menos a longo prazo. Se essa interpretação de Hume estiver correta, não há, à primeira vista, nenhum conflito com a prioridade da justiça nem incompatibilidade alguma com a doutrina contratualista de Locke. O papel dos direitos iguais em Locke é precisamente garantir que os únicos afastamentos permissíveis do estado de natureza sejam os que respeitam esses direitos e servem ao interesse comum. Está claro que todas as transformações do estado de natureza que Locke aprova satisfazem essa condição e são tais que homens racionais interessados em promover seus objetivos poderiam concordar com elas num estado de igualdade. Hume não contesta a propriedade dessas injunções. Sua crítica à doutrina contratualista de Locke em momento algum nega, e nem mesmo parece reconhecer, a tese fundamental dessa doutrina.

O mérito da doutrina clássica, conforme formulada por Bentham, Edgeworth e Sidgwick, é reconhecer com clareza o que está em questão, isto é, a prioridade relativa dos princípios de justiça e dos direitos derivados desses princípios. A questão é saber se a imposição de desvantagens a alguns pode ser contrabalançada por uma soma maior de vantagens desfrutadas por outros; ou se o peso da justiça requer liberdade igual para todos e só se permitem as desigualdades econômicas e sociais que forem de interesse de todos. Implícita nas comparações entre o utilitarismo clássico e a justiça como equidade há uma diferença nas concepções fundamentais da sociedade. Em um caso, pensamos a sociedade bem-ordenada como um sistema de cooperação para vantagens recíprocas regulado por princípios que seriam escolhidos em uma situação inicial equitativa; no outro, como a administração eficiente dos recursos sociais a fim de elevar ao máximo a satisfação do sistema de desejos construído pelo observador imparcial a partir dos inúmeros sistemas de desejos aceitos como dados. A comparação com o utilitarismo clássico em sua derivação mais natural ressalta esse contraste.

7. O intuicionismo

Tratarei do intuicionismo de maneira mais genérica do que é usual: isto é, como a doutrina segundo a qual existe um conjunto irredutível de princípios fundamentais que devemos pesar e comparar, perguntando-nos qual equilíbrio, no nosso juízo ponderado, é o mais justo. Uma vez que atingimos um determinado nível de generalidade, o intuicionista afirma que não existem critérios construtivos de ordem superior para decidir qual é a ênfase apropriada a ser dada a princípios rivais de justiça. Embora a complexidade dos fatos morais requeira vários princípios distintos, não existe um padrão único que dê conta deles ou lhes atribua pesos. As teorias intuicionistas têm, então, duas características: primeiro, consistem em uma pluralidade de princípios fundamentais que podem entrar em conflito e oferecer diretrizes contrárias em certos casos; segundo, não contam com nenhum método explícito, nenhuma regra de prioridade, para comparar esses princípios entre si: temos de chegar ao equilíbrio por meio da intuição, por meio do que nos parece aproximar-se mais do que é justo. Ou, se houver normas de prioridade, estas são tidas como mais ou menos triviais e não oferecem grande ajuda para se chegar a um juízo[18].

---

18. Teorias intuicionistas desse tipo podem ser encontradas em Brian Barry, *Political Argument* (Londres, Routledge and Kegan Paul, 1965), esp. p. 4-8, 286 s.; R. B. Brandt, *Ethical Theory* (Englewood Cliffs, N.J., Prentice-Hall,

Várias outras teses em geral se associam ao intuicionismo. Por exemplo, a de que os conceitos do justo e do bem não são analisáveis, de que os princípios morais, quando adequadamente formulados, expressam proposições evidentes por si mesmas sobre reivindicações morais legítimas, e assim por diante. Mas deixarei essas questões de lado. Essas doutrinas epistemológicas típicas não são parte essencial do intuicionismo conforme eu o entendo. Talvez fosse melhor se falássemos do intuicionismo nesse sentido amplo como uma forma de pluralismo. Ainda assim, uma concepção de justiça pode ser pluralista sem exigir que avaliemos seus princípios por intuição. Ela pode conter as normas de prioridade necessárias. Para salientar o apelo direto ao nosso juízo ponderado ao realizar o equilíbrio de princípios, parece apropriado pensar o intuicionismo dessa maneira mais genérica. Até que ponto essa visão está comprometida com certas teorias epistemológicas já é outra questão.

Assim entendido, há muitas espécies de intuicionismo. São desse tipo não só as nossas opiniões cotidianas, mas talvez a maioria das doutrinas filosóficas. Um modo de distinguir entre os diversos intuicionismos é observar o nível

---

Inc., 1959), p. 404, 426, 429 s., texto no qual o princípio de utilidade está associado a um princípio de igualdade; e Nicholas Rescher, *Distributive Justice* (Nova York, Bobbs-Merrill, 1966), p. 35-41, 115-21, em que restrições análogas são introduzidas pelo conceito da média efetiva. Robert Nozick discute alguns dos problemas no desenvolvimento desse tipo de intuicionismo em "Moral Complications and Moral Structures", *Natural Law Forum*, Vol. 13 (1968).

No sentido tradicional, o intuicionismo contém certas teses epistemológicas como, por exemplo, as que dizem respeito à evidência por si mesma e à necessidade dos princípios morais. Algumas obras representativas desse caso: G. E. Moore, *Principia Ethica* (Cambridge, The University Press, 1903), esp. os Caps. I e VI; os ensaios e palestras de H. A. Prichards em *Moral Obligation* (Oxford, The Clarendon Press, 1949), esp. o primeiro ensaio, "Does Moral Philosophy Rest on a Mistake?" (1912); W. D. Ross, *The Right and the Good* (Oxford, The Clarendon Press, 1930). Cf. também o tratado escrito no século XVIII por Richard Price, *A Review of the Principal Questions of Morals*, 3.ª ed., 1787, org. D. D. Raphael (Oxford, The Clarendon Press, 1948). Sobre essa forma clássica do intuicionismo, cf. H. J. McCloskey, *Meta-Ethics and Normative Ethics* (Haia, Martinis Nijhoff, 1969).

de generalidade de seus princípios. O intuicionismo do bom senso assume a forma de grupos de preceitos bem específicos, cada grupo dedicado a determinado problema de justiça. Há um grupo de preceitos que se aplica à questão do salário justo; outro à questão da tributação; outro ainda à questão das penalidades etc. Para chegar à ideia de um salário justo, digamos, devemos de algum modo equilibrar diversos critérios concorrentes como, por exemplo, as credenciais de capacitação, treinamento, esforço, responsabilidade e os riscos do trabalho, bem como levar em consideração a necessidade. Presume-se que ninguém se decidiria com base em um só desses preceitos; e é preciso chegar a algum equilíbrio entre eles. A definição de salários pelas instituições existentes também representa, de fato, certa ponderação dessas reivindicações. Essa ponderação, todavia, costuma sofrer a influência das exigências de interesses sociais diversos e, portanto, de posições relativas de poder e influência. Por conseguinte, é possível que não se adapte à concepção de salário justo de ninguém. Isso pode muito bem acontecer porque aqueles que têm interesses diferentes provavelmente darão ênfase aos critérios que favoreçam seus objetivos. Os que têm mais capacidade e educação estão propensos a salientar as alegações de habilidade e treinamento, ao passo que os que não contam com essas vantagens insistem na alegação de necessidade. Mas as nossas ideias cotidianas de justiça não sofrem influência só da nossa situação; nelas também repercutem os costumes e as expectativas vigentes. E com que critérios devemos avaliar a justiça dos próprios costumes e a legitimidade dessas expectativas? Para chegar a algum entendimento e consenso que vá além de mera solução *de facto* para interesses conflitantes, e do recurso a convenções existentes e a expectativas consagradas, é necessário recorrer a um sistema mais geral para definir o equilíbrio dos preceitos, ou pelo menos confiná-los dentro de limites mais estritos.

Assim, podemos refletir sobre os problemas de justiça remetendo-nos a certos objetivos da política social. Contudo, é provável que também esse método se apóie na intuição, pois normalmente consiste em equilibrar objetivos sociais e econômicos diversos. Por exemplo, vamos supor que a eficiência alocativa, o pleno emprego, uma renda nacional mais elevada e sua distribuição mais igualitária sejam aceitos como objetivos sociais. Então, dadas a ponderação desejada desses fins e a configuração institucional existente, os preceitos de salários justos, da tributação justa etc. receberão a devida ênfase. Para se obterem maior eficiência e equidade, pode-se adotar a diretriz de salientar a capacidade e esforço no cálculo dos salários e deixar que o preceito da necessidade seja negociado de outra forma, talvez por meio de transferências de bem-estar social. Um intuicionismo acerca dos fins sociais serve de base para decidir se a forma de determinar salários justos faz sentido em vista dos impostos a serem cobrados. O modo de equilibrar os preceitos em um grupo se ajusta ao modo de equilibrá-los em outro grupo. Assim conseguimos certa coerência nas nossas avaliações da justiça; ultrapassamos uma conciliação *de facto* estreita de interesses e chegamos a uma perspectiva mais ampla. Naturalmente, ainda ficamos com o apelo à intuição na ponderação dos próprios fins políticos de ordem superior. Essas outras ponderações não são, em hipótese alguma, variações triviais, mas muitas vezes correspondem a convicções políticas profundamente divergentes.

Os princípios das concepções filosóficas são do tipo mais geral. Além de se destinarem a justificar os objetivos da política social, a ênfase dada a eles deve, consequentemente, definir o equilíbrio desses objetivos. À guisa de ilustração, vamos discutir um conceito bem simples, porém conhecido, fundamentado na dicotomia acumulação/distribuição. Ele tem dois princípios: a estrutura básica da sociedade deve ser planejada primeiro para produzir o maior bem no sentido de máximo saldo líquido de satisfação e, em segundo lugar, para distribuir as satisfações de maneira igualitária. Ambos os princípios têm, naturalmente, cláusulas *ceteris paribus*. O primeiro princípio, o da utilidade, funciona nesse caso como modelo de eficiência, instigando-nos a produzir o máximo possível, permanecendo constantes as demais condições, ao passo que o segundo princípio serve como um padrão de justiça, restringindo a busca do bem-estar agregado e nivelando a distribuição de vantagens.

Essa concepção é intuicionista porque não conta com uma regra de prioridade para decidir como esses dois princípios devem se equilibrar entre si. A atribuição de pesos muito diferentes é compatível com a aceitação desses princípios. Não resta dúvida de que é natural formular certas hipóteses acerca de como a maioria das pessoas os equilibraria. Em primeiro lugar, em combinações diferentes de satisfação total e de graus de igualdade, é provável que atribuíssemos pesos diferentes a esses princípios. Por exemplo, se houver uma grande satisfação total, porém desigualmente distribuída, talvez achássemos mais urgente aumentar a igualdade do que se o grande bem-estar agregado já estivesse igualmente distribuído. Podemos demonstrar isso de maneira mais formal recorrendo às curvas de indiferença dos economistas[19]. Vamos supor que é possível estimar até que ponto determinados arranjos da estrutura básica satisfazem esses princípios e representar a satisfação total no eixo positivo das abscissas e a igualdade no eixo positivo das coordenadas. (Pode-se imaginar que este tem seu limite superior no ponto de igualdade perfeita.) Agora podemos representar com um ponto no plano o grau em que determinado arranjo da estrutura básica satisfaz esses princípios.

Fica patente que um ponto que está a nordeste de outro é um arranjo melhor: é superior em ambos os aspectos. Por exemplo, o ponto B é melhor que o ponto A na figura 1. As curvas da indiferença se formam pela ligação dos pontos considerados igualmente justos. Assim, a curva I da figura 1

---

19. Sobre o emprego deste recurso para ilustrar concepções intuicionistas, cf. Barry, *Political Argument*, p. 3-8. Praticamente todos os livros sobre teoria da demanda ou economia do bem-estar social trazem uma exposição. W. J. Baumol, *Economic Theory and Operations Analysis*, 2.ª ed. (Englewood Cliffs N.J., Prentice-Hall, Inc.,1965), Cap. IX, é uma explicação acessível.

FIGURA 1

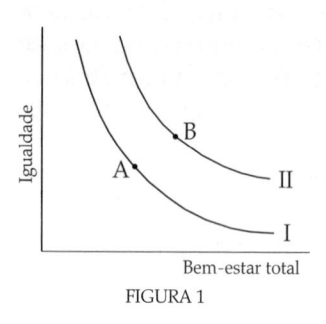

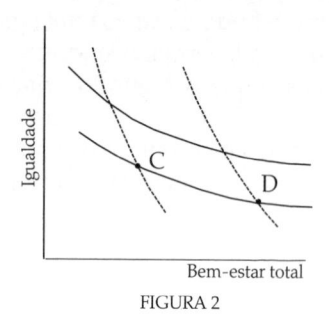

(Eixos: Igualdade × Bem-estar total; curvas I e II, com pontos A e B)

FIGURA 2

(Eixos: Igualdade × Bem-estar total; curvas contínuas e tracejadas, com pontos C e D)

é formada pelos pontos de valor igual ao do ponto A naquela curva; a curva II é constituída pelos pontos que estão no mesmo nível do ponto B, e assim por diante. Podemos supor que essas curvas descem obliquamente para a direita e também que não se cruzam, senão os juízos que representam seriam incoerentes. A inclinação da curva em qualquer ponto expressa os pesos relativos da igualdade e da satisfação total na combinação representada pelo ponto; a alteração da inclinação na curva de indiferença demonstra como a urgência relativa dos princípios muda à medida que são mais ou menos satisfeitos. Assim, ao percorrer quaisquer das curvas de indiferença da figura 1, vemos que, conforme a igualdade diminui, uma elevação cada vez maior da soma das satisfações é necessária para compensar uma diminuição ulterior na igualdade.

Ademais, há ponderações bem diferentes que são compatíveis com esses princípios. Vamos supor que a figura 2 representa os juízos de duas pessoas. As linhas contínuas representam os juízos da pessoa que atribui peso relativamente forte à igualdade, ao passo que as linhas tracejadas representam os juízos da outra pessoa, que atribui peso relativamente grande ao bem-estar total. Assim, enquanto a primeira pessoa julga o arranjo D igual ao C, a segunda julga D superior. Essa concepção de justiça não impõe limites a quais sejam as ponderações corretas e, portanto, permite que cada pessoa chegue a um equilíbrio diferente de princípios. Não obstante, se essa concepção intuicionista tivesse de se adaptar aos nossos juízos ponderados após cuidadosa reflexão, de modo algum perderia a importância. Pelo menos isolaria os critérios importantes, os eixos óbvios, por assim dizer, dos nossos juízos ponderados acerca da justiça social. O intuicionista espera que, identificados esses eixos, ou princípios, as pessoas irão, de fato, equilibrá-los de maneira mais ou menos semelhante, pelo menos quando forem imparciais, e não motivadas por uma atenção excessiva aos interesses próprios. Ou, se isso não acontecer, podem pelo menos concordar com algum sistema por meio do qual suas atribuições de pesos encontrem um meio-termo.

É essencial observar que o intuicionista não nega que possamos descrever o modo como equilibramos princípios concorrentes, ou como qualquer pessoa o faz, supondo-se que os avaliemos de maneiras distintas. O intuicionista aceita a possibilidade de que esses pesos sejam representados por curvas de indiferença. Conhecendo a descrição desses pesos, os julgamentos a serem feitos são previsíveis. Nesse sentido, esses juízos têm uma estrutura coerente e definida. Naturalmente, pode-se alegar que, sem que estejamos cientes disso, podemos deixar que a atribuição de pesos seja guiada por outros critérios ou pela melhor maneira de se chegar a determinado fim. Talvez os pesos que atribuímos sejam os que resultariam se tivéssemos de aplicar esses critérios ou perseguir esse fim. Admite-se que qualquer equilíbrio de princípios está sujeito à interpretação nesse sentido. Mas o intuicionista afirma que, de fato, tal interpretação não existe. Ele argumenta que não há uma concepção ética discernível que fundamente esses pesos. Uma figura geométrica, ou uma função matemática, pode descrevê-los, mas não há critérios morais construtivos que definam sua razoabilidade. O intuicionismo afirma que em nossos juízos da justiça social só o que é possível é chegar por fim a uma pluralidade de princípios fundamentais a respeito dos quais só podemos dizer que nos parece mais correto equilibrá-los de certa maneira, e não de outra.

Não há nada de intrinsecamente irracional nessa doutrina intuicionista. De fato, ela pode ser verdadeira. Não podemos presumir que nossos juízos acerca da justiça social só devem provir de princípios reconhecidamente éticos. O intuicionista acredita, pelo contrário, que a complexidade dos fatos morais desafia nossos esforços de oferecer uma explicação plena dos nossos juízos e exige uma pluralidade de princípios concorrentes. Ele argumenta que as tentativas de ir além desses princípios ou se reduzem a trivialidade, como quando se diz que justiça social é dar a cada pessoa o que lhe é devido, ou levam à falsidade e à simplificação excessivas, como quando se resolve tudo por meio do princípio de utilidade. Por conseguinte, a única maneira de refutar o intuicionismo consiste em apresentar critérios reconhecidamente éticos para explicar os pesos, que, nos nossos juízos ponderados, achamos apropriado atribuir à pluralidade de princípios. A refutação do intuicionismo consiste em apresentar o tipo de critério construtivo que se afirma não existir. Na verdade, a ideia de princípio reconhecidamente ético é vaga, embora seja fácil dar muitos exemplos extraídos da tradição e do bom senso. Mas a discussão abstrata dessa ideia é inútil. O intuicionista e seu crítico terão de resolver essa questão depois que este houver apresentado sua interpretação mais sistemática.

Pode-se perguntar se as teorias intuicionistas são teleológicas ou deontológicas. Podem ser de ambos os tipos, e qualquer teoria ética está destinada a depender de certo grau de intuição em muitos aspectos. Por exemplo, alguém poderia afirmar, como o fez Moore, que a afeição pessoal e o entendimento humano, a criação e a contemplação da beleza, e a aquisição e a apreciação de conhecimentos são os bens mais importantes, juntamente com o prazer[20]. E alguém poderia também afirmar (o que Moore não o fez) que esses são os únicos bens intrínsecos. Uma vez que esses valores são especificados independentemente do justo, temos uma teoria teleológica do tipo perfeccionista se o justo é definido como aquilo que maximiza o bem. Não obstante, ao ava-

---

20. Cf. *Principia Ethica*, Cap. VI. A natureza intuicionista da doutrina de Moore está assegurada por seu princípio da unidade orgânica, p. 27-31.

liar o que produz o bem maior, a teoria talvez afirme que é preciso recorrer à intuição para equilibrar esses valores entre si: talvez diga que não existem critérios substanciais para nos orientar nisso. Não raro, porém, as teorias intuicionistas são deontológicas. Na formulação definitiva de Ross, a distribuição de coisas boas segundo o valor moral (justiça distributiva) está entre os bens que devem ser promovidos; e, embora o princípio da maximização do bem esteja classificado como princípio fundamental, é apenas um dos princípios que precisam ser ponderados pela intuição em comparação com as exigências dos outros princípios *prima facie*[21]. A característica distintiva das teses intuicionistas, então, não é serem teleológicas ou deontológicas, mas o lugar de destaque especial que conferem ao recurso a nossas capacidades intuitivas, sem a orientação de critérios construtivos e reconhecidamente éticos. O intuicionismo nega que exista uma solução explícita e útil para o problema da prioridade. Passo agora a uma breve discussão dessa questão.

8. O problema da prioridade

Vimos que o intuicionismo levanta a questão de até que grau é possível oferecer uma interpretação sistemática dos nossos juízos ponderados acerca do que é justo e do que é injusto. Ele afirma, em especial, que não se pode dar nenhuma solução ao problema de atribuir pesos a princípios concorrentes de justiça. Pelo menos nesse ponto, precisamos confiar nas nossas capacidades intuitivas. O utilitarismo clássico tenta, é claro, evitar totalmente o apelo à intuição. É uma concepção de um único princípio, com um único e supremo critério; o ajuste dos pesos é, pelo menos em teoria, definido por remissão ao princípio de utilidade. Mill achava que devia haver um único critério dessa natureza, caso contrário não haveria como arbitrar entre critérios

---

21. Cf. W. D. Ross, *The Right and the Good*, p. 21-7.

adversários, e Sidgwick argumenta exaustivamente que o princípio utilitarista é o único que pode assumir esse papel. Ambos afirmam que nossos juízos morais são implicitamente utilitaristas, pois, quando enfrentam um choque de preceitos, ou de ideias vagas e imprecisas, não temos alternativa além de adotar o utilitarismo. Mill e Sidgwick acreditam que, em algum momento, precisamos recorrer a um único princípio para pôr em ordem e sistematizar nossos juízos[22]. É inegável que um dos grandes atrativos da doutrina clássica é o modo como encara o problema da prioridade e tenta não depender da intuição.

Conforme já salientei, não há nada de obrigatoriamente irracional no apelo à intuição para resolver problemas de prioridade. Devemos reconhecer a possibilidade de que não haja como eliminar a pluralidade de princípios. Sem dúvida, qualquer concepção de justiça deverá até certo ponto confiar na intuição. Não obstante, devemos fazer o que for possível para reduzir o recurso direto aos nossos juízos ponderados, pois, se as pessoas avaliam princípios últimos de forma distinta, como se presume que o façam com frequência, suas concepções de justiça são diferentes. A atribuição de pesos é parte essencial, e não secundária, da concepção de justiça. Se não soubermos explicar como se devem definir esses pesos por meio de critérios éticos razoáveis, os meios de discussão racional chegam ao fim. Pode-se dizer que uma concepção de justiça intuicionista é apenas uma meia-concepção. Devemos fazer o que nos for possível para formular princípios explícitos para o problema da prioridade, embora não se possa eliminar totalmente a dependência na intuição.

Na justiça como equidade, o papel da intuição é limitado de várias maneiras. Por ser a questão toda bastante difí-

---

22. Sobre Mill, cf. *A System of Logic*, Livro VI, Cap. XII, § 7; e *Utilitarianism*, Cap. V, §§ 26-31, onde ele usa essa argumentação em conexão com os preceitos de justiça fundamentados no bom senso. Sobre Sidgwick, cf. *The Methods of Ethics*, por exemplo, Livro IV, Caps. II e III, que resumem boa parte da argumentação do Livro III.

cil, farei aqui apenas alguns comentários cujo significado pleno só ficará claro mais adiante. O primeiro problema está ligado ao fato de que os princípios da justiça são os que seriam escolhidos na posição original. São resultantes de determinada situação de escolha. Sendo racionais, as pessoas presentes na posição original reconhecem que devem levar em conta a prioridade desses princípios. Se desejam definir padrões consensuais para julgar suas reivindicações mútuas, precisam de princípios para a atribuição de pesos. Não podem supor que seus juízos intuitivos acerca da prioridade serão sempre iguais; em razão de suas posições diferentes na sociedade, decerto não o serão. Assim, imagino que na posição original as partes tentam chegar a algum consenso com relação a como equilibrar os princípios da justiça. Parte do valor da ideia da escolha de princípios é que os motivos de sua adoção inicial também podem lhes conferir certos pesos. Visto que na justiça como equidade os princípios da justiça não são considerados evidentes por si mesmos, mas sim têm sua justificativa no fato de que seriam escolhidos, podemos encontrar nos fundamentos da aceitação desses princípios alguma orientação ou limitação acerca de como equilibrá-los. Dada a posição original, talvez fique claro que certas regras de prioridade são preferíveis a outras, em grande parte pelos mesmos motivos que definem a aceitação inicial dos princípios. Ao se enfatizar o papel da justiça e as características iniciais da situação de escolha, o problema da prioridade pode tornar-se mais fácil de resolver.

Uma segunda possibilidade é a de que venhamos a encontrar princípios que podem ser inseridos no que chamarei de ordem serial ou léxica[23]. (O termo correto é "lexico-

---

23. O termo "lexicográfico" provém do fato de que o exemplo mais conhecido desse tipo de ordenação é o das palavras no dicionário. Para ver isso, vamos substituir as letras por números, trocando "a" por "1", "b" por "2", e assim por diante, e depois classificar as sequências numerais resultantes da esquerda para a direita, indo para a esquerda apenas quando necessário para desfazer empates. Em geral, não se pode representar a ordenação léxica por meio de uma função de utilidade contínua com valores reais; tal classificação transgride o pressuposto da continuidade. Cf. I. F. Pearce, *A Contribution to*

-gráfico", mas é muito incômodo.) É uma ordem que nos exige a satisfação do primeiro princípio da ordenação para que possamos passar ao segundo; do segundo para passar ao terceiro, e assim por diante. Determinado princípio só entra em ação depois que os anteriores a ele estejam totalmente satisfeitos ou não se apliquem. A ordenação em série evita, então, a necessidade de equilibrar princípios; os princípios anteriores na série têm um peso absoluto, por assim dizer, com relação aos posteriores, e valem sem exceção. Podemos considerar essa ordenação análoga a uma sequência de princípios limitados de maximização, pois nesse caso temos de supor que qualquer princípio da série só deve ser maximizado depois que os precedentes forem plenamente satisfeitos. Como exemplo de caso especial impor-

---

Demand Analysis (Oxford, The Clarendon Press, 1946), p. 22-7; e A. K. Sen, *Collective Choice and Social Welfare* (San Francisco, Holden-Day, 1970), p. 34 s. Cf. outras referências em H. S. Houthakker, "The Present State of Consumption Theory", *Econometrica*, Vol. 29 (1961), p. 710 s.

    O conceito de ordem léxica aparece ocasionalmente na história da filosofia moral, embora não seja discutido de modo explícito. Há exemplo claro disso em Hutcheson, *A System of Moral Philosophy* (1755). Ele propõe que, na comparação de prazeres da mesma espécie, usemos sua duração e sua intensidade; na comparação de prazeres de espécies diferentes devemos considerar duração e dignidade em conjunto. Prazeres de espécies mais elevadas podem ter valor mais alto do que os de espécies mais inferiores, por maiores que sejam sua intensidade e sua duração. Cf. L. A. Selby-Bigge, *British Moralists*, Vol. I (Oxford, 1897), p. 421-3. A famosa tese de J. S. Mill em *Utilitarianism*, Cap. II, §§ 6-8, é semelhante à de Hutcheson. Também é natural classificar o valor moral como lexicalmente anterior a valores não morais. Cf., por exemplo, Ross, *The Right and the Good*, p. 149-54. E, naturalmente, a primazia da justiça comentada no § 11, bem como a prioridade do justo como aparece em Kant, é outro caso desse tipo de ordenação.

    A teoria da utilidade na economia começou com um reconhecimento implícito da estrutura hierárquica das necessidades e da prioridade das ponderações morais. Isso está claro em W. S. Jevons, *The Theory of Political Economy* (Londres, 1871), p. 27-32. Jevons defende uma concepção análoga à de Hutcheson e restringe o uso do cálculo da utilidade do economista à classe mais baixa de sentimentos. Cf. discussão da hierarquia das necessidades e da sua relação com a teoria da utilidade em Nicholas Georgescu-Roegen, "Choice, Expectations, and Measurability", *Quarterly Journal of Economics*, Vol. 68 (1954), esp. p. 510-20.

tante, proporei uma ordenação desse tipo classificando o princípio da liberdade igual antes do princípio que rege as desigualdades sociais e econômicas. Isso significa, de fato, que a estrutura básica da sociedade deve organizar as desigualdades de riqueza e autoridade de maneiras compatíveis com as liberdades iguais exigidas pelo princípio anterior. Decerto o conceito de ordem léxica, ou serial, não parece muito promissor à primeira vista. Na verdade, parece ofender o nosso senso de moderação e discernimento. Ademais, pressupõe que os princípios dessa ordem sejam de um tipo bastante especial. Por exemplo, se os princípios anteriores não tiverem aplicação limitada e não estabelecerem exigências definidas que possam ser cumpridas, os princípios posteriores jamais entrarão em ação. Assim, o princípio da liberdade igual pode assumir uma posição anterior, já que pode, vamos supor, ser satisfeito. Todavia, se o princípio de utilidade viesse antes, tornaria inúteis todos os critérios subsequentes. Tentarei demonstrar que, pelo menos em certas circunstâncias sociais, a classificação serial dos princípios da justiça é uma solução aproximada para o problema da prioridade.

Por fim, pode-se reduzir a dependência na intuição levantando-se questões mais limitadas e substituindo-se o juízo moral pelo prudencial. Assim, alguém que se depare com os princípios de uma concepção intuicionista pode responder que, sem algumas diretrizes para a deliberação, não sabe o que dizer. Pode afirmar, por exemplo, que não conseguiria equilibrar a utilidade total com a igualdade de distribuição das satisfações. As ideias envolvidas nesse caso não são apenas abstratas e abrangentes demais para que essa pessoa possa confiar em seu juízo, mas há enormes complicações na interpretação do que significam. A dicotomia agregação/distribuição é, sem dúvida, uma ideia sedutora, mas nesse caso não há como lidar com ela. Essa dicotomia não decompõe o problema da justiça social em partes suficientemente pequenas. Na justiça como equidade, o apelo à intuição é enfocado de duas maneiras. Primeiro, especificamos determinada posição no sistema social a partir da qual se vai julgar o sistema e, depois, perguntamos se, do ponto de vista de um homem representativo nessa posição, seria racional preferir um dado arranjo da estrutura básica em vez de outro. Dados certos pressupostos, as desigualdades sociais e econômicas devem ser julgadas em termos das expectativas a longo prazo do grupo social menos favorecido. Naturalmente, a especificação desse grupo não é muito precisa, e decerto os nossos juízos prudenciais também concedem grande abrangência à intuição, já que talvez não saibamos formular o princípio que os define. Não obstante, formulamos uma pergunta muito mais limitada e substituímos um juízo ético por um juízo de prudência racional. Quase sempre fica bem claro como devemos decidir. A dependência da instituição é agora de natureza distinta e bem inferior àquela da dicotomia agregação/distribuição da concepção intuicionista.

Ao tratar do problema da prioridade, a tarefa é reduzir, e não eliminar totalmente, a nossa dependência de juízos intuitivos. Não há motivo para supor que podemos evitar todos os apelos à intuição, de qualquer espécie, ou que deveríamos tentar fazê-lo. A finalidade prática é alcançar um consenso de julgamento razoavelmente confiável, a fim de obter uma concepção comum de justiça. Se os juízos intuitivos das pessoas sobre a prioridade forem semelhantes, não importa, na prática, que elas não consigam formular os princípios que justificam essas convicções, ou mesmo se esses princípios existem. Juízos opostos, porém, criam uma dificuldade, pois a base para arbitrar exigências conflitantes torna-se obscura. Assim, nosso objetivo deveria ser formular uma concepção de justiça que, por mais que apele à intuição, ética ou prudencial, se incline a fazer convergir nossos juízos ponderados acerca da justiça. Se tal concepção existe de fato, então, do ponto de vista da posição original, haveria fortes motivos para aceitá-la, pois é racional introduzir maior coerência nas nossas convicções compartilhadas acerca da justiça. Na verdade, quando nossa análise parte do ponto de vista da posição inicial, o problema da prioridade não é o de como lidar com a complexidade de fatos morais já dados e que não podem ser alterados. Mais precisamente, o problema é formular propostas razoáveis e em geral aceitáveis para produzir o consenso desejado nos juízos. Na doutrina contratualista, os fatos morais são definidos pelos princípios que seriam escolhidos na posição original. Esses princípios especificam que ponderações são pertinentes do ponto de vista da justiça social. Já que cabe às pessoas que estão na posição original escolher esses princípios, também cabe a elas decidir quão simples ou quão complexos querem que os fatos morais sejam. O acordo original define até que ponto estão preparadas para transigir e simplificar para definir as normas de prioridade necessárias para uma concepção comum de justiça.

Avaliei duas maneiras simples e óbvias de tratar construtivamente do problema da prioridade: a saber, por meio de um único princípio geral, ou por meio de uma pluralidade de princípios em ordem léxica. Decerto existem outras maneiras, mas não indagarei quais poderiam ser. As teorias morais tradicionais são, em sua maioria, intuicionistas ou se fundamentam num princípio único, e a elaboração de uma ordenação serial já é novidade suficiente para um primeiro passo. Embora pareça claro que, em geral, a ordem léxica não pode ser rigorosamente correta, pode ser um método esclarecedor em certas condições especiais, embora significativas (§ 82). Assim, pode indicar a estrutura mais ampla das concepções de justiça e sugerir os caminhos ao longo dos quais será possível encontrar um melhor ajuste.

9. Algumas observações acerca da teoria moral

Neste ponto, para evitar mal-entendidos, parece desejável discorrer um pouco sobre a natureza da teoria moral. Vou fazê-lo por meio da explicação mais pormenorizada do conceito de juízo ponderado em equilíbrio reflexivo e dos motivos para introduzi-lo[24].

---

24. Nesta seção, baseio-me na perspectiva geral de "Outline of a Procedure for Ethics", *Philosophical Review*, Vol. 60 (1951).

Vamos supor que toda pessoa que passa de determinada idade e que possua a capacidade intelectual necessária engendre um senso de justiça em circunstâncias sociais normais. Adquirimos a capacidade de julgar que as coisas são justas e injustas e de apresentar razões que amparem esses juízos. Ademais, em geral temos vontade de agir segundo esses enunciados e esperamos um desejo semelhante da parte dos outros. É claro que essa capacidade moral é extraordinariamente complexa. Para constatá-lo, basta observar o número talvez infinito e a variedade de juízos que estamos propensos a emitir. O fato de quase nunca sabermos o que dizer e de, às vezes, nos surpreendermos transtornados em nada reduz a complexidade da capacidade que temos.

É possível que se considere a teoria moral, a princípio (e saliento a natureza provisória desse enfoque), como a tentativa de descrever nossa capacidade moral; ou, no caso em questão, pode-se considerar a teoria da justiça uma descrição do nosso senso de justiça. Essa descrição não é uma simples lista de juízos acerca de instituições e de atos que estejamos propensos a praticar, acompanhados pelos motivos que os sustentam, quando esses são oferecidos. Mais exatamente, o que é necessário é a formulação de um conjunto de princípios que, quando conjugados com nossas convicções e nossos conhecimentos das circunstâncias, nos levem a emitir esses juízos com os motivos que os respaldam, se tivermos de aplicar esses princípios de maneira consciente e inteligente. Uma concepção de justiça caracteriza nossa sensibilidade moral quando nossos juízos cotidianos estão de acordo com os princípios dessa concepção. Esses princípios podem integrar as premissas da argumentação que chegue aos juízos pertinentes. Não compreendemos nosso senso de justiça até que saibamos, de uma forma sistemática e que abarque um grande número de casos, que princípios são esses.

Uma comparação útil aqui é com o problema de definir o senso gramatical que temos no tocante às frases da nossa língua nativa[25]. Nesse caso, o objetivo é caracterizar a capacidade de reconhecer as frases bem formadas por meio da formulação de princípios claramente expressos que façam as mesmas discriminações que o falante nativo. Sabe-se que essa empreitada requer construtos teóricos que excedem em muito os preceitos *ad hoc* dos nossos conhecimentos explícitos de gramática. É presumível uma situação semelhante na teoria moral. Não há motivo para supor que nosso senso de justiça possa ser adequadamente caracterizado por bem-conhecidos preceitos de bom senso, ou ser derivado dos princípios mais óbvios de aprendizagem.

Uma análise correta das capacidades morais decerto requer princípios e construtos teóricos que ultrapassam muito as normas e os padrões citados na vida cotidiana; talvez venha a precisar até mesmo de uma matemática razoavelmente sofisticada. Assim, a ideia de uma posição original e de um acordo no tocante a princípios não parece complicada demais ou desnecessária. Na verdade, são noções bem simples e só se prestam a um ponto de partida.

Até aqui, porém, eu ainda não disse nada acerca de juízos ponderados. Conforme já indiquei, eles se apresentam como aqueles juízos nos quais é mais provável que nossas capacidades morais se manifestem sem distorção. Portanto, ao decidir quais dos nossos juízos levar em conta, podemos, de maneira razoável, selecionar escolher alguns e excluir outros. Por exemplo, podemos descartar os juízos feitos com hesitação, ou nos quais tenhamos pouca confiança. Da mesma forma, podemos deixar de lado aqueles emitidos quando estamos aborrecidos ou amedrontados, ou quando estamos dispostos a ganhar a qualquer preço. É provável que todos esses juízos sejam errôneos ou influenciados por uma atenção excessiva a nossos próprios interesses. Os juízos ponderados são simplesmente aqueles emitidos em condições favoráveis ao exercício do senso de justiça e, por conseguinte, em circunstâncias nas quais são

---

25. Cf. Noam Chomsky, *Aspects of the Theory of Syntax* (Cambridge, Mass., The M. I. T. Press, 1965), p. 3-9.

inaceitáveis as desculpas e as explicações mais comuns para o erro. Presume-se que a pessoa a emitir o juízo, então, tem a capacidade, a oportunidade e o desejo de chegar a uma decisão correta (ou, pelo menos, que não deseje evitar isso). Ademais, os critérios que identificam esses juízos não são arbitrários. São, na verdade, semelhantes aos que distinguem juízos ponderados de qualquer tipo. E, por considerarmos o senso de justiça uma capacidade mental, que envolve o exercício do raciocínio, os juízos pertinentes são os emitidos em condições favoráveis para a deliberação e para fazer julgamentos em geral.

Passo agora à ideia de equilíbrio reflexivo. A necessidade dessa ideia surge da seguinte maneira: segundo o objetivo provisório da filosofia moral, pode-se dizer que justiça como equidade consiste na hipótese de que os princípios que seriam escolhidos na posição original são idênticos àqueles que são compatíveis com nossos juízos ponderados; dessa forma, esses princípios descrevem nosso senso de justiça. Mas essa interpretação é excessivamente simplificada. Ao descrever nosso senso de justiça, é preciso abrir lugar para a probabilidade de que os juízos ponderados estejam sujeitos a certas irregularidades e distorções, apesar do fato de serem emitidos em circunstâncias favoráveis. Quando se apresenta a alguém uma análise intuitivamente sedutora de seu senso de justiça (que contenha, digamos, vários pressupostos razoáveis e naturais), essa pessoa pode muito bem reconsiderar seus juízos a fim de adaptá-los aos princípios desse senso de justiça, embora a teoria não se encaixe com perfeição em seus juízos existentes. É bem provável que essa pessoa o faça se conseguir encontrar uma explicação para os desvios que solapam sua confiança nos seus juízos anteriores e se a concepção apresentada produzir um juízo que ela acredite que pode então aceitar. Do ponto de vista da teoria moral, a melhor análise do senso de justiça de alguém não é aquela que se encaixe em seus juízos antes que examine qualquer concepção de justiça, mas, pelo contrário, aquela compatível com seus juízos em equilíbrio reflexivo. Conforme já vimos, esse estado é aquele ao qual a pessoa chega depois de ponderar as diversas concepções propostas e de ter ou bem reconsiderado os próprios juízos para que se adaptem a uma delas, ou bem se apegado a suas convicções iniciais (e à concepção correspondente).

Existem, contudo, várias interpretações de equilíbrio reflexivo, pois é uma noção que varia, dependendo de só se apresentarem à pessoa aquelas descrições que, a não ser por pequenas discrepâncias, correspondem mais ou menos a seus juízos tais como existentes, ou de se apresentarem à pessoa todas as descrições possíveis às quais seja plausível adaptar seus próprios juízos, juntamente com todos os argumentos filosóficos correspondentes a tais descrições. No primeiro caso, definiríamos o senso de justiça da pessoa mais ou menos como é, embora abrindo concessão para aparar as arestas de certas irregularidades; no segundo caso, o senso de justiça da pessoa pode passar ou não por uma modificação radical. Está claro que é do segundo tipo de equilíbrio reflexivo que se ocupa a filosofia moral. Na verdade, não há certeza se é possível chegar a esse estado. Pois mesmo que a ideia de todas as descrições possíveis e de todos os argumentos filosóficos relevantes esteja bem definida (o que é questionável), não podemos examinar cada uma delas. O máximo que podemos fazer é estudar as concepções de justiça que conhecemos por intermédio da tradição da filosofia moral e quaisquer outras que nos ocorram e, então, levá-las em conta. É mais ou menos isso que vou fazer, já que, ao apresentar a justiça como equidade, vou comparar seus princípios e seus argumentos com algumas outras doutrinas conhecidas. À luz dessas observações, pode-se entender justiça como equidade como sustentando que os dois princípios acima citados seriam escolhidos na posição original em detrimento de outras concepções tradicionais da justiça, tais como, por exemplo, as da utilidade e da perfeição; e que esses princípios se articulam melhor com os nossos juízos ponderados, após cuidadosa reflexão, do que essas alternativas reconhecidas. Assim, a justiça como equidade nos aproxima mais do ideal filosófico; não o atinge, é claro.

Essa explicação do equilíbrio reflexivo suscita, de imediato, inúmeras outras questões. Por exemplo, existe equilíbrio reflexivo (no sentido do ideal filosófico)? Caso exista, é único? Mesmo que seja único, é possível alcançá-lo? Talvez os juízos dos quais partimos, ou o próprio fio da reflexão (ou ambos), exerçam influência sobre o ponto de equilíbrio, se houver algum, ao qual cheguemos. Seria inútil, porém, especular aqui sobre essas questões. Estão bem longe do nosso alcance. Também não perguntarei se os princípios que caracterizam os juízos ponderados de uma pessoa são iguais aos que caracterizam os de outra. Presumirei que esses princípios são aproximadamente os mesmos para as pessoas cujos juízos estejam em equilíbrio reflexivo, ou, caso não sejam, que seus juízos se dividem ao longo de algumas linhas principais representadas pela família de doutrinas tradicionais sobre a qual discorrerei. (Na verdade, uma pessoa pode se encontrar dividida entre concepções opostas ao mesmo tempo.) Se as concepções de justiça dos homens acabarem se revelando divergentes, os modos como divergem é questão de importância máxima. Naturalmente, só poderemos saber como essas concepções variam, ou mesmo se variam, quando tivermos uma análise melhor de suas estruturas. E isso nos falta no momento, mesmo no caso de uma só pessoa, ou de um grupo homogêneo. Se conseguirmos caracterizar o senso de justiça de uma pessoa (educada), talvez seja um bom ponto de partida rumo à teoria da justiça. Podemos supor que todos têm em si a forma completa de uma concepção moral. Portanto, para os fins deste livro, só valem as opiniões do leitor e as do autor. As opiniões de outrem só serão usadas para esclarecer nosso próprio raciocínio.

Eu gostaria de salientar que, pelo menos em seus estágios iniciais, a teoria da justiça é apenas isso, ou seja, uma teoria. É uma teoria dos sentimentos morais (para evocar uma denominação do século XVIII) que define os princípios que regem nossas capacidades morais, ou, mais especificamente, nosso senso de justiça. Existe uma classe definida, ainda que limitada, de fatos, com os quais se podem comparar os princípios conjecturados, isto é, nossos juízos ponderados em equilíbrio reflexivo. A teoria da justiça sujeita-se às mesmas regras de método que as outras teorias. As definições e as análises de significado não têm um lugar especial: as definições não passam de recursos usados para delinear a estrutura geral da teoria. Depois de elaborada a estrutura geral, as definições não têm um *status* independente, e se mantêm ou caem junto com a própria teoria. Em qualquer caso, é obviamente impossível elaborar uma teoria substantiva da justiça fundamentada apenas em verdades da lógica e em definições. A análise de conceitos morais e de conceitos *a priori*, por mais tradicional que seja, é uma base muito insuficiente. A teoria moral deve estar livre para empregar suposições contingentes e fatos gerais, conforme lhe aprouver. Não há outro meio de analisar nossos juízos ponderados em equilíbrio reflexivo. Esta é a concepção do objeto da teoria moral adotada pela maioria dos autores ingleses até Sidgwick. Não vejo motivo para afastar-me dela[26].

Além disso, se conseguirmos encontrar uma explicação precisa das nossas concepções morais, talvez seja muito mais fácil resolver os problemas de significado e justificação. Na verdade, alguns deles talvez nem sejam mais problemas. Note-se, por exemplo, o extraordinário aprofundamento da nossa compreensão do significado e da justificação de enunciados da lógica e da matemática viabilizado

---

26. Creio que essa perspectiva remonta em seus pontos essenciais ao método de Aristóteles na *Ética a Nicômaco*. Cf. W. F. R. Hardie, *Aristotle's Ethical Theory,* Cap. III, esp. p. 37-45. E Sidgwick considerava a história da filosofia moral uma série de tentativas de afirmar em "alto e bom som as intuições primeiras da Razão, cuja aplicação científica pode, ao mesmo tempo, sistematizar e corrigir o pensamento moral da humanidade". *The Methods of Ethics,* p. 373 s. Ele presume que a reflexão filosófica conduzirá a reconsiderações dos nossos juízos ponderados e, embora haja elementos de intuicionismo epistemológico em sua doutrina, não se atribui a eles muito peso quando não estão amparados em considerações sistemáticas. Cf. a análise da metodologia de Sidgwick em J. B. Schneewind, "First Principles and Common Sense Morality in Sidgwick's Ethics", *Archiv für Geschichte der Philosophie,* Bd. 45 (1963).

pelos progressos alcançados a partir de Frege e Cantor. O conhecimento das estruturas fundamentais da lógica e da teoria dos conjuntos, bem como de sua relação com a matemática, transformou a filosofia dessas disciplinas de um modo que a análise conceitual e as investigações linguísticas jamais conseguiriam. Só é preciso observar o resultado da divisão das teorias em resolúveis e completas, irresolúveis porém completas, e nem completas nem resolúveis. O problema do significado e da verdade na lógica e na matemática foi profundamente alterado pela descoberta de sistemas lógicos que ilustram esses conceitos. Quando o teor substantivo das concepções morais for mais bem compreendido, talvez aconteça uma transformação semelhante. É possível que não exista nenhuma outra forma de chegar a respostas convincentes para questões de significado e de justificação de julgamentos morais.

Quero, então, salientar a posição de destaque do estudo das nossas concepções morais substantivas. Mas o corolário do reconhecimento de sua complexidade é admitir o fato de que nossas teorias atuais são primitivas e têm defeitos graves. Precisamos ser tolerantes com as simplificações quando revelam e delineiam os contornos gerais dos nossos juízos. É preciso tomar cuidado ao apresentar objeções na forma de contraexemplos, pois estes podem nos informar apenas o que já sabemos, ou seja, que a nossa teoria contém algum erro. O importante é descobrir com que frequência e até que ponto está errada. É presumível que todas as teorias contenham erros em alguns pontos. O verdadeiro problema em qualquer situação é saber qual das visões já propostas constitui a melhor aproximação como um todo. Para comprovar isso, decerto é necessário ter algum conhecimento da estrutura das teorias adversárias.

Foi por esse motivo que tentei classificar e discutir as concepções de justiça referindo-me a suas ideias intuitivas elementares, pois estas revelam as principais diferenças que há entre aquelas.

Ao apresentar a justiça como equidade, vou compará-la com o utilitarismo. Faço-o por diversos motivos, em parte como recurso expositivo, em parte porque as diversas variantes da teoria utilitarista há muito predominam na nossa tradição filosófica. E esse predomínio vem sendo mantido, apesar dos persistentes receios que o utilitarismo suscita com tanta facilidade. A explicação dessa situação peculiar reside, creio, no fato de que não se apresentou nenhuma teoria construtiva alternativa que tenha iguais virtudes de clareza e sistema e que, ao mesmo tempo, apazigue essas dúvidas. O intuicionismo não é construtivo e o perfeccionismo é inaceitável. A minha conjectura é que a doutrina contratualista bem-elaborada consegue preencher essa lacuna. Acho que justiça como equidade é um esforço nessa direção.

Naturalmente, a teoria contratualista que apresentarei está sujeita às limitações que acabo de mencionar. Não constitui exceção ao primitivismo que marca as teorias morais existentes. É desalentador, por exemplo, o pouco que se pode dizer sobre as regras de prioridade; e, embora a classificação lexical possa prestar-se razoavelmente bem a alguns casos importantes, presumo que não será de todo satisfatória. Não obstante, temos a liberdade de usar recursos simplificadores, e foi o que fiz com frequência. Devemos encarar a teoria da justiça como uma estrutura orientadora criada para concentrar nossas sensibilidades morais e expor questões mais limitadas e tratáveis ao julgamento das nossas capacidades intuitivas. Os princípios de justiça identificam certas considerações como moralmente importantes, e as normas de prioridade indicam a precedência, quando elas entram em conflito, ao passo que a concepção da posição original define a ideia fundamental que deve dar consistência às nossas deliberações. Se o esquema todo parece, após reflexão, esclarecer e organizar nossos pensamentos, e se está propenso a reduzir discordâncias e alinhar convicções divergentes, terá feito tudo o que se possa razoavelmente esperar. Entendidas como partes de uma estrutura que de fato parece útil, as inúmeras simplificações podem ser vistas como provisoriamente justificadas.

Capítulo II
Os princípios de justiça

Pode-se dividir a teoria da justiça em duas partes principais: (1) uma interpretação da situação inicial e uma formulação dos diversos princípios disponíveis para escolha; e (2) um argumento que demonstre quais desses princípios seriam, de fato, adotados. Este capítulo discute e explica o significado de dois princípios de justiça para instituições e de diversos princípios para indivíduos. No momento, portanto, só me interessa um aspecto da primeira parte da teoria. Só no próximo capítulo tratarei da interpretação da situação inicial e darei início à argumentação para mostrar que os princípios aqui analisados seriam, de fato, reconhecidos. Uma variedade de temas será discutida: as instituições no sentido de objetos da justiça e o conceito de justiça formal; três tipos de justiça procedimental; o lugar da teoria do bem; e o sentido em que os princípios da justiça são igualitários, entre outros. Em todos os casos, o objetivo é explicar o significado e a aplicação dos princípios.

10. As instituições e a justiça formal

O objeto primeiro dos princípios da justiça social é a estrutura básica da sociedade, a organização das principais instituições sociais em um esquema único de cooperação. Vimos que esses princípios devem reger a atribuição de direitos e deveres dentro dessas instituições e definir a distribuição apropriada dos benefícios e dos encargos da vida social. Não devemos confundir os princípios de justiça para instituições com os princípios que se aplicam a indivíduos e a seus atos em determinadas circunstâncias. Esses dois tipos de princípio se aplicam a objetos distintos e devem ser discutidos em separado.

Por instituição, entendo um sistema público de normas que define cargos e funções com seus direitos e deveres, poderes e imunidades etc. Essas normas especificam que certas formas de ação são permissíveis e outras, proibidas; e estipulam certas penalidades e defesas, e assim por diante, quando ocorrem transgressões. Como exemplos de instituições ou, de forma mais geral, de práticas sociais, podemos citar jogos e ritos, julgamentos e parlamentos, mercados e sistemas de propriedades. Podemos considerar as instituições de duas maneiras: em primeiro lugar, como um objeto abstrato, ou seja, como uma forma possível de conduta expressa por um sistema de normas; e, em segundo lugar, como a efetivação dos atos especificados por essas leis no pensamento e na conduta de certas pessoas em determinado momento e lugar. Há uma ambiguidade, portanto, no tocante a qual é justa ou injusta: a instituição tal como realizada ou a instituição tal como um objeto abstrato. Parece melhor dizer que é a instituição realizada e administrada com eficácia e imparcialidade que é justa ou injusta. A instituição, como um objeto abstrato, é justa ou injusta no sentido de que qualquer efetivação dela seria justa ou injusta.

A instituição existe em determinado momento e local quando os atos especificados por ela são regularmente realizados segundo um entendimento público de que se deve obedecer ao sistema de normas que a define. Assim, as instituições parlamentares são definidas por determinado sistema de normas (ou por uma família de tais sistemas, para permitir variações). Essas normas enumeram certas formas de ação que vão da realização de sessões do parlamento, passando pela votação de projetos de lei, ao levantamento de questões de ordem. Organizam-se vários tipos de normas gerais em um sistema coerente. A instituição parlamentar existe em determinado momento e lugar quando certas pessoas realizam os atos apropriados e se ocupam dessas atividades da maneira exigida, com um reconhecimento recíproco do entendimento que cada qual tem de que sua conduta está em conformidade com as normas às quais todos devem obedecer[1].

Ao afirmar que a instituição, e, portanto, a estrutura básica da sociedade, é um sistema público de normas, quero dizer que todos nela envolvidos sabem o que saberiam se tais normas e sua participação nas atividades que essas normas definem fossem resultantes de um acordo. A pessoa que participa da instituição sabe o que as normas exigem dela e das outras. Também sabe que as outras pessoas sabem disso e sabem que ela sabe disso, e assim por diante. Decerto essa estipulação nem sempre é cumprida no caso das instituições existentes, mas é um pressuposto simplificador razoável. Os princípios de justiça devem aplicar-se a arranjos sociais entendidos como públicos nesse sentido. Quando as normas de determinado setor de uma instituição só são conhecidas por quem a ele pertence, podemos supor que existe um entendimento de que essas pessoas podem criar normas para si mesmas, contanto que essas normas se destinem a atingir fins amplamente aceitos e que outros não sejam prejudicados. A divulgação das normas da instituição garante que aqueles nela envolvidos podem saber que limitações de conduta esperar uns dos outros e quais são os tipos de atividade permissíveis. Há um fundamento comum para a definição das expectativas mútuas. Ademais, em uma sociedade bem-ordenada, que é regulada de forma eficaz por uma concepção compartilhada de

---

1. Cf. H. L. A. Hart, *The Concept of Law* (Oxford, The Clarendon Press, 1961), p. 59 s., 106 s., 109-14, para uma discussão sobre quando se pode dizer que existem leis e sistemas jurídicos.

justiça, também há um entendimento público no tocante ao que é justo e ao que é injusto. Mais adiante, presumo que os princípios de justiça são escolhidos sob o entendimento de que devem ser públicos (§ 23). Essa é uma condição natural em uma teoria contratualista.

É necessário observar a diferença entre as normas constitutivas da instituição, que definem seus diversos direitos e deveres, e as estratégias e as máximas de conduta acerca de como tirar o melhor proveito da instituição para determinados fins[2]. As estratégias racionais e as máximas de conduta se baseiam numa análise de que atos permissíveis os indivíduos e os grupos escolherão segundo seus interesses, convicções e conjecturas com relação aos planos uns dos outros. Essas estratégias e máximas de conduta propriamente ditas não fazem parte da instituição. Pelo contrário, pertencem à teoria dela; por exemplo, à teoria da política parlamentar. Normalmente, a teoria da instituição, assim como a de um jogo, aceita como pressupostos as normas constitutivas, analisa o modo como o poder é distribuído e explica como os envolvidos nela provavelmente aproveitarão suas oportunidades. Ao elaborar e reformar organizações sociais, é preciso, naturalmente, examinar os sistemas e as táticas que permite e as formas de comportamento que tende a incentivar. O ideal é que se definam as regras de tal maneira que as pessoas sejam levadas por seus interesses predominantes a agir de modos que promovam fins sociais desejáveis. A conduta dos indivíduos norteada por seus planos racionais deve ser coordenada, tanto quanto possível, para atingir resultados que, embora não pretendidos ou nem previstos por eles, sejam, não obstante, os melhores, do ponto de vista da justiça social. Bentham considera essa coordenação como a identificação artificial dos interesses;

---

2. Sobre leis constitutivas e instituições, cf. J. R. Searle, *Speech Acts* (Cambridge, The University Press,1969), p. 33-42. Cf. também G. E. M. Anscombe, "On Brute Facts", *Analysis*, Vol. 18 (1958); e B. J. Diggs, "Rules and Utilitarianism", *American: Philosophical Quarterly*, Vol. 1 (1964), onde se discutem várias interpretações acerca de normas.

Adam Smith, como obra da mão invisível[3]. É o objetivo do legislador ideal na promulgação de leis e do moralista ao propugnar a reforma delas. Contudo, as estratégias e as táticas adotadas pelos indivíduos, embora essenciais para a avaliação das instituições, não fazem parte dos sistemas públicos de normas que as definem. Podemos também distinguir entre uma única norma (ou grupo de normas), uma instituição (ou uma parte central dela) e a estrutura básica de todo o sistema social. O motivo de se fazer isso é que uma ou várias normas de um arranjo social podem ser justas sem que a própria instituição o seja. Da mesma maneira, a instituição pode ser injusta sem que todo o sistema social o seja. Existe a possibilidade não só de que essas normas e instituições isoladas não sejam, em si, importantes o suficiente, como também de que, dentro da estrutura da instituição ou do sistema social, uma injustiça evidente compense outra. O todo é menos injusto do que o seria se contivesse apenas uma das partes injustas. Ademais, é concebível que o sistema social possa ser injusto, embora nenhuma de suas instituições seja injusta em separado: a injustiça é consequência do modo como são combinadas em um só sistema. Uma instituição pode incentivar e parecer justificar as expectativas que são negadas ou ignoradas por outra. Essas distinções são bastante óbvias. Simplesmente expressam o fato de que, na avaliação das instituições, podemos analisá-las em um contexto mais amplo ou mais restrito.

Deve-se salientar que há instituições às quais o conceito de justiça normalmente não se aplica. Em geral não se considera o rito, por exemplo, justo nem injusto, embora sem dúvida se possam imaginar casos nos quais isso não seria verdade, como no do sacrifício ritual do primogênito

---

3. A frase "identificação artificial de interesses" vem da análise que Elie Halévy faz de Bentham em *La formation du radicalisme philosophique*, Vol. I (Paris, Felix Alcan, 1901), p. 20-4. Sobre a mão invisível, cf. *The Wealth of Nations*, org. Edwin Cannan (Nova York, The Modem Library, 1937), p. 423 [trad. bras. *A riqueza das nações*, São Paulo, Martins Fontes, 2003].

ou de prisioneiros de guerra. Uma teoria geral da justiça levaria em conta quando os ritos e outras práticas sociais, em geral vistos como justos ou injustos, estão, de fato, sujeitos a essa forma de crítica. É presumível que devam envolver, de alguma forma, a distribuição de certos direitos e valores entre as pessoas. Não vou, porém, tratar dessa investigação mais ampla. Nosso interesse é apenas a estrutura básica da sociedade e suas principais instituições e, por conseguinte, só os casos normais de justiça social. Vamos supor, então, que uma determinada estrutura básica existia. Suas normas obedecem a certa concepção de justiça. Podemos não aceitar seus princípios, ou até considerá-los odiosos ou injustos. Porém, são princípios da justiça no sentido em que, nesse sistema, assumem o papel da justiça: propiciam uma atribuição de direitos e deveres fundamentais, e definem a divisão das vantagens decorrentes da cooperação social. Vamos também imaginar que essa concepção de justiça tem ampla aceitação na sociedade e que as instituições têm uma administração imparcial e coerente por parte de juízes e outras autoridades. Ou seja, os casos semelhantes são tratados de maneira semelhante; as similaridades e as diferenças importantes são aquelas identificadas pelas normas existentes. A norma correta definida pelas instituições é regularmente observada e devidamente interpretada pelas autoridades. A essa administração imparcial e coerente das leis e das instituições, sejam quais forem seus princípios fundamentais, podemos chamar de justiça formal. Se achamos que a justiça sempre expressa algum tipo de igualdade, então a justiça formal requer que, em sua administração, as leis e as instituições se apliquem com igualdade (isto é, da mesma maneira) àqueles que pertencem às classes definidas por elas. Conforme salientou Sidgwick, esse tipo de igualdade está implícito na própria ideia de direito ou de instituição, uma vez que sejam considerados como um sistema de normas gerais[4]. Justiça formal é a

---

4. *The Methods of Ethics*, 7.ª ed. (Londres, Macmillan,1907), p. 267.

adesão ao princípio ou, como dizem alguns, obediência ao sistema[5]. É óbvio, acrescenta Sidgwick, que as leis e as instituições podem ser cumpridas com igualdade e, ainda assim, ser injustas. Tratar casos semelhantes de maneira semelhante não é garantia suficiente de justiça substantiva. Isso depende dos princípios segundo os quais é moldada a estrutura básica. Não há contradição em supor que uma sociedade escravocrata ou de castas, ou uma sociedade que sancione as formas mais arbitrárias de discriminação, seja administrada de maneira uniforme e coerente, embora isso talvez seja improvável. Não obstante, a justiça formal, ou a justiça no sentido de regularidade, exclui tipos importantes de injustiças, pois, se supomos que as instituições são razoavelmente justas, então é extremamente importante que as autoridades sejam imparciais, e não se submetam à influência de considerações pessoais, financeiras, ou outras considerações irrelevantes ao lidar com determinados casos. A justiça formal, no caso das instituições jurídicas, é simplesmente um aspecto do Estado de Direito que ampara e garante expectativas legítimas. Um tipo de injustiça ocorre quando os juízes e outras autoridades deixam de aderir às leis e às suas interpretações apropriadas ao tomar decisões. É injusta a pessoa que, por caráter ou inclinação, esteja propensa a tais atos. Ademais, mesmo quando as leis e as instituições são injustas, é sempre melhor que sejam aplicadas com constância. Assim, quem está sujeito a elas pelo menos sabe o que lhe é exigido e pode proteger-se, ao passo que há injustiça ainda maior se os já prejudicados forem tratados com arbitrariedade em certos casos, nos quais as leis lhes proporcionariam alguma segurança. Por outro lado, poderia ser ainda melhor, em determinados casos, aliviar o

---

5. Cf. Ch. Perelman, *The Idea of Justice and the Problem of Argument*, trad. J. Petrie (Londres, Routledge and Kegan Paul, 1963), p. 41. Os dois primeiros capítulos inteiros, tradução de *De la justice* (Bruxelas, 1943), são relevantes aqui, mas em especial as p. 36-45.

sofrimento daqueles que recebem tratamento injusto por meio de desvios das normas existentes. Até que ponto temos justificativas para fazê-lo, principalmente à custa de expectativas fundamentadas na boa-fé com relação às instituições vigentes, é uma das questões intricadas de justiça política. Em geral, tudo o que se pode dizer é que a força das pretensões de justiça formal, de obediência ao sistema, depende claramente da justiça substantiva das instituições e das possibilidades de reformá-las. Há aqueles que sustentaram que a justiça formal e a substantiva de fato costumam caminhar juntas e que, por conseguinte, pelo menos as instituições flagrantemente injustas não são nunca, ou pelo menos quase nunca, administradas de maneira imparcial e coerente[6]. Diz-se que aqueles que defendem arranjos injustos e deles se beneficiam, e negam com desprezo os direitos e as liberdades alheios, dificilmente permitirão que escrúpulos relacionados ao Estado de Direito interfiram em seus interesses em casos específicos. A inevitável vagueza das leis em geral e a grande discrição concedida à sua interpretação incentivam uma arbitrariedade ao tomar decisões que só a fidelidade à justiça pode atenuar. Assim, afirma-se que onde encontramos a justiça formal, o Estado de Direito e o respeito às expectativas legítimas, é provável que também encontremos a justiça substantiva. O desejo de obedecer às leis de maneira imparcial e constante, de tratar casos semelhantes de maneira semelhante e de aceitar as consequências da aplicação de normas públicas tem uma ligação íntima com o desejo, ou pelo menos com a disposição, de reconhecer os direitos e as liberdades de outros e de repartir com equidade os benefícios e os encargos da cooperação social. Um desejo costuma associar-se ao outro. Essa argumentação é, de fato, plausível, mas não vou examiná-la aqui, pois só poderá ser apropriadamente avaliada quando soubermos quais são os

---

6. Cf. Lon Fuller, *The Morality of Law* (New Haven, Yale University Press, 1964), Cap. IV.

princípios mais razoáveis de justiça substantiva e em quais condições se chega a afirmá-los e viver de acordo com eles.

Depois de entendido o teor desses princípios e que base têm na razão e nas atitudes humanas, talvez tenhamos condições de decidir se a justiça formal e a justiça substantiva estão vinculadas.

11. Dois princípios de justiça

Apresentarei agora, de forma provisória, os dois princípios de justiça que acredito que seriam acordados na posição original. A primeira formulação desses princípios é experimental. À medida que prosseguirmos, analisarei várias formulações e me aproximarei, passo a passo, do enunciado final, a ser apresentado bem mais tarde. Creio que isso permitirá que a exposição se desenvolva de modo natural.

A primeira formulação dos dois princípios é a seguinte:

> Primeiro: cada pessoa deve ter um direito igual ao sistema mais extenso de iguais liberdades fundamentais que seja compatível com um sistema similar de liberdades para as outras pessoas.
> Segundo: as desigualdades sociais e econômicas devem estar dispostas de tal modo que tanto (a) se possa razoavelmente esperar que se estabeleçam em benefício de todos como (b) estejam vinculadas a cargos e posições acessíveis a todos.

O segundo princípio contém duas expressões ambíguas, ou seja, "benefício de todos" e "acessíveis a todos". Definir o sentido delas com mais precisão levará a uma segunda formulação do princípio no § 13. A versão final dos dois princípios será apresentada no § 46; o § 39 analisa a interpretação do primeiro princípio.

Esses princípios, como eu já disse, se aplicam em primeiro lugar à estrutura básica da sociedade, regem a atribuição de direitos e deveres e regulam a distribuição das vantagens sociais e econômicas. Sua formulação pressupõe, para os fins da teoria da justiça, que se possa considerar que a estrutura social tem duas partes mais ou menos distintas: o primeiro princípio se aplica a uma delas e o segundo se aplica à outra. Assim, distinguimos entre os aspectos do sistema social que definem e garantem as iguais liberdades fundamentais e os aspectos que especificam e estabelecem as desigualdades sociais e econômicas. É essencial observar que as liberdades fundamentais figuram em uma lista de tais liberdades. Dentre elas, têm importância a liberdade política (o direito ao voto e a exercer cargo público) e a liberdade de expressão e reunião; a liberdade de consciência e de pensamento; a liberdade individual, que compreende a proteção contra a opressão psicológica, a agressão e a mutilação (integridade da pessoa); o direito à propriedade pessoal e a proteção contra prisão e detenção arbitrárias, segundo o conceito de Estado de Direito. O primeiro princípio estabelece que essas liberdades devem ser iguais.

O segundo princípio se aplica, em primeira análise, à distribuição de renda e riqueza e à estruturação de organizações que fazem uso de diferenças de autoridade e responsabilidade. Embora a distribuição de riqueza e de renda não precise ser igual, deve ser vantajosa para todos e, ao mesmo tempo, os cargos de autoridade e responsabilidade devem ser acessíveis a todos. Aplica-se esse princípio mantendo-se abertos os cargos e, depois, dentro desse limite, dispondo as desigualdades sociais e econômicas de modo que todos se beneficiem deles.

Esses princípios devem ser dispostos em uma ordem serial, o primeiro sendo prioritário do segundo. Essa ordenação significa que as violações das iguais liberdades fundamentais protegidas pelo primeiro princípio não podem ser justificadas nem compensadas por maiores vantagens sociais e econômicas. Essas liberdades têm um âmbito principal de aplicação, dentro do qual só é possível limitá-las ou comprometê-las quando entram em conflito com outras liberdades fundamentais. Já que podem ser limitadas quando se chocam umas com as outras, nenhuma dessas liberdades é absoluta; porém, qualquer que seja a forma pela qual se ajustam em um sistema único, esse sistema deve ser igual para todos. É difícil, talvez impossível, fazer uma especificação completa dessas liberdades independentemente das circunstâncias sociais, econômicas e tecnológicas específicas de cada sociedade. A hipótese é que a forma geral de tal lista possa ser especificada com exatidão suficiente para sustentar essa concepção de justiça. Naturalmente, as liberdades ausentes da lista – por exemplo, o direito a certos tipos de propriedade (digamos, dos meios de produção) e a liberdade contratual como entendida pela doutrina do *laissez-faire* – não são fundamentais e, portanto, não estão protegidas pela prioridade do primeiro princípio. Por fim, com relação ao segundo princípio, a distribuição de renda e riqueza, e de cargos de autoridade e responsabilidade, deve ser compatível tanto com as liberdades fundamentais quanto com a igualdade de oportunidades.

Os dois princípios são de teor bem específico, e sua aceitação se ampara em certas suposições que por fim terei de tentar explicar e justificar. Por ora, devemos observar que esses princípios são um caso especial de uma concepção de justiça mais geral que se pode expressar da seguinte maneira:

> Todos os valores sociais – liberdade e oportunidade, renda e riqueza, e as bases sociais do autorrespeito – devem ser distribuídos de forma igual, a não ser que uma distribuição desigual de um ou de todos esses valores seja vantajosa para todos.

A injustiça se constitui, então, simplesmente de desigualdades que não são vantajosas para todos. É claro que essa concepção é muito vaga e requer interpretação.

Como um primeiro passo, vamos supor que a estrutura básica da sociedade distribua certos bens primários, isto é, coisas que todo indivíduo racional presumivelmente quer. Esses bens normalmente têm utilidade, sejam quais forem os planos racionais de vida da pessoa. Para simplificar, vamos supor que os principais bens primários à disposição da sociedade sejam direitos, liberdades e oportunidades, renda e riqueza. (Adiante, na Parte III, o bem primário do autorrespeito ganha lugar de destaque.) Esses são os bens primários sociais. Outros bens primários, como a saúde e o vigor, a inteligência e a imaginação, são bens naturais; embora sua posse sofra influência da estrutura básica, não estão sob seu controle tão direto. Imaginemos, então, um hipotético arranjo inicial, no qual todos os bens primários sociais são igualitariamente distribuídos: todos têm direitos e deveres semelhantes, a renda e a riqueza são distribuídas com igualdade. Esse estado de coisas serve de ponto de referência para avaliar melhorias. Se certas desigualdades de riqueza e diferenças de autoridade deixariam todos em melhor situação do que nessa situação inicial hipotética, então estão de acordo com a concepção geral.

Pelo menos teoricamente, é possível que, ao abrir mão de algumas de suas liberdades fundamentais, os indivíduos obtivessem uma compensação suficiente por meio dos ganhos sociais e econômicos resultantes. A concepção geral da justiça não impõe restrições quanto aos tipos de desigualdade permissíveis; ela só exige que a situação de todos melhore. Não precisamos presumir nada tão drástico quanto consentir a uma condição de escravidão. Imaginemos, em vez disso, que as pessoas pareçam dispostas a abrir mão de certos direitos políticos quando a compensação econômica for significativa. É esse o tipo de permuta que os dois princípios proíbem: sua disposição em uma ordem serial exclui intercâmbios entre liberdades fundamentais e ganhos econômicos e sociais, a não ser em circunstâncias extremas (§§ 26, 39).

Em geral, deixarei de lado a concepção geral da justiça e examinarei os dois princípios em ordem serial. A vantagem desse método é que, desde o princípio, se reconhece a questão das prioridades e há um empenho em descobrir princípios para lidar com ela. Dessa forma se é levado a ter sempre em mente as condições sob as quais seria razoável o peso absoluto da liberdade com respeito a vantagens sociais e econômicas, tal como definido pela ordem lexical dos dois princípios. À primeira vista, essa hierarquização parece um caso extremo e especial demais para despertar grande interesse; porém conta com mais justificativas do que se poderia imaginar a princípio. Ou, pelo menos, é isso que sustentarei. Ademais, a diferença entre direitos e liberdades fundamentais, de um lado, e benefícios econômicos e sociais, de outro, marca uma diferença entre os bens sociais primários que indica uma divisão importante no sistema social. Não há dúvida de que as distinções traçadas e a ordenação proposta são, na melhor das hipóteses, apenas aproximações. Decerto há circunstâncias nas quais elas falham. Mas é essencial traçar com clareza as linhas principais de uma concepção razoável de justiça; e, seja como for, em muitas situações, os dois princípios em ordem serial podem servir bastante bem.

O fato de que os dois princípios se aplicam a instituições tem certas consequências. Em primeiro lugar, os direitos e as liberdades fundamentais a que se referem esses princípios são os definidos pelas normas públicas da estrutura básica. São os direitos e os deveres definidos pelas mais importantes instituições da sociedade que decidem se os indivíduos são livres ou não. A liberdade é um padrão de convivência determinado por formas sociais. O primeiro princípio requer simplesmente que certos tipos de leis, aquelas que definem as liberdades fundamentais, se apliquem igualmente a todos e permitam a mais abrangente liberdade compatível com uma liberdade semelhante para todos. A única razão para restringir as liberdades fundamentais e torná-las menos extensas é que, se isso não fosse feito, interfeririam umas com as outras.

Além disso, quando os princípios mencionam pessoas, ou requerem que todos se beneficiem de uma desigualdade, fazem referência a representantes que ocupam diversas posições sociais, ou cargos instituídos pela estrutura fundamental. Assim, ao aplicar o segundo princípio, presumo que é possível atribuir uma expectativa de bem-estar aos representantes que ocupam esses cargos. Essa expectativa indica suas perspectivas de vida vistas de sua posição social. Em geral, as expectativas das pessoas representativas dependem da distribuição de direitos e deveres por toda a estrutura básica. As expectativas se interconectam: ao elevar as perspectivas do indivíduo representativo em uma posição, é provável que elevemos ou reduzamos as perspectivas de indivíduos representativos em outras posições. Por aplicar-se a formas institucionais, o segundo princípio (ou melhor, a primeira parte dele) se refere às expectativas de indivíduos representativos. Conforme discutirei adiante (§ 14), nenhum dos princípios se aplica a distribuições de determinados bens a determinados indivíduos que possam ser identificados por seus próprios nomes. A situação em que alguém estuda como distribuir certos bens entre os necessitados que conhece não se insere no âmbito dos princípios. Estes se destinam a regular arranjos institucionais básicos. Não devemos supor que haja muita semelhança, do ponto de vista da justiça, entre a distribuição administrativa de bens para pessoas específicas e a estruturação apropriada da sociedade. Nossas intuições de senso comum sobre a primeira questão podem oferecer uma má orientação para a segunda.

O segundo princípio exige que todos se beneficiem das desigualdades permissíveis na estrutura básica. Isso significa que deve ser razoável para cada indivíduo representativo relevante definido por essa estrutura, quando cada qual a considera um empreendimento bem-sucedido, preferir suas perspectivas com a desigualdade a suas perspectivas sem ela. Não se permite que diferenças de renda ou em posições de autoridade e responsabilidade sejam justificadas com base no argumento de que as desvantagens daqueles que se encontram em uma posição são contrabalançadas pelas vantagens maiores de outros que se encontram em outra posição. E muito menos ainda as violações à liberdade podem ser contrabalançadas dessa maneira. É óbvio, contudo, que existem inúmeras maneiras de proporcionar vantagens a todos quando uma situação inicial de igualdade é tida como ponto de referência. Como, então, devemos escolher entre essas possibilidades? É preciso especificar os princípios de modo que produzam determinada conclusão. Agora vou me dedicar a esse problema.

12. Interpretações do segundo princípio

Já mencionei que, como as expressões "benefício de todos" e "acessíveis a todos" são ambíguas, ambas as partes do segundo princípio têm dois sentidos naturais. Por serem esses sentidos independentes entre si, o princípio tem quatro significados possíveis. Supondo-se que o primeiro princípio de liberdade igual tenha sempre o mesmo sentido, temos, então, quatro interpretações dos dois princípios, enumerados na seguinte tabela:

	"Benefício de todos"	
"Acessíveis a todos"	Princípio de eficiência	Princípio de diferença
Igualdade na forma de carreiras acessíveis aos talentos	Sistema de liberdade natural	Aristocracia natural
Igualdade na forma de oportunidades equitativas	Igualdade liberal	Igualdade democrática

Esboçarei, sequencialmente, estas três interpretações: o sistema de liberdade natural, a igualdade liberal e a igualdade democrática. Em alguns aspectos essa sequência é a mais intuitiva, mas a sequência pela interpretação da aristocracia natural não deixa de merecer atenção, e eu a comentarei de maneira resumida. Na elaboração da justiça como equidade, precisamos decidir qual interpretação deve ser a preferida. Adotarei a da igualdade democrática, explicando, na próxima seção, o que significa essa ideia. A argumentação a favor de sua aceitação na posição original só se inicia no próximo capítulo.

Chamarei a primeira interpretação (de ambas as sequências) de sistema de liberdade natural. Nessa versão, a primeira parte do segundo princípio é entendida como princípio de eficiência adaptado para aplicar-se às instituições ou, neste caso, à estrutura básica da sociedade; e a segunda parte é entendida como um sistema social aberto, no qual, recorrendo ao enunciado tradicional, as carreiras estão abertas aos talentos. Em todas as interpretações, pressuponho atendido o primeiro princípio de liberdade igual e que a economia é, grosso modo, um sistema de livre mercado, embora os meios de produção possam ou não ser de propriedade privada. O sistema de liberdade natural afirma, então, que a estrutura básica que satisfaça ao princípio de eficiência e na qual os cargos estejam abertos aos que estão capacitados e dispostos a lutar por eles levará à distribuição justa. Acredita-se que atribuir direitos e deveres dessa maneira resulta num sistema que distribui riqueza e renda, autoridade e responsabilidade de maneira equitativa, qualquer que essa distribuição venha a ser.

A doutrina contém um elemento importante da justiça procedimental pura que se transfere às outras interpretações.

Neste ponto é necessário fazer um pequeno desvio para explicar o princípio de eficiência. Este princípio é simplesmente o da "otimalidade de Pareto" (conforme os economistas o denominam) formulado de um modo que se aplique à estrutura básica[7]. Usarei sempre o termo "eficiência"

---

7. Há exposições desse princípio em quase todas as obras sobre a teoria dos preços ou sobre a escolha social. Há uma explicação clara em T. C. Koopmans, *Three Essays on the State of Economic Science* (Nova York, McGraw-Hill, 1957), p. 41-66. Cf. também A. K. Sen, *Collective Choice and Social Welfare* (San Francisco, Holden-Day Inc., 1970), p. 21 s. Essas obras contêm tudo (e mais) o que é necessário para nossos fins neste livro; e o segundo retoma importantes questões filosóficas. O princípio da eficiência foi apresentado por Vilfredo Pareto em seu *Manuel d'économie politique* (Paris, 1909), Cap. VI, § 53, e

em seu lugar, porque está literalmente correto e porque o termo "otimalidade" sugere que o conceito é muito mais amplo do que de fato é[8]. Na verdade, este princípio não se destinava originalmente a aplicar-se a instituições, porém a determinadas configurações do sistema econômico, por exemplo, a distribuições de bens entre consumidores ou modos de produção. O princípio afirma que determinada configuração é eficiente sempre que é impossível modificá-la para melhorar a situação de algumas pessoas (pelo menos uma) sem, ao mesmo tempo, piorar a situação de outras pessoas (pelo menos uma). Assim, a distribuição de um estoque de mercadorias entre certos indivíduos será eficiente se não houver uma redistribuição desses bens que melhore as circunstâncias de pelo menos um desses indivíduos sem que outro seja prejudicado. A organização da produção será eficiente se não houver nenhum meio de alterar os insumos para que se produza mais de alguma mercadoria sem produzir menos de outra. Se pudéssemos produzir mais de uma mercadoria sem ter de abrir mão de alguma outra, o estoque maior de bens poderia ser usado para melhorar a situação de algumas pessoas, sem piorar a situação de outras. Essas aplicações do princípio demonstram que ele é, de fato, um princípio da eficiência. A distribuição de bens ou um sistema de produção será ineficiente quando houver meios de melhorar ainda mais a situação de alguns indivíduos sem piorar a de outros. Vou presumir que as partes, na posição original, aceitam esse princípio para avaliar a eficiência de arranjos econômicos e sociais. (Cf. discussão que se segue do princípio de eficiência.)

Apêndice, § 89. Há uma tradução dos trechos importantes em A. N. Page, *Utility Theory: A Book of Readings* (Nova York, John Wiley, 1968), p. 38 s. O conceito correlato das curvas de indiferença remonta a F. Y. Edgeworth, *Mathematical Physichs* (Londres, 1888), p. 20-9; e também se encontra em Page, p. 160-7.

   8. Sobre essa questão, cf. Koopmans, *Three Essays on the State of Economic Science*, p. 49. Koopmans observa que uma expressão como "eficiência elocativa" teria sido um título mais preciso.

O princípio de eficiência

Vamos supor que existe um estoque fixo de mercadorias a serem divididas entre duas pessoas, x_1 e x_2. Vamos supor que a linha AB represente os pontos tais que, dados os ganhos de x_1 no nível correspondente, não há como distribuir as mercadorias de maneira a tornar a situação de x_2 melhor do que o ponto indicado pela curva. Consideremos o ponto D= (a,b). Então, mantendo-se x_1 no nível *a*, o melhor que se pode fazer por x_2 é o nível *b*. Na figura 3, o ponto O, a origem, representa a situação antes da distribuição de quaisquer mercadorias. Os pontos da linha AB são os pontos de eficiência. Pode-se constatar que cada ponto AB atende ao critério de Pareto: não há redistribuição que melhore a situação de qualquer uma das duas pessoas sem piorar a situação da outra. O que acarreta isso é o fato de que a linha AB inclina-se para baixo e para a direita. Já que o estoque de objetos é fixo, presume-se que quando uma pessoa ganha a outra perde. (Descarta-se essa hipótese, é claro, no caso daquela estrutura básica que é um sistema de cooperação que produz um somatório de vantagens positivas.) Normalmente se considera a região OAB como um conjunto convexo. Isso quer dizer que, para qualquer par de pontos do conjunto, os pontos da linha reta que une esses dois pontos também estão no conjunto. Círculos, elipses, quadrados, triângulos etc. são conjuntos convexos.

Está claro que há muitos pontos de eficiência; na verdade, todos os pontos da linha AB. O princípio de eficiência não especifica por si mesmo uma determinada distribuição de mercadorias como aquela que é eficiente. Para selecionar entre as distribuições eficientes, faz-se necessário outro princípio, digamos, um princípio de justiça.

De dois pontos, se um deles estiver a nordeste do outro, será ele o superior segundo o princípio de eficiência. Não é possível comparar pontos a noroeste ou sudeste. A ordenação definida pelo princípio de eficiência é apenas parcial. Assim, na figura 4, embora C seja superior a E e D seja

TEORIA

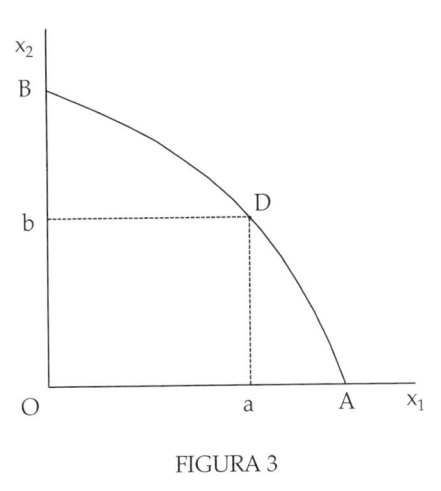

x_2

B

b ┆---------D

O　　　　a　　　A　　x_1

FIGURA 3

superior a F, nenhum dos pontos da linha AB é superior ou inferior um ao outro. Não é possível graduar os pontos de eficiência. Até os pontos extremos A e B, nos quais uma das partes fica com tudo, são eficientes, da mesma forma que os outros pontos de AB.

Observe-se que não podemos dizer que qualquer ponto da linha AB seja superior a todos os pontos do interior de OAB. Cada ponto de AB só é superior aos pontos da parte interior a sudoeste. Assim, o ponto D é superior a todos os pontos internos do retângulo indicado pelas linhas tracejadas que ligam D aos pontos *a* e *b*. O ponto D não é superior ao ponto E. Esses pontos não podem ser ordenados. O ponto C, porém, é superior a E, bem como todos os pontos da linha AB pertencentes à pequena região triangular hachurada que contém o ponto E como um vértice.

Por outro lado, se interpretarmos a linha dos 45° como indicadora do ponto de igual distribuição (isso presume uma interpretação interpessoal cardinal dos eixos, algo que não foi pressuposto nos comentários anteriores), e se isso for considerado uma base adicional para a decisão, então, no fim das contas, o ponto D pode ser preferível a C e E. Está muito mais próximo dessa linha. Pode-se até decidir que se deve preferir um ponto interno, como o F, ao C, que é um ponto de eficiência. De fato, na justiça como equidade os princípios de justiça têm prioridade sobre considerações de eficiência e, portanto, grosso modo, os pontos internos que representam distribuições justas serão, em geral, preferidos aos pontos de eficiência, que representam distribuições injustas. Naturalmente, a figura 4 demonstra uma situação bem simples e não pode ser aplicada à estrutura básica.

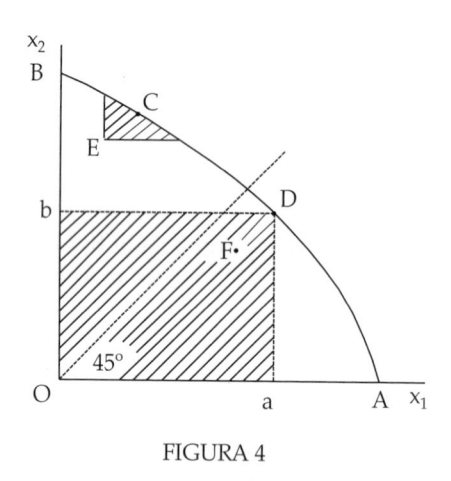

FIGURA 4

O princípio de eficiência pode ser aplicado à estrutura básica em referência às expectativas dos indivíduos representativos[9]. Assim, podemos dizer que a disposição dos direitos e dos deveres na estrutura básica é eficiente se, e somente se, for impossível alterar as normas, para redefinir o sistema de direitos e deveres, a fim de elevar as expectativas

---

9. Cf. a aplicação do critério de Pareto a sistemas de normas públicas em J. M. Buchanan, "The Relevance of Pareto Optimality", *Journal of Conflict Resolution*, Vol. 6 (1962), bem como seu livro, em parceria com Gordon Tullock, *The Calculus of Consent* (Ann Arbor, The University of Michigan Press, 1962). Na aplicação desse e de outros princípios a instituições, sigo um dos pontos de "Two Concepts of Rules", *Philosophical Review*, Vol. 64 (1955). Fazer isso tem a vantagem, entre outras, de restringir o emprego de princípios por meio de efeitos de publicidade. Cf. § 23, nota 8.

de qualquer indivíduo representativo (pelo menos um) sem, ao mesmo tempo, reduzir as expectativas de algum (pelo menos um) outro. Naturalmente, essas alterações devem ser compatíveis com os outros princípios. Ou seja, ao alterarmos a estrutura básica, não temos permissão para violar o princípio de liberdade igual nem a exigência de cargos e carreiras abertos. O que se pode alterar é a distribuição de renda e riqueza e o modo como os que ocupam posições de autoridade e responsabilidade podem regular as atividades cooperativas. Desde que isso seja compatível com as exigências de liberdade e de acessibilidade, a distribuição desses bens primários pode ser adaptada para modificar as expectativas dos indivíduos representativos. Uma disposição da estrutura básica é eficiente quando não há como alterar essa distribuição para elevar as perspectivas de alguns sem reduzir as perspectivas de outros.

Existem, presumo, muitas disposições eficientes da estrutura básica. Cada uma delas especifica uma divisão das vantagens oriundas da cooperação social. O problema é escolher dentre elas, encontrar uma concepção de justiça que destaque uma dessas distribuições eficientes que também seja justa. Se tivermos êxito nisso, teremos ido além da mera eficiência, contudo de maneira compatível com ela. Mas é natural experimentar a ideia de que, contanto que o sistema social seja eficiente, não há motivo para se preocupar com a distribuição. Todas as disposições eficientes são, neste caso, declaradas igualmente justas. É claro que essa sugestão seria extravagante se fosse aplicada à distribuição de bens específicos para indivíduos conhecidos. Ninguém presumiria que é indiferente do ponto de vista da justiça se um indivíduo dentre inúmeros outros acaba por ter tudo. Porém a sugestão parece igualmente desarrazoada para a estrutura básica. Dessa forma, é possível que em certas circunstâncias não se possa reformar a escravidão de maneira significativa sem reduzir as expectativas de outros indivíduos representativos, digamos os latifundiários, para os quais a escravidão é eficaz. Não obstante, também pode acontecer que, em circunstâncias similares, não se possa alterar um sistema de trabalho livre sem reduzir as expectativas de alguns indivíduos representativos, digamos, as dos trabalhadores livres, portanto essa organização é igualmente eficiente. De maneira mais geral, sempre que a sociedade se divide em diferentes classes, é possível, vamos supor, maximizar com relação a qualquer um de seus indivíduos representativos. Esses pontos máximos fornecem pelo menos o mesmo número de posições eficientes, pois não é possível afastar-se de nenhum deles para elevar as expectativas de outros sem reduzir as do indivíduo representativo com relação ao qual o ponto máximo foi definido. Assim, todos esses extremos são eficientes, mas decerto não podem ser todos justos.

Ora, essas reflexões demonstram apenas o que sempre soubemos, ou seja, que o princípio de eficiência não pode servir sozinho como concepção de justiça[10]. Portanto, deve ter algum tipo de complementação. No sistema da liberdade natural, o princípio de eficiência é restringido por certas instituições básicas; quando atendidas essas restrições, qualquer distribuição eficiente resultante é aceita como justa. O sistema da liberdade natural seleciona uma distribuição eficiente mais ou menos da seguinte maneira: vamos supor que sabemos, com base na teoria econômica, que sob as suposições tradicionais que definem uma economia competitiva de mercado, a renda e a riqueza serão distribuídas de maneira eficiente, e que a distribuição eficiente específica que se produz em qualquer período de tempo é definida pela distribuição inicial de recursos, isto é, pela distribuição inicial de renda e riqueza, e dos talen-

---

10. Esse fato é geralmente reconhecido na economia do bem-estar, como quando se diz que é preciso equilibrar eficiência e equidade. Cf., por exemplo, Tibor Scitovsky, *Welfare and Competition* (Londres, George Allen and Unwin, 1952), p. 60-9, e I. M. D. Little, *A Critique of Welfare Economics*, 28.ª ed. (Oxford, The Clarendon Press, 1957), Cap. VI, esp. p. 112-6. Cf. as observações de Sen sobre as limitações do princípio de eficiência em *Collective Choice and Social Welfare*, p. 22, 24-6, 83-6.

tos e habilidades naturais. Para cada distribuição inicial, chega-se a determinado resultado eficiente. Ocorre então que, se queremos aceitar o resultado como justo, e não somente como eficiente, temos de aceitar o fundamento com base no qual a distribuição inicial de recursos é determinada ao longo do tempo.

No sistema da liberdade natural, a distribuição inicial é regulada pelos arranjos implícitos na concepção das carreiras abertas aos talentos (conforme definida anteriormente). Esses arranjos pressupõem um ambiente de liberdade igual (conforme especificado pelo primeiro princípio) e uma economia de livre mercado. Requerem uma igualdade formal de oportunidades na qual todos tenham pelo menos os mesmos direitos de acesso a todas as posições sociais privilegiadas. Porém, como não há empenho para preservar uma igualdade, ou similaridade, de condições sociais, exceto à medida que isso for necessário para preservar as instituições de base necessárias, a distribuição inicial de recursos em qualquer período de tempo sofrerá forte influência de contingências naturais e sociais. A distribuição existente de renda e riqueza, digamos, é o resultado cumulativo das distribuições anteriores dos dotes naturais – isto é, dos talentos e das capacidades naturais –, conforme foram cultivados ou deixados de lado, e seu uso foi favorecido ou preterido, ao longo do tempo, por circunstâncias sociais e contingências fortuitas tais como o acaso e a boa sorte. Intuitivamente, a injustiça mais evidente do sistema da liberdade natural é permitir que as parcelas distributivas recebam uma influência indevida desses fatores tão arbitrários de um ponto de vista moral.

O que chamarei de interpretação liberal tenta corrigir isso acrescentando ao requisito das carreiras abertas aos talentos a condição adicional do princípio de igualdade equitativa de oportunidades. A ideia é que as posições não estejam acessíveis apenas no sentido formal, mas que todos tenham oportunidades equitativas de alcançá-las. À primeira vista, não está claro o que isso significa, mas pode-se dizer que aqueles que têm capacidades e habilidades similares devem ter oportunidades similares de vida. Mais especificamente, presumindo-se que haja uma distribuição de dotes naturais, os que estão no mesmo nível de talento e capacidade, e têm a mesma disposição de usá-los, devem ter as mesmas perspectivas de êxito, seja qual for seu lugar inicial no sistema social. Em todos os setores da sociedade deve haver perspectivas mais ou menos iguais de cultura e realizações para todos os que têm motivação e talentos semelhantes. As expectativas dos que têm as mesmas capacidades e aspirações não devem sofrer influência da classe social a que pertencem[11].

A interpretação liberal dos dois princípios procura, então, atenuar a influência das contingências sociais e do acaso natural sobre as parcelas distributivas. Para esse fim, é necessário impor outras condições estruturais fundamentais ao sistema social: arranjos de livre mercado dentro do arcabouço das instituições políticas e jurídicas que rege as tendências gerais dos acontecimentos econômicos e preserva as circunstâncias sociais necessárias para a igualdade equitativa de oportunidades. Os elementos desse arcabouço já nos são bem conhecidos, porém talvez valha a pena recordar a importância de se evitar o acúmulo excessivo de propriedades e riqueza e de se manterem oportunidades iguais de educação para todos. As oportunidades de adquirir cultura e qualificações não devem depender da classe social e, portanto, o sistema educacional, seja ele público ou privado, deve destinar-se a demolir as barreiras entre as classes.

Embora a concepção liberal pareça claramente preferível ao sistema da liberdade natural, intuitivamente ainda

---

11. Essa definição segue a sugestão de Sidgwick em *The Methods of Ethics*, p. 285n. Cf. também R. H. Tawney, *Equality* (Londres, George Allen and Unwin, 1431), Cap. II, Seção ii; e B. A. O. Williams, "The Idea of Equality", in *Philosophy, Politics, and Society*, ed. Peter Laslett and W. G. Runciman (Oxford, Basil Blackwell, 1962), p. 125 s.

parece deficiente. Em primeiro lugar, mesmo que funcione à perfeição na eliminação da influência das contingências sociais, ainda assim permite que a distribuição da riqueza e da renda seja determinada pela distribuição natural de aptidões e talentos. Dentro dos limites estabelecidos pelos arranjos básicos, as parcelas distributivas são decididas pelo resultado da loteria natural; e esse resultado é arbitrário do ponto de vista moral. Não há mais motivo para permitir que a distribuição de renda e riqueza seja determinada pela distribuição dos dotes naturais do que pelo acaso social e histórico. Ademais, o princípio de oportunidades equitativas só pode ser realizado de maneira imperfeita, pelo menos enquanto existir algum tipo de estrutura familiar. O ponto até o qual as aptidões naturais se desenvolvem e amadurecem sofre influência de todos os tipos de circunstâncias sociais e atitudes de classe. Mesmo a disposição de fazer esforço, de tentar e, assim, ser merecedor, no sentido comum do termo, depende de circunstâncias sociais e familiares afortunadas. Na prática, é impossível garantir oportunidades iguais de realização e cultura para os que têm aptidões semelhantes e, por conseguinte, talvez convenha adotar um princípio que reconheça esse fato e também amenize os resultados arbitrários da própria loteria natural. O fato de que a concepção liberal fracassa nesse ponto nos incentiva a procurar outra interpretação dos dois princípios da justiça.

Antes de passar à concepção de igualdade democrática, devemos examinar a de aristocracia natural. De acordo com essa concepção, não se tenta regular as contingências sociais além do que exige a igualdade formal de oportunidades, mas as vantagens dos que têm dotes naturais maiores devem limitar-se àqueles que promovem o bem dos setores mais pobres da sociedade. O ideal aristocrático se aplica a um sistema que é aberto, pelo menos do ponto de vista jurídico, e a situação melhor daqueles que são favorecidos por esse sistema só é considerada justa quando aqueles que estão em situação inferior ficariam com ainda menos caso as vantagens dos primeiros fossem reduzidas[12]. Assim, a ideia de *noblesse oblige* é transferida para a concepção de aristocracia natural.

Tanto a concepção liberal quanto a de aristocracia natural são instáveis, pois, se nos perturba a influência de um dos dois elementos, seja das contingências sociais, seja do acaso natural, na determinação de parcelas distributivas, estamos fadados, após reflexão, a também nos incomodar com a influência do outro elemento. Do ponto de vista moral, ambos parecem igualmente arbitrários. Portanto, qualquer que seja a forma pela qual nos afastemos do sistema da liberdade natural, nada que não seja a concepção democrática pode nos satisfazer. Ainda preciso explicar essa concepção. E, além disso, nenhum dos comentários anteriores constitui um argumento a favor dessa concepção, já que numa teoria contratualista todos os argumentos, estritamente falando, precisam basear-se no que seria racional aceitar na posição original. Porém, estou interessado em preparar o caminho para a minha interpretação preferida dos dois princípios de um modo que esses critérios, em especial o segundo, não pareçam radicais para o leitor. Uma vez que tentemos encontrar uma interpretação que trate a todos igualmente como pessoas morais, e que não meça a parcela de cada pessoa nos benefícios e nos encargos da cooperação social segundo sua fortuna social ou sua sorte na loteria natural, a interpretação democrática aparecerá como a melhor escolha dentre as quatro opções. Com esses comentários à guisa de prefácio, volto-me agora para essa concepção.

---

12. Essa formulação do ideal aristocrático é retirada da análise da aristocracia feita por Santayana no Cap. IV *de Reason and Society* (Nova York, Charles Scribner, 1905), p. 109 s. Ele diz, por exemplo, que "só se pode justificar o regime aristocrático se irradiar benefícios e caso se prove que, se menos fosse dado para aqueles da posição superior, menos seria obtido por aqueles em posição inferior". Agradeço a Robert Rodes por assinalar que a aristocracia natural é uma interpretação possível dos dois princípios da justiça e que um sistema feudal ideal também poderia tentar satisfazer o princípio de diferença.

13. A igualdade democrática e o princípio de diferença

Chega-se à interpretação democrática, conforme indica a tabela, por meio da combinação do princípio da igualdade equitativa de oportunidades com o princípio de diferença. Este elimina a indeterminação do princípio de eficiência selecionando uma posição específica a partir da qual as desigualdades sociais e econômicas da estrutura básica devem ser julgadas. Presumindo-se a estrutura de instituições exigidas pela liberdade igual e pela igualdade equitativa de oportunidades, as expectativas mais elevadas dos que estão em melhor situação serão justas se, e somente se, fizeram parte de um esquema que eleve as expectativas dos membros mais desfavorecidos da sociedade. A ideia intuitiva é que a ordem social não deve instituir e garantir as perspectivas mais atraentes dos que estão em melhor situação, a não ser que isso seja vantajoso também para os menos afortunados. (Cf., a seguir, a discussão do princípio de diferença.)

O princípio de diferença

Vamos supor que as curvas de indiferença agora representem distribuições que são consideradas igualmente justas. O princípio de diferença é, então, uma concepção fortemente igualitária no sentido de que, se não houver uma distribuição que melhore a situação de ambas as pessoas (limitando-nos ao caso de duas pessoas, para simplificar), deve-se preferir a distribuição igualitária. As curvas de indiferença têm a forma representada na figura 5. Na verdade, são curvas feitas de linhas verticais e horizontais que se cortam em ângulos retos na marca dos 45° (mais uma vez supondo-se uma interpretação interpessoal e cardinal dos eixos). Por mais que a situação de uma das pessoas melhore, do ponto de vista do princípio da diferença não há ganho algum, a não ser que a outra pessoa também ganhe.

Vamos supor que x_1 seja o indivíduo representativo mais favorecido na estrutura básica. Quando se elevam suas expectativas, as perspectivas de x_2, o menos favorecido, também se elevam. Na figura 6, digamos que a curva OP represente a contribuição às expectativas de x_2 feitas pelas expectativas mais elevadas de x_1. O ponto O, a origem, representa o estado hipotético no qual todos os bens sociais primários são distribuídos igualmente. A curva OP está sempre abaixo da linha a 45°, pois x_1 está sempre em melhores condições. Portanto, as únicas partes importantes das curvas de indiferença são as que estão abaixo dessa linha e, por esse motivo, a parte superior esquerda da figura 6 está em branco. Vê-se com clareza que o princípio de diferença só se satisfaz perfeitamente quando a curva OP é apenas tangente da mais alta curva de indiferença que atinge. Na figura 6, esse é o ponto a.

Note-se que a curva de contribuição OP se eleva à direita porque se supõe que a cooperação social definida pela estrutura básica é mutuamente vantajosa. Não se trata mais de distribuir um estoque fixo de bens. Da mesma forma, nada se perde se for impossível fazer uma comparação interpessoal precisa dos benefícios. Basta que se possa identificar a pessoa menos favorecida e determinar sua preferência cia racional.

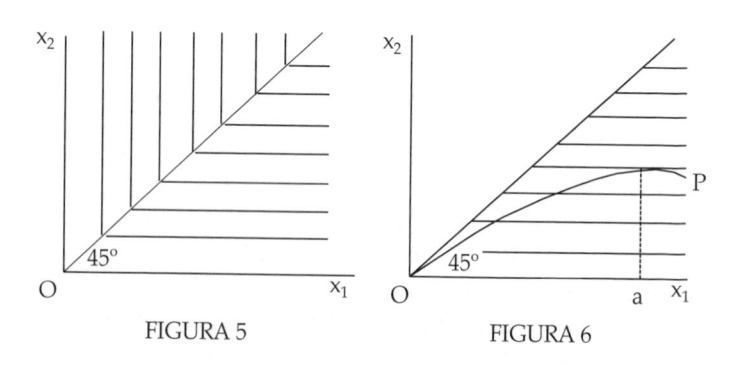

FIGURA 5

FIGURA 6

Uma visão menos igualitária do que o princípio de diferença, e talvez mais plausível à primeira vista, é aquela em que as linhas de indiferença para distribuições justas

FIGURA 7

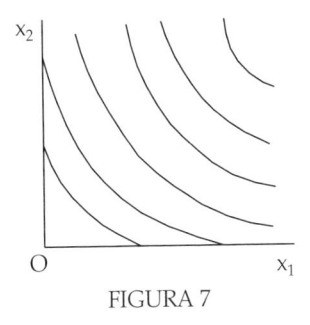

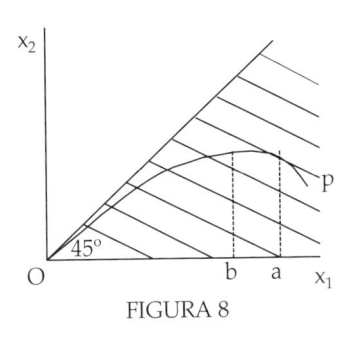

FIGURA 8

(ou para todas as coisas em análise) são curvas suaves, convexas com relação à origem, como na figura 7. As curvas de indiferença das funções do bem-estar social são sempre traçadas dessa maneira. Esse formato das curvas expressa o fato de que, quando qualquer uma das pessoas ganha em detrimento da outra, o aumento de benefícios para ela passa a ter menos valor do ponto de vista social.

O utilitarista clássico, por outro lado, é indiferente ao modo de distribuição de um total fixo de benefícios. Ele só recorre à igualdade para resolver impasses. Se só há duas pessoas, então, supondo-se uma interpretação interpessoal cardinal dos eixos, as linhas de indiferença do utilitarista para distribuições são linhas retas perpendiculares à linha com inclinação de 45°. Entretanto, uma vez que x_1 e x_2 sejam indivíduos representativos, os ganhos deles devem ser aferidos segundo o número de pessoas que representam. Já que é provável que x_2 represente um número muito maior de pessoas do que x_1, as linhas de indiferença se tornam mais horizontais, como vemos na figura 8. A proporção entre o número de favorecidos e o número de desfavorecidos define a inclinação dessas linhas retas. Traçando, como antes, a mesma curva de contribuição, vemos que se alcança a melhor distribuição, do ponto de vista utilitarista, no ponto que fica além do ponto b, onde a curva OP atinge seu ponto máximo. Já que o princípio de diferença seleciona o ponto b, e este está sempre à esquerda de a, o utilitarismo permite, permanecendo constantes as demais condições, maiores desigualdades.

Para ilustrar o princípio de diferença, analisemos a distribuição de renda entre as classes sociais. Vamos supor que os diversos grupos de faixas de renda estão correlacionados a indivíduos representativos e que nos é possível julgar a distribuição com base em suas expectativas. É certo que aqueles que de início são membros da classe empresarial numa democracia de cidadãos-proprietários têm melhores perspectivas do que aqueles que no início pertencem à classe dos trabalhadores não qualificados. Parece provável que isso será verdadeiro mesmo quando as injustiças sociais que hoje existem forem eliminadas. O que, então, poderia justificar esse tipo de desigualdade inicial nas perspectivas de vida? Segundo o princípio de diferença, só é justificável se a diferença de expectativas for vantajosa para o indivíduo representativo que está em pior situação, neste caso o trabalhador não qualificado representativo. A desigualdade de expectativas só é permissível se a redução nas expectativas desse indivíduo representativo tornasse a classe trabalhadora ainda mais desfavorecida. Supõe-se que, dada a cláusula do segundo princípio relativa a posições abertas e, de maneira geral, ao princípio da liberdade, as maiores expectativas permitidas aos empresários os incentivam a fazer coisas que elevam as perspectivas da classe trabalhadora. As melhores perspectivas daqueles servem de incentivos para que o processo econômico seja mais eficaz, a inovação se instaure num ritmo mais acelerado, e assim por diante. Não analisarei até que ponto isso é verdade. O importante é que deve haver alguma argumentação desse tipo para justificar essas desigualdades pelo princípio de diferença.

Farei agora alguns comentários acerca desse princípio. Em primeiro lugar, ao aplicá-lo é preciso distinguir entre dois casos. O primeiro caso é aquele no qual as expectativas dos menos favorecidos são, de fato, elevadas ao máximo (sujeitas, é claro, às restrições mencionadas). Nenhuma mudança nas expectativas daqueles que estão em melhor situação pode melhorar a situação dos que estão em pior situação. O melhor arranjo realiza o que chamarei de esquema perfeitamente justo. O segundo caso é aquele em que as expectativas de todos os que estão em melhor situação contribuem para o bem-estar dos menos favorecidos. Ou seja, se suas expectativas diminuíssem, as perspectivas dos menos favorecidos também cairiam. No entanto, ainda não se atingiu o máximo. Expectativas ainda mais elevadas para os mais favorecidos elevariam as expectativas dos que estão na extremidade inferior. Tal esquema, direi, é totalmente justo, mas não é o melhor arranjo justo. O esquema será injusto quando as expectativas mais elevadas, uma delas ou mais, são excessivas. Se essas expectativas diminuíssem, a situação dos menos favorecidos melhoraria. A medida da injustiça de um arranjo institucional depende de quão excessivas são as expectativas mais elevadas e até que ponto se apoiam na violação dos outros princípios de justiça, por exemplo, a igualdade equitativa de oportunidades; mas não tentarei aferir os graus de injustiça. O importante a se observar é que, embora o princípio de diferença seja, estritamente falando, um princípio maximizador, há diferença significativa entre os casos que ficam aquém do melhor arranjo. A sociedade deve tentar evitar situações em que as contribuições marginais dos mais favorecidos sejam negativas, já que, os demais fatores permanecendo constantes, isso parece ser erro mais grave do que não atingir o melhor esquema quando as contribuições são positivas. A diferença entre classes viola o princípio das vantagens mútuas e também o da igualdade democrática (§ 17).

Outro ponto a considerar é o seguinte: vimos que o sistema de liberdade natural e a concepção liberal vão além do princípio de eficiência porque criam certas instituições básicas e deixam o resto ao encargo da justiça procedimental pura. A concepção democrática afirma que, embora recorram à justiça procedimental pura, pelo menos até certo ponto, o modo como as interpretações anteriores o fazem ainda deixa muito ao encargo de contingências sociais e naturais. Deve-se observar, porém, que o princípio de diferença é compatível com o princípio de eficiência. Quando se satisfaz totalmente o primeiro, na verdade é impossível melhorar a situação de qualquer indivíduo representativo sem piorar a de outro, ou seja, a do indivíduo representativo menos favorecido, cujas expectativas devemos elevar ao máximo. Assim, a justiça é definida de modo a ser compatível com a eficiência, pelo menos quando os dois princípios são perfeitamente satisfeitos. Naturalmente, se a estrutura básica for injusta, esses princípios autorizarão mudanças que podem reduzir as expectativas de alguns dos que estão em melhor situação e, por conseguinte, a concepção democrática não é compatível com o princípio de eficiência se interpretarmos que esse princípio significa que só se permitirão mudanças que melhorem as perspectivas de todos. A justiça tem prioridade sobre a eficiência e requer certas mudanças que não são eficientes nesse sentido. Só há compatibilidade no sentido de que um esquema perfeitamente justo é também eficiente.

A seguir, podemos analisar certa complicação relativa ao significado do princípio de diferença. Aceita-se que quando se satisfaz o princípio todos se beneficiam. Um sentido óbvio em que isso é verdadeiro é que a posição de cada um melhora em relação à situação inicial de igualdade. Porém está claro que nada depende de sermos capazes de identificar essa situação inicial; na verdade, não faz diferença nenhuma na aplicação do princípio da diferença o grau de bem-estar que se desfrute nessa situação. Simplesmente elevamos ao máximo as expectativas da posição menos favorecida obedecendo às restrições necessárias. Contanto que isso traga melhorias para todos, como venho supondo até aqui, os ganhos estimados em relação à situação de igualdade hipotética são irrelevantes, se não impossíveis de constatar. Pode haver, porém, mais um sentido segundo o qual todos se beneficiam quando se satisfaz o princípio da diferença, pelo menos se formularmos algumas hipóteses. Vamos supor que as desigualdades de expectativas estejam ligadas em cadeia: ou seja, se uma vantagem tiver como resultado a elevação das expectativas da posição mais desfavorecida, elevará as expectativas de todas as posições intermediárias. Por exemplo, se as expectativas mais elevadas para os empresários beneficiam os trabalhadores não especializados, também beneficiam os semiespecializados. Note-se que a ligação em cadeia nada diz a respeito do caso em que os menos afortunados não ganham, portanto não significa que todos os resultados caminhem juntos. Vamos supor ainda que as expectativas estão entrelaçadas: ou seja, é impossível elevar ou baixar as expectativas de qualquer indivíduo representativo sem elevar ou baixar as expectativas de todos os outros indivíduos representativos, principalmente as expectativas dos menos favorecidos. Não há uma ligação frouxa, por assim dizer, no entrelaçamento das expectativas. Nessas hipóteses há um sentido segundo o qual todos se beneficiam quando se atende ao princípio da diferença, pois o indivíduo representativo que está em melhor situação em qualquer comparação bidirecional ganha com as vantagens que lhe são oferecidas, e aquele que está em pior situação ganha com as contribuições que essas desigualdades possibilitam. É claro que essas condições podem não se verificar. Porém, nesse caso os que estão em melhor situação não devem ter poder de veto no tocante aos benefícios disponíveis para os menos favorecidos. Ainda precisamos elevar ao máximo as expectativas dos menos favorecidos. (Cf. a discussão complementar da ligação em cadeia.)

Ligação em cadeia

Para simplificar, vamos supor que há três indivíduos representativos. Suponhamos que x_1 seja o mais favorecido e x_3 o menos favorecido, estando x_2 entre ambos. Vamos supor ainda que as expectativas de x_1 estão representadas no eixo horizontal e as expectativas de x_2 e x_3, no eixo vertical. As curvas que denotam as contribuições do mais favorecido para os outros grupos começam na origem, que é o ponto hipotético de igualdade. Além disso, há um limite para o ganho máximo permitido ao mais favorecido com base na hipótese de que, mesmo que o princípio de diferença o permitisse, haveria consequências injustas no sistema político e em outros sistemas excluídos pela prioridade da liberdade.

O princípio de diferença escolhe o ponto onde a curva x_2 atinge seu ponto máximo, por exemplo, o ponto a na figura 9.

A ligação em cadeia significa que em qualquer ponto onde a curva x_3 esteja subindo para a direita, a x_2 também sobe, como nos intervalos à esquerda dos pontos a e b das figuras 9 e 10. A ligação em cadeia nada diz sobre o caso em que a curva x_3 está caindo para a direita, como no intervalo à direita do ponto a da figura 9. A curva x_2 pode estar subindo ou descendo (como indica a linha tracejada x'_2). A ligação em cadeia não se verifica à direita de b na figura 10.

Os intervalos nos quais as curvas x_2 e x_2 estão subindo definem os intervalos das contribuições positivas. Qualquer deslocamento para a direita aumenta a expectativa média (a utilidade média, se a utilidade for medida por expectativas) e também satisfaz o princípio de eficiência como um critério de mudança, isto é, os pontos à direita melhoram a situação de todos.

Na figura 9, as expectativas médias podem estar subindo para além do ponto a, embora as expectativas dos menos favorecidos estejam caindo. (Isso depende dos pesos

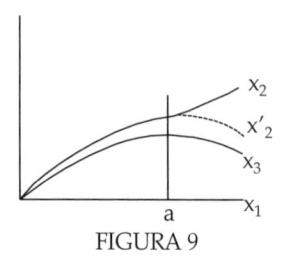

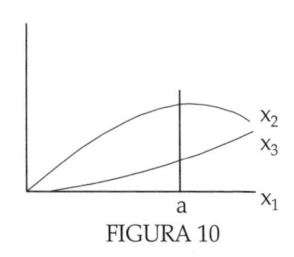

FIGURA 9

FIGURA 10

dos diversos grupos.) O princípio da diferença exclui essa possibilidade e escolhe o ponto *a*.

O entrelaçamento significa que não há trechos retos nas curvas x_2 e x_3. Em cada ponto, ambas as curvas estão subindo ou descendo. Todas as curvas ilustradas estão entrelaçadas.

Não vou examinar qual é a probabilidade de que essa ligação em cadeia e esse entrelaçamento se verifiquem. O princípio de diferença não depende de essas relações serem satisfeitas. Contudo, quando as contribuições das posições mais favorecidas se espalham de maneira geral por toda a sociedade e não ficam confinadas a determinados setores, parece plausível que, se os menos favorecidos se beneficiam, o mesmo acontece com os que estão em posições intermediárias. Ademais, a ampla difusão dos benefícios é favorecida por duas características das instituições, ambas exemplificadas pela estrutura básica: primeiro, elas são estabelecidas para promover certos interesses fundamentais que todos têm em comum; e, segundo, os cargos e as posições são abertos a todos. Assim, parece provável que se a autoridade e os poderes dos legisladores e dos juízes, por exemplo, melhoram a situação dos menos favorecidos, melhoram também a dos cidadãos em geral. A ligação em cadeia pode ser frequentemente verdadeira, contanto que os outros princípios de justiça sejam satisfeitos. Se for assim, então poderemos observar que dentro da região das contribuições positivas (a região na qual as vantagens dos que estão em situação privilegiada elevam as perspectivas dos menos favorecidos), qualquer passo rumo ao arranjo perfeitamente justo melhora as expectativas de todos. Nessas circunstâncias, o princípio de diferença tem consequências práticas mais ou menos similares para os princípios de eficiência e da utilidade média (se a utilidade for estimada por bens primários). Naturalmente, se a ligação em cadeia quase nunca acontece, essa similaridade é irrelevante. Mas parece provável que, dentro de um sistema social justo, seja frequente a ocorrência de uma difusão geral de benefícios.

Existe mais uma complicação. Supomos o entrelaçamento para simplificar o enunciado do princípio de diferença. É claramente concebível, porém, qualquer que seja sua probabilidade ou importância na prática, que os menos favorecidos não sejam afetados em hipótese alguma por mudanças nas expectativas dos que estão em melhor situação, embora essas mudanças beneficiem outros. Nesse tipo de caso, o entrelaçamento fracassa e, para resolver a situação, podemos enunciar um princípio mais geral como o seguinte: numa estrutura básica com n representantes relevantes, primeiro eleve-se ao máximo o bem-estar do indivíduo representativo em pior situação; em segundo lugar, para um bem-estar igual do indivíduo representativo em pior situação, eleve-se ao máximo o bem-estar do indivíduo representativo que se encontra na segunda pior posição, e assim por diante, até o último caso, que é, para um bem-estar igual de todos os indivíduos representativos precedentes n-1, eleve-se ao máximo o bem-estar do indivíduo representativo em melhor situação. Podemos concebê-lo como princípio lexical de diferença[13]. Acho, porém, que em casos reais é improvável que esse princípio seja pertinente, pois quando os potenciais benefícios maiores para os mais favorecidos são significativos, decerto haverá um meio de também melhorar a situação dos menos favorecidos. As leis gerais que regem as instituições da estrutura básica garantem que não surgirão casos que exijam o princípio lexical. Assim, usarei sempre o princípio de diferença em sua forma mais simples, e o resultado das seções anteriores é que o segundo princípio tem o seguinte enunciado:

> As desigualdades sociais e econômicas devem estar dispostas de tal modo que tanto (a) propiciem o máximo benefício esperado para os menos favorecidos como (b) estejam vinculadas a cargos e posições abertos a todos em condições de igualdade equitativa de oportunidades.

---

13. Sobre essa questão, cf. Sen, *Collective Choice and Social Welfare*, p. 138n.

Por fim, um comentário acerca da terminologia. Talvez os economistas prefiram referir-se ao princípio de diferença como critério *maximin*, mas evitei esse nome por diversos motivos. O critério *maximin* costuma ser entendido como uma regra de escolha em situações de grande incerteza (§ 26), ao passo que o princípio de diferença é um princípio de justiça. Não é recomendável usar o mesmo nome para duas coisas tão diferentes. O princípio de diferença é um critério muito especial: aplica-se primariamente à estrutura básica da sociedade por meio de indivíduos representativos cujas expectativas devem ser estimadas por intermédio de uma lista de bens primários (§ 15). Além disso, chamar o princípio de diferença de critério *maximin* sugere, erroneamente, que a principal argumentação em defesa desse princípio, da perspectiva da situação original, provém de uma suposição de aversão ao risco muito alta. Existe, de fato, uma relação entre o princípio de diferença e tal suposição, mas não se postulam atitudes extremas com relação ao risco (§ 28); e, seja como for, há muitas ponderações a favor do princípio da diferença nas quais a aversão ao risco não desempenha nenhum papel. Assim, é melhor só usar o termo "critério *maximin*" para denominar a regra da escolha em situações de incerteza.

14. A igualdade equitativa de oportunidades e a justiça procedimental pura

Gostaria agora de comentar a segunda parte do segundo princípio, que doravante deve ser entendido como princípio liberal de igualdade equitativa de oportunidades. Não se deve, então, confundi-lo com a ideia de carreiras abertas ao talento; nem devemos esquecer que, por estar vinculado ao princípio de diferença, suas consequências são bem diferentes da interpretação liberal dos dois princípios em conjunto. Tentarei demonstrar mais adiante (§ 17), em especial, que esse princípio não está sujeito à objeção de que conduz a uma sociedade meritocrática. Quero, agora, analisar algumas outras questões, principalmente sua relação com a ideia da justiça procedimental pura.

Em primeiro lugar, porém, devo salientar que as razões da exigência de posições abertas não são apenas, nem mesmo principalmente, as da eficiência. Eu não afirmei que, para que todos se beneficiem de um dado arranjo, é preciso que os cargos estejam abertos a todos. Pois pode ser possível melhorar a situação de todos por meio da atribuição de certas prerrogativas e benefícios a determinadas posições, apesar do fato de certos grupos serem excluídos deles. Embora o acesso seja restrito, talvez esses cargos possam, não obstante, atrair talentos superiores e incentivar melhores desempenhos. Porém o princípio de posições abertas a todos o proíbe. Esse princípio expressa a convicção de que, se alguns cargos não estão abertos a todos em condições equitativas, os excluídos estariam certos de se sentirem injustiçados, mesmo que se beneficiassem dos esforços maiores daqueles autorizados a ocupá-los. Sua queixa seria justificada não só porque foram excluídos de certas recompensas externas dos cargos, mas também porque foram impedidos de vivenciar a realização pessoal resultante do exercício competente e dedicado de deveres sociais. Seriam privados de uma das principais formas de bem humano.

Afirmei que a estrutura básica é o objeto principal da justiça. Naturalmente, qualquer teoria ética reconhece a importância da estrutura básica como objeto da justiça, mas nem todas essas teorias encaram essa importância da mesma maneira. Na justiça como equidade, a sociedade é interpretada como um empreendimento cooperativo para o benefício de todos. A estrutura básica é um sistema de normas públicas que define um esquema de atividades que conduz os homens a agirem juntos a fim de produzir um total maior de benefícios e atribui a cada um deles certos direitos reconhecidos a uma parte dos ganhos. O que cada pessoa faz depende do que as normas públicas determinam que ela tem o direito de fazer, e aquilo que a pessoa tem o direito de fazer depende do que ela faz. Chega-se à distribuição que resulta disso honrando-se os direitos definidos pelo que a pessoa se compromete a fazer à luz dessas expectativas legítimas.

Essas ponderações suscitam a ideia de tratar a questão das parcelas distributivas como uma questão de justiça procedimental pura[14]. A ideia intuitiva é conceber o sistema social de modo que o resultado seja justo, qualquer que seja, pelo menos enquanto estiver dentro de certos limites. A ideia de justiça procedimental pura é mais bem entendida por meio de uma comparação entre a justiça procedimental perfeita e a imperfeita. Para ilustrar a primeira, analisemos o caso mais simples de divisão justa. Certo número de indivíduos vai dividir um bolo: presumindo-se que a divisão justa seja uma divisão equitativa, qual será o procedimento, se é que existe algum, que trará esse resultado? Questões técnicas à parte, a solução óbvia é fazer com que um deles divida o bolo e receba a última fatia, sendo aos outros permitido pegar suas respectivas fatias antes dele. Ele dividirá o bolo em partes iguais, já que desse modo garante para si próprio a maior fatia possível. Esse exemplo ilustra os dois traços característicos da justiça procedimental perfeita. Em primeiro lugar, há um critério independente para definir o que é divisão justa, um critério definido em separado e antes do processo que se deverá seguir. E, em segundo lugar, é possível elaborar um método que com certeza produzirá o resultado desejado. Naturalmente, fazemos certas suposições, como a de que o homem escolhido saberá dividir o bolo em partes iguais, quer a maior fatia possível, e assim por diante. Porém, podemos ignorar esses detalhes: o essencial é que existe um critério independente para se decidir qual resultado é justo e um método que com certeza le-

---

14. Cf. discussão geral da justiça procedimental em Brian Barry, *Political Argument* (Londres, Routledge and Kegan Paul, 1965), Cap. VI. Sobre o problema da divisão equitativa, cf. R. D. Luce e Howard Raiffa, *Games and Decisions* (Nova York, John Wiley and Sons, Inc., 1957), p. 363-8; e Hugo Steinhaus, "The Problem of Fair Division", *Econometrica,* Vol. 16 (1948).

vará a ele. É evidente que a justiça procedimental perfeita é rara, se não impossível, em casos de interesses muito mais práticos. A justiça procedimental imperfeita é exemplificada pelo processo penal. O resultado desejado é que o réu seja declarado culpado se, e somente se, tiver cometido o crime de que é acusado. O julgamento é estruturado para procurar e estabelecer a verdade a esse respeito. Mas parece impossível elaborar as normas jurídicas de modo a que sempre levem ao resultado correto. A doutrina do processo examina quais procedimentos e normas de evidências, entre outros elementos, são mais indicados para alcançar esse fim de maneira compatível com as outras finalidades do direito. É razoável esperar que arranjos distintos, em circunstâncias diversas, para os julgamentos, possam levar aos resultados certos, não sempre, mas pelo menos na maioria dos casos. O julgamento, portanto, é um exemplo de justiça procedimental imperfeita. Embora se obedeça criteriosamente à lei e os processos sejam conduzidos de maneira justa e apropriada, um julgamento pode chegar ao resultado errado. Pode-se declarar culpado um inocente, um culpado ser absolvido. Nesses casos, falamos de um malogro de justiça: a injustiça não provém de falha humana, mas da combinação fortuita de circunstâncias que derrotam a finalidade das normas jurídicas. A marca característica da justiça procedimental imperfeita é que, embora exista um critério independente para definir o resultado correto, não há um procedimento exequível que leve a ele infalivelmente.

A justiça procedimental pura, em contraste, verifica-se quando não há um critério independente para o resultado correto: em vez disso, existe um procedimento correto ou justo que leva a um resultado também correto ou justo, seja qual for, contanto que se tenha aplicado corretamente o procedimento. O jogo ilustra essa situação. Se um grupo de pessoas faz uma série de apostas justas, a distribuição do dinheiro após a última aposta é justa ou, pelo menos, não é injusta, seja qual for essa distribuição. Suponho que apostas justas são aquelas que têm uma expectativa de ganho, que as apostas são feitas voluntariamente, que ninguém trapaceia, e assim por diante. O procedimento de apostas é justo e livremente aceito em condições que são justas. Assim, as circunstâncias de fundo definem o procedimento justo. Ora, qualquer distribuição de dinheiro cuja soma for igual à quantia inicial que possuíam todos os apostadores poderia resultar de uma série de apostas justas. Nesse sentido, todas essas distribuições são igualmente justas. Um traço característico da justiça procedimental pura é que o procedimento de definição do resultado justo deve ser realmente levado a cabo, pois nesses casos não há critério independente que se possa consultar para demonstrar que determinado resultado é justo. É claro que não podemos dizer que determinada situação é justa somente porque se poderia chegar a ela por meio de um procedimento justo. Isso seria ir longe demais. Permitiria que se afirmasse que quase todas as distribuições de bens são justas, ou equitativas, já que poderiam ser resultantes de jogos limpos. O que torna justo, ou não injusto, o resultado final das apostas é esse resultado ser aquele que se produziu após uma série de apostas justas. Um processo equitativo só traduz sua equidade no resultado quando é realmente levado a cabo.

Por conseguinte, para aplicar a ideia de justiça procedimental pura às parcelas distributivas, é necessário estabelecer e administrar de maneira imparcial um sistema justo de instituições. É só contra o pano de fundo de uma estrutura básica justa, que conta com uma constituição política justa e uma organização justa das instituições sociais e econômicas, que podemos afirmar que existe o necessário procedimento justo. Na Parte II, definirei uma estrutura básica que tem as características necessárias (§ 43). Suas diversas instituições serão explicadas e vinculadas aos dois princípios da justiça.

A função do princípio de oportunidades equitativas é garantir que o sistema de cooperação seja um sistema de justiça procedimental pura. A não ser que seja satisfeito, não se pode deixar a justiça distributiva por sua própria conta, mesmo dentro de âmbito restrito. A vantagem prática da justiça procedimental pura é que já não é mais necessário levar em conta a infinidade de circunstâncias nem as posições relativas mutáveis de pessoas específicas. Evita-se o problema de definir princípios que deem conta das enormes complexidades que surgiriam se esses pormenores fossem pertinentes. Constitui um equívoco concentrar a atenção nas situações relativas variáveis dos indivíduos e exigir que cada mudança, considerada como transação única e isolada, seja justa em si mesma. É o arranjo institucional da estrutura básica que se deve julgar, e julgado de um ponto de vista geral. A não ser que possamos criticá-lo do ponto de vista de um indivíduo representativo relevante ocupando alguma posição específica, não temos queixas contra esse arranjo. Assim, a aceitação dos dois princípios envolve o entendimento de descartar, por irrelevância no tocante à justiça social, grande parte das informações e muitas das complicações do cotidiano.

Na justiça procedimental pura, então, as distribuições de vantagens não são julgadas em primeira instância, confrontando-se um estoque de benefícios disponíveis com desejos e necessidades de dados indivíduos conhecidos. A distribuição dos itens produzidos se realiza de acordo com o sistema público de normas, e esse sistema define o que produzir, quanto produzir e por quais meios. Também define as exigências legítimas que, quando cumpridas, produzem a distribuição resultante. Assim, nesse tipo de justiça procedimental, a precisão da distribuição se fundamenta na justiça do sistema de cooperação do qual provém e no atendimento às reivindicações dos indivíduos nela engajados. Não se pode julgar a distribuição separadamente do sistema do qual resulta ou do que os indivíduos fizeram, de boa-fé, à luz das expectativas estabelecidas. Se perguntarmos, de modo abstrato, se uma distribuição de determinada quantidade de coisas a determinados indivíduos, que têm desejos e preferências conhecidos, é melhor do que outra, simplesmente não existe resposta para tal pergunta. A concepção dos dois princípios não interpreta o problema principal da justiça distributiva como um problema da justiça alocativa.

A justiça alocativa, em contraste, se aplica quando se deve dividir certo conjunto de bens entre determinados indivíduos com necessidades e desejos conhecidos. O conjunto a ser alocado não é produção desses indivíduos, nem eles estão envolvidos em relações cooperativas. Já que não há exigências prévias àquilo que será distribuído, é natural reparti-las segundo os desejos e as necessidades, ou mesmo elevar ao máximo o saldo líquido de satisfação. A justiça torna-se uma espécie de eficiência, a não que se prefira a igualdade. Adequadamente generalizada, a concepção alocativa leva à teoria utilitarista clássica. Pois, como vimos, essa doutrina assimila a justiça à benevolência do observador imparcial e esta, por sua vez, ao molde institucional que seja mais eficiente para promover o maior saldo possível de satisfações. O que se deve enfatizar nisso é que o utilitarismo não interpreta a estrutura básica como esquema de justiça procedimental pura. O utilitarista tem, pelo menos em princípio, um padrão independente para julgar todas as distribuições, ou seja, para avaliar se produzem o maior saldo de satisfações. Nessa teoria, as instituições são arranjos mais ou menos imperfeitos para a realização desse fim. Assim, dados os desejos e as preferências existentes, e os desenvolvimentos futuros que eles permitem prever, o objetivo do estadista é configurar os esquemas sociais que permitam uma melhor aproximação a uma meta previamente dada. Já que essas políticas estão sujeitas às restrições e aos obstáculos inevitáveis da vida cotidiana, a estrutura básica é um caso de justiça processual imperfeita.

Por ora, presumirei que as duas partes do segundo princípio estão organizadas em ordem lexical. Assim, temos uma ordem lexical dentro de outra. A vantagem da concepção especial é ter forma definida e indicar certas questões para investigação; por exemplo, com base em que suposições, caso haja alguma, se escolheria a ordem lexical? Nossa investigação assume uma orientação determinada e não está mais presa a generalidades. Naturalmente, essa concepção de parcelas distributivas é uma grande simplificação. Destina-se a caracterizar de maneira clara uma estrutura básica que empregue a ideia da justiça procedimental pura. Mesmo assim, porém, devemos tentar encontrar conceitos simples que possam reunir-se para formar uma concepção razoável de justiça. As ideias de estrutura básica, de véu de ignorância, de ordem lexical, da posição menos favorecida, bem como a da justiça procedimental pura são todas exemplos disso. Por si mesmas, não se pode esperar que nenhuma delas funcione; porém, devidamente reunidas, podem funcionar bastante bem. É exagero supor que exista uma solução razoável para todos os problemas morais, ou mesmo para a maioria deles. Talvez só seja possível resolver alguns poucos de maneira satisfatória. Seja como for, a sabedoria social consiste em estruturar as instituições de modo que não surjam dificuldades incontroláveis com frequência e em aceitar a necessidade de princípios claros e simples.

15. Bens primários sociais como a base das expectativas

O que foi dito até aqui já basta como exposição e explicação dos dois princípios da justiça e da concepção procedimental que expressam. Em capítulos posteriores apresentarei mais pormenores, expondo uma organização de instituições que ponha em prática essa concepção. Por enquanto, porém, é preciso examinar algumas questões preliminares. Começo com a discussão das expectativas e de como devem ser avaliadas.

Podemos demonstrar a importância dessa questão por meio de uma comparação com o utilitarismo. Quando aplicada à estrutura básica, essa concepção exige que elevemos ao máximo a soma algébrica das utilidades esperadas, levando-se em conta todas as posições pertinentes.

(O princípio clássico avalia essas expectativas pelo número de pessoas que se encontram nessas posições, e o princípio da utilidade média, pela fração de pessoas.) Deixando para a próxima seção a questão de saber o que define uma posição relevante, está claro que o utilitarismo presume alguma medida razoavelmente precisa de utilidade. Além de ser necessário dispor de uma medida cardinal para cada indivíduo representativo, também se pressupõe um método de correlacionar as escalas de pessoas distintas para que possamos afirmar que os ganhos de alguns devem pesar mais que as perdas de outros. Não é razoável exigir grande precisão, mas não podemos deixar essas estimativas ao sabor da nossa intuição. Ademais, elas podem basear-se em noções éticas ou em outras noções, para não falar do preconceito e do interesse pessoal, que as colocam em questão. O simples fato de fazermos o que chamamos de comparações interpessoais de bem-estar não significa que entendemos a fundamentação dessas comparações ou que devemos aceitá-las como válidas. Para resolver essas questões, precisamos explicar esses juízos, expor os critérios que os fundamentam (§ 49). Nas questões de justiça social, devemos tentar encontrar algum fundamento objetivo para fazer essas comparações, que todos possam reconhecer e aceitar. Creio que a verdadeira objeção ao utilitarismo está em outro lugar. Mesmo que seja possível fazer comparações interpessoais, estas devem expressar valores pelos quais valha a pena se empenhar. A controvérsia no tocante às comparações interpessoais costuma obscurecer a verdadeira questão, ou seja, se é a felicidade total (ou a felicidade média) que se deve elevar ao máximo em primeiro lugar.

    O princípio de diferença tenta estabelecer fundamentos objetivos para as comparações interpessoais de duas maneiras. Em primeiro lugar, se pudermos identificar o indivíduo representativo menos favorecido, daí em diante só há a necessidade de juízos ordinais de bem-estar. Sabemos a partir de qual posição se deve julgar o sistema social. Não importa o quanto esse indivíduo representativo é menos desfavorecido em relação aos outros. As outras dificuldades da aferição cardinal não se apresentam, pois não há necessidade de quaisquer outras comparações interpessoais. O princípio de diferença, então, exige menos dos nossos juízos de bem-estar. Em nenhum momento necessitamos calcular uma soma de vantagens que envolva uma aferição cardinal. Embora se façam comparações interpessoais qualitativas para identificar a posição mais baixa, com relação ao restante bastam os juízos ordinais de um indivíduo representativo.

Em segundo lugar, o princípio de diferença introduz uma simplificação na base das comparações interpessoais. Essas comparações se realizam com relação às expectativas de bens primários sociais. Na verdade, defino essas expectativas simplesmente como o índice desses bens que um indivíduo representativo pode almejar. As expectativas de um serão maiores que as de outro se esse índice para alguém em sua posição for maior. Os bens primários, como já comentei, são coisas que se presume que um indivíduo racional deseje, não importando o que mais ele deseje. Sejam quais forem as minúcias dos planos racionais de um indivíduo, presume-se que há várias coisas que ele preferiria ter mais a ter menos. Com uma quantidade maior desses bens, em geral é possível prever um maior êxito na realização das próprias intenções e na promoção dos próprios objetivos, sejam quais forem esses objetivos. Os bens sociais, enumerando-os em categorias amplas, são direitos, liberdades e oportunidades, bem como renda e riqueza. (Um bem primário muito importante é um sentido do próprio valor, mas, para simplificar, vou deixá-lo de lado até bem mais adiante, no § 67.) Parece evidente que, em geral, essas coisas se encaixam na definição de bens primários. São bens sociais tendo em vista sua conexão com a estrutura básica; as liberdades e as oportunidades são definidas pelas normas das principais instituições, e a distribuição de renda e de riqueza é regida por elas.

TEORIA

A teoria do bem adotada para explicar os bens primários será apresentada de maneira mais completa no Capítulo VII. É uma teoria conhecida, que remonta a Aristóteles, e algo semelhante a ela é adotado por filósofos tão diferentes em outros aspectos quanto Kant e Sidgwick. Isso não constitui um ponto de discórdia entre a doutrina contratualista e o utilitarismo. A ideia principal é que o bem de uma pessoa é definido por aquilo que para ela representa o plano de vida mais racional a longo prazo, dadas circunstâncias razoavelmente favoráveis. Uma pessoa é feliz quando ela é mais ou menos bem-sucedida na realização desse plano. De uma forma breve, o bem é a satisfação do desejo racional. Devemos supor, então, que cada indivíduo tem um plano racional de vida traçado de acordo com a situação em que se encontra. Esse plano é elaborado de modo a permitir a satisfação harmoniosa de seus interesses. Programa as atividades de maneira a permitir a realização dos diversos desejos sem interferência. Chega-se a ele rejeitando-se outros planos que têm menos probabilidade de êxito ou não permitem uma realização tão abrangente de objetivos. Dadas as alternativas disponíveis, um plano racional é aquele que não se pode aperfeiçoar; não há nenhum outro plano que, levando-se tudo em conta, seja preferível.

Analisemos algumas dificuldades. Um problema evidente é a elaboração de um índice de bens primários sociais. Supondo-se que os dois princípios da justiça sejam ordenados em série, esse problema se simplifica bastante. As liberdades fundamentais são sempre iguais, e existe igualdade equitativa de oportunidades; não é preciso contrabalançar essas liberdades e direitos com outros valores. Os bens primários sociais que variam em distribuição são os direitos e as prerrogativas de autoridade, bem como a renda e a riqueza. Mas as dificuldades não são tão grandes quanto poderiam parecer à primeira vista em razão da natureza do princípio de diferença. O único problema de índice que nos diz respeito é o daquele do grupo menos favorecido. Os bens primários de que desfrutam outros indivíduos representativos são ajustados para elevar esse índice, obedecendo-se, é claro, às restrições usuais. Não é necessário definir pesos para as posições mais favorecidas de uma forma mais detalhada, contanto que tenhamos certeza de que são mais favorecidas. Mas isso costuma ser fácil, pois elas quase sempre têm uma quantidade maior de cada bem primário que é distribuído de maneira desigual. Já é suficiente saber como a distribuição de bens para os mais favorecidos afeta as expectativas dos menos favorecidos. O problema do índice se reduz, então, ao da aferição dos bens primários para os menos favorecidos. Para tentar fazê-lo, assumimos o ponto de vista do indivíduo representativo desse grupo e perguntamos qual combinação dos bens sociais primários lhe seria racional preferir. Ao fazê-lo, admitimos que nos apoiamos em estimativas intuitivas. Mas não é possível evitar isso totalmente.

Outra dificuldade é a seguinte: pode-se objetar que não se devem definir as expectativas como um índice de bens primários, e sim como as satisfações a esperar quando os planos são executados usando-se esses bens. Afinal, é na realização desses planos que se conquista a felicidade e, portanto, as estimativas das expectativas não devem fundar-se nos meios disponíveis. A justiça como equidade, contudo, assume outro ponto de vista, pois não investiga o uso que as pessoas fazem dos direitos e das oportunidades disponíveis com o propósito de aferir, e muito menos de maximizar, as satisfações que alcançam. Nem tenta avaliar os méritos relativos das diversas concepções do bem. Pelo contrário, presume-se que os membros da sociedade são pessoas racionais, capazes de ajustar suas concepções do bem à própria situação. Não há necessidade de comparar o valor das concepções de diversas pessoas, já que se presume que sejam compatíveis com os princípios da justiça. A todos é assegurada uma liberdade igual para tentar realizar qualquer plano de vida que lhe agrade, contanto que não transgrida o que a justiça exige. Os homens repartem os bens primários segundo o princípio de que alguns podem ter mais se forem bens adquiridos de maneira que melhore a situação dos que têm menos. Uma vez que o arranjo como um todo é estabelecido e está em funcionamento, questões sobre os totais de satisfação ou de perfeição não se apresentam.

Vale notar que essa interpretação das expectativas representa, com efeito, um acordo sobre comparar as situações das pessoas somente com base em coisas que se presume que elas precisem para realizar seus planos. Esse parece o modo mais viável de definir um objetivo publicamente reconhecido e um procedimento que pessoas razoáveis possam aceitar. Não pode, contudo, haver um acordo semelhante com relação a como aferir a felicidade definida, digamos, pelo êxito na realização de planos racionais, muito menos com respeito ao valor intrínseco desses planos. Fundamentar as expectativas nos bens primários é outro recurso de simplificação. Gostaria de comentar, de passagem, que essa e outras simplificações vêm acompanhadas de algum tipo de explicação filosófica, embora isso não seja estritamente necessário. É evidente que as hipóteses teóricas devem fazer mais do que simplificar; devem identificar os elementos essenciais que explicam os fatos que queremos entender. Da mesma forma, as partes da teoria da justiça devem representar características morais fundamentais da estrutura social, e se parece que algumas delas são deixadas de lado, é desejável nos assegurarmos de que não se trata disso. Tentarei seguir essa regra. Mesmo assim, porém, a solidez da teoria da justiça é demonstrada tanto em suas consequências quanto na aceitabilidade *prima facie* de suas premissas. Na verdade, esses dois aspectos não podem separar-se e, por conseguinte, a discussão das questões institucionais, principalmente na Parte 2, que a princípio pode parecer de caráter não filosófico, é, de fato, inevitável.

16. Posições sociais relevantes

Ao aplicarmos os dois princípios da justiça à estrutura básica da sociedade, colocamo-nos na posição de certos indivíduos representativos e examinamos como o sistema social lhes parece. A perspectiva daqueles que estão nessas situações define um ponto de vista geral adequado. É certo, porém, que nem todas as posições sociais são relevantes, pois não existem apenas produtores rurais, por exemplo, mas também produtores de laticínios, produtores de grãos, agricultores que cultivam grandes extensões de terra, e assim por diante, também no caso de outras ocupações e grupos, infinitamente. Não teremos uma teoria coerente e operativa se levarmos em conta essa multiplicidade de posições. É impossível avaliar tantas reivindicações concorrentes. Precisamos, portanto, identificar certas posições como mais básicas e mais capazes do que outras de oferecer um ponto de vista apropriado para avaliar o sistema social. Assim, a escolha dessas posições se torna parte da teoria da justiça. Com base em qual princípio, porém, devem ser identificadas?

Para responder a essa pergunta, precisamos ter em mente o problema fundamental da justiça e a maneira como é resolvido pelos dois princípios. O objeto principal da justiça, conforme já salientei, é a estrutura básica da sociedade. O motivo disso é serem suas consequências tão profundas e penetrantes, além de presentes desde o nascimento. Essa estrutura favorece alguns pontos de partida em detrimento de outros na divisão dos benefícios da cooperação social. São essas desigualdades que os dois princípios devem regular. Uma vez satisfeitos esses princípios, permite-se que surjam outras desigualdades, em consequência de atos voluntários, segundo o princípio da liberdade de associação. Assim, as posições sociais relevantes são, por assim dizer, os pontos de partida generalizados e agregados de uma forma apropriada. Ao escolhermos essas posições para especificar o ponto de vista geral, concordamos com a ideia de que os dois princípios tentam atenuar a arbitrariedade do acaso natural e da sorte social.

Suponho, então, que em geral cada pessoa ocupa duas posições relevantes: a da cidadania igual e aquela definida por seu lugar na distribuição de renda e riqueza. Os indivíduos representativos são, portanto, o cidadão representativo e os indivíduos representativos daqueles que têm expectativas diversas em relação aos bens primários distribuídos de maneira desigual. Já que presumo que, em geral, as outras posições são ocupadas voluntariamente, não precisamos analisar o ponto de vista de quem as ocupa ao julgar a estrutura básica. Em vez disso, devemos ajustar todo o esquema de modo que corresponda às preferências dos que ocupam os pontos de partida. Na medida do possível, deve-se avaliar a estrutura básica da posição de cidadania igual. Essa posição é definida pelos direitos e pelas liberdades exigidos pelo princípio de liberdade igual e pelo princípio de igualdade equitativa de oportunidades. Quando satisfeitos os dois princípios, todos são cidadãos iguais e, portanto, todos ocupam essa posição. Nesse sentido, a cidadania igual define um ponto de vista geral. Os problemas de arbitrar as exigências das liberdades fundamentais são resolvidos tendo-o por referência. Tratarei dessas questões no Capítulo IV. Mas deve-se salientar aqui que dessa posição também é possível analisar muitas questões de política social, pois há assuntos que tratam dos interesses de todos e em relação aos quais as consequências distributivas são irrelevantes. Nesses casos, pode-se aplicar o princípio do interesse comum. Segundo esse princípio, as instituições são classificadas de acordo com sua efetividade para garantir as condições necessárias para que todos possam igualmente promover seus objetivos ou de acordo com sua eficiência na promoção de objetivos em comum que beneficiarão a todos de maneira semelhante. Assim, normas razoáveis para manter a ordem e a segurança públicas, ou medidas eficazes de saúde pública e seguridade social, promovem o interesse comum nesse sentido. A mesma coisa vale para os esforços coletivos de defesa nacional em uma guerra justa. Pode-se-ia dizer que manter a saúde pública e a segurança social, ou alcançar a vitória em uma guerra justa, gera efeitos distributivos: os que têm expectativas mais elevadas se beneficiam mais porque têm mais a perder. Porém, se as desigualdades sociais e econômicas forem justas, esses efeitos podem ser postos de lado e o princípio do interesse comum pode se aplicar. O ponto de vista apropriado é o da cidadania igual.

A definição dos indivíduos representativos para julgarmos as desigualdades sociais e econômicas é menos satisfatória. Em primeiro lugar, ao considerar que eles são especificados pelos níveis de renda e riqueza, estou supondo que esses bens sociais primários estão suficientemente correlacionados com diferenças de autoridade e responsabilidade. Ou seja, estou supondo que aqueles que têm, digamos, mais autoridade política, ou os que têm mais responsabilidade em associações diversas, são, em geral, mais favorecidos em outros aspectos. De modo geral, essa hipótese parece bastante segura para nossos fins. Também existe a questão de sabermos quantos desses indivíduos representativos selecionar, mas isso não é primordial porque o princípio de diferença escolhe um único indivíduo representativo para um papel especial. A dificuldade séria está em como definir o grupo menos favorecido.

Para dar precisão às ideias, vamos definir os menos favorecidos como os menos beneficiados segundo cada um dos três tipos principais de contingências. Assim, esse grupo contém pessoas cujas origens familiar e de classe são mais desfavorecidas que as de outras, cujos talentos naturais (quando desenvolvidos) não lhes possibilitam se dar tão bem, e cuja sorte no decorrer da vida revela-se menos feliz, tudo no âmbito da normalidade (conforme será discutido adiante) e com as medidas pertinentes fundamentadas nos bens primários sociais. Na prática, decerto serão necessários vários aprimoramentos, mas essa definição aproximada dos menos favorecidos expressa bem a ligação com o problema da contingência e deve bastar para nossos fins. Presumirei, então, que todos têm necessidades físicas e capacidades psicológicas no âmbito da normalidade, de modo que questões de cuidados médicos especiais e de capacidade mental não se apresentam. Além de apresentar prematuramente questões que podem nos levar para além da teoria da justiça, a análise desses casos difíceis pode confundir nossa percepção moral, levando-nos a pensar em pessoas distantes de nós e cuja sorte suscita pena e ansiedade. O problema primordial da justiça se refere às relações entre aqueles que no curso normal das coisas são participantes plenos e ativos da sociedade, e direta ou indiretamente associados entre si durante toda a vida. Assim o princípio de diferença deve aplicar-se aos cidadãos envolvidos na cooperação social; se o princípio falhar nesse caso, provavelmente falharia em termos gerais.

No entanto, parece impossível evitar certa arbitrariedade na identificação concreta do grupo menos favorecido. Uma possibilidade é escolher determinada posição social, digamos, a do trabalhador não especializado, e, então, considerar menos favorecidos todos os que têm renda e riqueza mais ou menos igual ou inferior à das pessoas que estão nessa posição. Outro critério é o da renda e da riqueza relativas, sem relação com posições sociais. Por exemplo, todas as pessoas com menos da metade da renda média podem ser consideradas integrantes do segmento menos favorecido. Esse critério só depende da metade inferior da distribuição e tem o mérito de concentrar a atenção na distância social entre os que têm menos e o cidadão médio[15]. Qualquer um desses critérios parece abarcar os mais desfavorecidos pelas diversas contingências e serve de base para definir em qual nível se pode fixar um mínimo social razoável, a partir do qual, em conjunto com outros instrumentos de aferição, a sociedade poderia começar a satisfazer o princípio de diferença. Qualquer método está fadado a ser um tanto *ad hoc*. Não obstante, temos o direito de, em algum ponto, recorrer a considerações práticas, pois, mais cedo ou

---

15. Sobre essa definição, cf. a discussão de M. J. Bowman sobre o "critério de Fuchs" em "Poverty in Affluent Society", em *Contemporary Economic Issues*, org. N. W. Chamberlain (Homewood, III, R. D. Irwin,1969), p. 53-6.

mais tarde, pode esgotar-se a capacidade da argumentação filosófica, ou de outras argumentações, de aprimorar as discriminações. Suponho que as pessoas que estão na posição original entendem esses problemas e avaliam adequadamente o princípio de diferença em comparação com outras alternativas[16].

Na medida do possível, então, a justiça como equidade analisa o sistema social partindo da posição de cidadania igual e dos diversos níveis de renda e riqueza. Às vezes, porém, pode ser preciso levar outras posições em conta. Se, por exemplo, há direitos básicos desiguais fundamentados em características naturais fixas, essas desigualdades identificarão posições relevantes. Já que é impossível alterar essas características, as posições que definem contam como pontos de partida na estrutura básica. São desse tipo as diferenças que se baseiam no sexo, bem como as que dependem de raça e cultura. Assim, se há favorecidos, digamos, na atribuição dos direitos fundamentais, essa desigualdade só é justificada pelo princípio de diferença (na interpretação geral) se for vantajosa para as mulheres e aceitável do ponto de vista delas. E uma condição análoga se aplica à justificativa dos sistemas de casta, ou das desigualdades raciais e étnicas (§ 34). Essas desigualdades multiplicam as posições relevantes e complicam a aplicação dos dois princípios. Por outro lado, essas desigualdades raramente trazem, se é que chegam a trazer, vantagens para os menos favorecidos e, por conseguinte, numa sociedade justa, o menor número de posições relevantes em geral deveria bastar.

É essencial que os julgamentos realizados da perspectiva das posições relevantes prevaleçam sobre as reivindicações que estamos inclinados a fazer em situações mais particulares. Nem todos se beneficiam sempre com o que os dois princípios exigem se pensarmos em nós mesmos rela-

---

16. Devo agradecimentos a Scott Boorman por ter-me esclarecido esse ponto.

tivamente a nossas situações específicas. E, a não ser que o ponto de vista das posições relevantes tenha prioridade, ainda teremos um caos de exigências conflitantes. Assim, os dois princípios expressam, com efeito, um entendimento de ordenar nossos interesses dando um peso especial a alguns deles. Por exemplo, quem atua em determinado ramo de negócios pode achar que o livre comércio vai de encontro a seus interesses. Talvez esse setor não consiga permanecer próspero sem tarifas alfandegárias ou outras restrições. Porém, se o livre comércio é desejável do ponto de vista dos cidadãos iguais ou dos menos favorecidos, ele se justifica ainda que alguns interesses mais específicos sofram temporariamente. Devemos, pois, concordar de antemão com os princípios de justiça e com sua aplicação coerente do ponto de vista de certas posições. Não há como garantir a proteção de cada interesse a cada período de tempo quando a situação dos indivíduos representativos é definida de maneira mais restrita. Tendo reconhecido certos princípios e certo modo de aplicá-los, temos de aceitar as consequências. Isso não quer dizer, naturalmente, que devemos permitir os rigores do livre comércio sem controle. Mas as providências para abrandá-los devem ser analisadas de um ponto de vista geral apropriado.

As posições sociais relevantes especificam, então, o ponto de vista geral do qual se devem aplicar os dois princípios da justiça à estrutura básica. Desse modo, levam-se em conta os interesses de todos, pois todos são cidadãos iguais e têm seu lugar na distribuição de renda e riqueza ou no âmbito das características naturais fixas em que se baseiam as distinções. Alguma seleção das posições relevantes, para que se chegue a uma teoria coerente da justiça social, é preciso haver, e aquelas escolhidas devem estar de acordo com seus princípios primeiros. Ao escolhermos os supostos pontos de partida, obedecemos à ideia de mitigar as consequências do acaso natural e das circunstâncias sociais. Ninguém deve beneficiar-se dessas contingências, a não ser de maneiras que redundem no bem-estar dos outros.

17. A tendência à igualdade

Quero concluir esta exposição dos princípios com a explicação do sentido segundo o qual eles expressam uma concepção igualitária de justiça. Também gostaria de evitar a objeção de que o princípio de oportunidades equitativas conduz a uma sociedade meritocrática. A fim de preparar o caminho para isso, saliento alguns aspectos da concepção de justiça que expus.

Em primeiro lugar, podemos observar que o princípio de diferença dá algum peso às ponderações especificadas pelo princípio de reparação. Segundo este princípio, as igualdades imerecidas exigem reparação; e como as desigualdades de berço e de talentos naturais são imerecidas, devem ser compensadas de alguma forma[17]. Assim, o princípio postula que, para tratar a todos com igualdade, oferecer genuína igualdade de oportunidades, a sociedade deve dar mais atenção aos possuidores de menos dotes inatos e aos oriundos de posições sociais menos favoráveis. A ideia é reparar o viés das contingências na direção da igualdade. Na aplicação desse princípio, talvez se viessem a despender mais recursos com a educação dos menos inteligentes, e não dos mais inteligentes, pelo menos durante certo período da vida, digamos, os primeiros anos de escola.

O princípio da reparação não foi, porém, proposto como único critério de justiça, como o único objetivo da ordem social. É plausível, como a maioria de tais princípios o são, apenas como um princípio *prima facie*, que deve ser posto na balança juntamente com outros. Por exemplo, temos de pesá-lo contra o princípio da melhoria do padrão médio de vida, ou da promoção do bem comum[18]. Mas quaisquer que sejam os outros princípios adotados, é preci-

---

17. Cf. Herbert Spiegelberg, "A Defense of Human Equality", *Philosophical Review*, Vol. 53 (1944), p. 101, 113-23; e D. D. Raphael, "Justice and Liberty", *Proceedings of the Aristotelian Society*, Vol. 51 (1950-1951), p. 187 s.
18. Cf., por exemplo, Spiegelberg, p. 120 s.

so levar em conta as reivindicações de reparação. Considera-se que esse princípio representa um dos elementos da nossa concepção de justiça. Mas é claro que o princípio de diferença não é o princípio de reparação. Aquele não exige que a sociedade tente contrabalançar as deficiências, como se se esperasse que todos competissem em igualdade de condições na mesma corrida. Mas o princípio da diferença alocaria recursos para a educação, digamos, para elevar as expectativas de longo prazo dos menos favorecidos. Se tal fim for alcançado dando-se mais atenção aos mais talentosos, é permissível; caso contrário, não. E, ao tomar essa decisão, não se deve aferir o valor da educação apenas no tocante à eficiência econômica e ao bem-estar social. Tão ou mais importante é o papel da educação de capacitar uma pessoa a desfrutar da cultura de sua sociedade e participar de suas atividades, e desse modo de proporcionar a cada indivíduo um sentido seguro de seu próprio valor.

Assim, embora o princípio de diferença não seja igual ao da reparação, realiza pelo menos uma parte dos intentos deste último. Transforma os objetivos da estrutura básica de modo que o sistema total de instituições deixe de salientar a eficiência social e os valores tecnocráticos. O princípio de diferença representa, com efeito, um acordo no sentido de se considerar a distribuição dos talentos naturais em certos aspectos como um bem comum, e no sentido de compartilhar os benefícios econômicos e sociais maiores propiciados pelas complementaridades dessa distribuição. Os que foram favorecidos pela natureza, quem quer que sejam, só podem beneficiar-se de sua boa sorte em condições que melhorem a situação dos menos afortunados. Os naturalmente favorecidos não devem beneficiar-se apenas por serem mais talentosos, mas somente para cobrir os custos de educação e treinamento dos menos favorecidos e para que usem seus talentos de maneira que também ajudem os menos favorecidos. Ninguém merece sua maior capacidade natural nem um ponto de partida mais favorável na sociedade. Porém é claro que isso não é motivo para ignorar, muito menos eliminar, essas diferenças. Pelo contrário, pode-se organizar a estrutura básica de forma que essas contingências funcionem para o bem dos menos afortunados. Assim, somos levados ao princípio de diferença se desejarmos configurar o sistema social de modo que ninguém ganhe ou perca devido a seu lugar arbitrário na distribuição dos dotes naturais ou de sua posição inicial na sociedade sem dar ou receber benefícios compensatórios em troca.

Tendo em vista essas observações, podemos rejeitar o argumento de que a organização das instituições é sempre deficiente, porque a distribuição dos talentos naturais e as contingências das circunstâncias sociais são injustas, e essa injustiça deve, inevitavelmente, transportar-se às instituições humanas. De tempos em tempos essa ponderação é apresentada como desculpa para ignorar a injustiça, como se recusar-se a aquiescer à injustiça fosse o mesmo que a incapacidade de aceitar a morte. A distribuição natural não é justa nem injusta; nem é injusto que se nasça em determinada posição social. Isso são meros fatos naturais. Justo ou injusto é o modo como as instituições lidam com esses fatos. As sociedades aristocráticas e de castas são injustas porque fazem dessas contingências a base adscritícia para o confinamento em classe sociais mais ou menos fechadas e privilegiadas. A estrutura básica dessas sociedades incorpora a arbitrariedade encontrada na natureza. Mas não há necessidade de resignar-se a essas contingências. O sistema social não é uma ordem imutável inacessível ao controle humano, porém um padrão de atividades humanas. Na justiça como equidade, os homens concordam em só se valer dos acidentes da natureza e das circunstâncias sociais quando fazê-lo resulta em benefício comum. Os dois princípios são um modo equitativo de enfrentar a arbitrariedade da sorte; e, por mais imperfeitas que possam ser em outros aspectos, as instituições que atendem a esses princípios são justas.

Um outro ponto é que o princípio de diferença expressa uma concepção de reciprocidade. É um princípio de benefício mútuo. À primeira vista, contudo, pode parecer injustamente enviesado em favor dos menos favorecidos. Para analisar essa questão de maneira intuitiva, vamos supor, para simplificar, que só existem dois grupos na sociedade, um deles significativamente mais afortunado que o outro. Sujeita às restrições usuais (definidas pela prioridade do primeiro princípio e pela igualdade equitativa de oportunidades), a sociedade poderia elevar ao máximo as expectativas de qualquer um dos grupos, mas não de ambos, já que podemos maximizar apenas um objetivo de cada vez. Parece claro que a sociedade não deve fazer o melhor possível por aqueles inicialmente mais favorecidos; portanto, se rejeitarmos o princípio de diferença, devemos preferir elevar ao máximo alguma média ponderada das duas expectativas. Mas, se dermos algum peso aos mais afortunados, atribuiremos um valor intrínseco aos ganhos que os mais favorecidos obtiveram graças às contingências naturais e sociais. Ninguém tinha um direito anterior a ser beneficiado dessa maneira. Então, maximizar a média ponderada é, por assim dizer, favorecer duplamente os mais afortunados. Assim, os mais favorecidos, quando analisam o problema partindo de uma perspectiva geral, reconhecem que o bem-estar de cada um depende de um esquema de cooperação social sem o qual ninguém teria uma vida satisfatória; reconhecem também que só podem esperar a cooperação voluntária de todos se as condições do esquema forem razoáveis. Portanto, consideram-se já compensados, por assim dizer, pelas vantagens às quais ninguém (inclusive eles mesmos) tinha direito prévio. Por isso, abandonam a ideia de maximizar uma média ponderada e consideram o princípio de diferença uma base equitativa para regular a estrutura básica.

    Pode-se objetar que os mais bem situados merecem as maiores vantagens que conseguiriam para si mesmos em outros esquemas de cooperação, quer essas vantagem sejam obtidas de maneira que beneficiem os outros ou não. Ora, é verdade que, dado um sistema justo de cooperação como uma estrutura de normas públicas e as expectativas geradas por essa estrutura, aqueles que, com a perspectiva de melhorar a própria situação, fizeram o que o sistema promete que vai recompensar, têm o direito de ter suas expectativas satisfeitas. Nesse sentido, os mais afortunados têm direito a sua melhor situação; suas reivindicações são expectativas legítimas estabelecidas pelas instituições sociais e a comunidade é obrigada a satisfazê-las. Mas essa noção de mérito é a titularidade. Ela pressupõe a existência de um esquema cooperativo vigente e é irrelevante para a questão de saber se esse mesmo esquema deve ser concebido de acordo com o princípio de diferença, ou segundo algum outro critério (§ 48).

Assim, não é correto que os indivíduos que possuem maiores aptidões naturais e o caráter superior que possibilita seu desenvolvimento tenham direito a um esquema cooperativo que lhes permita obter benefícios ainda maiores de maneira que não contribuem para as vantagens de outros. Não merecemos nosso lugar na distribuição de aptidões inatas, assim como não merecemos nosso lugar inicial na sociedade. Também é problemática a situação de saber se merecemos o caráter superior que nos possibilita fazer o esforço de cultivar nossas capacidades, pois esse caráter depende, em grande parte, de circunstâncias familiares e sociais afortunadas no início da vida, pelas quais não temos nenhum crédito. A ideia de mérito não se aplica aqui. Na verdade, os mais favorecidos têm direito a seus talentos naturais, como qualquer outra pessoa; esse direito está garantido pelo primeiro princípio, da liberdade fundamental, que protege a integridade da pessoa. E assim os mais favorecidos têm direito a tudo o que possam obter em conformidade com as normas de um sistema equitativo de cooperação social. Nosso problema é saber como esse esquema, a estrutura básica da sociedade, deve ser concebido. De um ponto de vista geral apropriado, o princípio de diferença parece aceitável tanto para o indivíduo mais favorecido quanto para o menos favorecido. Sem dúvida, nada disso é, estritamente falando, um argumento em defesa do princípio, já que na teoria contratualista os argumentos são feitos do ponto de vista da posição original. Mas essas ponderações intuitivas ajudam a esclarecer o princípio e em que sentido ele é igualitário.

Observei anteriormente (§ 13) que a sociedade deve tentar evitar aquela região na qual as contribuições marginais dos que estão em melhor situação para o bem-estar dos menos favorecidos são negativas. A sociedade deveria operar apenas no trecho ascendente da curva de contribuição (incluindo, é claro, o ponto máximo). Nesse segmento da curva, o critério de benefício mútuo é sempre atendido. Ademais, existe um entendimento natural no qual se alcança a harmonia dos interesses naturais; os indivíduos representativos não ganham à custa uns dos outros, pois só se permitem vantagens recíprocas. Na verdade, o formato e a inclinação da curva de contribuição são definidos, pelo menos em parte, pela loteria natural das aptidões inatas e, como tais, não são justos nem injustos.

Vamos supor, no entanto, que consideramos a linha com inclinação de 45º como representando o ideal de uma harmonia perfeita de interesses; é a curva de contribuição (neste caso, uma linha reta) ao longo da qual todos ganham igualmente. Parece, então, que a aplicação coerente dos dois princípios de justiça tende a elevar a curva e aproximá-la do ideal de harmonia perfeita de interesses. Assim que uma sociedade ultrapassa o máximo, passa a operar ao longo do trecho de inclinação descendente da curva, e a harmonia de interesses deixa de existir. Quando os mais favorecidos ganham, os menos favorecidos perdem, e vice-versa. Assim, é para alcançar o ideal de harmonia de interesses com base em termos que a natureza nos deu, e para atender ao critério de benefício mútuo, que devemos permanecer na região das contribuições positivas.

Outro mérito do princípio de diferença é que ele fornece uma interpretação do princípio de fraternidade. Em comparação com a liberdade e a igualdade, a noção de fraternidade tem ocupado lugar inferior na teoria democrática. É considerada um conceito menos especificamente político, que não define em si mesmo nenhum dos direitos democráticos, mas que expressa certas disposições mentais e formas de conduta sem as quais perderíamos de vista os valores expressos por esses direitos[19]. Ou então, o que tem relação íntima com isso, considera-se que a fraternidade representa certa igualdade de estima social manifesta em várias convenções públicas e na ausência de atitudes de deferência e subserviência[20]. Não há dúvida de que a fraternidade envolve essas coisas, bem como uma noção de amizade cívica e solidariedade social, porém, assim entendida, não expressa nenhuma exigência definida. Ainda precisamos encontrar um princípio de justiça que corresponda, à ideia fundamental. O princípio de diferença, entretanto, parece de fato corresponder a um significado natural de fraternidade: ou seja, à ideia de não querer ter vantagens maiores, a menos que seja para o bem de quem está em pior situação. A família, em sua concepção ideal, e quase sempre na prática, é um contexto no qual se rejeita o princípio de elevar ao máximo a soma de vantagens. Os membros da família em geral não querem ganhar, a não ser que possam fazê-lo de modo a promover os interesses dos demais. Ora, a disposição de agir segundo o princípio de diferença traz precisamente essa consequência. Aqueles que estão em melhor situação só estão dispostos a obter suas maiores vantagens dentro de um esquema no qual isso funcione em benefício dos menos afortunados.

Às vezes se acredita que o ideal de fraternidade envolve laços de sentimento e afeição que não seria realista esperar que existissem entre os membros da sociedade em geral. E esse é, decerto, mais um motivo para a relativa omissão desse ideal na teoria democrática. Muitos acham

---

19. Cf. J. R. Pennock, *Liberal Democracy: Its Merits and Prospects* (Nova York, Rinehart,1950), p. 94 s.
20. Cf. R. B. Perry, *Puritanism and Democracy* (Nova York, The Vanguard Press, 1944), Cap. XIX, Seção 8.

que ele não tem lugar nas questões políticas. Contudo, se for interpretado como um princípio que abarca os requisitos do princípio de diferença, não é uma concepção impraticável. Pois de fato parece que as instituições e as políticas que mais confiantemente consideramos justas atendem às exigências da fraternidade, pelo menos no sentido em que as desigualdades permitidas por tais instituições e políticas contribuem para o bem-estar dos menos favorecidos. Ou, pelo menos, é o que tentarei tornar plausível no Capítulo V. Nessa interpretação, portanto, o princípio de fraternidade é um padrão perfeitamente exequível. Ao aceitá-lo, podemos associar as ideias tradicionais de liberdade, igualdade e fraternidade à interpretação democrática dos dois princípios de justiça da seguinte maneira: a liberdade corresponde ao primeiro princípio; a igualdade, à ideia de igualdade contida no primeiro princípio juntamente com a igualdade equitativa de oportunidades; e a fraternidade, ao princípio de diferença. Desse modo encontramos um lugar para a concepção de fraternidade na interpretação democrática dos dois princípios, e percebemos que essa concepção impõe uma exigência definida à estrutura fundamental da sociedade. Não devemos esquecer os outros aspectos da fraternidade, mas o princípio de diferença expressa seu significado fundamental do ponto de vista da justiça social.

Parece evidente, à luz dessas observações, que a interpretação democrática dos dois princípios não conduzirá a uma sociedade meritocrática[21]. Essa forma de ordem social segue o princípio de carreiras abertas aos talentos e usa a igualdade de oportunidades como modo de liberar as energias humanas na luta por prosperidade econômica e domínio político. Existe uma visível disparidade entre a classe mais alta e a mais baixa, tanto nos meios de vida quanto

---

21. O problema da sociedade meritocrática é o assunto da fantasia de Michael Young, *The Rise of Meritocracy* (Londres, Thames and Hudson, 1958).

nos direitos e nos privilégios de autoridade organizacional. A cultura das camadas mais baixas é empobrecida, ao passo que a da elite tecnocrata e governante tem alicerces sólidos no serviço em prol dos objetivos nacionais de poder e riqueza. Igualdade de oportunidades significa igual possibilidade de deixar para trás os menos afortunados na busca pessoal de influência e posição social[22]. Assim, a sociedade meritocrática é um perigo para as outras interpretações dos princípios da justiça, mas não para a concepção democrática, pois, como acabamos de ver, o princípio de diferença transforma os objetivos da sociedade em aspectos fundamentais. Essa consequência é ainda mais óbvia se observarmos que devemos, quando necessário, levar em conta o bem primário essencial do autorrespeito e o fato de que a sociedade bem-ordenada é uma união social de uniões sociais (§ 79). Segue-se que se deveria propiciar um sentido confiante do próprio valor para os menos favorecidos, e isso limita as formas de hierarquia e os graus de desigualdade permitidos pela justiça. Assim, por exemplo, os recursos para a educação não devem ser alocados apenas ou obrigatoriamente segundo seu retorno em estimativas de capacidades produtivas treinadas, mas também segundo seu valor para o enriquecimento da vida pessoal e social dos cidadãos, incluindo-se nisso os menos favorecidos. À medida que a sociedade progride, esta última ponderação se torna cada vez mais importante.

Essas observações devem bastar para um esboço da concepção de justiça social expressa pelos dois princípios para instituições. Antes de tratar dos princípios para indivíduos, devo mencionar mais uma questão. Até aqui, presumi que a distribuição dos talentos naturais é um fato da natureza e que não se faz nenhuma tentativa de alterá-lo, ou mesmo

---

22. Para uma discussão detalhada desse ponto, pela qual sou grato, cf. John Schaar, "Equality of Opportunity and Beyond", *Nomos IX: Equality*, org. J. R. Pennock e J. W. Chapman (Nova York, Atherton Press, 1967); e B. A. O. Williams, "The Idea of Equality", p. 25-129.

de levá-lo em consideração. Porém, até certo ponto, essa distribuição está fadada a sofrer interferência do sistema social. O sistema de castas, por exemplo, tende a dividir a sociedade em populações biologicamente isoladas, ao passo que a sociedade aberta incentiva a maior diversidade genética possível[23]. Além disso, é possível adotar políticas de eugenia, mais ou menos explícitas. Não vou tratar de questões de eugenia, limitando-me ao longo deste trabalho às preocupações tradicionais da justiça social. Devemos observar, porém, que em geral não é benéfico para os menos afortunados propor políticas que reduzam os talentos dos outros. Pelo contrário, ao se aceitar o princípio de diferença, os talentos superiores passam a ser considerados bens sociais a serem usados para o bem comum. Mas também é do interesse de cada um ter maiores dotes naturais. Isso permite que cada qual possa perseguir seu plano de vida preferido. Na posição original, então, as partes querem garantir para os descendentes a melhor dotação genética (pressupondo-se que a deles próprios esteja determinada). A busca de políticas razoáveis nesse aspecto é algo que as gerações anteriores devem às posteriores, sendo essa uma questão que surge entre gerações. Assim, com o tempo, a sociedade deve tomar atitudes para ao menos preservar o nível geral das capacidades naturais a fim de impedir a proliferação de defeitos graves. Essas medidas devem ser orientadas por princípios com os quais as partes estariam dispostas a concordar para o bem de seus sucessores. Menciono essa difícil questão especulativa para mais uma vez assinalar o modo pelo qual é de esperar que o princípio de diferença transforme os problemas de justiça social. Poderíamos conjecturar que, a longo prazo, se é que existe um limite superior ao desenvolvimento de capacidades, acabaríamos por alcançar uma sociedade com o nível mais ele-

---

23. Cf. discussão dessa questão em Theodosius Dobzhansky, *Mankind Evolving* (New Haven, Yale University Press, 1962), p. 242-52.

vado de liberdade igual, cujos membros desfrutariam de talentos iguais no mais alto nível. Mas não vou levar essa especulação adiante.

18. Princípios para indivíduos: o princípio de equidade

Até aqui, tratei dos princípios que se aplicam a instituições ou, mais precisamente, à estrutura básica da sociedade. É evidente, porém, que também é preciso escolher princípios de outro tipo, já que uma teoria completa do justo também contém princípios para indivíduos. Na verdade, como indica o diagrama a seguir, também precisamos de princípios para o direito das nações e, naturalmente, de leis de prioridade para atribuir pesos quando os princípios entram em conflito. Não tratarei, a não ser de passagem (§ 58), de princípios para o direito das nações; nem tentarei discorrer de maneira sistemática sobre os princípios para indivíduos. Mas certos princípios desse tipo são parte essencial de qualquer teoria da justiça. Nesta seção e na próxima, explicarei o significado de alguns desses princípios, embora adie para mais adiante (§§ 51-52) o exame dos motivos de sua escolha.

O diagrama adiante é puramente esquemático. Não indica que os princípios associados aos conceitos da parte inferior da árvore sejam deduzidos daqueles que estão na parte superior. O diagrama apenas indica os tipos de princípios que devemos escolher para ter em mãos uma concepção completa do justo. Os algarismos romanos expressam a ordem na qual se devem reconhecer os diversos tipos de princípios na posição original. Assim, é preciso primeiro pactuar os princípios da estrutura básica da sociedade, depois os princípios para indivíduos e, por fim, os princípios do direito das nações. Em último lugar, adotam-se as normas de prioridade, embora possamos escolhê-las provisoriamente antes, contanto que passem por avaliação posterior.

TEORIA

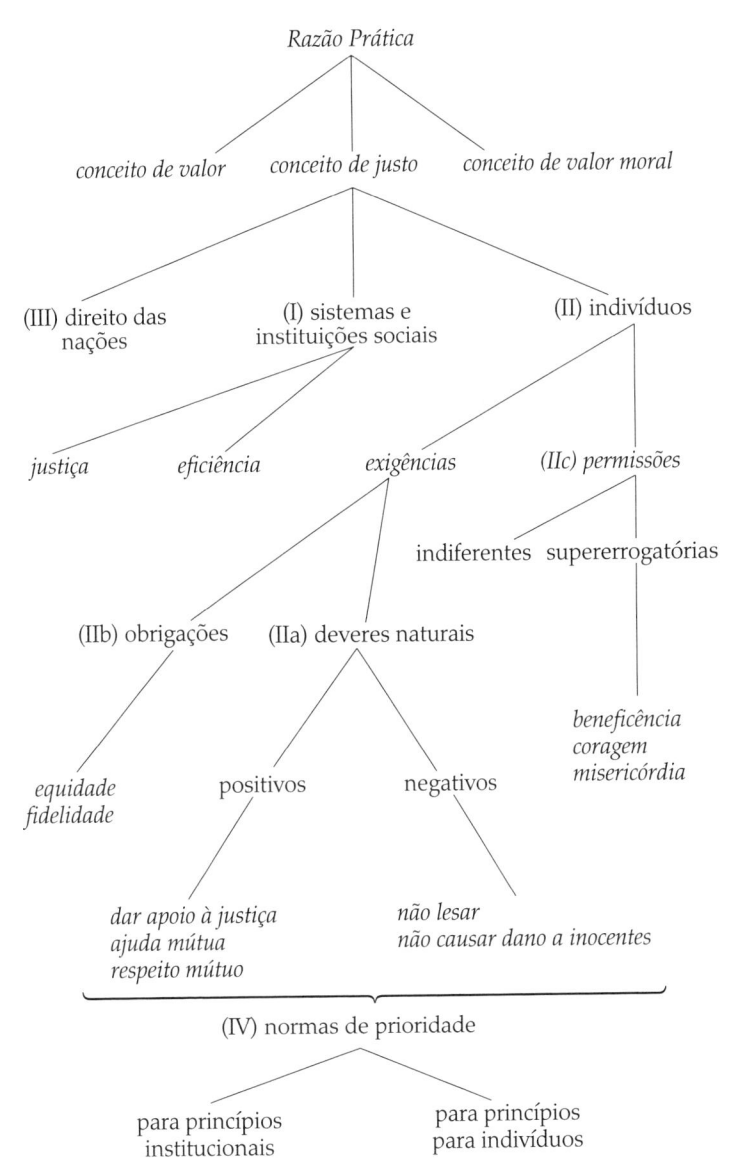

```
                          Razão Prática
                               │
        ┌──────────────────────┼──────────────────────┐
   conceito de valor    conceito de justo      conceito de valor moral
        │                      │                      │
   (III) direito das      (I) sistemas e         (II) indivíduos
        nações            instituições sociais         │
                               │                       │
   justiça    eficiência    exigências        (IIc) permissões
                                                       │
                                              indiferentes  supererrogatórias

   (IIb) obrigações    (IIa) deveres naturais
        │                      │
                                                  beneficência
   equidade      positivos        negativos       coragem
   fidelidade                                     misericórdia


        dar apoio à justiça        não lesar
        ajuda mútua                não causar dano a inocentes
        respeito mútuo
   ─────────────────────────────────────────────────────────
                    (IV) normas de prioridade

                para princípios       para princípios
                institucionais        para indivíduos
```

A ordem de escolha dos princípios levanta várias questões das quais não vou tratar. O importante é que os diversos princípios devem ser adotados em sequência definida, e os motivos dessa ordenação se vinculam às partes mais difíceis da teoria da justiça. A título de ilustração: embora fosse possível escolher muitos dos deveres naturais antes dos deveres da estrutura básica sem alterar os princípios de maneira substancial, a sequência, em ambos os casos, expressa o fato de que as obrigações pressupõem princípios para formas sociais. E alguns deveres naturais também pressupõem tais princípios; por exemplo, o dever de dar apoio a instituições justas. Por isso parece mais simples adotar todos os princípios para os indivíduos depois dos princípios para a estrutura básica. Escolher primeiro os princípios institucionais demonstra a natureza social da virtude da justiça, sua ligação íntima, tão frequentemente notada por idealistas, com práticas sociais. Quando Bradley afirma que o indivíduo é uma mera abstração, podemos interpretá-lo, sem muita distorção, como dizendo que as obrigações e os deveres de uma pessoa pressupõem uma concepção moral das instituições e, por conseguinte, que se deve definir o teor das instituições justas antes de se definirem as exigências para os indivíduos[24]. E isso quer dizer que, na maioria dos casos, os princípios para as obrigações e os deveres devem ser definidos depois daqueles da estrutura básica.

Por conseguinte, para formular uma concepção completa do justo, as partes que estão na situação original devem escolher, em ordem definida, não só uma concepção de justiça, mas também os princípios que acompanham cada um dos conceitos principais subordinados ao conceito de justo. Suponho que esses conceitos sejam relativamente poucos e tenham uma relação determinada entre si. Assim, além dos princípios institucionais, deve haver acordo sobre

---

24. Cf. F. H. Bradley, *Ethical Studies*, 2.ª ed. (Oxford, The Clarendon Press, 1927), p. 163-89.

certas ideias como equidade e fidelidade, respeito mútuo e beneficência, pois se aplicam a indivíduos, bem como sobre princípios para a conduta de Estados. A ideia intuitiva é a seguinte: o conceito de que algo é justo é o mesmo que, ou melhor, pode ser substituído pelo conceito de estar de acordo com os princípios que, na posição original, seriam reconhecidos como aplicáveis a coisas do mesmo tipo. Na minha interpretação, esse conceito de justo não é uma análise do significado da palavra "justo" conforme normalmente empregada nos contextos morais. Não se trata de uma análise do conceito de justo no sentido tradicional. Mais precisamente, a noção mais abrangente de retidão como equidade deve ser entendida como substituto das concepções vigentes. Não há necessidade de dizer que há uma identidade de significado entre a palavra "justo" (e suas derivadas) em seu uso comum e as locuções mais elaboradas necessárias para expressarmos essa concepção contratualista-ideal de justo. Para nossos fins, aceito a tese de que a melhor maneira de entender a análise bem-fundamentada é interpretá-la como uma substituta satisfatória, que atenda a certas aspirações e, ao mesmo tempo, evite certas obscuridades e confusões. Em outras palavras, explicação é eliminação: começamos com um conceito cuja expressão correspondente é um tanto problemática, mas que serve a certos fins dos quais não podemos abrir mão. Uma explicação alcança esses fins de formas que são relativamente isentas de dificuldade[25]. Assim, se a teoria da justiça como equidade ou, num sentido mais geral, da retidão como equidade, corresponde aos nossos juízos ponderados em equilíbrio reflexivo, e se nos permite dizer tudo o que, após um exame cuidadoso, queremos dizer, então ela oferece uma forma de eliminar expressões usuais em favor de outras expressões. Entendida dessa forma, pode-se considerar que a justiça

---

25. Cf. W. V. Quine, *Word and Object* (Cambridge, Mass., M. I. T. Press, 1960), p. 257-62, a quem sigo aqui.

como equidade e a retidão como equidade oferecem uma definição ou uma explicação dos conceitos de justiça e de justo.

Volto-me agora para um dos princípios que se aplicam a indivíduos, o princípio de equidade. Tentarei usar esse princípio para interpretar todas as exigências que são obrigações, e não deveres naturais. Esse princípio afirma que a pessoa deve fazer sua parte, conforme definida pelas normas da instituição, quando se observam duas condições: primeiro, que a instituição seja justa (ou equitativa), isto é, satisfaça os dois princípios de justiça; e, segundo, que a pessoa tenha, de livre e espontânea vontade, aceitado os benefícios desse arranjo ou tirado proveito das oportunidades que oferece para promover seus interesses. A ideia principal é que quando um grupo de pessoas se envolve em uma empreitada cooperativa mutuamente vantajosa segundo normas estabelecidas e, assim, restringe a própria liberdade do modo necessário à produção de vantagens para todos, os que se submetem a essas restrições têm direito a uma aquiescência similar da parte dos que se beneficiaram com sua submissão[26]. Não devemos lucrar com os esforços cooperativos de outrem sem ter contribuído com a nossa quota justa. Os dois princípios de justiça definem o que é "quota justa" no caso de instituições pertencentes à estrutura básica. Portanto, se esses arranjos são justos, cada pessoa recebe sua quota justa quando todos (inclusive ela mesma) fazem a sua parte.

Por definição, as exigências especificadas pelo princípio de equidade são as obrigações. Todas as obrigações surgem dessa maneira. Contudo, é importante observar que o princípio de equidade tem duas partes: a primeira estabelece que as instituições ou práticas em questão devem ser justas; e a segunda caracteriza os atos voluntários exigidos. A primeira parte formula as condições necessárias para que

---

26. Neste ponto sou grato a H. L. A. Hart, "Are There Any Natural Rights?", *Philosophical Review*, Vol. 64 (1955), p. 185 s.

esses atos voluntários gerem obrigações. Pelo princípio de equidade não é possível estar obrigado a instituições injustas, ou pelo menos a instituições que excedam os limites da injustiça tolerável (que até aqui não foram definidos). Não é possível, principalmente, dever obrigações a formas autocráticas ou arbitrárias de governo. Não existe a base necessária para que as obrigações se originem de atos consensuais ou de outro tipo, como quer que se expressem. Vínculos de obrigação pressupõem instituições justas, ou razoavelmente justas à luz das circunstâncias. É errado, portanto, argumentar contra a justiça como equidade e contra as teorias contratualistas de forma geral alegando que têm a consequência de que os cidadãos estão sob uma obrigação para com regimes injustos que exigem seu consentimento sob coerção, ou que obtêm sua aquiescência tácita recorrendo a expedientes mais requintados. Locke, em especial, foi objeto dessa crítica equivocada que ignora a necessidade de certas condições fundamentais[27].

As obrigações têm alguns traços característicos que as distinguem de outras exigências morais. Em primeiro lugar, elas resultam de atos voluntários; esses atos podem ser a manifestação de compromissos explícitos ou tácitos, como acontece com as promessas e os acordos, porém não obrigatoriamente, como no caso da aceitação de benefícios. Além disso, o teor das obrigações é sempre definido por uma instituição ou por uma prática, cujas regras especificam o que se exige de cada um. E, por fim, as obrigações são, em geral, devidas a determinados indivíduos, ou seja, aos que cooperam juntos para manter o arranjo em questão[28]. Como

---

27. Locke afirma que a conquista não origina nenhum direito, nem a violência e a agressão, por mais que estejam "disfarçadas sob o nome, as aparências ou as formas do direito" (*Second Treatise of Government*, §§ 176, 20). Cf. a discussão de Hanna Pitkin sobre Locke em "Obligation and Consent I", *American Political Science Review*, Vol. 59 (1965), esp. p. 994-7, com a qual concordo nas partes essenciais.

28. Para fazer a distinção entre obrigações e deveres naturais, recorri a H. L. A. Hart, "Legal and Moral Obligation", em *Essays in Moral Philosophy*, org.

exemplo ilustrativo dessas características, considere-se o ato político de concorrer a cargo público em um regime constitucional e (caso se tenha êxito) ocupá-lo. Esse ato dá origem à obrigação de cumprir os deveres do cargo, e esses deveres definem o teor da obrigação. Aqui não se trata de deveres morais, mas das tarefas e das responsabilidades atribuídas a certas posições institucionais. Mas também ocorre de se ter uma razão moral (uma razão fundamentada em um princípio moral) para cumprir esses deveres, como quando se está sujeito a fazê-lo em virtude do princípio de equidade. Além disso, quem assume um cargo público deve obrigações aos concidadãos, cuja confiança procurou conquistar e com os quais está cooperando para dirigir uma sociedade democrática. De forma semelhante, assumimos obrigações quando nos casamos e também quando assumimos cargos de autoridade judicial, administrativa ou de outro tipo. Contraímos obrigações por intermédio de promessas e compromissos tácitos, e até mesmo quando entramos num jogo, ou seja, a obrigação de jogar segundo as regras do jogo e com esportividade.

Creio que o princípio de equidade abrange todas essas obrigações. Há, porém, dois casos importantes que são um tanto problemáticos: a obrigação política que se aplica ao cidadão comum, e não, por exemplo, àqueles que ocupam cargos públicos, e a obrigação de cumprir promessas. No primeiro caso, não está claro qual é o ato vinculatório exigido nem quem o praticou. Creio que não existe obrigação política, estritamente falando, para os cidadãos em geral. No segundo caso, é preciso uma explicação sobre como obrigações fiduciárias surgem de se tirar proveito de práticas justas. Precisamos investigar a natureza da prática pertinente nesse caso. Tratarei dessas questões mais adiante (§§ 51-52).

A. I. Melden (Seattle, University of Washington Press, 1958), p. 100-5; C. H. Whiteley, "On Duties", *Proceedings of the Aristotelian Society*, Vol. 53 (1952-1953); e R. B. Brandt, "The Concepts of Obligation and Duty", *Mind*, Vol. 73 (1964).

19. Princípios para indivíduos: os deveres naturais

Embora todas as obrigações sejam explicadas pelo princípio de equidade, existem muitos deveres naturais, positivos e negativos. Não tentarei reuni-los em um único princípio. É notório que essa falta de unidade implica o risco de exigir demais das normas de prioridade, mas terei de deixar de lado essa dificuldade. São exemplos de deveres naturais: o dever de ajudar o próximo quando está em necessidade ou em perigo, contanto que seja possível fazê-lo sem perda ou risco excessivo para si mesmo; o dever de não prejudicar ou agredir o próximo; e o dever de não provocar sofrimento desnecessário. O primeiro desses deveres, o dever de ajuda mútua, é um dever positivo porque é o dever de fazer algo pelo bem do próximo; ao passo que os dois últimos deveres são negativos, no sentido de que exigem que não façamos algo que é ruim. A diferença entre os deveres positivos e os negativos é intuitivamente clara em muitos casos, mas não raro desaparece. Não vou enfatizá-la. Essa diferença só é importante em relação ao problema da prioridade, já que parece plausível afirmar que, quando a diferença é clara, os deveres negativos têm mais peso que os positivos. Mas não tratarei dessa questão aqui.

Ao contrário das obrigações, os deveres naturais se caracterizam por se aplicarem a nós independentemente dos nossos atos voluntários. Ademais, não têm ligação necessária com instituições ou costumes sociais; seu teor não é, em geral, definido pelas normas dessas organizações. Assim, temos o dever natural de não ser cruéis, e o dever de ajudar o próximo, tenhamos ou não nos comprometido com essas ações. Não vale como desculpa nem defesa dizer que não fizemos a promessa de não ser cruéis ou vingativos, ou de ajudar o próximo. Na verdade, a promessa de não matar, por exemplo, é, em geral, ridícula e redundante, e seria um equívoco afirmar que institui um requisito moral onde não existia nenhum. Tal promessa só faz sentido, se é que pode fazê-lo, quando alguém tem o direito de matar por razões especiais, quiçá em uma situação que se apresente em uma guerra justa. Uma outra característica dos deveres naturais é que se aplicam às pessoas, sejam quais forem suas relações institucionais; vigoram entre todos na condição de pessoas morais iguais. Nesse sentido, os deveres naturais são devidos não só a determinados indivíduos, digamos, os que cooperam juntos em determinada instituição social, mas a todos. Essa característica, em especial, indica a adequação do adjetivo "natural". Um dos objetivos do direito das nações é garantir o reconhecimento desses deveres na conduta dos Estados. Isso é especialmente importante no que se refere aos meios usados na guerra, supondo-se que, pelo menos em certas circunstâncias, as guerras de legítima defesa se justifiquem (§ 58).

Do ponto de vista da justiça como equidade, um dos deveres naturais básicos é o dever de justiça. É um dever que exige o nosso apoio e obediência às instituições justas existentes que nos concernem. Também nos obriga a promover arranjos justos ainda não instituídos, pelo menos quando isso é possível sem um custo excessivo para nós mesmos. Assim, se a estrutura básica da sociedade é justa, ou tão justa quanto seja razoável esperar em determinadas circunstâncias, todos têm um dever natural de fazer sua parte no esquema existente. Cada qual tem uma obrigação para com essas instituições independentemente de seus atos voluntários, quer sejam performativos ou não. Assim, mesmo que os princípios derivem de um ponto de vista contratualista, eles não pressupõem nenhum ato de assentimento, expresso ou tácito, nem, de fato, nenhum ato voluntário para serem pertinentes. Os princípios que valem para os indivíduos, assim como os princípios institucionais, são aqueles que seriam reconhecidos na posição original. Esses princípios são entendidos como resultantes de um acordo hipotético. Se sua formulação demonstra que sua aplicação não pressupõe nenhum ato obrigatório, consensual ou não, então se aplicam incondicionalmente. O motivo pelo qual as obrigações dependem de atos voluntários está na segunda parte do princípio de equidade, que estipula essa condição. Isso não tem nenhuma relação com a natureza contratualista da justiça como equidade[29]. Na verdade, tendo em mãos o conjunto completo de princípios, uma concepção completa do justo, podemos simplesmente esquecer a concepção da posição original e aplicar esses princípios como aplicaríamos quaisquer outros. Não há nada de incoerente, ou mesmo de surpreendente, no fato de que a justiça como equidade admite princípios incondicionais. Basta demonstrar que as partes que se encontram na posição original concordariam com princípios que definem aqueles deveres naturais que, uma vez formulados, se aplicam de maneira incondicional. Devemos ressaltar que, já que o princípio de equidade pode estabelecer um nexo com arranjos justos existentes, as obrigações cobertas por esse princípio podem sustentar um vínculo já presente, decorrente do dever natural da justiça. Assim, cada pessoa pode ter, ao mesmo tempo, um dever natural e uma obrigação de sujeitar-se a uma instituição e fazer sua parte. O que devemos observar aqui é que há inúmeros modos pelos quais podemos estar obrigados a instituições políticas. Na maioria dos casos, o dever natural da justiça é o mais fundamental, já que vincula os cidadãos em geral e sua aplicação não requer atos voluntários. O princípio de equidade, por outro lado, só vincula aqueles que ocupam cargos públicos, por exemplo, ou aqueles que, es-

---

29. Agradeço a Robert Amdur pelo esclarecimento desses pontos. Visões que buscam derivar vínculos políticos somente de atos consensuais se encontram em Michael Walzer, *Obligation: Essays on Disobedience, War and Citizenship* (Cambridge, Mass., Harvard University Press, 1970), esp. p. ix-xvi, 7-10, 18-21 e Cap. 5; e Joseph Tussman, *Obligation and the Body Politic* (Nova York, Oxford University Press, 1960). Sobre este último, cf. Hanna Pitkin, "Obligation and Consent I", p. 997 s. Cf. outras discussões dos problemas da teoria do consentimento, além de Pitkin, em Alan Gewirth, "Political Justice", em *Social Justice*, org. R. B. Brandt (Englewood Cliffs, N. J. Prentice-Hall, Inc., 1962), p. 128-41; e J. P. Plamenatz, *Consent, Freedom, and Political Obligation*, 2.ª ed. (Londres, Oxford University Press, 1968).

tando em melhor situação, promoveram seus objetivos dentro do sistema. *Noblesse oblige* tem, então, mais um sentido, ou seja, o de que provavelmente os mais privilegiados assumem obrigações que os vinculam de maneira ainda mais forte a um esquema justo.

Falarei muito pouco do outro tipo de princípios para indivíduos. Embora as permissões não sejam uma classe de atos sem importância, devo limitar a discussão à teoria da justiça social. Pode-se observar, porém, que depois de escolhidos os princípios que definem exigências, não é necessário mais nenhum reconhecimento para definir as permissões. Isso acontece porque as permissões são atos que temos a liberdade de realizar ou não. São atos que não violam nenhuma obrigação ou dever natural. No estudo das permissões, queremos selecionar as significativas do ponto de vista moral e explicar sua relação com os deveres e as obrigações. Muitos desses atos são moralmente indiferentes ou triviais. Porém, entre as permissões está a classe interessante dos atos supererrogatórios. São atos de bondade e misericórdia, de heroísmo e autossacrifício. É bom praticá-los, mas não constituem obrigação nem dever para ninguém. Os atos supererrogatórios não são obrigatórios, embora, não fosse pela perda ou risco para o próprio agente envolvido nesses atos, pudessem sê-lo. A pessoa que pratica um ato supererrogatório não invoca a isenção permitida pelos deveres naturais. Embora tenhamos um dever natural de realizar um grande bem, caso tenhamos condição de fazê-lo com facilidade, estamos liberados desse dever quando é considerável o custo para nós mesmos. Os atos supererrogatórios levantam questões de suma importância para a teoria ética. Por exemplo, parece, à primeira vista, que a teoria utilitarista clássica não tem como dar conta deles. Ao que parece somos obrigados a praticar atos que promovam um bem maior para outrem, seja qual for o custo para nós mesmos, contanto que o total das vantagens produzidas exceda o total das vantagens produzidas por outros atos que nos são acessíveis. Não há nada que corresponda às isenções contidas na formulação dos deveres naturais. Assim, alguns dos atos que a justiça como equidade considera supererrogatórios podem ser exigidos pelo princípio de utilidade. Não vou, porém, me aprofundar nesse assunto. Os atos supererrogatórios são aqui mencionados em nome da completude. Devemos agora tratar da interpretação da posição inicial.

Capítulo III
A posição original

Neste capítulo, vou discorrer sobre a interpretação filosófica aqui adotada da situação inicial. Denomino essa interpretação posição original. Começo com um esboço da natureza da argumentação a favor de concepções de justiça e da explicação de como são apresentadas as opções para que as partes escolham de uma lista definida de concepções tradicionais. Descrevo, então, as condições que caracterizam a situação inicial com diversos subtítulos: as circunstâncias da justiça, as restrições formais do conceito de justo, o véu de ignorância e a racionalidade das partes contratantes. Em cada caso, tento indicar por que as características adotadas para a interpretação da situação inicial são razoáveis de um ponto de vista filosófico. Em seguida, examino as linhas naturais de raciocínio que conduzem aos dois princípios de justiça e ao princípio de utilidade média, antes da análise dos méritos relativos dessas concepções da justiça. Sustento que os dois princípios seriam aceitos e lanço alguns dos principais fundamentos para sustentar essa proposição. Para esclarecer as diferenças entre as diversas concepções da justiça, o capítulo termina com um outro exame do princípio clássico de utilidade.

20. A natureza da argumentação a favor de concepções de justiça

A ideia intuitiva da justiça como equidade consiste em pensar os princípios fundamentais de justiça como constituindo, eles mesmos, o objeto de um acordo original em uma situação inicial adequadamente definida. Esses princípios são os que pessoas racionais interessadas em promover seus interesses aceitariam nessa situação de igualdade para estabelecer os termos básicos de sua associação. Deve-se demonstrar, portanto, que os dois princípios de justiça são a solução do problema de escolha apresentado pela posição original. Para tanto, é preciso demonstrar que, dadas as circunstâncias das partes, e seus conhecimentos, suas convicções e seus interesses, um acordo fundamentado nesses princípios é a melhor maneira de cada pessoa garantir seus objetivos, à luz das opções disponíveis.

Ora, é óbvio que ninguém pode ter tudo o que quer; a simples existência das outras pessoas impede isso. O que é absolutamente o melhor para qualquer pessoa é que todas as demais a acompanhem na promoção de sua concepção do bem, seja qual for essa concepção. Ou, se isso não for possível, que se exija de todas as demais que ajam de maneira justa, mas que tal pessoa tenha permissão para desobrigar-se dessa exigência, caso o queira. Já que as outras pessoas jamais concordarão com tais termos de associação, essas formas de egoísmo seriam rejeitadas. Os dois princípios de justiça, contudo, parecem ser uma proposta razoável. Na verdade, eu gostaria de demonstrar que esses dois princípios são a melhor resposta que se pode dar às exigências correspondentes dos outros. Nesse sentido, a escolha dessa concepção de justiça é a única solução para o problema definido pela situação original.

Argumentando dessa maneira, seguimos um método bastante conhecido na teoria social. Ou seja, descreve-se uma situação na qual indivíduos racionais com certos objetivos, e relacionados de certas maneiras entre si, devem escolher dentre vários cursos de ação possíveis, em vista de seus conhecimentos das circunstâncias. Infere-se o que esses indivíduos farão por meio de um raciocínio estritamente dedutivo, partindo-se dessas suposições sobre suas convicções e seus interesses, e sobre sua situação e opções que lhes estão disponíveis. Sua conduta é, nas palavras de Pareto, resultante de preferências e obstáculos[1]. Na teoria dos preços, por exemplo, diz-se que o equilíbrio entre mercados competitivos surge quando muitos indivíduos, cada um promovendo seus interesses, cedem uns aos outros aquilo a que podem renunciar com mais facilidade, em troca do que mais desejam. O equilíbrio é o resultado de acordos voluntariamente firmados entre os negociantes interessados. Para cada pessoa, é a melhor situação possível que pode ser alcançada por intermédio do livre intercâmbio, e que é compatível com o direito e a liberdade dos outros de promover seus interesses do mesmo modo. É por isso que esse estado de coisas é um equilíbrio, que persistirá se não houver mudanças posteriores nas circunstâncias. Ninguém tem incentivo algum para alterá-lo. Se um desvio dessa situação coloca em movimento tendências que o restauram, o equilíbrio é estável.

Naturalmente, o fato de uma situação ser de equilíbrio, mesmo que seja um equilíbrio estável, não implica que seja justa. Só significa que, dada a avaliação que cada qual faz de sua posição, os indivíduos agem com o intuito de preservá-la. É claro que mesmo um equilíbrio de ódio e hostilidade pode ser estável; cada qual pode achar que qualquer alteração viável será pior. O melhor que cada pessoa pode fazer por si mesma talvez seja uma condição de menos injustiça, e não de bem maior. A avaliação moral das situações de equilíbrio depende das circunstâncias de fundo que as caracterizam. É nesse ponto que a concepção da posição original incorpora características peculiares à teoria moral.

---

1. *Manuel d'économie politique* (Paris, 1909), Cap. III, § 23. Pareto diz: "*L'équilibre résulte précisément de cette opposition des goûts et des obstacles*".

Embora a teoria dos preços, por exemplo, tente explicar os movimentos do mercado por meio de suposições acerca das tendências em ação, a interpretação filosoficamente preferível da situação inicial incorpora condições que se considera razoável impor à escolha de princípios. Em comparação com a teoria social, o objetivo é caracterizar essa situação de modo que os princípios a serem escolhidos, quaisquer que venham a ser, sejam aceitáveis do ponto de vista moral. A posição original é definida de modo a ser um *status quo* no qual todos os acordos firmados são justos. É uma situação na qual as partes são igualmente representadas como pessoas morais, e o resultado não é condicionado por contingências arbitrárias nem pelo equilíbrio relativo das forças sociais. Assim, a justiça como equidade pode usar a ideia de justiça procedimental pura desde o início.

Está claro, então, que a posição original é uma situação puramente hipotética. Não é preciso que aconteça nada semelhante a ela, embora possamos simular as reflexões das partes seguindo, de maneira deliberada, as restrições que tal situação expressa. A concepção da posição original não pretende explicar a conduta humana, a não ser na medida em que ela tenta interpretar nossos juízos morais e nos ajuda a interpretar nosso senso de justiça. A justiça como equidade é uma teoria dos nossos sentimentos morais, tais como se manifestam pelos nossos juízos ponderados em equilíbrio reflexivo. É de presumir que esses sentimentos exerçam certo grau de influência sobre nossos atos e pensamentos. Portanto, embora a concepção da posição original faça parte da teoria da conduta, não se pode daí depreender, em hipótese alguma, que haja situações reais semelhantes a ela. O que é necessário é que os princípios que seriam aceitos desempenhem o papel que se espera em nosso raciocínio moral e em nossa conduta.

Também se deve observar que não se conjectura a aceitação desses princípios como uma lei ou probabilidade psicológica. Pelo menos idealmente, eu gostaria de demonstrar que o reconhecimento de tais princípios é a única escolha compatível com a descrição completa da posição original. A argumentação tem o propósito de ser estritamente dedutiva. É certo que as pessoas que se encontram na posição original têm uma certa psicologia, já que se formulam várias suposições sobre suas crenças e interesses. Essas suposições vêm acompanhadas de outras premissas na descrição dessa situação inicial. Mas claramente os argumentos que partem dessas premissas podem ser totalmente dedutivos, como atestam diferentes teorias na política e na economia. Devemos nos empenhar por um tipo de geometria moral, como todo o rigor que essa expressão conota. Infelizmente, o raciocínio que apresentarei ficará muito aquém disso, já que é bastante intuitivo. Contudo, é essencial ter em mente o ideal que gostaríamos de atingir.

Uma última observação: como já afirmei, há muitas interpretações possíveis da situação inicial. Essa concepção varia, dependendo de como as partes contratantes são concebidas, do que se afirma serem suas crenças e interesses, de quais opções lhes estão disponíveis, e assim por diante. Nesse sentido, há muitas teorias contratualistas possíveis. A justiça como equidade é apenas uma delas. Mas a questão da justificação é resolvida, na medida do possível, demonstrando-se que há uma interpretação da situação inicial que expressa melhor as condições que em geral se considera razoável impor à escolha dos princípios que, ao mesmo tempo, leva a uma concepção que caracteriza nossos juízos ponderados em equilíbrio reflexivo. Essa interpretação preferida, ou padrão, chamarei de posição original. Podemos conjecturar que, para cada concepção tradicional da justiça, existe uma interpretação da situação inicial, na qual seus princípios são a solução preferida. Assim, por exemplo, há interpretações que conduzem ao princípio clássico de utilidade e outras que conduzem ao princípio da utilidade média. Essas variantes da situação inicial serão mencionadas conforme prosseguirmos. O procedimento das teorias contratualistas oferece, portanto, um método analítico geral de estudo comparativo das concepções da justiça. Tentamos definir as diferentes condições contidas na situação contratual na qual os princípios da concepção em exame seriam escolhidos. Desse modo, é possível formular as diversas suposições fundamentais, nas quais essas concepções parecem amparar-se. Porém, se uma interpretação for filosoficamente preferida, e se seus princípios caracterizarem nossos juízos ponderados, temos também um procedimento para a justificação. Não é possível saber de início se tal interpretação existe, mas pelo menos sabemos o que procurar.

21. A apresentação de alternativas

Passemos agora dessas observações metodológicas à descrição da posição original. Começarei pela questão das alternativas que se apresentam às pessoas que se encontram nessa situação. É claro que idealmente gostaríamos de dizer que devem escolher uma dentre todas as concepções possíveis da justiça. Uma dificuldade óbvia é como caracterizar essas concepções para apresentá-las àqueles que estão na posição original. Mesmo admitindo que fosse possível definir essas concepções, não há garantia de que as partes escolheriam a melhor opção; os princípios que seriam preferíveis talvez fossem negligenciados. Na verdade, talvez não exista melhor alternativa: é concebível que, para cada concepção de justiça, exista outra melhor. Mesmo que a melhor alternativa exista, parece difícil definir as capacidades intelectuais das partes de modo que essa concepção ótima, ou mesmo a mais plausível das concepções, lhes ocorra. Algumas soluções para o problema da escolha podem tornar-se bastante claras após reflexão minuciosa; mas descrever as partes de modo que suas deliberações gerem essas alternativas já é outra questão. Assim, embora os dois princípios de justiça possam ser superiores a essas concepções que conhecemos, talvez algum outro conjunto de princípios ainda não formulado seja ainda melhor.

Para resolver esse problema recorrerei à seguinte estratégia: simplesmente considerarei como dada uma pequena lista de concepções tradicionais da justiça; por exemplo, as discutidas no primeiro capítulo, juntamente com algumas outras possibilidades indicadas pelos dois princípios da justiça. Suponho, então, que essa lista é apresentada às partes e que se pede a elas que elejam por unanimidade a melhor dentre as concepções enumeradas. Podemos supor que se chega a essa decisão por meio de uma série de comparações aos pares. Assim, ficaria provado que os dois princípios são preferíveis quando todos concordassem que devem ser preferidos a todas as outras opções. Na maior parte deste capítulo, tratarei da escolha entre os dois princípios de justiça e duas formas do princípio de utilidade (o princípio clássico e o da utilidade média). Mais adiante, trataremos das comparações com o perfeccionismo e com as teorias mistas. Desta maneira, tento provar que os dois princípios seriam os escolhidos de tal lista.

Admito que esse é um método insatisfatório. Seria melhor se pudéssemos definir condições necessárias e suficientes para uma única concepção de justiça que fosse a melhor e, então, apresentássemos uma concepção que satisfizesse essas condições. Talvez possamos chegar a fazer isso. Por ora, contudo, não vejo como evitar métodos mais rudimentares. Ademais, recorrer a esses métodos talvez aponte para uma solução geral do nosso problema. Assim, pode acontecer que, enquanto fazemos essas comparações, o raciocínio das partes identifique como desejáveis certas características da estrutura básica, e que essas características tenham propriedades naturais máximas e mínimas. Vamos supor, por exemplo, que seja racional para as pessoas que se encontram na posição original preferirem uma sociedade com o máximo de liberdade igual. E vamos supor também que, embora prefiram que as vantagens sociais e econômicas promovam o bem comum, façam questão de que essas vantagens amenizem os modos pelos quais os homens são beneficiados ou prejudicados por contingências naturais e sociais. Se essas duas características forem as únicas pertinentes, e se o princípio da liberdade igual for o máximo natural da primeira delas e o princípio de diferença (limitado pela igualdade equitativa de oportunidades) for o da segunda, então, deixando-se de lado o problema da prioridade, os dois princípios são a melhor solução possível. O fato de não ser possível caracterizar ou enumerar todas as concepções de justiça possíveis, ou descrever as partes de maneira a que sejam obrigadas a levar em conta todas elas, não constitui obstáculo para essa conclusão. Não seria proveitoso nos alongarmos nessas especulações. Por ora, não tentaremos lidar com o problema geral da melhor solução. Limitarei toda a argumentação à afirmação mais fraca de que os dois princípios seriam escolhidos dentre as concepções de justiça enumeradas na seguinte lista:

A. Os dois princípios de justiça (em ordem serial)
  1. O princípio da máxima liberdade igual
  2. (a) O princípio da igualdade (equitativa) de oportunidades
     (b) O princípio de diferença
B. Concepções mistas. Substituir A2 por uma das seguintes alternativas:
  1. O princípio da utilidade média; ou
  2. O princípio da utilidade média, submetido a uma das seguintes restrições:
     (a) que se garanta certo mínimo social, ou
     (b) que a distribuição geral não seja ampla demais; ou
  3. O princípio da utilidade média, submetido a uma das duas restrições de B2 e também à restrição da igualdade equitativa de oportunidades
C. Concepções teleológicas clássicas
  1. O princípio clássico de utilidade
  2. O princípio da utilidade média
  3. O princípio da perfeição
D. Concepções intuicionistas
  1. Equilibrar o princípio da utilidade total com o princípio da igual distribuição

2. Equilibrar o princípio da utilidade média com o princípio da reparação
3. Equilibrar uma lista de princípios *prima facie* (da forma apropriada)
E. Concepções egoístas (cf. § 23, que explica por que, estritamente falando, as concepções egoístas não são alternativas)
 1. Ditadura em primeira pessoa: todos devem servir aos meus interesses
 2. O carona: todos devem agir de maneira justa, menos eu, se assim eu escolher
 3. Geral: a todos é permitido que promovam seus interesses como lhes aprouver

Os méritos dessas teorias tradicionais decerto bastam para justificar o esforço de classificá-las. E, seja como for, o estudo dessa classificação é um modo útil de intuir o caminho que conduz à questão mais ampla. É provável que cada uma dessas concepções tenha suas vantagens e riscos; qualquer alternativa escolhida terá prós e contras. O fato de uma concepção estar sujeita a críticas não é sempre suficiente para eliminá-la; nem certas características desejáveis serão sempre conclusivas a seu favor. A decisão das pessoas na posição original depende, como veremos, de um equilíbrio entre várias ponderações. Nesse sentido há um apelo à intuição na base da teoria da justiça. No fim das contas, contudo, pode ficar perfeitamente claro para onde o equilíbrio de razões se inclina. As razões relevantes podem ter sido decompostas e analisadas pela descrição da posição original de tal maneira que uma concepção de justiça surge como nitidamente preferível às outras. Estritamente falando, a argumentação a seu favor não constitui uma prova, pelo menos por enquanto; mas, nas palavras de Mill, pode apresentar ponderações capazes de orientar o intelecto[2].

---

2. *Utilitarism*, Cap. I, § 5.

A lista de concepções é, de maneira geral, autoexplicativa. Alguns comentários, porém, podem ser úteis. Cada concepção é expressa de modo razoavelmente simples e se aplica de maneira incondicional, isto é, sejam quais forem as circunstâncias ou o estado da sociedade. Nenhum dos princípios depende de certas condições sociais ou de outra natureza. Uma boa razão para isso é manter a simplicidade. Seria fácil elaborar uma família de concepções, cada uma delas destinada a só se aplicar em determinadas circunstâncias, sendo essas condições exaustivas e mutuamente exclusivas. Por exemplo, uma concepção poderia aplicar-se a determinado estágio cultural, outra concepção a outro estágio. Tal família de concepções poderia ser considerada, ela mesma, uma concepção de justiça; consistiria em um conjunto de pares ordenados, sendo cada par uma concepção de justiça acompanhada das circunstâncias às quais se aplica. Porém, nosso problema se tornaria muito complicado, se não impossível de resolver, se fossem acrescentadas concepções desse tipo à lista. Ademais, há um motivo para excluir alternativas como essas, pois é natural perguntar qual é o princípio fundamental que define os pares ordenados. Suponho aqui que alguma concepção reconhecidamente ética especifica os princípios, dada cada uma das condições. Na verdade, é esse princípio incondicional que define a concepção expressa pelo conjunto de pares ordenados. Assim, permitir que esses grupos entrem na lista é incluir alternativas que dissimulam seus verdadeiros fundamentos. Vou excluí-las, portanto, também por esse motivo. Além do mais, pode ser desejável caracterizar a posição original de modo que as partes devam escolher princípios que se apliquem incondicionalmente, sejam quais forem as circunstâncias. Esse fato está ligado à interpretação kantiana da justiça como equidade. Mas deixarei esse assunto para mais tarde (§ 40).

Por fim, uma observação óbvia. A argumentação favorável aos dois princípios, ou, na verdade, a favor de qualquer concepção, é sempre relativa a alguma lista de alternativas. Se modificarmos a lista, a argumentação terá, em geral, de ser diferente. Um tipo semelhante de observação se aplica a todas as características da posição original. Há um número indefinido de variações da posição inicial e, portanto, decerto há infinitos teoremas de geometria moral. Apenas algumas dessas variantes têm algum interesse filosófico, já que a maioria das variantes não tem relevância do ponto de vista moral. Devemos tentar nos manter afastados de questões laterais, evitando, ao mesmo tempo, perder de vista as suposições especiais da argumentação.

22. As circunstâncias da justiça

Podemos definir as circunstâncias da justiça como as condições normais nas quais a cooperação humana é tanto possível quanto necessária[3]. Assim, conforme comentei no início, embora a sociedade seja um empreendimento cooperativo para vantagens mútuas, é tipicamente marcada por um conflito, bem como por uma identidade de interesses. Há identidade de interesses porque a cooperação social viabiliza para todos uma vida melhor do que qualquer um teria se tentasse viver apenas por seus próprios esforços. Há conflito de interesses porque ninguém é indiferente com relação a como são distribuídos os maiores benefícios produzidos pela cooperação, pois, para perseguir seus objetivos, cada qual prefere uma fatia maior a uma fatia menor desses benefícios. Assim, precisamos de princípios para escolher dentre os diferentes arranjos sociais que definem essa divisão de vantagens e para que se firme um acordo no tocante às parcelas distributivas apropriadas. Es-

---

3. Minha explicação segue, em termos gerais, a de Hume em *A Treatise of Human Nature*, Livro III, Parte II, Seção II, e em *An Enquiry Concerning the Principles of Morals*, Seção III, Parte I. Cf. também H. L. A. Hart, *The Concept of Law* (Oxford, The Clarendon Press, 1961), p. 189-95; e J. R. Lucas, *The Principles of Politics* (Oxford, The Clarendon Press, 1966), p. 1-10.

sas exigências definem o papel da justiça. As condições de fundo que dão origem a essas necessidades são as circunstâncias da justiça. Podemos dividir essas condições em dois tipos. Primeiro, existem as circunstâncias objetivas que tornam a cooperação humana possível e necessária. Assim, muitos indivíduos coexistem ao mesmo tempo em território geográfico definido. Esses indivíduos são, *grosso modo*, semelhantes em capacidades físicas e mentais; ou, pelo menos, suas capacidades são comparáveis no sentido de que nenhum deles pode dominar os demais. São vulneráveis a agressões e estão todos sujeitos a que os demais se unam para bloquear os próprios planos. Em segundo lugar, há a condição de escassez moderada entendida de modo que abranja uma ampla gama de situações. Os recursos naturais e de outros tipos não são tão abundantes a ponto de que os esquemas de cooperação se tornem supérfluos, nem são as condições tão difíceis a ponto de condenarem empreendimentos proveitosos ao fracasso inevitável. Embora arranjos mutuamente vantajosos sejam possíveis, os benefícios gerados por eles ficam aquém das demandas que as pessoas fazem.

As circunstâncias subjetivas são os aspectos importantes dos sujeitos da cooperação, ou seja, das pessoas que trabalham juntas. Assim, embora as partes tenham interesses e necessidades mais ou menos semelhantes, ou necessidades e interesses complementares em diversos aspectos, o que torna possível sua cooperação mutuamente vantajosa, elas têm, não obstante, seus próprios projetos de vida. Esses projetos, ou concepções do bem, as levam a ter objetivos e finalidades diferentes e a fazer reivindicações conflitantes aos recursos naturais e sociais disponíveis. Ademais, embora não se suponha que os interesses promovidos por esses projetos tenham de ser interesses voltados para si próprio, são interesses de um eu que considera digna de reconhecimento a sua concepção do bem e que em nome dela faz reivindicações merecedoras de satisfação. Também presumo que os indivíduos sofram de várias deficiências de conhecimento, raciocínio e juízo. Seu saber é necessariamente incompleto, suas faculdades de raciocínio, memória e atenção são sempre limitadas e é provável que seus juízos sejam distorcidos por preconceitos, ansiedade e preocupação com seus próprios problemas. Alguns desses defeitos provêm de falhas morais, do egoísmo e da negligência; mas, em grande medida, simplesmente fazem parte da condição humana natural. Em consequência disso, os indivíduos não só têm projetos de vida diferentes, mas também existe uma diversidade de convicções religiosas e filosóficas e de doutrinas políticas e sociais.

Vou me referir a essa constelação de condições como as circunstâncias da justiça. A teoria de Hume acerca dessas circunstâncias é especialmente perspicaz, e a descrição sumária acima não acrescenta nada de essencial à discussão dele, que é bem mais completa. Para simplificar, costumo salientar a condição de escassez moderada (entre as circunstâncias objetivas) e o conflito de interesses (entre as circunstâncias subjetivas). Assim, podemos dizer, em resumo, que as circunstâncias da justiça se verificam sempre que os indivíduos apresentam reivindicações conflitantes à divisão das vantagens sociais em condições de escassez moderada. Se essas circunstâncias não existissem, não haveria oportunidade para a virtude da justiça, assim como não haveria oportunidade para a coragem física na ausência de ameaças de danos à vida ou à integridade física.

Devo fazer vários esclarecimentos. Em primeiro lugar, naturalmente, presumirei que as pessoas que se encontram na posição original sabem da existência dessas circunstâncias da justiça. É um pressuposto relativo às condições de sua sociedade. Outra suposição é que as partes tentam promover sua concepção do bem da melhor maneira possível e que, ao fazerem isso, não estão ligadas entre si por vínculos morais prévios.

Surge, porém, a questão de saber se as pessoas que se encontram na posição original devem obrigações e deveres a terceiros, por exemplo, seus descendentes imediatos. Responder afirmativamente seria um modo de tratar das questões da justiça entre gerações. Contudo, o objetivo da justiça como equidade é procurar deduzir todos os deveres e todas as obrigações de justiça de outras condições razoáveis. Portanto, se possível, deve-se evitar essa saída. Há diversos outros caminhos disponíveis. Podemos adotar uma suposição motivacional e considerar as partes representantes de uma linhagem contínua de reivindicações. Por exemplo, podemos supor que as partes são chefes de família e que têm, em virtude disso, o desejo de promover o bem-estar de pelo menos seus descendentes imediatos. Ou podemos exigir que as partes concordem com princípios sujeitas à condição de que desejem que todas as gerações precedentes tivessem obedecido exatamente aos mesmos princípios. Por meio de uma combinação adequada de tais estipulações, acredito que o encadeamento todo de gerações possa ser unido sob os mesmos princípios e que os princípios acordados para esse propósito levam em conta de forma adequada os interesses de cada uma delas (§§ 24, 44). Se isso estiver certo, teremos conseguido deduzir de estipulações razoáveis os deveres para com as outras gerações.

Deve-se observar que não faço suposições restritivas a respeito das concepções do bem das partes, a não ser que são projetos racionais de longo prazo. Embora esses projetos definam os objetivos e os interesses de um eu, não se presume que esses objetivos e interesses sejam egocêntricos ou egoístas. Decidir se é esse ou não o caso depende dos tipos de objetivos que a pessoa almeja alcançar. Se os objetivos supremos de uma pessoa forem riqueza, posição e influência, bem como as honras do prestígio social, então com certeza sua concepção do bem é egoísta. Seus interesses predominantes concentram-se nela mesma, e não são simplesmente, como devem sempre ser, interesses de um eu[4].

---

4. Sobre essa questão, cf. W. T. State, *The Concept of Morals* (Londres, Macmillan, 1937), p. 221-3.

Não há incoerência, então, em supor que, removido o véu de ignorância, as partes descobrem que têm laços de sentimento e afeição, e que querem promover os interesses de outros e vê-los atingir seus objetivos. Porém o postulado do desinteresse mútuo na posição original visa garantir que os princípios de justiça não dependem de suposições fortes. Lembremo-nos de que a posição original é concebida de forma a incorporar condições que, mesmo sendo amplamente compartilhadas, são fracas. Uma concepção de justiça não deve, portanto, pressupor laços fortes de sentimentos naturais. Na base da teoria, tentamos presumir o mínimo possível.

Por fim, vou supor que as partes que se encontram na posição original são mutuamente desinteressadas: não estão dispostas a sacrificar seus interesses em benefício dos outros. A intenção aqui é moldar, na posição original, a conduta e as motivações humanas nos casos nos quais questões de justiça surgem. Os ideais espirituais dos santos e dos heróis podem ser tão irreconciliáveis entre si quanto quaisquer outros ideais. Os conflitos na busca desses ideais são os mais trágicos. Assim, a justiça é a virtude de práticas nas quais há interesses conflitantes, e as pessoas se sentem no direito de exercer pressão umas sobre as outras por seus direitos. Numa associação de santos que concordassem com um ideal em comum, se fosse possível existir tal comunidade, não ocorreriam contendas acerca de justiça. Cada um trabalharia abnegadamente por um objetivo determinado por sua religião em comum, e a referência a esse objetivo (presumindo-se que ele tivesse definição clara) resolveria qualquer questão de direito. Mas o que caracteriza as sociedades humanas são as circunstâncias da justiça. A interpretação dessas condições não envolve nenhuma teoria da motivação humana. Mais precisamente, seu objetivo é expressar, na descrição da posição original, aquelas relações entre os indivíduos que armam o cenário para as questões de justiça.

23. As restrições formais do conceito de justo

A situação das pessoas que estão na posição original expressa certas limitações. As alternativas que lhes são acessíveis e seus conhecimentos das circunstâncias são limitados em diversos aspectos. A essas limitações chamo de restrições do conceito do que é justo, já que se aplicam à escolha de todos os princípios éticos, e não só aos de justiça. Se as partes também tivessem de reconhecer princípios para outras virtudes, essas restrições também se aplicariam. Em primeiro lugar, tratarei das restrições às alternativas. Há certas condições formais que parece razoável impor às concepções de justiça presentes na lista a ser apresentada às partes. Não alego que essas condições decorrem do conceito de justo, muito menos do significado da moralidade. Evito recorrer à análise de conceitos em pontos essenciais desse tipo. Há muitas restrições que podemos razoavelmente associar ao conceito de justo, e, partindo delas, é possível fazer diferentes seleções e considerá-las definitivas dentro de determinada teoria. O mérito de qualquer definição depende da solidez da teoria resultante; por si só, nenhuma definição consegue resolver questões fundamentais[5].

---

5. Várias interpretações do conceito de moralidade são discutidas por W. K. Frankena, "Recent Conceptions of Morality", em *Morality and the Language of Conduct*, org. H. N. Castañeda e George Nakhnikian (Detroit, Wayne State University Press, 1965), e "The Concept of Morality", *Journal of Philosophy*, Vol. 63 (1966). A primeira dessas obras contém numerosas referências. A explicação contida no texto talvez seja a que mais se aproxima à de Kurt Baier em *The Moral Point of View* (Ithaca, N.Y., Cornell University Press, 1958), Cap. VIII. Sigo Baier ao salientar as condições de publicidade (Baier não usa o termo, mas está implícito em sua estipulação de que aquilo que é moral é passível de ser universalmente ensinado, p. 195 s.), ordenação, finalidade e conteúdo material (embora na teoria contratualista a última condição se depreenda como consequência, cf. § 25 e a nota 16, abaixo). Cf. outras discussões em R. M. Hare, *The Language of Morals* (Oxford, The Clarendon Press, 1952), W. D. Falk, "Morality, Self and Others", e também em *Morality and the Language of Conduct*; e P. F. Strawson, "Social Morality and Individual Ideal", *Philosophy*, Vol. 36 (1961).

A adequação dessas condições formais decorre da função dos princípios do justo na conciliação das reivindicações que as pessoas fazem às instituições e umas às outras. Para que os princípios de justiça cumpram sua função, a de atribuir direitos e deveres fundamentais e determinar a divisão de vantagens, essas exigências são suficientemente naturais. Cada uma delas é apropriadamente fraca e vou supor que sejam todas atendidas pelas concepções tradicionais de justiça. Essas condições, porém, excluem as diversas formas de egoísmo, conforme indico adiante, o que demonstra que não deixam de ter certa força moral. Isso torna ainda mais necessário que as condições não sejam justificadas pela definição nem pela análise dos conceitos, mas apenas pela razoabilidade da teoria da qual fazem parte. Eu as classifico em cinco tópicos conhecidos.

Em primeiro lugar, os princípios devem ser gerais. Isto é, deve ser possível formulá-los sem o uso daquilo que nossa intuição reconheceria como nomes próprios ou descrições definidas disfarçadas. Assim, os predicados usados em sua formulação devem expressar relações e propriedades gerais. Infelizmente, parece haver profundas dificuldades filosóficas bloqueando o caminho de uma explicação satisfatória dessas questões[6]. Não tentarei lidar com elas aqui. Ao apresentarmos uma teoria da justiça, podemos evitar o problema de definir relações e propriedades gerais e nos deixar conduzir pelo que parece razoável. Além disso, uma vez que as partes não têm informações específicas sobre si mesmas e sua situação, não podem identificar a si mesmas. Mesmo que uma pessoa conseguisse convencer as outras a concordarem, não saberia como formular os princípios em benefício próprio. As partes são, de fato, obrigadas a ater-se a princípios gerais, entendendo-se aqui a ideia de maneira intuitiva.

---

6. Cf., por exemplo, W. V. Quine, *Ontological Relativity and Other Essays* (Nova York, Columbia University Press, 1969), Cap. 5, intitulado "Natural Kinds".

A razoabilidade dessa condição reside, em parte, no fato de que princípios fundamentais devem poder servir como carta pública de uma sociedade bem-ordenada. Por serem incondicionais, sempre se aplicam (dentro das circunstâncias da justiça) e seu conhecimento deve estar acessível aos indivíduos de qualquer geração. Assim, entender esses princípios não requer o conhecimento de particularidades contingentes nem, decerto, a referência a indivíduos ou associações. Tradicionalmente, o teste mais óbvio dessa condição é a ideia de que justo é aquilo que está de acordo com a vontade de Deus. Mas de fato essa doutrina em geral se apoia numa argumentação que se fundamenta em princípios gerais. Por exemplo, Locke afirmava que o princípio fundamental da moral é o seguinte: se uma pessoa é criada por outra (no sentido teológico), então a primeira tem um dever de obedecer aos preceitos que foram estipulados por quem a criou[7]. Esse princípio é perfeitamente geral e, dada a natureza do mundo na visão de Locke, elege Deus como a autoridade moral legítima. A condição de generalidade não é violada, embora possa parecer à primeira vista.

Em segundo lugar, os princípios devem ser de aplicação universal. Devem aplicar-se a todos, pois todos são pessoas morais. Assim, suponho que cada qual possa entender esses princípios e os usar em suas deliberações. Isso impõe uma espécie de limite superior à complexidade de tais princípios, bem como aos tipos e ao número de distinções que estabelecem. Ademais, fica excluído um princípio que, caso todos ajam com base nele, contradiga a si mesmo ou derrote seus próprios propósitos. Da mesma forma, também seria inadmissível obedecer a um princípio que só fosse razoável quando os outros aceitassem um princípio diferente. Devem-se escolher os princípios em vista das consequências decorrentes de sua aceitação por todos.

Conforme foram definidas, a generalidade e a universalidade são condições distintas. Por exemplo, o egoísmo na

---

7. Cf. *Essays on the Law of Nature*, org. W. von Leyden (Oxford, The Clarendon Press, 1954), o quarto ensaio, esp. p. 151-7.

forma da ditadura de primeira pessoa (todos devem servir aos meus interesses – ou aos de Péricles) atende à universalidade, mas não à generalidade. Embora todos possam agir segundo esse princípio, e as consequências possam não ser todas ruins, dependendo dos interesses do ditador, o pronome pessoal (ou o nome) transgride a primeira condição. Da mesma forma, princípios gerais também podem não ser universais. É possível que sejam formulados para se aplicar a uma classe restrita de indivíduos; por exemplo, aqueles selecionados em razão de características sociais ou biológicas especiais, tais como cor do cabelo ou situação da classe, ou qualquer outro parâmetro. Não há dúvida de que ao longo da vida os indivíduos contraem obrigações e assumem deveres que lhes são peculiares. Não obstante, esses deveres e obrigações são consequências de princípios fundamentais que se aplicam a todos como pessoas morais; a dedução dessas exigências tem um fundamento comum.

A terceira condição é a da publicidade, que decorre naturalmente de uma perspectiva contratualista. As partes admitem que estão escolhendo os princípios de uma concepção pública de justiça[8]. Presumem que todos saberão acer-

---

8. A publicidade está claramente implícita na ideia kantiana de lei moral, mas o único lugar onde sei que ele a discute de maneira explícita é em *Perpetual Peace*, apêndice: II; cf. *Political Writings*, org. Hans Reiss e trad. de H. B. Nisbet (Cambridge, The University Press, 1970), p. 125-30. Existem, sem dúvida, breves formulações em outros lugares. Por exemplo, em *The Metaphysics of Morals*, pt. I (Rechtslehre), § 43; ele diz: "O Direito Público é a soma total daquelas leis que devem tornar-se universalmente públicas para que produzam um estado de justiça." Em "Theory and Practice", ele observa em uma nota de rodapé: "Não se pode, tácita ou traiçoeiramente, acrescentar direitos ao Estado por intermédio de ressalva secreta, muito menos um direito que se alegue fazer parte da Constituição, pois todas as leis nela contidas devem ser consideradas resultantes da vontade coletiva. Assim, se permitisse a rebelião, a Constituição deveria declarar esse direito publicamente, e esclarecer como ele poderia ser posto em prática" (*Political Writings*, p. 136 e 84 [nota], respectivamente). Acredito que a intenção de Kant é que essa condição se aplique à concepção da justiça de uma sociedade. Cf. também nota 4, § 51, abaixo; e Baier, citado na nota 5, acima. Há uma discussão do conhecimento comum e sua relação com o acordo em D. K. Lewis, *Convention* (Cambridge, Mass., Harvard University Press,1969), esp. p. 52-60, 83-8.

ca desses princípios tudo o que saberiam se sua aceitação resultasse de um acordo. Assim, o conhecimento geral de sua aceitação universal deve ter consequências desejáveis e sustentar a estabilidade da cooperação social. A diferença entre essa condição e a de universalidade é que esta última nos leva a avaliar os princípios com base na suposição de que são regular e conscientemente seguidos por todos. Mas é possível que todos entendam e sigam um princípio e que, no entanto, esse fato não seja amplamente conhecido ou explicitamente reconhecido. O sentido da condição de publicidade é fazer com que as partes analisem as concepções de justiça concebendo-as como constituições morais da vida social publicamente reconhecidas e plenamente efetivas. A condição de publicidade está implícita com clareza na doutrina kantiana do imperativo categórico, pois este exige que atuemos segundo aqueles princípios que cada qual estaria disposto, na condição de um ser racional, a adotar como lei para um reino dos fins. Kant concebia esse reino como uma comunidade ética, por assim dizer, que tem nesses princípios morais seu estatuto público.

Uma outra condição é que a concepção do justo deve impor uma ordenação às reivindicações conflitantes. Essa exigência nasce diretamente do papel que os princípios de tal concepção têm de ajustar exigências conflitantes. Há uma dificuldade, porém, para decidir o que conta como uma ordenação. É claramente desejável que a concepção de justiça seja completa, ou seja, capaz de ordenar todas as reivindicações que surjam (ou que, na prática, têm uma probabilidade de surgir). E a ordenação deve, em geral, ser transitiva: se, por exemplo, um primeiro arranjo da estrutura básica for considerado mais justo que um segundo, e o segundo mais justo que um terceiro, então o primeiro deve ser mais justo que o terceiro. Essas condições formais são bastante naturais, embora nem sempre seja fácil atendê-las[9]. Mas será o julga-

---

9. Cf. uma discussão de ordenações e relações de preferência em A. K. Sen, *Collective Choice and Social Welfare* (San Francisco, Holden Day Inc., 1970), Caps. 1 e 1*; e em K. J. Arrow, *Social Choice and Individual Values*, 2.ª ed. (Nova York, John Wiley, 1963), Cap. II.

mento por combate uma forma de adjudicação? Afinal, o conflito físico e o recurso às armas resultam em uma ordenação; certas reivindicações derrotam outras, de fato. A principal objeção a essa ordenação não é que ela possa ser intransitiva. Mais precisamente, é para evitar o recurso à força e à esperteza que são aceitos os princípios da justiça e do direito. Portanto, presumo que a ideia de "a cada um segundo a sua capacidade de ameaça" não é uma concepção de justiça. Isso não estabelece uma ordenação no sentido exigido, baseada em certos aspectos relevantes das pessoas e de sua situação, que independem de sua posição social, ou de sua capacidade de intimidação e coerção[10].

A quinta e última condição é a da finalidade. As partes devem avaliar o sistema de princípios como última instância de apelação da razão prática. Não há padrões mais elevados aos quais os argumentos favoráveis a determinadas

---

10. *Theory of Games as a Tool for the Moral Philosopher* (Cambridge, The University Press, 1955). Na análise que o autor apresenta, ocorre que a divisão equitativa do tempo que Mateus e Lucas têm para tocar depende de suas preferências, e estas, por sua vez, estão ligadas aos instrumentos que cada um deseja tocar. Já que está em situação de vantagem com relação a Lucas, e essa situação decorre do fato de Mateus, o trompetista, preferir que ambos toquem simultaneamente a que nenhum dos dois toque, ao passo que Lucas, o pianista, prefere o silêncio à cacofonia, Mateus ganha vinte e seis noites para tocar, contra dezessete de Lucas. Se a situação fosse invertida, a vantagem seria de Lucas. Cf. p. 36 s. Mas temos apenas de supor que Mateus é um baterista aficionado do *jazz*, e Lucas, um violinista que toca sonatas, para que seja justo, de acordo com essa análise, que Mateus toque quando e quantas vezes quiser, supondo, como é plausível supor, que ele não se importe que Lucas toque ou não. É claro que alguma coisa deu errado. O que falta aqui é a definição adequada de um *status quo* que seja aceitável do ponto de vista moral. Não podemos presumir o conhecimento de certas contingências e tomar certas preferências individuais como dadas e, a partir daí, ter a expectativa de elucidar o conceito de justiça (ou de equidade) por meio de teorias da negociação. A concepção da posição original destina-se a resolver o problema do *status quo* adequado. Há uma refutação da análise de Braithwaite semelhante a essa em J. R. Lucas, "Moralists and Gamesmen", *Philosophy*, Vol. 34 (1959), p. 9 s. Para uma outra discussão, consulte-se Sen, *Collective Choice and Social Welfare*, p. 118-23, que afirma que a solução dada por J. F. Nash em "The Bargaining Problem", *Econometrica*, Vol. 18 (1950), é igualmente falha de um ponto de vista ético.

reivindicações possam recorrer; o raciocínio bem-sucedido feito com base nesses princípios é conclusivo. Se pensarmos nos termos da teoria totalmente genérica que contém princípios para todas as virtudes, então tal teoria especifica a totalidade de considerações pertinentes e seus pesos apropriados, e suas exigências são decisivas. Elas anulam as exigências das leis e dos costumes e das normas sociais em geral. Devemos organizar e respeitar as instituições sociais segundo a orientação dos princípios da justiça e do direito. As conclusões alcançadas a partir desses princípios também se sobrepõem às da prudência e às do interesse próprio. Isso não quer dizer que esses princípios insistam no sacrifício de si mesmo, pois, ao elaborar a concepção do direito, as partes levam em conta seus interesses da melhor maneira possível. As exigências da prudência pessoal já receberam um peso apropriado dentro do sistema integral de princípios. O esquema completo é definitivo no sentido de que, quando o curso do raciocínio prático que define chega a uma conclusão, a questão está resolvida. As reivindicações de arranjos sociais já existentes e de interesse próprio já foram devidamente levadas em conta. Não podemos considerá-las uma segunda vez no final só porque não gostamos do resultado.

Em conjunto, portanto, essas condições impostas às concepções do justo resumem-se no seguinte: a concepção do justo é um conjunto de princípios, gerais na forma e universais na aplicação, que deve ser publicamente reconhecido como última instância de apelação para a ordenação das reivindicações conflitantes de pessoas morais. Os princípios de justiça identificam-se por seu papel especial e pelo objeto a que se aplicam. Por si próprias, as cinco condições não excluem nenhuma das concepções tradicionais de justiça. Devemos observar, porém, que de fato excluem as variantes de egoísmo enumeradas. A condição de generalidade elimina tanto a ditadura em primeira pessoa quanto as formas de "caronismo", já que, em cada caso, precisa-se de um nome próprio, ou pronome, ou uma descrição definida e dissimulada, seja para identificar o ditador, seja para caracterizar o carona. A generalidade, porém, não exclui o egoísmo generalizado, pois a cada pessoa é permitido fazer o que, segundo seus critérios, tenha mais probabilidade de promover seus próprios objetivos. O princípio pode ser aqui expresso com clareza, de modo perfeitamente genérico. É a condição de ordenação que torna inadmissível o egoísmo, pois, se todos têm autorização para promover seus objetivos conforme lhes aprouver, ou se todos devem promover seus próprios interesses, as reivindicações conflitantes não são ordenadas e o resultado é decidido pela força ou pela esperteza.

Os diversos tipos de egoísmo, então, não figuram na lista apresentada às partes. São eliminados pelas restrições formais. Naturalmente, esta não é uma conclusão surpreendente, já que é óbvio que, ao escolher uma das outras concepções, as pessoas que se encontram na posição original podem fazer muito mais por si mesmas. Quando perguntarem com quais princípios todos devem concordar, nenhuma forma de egoísmo será uma candidata séria à ponderação. Isso apenas confirma o que já sabíamos, ou seja, que, embora o egoísmo tenha consistência lógica e, nesse sentido, não seja irracional, é incompatível com o que intuitivamente consideramos como o ponto de vista moral. Filosoficamente, a importância do egoísmo não está em ser uma concepção alternativa do justo, mas em colocar em questão toda e qualquer concepção desse tipo. Na justiça como equidade, isso se expressa no fato de que podemos interpretar o egoísmo generalizado como o ponto de ausência de acordo. É aquilo a que as partes estariam confinadas caso não conseguissem chegar a um entendimento.

24. O véu de ignorância

A ideia de uma posição original é configurar um procedimento equitativo, de modo que quaisquer princípios acordados nessa posição sejam justos. O objetivo é usar a ideia de justiça procedimental pura como fundamento da teoria. Devemos, de algum modo, anular as consequências de contingências específicas que geram discórdia entre os homens, tentando-os a explorar as circunstâncias sociais e naturais em benefício próprio. Para fazê-lo, presumo que as partes se situam por trás de um véu de ignorância. Elas desconhecem as consequências que as diversas alternativas podem ter sobre a situação de cada qual e são obrigadas a avaliar os princípios apenas com base em ponderações gerais[11]. Presume-se, então, que as partes não conhecem certas particularidades. Em primeiro lugar, ninguém sabe qual é seu lugar na sociedade, classe nem *status social*; além disso, ninguém conhece a própria sorte na distribuição dos dotes e das capacidades naturais, sua inteligência e força, e assim por diante. Ninguém conhece também a própria concepção do bem, as particularidades de seu projeto racional de vida, nem mesmo as características especiais de sua psicologia, como sua aversão ao risco ou sua tendência ao otimismo ou ao pessimismo. Além do mais, presumo que as partes não conhecem as circunstâncias de sua própria sociedade. Isto é, não conhecem a posição econômica ou política, nem o nível de civilização e cultura que essa sociedade conseguiu alcançar. As pessoas na posição original não sabem a qual geração pertencem. Essas restrições mais amplas impostas ao conhecimento são apropriadas, em parte porque

---

11. O véu de ignorância é uma condição tão natural que já deve ter ocorrido algo parecido a muitas pessoas. A formulação apresentada no texto está implícita, julgo eu, na doutrina kantiana do imperativo categórico, tanto no modo como esse critério procedimental é definido quanto no uso que Kant faz dele. Assim, quando nos sugere testar nossa máxima ponderando como as coisas se passariam se ela fosse uma lei universal da natureza, Kant tem de supor que não conhecemos nosso lugar dentro desse sistema natural imaginado. Cf., por exemplo, a sua discussão do tema do juízo prático em *The Critique of Practical Reason*, Academy Edition, Vol. 5, p. 68-72. Há uma restrição à informação semelhante a essa em J. C. Harsanyi, "Cardinal Utility in Welfare Economics and the Theory of Risk-taking", *Journal of Political Economy*, Vol. 61 (1953). Entretanto, outros aspectos da visão de Harsanyi são bastante diferentes, e ele usa a restrição para elaborar uma teoria utilitarista. Cf. último parágrafo da Seção 27.

as questões de justiça social surgem tanto entre gerações quanto dentro delas; por exemplo, a questão da taxa apropriada de poupança de capital e de conservação dos recursos naturais e ambientais. Há ainda, pelo menos teoricamente, a questão de uma política genética razoável. Também nesses casos, para levar adiante a ideia da posição original, as partes não devem conhecer as contingências que as colocam em oposição. Devem escolher princípios cujas consequências estejam dispostas a aceitar, seja qual for a geração a que pertencem.

Na medida do possível, então, os únicos fatos específicos que as partes conhecem é que sua sociedade está sujeita às circunstâncias da justiça e a qualquer consequência que decorra disso. Presume-se, porém, que conhecem os fatos genéricos acerca da sociedade humana. Elas entendem os assuntos políticos e os princípios da teoria econômica; conhecem a base da organização social e as leis da psicologia humana. De fato, presume-se que as partes conhecem quaisquer fatos genéricos que afetem a escolha dos princípios de justiça. Não há limites impostos às informações genéricas, ou seja, sobre as leis e as teorias gerais, uma vez que as concepções da justiça devem adaptar-se às características dos sistemas de cooperação social que devem reger, e não há motivo para excluir esses fatos. Constitui, por exemplo, uma ponderação contra uma concepção de justiça que, em vista das leis da psicologia moral, os homens não adquirissem um desejo de agir de acordo com tal concepção, mesmo quando as instituições de sua sociedade a implementassem. Pois nesse caso haveria dificuldade para garantir a estabilidade da cooperação social. Uma característica importante de uma concepção de justiça é que ela deve gerar sua própria sustentação. Seus princípios devem ser tais que, quando integrados à estrutura básica da sociedade, os homens sintam-se inclinados a adquirir o senso de justiça correspondente e passem a ter vontade de agir segundo seus princípios. Nesse caso, a concepção de justiça é estável. Esse tipo de informação genérica é admissível na situação original.

A ideia do véu de ignorância suscita algumas dificuldades. Alguns podem objetar que a exclusão de quase todas as particularidades dificulta o entendimento do significado da posição original. Assim, talvez convenha salientar que uma ou mais pessoas podem, a qualquer momento, passar a ocupar essa posição, ou, talvez melhor, simular as deliberações dessa situação hipotética, simplesmente raciocinando de acordo com as restrições apropriadas. Ao defender uma concepção de justiça, devemos ter certeza de que ela está entre as alternativas permitidas e atende às restrições formais estipuladas. Considerações de espécie alguma podem ser apresentadas a seu favor, exceto aquela que seria racional apresentar caso não dispuséssemos do tipo de conhecimento que é excluído. A avaliação dos princípios deve ocorrer em relação às consequências gerais de seu reconhecimento público e de sua aplicação universal, presumindo-se que todos obedecerão a eles. Afirmar que seria escolhida determinada concepção de justiça na posição original equivale a dizer que a deliberação racional que atende a certas condições e restrições atingiria determinada conclusão. Se necessário, a argumentação que leva a esse resultado poderia ser elaborada de maneira mais formal. Argumentarei sempre, porém, com base na ideia da posição original. É mais econômico e sugestivo, e salienta certas características essenciais que de outro modo seriam facilmente negligenciadas.

Essas observações demonstram que a posição original não deve ser considerada uma assembleia geral que, a certo momento, abarca todas as pessoas que vivem em determinada época; muito menos uma assembleia de todos os que poderiam viver em determinada época. Não é uma reunião de todas as pessoas reais ou possíveis. Se concebêssemos a posição original de uma dessas maneiras, a concepção deixaria de servir de orientação natural para a intuição e não teria um sentido claro. Enfim, a posição original deve ser interpretada de modo que possamos, a qualquer momento, adotar sua perspectiva. Deve ser irrelevante a ocasão em que se adota esse ponto de vista, ou quem o adota: as restrições devem ser tais, que sejam sempre escolhidos os mesmos princípios. O véu de ignorância é uma condição essencial para atender a essa exigência. Ele assegura não apenas que as informações disponíveis são relevantes, mas também que são sempre as mesmas.

Pode-se objetar que a condição do véu de ignorância é irracional. Não há dúvida, pode-se objetar que se devem escolher princípios à luz de todos os conhecimentos disponíveis. Há diversas réplicas para isso. Aqui esboçarei aquelas que salientam as simplificações necessárias para que se tenha uma teoria. (As que se baseiam na interpretação kantiana da situação original serão apresentadas mais tarde, no § 40.) Para começar, está claro que, como as diferenças entre as partes lhes são desconhecidas, e todos são igualmente racionais e estão situados de forma similar, cada qual é convencido pelos mesmos argumentos. Por conseguinte, podemos considerar o consenso a que se chega na posição original do ponto de vista de qualquer pessoa selecionada ao acaso. Se alguém, após a devida reflexão, prefere uma dada concepção de justiça a qualquer outra, então todos a preferem e é possível chegar a um acordo unânime. Para tornar as circunstâncias mais vívidas, podemos imaginar que se exige das partes que se comuniquem umas com as outras por intermédio de um árbitro, que faz as vezes de intermediário, e que ele deve anunciar quais alternativas foram sugeridas e as razões oferecidas para apoiá-las. Ele proíbe a tentativa de formar coalizões e informa às partes quando um entendimento foi alcançado. Mas esse árbitro é, na verdade, supérfluo, presumindo-se que as deliberações das partes devem ser semelhantes.

Assim, segue-se a consequência muito importante de que as partes não têm como negociar no sentido usual. Ninguém conhece a própria situação na sociedade nem seus dotes naturais e, por conseguinte, ninguém tem a possibilidade de formular princípios sob medida para favorecer a si próprio. Poderíamos imaginar que um dos contratantes ameace não dar seu assentimento se os outros não concordarem com princípios que lhe sejam favoráveis. Mas como ele pode saber que princípios são especialmente de seu interesse? O mesmo se aplica na formação de coalizões: se um grupo decidisse se coligar para prejudicar os outros, não saberia como favorecer a si próprio na escolha dos princípios. Mesmo que os membros desse grupo conseguissem que todos concordassem com sua proposta, não teriam nenhuma garantia de que isso lhes seria vantajoso, já que não podem identificar a si mesmos nem por nome nem por descrição. O único caso em que essa conclusão fracassa é no da poupança. Já que as pessoas que se encontram na posição original sabem que são contemporâneas (tomando o tempo presente como base para interpretar o acordo), podem favorecer a própria geração, recusando-se a fazer quaisquer sacrifícios em favor dos seus sucessores; simplesmente reconhecem o princípio de que ninguém tem um dever de poupar para a posteridade. As gerações anteriores podem ou não ter poupado; não há nada que as partes possam ora fazer para modificar esse fato. Nesse caso, portanto, o véu de ignorância não consegue assegurar o resultado desejado. Por conseguinte, para tratar da questão da justiça entre gerações, modifico a hipótese da motivação e acrescento mais uma exigência (§ 22). Com esses ajustes, nenhuma geração consegue formular princípios especialmente destinados a promover sua própria causa, e é possível deduzir algumas restrições significativas aos princípios de poupança (§ 44). Qualquer que seja a posição da pessoa no tempo, cada uma delas é obrigada a escolher por todas[12].

As restrições impostas a certas informações na posição original são, portanto, de importância fundamental. Sem elas, não conseguiríamos elaborar nenhuma teoria da justiça. Teríamos de nos contentar com uma fórmula imprecisa segundo a qual a justiça é aquilo com o que concordaríamos, sem poder dizer muito, talvez nada, sobre o teor do

---

12. Rousseau, *The Social Contract*, Livro II, Cap. IV, § 5 [trad. bras. *O contrato social*, São Paulo, Martins Fontes, 3.ª ed., 1996].

próprio acordo. As restrições formais do conceito de justo, as que se aplicam diretamente aos princípios, não são suficientes para nossos fins. O véu de ignorância possibilita a escolha unânime de uma concepção de justiça em especial. Sem esses limites impostos ao conhecimento, o problema da negociação na posição original se tornaria insolúvel. Mesmo que existisse uma solução teórica, não seríamos capazes de descobri-la, pelo menos por enquanto.

A ideia do véu de ignorância está implícita, creio, na ética de Kant (§ 40). No entanto, o problema de definir os conhecimentos das partes e caracterizar as alternativas que lhes estão disponíveis é quase sempre ignorado, até mesmo pelas teorias contratualistas. Algumas vezes a situação própria à deliberação moral é apresentada de maneira tão indeterminada que não é possível ter certeza de qual será o resultado. Assim, a doutrina de Perry é essencialmente contratualista: ele afirma que a integração social e pessoal deve emanar de princípios bem diferentes, esta pela prudência social, aquela pela colaboração de pessoas de boa vontade. Parece que ele rejeita o utilitarismo com base nas mesmas premissas anteriormente indicadas: ou seja, que o utilitarismo estende, de maneira imprópria, o princípio de escolha que se aplica a uma só pessoa às escolhas que se referem à sociedade. O modo correto de agir caracteriza-se como aquele que melhor promove os fins sociais que seriam formulados por intermédio de um acordo ponderado, contanto que as partes tenham pleno conhecimento das circunstâncias e sejam motivadas por uma preocupação benevolente com os interesses umas das outras. Não há esforço nenhum, entretanto, no sentido de especificar com precisão os possíveis resultados desse tipo de acordo. Na verdade, sem uma análise muito mais elaborada, não se pode chegar a conclusão nenhuma[13]. Não quero aqui criticar outros; meu propósito é somente explicar a neces-

---

13. Cf. R. B. Perry, *The General Theory of Value* (Nova York, Longmans, Green and Company, 1926), p. 674-82.

sidade do que às vezes pode parecer um número excessivo de pormenores. Mas as razões para recorrer ao véu de ignorância ultrapassam a mera simplicidade. Queremos definir a posição original de modo a chegar à solução desejada. Se for permitido o conhecimento de particularidades, o resultado sofrerá a influência de contingências arbitrárias. Conforme já foi comentado, a cada um segundo sua capacidade de ameaça não é um princípio de justiça. Para que a posição original gere acordos justos, as partes devem estar situadas de maneira equitativa e ser tratadas igualmente como pessoas morais. A arbitrariedade do mundo deve ser corrigida por um ajuste das circunstâncias da posição contratual inicial. Ademais, se na escolha dos princípios exigíssemos unanimidade, mesmo quando há informação plena, só seria possível decidir alguns casos óbvios. Nessas circunstâncias, a concepção de justiça fundamentada na unanimidade seria frágil e superficial. Porém, uma vez excluídos certos conhecimentos, a exigência de unanimidade não é descabida e é de grande importância o fato de poder ser atendida. Oferece-nos a possibilidade de afirmar acerca da concepção de justiça preferida que ela representa uma genuína conciliação de interesses.

Um último comentário: na maioria das vezes presumirei que as partes possuem todas as informações gerais. Nenhum fato geral lhes é ocultado. Faço isso principalmente para evitar complicações. Não obstante, a concepção de justiça deve ser o fundamento público dos termos da cooperação social. Já que o entendimento comum requer que se imponham certos limites à complexidade dos princípios, também pode haver a imposição de limites ao uso de conhecimentos teóricos na situação original. É claro que seria muito difícil classificar e hierarquizar os graus de complexidade dos diversos tipos de fatos gerais. Não tentarei fazê-lo. Contudo, sabemos reconhecer uma construção teórica intricada quando nos deparamos com uma delas. Assim, parece razoável dizer que, em condições normais, deve-se preferir uma concepção de justiça a outra quando essa concepção está fundamentada em fatos gerais nitidamente mais simples, e sua escolha não depende de cálculos realizados à luz de uma vasta gama de possibilidades teoricamente definidas. É desejável que os fundamentos da concepção pública de justiça sejam evidentes para todos quando as circunstâncias o permitem. Essa ponderação favorece, creio, os dois princípios de justiça em detrimento do critério da utilidade.

25. A racionalidade das partes

Até aqui, presumi que as pessoas que se encontram na posição original são racionais. Mas também presumi que não conhecem sua concepção do bem. Isso quer dizer que, embora saibam que têm algum projeto de vida racional, não conhecem os pormenores desse projeto, os objetivos e os interesses específicos que objetiva promover. Como podem, então, decidir que concepções de justiça lhes proporcionam mais vantagens? Ou devemos supor que essas pessoas estão fadadas a dar meros palpites? Para enfrentar essa dificuldade, postulo que aceitam a teoria do bem explicada no capítulo anterior: supõem que, em geral, preferem ter mais, e não menos, bens primários sociais. Naturalmente, uma vez removido o véu de ignorância, pode acontecer que algumas delas não queiram, por motivos religiosos ou de outra ordem, uma quantidade maior desses bens. Porém, do ponto de vista da posição original, é racional que as partes suponham querer uma fatia maior, já que não são mesmo obrigadas a aceitar mais se não o quiserem. Assim, embora não tenham informações a respeito de seus objetivos específicos, elas têm um conhecimento suficiente para hierarquizar as alternativas. Sabem que, em geral, devem tentar proteger suas liberdades, ampliar suas oportunidades e os meios de promover seus objetivos, quaisquer que sejam. Orientadas pela teoria do bem e pelos fatos gerais da psicologia moral, suas deliberações deixam de ser um exercício de adivinhação. Podem tomar uma decisão racional no sentido comum.

O conceito de racionalidade aqui invocado, a não ser por uma característica essencial, é aquele conceito padrão que é familiar na teoria social[14]. Assim, no sentido usual, supõe-se que uma pessoa racional tem um conjunto coerente de preferências entre as opções disponíveis. Ela classifica essas opções segundo a eficácia na promoção de seus objetivos; segue o projeto que satisfará mais, e não menos, seus desejos, e que tenha a maior probabilidade de ser realizado com êxito. Suposição especial que estou fazendo é que um indivíduo racional individual não sente inveja. Não está disposto a aceitar uma perda para si mesmo desde que outros também fiquem com menos. Não fica deprimido ao saber ou perceber que os outros têm uma quantidade maior de bens primários sociais. Ou, pelo menos, isso é o que ocorre se as diferenças entre esse indivíduo e os outros não excederem certos limites, e ele não acredita que as desigualdades existentes se fundamentam na injustiça ou resultam da aceitação do acaso, sem nenhum propósito social que as compense (§ 80).

A hipótese de que as partes não são motivadas pela inveja levanta certas questões. Talvez devêssemos também supor que não são suscetíveis a outros sentimentos como a

---

14. Sobre essa noção de racionalidade, cf. referências a Sen e Arrow feitas acima, § 23, nota 9. A discussão que I. M. D. Little apresenta em *The Critique of Welfare Economics*, 2.ª ed. (Oxford, Clarendon Press, 1957), Cap. II, também é pertinente aqui. Sobre a escolha racional em situações de incerteza, cf., adiante, § 26, nota 18. H. A. Simon discute as limitações das concepções clássicas de racionalidade e a necessidade de uma teoria mais realista em "A Behavioral Model of Rational Choice", *Quarterly Journal of Economics*, Vol. 69 (1955). Cf. também seu ensaio em *Surveys of Economic Theory*, Vol. 3 (Londres, Macmillan, 1967). Há discussões filosóficas em Donald Davidson, "Actions, Reasons, and Causes", *Journal of Philosophy*, Vol. 60 (1963); C. G. Hempel, *Aspects of Scientific Explanation* (Nova York, The Free Press, 1965), p. 463-86; Jonathan Bennett, *Rationality* (Londres, Routledge and Kegan Paul, 1964); e J. D. Mabbott, "Reason and Desire", *Philosophy*, Vol. 28 (1953).

vergonha e a humilhação (§ 67). Uma teoria satisfatória da justiça terá, fatalmente, de lidar também com essas questões, mas por enquanto deixarei de lado essas complicações. Outra objeção ao nosso método é que ele se afasta demais da realidade. Decerto esses sentimentos acometem as pessoas. Como pode uma concepção de justiça ignorar esse fato? Enfrentarei esse problema dividindo em duas partes a argumentação a favor dos princípios de justiça. Na primeira parte, os princípios são deduzidos sob a suposição de que não existe inveja, ao passo que, na segunda, ponderamos se a concepção a que se chegou é viável em vista das circunstâncias da vida humana.

Um dos motivos que nos levam a esse método é que a inveja costuma piorar a situação de todos. Nesse sentido, é coletivamente desvantajosa. Presumir sua ausência resulta na suposição de que, na escolha dos princípios, os indivíduos devem considerar-se pessoas que têm seu próprio projeto de vida e que esse projeto se basta por si mesmo.

Eles têm uma firme noção de seu próprio valor, de forma que não querem abandonar nenhum de seus objetivos só para que outros tenham menos meios de promover os deles. Vou elaborar uma concepção de justiça com base nessa condição para ver o que acontece. Mais adiante, tentarei demonstrar que, quando postos em prática, os princípios adotados levam a arranjos sociais nos quais não é provável que a inveja e outros sentimentos destrutivos se tornem intensos. A concepção de justiça elimina as condições que dão origem a comportamentos destrutivos. Ela é, portanto, inerentemente estável (§§ 80-81).

A suposição da racionalidade mutuamente desinteressada resume-se, portanto, no seguinte: as pessoas que se encontram na posição original tentam reconhecer princípios que promovam seu sistema de objetivos da melhor forma possível. Para isso, tentam garantir para si mesmas o mais alto índice de bens primários sociais, já que isso lhes possibilita promover sua concepção do bem da maneira mais eficaz, seja qual for essa concepção. As partes não procuram conceder benefícios nem impor prejuízos umas às outras; não têm motivações de afeto nem de rancor. Nem tentam levar vantagem umas sobre as outras; não são invejosas nem fúteis. Se concebêssemos isso como um jogo, poderíamos dizer que elas lutam pelo maior placar absoluto possível. Não querem que os adversários marquem mais ou menos pontos, nem procuram maximizar ou minimizar a diferença entre seus êxitos e os dos outros. A ideia de jogo não se aplica de fato, pois as partes não estão interessadas em ganhar, mas em obter o maior número possível de pontos, a julgar por seu próprio sistema de objetivos.

Há mais uma suposição para garantir obediência estrita. Presume-se que as partes estão capacitadas para ter um senso de justiça, e esse fato é de conhecimento público entre elas. Essa condição pretende assegurar a integridade do acordo feito na posição original. Isso não significa que em suas deliberações as partes apliquem alguma concepção de justiça específica, pois isso faria com que a suposição da motivação perdesse o sentido. Mais precisamente, essa condição significa que as partes podem confiar umas nas outras no sentido de entender e agir de acordo com quaisquer princípios que afinal venham a ser acordados. Depois de reconhecidos os princípios, as partes podem ter confiança mútua com relação a obedecê-los. Quando chegam ao acordo, portanto, sabem que seu empreendimento não foi em vão: seu senso de justiça garante que os princípios escolhidos serão respeitados. É essencial observar, porém, que essa suposição ainda permite levar em conta a capacidade humana de agir segundo as diversas concepções de justiça. Os fatos gerais da psicologia humana e os princípios do aprendizado moral são questões pertinentes para o exame das partes. Se não é provável que uma concepção de justiça gere sua própria sustentação, ou se lhe falta estabilidade, tal fato não deve ser ignorado. Nesse caso, talvez se preferisse outra concepção de justiça. A suposição afirma apenas que as partes estão capacitadas para a justiça num sentido puramente formal: levando em conta tudo o que for relevante, inclusive os fatos gerais da psicologia moral, as partes cumprirão os princípios por fim escolhidos. São racionais porque não fazem acordos que saibam não poder cumprir, ou que só poderão cumprir com grande dificuldade. Juntamente com outras ponderações, levam em conta as exigências do compromisso (§ 29). Assim, ao avaliar as concepções da justiça, as pessoas que se encontram na posição original devem supor que aquela que for escolhida terá obediência estrita. É dessa base que se depreenderão as consequências do acordo.

Com os comentários anteriores sobre a racionalidade e a motivação das partes, a definição da posição original está quase completa. Podemos resumir essa descrição com a seguinte lista de elementos da posição inicial e de suas variantes (os asteriscos marcam as interpretações que constituem a posição original):
1. A natureza das partes (§ 22)
   *a. pessoas ligadas por continuidade (chefes de família ou de linhagens genéticas)
   b. indivíduos isolados
   c. associações (Estados, Igrejas ou outras pessoas jurídicas)
2. O objeto da justiça (§ 2)
   *a. a estrutura básica da sociedade
   b. as normas de pessoas jurídicas
   c. o direito das nações
3. A apresentação de alternativas (§ 21)
   *a. lista mais curta (ou mais longa)
   b. caracterização geral das possibilidades
4. Tempo de entrada (§ 24)
   *a. qualquer momento (durante a idade da razão) para pessoas vivas
   b. todas as pessoas reais (vivas em determinada época) simultaneamente
   c. todas as pessoas possíveis simultaneamente
5. Circunstâncias da justiça (§ 22)
   *a. as condições de Hume relativas à escassez moderada
   b. as condições acima, mais condições extremas

6. Condições formais impostas aos princípios (§ 23)
   *a. generalidade, universalidade, publicidade, ordenação e finalidade
   b. as condições acima, exceto a publicidade, por exemplo
7. Conhecimento e crenças (§ 24)
   *a. véu de ignorância
   b. informação plena
   c. conhecimento parcial
8. Motivação das partes (§ 25)
   *a. desinteresse mútuo (altruísmo limitado)
   b. elementos de solidariedade social e boa vontade
   c. altruísmo perfeito
9. Racionalidade (§§ 25, 28)
   *a. recorrer a meios eficazes para atingir fins, com expectativas unificadas e interpretação objetiva de probabilidades
   b. como acima, mas sem as expectativas unificadas e recorrendo ao princípio da razão insuficiente
10. Condições do acordo (§ 24)
    *a. unanimidade perpétua
    b. aceitação pela maioria, ou alguma outra condição, por período limitado
11. Condições de obediência (§ 25)
    *a. obediência estrita
    b. obediência parcial em diversos graus
12. Ponto de ausência de acordo (§ 23)
    *a. egoísmo geral
    b. estado de natureza

Agora podemos tratar da escolha dos princípios. Antes, porém, mencionarei alguns mal-entendidos a serem evitados. Em primeiro lugar, devemos ter em mente que as partes na posição original são indivíduos teoricamente definidos. A fundamentação de seu consentimento é estabelecida pela descrição da situação contratual e por sua preferência de bens primários. Assim, dizer que os princípios de justiça seriam escolhidos implica mostrar como essas pessoas, que agem de acordo com as suposições descritas por nossa interpretação da posição original, decidiriam. Naturalmente, quando tentamos simular a posição original na vida cotidiana, isto é, quando tentamos nos comportar na argumentação moral segundo as exigências das restrições dessa posição, é provável que venhamos a descobrir que nossas deliberações e nossos juízos sofrem influências das nossas inclinações e das nossas opiniões. Decerto será difícil corrigir nossas diversas inclinações e aversões no esforço de aderir às condições dessa situação idealizada. Mas nada disso prejudica a afirmação de que na posição original as pessoas racionais assim caracterizadas tomariam determinada decisão. Essa tese pertence à teoria da justiça. Em que medida os seres humanos conseguem se colocar nesse papel para guiar seu raciocínio prático já é outra questão.

Já que se supõe que as pessoas que se encontram na posição original não se interessam pelos interesses umas das outras (embora possam ter uma preocupação para com terceiros), pode-se imaginar que a justiça como equidade é, em si, uma teoria egoísta. Não se trata, naturalmente, de uma das três formas de egoísmo mencionadas anteriormente, mas alguns podem pensar, como Schopenhauer pensava da doutrina de Kant, que, mesmo assim, é egoísta[15]. Isso é um equívoco, pois do fato de que na posição original as partes se caracterizam pelo desinteresse mútuo não se segue que, na vida ordinária ou em uma sociedade bem-ordenada, as pessoas que defendem os princípios que seriam acordados na posição original não se interessem umas pelas outras. É claro que os dois princípios de justiça, e os princípios da obrigação e do dever natural, exigem que levemos em conta os direitos e as reivindicações dos outros. E o senso de justiça é, em geral, o desejo de obedecer a essas restrições. Não se deve confundir a motivação das pessoas que se encontram na posição original com a motivação das pessoas na vida cotidiana, que aceitam os princí-

---

15. Cf. *On the Basis of Ethics* (1840), trad. E. F. J. Payne (Nova York, The Liberal Arts Press, Inc., 1965), p. 89-92.

pios de justiça e têm o correspondente senso de justiça. Na vida prática, uma pessoa realmente tem conhecimento de sua situação e pode, se quiser, explorar as contingências em benefício próprio. Se o seu senso de justiça a levar a agir segundo os princípios do justo que seriam adotados na posição original, seus desejos e objetivos decerto não são egoístas. Ela assume voluntariamente as limitações expressas por essa interpretação do ponto de vista moral. Assim, de um modo mais geral, a motivação das partes na posição original não define diretamente a motivação das pessoas em uma sociedade justa. Neste último caso, vamos supor que os membros dessa sociedade crescem e vivem numa estrutura básica justa, como requerem os dois princípios; tentamos, então, descobrir que tipos de concepção do bem e de sentimentos morais essas pessoas iriam adquirir (Capítulo VIII). Portanto, o desinteresse mútuo das partes define outras motivações apenas de modo indireto, ou seja, via suas consequências para o acordo no tocante aos princípios. São esses princípios, juntamente com as leis da psicologia (tais como operam nas condições de instituições justas), que modelam os objetivos e os sentimentos morais dos cidadãos de uma sociedade bem-ordenada.

Ao analisar a ideia de uma teoria contratualista, é tentador pensar que ela não produzirá os princípios que queremos, a não ser que as partes estejam, pelo menos em algum grau, motivadas pela boa vontade, ou tenham um interesse nos interesses umas das outras. Perry, conforme já mencionei, considera justos os critérios e as decisões que promovem os fins alcançados pelo acordo ponderado em circunstâncias que proporcionem imparcialidade e boa vontade. A combinação do desinteresse mútuo com o véu de ignorância alcança praticamente o mesmo objetivo da benevolência, pois essa combinação de posições obriga todos os que se encontram na situação original a levar em conta o bem dos outros.

Na justiça como equidade, portanto, os efeitos da boa vontade são gerados por diversas condições que atuam em conjunto. A impressão de que essa concepção de justiça é egoísta é uma ilusão fomentada pelo exame de apenas um dos elementos da posição original. Ademais, esse par de suposições tem enormes vantagens em relação ao par benevolência mais conhecimento. Conforme já salientei, este último procedimento é tão complexo que não permite a elaboração de nenhuma teoria definida. Não somente as complicações provocadas por tantas informações são intransponíveis, como também a suposição da motivação também requer esclarecimento. Por exemplo, qual é a força relativa dos desejos benevolentes? Em resumo, a combinação do desinteresse mútuo com o véu de ignorância tem os méritos da simplicidade e da clareza, embora ao mesmo tempo garanta os efeitos daquilo que à primeira vista parecem ser suposições moralmente mais atraentes.

Por fim, se concebemos que as próprias partes fazem propostas, elas não têm incentivo para sugerir princípios inúteis ou sem sentido. Por exemplo, ninguém exigiria a concessão de privilégios especiais àqueles que têm exatamente 1,80 m de altura ou nasceram em um dia de sol. Da mesma forma, ninguém apresentaria um princípio segundo o qual os direitos fundamentais devem depender da cor da pele ou da textura do cabelo. Nenhuma delas tem como saber se esses princípios lhes seriam vantajosos. Além do mais, cada um desses princípios é uma limitação da própria liberdade de ação, e tais restrições não devem ser aceitas sem justificativa. Decerto poderíamos imaginar circunstâncias especiais nas quais essas características fossem relevantes. Aqueles que nasceram em um dia de sol poderiam ser abençoados com um temperamento alegre e, para alguns cargos de autoridade, esse pode ser um atributo favorável. Mas essas distinções jamais seriam propostas em princípios fundamentais, pois estes devem ter um nexo racional com a promoção de interesses humanos definidos de maneira ampla. A racionalidade das partes e sua situação na posição original garantem que os princípios éticos e as concepções de justiça tenham esse teor geral[16]. Inevitavelmente, então, a discriminação racial e sexual pressupõe que algumas pessoas ocupam uma posição privilegiada no sistema social e que estão dispostas a explorar tal situação em benefício próprio. Do ponto de vista das pessoas em posição semelhante em uma situação inicial equitativa, os princípios de doutrinas racistas explícitas não são apenas injustos: são também irracionais. Por esse motivo, podemos afirmar que não são concepções morais em hipótese alguma, porém meros meios de exclusão. Não têm lugar numa lista razoável de concepções tradicionais de justiça[17]. Naturalmente, essa objeção não é de modo algum uma questão de definição. Mais precisamente, é uma consequência das condições que caracterizam a posição original, em especial as condições da racionalidade das partes e do véu de ignorância. Que as concepções do justo tenham certo teor e excluam princípios sem sentido e inúteis é, portanto, inferência da teoria.

26. O raciocínio que conduz aos dois princípios de justiça

Nesta seção e nas duas seguintes tratarei da escolha entre os dois princípios de justiça e o princípio da utilidade média. Decidir a preferência racional entre essas duas opções talvez seja o problema principal para desenvolver a concepção de justiça como equidade como uma alternativa

---

16. Cf. um modo diferente de chegar a essa conclusão em Philippa Foot, "Moral Arguments", *Mind*, Vol. 67 (1958), e "Moral Beliefs", *Proceedings of the Aristotelian Society*, Vol. 59 (1958-1959); e R. W. Beardsmore, *Moral Reasoning* (Nova York, Schocken Books, 1969), esp. Cap. IV. Há uma breve discussão do problema do conteúdo em G. F. Warnock, *Contemporary Moral Philosophy* (Londres, Macmillan, 1967), p. 55-61.
17. Cf. tese semelhante em B. A. O. Williams, "The Idea of Equality", *Philosophy, Politics and Society*, Second Series, org. Peter Laslett e W. G. Runciman (Oxford, Basil Blackwell,1962), p. 113.

viável à tradição utilitarista. Começarei nesta seção pela apresentação de alguns comentários intuitivos a favor dos dois princípios. Também discutirei brevemente a estrutura qualitativa da argumentação que é preciso fazer para que a defesa desses princípios seja conclusiva.

Analisemos, então, o ponto de vista de uma pessoa qualquer na posição original. Ela não tem meios de obter vantagens especiais para si mesma. Por outro lado, também não há razões para que ela concorde com desvantagens especiais. Como não é razoável que ela espere mais do que uma parte igual na divisão dos bens primários sociais, e como também não é racional que ela concorde com menos do que isso, o sensato é reconhecer, como primeiro passo, um princípio de justiça que exija uma distribuição igual. Na verdade, esse princípio é tão óbvio em vista da simetria das partes, que ocorreria imediatamente a qualquer pessoa. Assim, as partes partem de um princípio que requer iguais liberdades fundamentais para todos, bem como uma igualdade equitativa de oportunidades e uma divisão igualitária de renda e riqueza.

Porém, mesmo que defendamos a prioridade das liberdades fundamentais e da igualdade equitativa de oportunidades, não há motivo para que esse reconhecimento inicial seja definitivo. A sociedade deve levar em conta a eficiência econômica e as exigências organizacionais e tecnológicas. Se existem desigualdades de renda e riqueza, de diferenças de autoridade e nos graus de responsabilidade que contribuem para melhorar a situação de todos em comparação com o ponto de referência de igualdade, por que não permiti-las? Pode-se pensar que o ideal seria os indivíduos quererem beneficiar uns aos outros. Porém, já que se supõe que as partes são mutuamente desinteressadas, sua aceitação dessas desigualdades econômicas e institucionais significa apenas o reconhecimento das relações de oposição em que se encontram os homens nas circunstâncias da justiça. Elas não têm razões para se queixar das motivações umas das outras. Assim, as partes só não concordariam com essas diferenças se ficassem deprimidas com o mero conhecimento ou percepção de que outros estão em melhor situação; mas suponho que decidem como se não fossem motivadas pela inveja. Assim, a estrutura básica deve permitir essas desigualdades, contanto que melhorem a situação de todos, inclusive a dos menos favorecidos, e desde que elas sejam compatíveis com a liberdade igual e a igualdade de oportunidades. Já que as partes começam por uma divisão igual de todos os bens primários sociais, os que se beneficiam menos têm, por assim dizer, um poder de veto. Chegamos assim ao princípio de diferença. Tomando-se a igualdade como base da comparação, os que ganharam mais devem tê-lo feito em condições justificáveis para os que ganharam menos.

Por meio de um raciocínio desse tipo, então, as partes devem chegar aos dois princípios de justiça em ordem serial. Não tentarei justificar essa ordenação aqui, mas os comentários a seguir talvez expressem a ideia intuitiva. Presumo que as partes se consideram pessoas livres que têm objetivos e interesses fundamentais, em nome dos quais acham legítimo fazer exigências umas às outras no que se refere à moldagem da estrutura básica da sociedade. O interesse religioso é um conhecido exemplo histórico; o interesse pela integridade da pessoa é outro. Na posição original as partes não sabem que formas específicas esses interesses assumem; mas presumem que têm tais interesses e que as liberdades fundamentais necessárias à sua proteção estão garantidas pelo primeiro princípio. Como precisam assegurar esses interesses, dispõem o primeiro princípio em prioridade ao segundo. Pode-se fortalecer a argumentação a favor dos dois princípios com uma explicação mais detalhada da ideia de pessoa livre. Em termos bem gerais, as partes acreditam ter um interesse de ordem superior na maneira como seus outros interesses, inclusive os fundamentais, são modelados e governados pelas instituições sociais. Elas não se consideram inevitavelmente vinculadas, ou idênticas, à busca de qualquer complexo específico de interesses fundamentais que possam vir a ter em um momento dado, embora queiram ter o direito de promover esses interesses (contanto que sejam admissíveis). As pessoas livres se consideram seres que podem rever e alterar seus fins últimos e que dão prioridade máxima à preservação da própria liberdade nessas questões. Por conseguinte, não só têm fins últimos que, em princípio, têm liberdade para promover ou rejeitar, mas também a sua fidelidade primeira e a dedicação contínua a esses fins devem formar-se e afirmar-se em condições de liberdade. Já que os dois princípios asseguram uma estrutura social que mantém essas condições, seriam eles os princípios acordados, e não o princípio da utilidade. Só por meio desse acordo podem as partes ter certeza de que seu interesse de ordem superior como pessoas livres é garantido.

A prioridade da liberdade significa que, sempre que as liberdades fundamentais podem ser de fato instituídas, não é permitido trocar uma liberdade menor ou desigual por uma melhoria do bem-estar econômico. É só quando as circunstâncias sociais não permitem a instituição desses direitos fundamentais que se pode consentir em sua limitação; e, mesmo assim, essas restrições só podem ser admitidas na medida em que forem necessárias para preparar o caminho para o momento em que não mais se justifiquem . Só se pode defender a negação das liberdades iguais quando isso é essencial para alterar as condições de civilização de modo que, no momento apropriado, seja possível desfrutar dessas liberdades. Assim, ao adotar a ordenação serial dos dois princípios, as partes presumem que as circunstâncias de sua sociedade, sejam quais forem, admitem a realização efetiva das liberdades iguais. Ou, se não for o caso, que as circunstâncias sejam favoráveis o bastante para que a prioridade do primeiro princípio assinale as mudanças mais urgentes e identifique o caminho preferido para o estado social em que seja possível instituir totalmente todas as liberdades fundamentais. A realização completa dos dois princípios em ordem serial é a tendência a longo prazo dessa ordenação, pelo menos em condições razoavelmente favoráveis.

Parece, levando-se em conta esses comentários, que os dois princípios são pelo menos uma concepção plausível da justiça. A questão, porém, é como defendê-los de maneira mais sistemática. Há algumas coisas a fazer. Podemos calcular suas consequências para as instituições e observar suas implicações para a política social fundamental. Desse modo, são testados por um confronto com nossos juízos ponderados acerca da justiça. A Parte II deste livro se dedica a isso. Mas podemos também tentar encontrar argumentos em favor dos dois princípios que sejam decisivos do ponto de vista da posição original. Para ver como seria possível fazê-lo, é útil, como estratégia heurística, considerar os dois princípios como a solução *maximin* do problema da justiça social. Há uma relação entre os dois princípios e a regra *maximin* para a escolha em situações de incerteza[18]. Isso fica evidente a partir do fato de que os dois princípios são os que uma pessoa escolheria para a moldagem de uma sociedade na qual seu lugar lhe fosse atribuído por seu inimigo. A regra *maximin* determina que classifiquemos as alternativas partindo dos piores resultados possíveis: devemos adotar a alternativa cujo pior resultado seja superior aos piores resultados das outras[19]. As pessoas que se en-

---

18. Há uma discussão acessível dessa e de outras regras de escolha em situações de incerteza em W. J. Baumol, *Economic Theory and Operations Analysis*, 2.ª ed. (Englewood Cliffs, N.J., Prentice-Hall Inc., 1965), Cap. 24. Baumol oferece uma interpretação geométrica dessas regras, que inclui o diagrama usado no § 13 para ilustrar o princípio de diferença. Cf. p. 558-62. Consulte-se também, para uma discussão mais completa, R. D. Luce e Howard Raiffa, *Games and Decisions* (Nova York, John Wiley and Sons, Inc., 1957), Cap. XIII.

19. Considere-se a tabela de ganhos e perdas abaixo. Ela representa os ganhos e perdas em uma situação que não é a de um jogo estratégico. Não há ninguém jogando contra a pessoa que toma essa decisão; em vez disso, essa pessoa está diante de várias circunstâncias possíveis que podem ou não acontecer. As circunstâncias existentes não dependem do que decide a pessoa que faz a escolha ou de anunciar ou não suas decisões antecipadamente. Os números na tabela são valores monetários (em centenas de dólares) comparados

contram na posição original não supõem, naturalmente, que sua posição inicial na sociedade seja decidida por um oponente malévolo. Como comento abaixo, não devem raciocinar com base em premissas falsas. O véu de ignorância não viola essa ideia, já que ausência de informações não é o mesmo que informação equivocada. Porém, o fato de que os dois princípios de justiça seriam escolhidos caso as partes tivessem de se proteger contra tal contingência explica em que sentido essa concepção é a solução *maximin*. E essa analogia indica que, se a situação original é definida de modo a ser racional que as partes adotem a atitude conservadora expressa por essa regra, pode-se, de fato, construir uma argumentação conclusiva a favor desses princípios. É claro que a regra *maximin* não é, em geral, uma orientação adequada para escolhas em situações de incerteza. Ela só se aplica a situações marcadas por certas características especiais. Meu objetivo, então, é demonstrar que se pode elaborar uma boa defesa dos dois princípios com base no fato de que a posição original tem essas características em um grau muito alto.

---

a uma situação inicial. O ganho (g) depende da decisão (d) do indivíduo e das circunstâncias (c). Assim, g = f (d, c). Supondo-se que há três decisões possíveis e três circunstâncias possíveis, teríamos esta tabela de ganhos e perdas:

	Circunstâncias		
Decisões	c_1	c_2	c_3
d_1	−7	8	12
d_2	−8	7	14
d_3	5	6	8

A regra *maximin* exige que tomemos a terceira decisão, pois, nesse caso, o pior que pode acontecer é ganhar quinhentos dólares, o que é melhor que o pior para os outros atos. Se adotarmos um desses outros, poderemos perder oitocentos ou setecentos dólares. Assim, a escolha de d_3 maximiza f (d, c) para o valor de c, que, para determinada d, minimiza f. O termo *maximin* significa *maximun minimorum;* e a regra dirige a nossa atenção para o pior que pode acontecer em qualquer curso de ação proposto, e a decidir com base nisso.

Parece haver três características principais nas situações que dão plausibilidade a essa regra incomum[20]. Em primeiro lugar, já que a regra não leva em conta as probabilidades das circunstâncias possíveis, deve haver algum motivo para que se descartem sumariamente as estimativas dessas probabilidades. De antemão, pareceria que a mais natural regra de escolha seria computar a expectativa de ganho monetário de cada decisão e adotar o curso de ação com a mais elevada perspectiva. (Essa expectativa se define da seguinte maneira: vamos supor que g_{ij} represente os números contidos na tabela de ganhos e perdas, em que i é o índice de linha e j é o índice de coluna; e que p_j, $j = 1, 2, 3$ sejam as probabilidades das circunstâncias, com $\sum p_j = 1$. A expectativa relativa à i^a decisão é, então, igual a $\sum p_j g_{ij}$.) Isso deve corresponder, por exemplo, à situação em que o conhecimento das probabilidades é impossível, ou, na melhor das hipóteses, extremamente incerto. Nesse caso, seria irracional não ser cético em relação a cálculos probabilísticos, a não ser que não houvesse outra saída, principalmente se for uma decisão fundamental que necessita ser justificada perante outros.

A segunda característica que indica o emprego da regra *maximin* é a seguinte: a pessoa que escolhe tem uma concepção do bem que a leva a preocupar-se muito pouco, quando muito, com o que possa ganhar acima da remuneração mínima que pode, de fato, ter certeza de obter ao seguir a regra *maximin*. Para ela não vale a pena arriscar-se em nome de uma vantagem a mais, especialmente quando existe o risco de perder grande parte do que lhe é importante. Esta última possibilidade apresenta a terceira característica: que as alternativas rejeitadas têm resultados que dificilmente seriam aceitos. A situação envolve sérios riscos. É claro que essas características funcionam melhor quando combinadas. A situação paradigmática para seguirmos a regra *maximin* é quando as três características ocorrem no mais alto grau.

---

20. Sigo aqui William Fellner, *Probability and Profit* (Homewood, III, R. D. Irwin, Inc., 1965), p. 140-2, onde estão descritas essas características.

TEORIA

Vamos recapitular, de maneira resumida, a natureza da posição original tendo em mente essas três características especiais. Para começar, o véu de ignorância exclui todo conhecimento de probabilidades. As partes não têm como determinar a natureza provável de sua sociedade, ou seu lugar nela. Assim, não têm uma base para cálculos probabilísticos. Também devem levar em conta o fato de que sua escolha de princípios deve parecer razoável para os outros, em especial para seus descendentes, cujos direitos sofrerão influência direta dessa decisão. Essas ponderações ganham força com o fato de que as partes sabem muito pouco a respeito dos estados possíveis da sociedade. Além de serem incapazes de conjecturar sobre as probabilidades das diversas circunstâncias possíveis, não sabem dizer muito sobre quais são as circunstâncias possíveis, muito menos enumerá-las para prever o resultado de cada alternativa disponível. Os que decidem ficam muito mais no escuro do que o sugerem as ilustrações por meio de tabelas numéricas. É por isso que só falei de uma relação com a regra *maximin*.

Vários tipos de argumentos favoráveis aos dois princípios de justiça ilustram a segunda característica. Assim, se conseguirmos sustentar que esses princípios oferecem uma teoria praticável da justiça social, e que são compatíveis com exigências razoáveis de eficiência, então essa concepção garante um mínimo satisfatório. Se refletirmos, talvez haja poucos motivos para tentar fazer algo melhor. Assim, grande parte da argumentação, principalmente na Parte II, tem o objetivo de demonstrar, por meio de sua aplicação a algumas das questões principais de justiça social, que os dois princípios são uma concepção satisfatória. Esses detalhes têm uma finalidade filosófica. Além disso, essa linha de raciocínio é praticamente decisiva se pudermos estabelecer a prioridade da liberdade, pois essa prioridade implica que as pessoas na posição original não querem tentar obter vantagens maiores à custa das liberdades iguais fundamentais. O mínimo assegurado pelos dois princípios em ordem lexical não é um mínimo que as partes queiram pôr em risco em nome de maiores vantagens econômicas e sociais (§§ 33-35).

Por fim, a terceira característica será válida se pudermos supor que as outras concepções da justiça possam levar a instituições que as partes achem intoleráveis. Por exemplo, afirmou-se algumas vezes que, em certas condições, o princípio de utilidade (em qualquer das duas formas) justifica, se não a escravidão ou a servidão, pelo menos graves infrações à liberdade em nome de maiores benefícios sociais. Não precisamos aqui examinar a veracidade dessa alegação. Por ora, essa opinião serve apenas para ilustrar o modo como as concepções de justiça podem permitir resultados que talvez sejam inaceitáveis para as partes. E, dispondo da alternativa dos dois princípios de justiça, que asseguram um mínimo satisfatório, parece insensato, se não irracional, correr o risco de que essas condições não se realizem.

Está terminado, então, o breve esboço das características das situações nas quais a regra *maximin* é uma máxima útil e do modo pelo qual os argumentos a favor dos dois princípios de justiça as incorporam. Assim, se a lista de doutrinas tradicionais (§ 21) representa as decisões possíveis, esses princípios seriam selecionados pela regra. A situação original apresenta essas características especiais em grau suficientemente alto, levando-se em conta o caráter fundamental da escolha de uma concepção de justiça. Esses comentários acerca da regra *maximin* têm como intuito apenas esclarecer a estrutura do problema de escolha na posição original. Para concluir esta seção, tratarei da objeção que é provável surgir contra o princípio da diferença e que conduz a uma questão importante. A objeção é a seguinte: já que devemos maximizar (obedecendo às restrições usuais) as perspectivas dos menos favorecidos, parece que a justiça de grandes aumentos ou diminuições nas expectativas dos mais favorecidos pode depender de pequenas mudanças nas expectativas dos que estão em piores condições. A título de ilustração: as disparidades mais extremas de renda e riqueza são permitidas, contanto que sejam necessárias para elevar as expectativas dos menos afortunados pelo menos num grau mínimo. Ao mesmo tempo, desigualdades semelhantes favoráveis aos mais privilegiados são proibidas quando os menos favorecidos perdem, por pouco que seja. Não obstante, parece extraordinário que a justiça do aumento das expectativas dos que estão em melhor posição em um bilhão de dólares, por exemplo, dependa de uma elevação ou diminuição em um centavo das perspectivas dos menos favorecidos. Essa objeção é análoga ao seguinte e conhecido problema apresentado pela regra *maximin*. Consideramos a sequência de tabelas de perdas e ganhos:

$$
\begin{array}{cc}
0 & n \\
1/n & 1
\end{array}
$$

para todos os números naturais n. Mesmo que para algum número pequeno seja razoável escolher a segunda linha, decerto há outro ponto, mais adiante na sequência, em que será irracional não escolher a primeira linha, contrariando a regra.

A resposta é, em parte, que o princípio de diferença não tem o intuito de se aplicar a possibilidades tão abstratas. Como eu já disse, o problema da justiça social não consiste na distribuição *ad libitum* de várias porções de algo, seja dinheiro, propriedades, ou qualquer outra coisa, entre determinados indivíduos. Nem são as expectativas feitas de alguma substância que se possa passar de um representante para outro em todas as combinações possíveis. As possibilidades que a objeção prevê não surgem em casos reais; o conjunto plausível de possibilidades é tão restrito que elas estão excluídas[21]. Isso acontece porque os dois princípios estão articulados como uma concepção única de justiça que se aplica à estrutura básica da sociedade como um todo. O funcionamento dos princípios de liberdade igual e de igualdade equitativa de oportunidades impede a ocorrência des-

---

21. Agradeço a S. A. Marglin pelo esclarecimento desse ponto.

sas contingências, pois só elevamos as expectativas dos mais favorecidos das maneiras necessárias para melhorar a situação dos que estão em pior situação. As expectativas maiores dos mais favorecidos provavelmente cobrem custos de treinamento ou atendem a requisitos organizacionais, contribuindo assim para benefício geral. Embora nada garanta que as desigualdades não serão significativas, existe uma tendência persistente de nivelá-las pelo aumento da disponibilidade de talentos cultivados e pela constante ampliação de oportunidades. As condições definidas pelos outros princípios asseguram que as disparidades que provavelmente resultarão serão muito menores do que as diferenças que com frequência foram toleradas no passado.

Devemos também observar que o princípio de diferença, além de presumir a aplicação de outros princípios, também pressupõe certa teoria das instituições sociais. Em especial, como discorrerei no Capítulo V, ampara-se na ideia de que numa economia competitiva (com ou sem propriedade privada) com um sistema aberto de classes, desigualdades excessivas não serão a regra. Dadas a distribuição dos dotes naturais e as leis da motivação, disparidades grandes não persistirão por muito tempo. O que se deve salientar aqui é que não há objeção a que a escolha de princípios primeiros se baseie em fatos genéricos da economia e da psicologia. Como vimos, presume-se que as partes na situação original conhecem os fatos genéricos da sociedade humana. Já que esse conhecimento entra nas premissas de suas deliberações, sua escolha de princípios é relativa a esses fatos. O essencial, naturalmente, é que essas premissas sejam verdadeiras e suficientemente genéricas. Muitas vezes se faz a objeção, por exemplo, de que o utilitarismo pode vir a permitir a escravidão e a servidão, além de outras infrações à liberdade. Saber se essas instituições se justificam passa a depender de cálculos estatísticos que demonstrem que elas oferecem um saldo maior de felicidade. A isso, o utilitarista responde que a natureza da sociedade é tal que esses cálculos normalmente vão de encontro a essas violações da liberdade.

A teoria contratualista concorda, então, com o utilitarismo ao afirmar que os princípios fundamentais da justiça dependem, adequadamente, dos fatos naturais acerca dos homens em sociedade. Essa dependência se torna explícita na descrição da posição original: as partes tomam sua decisão à luz de conhecimentos genéricos. Ademais, os diversos elementos da posição original pressupõem muitas coisas acerca das circunstâncias da vida humana. Alguns filósofos acham que os princípios primeiros da ética devem ser independentes de todas as premissas contingentes, que não devem considerar inquestionável nenhuma verdade, a não ser as verdades da lógica e outras, que delas decorrem, por meio de uma análise de conceitos. As concepções morais devem valer em todos os mundos possíveis. Essa perspectiva transforma a filosofia moral em um estudo da ética da criação: um exame das reflexões que uma deidade onipotente poderia fazer para decidir qual é o melhor dos mundos possíveis. Até mesmo os fatos genéricos da natureza devem ser escolhidos. Certamente temos um interesse religioso natural na ética da criação. Mas ela parece exceder a compreensão humana. Do ponto de vista da teoria contratualista, isso equivale a supor que as pessoas que se encontram na posição original não sabem nada sobre si mesmas nem sobre seu mundo. Como seria possível, então, que tomassem uma decisão? O problema da escolha só é bem definido se as alternativas estiverem adequadamente limitadas por leis naturais e outras restrições, e se os que vão decidir já tiverem certas inclinações para escolher entre elas. Sem esse tipo de estrutura definida, a questão apresentada é indeterminada. Por isso não há por que hesitar em fazer com que a escolha de princípios de justiça pressuponha uma determinada teoria social das instituições. De fato, evitar suposições acerca de fatos genéricos é tão impossível quanto não ter uma concepção do bem com base na qual as partes classifiquem as alternativas. Se essas suposições forem verdadeiras e adequadamente genéricas, tudo está em ordem, pois sem esses elementos todo o esquema seria vazio e inútil.

Fica evidente, dadas essas observações, que tanto os fatos gerais quanto as condições morais são necessários, mesmo na argumentação a favor dos princípios da justiça. (Naturalmente, sempre foi óbvio que as normas morais secundárias e os juízos éticos específicos dependem tanto de premissas fatuais quanto de princípios normativos.) Na teoria contratualista, essas condições morais assumem a forma de uma descrição da situação contratual inicial. Também está claro que há uma divisão de trabalho entre os fatos gerais e as condições morais para se chegar às concepções da justiça, e essa divisão pode diferir de uma teoria para outra. Conforme comentei antes, os princípios diferem na medida em que incorporam o ideal moral desejado. É característico do utilitarismo deixar tanto por conta de argumentações fundamentadas em fatos gerais. O utilitarista costuma responder às objeções afirmando que as leis da sociedade e da natureza humana excluem os casos que ofendem nossos juízos ponderados. A justiça como equidade, pelo contrário, incorpora os ideais de justiça, em seu sentido usual, aos seus princípios primeiros de uma maneira mais direta. Essa concepção depende menos de fatos gerais para alcançar uma acomodação com nossos julgamentos de justiça. Ela garante essa acomodação com respeito a uma gama mais ampla de casos possíveis.

Há duas razões que justificam essa inclusão de ideais nos princípios primeiros. Em primeiro lugar, como fica bem evidente, as premissas usuais do utilitarista que levam às consequências desejadas só podem ter uma veracidade provável, ou mesmo duvidosa. Ademais, seu significado completo e sua aplicação podem ser conjecturais demais. E o mesmo se pode dizer de todas as suposições gerais necessárias que amparam o princípio de utilidade. Do ponto de vista da situação original, pode ser irracional confiar nessas suposições e, portanto, pode ser muito mais sensato incluir o ideal de maneira mais explícita nos princípios escolhidos. Assim, parece que as partes prefeririam garantir suas liberdades de uma forma direta, em vez de fazê-las depender do que talvez sejam cálculos especulativos e estatísticos. Essas observações serão confirmadas adiante pela conveniência de se evitarem argumentações teóricas complicadas na elaboração de uma concepção pública da justiça (§ 24). Em comparação com o raciocínio em favor dos dois princípios, os fundamentos do critério de utilidade transgridem essa restrição. Porém, em segundo lugar, há uma vantagem real no fato de as pessoas declararem umas às outras, de uma vez por todas, que, embora os cálculos teóricos de utilidade sempre acabem favorecendo as liberdades iguais (supondo-se que é realmente o caso), não gostariam que as coisas tivessem sido diferentes. Já que, na justiça como equidade, as concepções morais são públicas, a escolha dos dois princípios é, com efeito, uma declaração dessa natureza. E os benefícios dessa declaração coletiva favorecem esses princípios, mesmo que as suposições utilitaristas fossem verdadeiras. Tratarei dessas questões de maneira mais minuciosa em relação à publicidade e à estabilidade (§ 29). O importante aqui é que, embora, em geral, uma teoria ética certamente possa invocar fatos naturais, pode haver boas razões para incorporar convicções de justiça em princípios fundamentais de uma maneira mais direta do que de fato o poderia exigir uma apreensão completa das contingências do mundo.

27. O raciocínio que conduz ao princípio da utilidade média

Pretendo agora examinar o raciocínio que favorece o princípio da utilidade média. Discutirei adiante (§ 30) o princípio clássico. Um dos méritos da teoria contratualista é revelar que esses princípios são concepções nitidamente distintas, por mais que possam coincidir suas consequências práticas. Suas premissas analíticas subjacentes estão bem distantes umas das outras, pois associam-se a interpretações opostas da situação inicial. Mas, em primeiro lugar, falarei um pouco do significado da utilidade. No sentido tradicional, ela é entendida como a satisfação do desejo; e admite comparações interpessoais que, no mínimo, podem ser somadas na margem. Também suponho que a utilidade é avaliada por algum processo que é independente de escolhas que envolvem risco, por exemplo, postulando-se uma capacidade de hierarquizar diferenças entre níveis de satisfação. Essas são suposições tradicionais, e, embora sejam muito fortes, não serão comentadas aqui. Na medida do possível, quero examinar a doutrina histórica em seus próprios termos.

Aplicado à estrutura básica, o princípio clássico requer que as instituições sejam organizadas de maneira a maximizar a soma ponderada absoluta das expectativas dos indivíduos representativos envolvidos. Chega-se a essa soma conferindo-se a cada expectativa o peso equivalente ao número de pessoas que ocupam a posição correspondente e, depois, somando-os. Assim, em circunstâncias normais, quando dobra o número de pessoas na sociedade, a utilidade total é duas vezes maior. (Naturalmente, na visão utilitarista as expectativas devem avaliar o total de satisfações desfrutadas e previstas. Elas não são, como no caso da justiça como equidade, meros índices de bens primários.) O princípio da utilidade média, pelo contrário, leva a sociedade a maximizar não a utilidade total, mas a utilidade média (*per capita*). Essa parece ser uma tese mais moderna: foi defendida por Mill e Wicksell e, recentemente, outros autores lhe deram nova fundamentação[22]. Para aplicar essa concepção à estrutura

---

22. Sobre Mill e Wicksell, cf. Gunnar Myrdal, *The Political Element in the Development of Economic Theory*, trad. Paul Streeten (Londres, Routledge and Kegan Paul, Ltd., 1953), p. 38 s. J. J. C. Smart, em *An Outline of a System of Utilitarian Ethics* (Cambridge, The University Press, 1961), p. 18, não dá uma palavra final sobre a questão, mas defende o princípio clássico nos casos em que é necessário resolver impasses. Como proponentes declarados da doutrina da utilidade média, cf. J. C. Harsanyi, "Cardinal Utility in Welfare Economics and the Theory of Risk Taking", *Journal of Political Economy*, Vol. 61 (1953), e "Cardinal Welfare, Individualistic Ethics, and Interpersonal Comparisons of Utility", *Journal of Political Economy*, Vol. 63 (1955); e R. B. Bradt, "Some Merits of One Form of Rule Utilitarism", em *University of Colorado Studies* (Boulder, Colo.,

básica, as instituições são organizadas de modo que maximize a soma ponderada percentual das expectativas de indivíduos representativos. Para calcular essa soma, multiplicam-se as expectativas pela fração da sociedade que ocupa a posição correspondente. Assim, não é mais verdade que, em circunstâncias normais, quando dobra a população da comunidade, a utilidade é duas vezes maior. Pelo contrário, enquanto as porcentagens das diversas posições continuam inalteradas, a utilidade também não se altera.

Qual desses princípios da utilidade seria preferido na situação original? Para responder a essa pergunta, devemos observar que ambas as variantes resultam no mesmo se o tamanho da população for constante. Mas, quando a população se altera, há diferença. O princípio clássico requer que, na medida em que as instituições influenciam no tamanho das famílias, na idade de casamento e coisas do gênero, devem ser organizadas de modo que alcancem o máximo em utilidade total. Isso implica que, contanto que a utilidade média por pessoa caia com uma lentidão suficiente enquanto o número de indivíduos aumenta, deve-se incentivar a população a crescer indefinidamente, por mais que tenha caído o nível da média. Nesse caso, a soma das utilidades acrescida pelo número maior de pessoas é suficiente para compensar o declínio da fatia *per capita*. Por uma questão de justiça, e não de preferência, é possível que uma média muito baixa de bem-estar seja necessária. (Cf. figura abaixo.)

Crescimento indefinido da população

Formalmente, a condição para o aumento indefinido da população é que a curva y = F(x), em que *y* é a média *per*

1967), p. 39-65. Mas note-se a qualificação a respeito da opinião de Brandt abaixo, no § 29, nota 31. Cf. discussão de Harsanyi em P. K. Pattanaik, "Risk, Impersonality and the Social Welfare Function", *Journal of Political Economy*, Vol. 76 (1968), e Sen, *Collective Choice and Social Welfare*, p. 141-6.

capita e *x* é o tamanho da população, seja mais plana que a hipérbole retangular xy = c, pois *xy* é igual à utilidade total, e a área do retângulo que representa esse total aumenta à medida que *x* aumenta, sempre que a curva y = F(x) é mais plana do que xy = c.

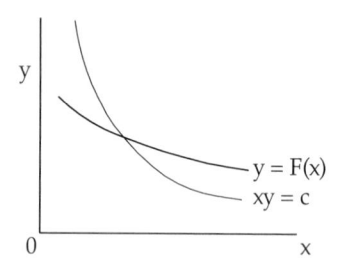

Parece que essa consequência do princípio clássico demonstra que ele seria rejeitado pelas partes em favor do princípio da utilidade média. Os dois princípios só seriam equivalentes se houvesse a suposição de que o bem-estar médio sempre cai de maneira rápida o bastante (pelo menos além de certo ponto), de modo que não haja conflito grave entre eles. Mas essa hipótese parece questionável. Do ponto de vista das pessoas que se encontram na posição original, pareceria mais racional concordar com algum tipo de piso para conter o bem-estar médio. Uma vez que desejam promover seus próprios interesses, as partes não querem de forma alguma maximizar a soma total de satisfação. Presumo, por conseguinte, que a alternativa utilitarista mais plausível para os dois princípios da justiça é o princípio da utilidade média, e não o clássico.

Agora pretendo analisar como as partes poderiam chegar ao princípio da utilidade média. O raciocínio que esboçarei é perfeitamente geral e, se tivesse fundamento, evitaria o problema de como apresentar as alternativas. O princípio da utilidade média seria reconhecido como único candidato razoável. Imaginemos uma situação na qual um único indivíduo racional possa escolher em qual, dentre várias sociedades, vai ingressar[23]. Para organizarmos as ideias, vamos supor, em primeiro lugar, que todos os membros dessas sociedades têm as mesmas preferências. E vamos supor também que essas preferências satisfaçam condições que nos permitam definir uma utilidade cardinal. Além disso, cada sociedade tem os mesmos recursos e a mesma distribuição de talentos naturais. Não obstante, os indivíduos com talentos diferentes têm rendas diferentes; e cada sociedade tem uma política de redistribuição que, se pressionada além de determinado ponto, reduz os incentivos e, em consequência disso, diminui a produção. Supondo-se que essas sociedades seguem políticas diferentes, como um indivíduo isolado pode escolher a sociedade de que deseja participar? Se ele conhece com precisão seus próprios interesses e capacidades, e se tem informações minuciosas sobre essas sociedades, talvez seja capaz de prever o bem-estar de que, quase com toda certeza, desfrutará em cada uma. Pode decidir, portanto, com base nesses dados. Ele não precisa fazer nenhum cálculo probabilístico.

Mas esse é um caso bastante especial. Vamos alterá-lo passo a passo, de modo a aproximá-lo gradualmente do caso de alguém que esteja na posição original. Dessa forma, vamos supor, em primeiro lugar, que o hipotético escolhedor não tem certeza do papel que seus talentos lhe permitirão desempenhar nessas diversas sociedades. Se ele presumir que suas preferências são iguais às de todos, pode chegar à decisão empenhando-se em maximizar seu bem-estar esperado. Ele calcula suas perspectivas em determinada sociedade supondo, como utilidades possíveis, as dos indivíduos representativos daquela sociedade, e, como as probabilidades para cada posição, suas estimativas de suas próprias possibilidades de alcançá-la. Sua expectativa é definida, então, por uma soma ponderada das utilidades dos

---

23. Aqui, sigo as partes iniciais da exposição de W. S. Vickrey em "Utility, Strategy and Social Decision Rules", *Quarterly Journal of Economics*, Vol. 74 (1960), p. 523 s.

indivíduos representativos, ou seja, pela expressão $\sum p_1 u_1$, na qual p_1 é sua probabilidade de alcançar a i^a posição, e u_1 é a utilidade do indivíduo representativo correspondente. Ele escolhe, então, a sociedade que lhe oferece a mais alta expectativa.

Algumas outras modificações aproximam ainda mais a situação daquela da posição original. Vamos supor que o hipotético escolhedor não sabe nada acerca de suas capacidades nem o lugar que tem probabilidade de ocupar em cada sociedade. Ainda se presume, porém, que suas preferências são iguais às dos membros dessas sociedades. Agora vamos supor que ele continua a aplicar o raciocínio probabilístico, afirmando que tem possibilidades iguais de ser qualquer indivíduo (isto é, que sua probabilidade de cair na posição de qualquer indivíduo representativo corresponde à fração da sociedade que esse indivíduo representa). Nesse caso, suas perspectivas ainda são idênticas à utilidade média de cada sociedade. Essas modificações finalmente alinharam seus ganhos esperados em cada sociedade com o bem-estar médio em cada sociedade.

Até este ponto, presumimos que todos os indivíduos têm preferências semelhantes, pertençam ou não à mesma sociedade. Suas concepções do bem são, grosso modo, as mesmas. Ao descartarmos essa hipótese restritiva demais, damos o passo final e chegamos a uma variante da posição inicial. Esses fatos, bem como o conhecimento da estrutura dessas sociedades, estão descartados. O véu de ignorância está agora completo. Mas ainda podemos imaginar que o hipotético escolhedor raciocina da mesma forma que antes. Supõe que existe uma probabilidade igual de vir a ser qualquer um dos membros da sociedade, com as mesmas preferências, habilidades e posição social desse membro. Mais uma vez, suas perspectivas são mais altas na sociedade que apresenta a maior utilidade média. Podemos observar isso da seguinte maneira: seja n o número de pessoas da sociedade. Sejam seus níveis de bem-estar $u_1, u_2, ..., u_n$. Então a utilidade total é $\sum u_i$ e a utilidade média é $\sum u_i/n$. Supondo-

TEORIA   201

-se que alguém tenha possibilidades iguais de ser qualquer pessoa, sua perspectiva é: $1/n\ u_1 + 1/n\ u_2 + ... + 1/n\ u_n$ ou $\sum u_i/n$. O valor da expectativa é idêntico à utilidade média.

Assim, se deixarmos de lado o problema das comparações interpessoais de utilidade, e se as partes forem consideradas indivíduos racionais que não têm aversão ao risco e obedecem ao princípio da razão insuficiente no cálculo das probabilidades (o princípio fundamental dos cálculos probabilísticos anteriores), então a ideia da posição inicial conduz naturalmente ao princípio da utilidade média. Ao escolhê-lo, as partes maximizam o bem-estar esperado, visto segundo essa perspectiva. Portanto, alguma variante da teoria contratualista oferece uma forma de argumentar a favor do princípio da utilidade média contra a doutrina clássica. De fato, de que outra forma seria possível defender o princípio da utilidade média? Afinal, estritamente falando, não se trata de uma doutrina teleológica, como é o caso da clássica, e, por conseguinte, falta-lhe algo da sedução intuitiva da ideia de maximizar o bem. É presumível que uma pessoa que defendesse o princípio da utilidade média quisesse invocar a teoria contratualista, pelo menos até esse ponto.

Na discussão anterior, presumi que a utilidade é entendida, no sentido tradicional, como satisfação de desejos, e que as comparações interpessoais são consideradas possíveis. Mas essa ideia de utilidade foi praticamente abandonada pela teoria econômica nas últimas décadas; acredita-se que ela é vaga demais e não tem papel essencial na explicação do comportamento econômico. Hoje em dia, a utilidade é entendida como meio de representar as escolhas dos agentes econômicos, e não como medida de satisfação. O principal tipo de utilidade cardinal atualmente reconhecido provém do construto de Neuman-Morgenstern, que se baseia em escolhas entre perspectivas que envolvem riscos (§ 49). Ao contrário da ideia tradicional, essa medida leva em conta o comportamento perante a incerteza e não procura servir de base para comparações interpessoais. Não obstante, ainda é possível formular o princípio da utilidade média recorrendo a esse tipo de medida: presumimos que as partes que estão na posição original, ou em alguma de suas variantes, têm uma função de utilidade do tipo Neuman-Morgenstern e avaliam suas perspectivas segundo ela[24]. Naturalmente, é preciso tomar certas precauções; por exemplo, essas funções de utilidade não podem levar em conta todos os tipos de ponderações, mas devem expressar a estimativa das partes acerca do que promove o seu bem. Se sofressem influência de outras razões, não teríamos uma teoria teleológica.

Contudo, quando se observam essas restrições, pode-se formular uma teoria da utilidade média que leva em conta o alto nível de aversão ao risco que, ao que parece, qualquer pessoa normal teria na situação original; e quanto maior essa aversão ao risco, tanto mais essa forma do princípio de utilidade se pareceria com o princípio de diferença, pelo menos quando está em questão a avaliação de benefícios econômicos. Naturalmente, esses dois princípios não são idênticos, já que há entre eles muitas diferenças importantes. Mas existe esta semelhança: de um ponto de vista adequadamente geral, o risco e a incerteza levam ambas as teorias a dar mais peso às vantagens daqueles cuja situação é menos afortunada. Na verdade, depois de totalmente avaliados os enormes riscos da decisão tomada na posição original, a aversão razoável ao risco pode ser tão grande que a ponderação do utilitarista venha, para fins práticos, a aproximar-se tanto do princípio da diferença que a simplicidade deste (§ 49) decida a seu favor.

---

24. J. C. Harsanyi demonstrou como se pode fazer isso. Cf. "Cardinal Utility in Welfare Economics and the Theory of Risk Taking", *Journal of Political Economy*, Vol. 61 (1953), e também "Cardinal Welfare, Individualistic Ethics, and Interpersonal Comparisons of Utility", *Journal of Political Economy*, Vol. 63 (1955). Há a discussão de algumas das dificuldades apresentadas por essa formulação em P. K. Pattanaik, *Voting and Collective Choice* (Cambridge, The University Press, 1971), Cap. 9; e A. K. Sen, *Collective Choice and Social Welfare*, p. 141-6. Há uma explicação acessível da diferença entre a ideia tradicional de utilidade e a de Neuman-Morgenstern em Daniel Ellsberg, "Classic and Current Notions of 'Measurable Utility'", *Economic Journal*, Vol. 64 (1963).

28. Algumas dificuldades do princípio da utilidade média

Antes de tratar dos argumentos a favor dos dois princípios de justiça, quero falar de algumas dificuldades do princípio da utilidade média. Em primeiro lugar, porém, devemos mencionar uma objeção que, na verdade, é apenas aparente. Como já vimos, esse princípio pode ser interpretado como a ética de um único indivíduo racional disposto a correr qualquer risco necessário para maximizar suas perspectivas do ponto de vista da situação inicial. (Se as probabilidades não tiverem nenhuma fundamentação objetiva, serão computadas pelo princípio da razão insuficiente.) É tentador argumentar contra esse princípio alegando que ele pressupõe uma aceitação real e igual do risco por todos os membros da sociedade. Em algum momento, quer-se dizer, todos devem ter realmente concordado em correr os mesmos riscos. Como está claro que nunca houve tal momento, o princípio não se sustenta. Vejamos um caso extremo: um senhor de escravos, ao defrontar-se com os escravos, tenta justificar sua posição perante eles alegando que, em primeiro lugar, dadas as circunstâncias de sua sociedade, a instituição escravocrata é, de fato, necessária para a produção da maior felicidade média; e, em segundo lugar, que na situação contratual inicial ele teria escolhido o princípio da utilidade média, mesmo correndo o risco de ser, mais tarde, justificadamente escravizado. À primeira vista, sentimo-nos inclinados a rejeitar a argumentação do escravocrata por ser irrelevante, se não ultrajante. Podemos pensar que não faz diferença o que ele escolheria. A não ser que os indivíduos tenham, de fato, concordado com uma concepção de justiça sujeita a riscos reais, ninguém estará comprometido com suas exigências.

Na visão contratualista, porém, a forma geral do argumento do escravocrata está correta. Seria errado se os escravos retorquissem que as alegações dele são irrelevantes, já que não houve um momento real de escolha, nem um compartilhamento igual dos riscos com respeito a como as coisas acabariam se dando. A doutrina contratualista é puramente hipotética: caso se escolhesse uma concepção de justiça na posição original, seria correto aplicar seus princípios. Não constitui uma objeção o fato de que tal entendimento nunca aconteceu e jamais acontecerá. Não é possível ter as duas coisas: não podemos interpretar a teoria da justiça hipoteticamente quando não encontramos ocasiões adequadas de consentimento para explicar os deveres e as obrigações individuais e, depois, insistir em situações reais de risco para descartar os princípios da justiça que não queremos[25]. Assim, na justiça como equidade, o modo de refutar o argumento do escravocrata consiste em demonstrar que o princípio ao qual ele recorre seria rejeitado na posição original. Não temos alternativa, a não ser explorar os diversos aspectos dessa posição inicial (com base na interpretação preferida) para demonstrar que o equilíbrio de razões favorece os dois princípios de justiça. Na próxima seção, começarei a realizar essa tarefa.

Já mencionei a primeira dificuldade com o princípio de utilidade média, ao discorrer sobre a regra *maximin* usada como ferramenta heurística para organizar os fundamentos favoráveis aos dois princípios. Essa dificuldade diz respeito ao modo pelo qual o individual racional deve avaliar probabilidades. Tal questão se apresenta porque parece não haver fundamentos objetivos na posição inicial para supor que alguém tem uma probabilidade igual de vir a se tornar qualquer pessoa. Ou seja, essa suposição não se fundamenta em características conhecidas dessa sociedade. Nos estágios iniciais da argumentação que conduz ao princípio da utilidade média, o hipotético escolhedor tem algum conhecimento de suas capacidades e da estrutura das sociedades dentre as quais vai escolher. As estimativas de suas probabilidades

---

25. Nessa questão, eu mesmo incorri em erro. Cf. "Constitutional Liberty and the Concept of Justice", *Nomos VI: Justice*, org. C. J. Friedrich e J. W. Chapman (Nova York, Atherton Press, 1963), p. 109-14. Agradeço a O. H. Harman pelo esclarecimento desse ponto.

se baseiam nessas informações. Mas, no último estágio, há total ignorância de fatos específicos (com exceção daqueles implícitos nas circunstâncias da justiça). A construção das perspectivas do indivíduo só depende, nesse estágio, do princípio da razão insuficiente. Usa-se esse princípio para atribuir probabilidades aos resultados na ausência de informações. Quando não temos quaisquer evidências, consideram-se igualmente prováveis os casos possíveis. Assim, Laplace ponderou que quando retiramos bolas de duas urnas, cada uma contendo uma proporção diferente de bolas pretas e vermelhas, mas não temos informações acerca de qual urna está à nossa frente, devemos partir do pressuposto de que há uma probabilidade igual de as estarmos retirando de qualquer uma das urnas. A ideia é que o estado de ignorância com base no qual são atribuídas essas probabilidades prévias apresenta o mesmo tipo de problema que a situação em que se têm muitas evidências de que determinada moeda não é viciada. O que caracteriza o uso do princípio é o fato de que ele nos permite incorporar diversos tipos de informações dentro de uma estrutura estritamente probabilista e fazer inferências acerca de probabilidades mesmo na ausência de conhecimentos. Probabilidades prévias, independentemente de como chegamos a elas, fazem parte de uma única teoria, juntamente com as estimativas das probabilidades que se baseiam em amostragem aleatória. O caso-limite da ausência de informações não constitui um problema teórico[26]. Seja como for, conforme se acumulam evidências, as probabilidades são reavaliadas e o princípio da razão suficiente pelo menos garante que nenhuma possibilidade seja excluída.

---

26. Cf. William Fellner, *Probability and Profit*, p. 27 s. Sabe-se que o princípio da razão insuficiente, em sua forma clássica, conduz a dificuldades. Cf. J. M. Keynes, *A Treatise on Probability* (Londres, Macmillan, 1921), Cap. IV. Parte do objetivo de Rudolf Carnap em *Logical Foundations of Probability*, 2ª ed. (Chicago: University of Chicago Press, 1962), é construir um sistema de lógica indutiva encontrando outros meios teóricos para fazer aquilo para o que o princípio clássico foi concebido. Cf. p. 344 s.

Agora vou supor que as partes descartam as probabilidades deduzidas apenas com base nesse princípio. Essa hipótese é plausível em vista da importância fundamental do acordo original e do desejo de fazer com que nossa decisão pareça responsável aos olhos dos nossos descendentes, que por ela serão atingidos. Relutamos mais em assumir grandes riscos por eles do que por nós mesmos; e só estamos dispostos a fazê-lo quando não há como evitar essas incertezas, ou quando os ganhos prováveis, estimados por informações objetivas, são tão grandes que pareceria irresponsável aos olhos deles termos recusado a oportunidade oferecida, mesmo que a aceitação acabasse trazendo maus resultados. Já que as partes têm a alternativa dos dois princípios de justiça, podem, em grande medida, evitar as incertezas da posição original. Podem garantir a proteção de suas liberdades e um padrão de vida razoavelmente satisfatório, segundo o permitam as condições de sua sociedade. Na verdade, conforme argumentarei na próxima seção, é questionável se a escolha do princípio da utilidade média realmente oferece uma perspectiva melhor, desconsiderando-se o fato de que se baseia no princípio da razão insuficiente. Parece, então, que o efeito do véu de ignorância é favorecer os dois princípios. Essa concepção de justiça é mais adequada à situação de ignorância completa.

Decerto há suposições acerca da sociedade que, se tivessem fundamento, permitiriam que as partes chegassem a estimativas objetivas de igual probabilidade. Para constatar isso, podemos converter um argumento de Edgeworth a favor do princípio clássico em um argumento a favor do princípio da utilidade média[27]. De fato, é possível adaptar o raciocínio dele para fundamentar qualquer padrão geral da política pública. A ideia de Edgeworth é formular algumas suposições razoáveis segundo as quais seria racional que

---

27. Cf. F. Y. Edgeworth, *Mathematical Psychics* (Londres, 1888), p. 52-6; e as primeiras páginas de "The Pure Theory of Taxation", *Economic Journal*, Vol. 7 (1897). Cf. também R. B. Brandt, *Ethical Theory* (Englewood Cliffs, N.J., Prentice Hall, Inc., 1959); p. 376 s.

partes autointeressadas concordassem com o padrão de utilidade como princípio político para avaliar as políticas sociais. A necessidade de tal princípio se apresenta porque o processo político não é competitivo, e não se podem deixar essas decisões a cargo do mercado. É preciso encontrar algum outro método para conciliar interesses divergentes. Edgeworth acredita que o princípio de utilidade seria escolhido como o critério desejado por partes autointeressadas. Ele parece supor que em um longo prazo constituído por muitos momentos, a política de maximizar a utilidade em cada momento é aquela que mais provavelmente propiciará a utilidade mais elevada para qualquer pessoa individualmente. A aplicação consistente desse padrão à tributação e ao direito de propriedade, e assim por diante, é calculada de forma a produzir os melhores resultados do ponto de vista de qualquer pessoa. Por conseguinte, ao adotar esse princípio, partes que defendem seus próprios interesses têm garantia razoável de que no fim não serão prejudicadas e, de fato, elevarão ao máximo suas perspectivas.

A falha do raciocínio de Edgeworth está em que as suposições necessárias a ele afastam-se demais da realidade, em especial no caso da estrutura básica[28]. Basta formular essas suposições para ver como são implausíveis. Devemos supor que as consequências das decisões que compõem o processo político não são apenas mais ou menos independentes, mas que também são, aproximadamente, da mesma ordem em seus resultados sociais, que, de qualquer forma, não podem ser muito grandes, pois, caso contrário, esses efeitos não poderiam ser independentes. Ademais, devemos supor que qualquer pessoa passe de uma posição para outra aleatoriamente e viva o tempo suficiente para que os ganhos e as perdas se contrabalancem, ou que há algum mecanismo que assegure que a legislação orientada

---

28. Aplico aqui a Edgeworth uma argumentação usada por I. M. D. Little em *The Critique of Welfare Economics*, 2.ª ed. (Oxford, The Clarendon Press, 1957), contra uma proposta de J. R. Hicks. Cf. p. 93 s., 113 s.

pelo princípio de utilidade distribua seus benefícios constantemente da mesma forma ao longo do tempo. Mas está claro que a sociedade não é um processo estocástico desse tipo; e algumas questões de política social são muito mais essenciais do que outras, muitas vezes provocando grandes e duradouras mudanças na distribuição institucional das vantagens.

Considere-se, por exemplo, o caso de uma sociedade que esteja planejando uma mudança histórica em sua política de comércio exterior. A questão é saber se deve abolir antigas tarifas sobre as importações de produtos agrícolas com o intuito de obter alimentos mais baratos para os trabalhadores de seu novo parque industrial. O fato de que a mudança é justificada por razões utilitárias não significa que não provocará um efeito permanente sobre as posições relativas daqueles que pertencem às classes industrial e rural. O raciocínio de Edgeworth só se sustenta quando cada uma das muitas decisões exerce influência temporária e relativamente pequena sobre as parcelas distributivas e existe algum dispositivo institucional que garanta a aleatoriedade. Sob suposições realistas, então, sua argumentação só pode, na melhor das hipóteses, demonstrar que o princípio de utilidade ocupa um lugar subordinado como um critério legislativo para questões menores de política pública. Mas isso implica claramente que o princípio fracassa no caso dos principais problemas de justiça social. A influência profunda e contínua do nosso lugar inicial na sociedade e dos nossos dotes inatos, e do fato de que a ordem social é um sistema único, é, em primeiro lugar, o que caracteriza o problema da justiça. Não devemos nos deixar seduzir por suposições matematicamente atraentes que nos levem a imaginar que as contingências das posições sociais e as assimetrias de suas situações acabem por se nivelar de alguma forma. Pelo contrário, devemos escolher a nossa concepção de justiça reconhecendo plenamente que esse não é nem poderia ser o caso.

Parece, portanto, que, para que o princípio da utilidade média seja aceito, as partes devem raciocinar com base no princípio da razão insuficiente. Devem seguir o que alguns chamam de lei de Laplace para escolhas em condições de incerteza. As possibilidades são identificadas de algum modo natural e a cada uma é atribuída a mesma probabilidade. Não se oferecem fatos gerais acerca da sociedade para sustentar essas atribuições; as partes realizam cálculos probabilísticos como se as informações não tivessem esgotado. Não posso discutir aqui o conceito de probabilidade, mas é preciso fazer alguns comentários[29]. Antes de mais nada, pode causar espanto que o significado da probabilidade surja como um problema na filosofia moral, principalmente na teoria da justiça. Porém isso é a consequência inevitável da doutrina contratualista que define a filosofia moral como parte da teoria da escolha racional. As análises de probabilidades serão decerto pertinentes, dada a maneira como a situação inicial é definida. O véu de ignorância leva diretamente ao problema da escolha em condições de incerteza total. Sem dúvida, é possível considerar as partes altruístas perfeitas e supor que raciocinam como se tivessem a certeza de estar na posição de cada pessoa. Essa interpretação da situação inicial elimina o elemento de risco e de incerteza (§ 30).

Na justiça como equidade, porém, não há como evitar completamente essa questão. O essencial é não permitir que os princípios escolhidos dependam de determinados comportamentos com relação ao risco. Por esse motivo, o véu de ignorância também exclui o conhecimento dessas inclinações: as partes não sabem se têm ou não uma aversão incomum aos riscos. Na medida do possível, a escolha da concepção de justiça deve depender de uma análise racional da aceitação dos riscos, sem influência de preferên-

---

29. Cf. William Fellner, *Probability and Profit*, p. 210-33, onde há uma útil bibliografia com breves comentários. Especialmente importante para o recente desenvolvimento do ponto de vista bayesiano é L. J. Savage, *The Foundations of Statistics* (Nova York, John Wiley and Sons, Inc., 1954). Para um guia à literatura filosófica, cf. em H. E. Kyburg, *Probability and Inductive Logic* (Riverside, N.J., Macmillan, 1970).

cias individuais específicas por uma ou outra maneira de assumir riscos. Naturalmente, o sistema social pode tirar vantagem dessas propensões variáveis criando instituições que lhes deem plena vazão em prol de objetivos em comum. Mas, pelo menos idealmente, a concepção fundamental do sistema não deve depender de uma dessas atitudes (§ 81). Por conseguinte, não constitui um argumento a favor dos dois princípios da justiça o de que expressem um ponto de vista peculiarmente conservador sobre correr riscos na posição original. O que se deve demonstrar é que, dadas as características singulares dessa posição, concordar com esses princípios, e não com o princípio de utilidade, é racional para qualquer pessoa cuja aversão à incerteza, no tocante à possibilidade de garantir seus interesses fundamentais, está no âmbito da normalidade.

Em segundo lugar, simplesmente presumi que os juízos de probabilidade, para que sirvam de fundamento da decisão racional, devem ter uma base objetiva, isto é, devem basear-se no conhecimento de determinados fatos (ou em convicções razoáveis). Essa evidência não precisa assumir a forma de relatos de frequências relativas, mas deve oferecer fundamentos para a avaliação da força das diversas tendências que afetam o resultado. A necessidade de razões objetivas é ainda mais premente em vista da importância fundamental da escolha na posição original e o fato de que as partes querem que suas decisões pareçam bem-fundamentadas aos olhos dos demais. Vou supor, então, para completar a descrição da posição original, que as partes descartam estimativas de probabilidades que não se amparem no conhecimento de determinados fatos e que provenham, em grande parte, se não exclusivamente, do princípio da razão insuficiente. Parece que a exigência de razões objetivas não está em discussão entre o teóricos neobayesianos e aqueles que aderem a ideias mais clássicas. A controvérsia neste caso diz respeito a até que ponto estimativas intuitivas e imprecisas de probabilidades, fundamentadas no bom senso e coisas afins, devem ser integradas ao aparato formal da teoria da probabilidade, em vez de serem usadas de forma *ad hoc* para ajustar as conclusões tiradas por meio de métodos que não levam em conta essa informação[30]. Nesse ponto os neobayesianos têm um argumento forte. Decerto é melhor, quando possível, usar nossos conhecimentos intuitivos e suposições de bom senso de maneira sistemática, e não de forma irregular e não explicada. Mas nada disso atinge nossa afirmação de que os juízos de probabilidade devem ter alguma fundamentação objetiva nos fatos conhecidos acerca da sociedade para que constituam bases racionais de decisão nas circunstâncias especiais da posição original.

A última dificuldade que vou mencionar levanta um problema profundo. Embora eu não possa lidar com ela de um modo apropriado, não deve ser omitida. O problema surge da peculiaridade da expectativa na última etapa da argumentação a favor do princípio da utilidade média. Quando se calculam as expectativas na situação normal, as utilidades das alternativas (o termo u_i na expressão $\sum p_i u_i$) são derivadas de um sistema único de preferências, ou seja, aquelas do indivíduo que faz a escolha. As utilidades representam o valor das alternativas para essa pessoa estimadas segundo seu esquema de valores. No caso em discussão, porém, cada utilidade se baseia nas preferências de uma pessoa diferente. Há tantas pessoas quanto utilidades. Naturalmente, não há dúvida de que esse raciocínio pressupõe comparações interpessoais. Porém, deixando de lado por ora o problema de defini-las, o que devemos observar é que aqui se supõe que o indivíduo escolhe como se não tivesse objetivo nenhum que pudesse contar como seu. Ele se dispõe a ser qualquer uma dentre várias pessoas, cada uma delas com seu próprio sistema de objetivos, capacidades e posição social. Podemos duvidar que tal expectativa faça sentido. Já que não existe um único esquema de preferên-

---

30. Cf. Fellner, *Probability and Profit*, p. 48-67, e Luce e Raiffa, *Games and Decisions*, p. 318-34.

cias por meio do qual as estimativas foram calculadas, falta-lhes a unidade necessária.

Para esclarecer esse problema, vamos distinguir entre avaliar situações objetivas e avaliar aspectos da pessoa: capacidades, traços de caráter e sistemas de objetivos. Do nosso ponto de vista, quase sempre é bem fácil estimar a situação de outra pessoa tal como especificada, digamos, por sua posição social, riqueza e coisas semelhantes, ou por suas perspectivas no tocante a bens primários. Nós nos colocamos no lugar desse indivíduo, com todos os nossos traços de caráter e nossas preferências (e não os dele), e avaliamos como nossos planos seriam afetados. Podemos ir mais longe. Podemos estimar o valor para nós de estar no lugar de outrem, assumindo pelo menos algumas de suas características e objetivos. Conhecendo nosso projeto de vida, podemos decidir se seria racional para nós ter essas características e objetivos e, por conseguinte, aconselhável aprimorá-los e incentivá-los na medida do possível. Porém, na construção das nossas expectativas, como devemos avaliar o modo de vida e o sistema de objetivos de outra pessoa? Com base nos nossos objetivos ou nos dela? A argumentação contratualista presume que devemos decidir do nosso próprio ponto de vista: o valor que o modo de vida de outra pessoa e a realização de seus objetivos (suas circunstâncias como um todo) tem para nós não é igual, como presume a expectativa anteriormente construída, ao valor que isso tem para essa outra pessoa. Ademais, as circunstâncias da justiça implicam que esses valores diferem profundamente. As reivindicações conflitantes não surgem apenas porque os indivíduos querem tipos semelhantes de coisas para satisfazer desejos semelhantes (por exemplo, alimentos e roupas para suprir as necessidades básicas), mas também porque suas concepções do bem diferem; e, embora se possa concordar que o valor atribuído por nós aos bens primários sociais é comparável ao valor atribuído por outros, essa concordância não pode estender-se à satisfação dos nossos fins últimos. Com efeito, as partes não conhecem seus próprios fins últimos, mas sabem que, em geral, esses objetivos se opõem e não estão sujeitos a nenhuma medida comum aceitável. Esse valor atribuído por alguém a seu contexto total não é igual ao valor que nós atribuímos a esse mesmo contexto. Assim, a expectativa da última etapa da argumentação a favor do princípio da utilidade média não pode estar correta.

Podemos formular a dificuldade de maneira um pouco diferente. A argumentação a favor do princípio da utilidade média deve, de alguma forma, definir uma expectativa unificada. Vamos supor, então, que as partes concordem em fundamentar as comparações interpessoais em certas normas. Essas regras passam a fazer parte do significado do princípio da utilidade, exatamente do mesmo modo que um índice de bens primários faz parte do significado do princípio de diferença. Assim, podemos considerar que essas regras de comparação (como vou denominá-las) derivem, por exemplo, de certas leis psicológicas que definem a satisfação das pessoas, dados certos parâmetros, tais como força das preferências e dos desejos, capacidades naturais e atributos físicos, bens públicos e privados usufruídos, e assim por diante. Supõe-se que os indivíduos caracterizados pelos mesmos parâmetros tenham a mesma satisfação; e, portanto, admitida a aceitação dessas regras de comparação, pode-se definir a satisfação média e é possível supor que as partes maximizem a satisfação esperada assim definida. Assim, todos consideram a si mesmos pessoas que têm a mesma função profunda de utilidade, por assim dizer, e consideram a satisfação que os outros atingem itens legítimos a inserir em suas próprias expectativas, vistas da perspectiva da posição original. A mesma expectativa unificada se aplica a todos e (recorrendo à regra de Laplace), em consequência disso, temos o acordo no tocante ao princípio da utilidade média.

É essencial perceber que esse raciocínio pressupõe uma concepção específica da pessoa. As partes são concebidas como desprovidas de interesses de ordem superior definidos ou de objetivos fundamentais que sirvam de referência para decidirem o tipo de pessoa que querem ser. Não têm, por assim dizer, nenhum tipo determinado de caráter ou vontade. São, poderíamos dizer, pessoas artificiais: conforme estabelecido por certas regras de comparação, estão igualmente dispostas a aceitar, como definidoras de seu bem, quaisquer avaliações que essas regras atribuam à realização de seus fins últimos, ou dos fins de qualquer outra pessoa, mesmo que essas avaliações entrem em conflito com as exigidas por seus interesses fundamentais. No entanto, presumimos que as partes têm, realmente, caráter e vontade determinados, muito embora a natureza específica de seu sistema de fins lhes seja desconhecida. São, por assim dizer, pessoas determinadas: têm certos interesses de ordem superior e objetivos fundamentais, segundo os quais decidiriam que tipo de vida e quais objetivos secundários consideram aceitáveis. São esses interesses e objetivos, sejam quais forem, que devem tentar proteger. Como sabem que as liberdades fundamentais de que trata o primeiro princípio assegurarão esses interesses, devem reconhecer os dois princípios de justiça, e não o princípio de utilidade.

Em resumo: afirmei que a expectativa na qual se baseia a argumentação a favor do princípio da utilidade média contém duas falhas. Em primeiro lugar, como não há fundamentos objetivos na posição original para aceitar probabilidades iguais, ou, na verdade, de nenhuma outra distribuição de probabilidades, tais probabilidades são meras suposições. Dependem unicamente do princípio da razão insuficiente e não oferecem nenhuma razão independente para que se aceite o princípio de utilidade. Recorrer a essas probabilidades é, com efeito, um modo indireto de estipular esse princípio. Em segundo lugar, a argumentação utilitarista presume que as partes não têm vontade nem caráter definidos, que não são pessoas com interesses últimos determinados, nem concepção específica do próprio bem, que estejam interessadas em proteger. Assim, levando-se em conta essas duas questões juntas, o raciocínio utilitarista chega à expressão puramente formal de uma expectativa que, entretanto, não tem significado apropriado: é como se continuássemos a usar argumentações probabilísticas e modos de fazer comparações interpessoais muito depois que as condições para seu uso legítimo tivessem sido eliminadas pelas circunstâncias da posição original.

29. Alguns argumentos principais a favor dos dois princípios de justiça

Nesta seção, usarei as condições de publicidade e de finalidade para apresentar alguns dos principais argumentos a favor dos dois princípios da justiça. Vou me amparar no fato de que, para o acordo ter validade, as partes devem ser capazes de honrá-lo em todas as circunstâncias pertinentes e previsíveis. Deve haver uma garantia racional de que se pode cumpri-lo. Os argumentos que vou aduzir se enquadram no esquema heurístico sugerido pelas razões para adotar a regra *maximin*. Ou seja, ajudam a demonstrar que os dois princípios são uma concepção mínima adequada de justiça em uma situação de grande incerteza. Quaisquer vantagens adicionais que pudessem ser asseguradas pelo princípio de utilidade são muito problemáticas, ao passo que os sofrimentos, caso as coisas acabassem dando errado, seriam intoleráveis. É neste ponto que o conceito de contrato tem um papel definido: indica a cláusula da publicidade e delineia os limites do que pode ser acordado.

Podemos explicar a primeira fundamentação confirmadora dos dois princípios por referência àquilo que denominei anteriormente de exigências do compromisso. Afirmei (§ 25) que as partes têm uma capacidade para a justiça no sentido de que lhes pode ser assegurado que seu empreendimento não se faz em vão. Supondo-se que tenham levado tudo em conta, inclusive os fatos gerais da psicologia moral, podem ter a confiança mútua de que todos vão aderir aos princípios adotados. Assim ponderam sobre as exigências do compromisso. Não podem firmar acordos que possam trazer consequências inaceitáveis. Evitarão aqueles aos quais só podem aderir com grande dificuldade. Uma vez que o acordo original é definitivo e tem caráter perpétuo, não existe uma outra oportunidade. Em vista da seriedade das possíveis consequências, a questão do peso do compromisso é particularmente aguda. A pessoa está escolhendo de uma vez por todas os padrões que devem reger suas perspectivas de vida. Ademais, quando firmamos um acordo, devemos estar aptos a honrá-lo, mesmo que as piores possibilidades venham a se concretizar. Caso contrário, não teremos agido de boa-fé. Assim, as partes devem ponderar com atenção se serão capazes de manter seu compromisso em todas as circunstâncias. É claro que, ao responder a essa pergunta, só contam com um conhecimento geral da psicologia humana. Mas essa informação é suficiente para indicar qual concepção de justiça acarreta a maior tensão.

Nesse aspecto, os dois princípios de justiça têm vantagem clara. Além de assegurar seus direitos fundamentais, as partes se garantem contra as piores eventualidades. Não correm o risco de ter de concordar com uma perda de liberdade no decorrer da vida para que outros gozem de um bem maior, um compromisso que, em circunstâncias reais, talvez não fossem capazes de cumprir. De fato, poderíamos nos perguntar se é possível fazer tal acordo de boa-fé. Esse tipo de pacto excede a capacidade da natureza humana. Como poderiam as partes saber, ou ter segurança suficiente, de que conseguem cumprir tal acordo? Decerto não podem fundamentar a confiança em um conhecimento geral da psicologia moral. Na verdade, qualquer princípio escolhido na posição original pode exigir de alguns um grande sacrifício. Os beneficiários de instituições claramente injustas (as que se fundamentam em princípios que não têm nenhuma pretensão à aceitação) podem achar difícil acostumar-se com as mudanças que serão necessárias. Porém, neste caso, saberão que não poderiam mesmo ter mantido sua posição. De toda forma, os dois princípios de justiça oferecem uma alternativa. Se os únicos candidatos possíveis envolvessem todos os mesmos riscos, seria preciso deixar de lado o problema das exigências do compromisso. Não é isso que acontece e, avaliados dessa ótica, os dois princípios parecem nitidamente superiores.

Uma segunda ponderação recorre à cláusula da publicidade, bem como à das restrições impostas a acordos. Vou expor o argumento tendo em vista a questão da estabilidade psicológica. Já afirmei que um ponto forte a favor de uma concepção de justiça é que ela gere sua própria sustentação. Quando é de conhecimento público que a estrutura básica da sociedade atende a seus princípios durante longo período de tempo, os que estão sujeitos a esses arranjos institucionais tendem a ter o desejo de agir segundo esses princípios e de fazer sua parte em instituições que os implementam. Uma concepção de justiça é estável quando o reconhecimento público de sua concretização por meio do sistema social tende a fomentar o senso de justiça correspondente. Se isso acontece mesmo ou não depende, naturalmente, das leis da psicologia moral e da disponibilidade de motivações humanas. Discorrerei sobre essas questões mais adiante (§§ 75-76). Por enquanto, podemos observar que o princípio de utilidade parece exigir uma maior identificação com os interesses dos outros do que os dois princípios de justiça. Assim, na medida em que tal identificação é difícil de ser alcançada, os dois princípios serão uma concepção mais estável. Quando os dois princípios são atendidos, as liberdades fundamentais de cada pessoa estão asseguradas e há um sentido, definido pelo princípio de diferença, segundo o qual todos se beneficiam com a cooperação social. Por conseguinte, é possível explicar a aceitação do sistema social e dos princípios aos quais atende por intermédio da lei psicológica segundo a qual os seres humanos tendem a amar, valorizar e apoiar qualquer coisa que assegure seu próprio bem. Uma vez que o bem de todos é assegurado, todos adquirem a disposição de apoiar o esquema de cooperação.

Quando se satisfaz o princípio de utilidade, contudo, não existe essa garantia de que todos se beneficiem. A fidelidade ao sistema social pode exigir que alguns, em especial os menos favorecidos, renunciem a benefícios em favor de um bem maior para o conjunto. Assim, o sistema só será estável se aqueles que devem fazer sacrifícios tiverem uma forte identificação com interesses mais amplos que os seus próprios. Mas isso não é fácil de realizar. Os sacrifícios em questão não são aqueles exigidos em épocas de emergência social, quando todos ou alguns são obrigados a unir forças pelo bem comum. Os princípios de justiça aplicam-se à estrutura básica do sistema social e à definição das perspectivas de vida. O que o princípio de utilidade pede é precisamente um sacrifício dessas perspectivas. Mesmo quando somos menos afortunados, temos de aceitar as vantagens maiores dos outros como uma razão suficiente para nossas expectativas mais baixas ao longo de toda nossa vida. Não há dúvida de que essa é uma exigência extrema. De fato, quando a sociedade é concebida como sistema de cooperação destinado a promover o bem de seus membros, parece muito implausível esperar que alguns cidadãos aceitem, com base em princípios políticos, perspectivas de vida ainda mais baixas pelo bem dos outros. Fica evidente, então, o motivo que leva os utilitaristas a salientar o papel da compaixão no aprendizado moral e o lugar fundamental da benevolência entre as virtudes morais. Sua concepção de justiça é ameaçada pela instabilidade, a não ser que a compaixão e benevolência sejam ampla e intensamente cultivadas. Analisando a questão do ponto de vista da posição original, as partes rejeitariam o princípio de utilidade e adotariam a ideia mais realista de se conceber a ordem social com base num princípio de vantagens recíprocas. Não precisamos supor, naturalmente, que, na vida cotidiana, as pessoas nunca façam sacrifícios substanciais umas pelas outras, já que muitas vezes o fazem, quando motivadas pela afeição ou por laços sentimentais. Mas esses atos não são exigidos, em nome da justiça, pela estrutura básica da sociedade.

Além do mais, o reconhecimento público dos dois princípios confere uma sustentação mais forte ao autorrespeito e isso, por sua vez, aumenta a efetividade da cooperação social. Ambos os efeitos constituem razões para concordar com esses princípios. É claramente racional para os homens assegurar seu autorrespeito. É necessário ter um sentido do próprio valor para levar adiante a própria concepção do bem com satisfação e ter prazer em sua realização. O autorrespeito não é tanto uma parte integrante de qualquer projeto racional de vida quanto o é da percepção de que vale a pena realizar tal projeto. Ora, o nosso autorrespeito normalmente depende do respeito dos outros. Se não tivermos a percepção de que nossos esforços são respeitados por eles, é difícil, se não impossível, manter a convicção de que vale a pena promover nossos objetivos (§ 67). Assim, por esse motivo, as partes aceitariam o dever natural do respeito mútuo, que lhes pede que tratem umas às outras com civilidade e que estejam dispostas a explicar as razões de seus atos, em especial quando as reivindicações de outras pessoas são desconsideradas (§ 51). Ademais, podemos supor que aqueles que respeitam a si mesmos têm muito mais probabilidade de respeitar uns aos outros, e vice-versa. O desprezo por si próprio conduz ao desprezo pelos outros e ameaça o bem desses outros tanto quanto a inveja o faz. O autorrespeito se autossustenta reciprocamente.

Assim, uma característica desejável de uma concepção de justiça é que expresse publicamente o respeito mútuo entre os homens. Dessa forma eles asseguram a noção de seu próprio valor. Ora, os dois princípios atingem esse fim, pois, quando a sociedade segue esses princípios, o bem de todos está contido num sistema de benefícios mútuos e essa afirmação pública, nas instituições, dos esforços de cada indivíduo sustenta a autoestima de todos. O estabelecimento da liberdade igual e a implementação do princípio de diferença tendem a gerar esse resultado. Os dois princípios equivalem, conforme já comentei, ao compromisso de considerar a distribuição das capacidades naturais, em certos aspectos, como um bem coletivo, de modo que os mais afortunados só devem beneficiar-se de forma que ajudem aqueles que levaram a pior (§ 17). Não estou afirmando que a propriedade ética dessa ideia seja aquilo que motive as partes. Mas há razões para que aceitem esse princípio, pois, organizando-se as desigualdades de modo que haja vantagens mútuas e abstendo-se da exploração das contingências da natureza e das circunstâncias sociais dentro de uma estrutura de liberdades iguais, as pessoas expressam seu respeito umas pelas outras na própria constituição da sua sociedade. Desse modo, asseguram seu autorrespeito, como é racional que o façam.

Outro modo de formular isso consiste em dizer que os princípios de justiça manifestam, na estrutura básica da sociedade, o desejo dos homens de se tratarem uns aos outros não apenas como meios, mas como fins em si mesmos. Não posso examinar aqui a visão kantiana[31]. Em vez disso, vou interpretá-la livremente à luz da doutrina contratualista. A ideia de tratar os homens como fins em si mesmos, e jamais apenas como meios, obviamente necessita de explicação. Como podemos sempre tratar alguém como fim e jamais apenas como meio? Decerto não podemos dizer que isso equivale a tratar a todos com base nos mesmos princípios gerais, já que essa interpretação iguala o conceito ao de justiça formal. Na interpretação contratualista, tratar os homens como fins em si mesmos implica, no mínimo, tratá-los segundo os princípios com os quais concordariam numa situação original de igualdade. Pois nessa situação os homens têm uma representação igual na qualidade de pessoas morais que se consideram como fins, e os princípios que aceitam serão racionalmente formulados com o fito de proteger as reivindicações de sua pessoa. A visão contra-

---

31. Cf. *The Foundations of the Metaphysics of Morals*, p. 427-30 do Vol. IV de *Kants Gesammelten Schriften*, Preussische Akademie der Wissenschaften (Berlim, 1913), em que a segunda formulação do imperativo categórico é introduzida.

tualista como tal define um sentido segundo o qual os homens devem ser tratados como fins, e não só como meios. Mas surge a questão de saber se existem princípios substantivos que expressem essas ideias. Se as partes querem expressar essa ideia de maneira nítida na estrutura básica da sociedade a fim de assegurar o interesse racional de cada pessoa em seu autorrespeito, que princípios devem escolher? Ora, parece que os dois princípios de justiça alcançam esse objetivo, pois todos têm iguais liberdades fundamentais, e o princípio de diferença interpreta a distinção entre tratar os homens apenas como meios e tratá-los também como fins em si mesmos. Considerar as pessoas como fins em si mesmas nos arranjos fundamentais da sociedade significa aceitar abdicar de ganhos que não contribuem para as expectativas de todos. Em contraste, considerar as pessoas como meios significa se dispor a impor perspectivas de vida ainda mais baixas às pessoas menos favorecidas, em benefício das expectativas mais altas de outras. Assim, vemos que o princípio de diferença, que à primeira vista parece extremado, tem uma interpretação razoável. Se também presumirmos que a cooperação social entre os que respeitam uns aos outros e a si mesmos em suas instituições provavelmente será mais efetiva e harmoniosa, o nível geral das expectativas, supondo-se que seja possível estimá-lo, pode ser mais alto do que poderíamos imaginar quando os dois princípios de justiça forem atendidos. A vantagem do princípio de utilidade nesse aspecto deixa de ser tão clara.

O princípio de utilidade possivelmente exige que alguns dos menos afortunados aceitem perspectivas de vida ainda mais baixas em benefício de outros. Com certeza não é necessário que aqueles que têm de fazer tais sacrifícios racionalizem essa exigência reduzindo a apreciação do próprio valor. Não decorre da doutrina utilitarista que as expectativas de alguns indivíduos sejam menores porque seus objetivos são triviais ou sem importância. Mas as partes devem levar em conta os fatos gerais da psicologia moral. Certamente é natural sofrer uma perda de autorrespeito, um enfraquecimento do nosso sentido do valor de realizar nossos objetivos, quando já somos menos favorecidos. Isso é mais provável quando a cooperação social é organizada para o bem de indivíduos. Ou seja, os que têm maiores vantagens não alegam que elas sejam necessárias para preservar certos valores religiosos ou culturais que todos têm o dever de preservar. Não estamos aqui analisando uma doutrina da ordem tradicional nem o princípio do perfeccionismo, mas o princípio de utilidade. Nesse caso, então, o autorrespeito depende da consideração de uns pelos outros. Se as partes aceitam o critério da utilidade, não terão para seu autorrespeito o apoio proporcionado pelo compromisso público de outros de organizar as desigualdades para que todos se beneficiem e de garantir para todos as liberdades fundamentais. Em uma sociedade utilitarista pública os homens, principalmente os menos favorecidos, acharão mais difícil ter confiança no próprio valor.

É possível que o utilitarista responda que, ao se maximizar a utilidade média, essas questões já são levadas em conta. Se, por exemplo, as liberdades iguais são necessárias para o autorrespeito e a utilidade média for maior quando essas liberdades são garantidas, então é claro que devem ser estabelecidas. Até aqui, não há dúvida. Mas a questão é que não devemos perder de vista a condição de publicidade. Ela exige que, ao maximizar a utilidade média, estejamos sujeitos à restrição de que o princípio utilitarista seja publicamente aceito e seguido como o estatuto fundamental da sociedade. O que não podemos fazer é elevar a utilidade média incentivando os homens a adotar e aplicar princípios não utilitaristas da justiça. Se, por algum motivo, o reconhecimento público do utilitarismo acarretar alguma perda de autoestima, não há como contornar essa desvantagem. É um custo inevitável do esquema utilitarista, dadas as nossas estipulações. Assim, vamos supor que a utilidade média seja realmente maior se os dois princípios da justiça forem publicamente afirmados e implantados na estrutura básica. Pelos motivos já mencionados, é possível que seja esse o caso. Esses princípios representariam, então, a perspectiva mais atraente e, de acordo com as duas linhas de raciocínio examinadas há pouco, os dois princípios seriam aceitos. O utilitarista não pode replicar que agora estamos realmente maximizando a utilidade média. De fato, as partes teriam optado pelos dois princípios da justiça.

Devemos observar, então, que o utilitarismo, conforme a minha definição, é a visão segundo a qual o princípio de utilidade é o princípio correto da concepção pública de justiça da sociedade. E, para demonstrá-lo, devemos argumentar que esse critério seria escolhido na posição original. Se quisermos, podemos definir outra variante da situação inicial, na qual a suposição motivacional é a de que as partes querem adotar aqueles princípios que elevem ao máximo a utilidade média. Os comentários anteriores indicam que os dois princípios da justiça ainda podem ser escolhidos. Mas, caso o sejam, seria errado denominá-los utilitaristas – bem como a teoria na qual aparecem. A suposição motivacional em si não define o caráter de toda a teoria. Na verdade, o argumento favorável aos princípios de justiça é fortalecido se forem escolhidos com base em outras suposições motivacionais. Isso indica que a teoria da justiça tem fundamentos firmes e não está sujeita a leves mudanças nesse aspecto limitado. O que queremos saber é qual concepção de justiça caracteriza os nossos juízos ponderados em equilíbrio reflexivo e melhor se presta como a base moral pública da sociedade. Só se pode chamar de utilitarista quem afirma que o princípio de utilidade produz essa concepção[32].

---

32. Assim, embora Brandt afirme que o código moral da sociedade deve ser publicamente reconhecido e que, do ponto de vista filosófico, o melhor código é aquele que maximiza a utilidade média, não afirma que o princípio de utilidade deva pertencer ao próprio código. Na verdade, Brandt nega que a instância última de apelação na moralidade pública tenha de ser a utilidade. Assim, pela definição apresentada no texto, sua perspectiva não é utilitarista. Cf. "Some Merits of One Form of Rule Utilitarianism", *University of Colorado Studies* (Boulder, Colorado, 1967), p. 58 s.

As exigências do compromisso e a condição de publicidade, ambas discutidas nesta seção, também são importantes. A primeira provém do fato de que, em geral, a classe de coisas sobre as quais é possível chegar a um acordo está contida na classe das coisas que podem ser racionalmente escolhidas. Podemos optar por correr um risco e, ao mesmo tempo, ter o firme propósito de fazer o que pudermos para recuperar nossa situação se houver um revés. Mas, se firmarmos um acordo, temos de aceitar o resultado; e assim, para selar de boa-fé um compromisso, devemos não apenas ter a intenção de honrá-lo, mas também acreditar racionalmente que podemos fazê-lo. A condição do contrato, portanto, exclui certo tipo de aleatoriedade. Não podemos concordar com um princípio se houver uma possibilidade real de que ele produza algum resultado que não seremos capazes de aceitar. Não comentarei mais a condição da publicidade, a não ser para observar que ela se liga ao desejo de inserir ideais nos princípios fundamentais (fim do § 26), com simplicidade (§ 4) e estabilidade. Esta última é examinada mais minuciosamente no que denominei segunda parte da argumentação (§§ 79-82).

A forma da argumentação a favor dos dois princípios é que o equilíbrio de razões os favorece em detrimento do princípio da utilidade média e, supondo-se a transitividade, também em detrimento da doutrina clássica. Assim, o acordo das partes depende da ponderação de diversas considerações. O raciocínio é informal e não constitui prova, e há um apelo à intuição como o fundamento da teoria da justiça. No entanto, conforme já observei (§ 21), no fim das contas pode ficar evidente para onde o equilíbrio de razões se inclina. Nesse caso, então, à medida que a posição original contém condições razoáveis usualmente empregadas na justificativa de princípios, a alegação de que concordaríamos com os princípios de justiça é perfeitamente plausível. Assim, esses princípios podem servir como uma concepção de justiça, em cuja aceitação pública seja possível reconhecer a boa-fé recíproca.

Neste ponto talvez seja útil enumerar alguns dos principais argumentos a favor dos dois princípios da justiça em detrimento do princípio da utilidade média. Que as condições de generalidade dos princípios, da universalidade da aplicação e de informação limitada não sejam suficientes por si mesmas para produzir esses princípios fica claro na argumentação a favor do princípio de utilidade (§ 27). É preciso, portanto, incorporar outras suposições na posição original. Assim, presumo que as partes se consideram pessoas que têm certos interesses fundamentais que precisam proteger, se puderem, e que, na condição de pessoas livres, têm interesse da mais alta ordem em manter a liberdade de rever e alterar esses objetivos (§ 26). As partes são, por assim dizer, pessoas com determinados interesses, e não meras potencialidades para todos os interesses possíveis, muito embora o caráter específico desses interesses lhes seja desconhecido. Devem tentar garantir condições favoráveis para a promoção desses objetivos definidos, quaisquer que sejam eles (§ 28). Tratarei mais tarde da hierarquia dos interesses e sua relação com a prioridade da liberdade (§§ 39, 82), mas a natureza geral da argumentação a favor das liberdades fundamentais é ilustrada pelo caso da liberdade de consciência e da liberdade de pensamento (§§ 33-35).

Além disso, interpreta-se o véu de ignorância (§ 24) de forma a significar não apenas que as partes não têm conhecimento de seus objetivos e fins individuais (exceto o que está contido na fraca teoria do bem), mas também que a evidência histórica lhes é inacessível. Não sabem, e não têm como enumerar, as circunstâncias sociais nas quais se encontram, ou a variedade de técnicas que sua sociedade possa ter à disposição. Não têm, portanto, nenhuma fundamentação objetiva para confiar em determinada distribuição probabilística e não em outra, e não é possível recorrer ao princípio da razão insuficiente como modo de contornar essa limitação. Essas ponderações, juntamente com aquelas que surgem quando supomos que as partes têm determinados interesses fundamentais, implicam que a expectativa construída pela argumentação favorável ao princípio da utilidade é implausível e que lhe falta a unidade necessária (§ 28).

30. Utilitarismo clássico, imparcialidade e benevolência

Agora quero comparar o utilitarismo clássico com os dois princípios de justiça. Como já vimos, as partes que se encontram na posição original rejeitariam o princípio clássico em favor do princípio da maximização da utilidade média. Como estão interessadas em promover seus próprios interesses, não querem maximizar o total (ou o saldo líquido) de satisfações. Por motivos semelhantes, prefeririam os dois princípios da justiça. Do ponto de vista contratualista, então, o princípio clássico está abaixo de ambas essas alternativas.

Deve, portanto, ter uma derivação totalmente distinta, pois historicamente é a forma mais importante de utilitarismo. Os grandes utilitaristas que o adotaram decerto não estavam equivocados quando acharam que seria escolhido naquilo que denomino posição original. Alguns deles, em especial Sidgwick, reconheceram claramente o princípio da utilidade média e o rejeitaram[33]. Já que a visão clássica tem íntima ligação com o conceito de observador empático imparcial, examinarei esse conceito para esclarecer a fundamentação intuitiva da doutrina tradicional.

Vejamos a seguinte definição que remonta a Hume e Adam Smith. Algo é justo, um sistema social, por exemplo, se for aprovado do ponto de vista geral de um observador racional e imparcial que possui todos os conhecimentos pertinentes acerca das circunstâncias. Uma sociedade organizada com justiça é a que recebe a aprovação desse obser-

---

33. *Methods of Ethics*, p. 415 s.

vador ideal[34]. Mas essa definição pode apresentar vários problemas; por exemplo, a questão de saber se as ideias de aprovação e de conhecimentos pertinentes podem ser especificadas sem circularidade. Porém, deixarei de lado essas questões. O essencial é que, por enquanto, não há conflito entre essa definição e a justiça como equidade. Pois vamos supor que definimos o conceito de justo afirmando que algo é justo se, e somente se, atender aos princípios que seriam escolhidos na posição original para se aplicarem a coisas desse mesmo tipo. Poderia muito bem acontecer que um observador idealmente racional e imparcial aprovasse um sistema social se, e somente se, atendesse aos princípios de justiça que seriam adotados no esquema contratualista. As definições podem ser ambas verdadeiras com referência às mesmas coisas. Essa possibilidade não é excluída pela definição do observador ideal. Já que essa definição não faz quaisquer suposições psicológicas sobre o observador imparcial, não produz princípios que expliquem suas aprovações em condições ideais. Quem aceita essa definição está livre para aceitar a justiça como equidade para esse fim: simplesmente admite-se que um observador ideal aprovaria sistemas sociais, na medida em que atendam aos dois princípios de justiça. Há uma diferença essencial, portanto, entre essas duas definições do justo. A definição do observador imparcial não formula hipóteses das quais se possam deduzir os princípios do direito e da justiça[35]. Em vez disso,

---

34. Cf. Roderick Firth, "Ethical Absolutism and the Ideal Observer", *Philosophy and Phenomenological Research*, Vol. 12 (1952); e F. C. Sharp, *Good and Ill Will* (Chicago, University of Chicago Press, 1950), p. 156-62. Para a interpretação de Hume, cf. *Treatise of Human Nature*, org. L. A. Selby-Bigge (Oxford, 1888), Livro III, Parte III, Seção I, esp. p. 574-84; e, para a de Adam Smith, cf. *The Theory of Moral Sentiments*, em L. A. Selby-Bigge, *British Moralists*, Vol. I (Oxford, 1897), p. 257-77. Há uma discussão geral em C. D. Broad, "Some Reflections on Moral-Sense Theories in Ethics", *Proceedings of the Aristotelian Society*, Vol. 45 (1944-45). Cf. também W. K. Kneale, "Objectivity in Morals", *Philosophy*, Vol. 25 (1950).

35. Assim, Firth, por exemplo, afirma que o observador ideal tem vários interesses gerais, embora não tenha interesses específicos; e que esses interesses são, de fato, necessários para que esse observador tenha qualquer reação

ela se destina a especificar certos traços centrais característicos da discussão moral, tais como o fato de que tentemos apelar aos nossos juízos ponderados após uma reflexão conscienciosa, e outros semelhantes. A definição contratualista vai além: tenta fornecer uma base dedutiva aos princípios que explicam esses juízos. Pretende-se que as condições da situação inicial e a motivação das partes ofereçam as premissas necessárias para tal fim.

Ora, apesar de ser possível complementar a definição do observador imparcial com a perspectiva contratualista, existem outros modos de lhe fornecer uma fundamentação dedutiva. Assim, vamos supor que o observador ideal é concebido como um ser perfeitamente empático. Há, então, uma derivação natural do princípio clássico de utilidade na seguinte linha de raciocínio. Uma instituição é justa, digamos, quando um observador idealmente empático e imparcial a aprova mais fortemente do que a qualquer outra instituição viável nas circunstâncias. Para simplificar podemos supor, como faz Hume algumas vezes, que a aprovação é um tipo específico de prazer que se origina com maior ou menor intensidade ao se contemplar o funcionamento das instituições e de suas consequências para a felicidade daqueles que nelas estão engajados. Esse prazer especial é o resultado da empatia. Na interpretação de Hume, é uma reprodução literal, na nossa experiência, das satisfações e dos prazeres que reconhecemos que os outros sentem[36]. Assim, o observador imparcial sente esse prazer ao contemplar o sistema social na proporção equivalente ao saldo líquido de prazer sentido pelos atingidos por tal sistema. A força de sua aprovação corresponde à quantidade de satis-

---

moral significativa. Mas não se diz nada de específico a respeito do teor desses interesses que nos permita deduzir como seriam definidas as aprovações e as desaprovações do observador ideal. Cf. "Ethical Absolutism and the Ideal--Observer", p. 336-41.

36. Cf. *A Treatise of Human Nature*, Livro 11, Parte I, Seção XI, e Livro III, Parte I, Seção I, as primeiras partes de cada, e também a Seção VI. Na edição de L. A. Selby-Bigge, esses trechos se encontram nas p. 316-20, 575-80 e 618 s.

fação na sociedade analisada, ou a avalia. Por conseguinte, suas expressões de aprovação serão dadas de acordo com o princípio clássico de utilidade. Sem dúvida, conforme observa Hume, a empatia não é um sentimento forte. É provável que o interesse próprio não somente iniba a disposição mental que permite senti-la, como também predomine sobre ela na determinação de nossas ações. Não obstante, quando os homens de fato observam suas instituições de um ponto de vista geral, Hume achava que a empatia é o único princípio psicológico em ação, e que ela no mínimo serve de guia a nossos juízos morais ponderados. Por mais fraca que seja, a empatia constitui, mesmo assim, um terreno comum para fazer com que nossas opiniões morais entrem em acordo. A capacidade natural da empatia, devidamente generalizada, oferece a perspectiva da qual é possível chegar a um entendimento sobre uma concepção comum da justiça.

Assim, chegamos à seguinte teoria: o observador racional e imparcial é uma pessoa que adota uma perspectiva geral. Assume uma posição na qual seus próprios interesses não estejam em jogo e possui todas as informações e todo o poder de raciocínio necessários. Assim situado, sente empatia igual pelos desejos e pelas satisfações de todos os atingidos pelo sistema social. Reagindo da mesma forma aos interesses de todos, o observador imparcial libera sua capacidade de identificação empática ao analisar a situação de cada pessoa da forma como a atinge. Assim, ele se imagina no lugar de uma pessoa de cada vez e, após ter feito isso com todas, o que define a força de sua aprovação é o saldo de satisfações com as quais ele se identificou de forma empática. Ao completar a análise de todas as partes envolvidas, por assim dizer, sua aprovação expressa o resultado total. Os sofrimentos imaginados empaticamente anulam os prazeres assim imaginados, e a intensidade final da aprovação corresponde ao total líquido de sentimentos positivos.

É instrutivo observar um contraste entre as características do observador compreensivo e as condições que definem a posição original. Os elementos da definição do observador empático, a imparcialidade, a posse dos conhecimentos pertinentes e as capacidades de identificação imaginária, devem assegurar uma reação completa e precisa da empatia natural. A imparcialidade impede as distorções causadas pelo preconceito e pelo interesse próprio; o conhecimento e a capacidade de identificação garantem que as aspirações dos outros serão avaliadas com precisão. Conseguiremos entender o significado da definição se percebermos que suas partes são concebidas de modo que permita que o sentimento de solidariedade opere livremente. Na posição original, em contraste, as partes são mutuamente desinteressadas e não compassivas, mas, não tendo conhecimento de seus dotes naturais e de sua posição social, são obrigadas a examinar seus arranjos institucionais de uma perspectiva geral. No primeiro caso, o conhecimento perfeito e a identificação empática resultam numa estimativa correta do saldo líquido de satisfação; no segundo, o desinteresse mútuo sujeito ao véu de ignorância conduz aos dois princípios de justiça.

Conforme mencionei, há um sentido segundo o qual o utilitarismo clássico deixa de levar a sério a distinção entre as pessoas (§ 5). O princípio de escolha racional para uma pessoa também é considerado como um princípio de escolha social. Como surge essa ideia? Ela é consequência, como vemos agora, de se querer conferir uma base dedutiva à definição do justo de um observador ideal e de se presumir que a capacidade natural humana da empatia é o único meio pelo qual os juízos morais das pessoas podem entrar em acordo. As aprovações do observador empático imparcial são adotadas como padrão de justiça, o que traz como resultado a impessoalidade, a fusão de todos os desejos em um único sistema de desejos[37].

---

37. O enunciado mais explícito e elaborado que conheço dessa ideia se encontra em C. I. Lewis, *The Analysis of Knowledge and Valuation* (La Salle, Ill. Open Court Publishing Co., 1946). Toda a Seção 13 do Cap. 18 é pertinente aqui. Lewis diz: "O valor para mais de uma pessoa deve ser avaliado como se as

Do ponto de vista da justiça como equidade, não há motivo para que as pessoas na posição original devam concordar com as aprovações de um observador empático imparcial como padrão de justiça. Esse acordo tem todas as

suas diversas experiências de valor estivessem contidas na experiência de uma única pessoa", p. 550. No entanto, Lewis usa essa ideia para oferecer uma interpretação empírica de valor social; a sua teoria do justo não é nem utilitarista nem empírica. J. J. C. Smart, em resposta à ideia de que a equidade é uma restrição à maximização da felicidade, expressa a questão com clareza quando pergunta: "Se para mim é racional escolher o sofrimento de uma visita ao dentista a fim de evitar o sofrimento de uma dor de dente, por que não é racional que eu escolha um sofrimento para Jones semelhante àquele de minha visita ao dentista, se esse é o único modo pelo qual eu posso evitar um sofrimento para Robinson que é igual ao de minha dor de dente?" *An Outline of a System of Utilitarian Ethics*, p. 26. Há uma outra breve formulação em R. M. Hare, *Freedom and Reason* (Oxford, The Clarendon Press, 1963), p. 123.

Entre os autores clássicos, a fusão de todos os desejos em um único sistema não está, que eu saiba, formulada com clareza. Mas parece implícita na comparação feita por Edgeworth entre *mécanique celeste* e *mécanique sociale*, e em sua ideia de que, algum dia, esta última poderá ocupar seu lugar junto à primeira, ambas fundamentadas em um único princípio máximo, "o pináculo supremo da ciência moral assim como da ciência física". Ele diz: "Assim como os movimentos de cada partícula, confinada ou solta, em um cosmos material, estão continuamente subordinados a uma única soma total máxima de energia acumulada, também os movimentos de cada alma, seja egoisticamente isolada ou ligada pela empatia, podem realizar continuamente a máxima energia do prazer, o amor Divino do universo". *Mathematical Psychics*, p. 12. Sidgwick é sempre mais moderado, e só aparecem indícios da doutrina em *The Methods of Ethics*. Assim, a certa altura, podemos interpretar pelo que ele afirma ser a noção de bem universal construída com os bens de diversos indivíduos, do mesmo modo que o bem (total) de um único indivíduo é construído com os diversos bens que se sucedem uns aos outros na série temporal de seus estados conscientes (p. 382). Essa interpretação é confirmada quando ele diz depois: "Se, então, quando qualquer pessoa hipoteticamente concentra a atenção em si mesma, o Bem é natural e quase inevitavelmente concebido como prazer, podemos racionalmente concluir que o Bem de um número qualquer de seres semelhantes, independentemente de quais sejam suas relações mútuas, não pode ser essencialmente diferente em qualidade" (p. 405). Sidgwick também acreditava que o axioma da prudência racional não é menos problemático que o axioma da benevolência racional. Podemos nos perguntar por que deveríamos nos preocupar com nossos próprios sentimentos futuros, da mesma forma que podemos nos perguntar por que devemos nos preocupar com os sentimentos de outras pessoas (p. 418 s.). Talvez ele achasse que a resposta era idêntica em ambos os casos: é necessário atingir a maior soma de satisfação. Essas observações parecem indicar a tese da fusão.

deficiências do princípio clássico de utilidade, ao qual é equivalente. Se, porém, as partes forem concebidas como perfeitos altruístas, ou seja, pessoas cujos desejos correspondem às aprovações de tal observador, então é claro que o princípio clássico seria adotado. Quanto maior for o saldo líquido de felicidade pelo qual ter empatia, mais o altruísta perfeito satisfaz seu desejo. Assim, chegamos à conclusão inesperada de que, enquanto o princípio da utilidade média é a ética de um único indivíduo racional (que não tem aversão ao risco) que tenta maximizar suas próprias perspectivas, a doutrina clássica é a ética de altruístas perfeitos. Um contraste muito surpreendente! Ao examinar esses princípios do ponto de vista da posição original, vemos que um complexo diferente de ideias os fundamenta. Além de se basearem em suposições motivacionais contrárias, também a noção de correr riscos tem um papel em uma delas, mas não tem nenhuma função na outra. Na concepção clássica, a pessoa escolhe como se tivesse a certeza de viver as experiências de cada indivíduo – *seriatim*, como diz Lewis – para depois somar os resultados[38]. Não há a ideia de se assumir um risco com respeito a que pessoa se acabará por ser. Assim, mesmo que o conceito da posição original não tivesse nenhuma outra finalidade, seria um instrumento útil de análise. Embora os diversos princípios da utilidade possam muitas vezes ter consequências práticas semelhantes, vemos que essas concepções provêm de suposições nitidamente distintas.

Há, contudo, uma característica típica do altruísmo perfeito que merece menção. O altruísta perfeito só pode realizar seu desejo se alguma outra pessoa tiver desejos independentes ou de primeira ordem. Para ilustrar esse fato, vamos supor que ao decidir o que fazer todos votem naquilo que todos os outros querem fazer. É óbvio que nada fica decidido; na verdade, não há nada a decidir. Para que surja um

---

38. Cf. *The Analysis of Knowledge and Valuation*, p. 547.

problema de justiça, é preciso que pelo menos duas pessoas queiram fazer algo diferente daquilo que todos os outros querem fazer. É impossível, então, supor que as partes sejam simplesmente altruístas perfeitas. É preciso que tenham alguns interesses independentes que possam entrar em conflito. A justiça como equidade modela esse conflito ao presumir a indiferença mútua na posição original. Embora possa se mostrar uma simplificação excessiva, podemos elaborar uma concepção da justiça razoavelmente abrangente com base nisso.

Alguns filósofos aceitaram o princípio utilitarista porque acreditaram que a ideia de um observador empático imparcial é a interpretação correta de imparcialidade. De fato, Hume achava que essa era a única perspectiva da qual seria possível tornar coerentes e alinhados os juízos morais. Ora, os juízos morais devem ser imparciais; mas há outro modo de chegar a isso. O juízo imparcial, podemos dizer, é um juízo apresentado conforme os princípios que seriam escolhidos na posição original. Uma pessoa imparcial é aquela cuja situação e cujo caráter lhe permitem julgar segundo esses princípios sem parcialidade ou preconceitos. Em vez de definir a imparcialidade do ponto de vista de um observador empático, definimos a imparcialidade do ponto de vista dos próprios litigantes. São eles que devem escolher sua concepção de justiça de uma vez por todas numa posição original de igualdade. Devem decidir com base em que princípios devem resolver suas exigências uns aos outros, e aquele que deve julgar entre os homens exercer o papel de representante deles. O equívoco da doutrina utilitarista está em confundir imparcialidade com impessoalidade.

Os comentários anteriores nos levam naturalmente a perguntar que tipo de teoria da justiça resultaria da adoção da ideia de observador empático, caso não o caracterizássemos como alguém que sintetiza todos os desejos em um só sistema. A concepção de Hume oferece um *modus operandi* para a benevolência, mas será essa a única possibilidade? O amor tem, entre seus principais elementos, o desejo de promover o bem da outra pessoa do modo como o amor por si mesmo racional dessa pessoa o exigiria. Com muita frequência, não há nenhum problema para se saber como realizar esse desejo. A dificuldade está em que o amor de uma pluralidade de pessoas é jogado em um estado de confusão, uma vez que as exigências dessas pessoas conflitem. Se rejeitarmos a doutrina clássica, o que o amor à humanidade nos recomenda? É inútil dizer que se deve julgar a situação conforme os ditames da benevolência. Isso presume que somos erroneamente dominados pelo interesse próprio. Nosso problema está em outra parte. A benevolência fica desorientada, uma vez que seus muitos amores estejam em conflito nas pessoas de seus inúmeros objetos.

Podemos testar aqui a ideia de que a pessoa benevolente deve guiar-se pelos princípios que alguém escolheria se soubesse que deve dividir-se, por assim dizer, entre os muitos membros da sociedade[39]. Ou seja, essa pessoa precisa imaginar que vai dividir-se em uma pluralidade de pessoas cuja vida e cujas experiências serão distintas de forma usual. As experiências e as recordações devem permanecer exclusivas de cada pessoa; e não deve haver fusão de desejos e recordações nos desejos e nas recordações dessa pessoa. Já que um só indivíduo deve transformar-se, literalmente, em muitas pessoas, não se apresenta a questão de adivinhar que pessoa será essa; mais uma vez não surge o problema de correr riscos. Sabendo disso (ou acreditando em tal fato), qual concepção de justiça a pessoa escolheria para uma sociedade constituída por esses indivíduos? Já que essa pessoa amaria, vamos supor, essa pluralidade de pessoas como ama a si mesma, talvez os princípios que viesse a escolher caracterizassem os objetivos da benevolência.

Deixando de lado as dificuldades na ideia de divisão que podem surgir de problemas com respeito à identidade pessoal, duas coisas parecem evidentes. Em primeiro lugar,

---

39. Essa ideia se encontra em Thomas Nagel, *The Possibility of Altruism* (Oxford, The Clarendon Press, 1970), p. 140 s.

ainda não está claro o que a pessoa decidiria, já que à primeira vista a situação não oferece uma solução. Mas, em segundo lugar, os dois princípios de justiça parecem agora ser uma escolha relativamente mais plausível do que o princípio clássico de utilidade. Este deixa de ser a preferência natural, e isso indica que a fusão de todos em uma única pessoa está, de fato, na raiz da doutrina clássica. O motivo por que a situação permanece obscura é que o amor e a benevolência são noções de segunda ordem: procuram promover o bem dos entes queridos, um bem que já é dado de antemão. Quando as reivindicações desses bens se chocam, a benevolência não sabe como proceder, pelo menos enquanto tratar esses indivíduos como pessoas distintas. Esses sentimentos de ordem superior não contêm princípios do justo para resolver tais conflitos. Por conseguinte, o amor pela humanidade que deseja preservar a distinção entre as pessoas, reconhecer o caráter separado da vida e da experiência de cada pessoa, fará uso dos dois princípios de justiça para definir seus objetivos quando os diversos bens que preza estiverem em oposição. Isso equivale simplesmente a dizer que esse amor é orientado pelo que os próprios indivíduos aceitariam em uma situação inicial justa que lhes assegurasse uma representação igual como pessoas morais. Agora percebemos por que não haveria ganho algum em atribuir benevolência às partes que se encontram na posição original.

Devemos, porém, distinguir entre o amor à humanidade e o senso de justiça. A diferença não está no fato de se orientarem por intermédio de princípios distintos, já que ambos incluem o desejo de fazer justiça. Mais exatamente, o primeiro se manifesta na maior intensidade e profundidade desse desejo e na disposição de cumprir todos os deveres naturais, além do dever de justiça, e até de ir além das exigências desses deveres. O amor à humanidade é mais abrangente do que o senso de justiça e fomenta atos supererrogatórios, enquanto o senso de justiça não o faz. Vemos, então, que a hipótese do desinteresse mútuo das partes não impede uma interpretação razoável da benevolência e do amor à humanidade no âmbito da justiça como equidade. O fato de partirmos do pressuposto de que as partes são mutuamente desinteressadas e têm desejos de primeira ordem em conflito ainda nos permite elaborar uma teoria abrangente. Tendo em mãos os princípios do direito e da justiça, podemos usá-los para definir as virtudes morais exatamente como o faríamos em qualquer outra teoria. As virtudes são sentimentos, isto é, famílias relacionadas de disposições e propensões regidas por um desejo de ordem superior, neste caso o desejo de agir segundo os princípios morais correspondentes. Embora a justiça como equidade comece considerando as pessoas na posição original como indivíduos ou, de forma mais precisa, como linhagens de indivíduos, isso não é obstáculo para interpretar os sentimentos de ordem superior que servem para manter unida uma comunidade de pessoas. Na Parte III, voltarei a tratar dessas questões.

Estas observações concluem a parte teórica da nossa discussão. Não tentarei resumir este longo capítulo. Tendo exposto os argumentos iniciais a favor dos dois princípios da justiça em detrimento das duas variantes de utilidade, é hora de ver como esses princípios se aplicam às instituições e com que eficácia parecem adequar-se aos nossos juízos ponderados. Só assim é possível ter uma ideia mais clara de seu significado e descobrir se representam algum progresso em relação a outras concepções.

SEGUNDA PARTE
Instituições

Capítulo IV
Liberdade igual

Nos três capítulos da Parte II, meu objetivo é ilustrar o conteúdo dos princípios da justiça. Para isso, descreverei a estrutura básica que atende a esses princípios e examinarei os deveres e as obrigações a que dão origem. As principais instituições dessa estrutura são as da democracia constitucional. Não afirmo que esses sejam os únicos arranjos justos. Minha intenção é demonstrar que os princípios da justiça, até aqui tratados fazendo-se abstração de formas institucionais, definem uma concepção política viável e se aproximam razoavelmente dos nossos juízos ponderados, dos quais também são uma extensão. Neste capítulo, parto de uma sequência de quatro estágios que esclarece como princípios para instituições devem ser aplicados. Ofereço uma descrição resumida de duas partes da estrutura básica e defino o conceito de liberdade. Depois disso, discuto três problemas da liberdade igual: liberdade igual de consciência, justiça política e direitos políticos iguais, e liberdade igual de pessoa e sua relação com o império da lei. Trato, em seguida, do significado da prioridade da liberdade e concluo com uma rápida análise da interpretação kantiana da posição original.

31. A sequência de quatro estágios

É evidente que há necessidade de algum tipo de sistema para simplificar a aplicação dos dois princípios da justiça. Vejamos três tipos de juízo que o cidadão deve emitir. Em primeiro lugar, ele precisa julgar a justiça da legislação e das políticas sociais. Mas também sabe que suas opiniões nem sempre coincidem com as dos outros, uma vez que os juízos e as convicções humanas tendem a divergir, principalmente quando seus interesses estão envolvidos. Por conseguinte, em segundo lugar, o cidadão deve decidir que ordenações constitucionais são justas para conciliar opiniões conflitantes acerca da justiça. Podemos imaginar o processo político como uma máquina que toma decisões sociais quando alimentada pelas ideias dos representantes e de seu eleitorado. O cidadão vai considerar certas maneiras de programar essa máquina mais justas do que outras. Assim, uma concepção completa de justiça não é só capaz de avaliar leis e políticas, mas também de classificar métodos de seleção das opiniões políticas que devem ser transformadas em leis. Ainda há um terceiro problema. O cidadão aceita determinada constituição como justa, e acha que certos métodos tradicionais são apropriados; por exemplo, o procedimento da regra da maioria devidamente limitada. Contudo, já que o processo político é, na melhor das hipóteses, um caso de justiça procedimental, o cidadão precisa averiguar quando as leis da maioria devem ser acatadas e quando podem ser rejeitadas por não mais suscitarem obrigação. Em resumo, deve estar apto a definir os fundamentos e os limites das obrigações e dos deveres políticos. Assim, a teoria da justiça tem de lidar com pelo menos três tipos de questões, e isso indica que talvez seja útil pensar os princípios como sendo aplicados numa sequência de vários estágios.

    Nesse ponto, então, introduzo uma elaboração da ideia de justiça procedimental imperfeita. Até aqui, presumi que, depois de escolhidos os princípios de justiça, as partes retornam a seus lugares na sociedade e, de então em diante, julgam suas reivindicações dentro do sistema social por intermédio desses princípios. Porém, se imaginarmos que ocorrem alguns estágios intermediários em sequência definida, essa sequência pode nos oferecer um esquema para resolver as complicações que temos de enfrentar. Cada estágio deve representar um ponto de vista apropriado, do qual se devem analisar certos tipos de questões[1]. Assim, presumo que, depois que as partes adotam os princípios da justiça na posição original, as partes formam uma convenção constituinte. Nesse ponto, devem decidir acerca da justiça das formas políticas e escolher uma constituição: são representantes, por assim dizer, nessa convenção. Sujeitas às restrições dos princípios de justiça já escolhidos, devem elaborar um sistema para os poderes constitucionais do governo e para os direitos fundamentais dos cidadãos. É nesse estágio que avaliam a justiça dos procedimentos para lidar com visões políticas distintas. Já que se chegou a um consenso no tocante à concepção de justiça apropriada, retira-se parcialmente o véu de ignorância. As pessoas participantes da convenção decerto não têm informações sobre indivíduos específicos: não conhecem sua própria posição social, seu lugar na distribuição dos dotes naturais nem sua concepção do bem. Mas, além de possuírem entendimento dos princípios da teoria social, agora conhecem os fatos genéricos pertinentes acerca da sociedade, isto é, suas circunstâncias e recursos naturais, seu nível de desenvolvimento econômico e sua cultura política, e assim por diante. Já não se limitam às informações implícitas nas circunstâncias da justiça: dados seus conhecimentos teóricos e os fatos gerais pertinentes sobre sua sociedade, devem escolher a constituição justa mais eficaz, a constituição que atenda aos princípios de justiça e seja a mais bem projetada para produzir uma legislação eficaz e justa[2].

---

1. A ideia da sequência de quatro estágios está na Constituição dos Estados Unidos e em sua história. Ver algumas observações acerca do modo como essa sequência pode ser interpretada na teoria e relacionada com a justiça procedimental em K. J. Arrow, *Social Choice and Individual Values*, 2.ª ed. (Nova York, John Wiley and Sons, 1963), p. 89-91.

2. É importante diferenciar a sequência de quatro estágios e sua concepção de convenção constituinte do tipo de teoria da escolha constitucional que

Neste ponto, precisamos distinguir dois problemas. O ideal é que uma constituição justa seja um procedimento justo para assegurar um resultado justo. O procedimento seria o processo político regido pela constituição; e o resultado seria o conjunto das leis promulgadas, ao passo que os princípios de justiça definiriam um critério de avaliação independente para ambos, procedimento e resultado. Na tentativa de alcançar esse ideal de justiça procedimental perfeita (§ 14), o primeiro problema é conceber um procedimento justo. Para isso, é preciso que as liberdades da cidadania igual sejam integradas à constituição e por ela protegidas. Essas liberdades incluem a liberdade de consciência e de pensamento, a liberdade individual e a igualdade de direitos políticos. O sistema político, que presumo ser alguma forma de democracia constitucional, não seria um procedimento justo se não incluísse essas liberdades.

É evidente que qualquer procedimento político viável pode vir a produzir um resultado injusto. Na verdade, não existe sistema de normas processuais políticas capaz de garantir que não será promulgada uma legislação injusta. No caso de um regime constitucional, ou de qualquer regime político, não é possível realizar o ideal da justiça procedimental perfeita. O melhor sistema que se pode alcançar é o da justiça procedimental imperfeita. Não obstante, alguns sistemas tendem mais do que outros a resultar em leis injustas. O segundo problema, então, é escolher, dentre os arranjos procedimentais ao mesmo tempo factíveis e jus-

---

há na teoria social e que é exemplificada por J. M. Buchanan e Gordon Tullock, *The Calculus of Consent* (Ann Arbor, University of Michigan Press, 1963). A ideia da sequência de quatro estágios faz parte de uma teoria moral e não serve de explicação do funcionamento de constituições concretas, exceto na medida em que os agentes políticos sofrem influência da concepção de justiça em questão. Na doutrina contratualista, os princípios de justiça já foram acordados, e o nosso problema consiste em formular um esquema que nos ajude a aplicá-los. O objetivo é caracterizar uma constituição justa, e não verificar que tipo de constituição seria adotado ou consentido, com base em hipóteses mais ou menos realistas (embora simplificadas) acerca da vida política, e muito menos com base nas suposições individualistas típicas da teoria econômica.

tos, aqueles que tenham maior probabilidade de conduzir a uma ordem jurídica justa e eficaz. Esse é mais uma vez o problema de Bentham, o da identificação artificial dos interesses, só que neste caso as normas (o procedimento justo) devem ser estruturadas para propiciar uma legislação (resultado justo) que provavelmente esteja de acordo com os princípios de justiça, e não com o princípio de utilidade. Para resolver esse problema de maneira inteligente é necessário o conhecimento das convicções e dos interesses aos quais os cidadãos envolvidos no sistema estão propensos e das táticas políticas que julgarão racional usar em suas circunstâncias. Presume-se, então, que os delegados sabem disso. Contanto que não estejam informados acerca de indivíduos específicos, inclusive sobre si mesmos, a ideia da posição original não é prejudicada.

Suponho que, na estruturação de uma constituição justa, os dois princípios de justiça já escolhidos definem um padrão independente para o resultado desejado. Se não existir esse padrão, o problema do molde constitucional não está bem apresentado, pois essa decisão é tomada passando-se em revista as constituições justas viáveis (apresentadas, digamos, numa lista fundamentada na teoria social) e procurando-se o molde que, em tais circunstâncias, provavelmente resultará em arranjos sociais justos e efetivos. Neste ponto, atingimos o estágio legislativo, para dar o próximo passo na sequência. A justiça das leis e das políticas deve ser avaliada dessa perspectiva. Os projetos de lei são julgados do ponto de vista de um legislador representativo que, como sempre, não tem conhecimento de particularidades sobre si mesmo. O arcabouço legislativo deve atender não só aos princípios de justiça, mas a quaisquer limites impostos pela constituição. Por meio desses movimentos para frente e para trás entre os estágios da legislatura e da convenção constituinte, encontra-se a melhor constituição.

A questão de saber se a legislação é justa ou injusta, especialmente em relação às políticas econômicas e sociais, em geral está sujeita a diferenças razoáveis de opinião.

Nesses casos, o juízo quase sempre depende de doutrinas políticas e econômicas especulativas e da teoria social em geral. Não raro, o melhor que se pode dizer de uma lei ou política é que pelo menos não é claramente injusta. A aplicação do princípio de diferença de maneira precisa em geral exige mais dados do que se pode esperar ter e, de qualquer forma, exige mais do que a aplicação do primeiro princípio. Quase sempre fica perfeitamente claro e evidente quando as liberdades iguais são transgredidas. Essas violações não são apenas injustas, mas podem ser claramente percebidas como tal: a injustiça está manifesta na estrutura pública das instituições. Mas esse estado de coisas é comparativamente raro nas políticas sociais e econômicas reguladas pelo princípio de diferença.

Imagino, então, uma divisão de trabalho entre os estágios, na qual cada um trata de tipos diferentes de questões da justiça social. Essa divisão corresponde, grosso modo, às duas partes da estrutura básica. O primeiro princípio da liberdade igual é o padrão principal da convenção constituinte. Seus principais requisitos são que as liberdades fundamentais individuais e a liberdade de consciência e a de pensamento sejam protegidas e que o processo político como um todo seja um procedimento justo. Assim, a constituição define um *status* comum de cidadania igual e realiza a justiça política. O segundo princípio entra em ação no estágio da legislatura. Determina que as políticas sociais e econômicas visem maximizar as expectativas de longo prazo dos menos favorecidos, em condições de igualdade equitativa de oportunidades, desde que as liberdades iguais sejam preservadas. Neste ponto, entra em jogo toda a gama de fatos sociais e econômicos de caráter geral. A segunda parte da estrutura fundamental contém as distinções e as hierarquias das formas sociais, políticas e econômicas necessárias à cooperação social eficaz e mutuamente benéfica. Assim, a prioridade do primeiro princípio de justiça em relação ao segundo se expressa na prioridade da convenção constituinte em relação ao estágio legislativo.

O último estágio é o da aplicação das normas a casos específicos por juízes e administradores, e a observância das normas pelos cidadãos em geral. Nesse estágio, todos têm acesso completo a todos os fatos. Não há mais limites ao conhecimento, pois já foi adotado o sistema completo de normas que se aplica aos indivíduos em virtude de suas características e circunstâncias. Todavia, não é desse ponto de vista que devemos decidir os fundamentos e os limites da obrigação e do dever políticos. Esse terceiro tipo de problema pertence à teoria da obediência parcial, e seus princípios são discutidos do ponto de vista da posição original, depois que tiverem sido escolhidos os princípios da teoria ideal (§ 39). Quando estes estiverem disponíveis, poderemos ver a nossa situação específica da perspectiva do último estágio, como por exemplo nos casos de desobediência civil e de objeção de consciência (§§ 57-59).

A disponibilidade de conhecimento na sequência de quatro estágios é mais ou menos a seguinte: vamos distinguir entre três tipos de fatos: os princípios fundamentais da teoria social (e de outras teorias, quando pertinentes) e suas consequências; os fatos genéricos acerca da sociedade, tais como seu tamanho e nível de desenvolvimento econômico, sua estrutura institucional e seu ambiente natural, e assim por diante; e, por fim, os fatos específicos acerca de indivíduos, tais como sua posição social, seus atributos naturais e interesses peculiares. Na posição original, os únicos fatos específicos conhecidos pelas partes são os que se podem inferir das circunstâncias da justiça. Embora conheçam os princípios básicos da teoria social, as partes não têm acesso ao curso da história; não têm informações sobre a frequência com que a sociedade assumiu esta ou aquela forma, ou sobre quais tipos de sociedade existem atualmente. Nos estágios seguintes, porém, os fatos genéricos acerca da sociedade estão à disposição das partes, mas não as particularidades de sua própria situação. Podem-se reduzir as limitações ao conhecimento porque os princípios de justiça já foram escolhidos. O fluxo de informações é definido, em cada estágio, pelo que se exige para a aplicação desses princípios de maneira inteligente ao tipo de problema da justiça em questão; ao mesmo tempo, ficam excluídos quaisquer conhecimentos com probabilidades de provocar distorções ou preconceitos, ou a jogar os indivíduos uns contra os outros. A ideia da aplicação racional e imparcial dos princípios define o tipo de conhecimento admissível. No último estágio, está claro que não há motivo nenhum para o véu de ignorância, e todas as restrições são retiradas.

É essencial ter em mente que a sequência de quatro estágios é um recurso para a aplicação dos princípios de justiça. Esse esquema faz parte da teoria da justiça como equidade, e não de uma explanação de como as convenções constitucionais e as legislaturas procedem na prática. Define uma série de pontos de vista, dos quais se devem resolver os diversos problemas de justiça, e cada ponto de vista herda as restrições adotadas nos estágios anteriores. Assim, a constituição justa é aquela que delegados racionais, sujeitos às restrições do segundo estágio, adotariam para sua sociedade. E, de maneira semelhante, leis e políticas justas são aquelas que seriam promulgadas no estágio legislativo. É claro que essa avaliação é quase sempre indeterminada: nem sempre fica claro qual seria a escolhida dentre várias constituições, ou que arranjos econômicos e sociais seriam escolhidos. Mas, quando isso acontece, a justiça é indeterminada na mesma medida. As instituições que estão dentro do âmbito permitido são igualmente justas, o que significa que poderiam ser escolhidas; elas são compatíveis com todas as restrições da teoria. Assim, em muitos problemas da política social e econômica, precisamos recorrer à noção de justiça procedimental quase pura: as leis e as políticas são justas contanto que se situem dentro do âmbito permitido e que a legislatura, das formas que são autorizadas por uma constituição justa, as tenha de fato promulgado. Essa indeterminação da teoria da justiça não constitui um defeito em si. Isso é o que deveríamos esperar. A justiça como equidade demonstrará que é uma teoria digna de seu nome se definir o âmbito da justiça de maneira mais compatível com nossos juízos ponderados do que as teorias existentes, e se especificar de maneira mais nítida as injustiças mais graves que a sociedade deve evitar.

32. O conceito de liberdade

Ao discutir a aplicação do primeiro princípio da justiça, tentarei ignorar a discussão sobre o significado da liberdade, que tantas vezes dificultou esse tema. Deixarei de lado a controvérsia entre os proponentes da liberdade negativa e os da positiva no tocante a como se deveria definir a liberdade. Acredito que, em sua maior parte, esse debate não trata de definições, e sim dos valores relativos das diversas liberdades quando entram em conflito. Assim, alguém talvez quisesse afirmar, conforme fez Constant, que a assim chamada liberdade dos modernos tem muito mais valor do que a dos antigos. Embora os dois tipos de liberdade tenham raízes profundas nas aspirações humanas, a liberdade de pensamento e a liberdade de consciência, a liberdade individual e as liberdades civis não devem ser sacrificadas em nome da liberdade política, a liberdade de participar de forma igual dos assuntos políticos[3]. Essa é uma questão substantiva de filosofia política, e é necessária uma teoria do direito e da justiça para resolvê-la. As questões de definição podem desempenhar, na melhor das hipóteses, um papel coadjuvante.

Por conseguinte, simplesmente vou supor que é possível explicar qualquer liberdade por meio da menção a três itens: os agentes que são livres, as restrições ou limitações

---

3. Cf. o texto de Constant *Ancient and Modern Liberty* (1819). Há uma discussão de suas ideias sobre o assunto em Guido Ruggiero, *The History of European Liberalism,* trad. R. G. Collingwood (Oxford, The Clarendon Press, 1927), p. 159-64, 167-69. Para uma discussão geral, ver Isaiah Berlin, *Four Essays on Liberty* (Londres, Oxford University Press, 1969), sobretudo o terceiro ensaio e as p. xxxvii-lxiii da introdução; e G. G. MacCallum, "Negative and Positive Freedom", *Philosophical Review,* Vol. 76 (1967).

de que estão livres e aquilo que têm liberdade para fazer ou não fazer. As interpretações completas da liberdade oferecem informações pertinentes acerca dessas três coisas[4]. É bem comum que certos assuntos estejam claros no contexto e que seja desnecessária uma explicação completa. A descrição geral de qualquer liberdade, então, assume a seguinte forma: esta ou aquela pessoa (ou pessoas) está (ou não está) livre desta ou daquela restrição (ou conjunto de restrições) para fazer (ou não fazer) isto ou aquilo. As associações, assim como as pessoas físicas, podem ou não estar livres, e as restrições podem variar desde deveres e proibições definidos por lei até influências coercitivas provenientes da opinião pública e da pressão social. Na maior parte do tempo, discorrerei sobre a liberdade em conexão com limitações jurídicas e constitucionais. Nesses casos, a liberdade consiste em uma determinada estrutura de instituições, em um certo sistema de normas públicas que define direitos e deveres. Nesse contexto, os indivíduos têm liberdade para fazer alguma coisa quando estão livres de certas restrições, quer para fazê-la, quer para não fazê-la, e quando o ato de fazê-la ou não fazê-la está protegido contra a interferência de outras pessoas. Se, por exemplo, analisamos a liberdade de consciência conforme definida pela lei, então os indivíduos têm essa liberdade fundamental quando estão livres para concretizar seus interesses morais, filosóficos ou religiosos sem restrições legais que lhes exijam se comprometerem com qualquer forma específica de ato religioso ou de outra natureza, e quando os demais têm o dever jurídico de não interferir. Um conjunto bastante complicado de direitos e deveres caracteriza qualquer liberdade fundamental específica. Não só deve ser permissível que os indivíduos façam ou não façam determinada coisa, mas também o governo e as outras pessoas devem ter a obriga-

---

4. Aqui sigo MacCallum, "Negative and Positive Freedom". Cf. também Felix Oppenheim, *Dimensions of Freedom* (Nova York, St. Martin's Press, 1961), sobretudo p. 109-18, 132-4, em que também aparece uma ideia de liberdade social definida de forma triádica.

ção jurídica de não obstruir. Não descreverei em pormenores esses direitos e deveres, mas partirei do pressuposto de que entendemos o bastante de sua natureza para nossos fins. Alguns breves esclarecimentos. Em primeiro lugar, é preciso ter em mente que se devem avaliar as liberdades fundamentais em conjunto, como um sistema único. O valor de uma dessas liberdades em geral depende da especificação das outras liberdades. Em segundo lugar, suponho que, em condições razoavelmente favoráveis, sempre há um modo de definir essas liberdades de forma que as principais aplicações de cada uma delas possam ser simultaneamente asseguradas e os interesses mais fundamentais, protegidos. Ou, pelo menos, que isso é possível, contanto que os dois princípios e suas prioridades correspondentes sejam acatados com coerência. Por fim, dada essa especificação das liberdades fundamentais, presume-se que, na maioria dos casos, esteja claro se uma instituição ou uma lei de fato restringe ou se apenas regula determinada liberdade fundamental. Por exemplo, certas normas de ordem são necessárias para regular a discussão; sem a aceitação de métodos razoáveis de investigação e debate, a liberdade de expressão perde seu valor. Por outro lado, uma proibição a adotar ou defender certas ideias religiosas, morais ou políticas é uma restrição à liberdade e deve ser julgada como tal[5]. Assim, na condição de delegados numa convenção constituinte, ou como membros de uma legislatura, as partes devem decidir como especificar as diversas liberdades para produzir o melhor sistema global de liberdade. Devem observar a distinção entre regulamentação e restrição, mas, em muitos pontos, terão de equilibrar uma liberdade fundamental em relação a outra; por exemplo, a liberdade de expressão em relação ao direito a um julgamento justo. O melhor arranjo das diversas liberdades depende da totalidade das limitações às quais estão sujeitas.

---

5. Cf. Alexander Meiklejohn, *Free Speech and Its Relations to Self-Government* (Nova York, Harper and Brothers, 1948), Cap. 1, Seção 6.

Embora as iguais liberdades possam, portanto, ser limitadas, esses limites estão sujeitos a certos critérios expressos pelo significado da liberdade igual e pela ordenação seriada dos dois princípios de justiça. À primeira vista, há duas maneiras de infringir o primeiro princípio. A liberdade é desigual quando uma classe de pessoas tem mais liberdade que outra, ou quando a liberdade é menos extensa do que deveria ser. Todas as liberdades da cidadania igual devem ser as mesmas para todos os membros da sociedade. Não obstante, algumas das liberdades iguais podem ser mais extensas que outras, supondo-se que seja possível comparar suas extensões. Falando de modo mais realista, caso se suponha que, na melhor das hipóteses, só é possível aferir cada liberdade em sua própria escala, então as diversas liberdades podem ser ampliadas ou limitadas segundo o modo como atinjam umas às outras. Uma liberdade fundamental coberta pelo primeiro princípio só pode ser limitada em nome da própria liberdade, isto é, só para garantir que essa mesma liberdade, ou outra liberdade fundamental, estará devidamente protegida e para ajustar da melhor maneira o sistema único de liberdades. O ajuste do sistema completo de liberdades depende apenas da definição e da extensão das liberdades específicas. Naturalmente, deve-se sempre avaliar esse sistema do ponto de vista do cidadão representativo igual. Da perspectiva da convenção constituinte ou do estágio legislativo (conforme for o caso), devemos perguntar qual sistema seria racional para esse cidadão preferir.

Uma última questão. A incapacidade de beneficiar-se dos próprios direitos e das próprias oportunidades em consequência de pobreza e ignorância e a falta de recursos em geral às vezes se incluem entre as restrições que são definidoras da liberdade. Contudo, não afirmarei isso, e sim vou pensar essas coisas como afetando o valor da liberdade, o valor dos direitos que são definidos pelo primeiro princípio. Com esse entendimento, e supondo-se que o sistema total de liberdades fundamentais seja elaborado da maneira que acabamos de expor, podemos perceber que a estrutura básica bipartida permite conciliar liberdade e igualdade. Assim, a liberdade e o valor da liberdade se distinguem da seguinte maneira: a liberdade é representada pelo sistema completo das liberdades da cidadania igual, ao passo que o valor da liberdade para indivíduos e grupos depende de sua capacidade de promover seus objetivos dentro da estrutura definida pelo sistema. A liberdade como liberdade igual é a mesma para todos; o problema de permitir compensação por uma liberdade menor do que a liberdade igual não se apresenta. Mas o valor da liberdade não é igual para todos. Alguns têm mais autoridade e riqueza e, portanto, mais recursos para atingir seus objetivos. O valor menor da liberdade é, todavia, compensado, uma vez que a capacidade dos membros menos afortunados da sociedade para alcançar seus objetivos seria ainda menor se não aceitassem as desigualdades existentes sempre que atendessem ao princípio da diferença. Mas não se deve confundir a compensação pelo valor menor da liberdade com a afirmação de uma liberdade desigual. Considerando-se os dois princípios em conjunto, a estrutura básica deve ser organizada de forma a maximizar o valor para os menos favorecidos do sistema de liberdade igual compartilhado por todos. Isso é o que define o objetivo da justiça social.

Essas observações acerca do conceito de liberdade são lamentavelmente abstratas. A esta altura, de nada serviria classificar sistematicamente as diversas liberdades. Em vez disso, vou supor que temos uma ideia suficientemente clara das diferenças entre elas, e que, durante a discussão dos diversos casos, essas questão irão aos poucos sendo esclarecidas. Nas seções seguintes, discorrerei sobre o primeiro princípio de justiça em conexão com a liberdade de consciência e a liberdade de pensamento, a liberdade política e a liberdade individual tal como protegida pelo império da lei. Essas aplicações do princípio são uma oportunidade de esclarecer o significado das liberdades iguais e de apresentar fundamentos adicionais para o primeiro princípio. Ademais, cada caso ilustra o uso dos critérios de limitação e ajuste das diversas liberdades e, por conseguinte, exemplifica o significado da prioridade da liberdade. Devemos, porém, salientar que a interpretação das liberdades fundamentais não se apresenta como um critério preciso para definir quando temos justificativa para restringir uma liberdade, seja ela fundamental ou não. Não há como evitar totalmente alguma dependência do nosso senso de equilíbrio e discernimento. Como sempre, o objetivo é formular uma concepção de justiça que, por mais que dependa das nossas capacidades intuitivas, ajude a fazer com que nossos juízos ponderados de justiça sejam convergentes (§ 8). As diversas regras de prioridade devem promover esse objetivo por meio da seleção de certas características estruturais básicas de visão moral em questão.

33. A liberdade igual de consciência

No capítulo anterior, comentei que uma das características interessantes dos princípios de justiça é o fato de assegurarem proteção para as liberdades iguais. Nas próximas seções, pretendo examinar de maneira mais pormenorizada a argumentação a favor do primeiro princípio, analisando os fundamentos da liberdade de consciência[6]. Até aqui,

---

6. A ideia de direitos iguais é, naturalmente, muito conhecida de uma ou de outra forma e aparece em inúmeras análises da justiça, mesmo quando os autores divergem muito em outras questões. Assim, se o principio de um direito igual à liberdade está, em geral, associado a Kant – cf. *The Metaphysical Elements of Justice*, trad. John Ladd (Nova York, The Library of Liberal Arts,1965), p. 43-5 –, pode-se alegar que também é possível encontrá-lo na obra de J. S. Mill, *On Liberty* [trad. bras. *in A liberdade/utilitarismo*, São Paulo, Martins Fontes, 2000], e em outras passagens de seus escritos, e nos de muitos outros pensadores liberais. H. L. A. Hart defendeu tese semelhante em "Are There Any Natural Rights?", *Philosophical Review*, Vol. 64 (1955); e Richard Wollheim fez algo semelhante no simpósio "Equality", *Proceedings of the Aristotelian Society*, Vol. 56 (1955-1956). O princípio da liberdade igual como será por mim usado pode, porém, assumir traços especiais em vista da teoria da qual faz parte. Em especial, impõe certa estrutura de instituições das

embora se tenha suposto que as partes representam linhagens contínuas de reivindicações e de preocupação com seus descendentes imediatos, essa característica não foi salientada. Tampouco enfatizei que as partes devem presumir que têm interesses morais, religiosos ou filosóficos que não podem pôr em risco, a não ser que não haja alternativa. Poderíamos dizer que elas se veem como pessoas com obrigações morais ou religiosas que, para serem honradas, requer que elas se mantenham livres. Naturalmente, do ponto de vista da justiça como equidade, essas obrigações são autoimpostas; não são compromissos criados por essa concepção de justiça. O ponto a ser enfatizado é que as pessoas na posição original não devem ver a si mesmas como indivíduos únicos e isolados. Pelo contrário, elas presumem ter interesses que devem proteger da melhor maneira possível e ter vínculos com certos membros da próxima geração, que também farão reivindicações semelhantes. Uma vez que as partes levam esses pontos em conta, a argumentação a favor dos princípios de justiça fica bastante reforçada, conforme tentarei agora demonstrar.

A questão da liberdade de igual consciência está resolvida. É um dos pontos fixos dos nossos juízos ponderados de justiça. Porém, precisamente em razão desse fato, ilustra a natureza da argumentação a favor do princípio da liberdade igual. O raciocínio, nesse caso, pode ser generalizado para aplicar-se a outras liberdades, embora nem sempre com a mesma força. Voltando-nos, então, para a liberdade de consciência, parece evidente que as partes devem escolher princípios que assegurem integralmente sua liberdade religiosa e moral. Não sabem, é claro, quais são suas convicções religiosas ou morais, ou qual é o teor específico de

---

quais só podemos nos afastar à medida que as regras de prioridade o permitam (§ 39). Está muito distante de um princípio de consideração igual, uma vez que a ideia intuitiva é generalizar o princípio de tolerância religiosa estendendo-o a uma forma social, chegando assim à igual liberdade em instituições públicas.

suas obrigações morais ou religiosas ao interpretá-las. Na verdade, não sabem que se consideram portadoras dessas obrigações. Basta para a argumentação a possibilidade de que isso aconteça, embora eu vá adotar a suposição mais forte. Ademais, as partes não sabem como sua concepção moral ou religiosa é vista na sociedade; se, por exemplo, é majoritária ou minoritária. Só sabem é que têm obrigações que interpretam dessa maneira. A questão que devem decidir é saber qual princípio devem adotar para regulamentar as liberdades dos cidadãos no tocante a seus interesses fundamentais de natureza religiosa, moral e filosófica.

Parece que a liberdade igual de consciência é o único princípio que as pessoas presentes na posição original podem reconhecer. Não podem correr riscos que envolvam sua liberdade, permitindo que a doutrina religiosa ou moral predominante persiga ou reprima outras doutrinas se assim o desejar. Mesmo admitindo-se (o que se pode questionar) que é mais provável que alguém venha a se revelar membro da maioria (caso exista essa maioria), fazer tal aposta demonstraria que não se levam a sério as convicções morais ou religiosas, ou que não se dá grande valor à liberdade de examinar as próprias convicções. Tampouco, por outro lado, as partes poderiam aceitar o princípio de utilidade. Nesse caso, sua liberdade estaria sujeita ao cálculo de interesses sociais e elas estariam autorizando restrições nessa liberdade, caso isso conduzisse a um maior saldo líquido de satisfações. Naturalmente, como vimos, o utilitarista pode tentar argumentar, com base em fatos gerais da vida social, que, apropriadamente efetuado, o cômputo das vantagens jamais justifica essas limitações, pelo menos em condições culturais razoavelmente favoráveis. Porém, mesmo que as partes estivessem convencidas disso, poderiam muito bem garantir sua liberdade de imediato por meio da adoção do princípio da liberdade igual. Nada se ganha deixando de agir assim e, à medida que o resultado do cálculo atuarial não estiver claro, muito se pode perder. Na verdade, se fizermos uma interpretação realista dos conhecimentos gerais disponíveis às partes (cf. final do § 26), elas são obrigadas a rejeitar o princípio utilitarista. Essas ponderações ganham muito mais força em vista da complexidade e da imprecisão desses cálculos (se é que podemos descrevê-los assim) tal como têm de ser feitos na prática. Ademais, o acordo inicial no tocante ao princípio da liberdade igual é definitivo. Uma pessoa que reconhece obrigações morais e religiosas as considera totalmente vinculativas, no sentido de que não pode qualificar o cumprimento dessas obrigações em nome de dispor de meios maiores para promover seus outros interesses. Benefícios sociais e econômicos maiores não são uma razão suficiente para aceitar menos do que uma liberdade igual. Parece possível consentir a uma liberdade desigual apenas na hipótese de haver uma ameaça de coerção à qual, do ponto de vista da própria liberdade, não seja prudente resistir. Por exemplo, pode ocorrer uma situação em que a religião de alguém ou sua perspectiva moral serão toleradas, contanto que não proteste, ao passo que reivindicar uma liberdade igual provocará uma repressão maior à qual não será possível se opor de maneira eficaz. Mas, da perspectiva da posição original, não há como avaliar a força relativa das diversas doutrinas, e por isso essas ponderações não se apresentam. O véu de ignorância conduz a um acordo no tocante ao princípio da liberdade igual; e a força das obrigações morais e religiosas como as pessoas as interpretam parece exigir que os dois princípios sejam dispostos em uma ordem serial, pelo menos quando aplicados à liberdade de consciência.

Contra o princípio da liberdade igual talvez se diga que as seitas religiosas, por exemplo, não podem reconhecer nenhum princípio que limite suas reivindicações mútuas. Sendo absoluto o dever para com a lei divina e religiosa, não é permissível, do ponto de vista religioso, nenhum entendimento entre pessoas de confissões diferentes. Decerto, em muitas ocasiões, a humanidade agiu como se acreditasse nessa doutrina. É desnecessário, porém, argumentar contra ela. Basta dizer que, se há algum princípio com o qual se possa concordar, só pode ser o da liberdade igual. Alguém pode, de fato, pensar que todos deveriam reconhecer as mesmas crenças e princípios fundamentais que essa pessoa reconhece, e que não o fazendo estão lamentavelmente errados e fora do caminho da salvação. Mas um entendimento adequado de obrigações religiosas e de princípios fundamentais filosóficos e morais demonstra que não podemos esperar que outros concordem com uma liberdade inferior. Muito menos podemos pedir-lhes que nos reconheçam como intérpretes adequados de seus deveres religiosos ou de suas obrigações morais.

Devemos agora observar que essas razões a favor do primeiro princípio recebem um apoio adicional quando se leva em conta a preocupação das partes com a geração seguinte. Já que desejam obter liberdades semelhantes para os seus descendentes, e essas liberdades também são garantidas pelo princípio da liberdade igual, não há conflito de interesses entre gerações. Ademais, a geração seguinte só poderia opor-se à escolha desse princípio se as perspectivas oferecidas por alguma outra concepção, digamos, aquela da utilidade ou da perfeição, fossem tão atraentes que se pudesse dizer das pessoas na posição original que elas não levaram apropriadamente em conta seus descendentes quando a rejeitaram. Podemos expressar essa ideia observando que se um pai, por exemplo, afirmasse que aceitaria o princípio da liberdade igual, o filho não poderia objetar que se ele (o pai) o fizesse estaria negligenciando seus interesses (do filho). As vantagens dos outros princípios não são assim tão grandes e de fato parecem incertas e hipotéticas. O pai poderia responder que, quando a escolha dos princípios afeta a liberdade de outrem, a decisão deve, se possível, parecer razoável e responsável aos olhos dessas outras pessoas quando atingirem a idade de razão. Os que têm responsabilidade por outros têm de escolher por esses outros à luz do que irão querer, seja lá o que mais queiram, uma vez que atinjam a maturidade. Por conseguinte, de acordo com a explanação dos bens primários, as partes presumem que seus descendentes vão querer que sua liberdade seja protegida.

Neste ponto, tocamos no princípio do paternalismo, que deve nortear as decisões tomadas em nome de outrem (§ 39). Devemos escolher por outros conforme temos razão para acreditar que escolheriam por si mesmos, se estivessem na idade da razão e estivessem decidindo racionalmente. Curadores, tutores e benfeitores devem agir dessa maneira, mas já que, em geral, conhecem a situação e os interesses de seus protegidos e beneficiários, muitas vezes conseguem fazer estimativas precisas acerca do que é ou será preferido. As pessoas presentes na posição original, contudo, estão impedidas de saber mais sobre seus descendentes do que sobre si mesmas e, portanto, também nesse caso, devem se apoiar na teoria dos bens primários. Assim, o pai pode dizer que seria irresponsabilidade de sua parte não garantir os direitos de seus descendentes por meio da adoção do princípio da liberdade igual. Da perspectiva da posição original, deve presumir que isso é o que reconhecerão como algo para seu bem.

Tentei demonstrar, usando como exemplo a liberdade de consciência, de que modo a justiça como equidade oferece fortes argumentos a favor da liberdade igual. O mesmo tipo de raciocínio se aplica, na minha opinião, a outros casos, embora nem sempre seja tão convincente. Não nego, porém, que argumentos persuasivos a favor da liberdade sejam produzidos por outras concepções. Conforme entendido por Mill, o princípio de utilidade quase sempre sustenta a liberdade. Mill define o conceito de valor por referência aos interesses do homem como um ser progressivo. Com essa ideia, ele se refere aos interesses que os homens teriam e às atividades que prefeririam em condições que incentivassem a liberdade de escolha. Com efeito, ela adota um critério de valor fundamentado na escolha: uma atividade é melhor que outra se for preferida por aqueles que são capazes de fazer ambas e que vivenciaram cada uma delas em circunstâncias de liberdade[7]. Por meio desse princípio, Mill apresenta, essencialmente, três razões para instituições livres. Em primeiro lugar, elas são necessárias para desenvolver as capacidades e os poderes humanos, para fomentar naturezas fortes e vigorosas. A menos que suas habilidades sejam intensamente cultivadas e suas qualidades estimuladas, os seres humanos não serão capazes de vivenciar nem de se empenhar nas atividades valiosas das quais são capazes. Em segundo lugar, as instituições da liberdade e a oportunidade para experimentar são necessárias para que a escolha entre atividades diversas possa ser racional e informada. Os seres humanos não têm outra maneira de saber que coisas são capazes de fazer e quais dentre elas são mais recompensadoras. Assim, se a busca de valor, avaliado por referência aos interesses progressivos da humanidade, deve ser racional, isto é, orientada pelo conhecimento das capacidades humanas e de preferências bem fundamentadas, certas liberdades são indispensáveis. Caso contrário, a tentativa da sociedade de adotar o princípio de utilidade caminha às cegas. É provável que a supressão da liberdade sempre seja irracional. Mesmo que as capacidades gerais da humanidade fossem conhecidas (o que não acontece), cada pessoa ainda precisa encontrar-se a si mesma e, para isso, a liberdade é um pré-requisito. Por fim, Mill acredita que os seres humanos preferem viver em instituições livres. A história demonstra que os homens desejam ser livres sempre que

---

7. A definição de utilidade proposta por Mill, fundamentada nos interesses permanentes do homem como um ser progressivo, aparece em *On Liberty*, Cap. l, § 11. Inicialmente li a passagem como "os interesses permanentes de um homem", segundo várias edições. Agradeço a David Spitz por me informar que Mill, quase com certeza, escreveu "do homem" e não "de um homem", e, portanto, esta última variante, fruto de uma antiga edição barata, tem grande probabilidade de ser um erro de linotipia. Alterei o texto de acordo com essa suposição. Para o critério de valor baseado na escolha, cf. *Utilitarianism*, Cap. II, §§ 2-10. Ouvi essa interpretação formulada por G. A. Paul (1953) e tomei emprestadas as suas observações.

INSTITUIÇÕES 259

não tenham se resignado à apatia e ao desespero, ao passo que aqueles que são livres jamais querem abdicar da liberdade. Embora os homens possam queixar-se dos fardos da liberdade e da cultura, têm um desejo maior de decidir como devem viver e de resolver seus próprios problemas. Assim, pelo critério de escolha de Mill, as instituições livres têm valor em si mesmas como aspectos básicos de formas de vida racionalmente preferidas[8].

Esses são decerto argumentos poderosos e, pelo menos em algumas circunstâncias, poderiam justificar muitas ou mesmo a maioria das liberdades iguais. Eles claramente garantem que, em condições favoráveis, um grau considerável de liberdade é uma precondição da busca racional de valores. Mas parece que nem mesmo as alegações de Mills, por mais convincentes que sejam, justificam uma liberdade igual para todos. Ainda precisamos de equivalentes de conhecidas suposições utilitaristas. Deve-se supor uma certa similaridade entre os indivíduos, por exemplo, sua igual capacidade para realizar as atividades e os interesses humanos na qualidade de seres capacitados para o progresso e, além disso, o princípio do valor marginal decrescente dos direitos fundamentais, quando atribuídos aos indivíduos. Na falta desses pressupostos, a promoção de fins humanos pode ser compatível com a opressão, ou pelo menos com a limitação da liberdade de algumas pessoas. Sempre que uma sociedade decide maximizar a soma dos valores intrínsecos ou o saldo líquido de satisfação dos interesses, corre o risco de descobrir que a negação da liberdade para alguns se justifica em nome desse objetivo único. As liberdades da cidadania igual ficam inseguras quando fundamentadas em princípios teleológicos. A argumentação favorável a elas se apoia em cálculos tão precários quanto controversos e em premissas incertas.

---

8. Essas três razões encontram-se em *On Liberty*, Cap. III. Não devemos confundi-las com as razões que Mill apresenta em outra parte, por exemplo, no Cap. II, recomendando com veemência os efeitos benéficos das instituições livres.

Ademais, nada se ganha quando se diz que os seres humanos têm valor intrínseco igual, a menos que isso seja simplesmente uma maneira de usar as suposições usuais como se fizessem parte do princípio da utilidade. Isto é, aplica-se esse princípio como se essas suposições fossem verdadeiras. Fazê-lo certamente tem o mérito de reconhecer que depositamos mais confiança no princípio da liberdade igual do que na veracidade das premissas a partir das quais uma visão perfeccionista ou utilitarista o deduziria. A razão para essa confiança, segundo a visão contratualista, é que as liberdades iguais têm uma base inteiramente distinta. Elas não são uma maneira de maximizar a soma dos valores intrínsecos ou de atingir o maior saldo líquido de satisfação. A ideia de maximizar a soma dos valores ajustando os direitos dos indivíduos não se apresenta. Pelo contrário, esses direitos são atribuídos para atender aos princípios de cooperação que os cidadãos reconheceriam quando cada um estivesse representado de forma justa como pessoa moral. A concepção definida por esses princípios não é a de maximizar o que quer que seja, exceto no sentido vago de, no fim das contas, melhor atender às exigências da justiça.

34. A tolerância e o interesse comum

A justiça como equidade oferece, como acabamos de ver, argumentos fortes a favor da igual liberdade de consciência. Vou supor que esses argumentos podem ser generalizados de maneira adequada para defender o princípio da liberdade igual. Por conseguinte, as partes têm bons motivos para adotar esse princípio. É óbvio que essas ponderações também são importantes na justificação da prioridade da liberdade. Da perspectiva da convenção constituinte, esses argumentos levam à escolha de um regime que garanta a liberdade moral, a liberdade de pensamento e a de crença, e de prática religiosa, embora essas liberdades sempre possam ser reguladas pelo interesse do Estado na segurança e na ordem públicas. O Estado não pode favorecer nenhuma religião específica e nenhuma penalidade ou incapacitação legal pode estar vinculada a uma dada afiliação religiosa ou ausência dela. Rejeita-se a ideia de um Estado confessional. Em vez disso, podem-se organizar associações específicas conforme o desejo de seus membros, e elas podem ter suas atividades e sua disciplina interna, desde que seus membros possam de fato escolher se querem continuar afiliados. A lei protege o direito de imunidade no sentido de que a apostasia não é reconhecida e muito menos punida como uma transgressão, assim como não o é o fato de não se ter religião nenhuma. É dessas maneiras que o Estado preserva a liberdade moral e religiosa.

A liberdade de consciência é limitada, como todos concordam, pelo interesse geral na ordem e na segurança públicas. Essa mesma limitação é facilmente derivável do ponto de vista contratualista. Em primeiro lugar, a aceitação dessa limitação não implica que os interesses públicos sejam em qualquer sentido superiores aos interesses religiosos e morais; nem exige que o Estado trate as questões religiosas com indiferença, ou reivindique o direito de reprimir convicções filosóficas quando entram em conflito com assuntos do Estado. O Estado não tem autoridade para tornar legítimas ou ilegítimas as associações, assim como não tem autoridade no que se refere à arte e às ciências. Essas questões simplesmente estão fora do âmbito de sua competência tal como definida por uma constituição justa. Mais precisamente, dados os princípios da justiça, o próprio Estado deve ser entendido como uma associação constituída de cidadãos iguais. O Estado não se ocupa de doutrinas religiosas ou filosóficas, e sim regula a busca de interesses espirituais e morais dos indivíduos, de acordo com os princípios com os quais eles próprios concordariam em uma situação inicial de igualdade. Ao exercer seus poderes dessa maneira, o Estado atua como agente dos cidadãos e satisfaz as exigências da concepção pública de justiça desses mesmos cidadãos. Por conseguinte, também é rejeitada a ideia de Estado laico com competências ilimitadas, uma vez que decorre dos princípios de justiça que o Estado não tem o direito nem o dever de fazer o que ele ou uma maioria (ou qualquer outro grupo) quiser fazer em questões de religião ou moral. Seu dever limita-se a garantir as condições de igual liberdade moral e religiosa.

Admitindo-se tudo isso, agora parece evidente que, ao limitar a liberdade de acordo com o interesse comum na ordem e na segurança públicas, o Estado age com base em um princípio que seria escolhido na posição original, pois, nessa posição, todos reconhecem que o comprometimento dessas condições representa um risco para a liberdade de todos. Isso decorre da compreensão de que a manutenção da ordem pública é uma condição necessária para que todos atinjam seus objetivos, sejam quais forem (contanto que situados dentro de certos limites), e para que cada qual possa cumprir com suas obrigações morais e religiosas da forma como as interpreta. Restringir a liberdade de consciência dentro dos limites, por mais imprecisos que sejam, dos interesses do Estado na ordem pública é uma limitação derivada do princípio do interesse comum, ou seja, o interesse do cidadão igual representativo. O direito do Estado de manter a ordem e a segurança públicas é um direito de capacitação, um direito que o Estado deve ter para ser capaz de cumprir com seu dever de apoiar imparcialmente as condições necessárias para que todos possam promover seus interesses e cumprir suas obrigações segundo seu entendimento delas.

Além disso, a liberdade de consciência só deve ser limitada quando há uma expectativa razoável de que não fazê-lo prejudicará a ordem pública que o Estado deve manter. Essa expectativa deve basear-se em evidências e formas de argumentar que são aceitáveis para todos. Devem apoiar-se na observação comum e nas formas de pensamento que são, em geral, reconhecidas como corretas (incluindo-se os métodos de investigação científica racional que não forem controversos). A confiança naquilo que pode ser estabelecido e reconhecido por todos se fundamenta, ela mesma, nos princípios de justiça. Isso não envolve nenhuma doutrina metafísica específica ou teoria do conhecimento, pois esse critério apela ao que todos podem aceitar. Tal critério representa um acordo de só se limitar a liberdade com base em conhecimento e entendimento comuns do mundo. A adoção desse critério não infringe a liberdade igual de ninguém. Por outro lado, afastar-se dos modos de argumentar geralmente aceitos envolveria atribuir um lugar privilegiado para as visões metafísicas de alguns em detrimento das de outros, e um princípio que permitisse isso não poderia ser aceito na posição original. Ademais, afirmar que as consequências para a segurança da ordem pública não devem ser apenas possíveis, ou até mesmo prováveis em certos casos, porém razoavelmente certas ou iminentes, não envolve nenhuma teoria filosófica específica. Essa exigência somente exprime a posição elevada que se deve conceder à liberdade de consciência e à liberdade de pensamento.

Podemos observar, neste ponto, uma analogia com o método de realizar comparações interpessoais de bem-estar. Estas se fundamentam no índice de bens primários que se pode razoavelmente esperar (§ 15), bens primários esses que se presume serem desejados por todos. Essa é uma base de comparação com a qual todas as partes podem concordar para fins de justiça social. Não requer estimativas sutis da capacidade humana para a felicidade, e muito menos ainda do valor relativo dos projetos de vida dos indivíduos. Não precisamos inquirir se essas noções fazem sentido; elas, porém, são inadequadas para a moldagem de instituições justas. De maneira semelhante, as partes consentem a critérios publicamente reconhecidos para definir o que constitui uma evidência de que sua liberdade igual esteja sendo exercitada de maneira que ofende o interesse comum na ordem pública e a liberdade de outrem. Esses princípios de evidência são adotados para fins de justiça, não se pretende aplicá-los a todas as questões de significado e verdade. Até que ponto são válidos na filosofia e nas ciências é uma questão à parte.

O traço característico desses argumentos a favor da liberdade de consciência é que se baseiam unicamente numa concepção de justiça. A tolerância não é derivada de necessidades práticas nem de razões de Estado. A liberdade moral e religiosa provém do princípio da liberdade igual; e, supondo-se a prioridade desse princípio, o único fundamento para negar as liberdades iguais é evitar uma injustiça ainda maior, uma perda ainda maior de liberdade. Além disso, a argumentação não se apoia em nenhuma doutrina filosófica ou metafísica específica. Ela não pressupõe que todas as verdades possam ser estabelecidas mediante formas de pensamento que são aceitas pelo bom senso; nem afirma que tudo seja, em algum sentido definível, uma construção lógica a partir daquilo que se pode observar ou provar por meio de investigação científica racional. O apelo, de fato, se dirige ao bom senso, a formas em geral compartilhadas de argumentar e a fatos claros acessíveis a todos, mas está estruturado de maneira a evitar essas pressuposições mais amplas. Por outro lado, a defesa da liberdade também não implica ceticismo em relação à filosofia ou indiferença em relação à religião. Talvez seja possível apresentar argumentos a favor da liberdade de consciência que tenham uma ou mais dessas doutrinas como premissas. Isso não é motivo de surpresa, já que argumentos diversos podem levar à mesma conclusão. Mas não precisamos tratar dessa questão. A defesa da liberdade é no mínimo tão forte quanto o mais forte de seus argumentos; é melhor esquecer os argumentos fracos e falaciosos. Aqueles que negariam a liberdade de consciência não podem justificar sua opinião com base em uma condenação do ceticismo filosófico e da indiferença em relação à religião, nem por um apelo aos interesses sociais e às questões do Estado. A limitação da liberdade só é justificada quando isso é necessário para a própria liberdade, para evitar uma infração à liberdade que seria ainda pior.

As partes da convenção constituinte devem, então, escolher uma constituição que garanta uma liberdade igual de consciência que somente seja regulada por formas de argumentação de aceitação geral; essa liberdade igual só deve sofrer limitação quando tal argumentação demonstrar de forma razoavelmente certa que seu exercício interferirá nos fundamentos de ordem pública. A liberdade é regida pelas condições necessárias à própria liberdade. Ora, apenas à luz desse princípio elementar, muitos motivos de intolerância aceitos em outras épocas estão equivocados. Assim, por exemplo, Santo Tomás de Aquino justificava a pena de morte para os hereges porque é questão muito mais grave corromper a fé, que é a vida da alma, do que falsificar dinheiro, que sustenta a vida. Portanto, se é justo condenar à morte falsificadores e outros criminosos, os hereges podem, *a fortiori*, receber tratamento semelhante[9]. Mas as premissas em que Aquino se apoia não podem ser defendidas pelas modalidades de argumentação comumente aceitas. Afirmar que a fé é a vida da alma e a eliminação da heresia, isto é, a ruptura com a autoridade eclesiástica, são necessárias para a salvação das almas é uma questão de dogma.

As razões apresentadas para uma tolerância restrita muitas vezes também colidem com esse princípio. Assim, Rousseau pensava que os cidadãos julgariam impossível conviver em paz com aqueles que considerassem amaldiçoados, uma vez que amá-los equivaleria a odiar o Deus que os pune. Acreditava que aqueles que consideram outros amaldiçoados deviam atormentá-los ou convertê-los e, portanto, não se pode crer que as seitas que pregam essa fé preservarão a paz na sociedade. Rousseau não toleraria, então, as religiões que afirmassem não haver salvação fora de Igreja[10]. Mas as consequências de tal convicção dogmática, supostas por Rousseau, não são confirmadas pela experiência. Uma argumentação psicológica *a priori*, por mais plausível que seja, não basta para abandonar o princípio da tolerância, pois a justiça afirma que aquilo que conta como uma perturbação da ordem pública e da própria liberdade deve ser definido pela experiência comum. Há, no entanto, uma diferença importante entre Rousseau e Locke, que defendiam uma tolerância restrita, e Santo Tomás de Aquino

---

9. *Summa Theologica*, II-II, q. 11, art. 3.
10. *O contrato social*, Livro IV, Cap. VIII.

e os reformadores protestantes, que não o faziam[11]. Locke e Rousseau limitavam a liberdade com base no que supunham ser consequências claras e evidentes para a ordem pública. Se os católicos e os ateus não deveriam ser tolerados, isso acontecia porque parecia evidente que não se poderia confiar que tais pessoas respeitassem os compromissos da sociedade civil. Pode-se presumir que uma experiência histórica maior e um conhecimento das possibilidades mais amplas da vida política os teriam convencido de que estavam errados, ou pelo menos que suas suposições só eram verdadeiras em circunstâncias especiais. Já no caso de Santo Tomás de Aquino e dos reformadores protestantes, os motivos de intolerância são, eles mesmos, questão de fé, e essa diferença é mais fundamental que os limites efetivamente estabelecidos à tolerância. Pois, quando a negação da liberdade é justificada por um apelo à ordem pública fundamentado na experiência comum, é sempre possível insistir em que os limites foram definidos de maneira incorreta, que a experiência, de fato, não justifica a restrição. Quando a supressão da liberdade se baseia em princípios teológicos ou em artigos de fé, não há argumentação possível. Uma concepção reconhece a prioridade dos princípios que seriam escolhidos na posição original, ao passo que a outra não o faz.

35. A tolerância para com os intolerantes

Vejamos agora se a justiça exige a tolerância com os intolerantes e, nesse caso, em que condições. Há uma variedade de situações nas quais surge essa questão. Alguns par-

---

11. Sobre as concepções dos reformadores protestantes, cf. J. E. E. E. (Lord) Acton, "The Protestant Theory of Persecution", em *The History of Freedom and Other Essays* (Londres, Macmillan, 1907). Sobre Locke, cf. *A Letter Concerning Toleration*, que acompanha *The Second Treatise of Government*, org. J. W. Gough (Oxford, Basil Blackwell, 1946), p. 156-8.

tidos políticos de Estados democráticos defendem doutrinas que os comprometem a suprimir liberdades constitucionais uma vez que estejam no poder. Também há os que rejeitam a liberdade intelectual, mas que, no entanto, ocupam cargos em universidades. Pode parecer que a tolerância nesses casos é incompatível com os princípios de justiça, ou, pelo menos, que não é exigida por eles. Vou discutir esse tema em conexão com a tolerância religiosa. Com as devidas alterações, podemos ampliar a argumentação a esses outros casos.

É preciso distinguir algumas questões. Em primeiro lugar, há a questão de saber se uma seita intolerante tem algum direito de reclamar se não for tolerada; em segundo lugar, em que condições as seitas tolerantes têm o direito de não tolerar as intolerantes? E, por fim, quando as primeiras têm o direito de não tolerar as últimas, e com que fins se deve exercer esse direito? Partindo da primeira questão, parece que a seita intolerante não tem o direito de reclamar quando a liberdade igual lhe é negada. Isso procede, pelo menos, quando se presume que um indivíduo não tem o direito de se opor à conduta alheia que esteja de acordo com os princípios que ele mesmo adotaria em circunstâncias semelhantes para justificar seus atos com relação aos outros. O direito que uma pessoa tem de se queixar se limita às transgressões dos princípios que a própria pessoa reconhece. Uma reclamação é um protesto dirigido de boa-fé a outrem. Ela invoca a violação de um princípio que ambas as partes reconhecem. Sem dúvida, o intolerante dirá que age de boa-fé e que não pede para si nada do que negue a outrem. Sua visão, vamos supor, é que está agindo segundo o princípio de que se deve obedecer a Deus e que a verdade deve ser aceita por todos. Esse princípio é perfeitamente geral e, agindo com base nele, esse indivíduo não está abrindo nenhuma exceção em causa própria. Na opinião dele, está obedecendo ao princípio correto que é rejeitado pelos outros.

A resposta a essa defesa é que, do ponto de vista da posição original, não se pode reconhecer como vinculadora para os cidadãos em geral nenhuma interpretação específica da verdade religiosa; nem se pode concordar que deve haver uma única autoridade com o direito de resolver as questões de doutrina teológica. Cada pessoa deve insistir em um direito igual de decidir quais são suas obrigações religiosas. Ninguém pode renunciar a esse direito em favor de outra pessoa ou autoridade institucional. Na verdade, um homem exerce sua liberdade ao decidir aceitar um homem como autoridade, mesmo quando considera essa autoridade infalível, pois, ao fazê-lo, de forma alguma abandona sua igual liberdade de consciência como uma questão de direito constitucional. Essa liberdade, assegurada pela justiça, pois, é imprescritível: uma pessoa sempre está livre para mudar de religião e esse direito não depende de ter exercido suas capacidades de escolha regularmente ou de forma inteligente. Podemos observar que ter uma igual liberdade de consciência é compatível com a ideia de que todos devem obedecer a Deus e aceitar a verdade. O problema da liberdade é o da escolha de um princípio segundo o qual as exigências que os homens fazem uns aos outros em nome da religião devem ser reguladas. Admitir que se deve obedecer à vontade de Deus e que se deve reconhecer a verdade ainda não define um princípio de julgamento. Do fato de que se deve obedecer à vontade de Deus não se infere que qualquer pessoa ou instituição tenha autoridade para interferir na interpretação que outros fazem de suas próprias obrigações religiosas. Esse princípio religioso não justifica a ninguém reivindicar uma liberdade maior para si mesmo na esfera jurídica ou política. Os únicos princípios que autorizam reivindicações dirigidas a instituições são os que seriam escolhidos na posição original.

Vamos supor, então, que uma seita intolerante não tenha o direito de reclamar da intolerância. Ainda não podemos dizer que as seitas tolerantes tenham o direito de suprimi-la. Em primeiro lugar, outros podem ter o direito de reclamar. Podem ter esse direito não como direito de reclamar em nome dos intolerantes, mas simplesmente como um direito de objetar todas as vezes que houver transgressão a um princípio da justiça, pois a justiça é infringida sempre que se nega a liberdade igual sem uma razão suficiente. O problema é, então, saber se o fato de ser intolerante é uma razão suficiente para limitar a liberdade de alguém. Simplificando: vamos supor que as seitas tolerantes tenham o direito de não tolerar os intolerantes em pelo menos uma circunstância, ou seja, quando sinceramente e com boas razões acreditam que a intolerância é necessária para sua própria segurança. Esse é um direito fácil de inferir porque, da forma como a posição original é caracterizada, todos concordariam com o direito à autopreservação. A justiça não exige que os homens cruzem os braços enquanto outros destroem os alicerces de sua existência. Já que nunca pode ser vantajoso, de um ponto de vista geral, renunciar ao direito à autopreservação, a única questão é, então, saber se os tolerantes têm o direito de coibir os intolerantes quando estes não representam nenhum risco imediato para as liberdades iguais de outros.

Vamos supor que, de uma forma ou de outra, surja uma seita intolerante no seio de uma sociedade bem-ordenada que aceita os dois princípios de justiça. Como devem agir os cidadãos dessa sociedade com relação a isso? Decerto não devem eliminá-la só porque os membros da seita intolerante não poderiam reclamar se isso acontecesse. Pelo contrário, já que existe uma constituição justa, todos os cidadãos têm um dever natural de justiça de preservá-la. Não somos dispensados desse dever sempre que outros se disponham a agir de maneira injusta. Faz-se necessária uma condição mais rigorosa: deve haver alguns riscos consideráveis para nossos próprios interesses legítimos. Assim, os cidadãos justos devem lutar para preservar a constituição com todas as suas liberdades iguais, contanto que a própria liberdade e as liberdades deles mesmos não corram perigo. Podem, de maneira apropriada, obrigar os intolerantes a respeitar a liberdade alheia, uma vez que é possível exigir de uma pessoa que respeite os direitos definidos pelos princípios que ela própria reconheceria na posição original. Porém, quando a própria constituição está assegurada, não há motivo para negar a liberdade aos intolerantes.

A questão de tolerar os intolerantes está diretamente ligada à da estabilidade de uma sociedade bem-ordenada regida pelos dois princípios. Podemos constatar isso da seguinte maneira: é da posição de cidadania igual que as pessoas aderem às diversas associações religiosas e é dessa posição que devem conduzir suas discussões entre si. Os cidadãos de uma sociedade livre não devem considerar-se mutuamente incapazes de ter um senso de justiça, a não ser que isso seja necessário em nome da própria liberdade igual. Se aparece uma seita intolerante numa sociedade bem-ordenada, as outras pessoas devem ter em mente a estabilidade inerente de suas instituições. As liberdades dos intolerantes podem persuadi-las a crer na liberdade. Essa persuasão tem base no princípio psicológico segundo o qual, as demais condições permanecendo constantes, aqueles cujas liberdades são protegidas por uma constituição justa, da qual se beneficiam, com o tempo desenvolvem um senso de lealdade em relação a ela (§ 72). Portanto, mesmo que surja uma seita intolerante, contanto que não seja tão forte desde o início a ponto de poder impor sua vontade imediatamente, ou que não cresça de maneira tão rápida que o princípio psicológico não tenha tempo de se fazer sentir, a tendência dessa seita será abandonar a intolerância e aceitar a liberdade de consciência. Essa é a consequência da estabilidade de instituições justas, pois a estabilidade significa que, quando surgem tendências à injustiça, entram em ação outras forças a fim de preservar a justiça do arranjo como um todo. Naturalmente, a seita intolerante pode ser tão forte no início ou crescer tão depressa que as forças da estabilidade não consigam convertê-la para a liberdade. Essa situação apresenta um dilema prático que a filosofia não consegue resolver sozinha. Depende das circunstâncias saber se a liberdade dos intolerantes deve ser limitada para preservar a liberdade sob uma constituição justa. A teoria da justiça apenas caracteriza a constituição justa, o objetivo da ação política por referência ao qual se devem tomar decisões práticas. Na busca desse objetivo, não se deve esquecer a força natural das instituições livres, nem se deve supor que as tendências a um afastamento delas cresçam livremente e sempre triunfem. Conhecendo a estabilidade inerente de uma constituição justa, os membros de uma sociedade bem-ordenada sabem que só devem limitar a liberdade dos intolerantes em casos especiais, quando isso for necessário para preservar a própria liberdade igual.

A conclusão, portanto, é que, embora a seita intolerante não tenha, ela mesma, o direito de reclamar da intolerância, sua liberdade só deve ser restringida quando os tolerantes, com sinceridade e razão, acreditarem que sua própria segurança, e a segurança das instituições da liberdade, estiverem em perigo. Só nesses casos devem os tolerantes coibir os intolerantes. O princípio básico é estabelecer uma constituição justa que garanta as liberdades da cidadania igual. Os justos devem orientar-se pelos princípios de justiça, e não pelo fato de que os injustos não podem reclamar. Por fim, deve-se observar que, mesmo quando a liberdade do intolerante é limitada para salvaguardar uma constituição justa, isso não se faz em nome da maximização da liberdade. As liberdades de alguns não são suprimidas simplesmente para possibilitar uma liberdade maior para outros. A justiça proíbe esse tipo de raciocínio em relação à liberdade, da mesma forma que o proíbe em relação à soma das vantagens. É apenas a liberdade dos intolerantes que deve ser limitada, e isso se faz para preservar a liberdade igual em uma constituição justa, cujos princípios os próprios intolerantes reconheceriam na posição original.

A argumentação desta seção, e das anteriores, indica que a adoção do princípio da liberdade igual pode ser considerada um caso de adoção de limites. Embora suas diferenças sejam profundas e ninguém saiba como harmonizá--las racionalmente, ainda é possível, do ponto de vista da posição original, que os homens concordem com o princípio da liberdade igual, se é que conseguem concordar com relação a algum princípio. Essa ideia, que surgiu historicamente com a tolerância religiosa, pode ser estendida a outros casos. Assim, podemos supor que as pessoas presentes na posição original sabem que têm convicções morais, embora, como o exige o véu de ignorância, não sabem quais são essas convicções. Elas compreendem que os princípios reconhecidos devem prevalecer sobre essas convicções quando há conflito; mas, de outra forma, não precisam rever nem renunciar a suas opiniões quando esses princípios não as endossam. Desse modo, os princípios de justiça podem arbitrar entre moralidades opostas, exatamente do mesmo modo como regulam as exigências de religiões rivais. Dentro da estrutura estabelecida pela justiça, as diversas partes da sociedade podem adotar concepções morais com princípios diferentes, ou concepções que representam ponderações diferentes dos mesmos princípios. O essencial é que, quando pessoas de convicções diversas apresentam à estrutura fundamental exigências conflitantes, devem, como uma questão de princípio político, julgar essas reivindicações segundo os princípios de justiça. Os princípios que seriam escolhidos na posição original constituem o núcleo da moralidade política. Além de especificar os termos da cooperação entre os indivíduos, também definem um pacto de reconciliação entre as diversas religiões e convicções morais e as formas de cultura às quais pertencem. Se essa concepção de justiça agora parece em larga medida negativa, veremos que ela tem um lado mais positivo.

36. A justiça política e a constituição

Quero agora examinar a justiça política, isto é, a justiça da constituição, e esboçar o significado da liberdade igual para essa parte da estrutura básica. A justiça política tem dois aspectos decorrentes do fato de que a constituição justa é um caso de justiça procedimental imperfeita. Em primeiro lugar, a constituição deve ser um procedimento justo que satisfaça as exigências da liberdade igual; e, em segundo lugar, deve ser estruturada de modo que, dentre todos os arranjos justos viáveis, seja aquele que tem maiores probabilidades de resultar num sistema de legislação justo e efetivo. A justiça da constituição deve ser avaliada de ambos os pontos de vista, à luz do que permitem as circunstâncias, e as avaliações devem ser feitas do ponto de vista da convenção constituinte.

Denominarei o princípio da liberdade igual, quando aplicado ao procedimento político definido pela constituição, princípio de (igual) participação. Este exige que todos os cidadãos tenham um direito igual de participar do processo constituinte que define as leis às quais devem obedecer, bem como seu resultado final. A justiça como equidade começa com a ideia de que, quando há necessidade de princípios comuns e estes trazem vantagem para todos, eles devem ser formulados do ponto de vista de uma posição inicial de igualdade, adequadamente definida, na qual cada pessoa é representada de maneira equitativa. O princípio da participação transfere essa ideia da posição original para a constituição, que é o mais elevado sistema de normas sociais para a criação de normas. Se o Estado quiser exercer uma autoridade última e coercitiva sobre determinado território, e se deve assim afetar de maneira permanente as expectativas de vida da população, o processo constituinte deve preservar a representação igual da posição original no mais alto grau possível.

Por ora, presumo ser possível organizar uma democracia constitucional de modo a atender ao princípio da participação. Mas precisamos saber com mais exatidão o que esse princípio requer em circunstâncias favoráveis, quando, por assim dizer, é levado às últimas consequências. É claro que esses requisitos são conhecidos, e incluem o que Constant chamava de liberdade dos antigos, em contraste com a liberdade dos modernos. Não obstante, vale a pena ver como essas liberdades estão compreendidas no princípio da participação. Tratarei na próxima seção dos ajustes necessários nas condições existentes e da argumentação que rege esses compromissos.

Podemos começar recordando certos elementos de um regime constitucional. Em primeiro lugar, a autoridade de decidir as políticas sociais básicas pertence a um corpo de representantes escolhido para exercer mandatos delimitados durante um período determinado, por um eleitorado ao qual esses representantes devem prestar contas. Esse corpo de representantes tem mais do que uma função consultiva. É uma legislatura com poderes para criar leis, e não simplesmente um fórum de delegados dos diversos setores da sociedade, ao qual o executivo explica seus atos e com respeito ao qual tenta discernir os movimentos do sentimento público. Tampouco são os partidos políticos meros grupos de interesses que fazem reivindicações ao governo em benefício próprio; pelo contrário, para conquistar o apoio necessário e conseguir vencer eleições, devem apresentar alguma concepção do bem público. A constituição pode, naturalmente, delimitar o poder legislativo em inúmeros aspectos; e normas constitucionais definem os atos desse poder na qualidade de um corpo parlamentar. Mas, no devido momento, uma maioria sólida do eleitorado consegue atingir seus objetivos, se necessário por meio de emendas constitucionais.

Todos os adultos mentalmente sadios, com certas exceções amplamente reconhecidas, têm o direito de participar dos assuntos políticos, e, tanto quanto possível, prevalece o preceito de "um eleitor, um voto". As eleições são limpas e livres e realizadas com regularidade. Verificações esporádicas e imprevisíveis da opinião pública por meio de plebiscitos e outros meios, ou em ocasiões convenientes aos que estão no poder, não bastam para um regime representativo. Há rigorosas proteções constitucionais para determinadas liberdades, principalmente para a liberdade de expressão e de reunião e para a liberdade de formar associações políticas. O princípio da oposição política leal é reconhecido; os choques de convicções políticas, e dos interesses e das atitudes que tendem a influenciá-las, são aceitos como uma condição normal da vida humana. A falta de unanimidade faz parte das circunstâncias da justiça, uma vez que fatalmente existe discordância, mesmo entre pessoas conscienciosas que desejam seguir aproximadamente os mesmos princípios políticos. Sem a concepção de oposição leal, e sem apego às normas constitucionais que a expressam e protegem, a política da democracia não pode ser conduzida adequadamente nem durar muito tempo.

Três pontos que dizem respeito à liberdade igual definida pelo princípio da participação exigem discussão: seu significado, sua extensão e as medidas que aprimoram seu valor. Começando pela questão do significado, o preceito "um eleitor, um voto", quando obedecido com rigor, implica que cada voto tem aproximadamente o mesmo peso para determinar o resultado de eleições. E isso por sua vez exige, na hipótese de haver um único representante para cada distrito eleitoral, que os membros da legislatura (cada um com direito a um voto) representem o mesmo número de eleitores. Parto também do pressuposto de que o preceito exige que os distritos legislativos sejam definidos segundo certos padrões gerais, previamente especificados pela constituição e aplicados, na medida do possível, de maneira imparcial. Essas salvaguardas são necessárias para evitar a manipulação de distritos eleitorais, uma vez que se pode afetar o peso do voto tanto por intermédio da manipulação de distritos quanto pela existência de distritos de tamanho desproporcional. Os procedimentos e padrões necessários devem ser adotados do ponto de vista da convenção constituinte, na qual ninguém tem o conhecimento que possa vir a enviesar a demarcação de distritos eleitorais. Os partidos políticos não podem ajustar fronteiras em benefício próprio, à luz de estatísticas eleitorais; os distritos são definidos por meio de critérios que foram acordados sem que houvesse esse tipo de informação. Naturalmente, pode ser necessário introduzir certos elementos aleatórios, já que os critérios para delimitar distritos eleitorais são, sem dúvida, um tanto arbitrários. Talvez não haja outra maneira equitativa de lidar com essas contingências[12].

O princípio da participação também afirma que todos os cidadãos devem ter direitos iguais de acesso, pelo menos em um sentido formal, a cargos eletivos. Todos os cidadãos têm o direito de participar de partidos políticos, de candidatar-se a cargos eletivos e de ocupar postos de autoridade. Certamente, pode haver qualificações de idade, residência, e assim por diante. Mas essas limitações devem estar relacionadas às funções do cargo; é de presumir que essas restrições sejam do interesse comum e não discriminem pessoas ou grupos de maneira injusta, o que significa que devem atingir a todos igualmente no curso normal da vida.

A segunda questão relativa à liberdade política igual é sua extensão. Quão amplamente devem-se definir essas liberdades? À primeira vista, não está claro o que extensão significa neste caso. Cada uma das liberdades políticas pode ser definida de forma mais ou menos ampla. De maneira um tanto arbitrária, mas não obstante de acordo com a tradição, vou supor que a variação principal na extensão da liberdade igual política reside no grau em que a constituição é majoritária. Suponho que as definições das outras liberdades sejam mais ou menos fixas. Assim, uma liberdade política mais abrangente é instituída por uma constituição que adota o procedimento da regra da maioria pura (aquele procedimento em que a minoria não pode sobrepujar nem obstruir a maioria) para todas as decisões políticas importantes que não sofram impedimento de restrições constitucionais. Sempre que a constituição limita o alcance ou a autoridade das maiorias, seja exigindo um quórum qualificado para certos tipos de decisão, seja por meio de uma declaração de direitos que restringe os poderes do legislativo, e medidas semelhantes, a liberdade política igual é menos

---

12. Cf. a discussão deste problema em W. S. Vickrey, "On the Prevention of Gerrymandering", *Political Science Quarterly*, Vol. 76 (1961).

extensa. Os recursos tradicionais do constitucionalismo – legislativo bicameral, separação de poderes combinada com pesos e contrapesos, uma declaração de direitos com controle jurisdicional da constitucionalidade – limitam o alcance do princípio da participação. Suponho, porém, que esses arranjos são compatíveis com a liberdade política igual, contanto que se apliquem restrições semelhantes a todos e que os limites instituídos possam vir, com o tempo, a atingir igualmente todos os setores da sociedade. E isso parece provável se for preservado o valor equitativo da liberdade política. O problema principal, então, é saber qual deveria ser o alcance da igualdade de participação. Reservo essa questão para a próxima seção.

Passando agora para o valor da liberdade política, a constituição deve tomar providências para reforçar o valor dos direitos iguais de participação para todos os membros da sociedade. Deve garantir uma oportunidade equitativa de participação e de influência no processo político. Nesse ponto a distinção é análoga à que foi feita no § 12: num plano ideal, os que têm qualificação e motivação semelhantes devem ter aproximadamente as mesmas oportunidades de alcançar as posições de autoridade política, qualquer que seja sua classe social ou econômica. Mas como se deve assegurar esse valor equitativo dessas liberdades?

Podemos partir da convicção de que regime democrático é algo que pressupõe a liberdade de expressão e de reunião e liberdade de consciência e pensamento. Essas instituições não são apenas exigidas pelo primeiro princípio de justiça, mas, como Mill argumentou, são necessárias para que os assuntos políticos sejam conduzidos de maneira racional. Embora a racionalidade não seja garantida por esses arranjos, parece que em sua ausência o curso de ação mais racional será decerto rejeitado, em prol das políticas perseguidas por interesses especiais. Para que o fórum público seja livre e aberto a todos, e permaneça em sessão contínua, todos devem poder participar dele. Todos os cidadãos devem ter os meios de informar-se sobre questões políticas.

Devem ter condições de avaliar como certas propostas interferem em seu bem-estar e quais políticas promovem sua concepção do bem público. Além disso, devem ter uma oportunidade equitativa de acrescentar à agenda propostas alternativas para debate político[13]. As liberdades protegidas pelo princípio da participação perdem muito de seu valor sempre que os detentores de maiores recursos privados têm permissão de usar suas vantagens para controlar os rumos do debate público, pois essas desigualdades acabarão por possibilitar aos que estão em melhores condições exercer uma influência maior sobre os rumos da legislação. Com o tempo, é provável que venham a exercer um peso preponderante na decisão das questões sociais, pelo menos no que se refere àqueles assuntos sobre os quais costumam concordar, isto é, em relação àquilo que favorece suas circunstâncias privilegiadas.

Deve haver medidas de compensação, então, para preservar o valor equitativo de todas as liberdades políticas iguais. Pode-se lançar mão de uma variedade de recursos. Por exemplo, numa sociedade que permita a propriedade privada dos meios de produção, a propriedade e a riqueza devem ser amplamente distribuídas e verbas públicas devem destinar-se, em bases regulares, ao incentivo do livre debate público. Além disso, os partidos políticos devem tornar-se independentes dos interesses econômicos privados, recebendo recursos suficientes provenientes da arrecadação tributária para desempenhar seu papel no sistema constitucional.(As subvenções aos partidos podem, por exemplo, basear-se em alguma regra que leve em conta o número de votos recebidos nas eleições mais recentes, ou em algo semelhante.) É necessário que os partidos políticos sejam autônomos no que diz respeito aos interesses privados, isto é, em relação a demandas não expressas no fórum público

---

13. Cf. em R. A. Dahl, *A Preface to Democratic Theory* (Chicago, University of Chicago Press, 1956), p. 67-75, uma discussão das condições necessárias para alcançar a igualdade política.

e não discutidas abertamente com base em uma concepção do bem público. Se a sociedade não arcar com os custos de organização e se for necessário levantar verbas para os partidos entre os setores socioeconômicos mais favorecidos, as demandas desses grupos fatalmente receberão uma atenção excessiva. E isso tem uma probabilidade muito maior de acontecer quando os membros menos favorecidos da sociedade, impedidos de exercer seu grau equitativo de influência devido à carência de recursos, se fecham na apatia e no ressentimento.

Historicamente, um dos principais defeitos do governo constitucional tem sido a sua incapacidade de assegurar o valor equitativo da liberdade política. Não se têm tomado as providências corretivas necessárias; na verdade, parece que nunca houve ponderações sérias a esse respeito. Disparidades na distribuição de propriedade e riqueza que em muito excedem o que é compatível com a liberdade política em geral têm sido toleradas pelo sistema legal. Não se têm empregado recursos públicos na manutenção das instituições necessárias para garantir o valor equitativo da liberdade política. A falha reside essencialmente no fato de que o processo político democrático é, na melhor das hipóteses, uma rivalidade regulada; nem em teoria possui as propriedades desejáveis que a teoria dos preços atribui a mercados realmente competitivos. Ademais, as consequências das injustiças no âmbito do sistema político são muito mais graves e duradouras que as imperfeições do mercado. O poder político se acumula rapidamente e se torna desigual; e, servindo-se do aparelho coercitivo do Estado e de suas leis, aqueles que conquistam vantagens podem quase sempre garantir para si mesmos uma posição privilegiada. Assim, as desigualdades do sistema socioeconômico podem solapar qualquer igualdade política que possa ter existido em condições historicamente favoráveis. O sufrágio universal é um contrapeso insuficiente, pois, quando os partidos e as eleições não são financiados por verbas públicas, mas por contribuições privadas, o fórum político fica tão condicionado pelos desejos dos interesses dominantes que raramente apresenta de modo adequado as providências essenciais necessárias para instituir um governo constitucional justo. Essas questões, porém, pertencem à sociologia política[14]. Sua menção aqui é uma forma de salientar que a nossa discussão faz parte da teoria da justiça e não deve ser confundida com uma teoria do sistema político. Estamos em meio à descrição de um arranjo ideal, termo de comparação que define um padrão para julgar instituições reais e indica o que deve ser garantido para que afastamentos em relação a esse padrão se justifiquem.

À guisa de resumo da explanação do princípio da participação, podemos dizer que uma constituição justa institui uma forma de rivalidade equitativa em relação à autoridade e aos cargos políticos. Mediante a apresentação de concepções do bem público e de políticas concebidas para promover os objetivos sociais, os partidos rivais buscam a aprovação dos cidadãos de acordo com normas procedimentais justas, num contexto de liberdade de pensamento e de reunião no qual está assegurado o valor equitativo da liberdade política. O princípio da participação obriga aqueles que estão no poder a ser sensíveis aos interesses do eleitorado. Os representantes não são, decerto, meros agentes de seus eleitores, uma vez que têm certo discernimento e deles se espera que, na elaboração das leis, exerçam sua capacidade de julgar. Numa sociedade bem-ordenada eles devem, porém, representar seus eleitores no sentido substantivo: devem procurar, em primeiro lugar, aprovar uma legislação justa e efetiva, já que esse é o interesse primordial dos cidadãos em relação ao governo; e, em segundo lugar, devem promover outros interesses de seus eleitores, na medida em que sejam compatíveis com a justiça[15]. Os prin-

---

14. Minhas observações se baseiam em F. H. Knight, *The Ethics of Competition and Other Essays* (Nova York, Harper and Brothers, 1935), p. 293-305.

15. Cf. em H. S. Pitkin, *The Concept of Representation* (Berkeley, University of California Press, 1967), p. 221-5, para uma discussão da representação, pela qual sou grato.

cípios de justiça estão entre os principais critérios a utilizar na avaliação da atuação dos representantes e das razões que eles apresentam para justificá-la. Por ser a constituição o alicerce da estrutura social, o mais elevado sistema de normas que regula e controla outras instituições, todos têm acesso igual ao sistema político que ela institui. Quando se atende ao princípio da participação, todos têm o *status* comum de cidadãos iguais.

Por fim, para evitar mal-entendidos, é preciso lembrar que o princípio da participação se aplica a instituições. Não define o cidadão ideal, nem gera a obrigação de que todos participem ativamente dos assuntos políticos. Os deveres e as obrigações dos indivíduos constituem uma questão à parte, que discutirei mais adiante (cf. o Capítulo VI). O essencial é que a constituição institua direitos iguais de participação nos assuntos públicos e que sejam tomadas providências para preservar o valor equitativo dessas liberdades. Num estado bem governado, talvez apenas uma pequena fração das pessoas venha a dedicar boa parte de seu tempo à política. Há muitos outros tipos de bem humano. Mas essa parcela, qualquer que seja seu tamanho, muito provavelmente será retirada, de forma mais ou menos igual, de todos os setores da sociedade. Os numerosos centros de vida política e comunidades de interesses terão seus membros ativos zelando por seus interesses.

37. Limitações ao princípio de participação

A explanação anterior, do princípio da participação, torna evidente que há três maneiras de limitar sua aplicação. A constituição pode definir uma liberdade de participação mais ou menos extensiva; pode permitir desigualdades nas liberdades políticas; e pode haver uma quantidade maior ou menor de recursos sociais destinados a garantir o valor dessas liberdades para o cidadão representativo. Discorrerei sobre esses três tipos de limitações, nessa ordem, sempre visando esclarecer o significado da prioridade da liberdade.

A extensão do princípio da participação é definida como a medida em que o procedimento da regra (pura) da maioria é limitado pelos mecanismos próprios do constitucionalismo. Esses instrumentos servem para limitar o alcance da regra da maioria, os tipos de questões em que as maiorias têm autoridade suprema e a rapidez com que os objetivos da maioria são postos em prática. Uma declaração de direitos pode remover totalmente certas liberdades do alcance da regulação pela maioria, e a separação dos poderes com o controle jurisdicional da constitucionalidade pode reduzir o ritmo das mudanças legislativas. O problema é, então, saber como poderíamos justificar esses mecanismos, sem ferir os dois princípios de justiça. Não devemos perguntar se esses dispositivos de fato se justificam, mas que tipo de argumentação é necessária para defendê-los.

Em primeiro lugar, porém, devemos observar que se presume que os limites ao alcance do princípio da participação atingem igualmente a todos. Por isso, é mais fácil justificar essas restrições do que a desigualdade de liberdades políticas. Se todos poderiam desfrutar de uma liberdade maior, ao menos todos perdem igualmente com tais restrições, mantendo-se constantes as demais condições. E se essa liberdade menor é desnecessária e não é imposta por alguma agência humana, o sistema de liberdades é, nessa medida, mais irracional que injusto. A liberdade desigual, como acontece quando se viola o preceito "um homem, um voto", é outro assunto, e levanta de imediato uma questão de justiça.

Supondo-se, por enquanto, que as limitações impostas à regra da maioria atinjam igualmente a todos os cidadãos, a justificativa dos dispositivos do constitucionalismo está no fato de que se presume que eles protejam as outras liberdades. Descobre-se o melhor arranjo observando-se suas consequências sobre todo o sistema de liberdades. A ideia intuitiva nesse caso é simples. Já dissemos que o processo político é um caso de justiça procedimental imperfeita. Acredita-se que uma constituição que restringe a regra da maioria, por meio de vários expedientes tradicionais, conduz a um corpo de legislação mais justo. Uma vez que, por necessidade prática, não há como não se valer do princípio da maioria, o problema é descobrir quais limitações funcionam melhor para promover os objetivos da liberdade em determinadas circunstâncias. Naturalmente, essas questões se situam fora do âmbito da teoria da justiça. Não precisamos analisar qual dos mecanismos constitucionais é efetivo para realizar seus fins, se é que isso acontece, ou em que medida seu funcionamento bem-sucedido pressupõe certas condições sociais subjacentes. A questão de relevo é que para justificar essas restrições é preciso sustentar que, do ponto de vista do cidadão representativo na convenção constituinte, uma liberdade de participação menos extensa é suficientemente compensada pela maior segurança e alcance das outras liberdades. A regra ilimitada da maioria é muitas vezes considerada hostil a essas liberdades. Há dispositivos constitucionais que obrigam a maioria a retardar a realização de sua vontade e a tomar decisões mais ponderadas. Diz-se que dessa e de outras maneiras as limitações procedimentais mitigam os defeitos do princípio da maioria. A justificativa apela a uma liberdade igual maior. Em momento algum se apela a benefícios socioeconômicos compensadores.

Um dos dogmas do liberalismo clássico afirma que as liberdades políticas têm menos importância intrínseca do que a liberdade de consciência e a liberdade da pessoa. Na hipótese de alguém ser forçado a escolher entre as liberdades políticas e todas as outras liberdades, o governo de um bom soberano que reconhecesse estas últimas e preservasse o Estado de Direito seria muito mais preferível. Desse ponto de vista, o principal mérito do princípio da participação é garantir que o governo respeite os direitos e o bem-estar dos governados[16]. Felizmente, porém, não é muito fre-

---

16. Cf. Isaiah Berlin, *Four Essays on Liberty*, p. 130, 165.

quente que necessitemos avaliar a importância relativa das diversas liberdades. Em geral o que se deve fazer é aplicar o princípio da vantagem igual ao ajustar o sistema completo de liberdades. Não se pede de nós que abandonemos inteiramente o princípio da participação nem que lhe confiramos uma influência ilimitada. Em vez disso, devemos diminuir ou aumentar seu alcance até o ponto em que o risco para a liberdade, decorrente da perda marginal de controle sobre os que detêm o poder político, só ocorre na medida necessária para garantir a segurança da liberdade obtida por meio da maior utilização de dispositivos constitucionais. A decisão não é uma questão de tudo ou nada. É uma questão de pesar umas contra outras pequenas variações na extensão e na interpretação das diversas liberdades. A prioridade da liberdade não exclui intercâmbios marginais dentro do sistema de liberdades. Além disso, permite, embora não exija, que certas liberdades, digamos, as que são cobertas pelo princípio da participação, sejam menos essenciais, no sentido de que seu papel principal é proteger as demais liberdades. Naturalmente, opiniões diferentes sobre o valor das liberdades influirão no modo como cada pessoa acha que se deve organizar o sistema completo de liberdades. Os que atribuem um valor maior ao princípio da participação estarão dispostos a correr riscos maiores em relação às liberdades individuais, por exemplo, para conceder um espaço mais amplo às liberdades políticas. Numa situação ideal, esses conflitos não ocorrerão e deve ser possível, pelo menos em circunstâncias favoráveis, descobrir um procedimento constitucional que conceda um alcance suficiente ao valor da participação sem colocar em risco as outras liberdades.

 Contra a regra da maioria objeta-se às vezes que, por mais limitada que seja, ela não consegue levar em conta a intensidade do desejo, uma vez que a parte mais numerosa pode prevalecer sobre os sentimentos fortes de uma minoria. Essa crítica tem como fundamento a ideia equivocada de que é importante levar em conta a intensidade do desejo na elaboração das leis (cf. § 54). Pelo contrário, sempre que se levantam questões de justiça, não devemos nos orientar pela intensidade do desejo, e sim devemos ter por objetivo aumentar a justiça da ordem legal. O critério fundamental para julgar qualquer procedimento é a justiça de seus prováveis resultados. Pode-se dar uma resposta semelhante à adequação da regra da maioria quando o voto está dividido de forma quase igual. Tudo depende da justiça provável do resultado final. Se os diversos setores da sociedade têm razoável confiança mútua e compartilham uma concepção de justiça, decisões majoritárias puras podem funcionar bastante bem. Quando esse consenso subjacente está ausente, fica mais difícil justificar o princípio da maioria, por ser menos provável que se adotem políticas justas. Porém, é possível que não se possa confiar em nenhum procedimento, uma vez que a desconfiança e a inimizade se difundam na sociedade. Não quero levar adiante a discussão dessas questões. Menciono esses pontos conhecidos sobre a regra da maioria apenas para salientar que o teste de arranjos constitucionais é sempre o equilíbrio global da justiça. Sempre que questões de justiça estiverem envolvidas, não se deve levar em conta a intensidade dos desejos. Naturalmente, na vida prática, os legisladores têm de levar em conta sentimentos públicos fortes. O sentimento de indignação dos cidadãos, por mais irracional que seja, estabelecerá os limites daquilo que é politicamente viável; e as percepções mais populares necessariamente influenciarão as estratégicas de implementação exequíveis dentro desses limites. Mas não se devem confundir as questões de estratégia com as de justiça. Se uma declaração de direitos que garanta as liberdades de consciência, pensamento e de reunião tiver possibilidade de se mostrar efetiva, deve ser adotada. Seja qual for a profundidade dos sentimentos que a elas se opõem, esses direitos deveriam, se possível, ser preservados. A força de atitudes contrárias a esses direitos não tem nenhuma relação com o que é justo, e sim somente com a viabilidade dos sistemas da liberdade.

A justificativa da liberdade política desigual se processa quase do mesmo modo. Adota-se o ponto de vista do representante na convenção constituinte e avalia-se o sistema total de liberdades tal como a ele se apresenta. Mas há nesse caso uma diferença importante. Precisamos agora pensar da perspectiva daqueles que têm menos liberdade política. Sempre que houver uma desigualdade na estrutura básica, deve-se justificá-la para os que estão na posição mais desvantajosa. Isso vale para qualquer um dos bens sociais primários e, em especial, para a liberdade. Portanto, a regra de prioridade exige que mostremos que a desigualdade de direitos seria aceita pelos menos favorecidos em troca da maior proteção, resultante dessa restrição, de suas outras liberdades.

Talvez a desigualdade política mais óbvia seja a da violação do preceito "um homem, um voto". No entanto, até não muito tempo atrás, a maioria dos autores rejeitava o sufrágio universal igual. Na verdade, as pessoas não eram sequer consideradas sujeitos apropriados para a representação. Com frequência, supunha-se que interesses é que deveriam ser representados, havendo divergências entre *whigs* e *tories* sobre dar um lugar aos interesses da classe média ao lado dos interesses eclesiásticos e latifundiários.

Para outros, as regiões é que devem ser representadas, ou então as formas de cultura, como quando se fala da representação dos elementos agrário e urbano da sociedade. À primeira vista, esses tipos de representação parecem injustos. O seu distanciamento do preceito "um homem, um voto" é a medida de sua injustiça abstrata e indica a força das razões contrárias que fatalmente se apresentam[17].

Mas ocorre com frequência que os opositores das liberdades políticas iguais formulam justificativas bem-articuladas. No mínimo, estão dispostos a argumentar que a

---

17. Cf. J. R. Pole, *Political Representation in England and the Origin of the American Republic* (Londres, Macmillan, 1966), p. 535-7.

desigualdade política é para o bem dos que têm menos liberdade. Vejamos, como ilustração, a tese de Mill segundo a qual as pessoas de maior inteligência e escolaridade deveriam ter mais votos para que suas opiniões pudessem ter maior influência[18]. Mill acreditava que, nesse caso, o voto plural está de acordo com a ordem natural da vida, pois sempre que as pessoas se empenham num empreendimento coletivo no qual há interesses conjuntos, reconhecem que, embora todos devam ter voz, não é preciso que todas as vozes tenham o mesmo peso. O julgamento dos mais sábios e mais informados deve ter um peso maior. Tal arranjo é do interesse de cada um e está de acordo com o senso de justiça dos homens. As questões nacionais constituem precisamente esse tipo de interesse coletivo. Embora todos devam de fato ter direito de voto, os que têm maior capacidade para a administração do interesse público devem ter uma voz mais ativa. A sua influência deve ser forte o bastante para protegê-los da legislação de classe dos não educados, mas não tão forte a ponto de lhes permitir promulgar leis em benefício próprio. Numa situação ideal, os que têm maior sabedoria e discernimento devem atuar como uma força constante a favor da justiça e do bem comum, uma força que, embora seja sempre fraca quando sozinha, pode muitas vezes inclinar a balança na direção certa se as forças mais poderosas se neutralizam. Mill estava convicto de que todos sairiam ganhando com esse tipo de arranjo, inclusive aqueles cujos votos contam menos. Naturalmente, assim exposta, essa argumentação não vai além da concepção geral da justiça como equidade. Mill não declara explicitamente que o ganho dos não escolarizados deve ser avaliado em primeiro lugar pela maior segurança de suas outras liberdades, embora seu raciocínio indique que ele

---

18. *Representative Government*, org. R. B. McCallum, juntamente com *On Liberty* (Oxford, Basil Blackwell, 1946), p. 216-22. (Este é o teor de grande parte da segunda metade do Cap. VIII.)

acreditava ser esse o caso. Seja como for, caso a visão de Mill se proponha a satisfazer as restrições impostas pela prioridade da liberdade, essa é a forma que o argumento deve assumir.

Não pretendo criticar a proposta de Mill. Minha interpretação dela se presta unicamente a finalidades de ilustração. Sua visão nos faz ver por que a igualdade política é às vezes considerada menos essencial do que a igualdade de liberdade de consciência ou do que a liberdade da pessoa. Presume-se que o governo vise ao bem comum, isto é, à preservação de condições e à realização de objetivos que são similarmente vantajosos para todos. Na medida em que essa suposição se sustenta, e é possível identificar alguns cidadãos como detentores de sabedoria e discernimento superiores, os outros estarão dispostos a confiar neles e a conceder um peso maior às suas opiniões. Os passageiros de um navio estão dispostos a permitir que o comandante decida a rota, pois acreditam que ele tem mais conhecimentos e deseja tanto quanto eles próprios chegar são e salvo ao destino. Há tanto uma identidade de interesses como uma habilidade e um discernimento sensivelmente maiores para realizá-los. Ora, o Estado é de certo modo semelhante a um navio em alto-mar; na medida em que isso acontece, as liberdades políticas estão, de fato, subordinadas às outras liberdades que, por assim dizer, definem o bem intrínseco dos passageiros. Admitindo-se esses pressupostos, o voto plural pode ser perfeitamente justo.

Naturalmente, as razões para o autogoverno não são apenas instrumentais. A liberdade política igual, quando seu valor equitativo é assegurado, sempre exerce profunda influência sobre a qualidade moral da vida cívica. Cria-se dessa forma uma base segura para as relações entre os cidadãos na constituição explícita da sociedade. A máxima medieval segundo a qual o que a todos atinge interessa a todos é vista como algo que se deve levar a sério e declarar como objetivo público. A liberdade política assim entendida não se destina a satisfazer o desejo do indivíduo de ser senhor de si próprio, e muito menos a sua busca de poder. Participar da vida política não torna o indivíduo senhor de si mesmo, mas lhe dá uma voz igual à dos outros na definição de como se devem ordenar as condições sociais fundamentais; tampouco satisfaz sua ambição de dominar outras pessoas, uma vez que agora se exige que cada um modere suas reivindicações segundo aquilo que todos podem reconhecer como justo. A vontade pública de consultar e levar em conta as convicções e os interesses de todos estabelece as bases da amizade cívica e modela o *ethos* da cultura política.

Além disso, o resultado do autogoverno, quando os direitos políticos iguais têm seu valor equitativo garantido, é aumentar a autoestima e o senso de capacidade política do cidadão comum. A consciência de seu próprio valor, desenvolvida no seio de associações menores de sua comunidade, é confirmada na constituição de toda a sociedade. Uma vez que se espera que o cidadão exerça seu direito de voto, espera-se que tenha opiniões políticas. O tempo e a reflexão que dedica à formação de suas opiniões não é determinado pelo provável retorno material de sua influência política. Trata-se muito mais de uma atividade agradável em si mesma, que conduz a uma concepção mais ampla da sociedade e ao desenvolvimento de suas faculdades intelectuais e morais. Conforme observou Mill, ele é convidado a ponderar interesses que diferem dos seus e a guiar-se por alguma concepção da justiça e do bem público, e não por suas próprias inclinações[19]. Tendo de explicar e justificar suas posições perante os outros, precisa apelar para princípios que outros possam aceitar. Além disso, acrescenta Mill, essa formação do espírito público é necessária para que os cidadãos adquiram um senso positivo de dever e obrigação políticos, isto é, uma disposição que vai além da simples disposição de se submeter às leis e ao governo. Sem esses sen-

---

19. *Representative Government*, p. 149-51, 209-11. (Trata-se do final do Cap. III e do início do Cap. VIII.)

timentos mais abrangentes os homens ficam alienados e isolados em seus agrupamentos menores, e pode acontecer que os laços afetivos não se estendam para além da família e do reduzido círculo de amizades. Os cidadãos já não consideram uns aos outros como associados, que podem cooperar na promoção de alguma modalidade do bem público; pelo contrário, veem-se como rivais, ou como obstáculos na busca de seus objetivos. Todas essas ponderações foram divulgadas por Mill e por outros pensadores. Elas mostram que as liberdades políticas iguais não são apenas um meio. Essas liberdades fortalecem nos cidadãos a noção do próprio valor, ampliam suas sensibilidades morais e intelectuais e estabelecem as bases de uma noção de dever e obrigação da qual depende a estabilidade das instituições justas. Deixarei para a Parte III fazer a conexão entre essas questões e o bem humano e o senso de justiça. Ali tentarei vincular essas coisas sob a concepção do bem da justiça.

38. O império da lei

Quero agora analisar os direitos individuais como objeto de proteção do princípio do império da lei[20]. Assim como antes, minha intenção não é apenas relacionar essas noções com os princípios de justiça, mas também elucidar o sentido da prioridade da liberdade. Já comentei (§ 10) que a concepção de justiça formal, a administração regular e imparcial do sistema de leis de ordem pública, se transforma

---

20. Cf., para uma discussão geral, Lon Fuller, *The Morality of Law* (New Haven, Yale University Press, 1964), Cap. II. O conceito de decisões baseadas em princípios no direito constitucional é analisado por Herbert Wechsler, *Principles, Politics, and Fundamental Law* (Cambridge, Harvard University Press, 1961). Sobre uso e abuso de formas judiciais na política, cf. Otto Kirchenheimer, *Political Justice* (Princeton, Princeton University Press, 1961), e J. N. Shklar, Legalism (Cambridge, Harvard University Press, 1964), Parte II. J. R. Lucas, em *The Principles of Politics* (Oxford, The Clarendon Press, 1966), p. 106-43, contém uma interpretação filosófica.

no império da lei quando se aplica ao sistema jurídico. Um tipo de ação injusta é a incapacidade, por parte de juízes e de outras autoridades, de aplicar a lei apropriada ou de interpretá-la corretamente. No que diz respeito a esse assunto, é mais esclarecedor pensar não em violações flagrantes, como, por exemplo, o suborno e a corrupção, ou o abuso do sistema legal para punir inimigos políticos, mas sim em distorções sutis causadas por preconceitos e predisposições, uma vez que essas atitudes realmente discriminam certos grupos no processo judicial. Podemos chamar de "justiça como regularidade" a administração regular e imparcial da lei, e, nesse sentido, equitativa. É uma expressão mais sugestiva do que "justiça formal".

É óbvio que o império da lei tem uma conexão estreita com a liberdade. Isso podemos ver examinando a ideia de sistema legal e sua ligação íntima com os preceitos que definem a justiça como regularidade. Um sistema legal é uma ordem coercitiva de normas públicas voltada para pessoas racionais, com o propósito de reger sua conduta e prover a estrutura da cooperação social. Quando são justas, essas normas estabelecem uma base para expectativas legítimas. Elas constituem os fundamentos sobre os quais as pessoas podem se apoiar umas nas outras e com base nos quais elas podem legitimamente objetar quando suas expectativas são frustradas. Se as bases dessas reivindicações forem incertas, incertos também serão os limites das liberdades dos indivíduos. Naturalmente, há outras normas que compartilham dessas características. As regras de jogos e as normas de associações privadas destinam-se igualmente a pessoas racionais, com o propósito de estruturar suas atividades. Pressupondo-se que essas normas são equitativas ou justas, basta que os indivíduos se filiem a essas organizações e aceitem os benefícios daí resultantes para que as obrigações decorrentes constituam as bases de expectativas legítimas. O que distingue um sistema legal é sua grande abrangência e seus poderes reguladores em relação a outras associações. Os organismos constitucionais definidos por esse sistema geralmente têm o direito legal exclusivo de exercer pelo menos as formas mais extremas de coerção. Os tipos de coerção que as associações privadas podem empregar são rigorosamente limitados. Ademais, a ordem legal exerce uma autoridade última sobre um determinado território bem definido. Ela é também marcada pela extensa gama de atividades que rege e pela natureza fundamental dos interesses que se destina a assegurar. Essas características simplesmente expressam o fato de que a lei define a estrutura básica no âmbito da qual se dá o exercício de todas as outras atividades.

Considerando-se que a ordem legal é um sistema de normas públicas dirigido a pessoas racionais, temos como interpretar os preceitos de justiça associados ao império da lei. Esses preceitos são os que seriam seguidos por qualquer sistema de normas que expressasse com perfeição a ideia de um sistema legal. É óbvio que isso não quer dizer que as leis obedeçam a esses preceitos em todos os casos. Mais precisamente, esses princípios provêm de uma idealização, da qual se espera que as leis se aproximem, pelo menos na maioria das vezes.

Se os desvios em relação à justiça como regularidade forem muito profundos, pode surgir uma séria dúvida sobre se um sistema legal realmente existe, em contraste com um conjunto de decretos específicos destinados a promover os interesses de um ditador ou o ideal de um déspota benevolente. Muitas vezes essa questão não tem uma resposta clara. O motivo de se conceber uma ordem legal como um sistema de normas públicas está no fato de que isso nos permite deduzir os preceitos associados ao princípio da legalidade. Além disso, podemos dizer que, em circunstâncias normais, uma ordem legal é administrada de forma mais justa que outra se satisfizer mais perfeitamente os preceitos do império da lei. Ela oferecerá uma base mais sólida para a liberdade e um meio mais efetivo de organizar sistemas de cooperação. Todavia, pelo fato de garantirem apenas a administração imparcial e regular das leis, sejam quais forem, esses preceitos são compatíveis com a injustiça. Eles só impõem exigências um tanto fracas à estrutura básica, mas que não são de modo algum desprezíveis. Comecemos pelo preceito segundo o qual ter um dever envolve ser capaz de cumpri-lo (*"ought implies can"*). Esse preceito identifica várias características óbvias dos sistemas legais. Em primeiro lugar, os atos exigidos ou proibidos pelo império da lei devem ser do tipo que seja razoável esperar que os indivíduos possam realizar ou evitar. Um sistema de normas públicas dirigido a pessoas racionais para organizar sua conduta trata do que elas podem e não podem fazer. Não deve impor um dever de fazer o que não é possível fazer. Em segundo lugar, a noção de que só se tem um dever quando se é capaz de cumpri-lo transmite a ideia de que aqueles que promulgam as leis e decretos o fazem de boa-fé. Legisladores e juízes, e outras autoridades do sistema, devem acreditar que é possível obedecer às leis; e devem supor que todos os comandos podem ser cumpridos. Além disso, não apenas as autoridades devem agir de boa-fé, como sua boa-fé deve ser reconhecida por aqueles que estão sujeitos aos seus ditames. Leis e comandos só são aceitos como leis e comandos se em geral se acredita que é possível obedecê-los e executá-los. Se houver dúvidas quanto a isso, é de presumir que os atos das autoridades têm algum outro objetivo que não o de organizar a conduta dos cidadãos. Por fim, esse preceito expressa a exigência de que o sistema legal reconheça como defesa, ou pelo menos como circunstância atenuante, a impossibilidade de cumprimento. Ao impor as leis, o sistema jurídico não pode considerar irrelevante a incapacidade de cumprimento. Seria um fardo insuportável para a liberdade se a possibilidade de sofrer sanções não se limitasse normalmente a atos de que temos a capacidade de participar ou não.

    O império da lei também implica o princípio segundo o qual casos semelhantes devem receber um tratamento semelhante. Não seria possível regular os atos humanos por meio de normas sem obediência a esse preceito. Sem dúvida, essa ideia não nos leva muito longe, pois devemos supor que os critérios de semelhança são fornecidos pelas próprias normas jurídicas e pelos princípios utilizados para interpretá-las. Não obstante, o preceito de que em casos semelhantes se tomem decisões semelhantes limita, de modo significativo, a discricionaridade dos juízes e de outras autoridades. O preceito os obriga a justificar as distinções que estabelecem entre pessoas por referência aos princípios e às normas jurídicas pertinentes. Em qualquer caso específico, se as leis forem algo complicadas e exigirem interpretação, pode ser fácil justificar uma decisão arbitrária. Mas, à medida que aumenta o número de casos, torna-se mais difícil elaborar justificativas plausíveis para julgamentos tendenciosos. A exigência de coerência vale naturalmente para a interpretação de todas as leis e para justificativas em todos os níveis. Por fim, acaba ficando difícil formular os argumentos fundamentados para juízos discriminatórios, e a tentativa de fazê-lo torna-se menos convincente. Esse preceito vale também em casos de equidade, isto é, quando se deve abrir uma exceção porque a norma vigente provoca um dano inesperado. Mas com a seguinte ressalva: uma vez que não há uma linha divisória clara que separe esses casos excepcionais, chega-se a um ponto, como nas questões de interpretação, em que quase todas as diferenças terão importância. Nesses casos, aplica-se o princípio da autoridade, e basta o peso da jurisprudência ou do veredicto anunciado[21].

O preceito de que não há crime sem lei *(Nullum crimen sine lege)* e as exigências nele implícitas também provêm da ideia de sistema legal. Esse preceito exige que as leis sejam conhecidas e expressamente promulgadas, que seu significado seja claramente definido, que os estatutos sejam genéricos, tanto na forma quanto na intenção, e que não se-

---

21. Cf. Lon Fuller, *Anatomy of the Law* (Nova York, The American Library, 1969), p. 182.

jam usados como meio de prejudicar determinados indivíduos que podem ser expressamente citados (ordens de confisco), que pelo menos as infrações mais graves sejam interpretadas estritamente, e que as leis penais não sejam retroativas em detrimento daqueles aos quais se aplicam. Essas exigências estão implícitas na ideia de regular o comportamento por meio de normas públicas, pois se, por exemplo, as leis não forem claras naquilo que permitem e proíbem, o cidadão não saberá como se comportar. Além disso, embora possa haver ocasionais decretos confiscatórios ou leis retroativas, essas coisas não podem constituir características comuns ou típicas do sistema. Caso contrário, conclui-se que ele tem outra finalidade. Um tirano pode alterar leis sem aviso prévio, e consequentemente punir (se é que essa é a palavra correta) seus súditos, porque sente prazer em ver quanto tempo eles levam para descobrir, mediante a observação das penalidades que lhes são infligidas, quais são as novas leis. Essas normas, porém, não constituiriam um sistema legal, pois não serviriam para organizar o comportamento social oferecendo uma base para expectativas legítimas.

Por fim, temos aqueles preceitos que definem a ideia de justiça natural. São preceitos concebidos para preservar a integridade do processo judicial[22]. Se as leis são diretrizes com o intuito de orientar pessoas racionais, os tribunais devem preocupar-se com a aplicação e o cumprimento dessas leis da maneira apropriada. Deve haver um esforço escrupuloso para decidir se houve infração e impor a penalidade correta. Assim, o sistema legal deve ter normas com o sentido de assegurar a realização de audiências e julgamentos disciplinados; deve conter normas quanto à apresentação de provas que garantam procedimentos racionais de inquérito. Embora haja variações nesses procedimentos, o impé-

---

22. Esse senso de justiça natural é tradicional. Cf. H. L. A. Hart, *The Concept of Law* (Oxford, The Clarendon Press,1961), p. 156, 202.

rio da lei exige alguma forma de devido processo legal, isto é, um processo razoavelmente concebido para determinar a verdade, de forma que sejam compatíveis com os outros objetivos do sistema legal, sobre se uma transgressão ocorreu e em quais circunstâncias. Por exemplo, os juízes devem ser independentes e imparciais e ninguém pode julgar em causa própria. Os julgamentos devem ser justos e abertos, mas não influenciados pelo clamor popular. Os preceitos da justiça natural objetivam assegurar que a ordem legal será mantida de forma regular e imparcial.

O vínculo entre o império da lei e a liberdade é bem claro. A liberdade, como já afirmei, é um complexo de direitos e deveres definidos por instituições. As diversas liberdades especificam coisas que podemos optar por fazer, se assim o desejarmos, e nas quais, quando a natureza da liberdade as torna apropriadas, todos têm um dever de não interferir[23]. Mas se for violado o princípio de que não há crime sem uma lei, por exemplo, em virtude de os estatutos serem vagos e imprecisos, o que temos liberdade de fazer fica igualmente vago e impreciso. Os limites de nossa liberdade se tornam incertos. E na medida em que isso acontece,

---

23. Pode-se discutir se essa visão vale para todos os direitos, por exemplo, o direito de se apropriar de um objeto que não foi reclamado por ninguém. Cf. Hart em *Philosophical Review*, Vol. 64, p. 179. Mas talvez seja verdadeiro o suficiente para os nossos fins. Embora alguns dos direitos básicos sejam analogamente direitos de competição, como poderíamos denominá-los – por exemplo, o direito de participar dos assuntos públicos e influenciar as decisões políticas –, ao mesmo tempo todos têm um dever de comportar-se de determinada maneira. Esse é um dever de conduta política equitativa, por assim dizer, e transgredi-lo constitui uma espécie de interferência. Como vimos, a constituição visa a estabelecer uma estrutura na qual direitos políticos que são exercidos equitativamente, e que têm seu valor equitativo garantido, tendem a conduzir a uma legislação justa e efetiva. Quando for apropriado, podemos interpretar assim o que foi dito no texto. Sobre esse ponto, cf. Richard Wollheim, "Equality", *Proceedings of the Aristotelian Society*, Vol. 56 (1955-1956), p. 291 s. Em outras palavras, podemos redescrever o direito como o direito de tentar fazer alguma coisa em circunstâncias específicas, circunstâncias essas que permitem a competição equitativa de outrem. A iniquidade torna-se uma forma característica de interferência.

a liberdade é restringida por um temor razoável de exercê-la. Resultam nos mesmos tipos de consequência os casos semelhantes que não são tratados de maneira semelhante, se falta ao processo judicial a integridade essencial, se a lei não reconhece a impossibilidade de cumprir o dever legal como uma defesa, e assim por diante. O princípio da legalidade encontra, então, um fundamento firme no acordo de pessoas racionais que querem instituir para si mesmas o grau máximo de liberdade igual. Para terem confiança na posse e no exercício dessas liberdades, os cidadãos de uma sociedade bem-ordenada normalmente desejarão que se preserve o império da lei.

Podemos chegar à mesma conclusão de uma forma ligeiramente diferente. É razoável supor que, mesmo numa sociedade bem-ordenada, os poderes coercitivos do Estado são até certo ponto necessários para a estabilidade da cooperação social. Embora todos saibam que compartilham um senso comum de justiça e que cada um deseja aderir aos arranjos existentes, mesmo assim os cidadãos podem não ter plena confiança uns nos outros. Podem desconfiar que alguns não estejam fazendo sua parte, e assim podem sentir-se tentados a não fazer a deles. A generalização dessas disposições pode vir a provocar o colapso do sistema. A desconfiança de que os outros não estejam honrando seus deveres e obrigações aumenta com o fato de que, na ausência de uma interpretação autorizada e do cumprimento das normas, é bem fácil encontrar desculpas para infringi-las. Assim, mesmo em condições razoavelmente ideais, é difícil imaginar, por exemplo, um sistema voluntário de imposto sobre a renda que funcione bem. Esse tipo de arranjo é instável. O papel de uma interpretação pública autorizada das normas amparada em sanções coletivas é precisamente superar essa instabilidade. Ao impor um sistema público de penalidades, o Estado afasta os motivos para se supor que os outros não estão cumprindo as leis. Só por esse motivo, presume-se que um poder soberano coercitivo será sempre necessário, mesmo quando em uma sociedade bem-ordenada as sanções não sejam severas e talvez nunca precisem ser impostas. A existência de um sistema penal eficaz serve para garantir a segurança recíproca dos homens. Essa proposição e o raciocínio a ela subjacente podem ser tidos como a tese de Hobbes[24] (§ 42).

Quando criam tal sistema de sanções, as partes da convenção constituinte devem ponderar suas desvantagens. Estas são no mínimo de duas espécies: uma delas é a necessidade de cobrir os custos para manter tal agência, por exemplo, por meio de impostos; a outra é o risco para a liberdade do cidadão representativo, avaliado pela probabilidade de que essas sanções venham a interferir arbitrariamente em sua liberdade. A criação de uma agência coercitiva só é racional se essas desvantagens forem menores que a perda de liberdade decorrente da instabilidade. Supondo-se que esse seja o caso, a melhor ordenação é aquela que minimiza esses riscos. É claro que, outras condições permanecendo constantes, os riscos para a liberdade são menores quando a lei é administrada de maneira imparcial e regular, segundo o princípio da legalidade. Embora o mecanismo coercitivo seja necessário, é obviamente essencial definir com precisão a tendência de suas operações. Sabendo que condutas ele penaliza e que são capazes de praticá-las ou de não praticá-las, os cidadãos podem fazer seus planos em conformidade com tais exigências. Quem obedece às leis tornadas públicas não tem nunca por que temer uma violação de sua liberdade.

As observações acima deixam claro que precisamos de uma teoria das sanções penais, por mais limitada que seja, mesmo no âmbito da teoria ideal. Dadas as condições normais da vida humana, fazem-se necessários arranjos dessa natureza. Sustentei que os princípios que justificam essas

---

24. Cf. *Leviatã*, Caps. 13-18. Cf. também Howard Warrender, *The Political Philosophy of Hobbes* (Oxford, The Clarendon Press, 1957), Cap. III; e D. P. Gauthier, *The Logic of Leviathan* (Oxford, The Clarendon Press, 1969), p. 76-89.

sanções podem ser deduzidos do princípio da liberdade. A concepção ideal demonstra, pelo menos nesse caso, como deve ser montado o sistema não ideal; e isso confirma a conjectura de que a teoria ideal é que é fundamental. Vemos também que o princípio da responsabilidade não se funda na ideia de que o objetivo primeiro da punição seja retaliatório ou acusatório. Pelo contrário, o princípio é reconhecido em nome da própria liberdade. A menos que os cidadãos estejam em condições de saber o que a lei é e tenham uma razoável oportunidade de levar em consideração suas diretivas, não se deveria impor-lhes sanções penais. Esse princípio é simplesmente a consequência de se considerar o sistema legal um sistema de normas públicas dirigido a pessoas racionais com o objetivo de reger sua cooperação e de atribuir à liberdade seu peso adequado. Acredito que essa interpretação da responsabilidade nos possibilita explicar a maioria dos atenuantes e defesas reconhecidos pelo direito penal sob a rubrica da *mens rea*, e que pode servir como orientação para uma reforma jurídica. Não podemos, porém, tratar aqui dessas questões[25]. Basta salientar que a teoria ideal exige uma interpretação das sanções penais, vistas como um dispositivo estabilizador, e indica o modo como se deveria elaborar esta parte da teoria da obediência parcial. O princípio da liberdade, em especial, conduz ao princípio da responsabilidade.

Os dilemas éticos que se originam na teoria da obediência parcial também devem ser vistos tendo-se em mente a prioridade da liberdade. Assim, podemos imaginar situações infelizes em que seja permissível defender com menos veemência a observância dos preceitos do império da lei. Por exemplo, em algumas eventualidades extremas, alguém pode ser responsabilizado por certas transgressões, apesar

---

25. Sobre essas questões, consultar H. L. Hart, *Punishment and Responsibility* (Oxford, The Clarendon Press, 1968), p. 173-83, autor com quem concordo neste ponto.

do preceito de que ter um dever envolve ser capaz de cumpri-lo. Vamos supor que, motivados por fortes antagonismos religiosos, membros de seitas adversárias estejam adquirindo armas e formando grupos armados, em preparação para um conflito civil. Diante dessa situação, o governo pode decretar uma lei que proíbe a posse de armas de fogo (supondo-se que a posse delas já não seja uma contravenção). E a lei pode estabelecer que o fato de se descobrirem armas na casa ou em alguma propriedade do réu constitui prova suficiente para condenação, a menos que ele possa demonstrar que elas foram postas lá por outra pessoa. Excetuando-se essa condição, consideram-se irrelevantes a ausência de intenção ou o desconhecimento da posse, e a conformidade a padrões razoáveis de prudência. Argumenta-se que essas justificativas normais tornariam a lei ineficaz e seu cumprimento obrigatório, impossível.

Embora essa lei viole o preceito de que ter um dever envolve ser capaz de cumpri-lo, ela pode ser aceita pelo cidadão representativo como uma perda menor de liberdade, pelo menos se as penalidades impostas não forem severas demais. (Suponho aqui que o encarceramento, por exemplo, é um cerceamento drástico da liberdade, e assim a severidade da punição prevista deve ser levada em conta.) Analisando a situação do ponto de vista do estágio legislativo, pode-se decidir que a formação de grupos paramilitares, que a aprovação da lei pode impedir, constitui um risco muito maior para a liberdade do cidadão comum do que o fato de alguém ser considerado estritamente responsável pela posse de armas. Os cidadãos podem afirmar que a lei é o menor de dois males, conformando-se com o fato de que, embora possam ser considerados culpados por coisas que não fizeram, os riscos para a sua liberdade em qualquer outra situação seriam piores. Uma vez que dissensões profundas existem, não há como evitar que algumas injustiças, da forma como ordinariamente as concebemos, ocorram. Tudo o que se pode fazer é limitar essas injustiças da maneira menos injusta.

Mais uma vez a conclusão é que os argumentos a favor da limitação da liberdade decorrem do próprio princípio da liberdade. Pelo menos até certo ponto, a prioridade da liberdade se transmite para a teoria da obediência parcial. Assim, na situação em questão, o bem maior de alguns não foi avaliado em comparação com o bem menor de outros. Tampouco se aceitou uma liberdade menor em nome de maiores vantagens socioeconômicas. Pelo contrário, apelou-se para o bem comum, visto na forma das iguais liberdades fundamentais do cidadão representativo. Circunstâncias infelizes e os desígnios injustos de alguns tornam necessária uma liberdade muito menor do que a usufruída numa sociedade bem-ordenada. Qualquer injustiça na ordem social fatalmente cobra seu preço; é impossível que suas consequências sejam inteiramente eliminadas. Na aplicação do princípio da legalidade devemos ter em mente a totalidade de direitos e deveres que definem as liberdades e harmonizar suas exigências da forma necessária. Somos às vezes obrigados a aceitar certas transgressões aos princípios, se quisermos mitigar a perda da liberdade decorrente de males sociais que não podem ser eliminados, e a visar a menor injustiça que as condições reais permitem.

39. Definição da prioridade da liberdade

Aristóteles observa que uma das peculiaridades dos homens é terem noção do que é justo e do que é injusto, e que o fato de partilharem um entendimento comum da justiça constitui uma pólis[26]. De maneira análoga, pode-se dizer, tendo em vista a nossa argumentação, que um entendimento comum da justiça como equidade constitui uma democracia constitucional. Pois tentei demonstrar, depois de apresentar mais argumentos em defesa do primeiro princí-

---

26. *Politics*, Livro I, Cap. II, 1253a15.

pio, que as liberdades fundamentais do regime democrático são garantidas de maneira mais sólida por essa concepção da justiça. Em cada caso, as conclusões alcançadas são conhecidas. Meu objetivo é demonstrar não apenas que os princípios de justiça se ajustam a nossos juízos ponderados, mas também que fornecem os argumentos mais fortes em defesa da liberdade. Princípios teleológicos, pelo contrário, na melhor das hipóteses concedem bases incertas para a liberdade ou pelo menos para as liberdades iguais. E a liberdade de consciência e a de pensamento não deveriam fundamentar-se no ceticismo filosófico ou ético, nem na indiferença em relação aos interesses religiosos e morais. Os princípios de justiça definem um caminho apropriado entre dogmatismo e intolerância, de um lado, e, de outro lado, um reducionismo que considera a religião e a moralidade como meras preferências. E já que se baseia em suposições fracas e amplamente aceitas, a teoria da justiça pode conquistar uma aceitação geral. Certamente nossas liberdades estão mais firmemente garantidas quando provêm de princípios com os quais pessoas equitativamente situadas umas em relação às outras podem concordar, se é que existe alguma possibilidade de concordância.

Quero agora examinar mais pormenorizadamente o significado da prioridade da liberdade. Não argumentarei em defesa dessa prioridade (deixando isso de lado até o § 82); em vez disso, desejo esclarecer seu sentido tendo em vista os exemplos anteriores, entre outros. Há várias prioridades a distinguir. Ao falar da prioridade da liberdade refiro-me à primazia do princípio da liberdade igual em relação ao segundo princípio de justiça. Os dois princípios estão em ordem lexical, e portanto as exigências de liberdade devem ser atendidas primeiro. Até que isso seja alcançado, nenhum outro princípio entra em jogo. A prioridade do direito sobre o bem, ou da oportunidade equitativa sobre o princípio da diferença, não nos interessa no momento.

Como o ilustram todos os exemplos anteriores, a primazia da liberdade significa que a liberdade só pode ser limitada em nome da própria liberdade. Há dois tipos de casos. As liberdades fundamentais podem ser menos amplas, embora permaneçam iguais, ou podem ser desiguais. Se a liberdade for menos ampla, o cidadão representativo deve, pesando-se tudo, considerar isso um ganho para sua liberdade; e se a liberdade for desigual, a liberdade dos que têm liberdade menor deve ser mais bem garantida. Nos dois casos a justificação procede por referência ao sistema global de liberdades iguais. Essas regras de prioridade já foram observadas em várias ocasiões.

Há, porém, mais uma distinção que se deve fazer entre os dois tipos de circunstâncias que justificam ou permitem uma limitação da liberdade. Em primeiro lugar, a restrição pode ser decorrente de limitações e acidentes naturais da vida humana, ou de contingências históricas e sociais. A questão da justiça dessas restrições não se apresenta. Por exemplo, mesmo numa sociedade bem-ordenada, em circunstâncias favoráveis, a liberdade de pensamento e de consciência está sujeita a regulamentações razoáveis e o princípio da participação tem abrangência restrita. Essas restrições decorrem de condições mais ou menos permanentes da vida política; outras são ajustes às características naturais da condição humana, como no caso da menor liberdade das crianças. Nesses casos, o problema é descobrir o modo justo de atender a certas limitações dadas.

No segundo tipo de caso, a injustiça já existe, seja em arranjos sociais, seja na conduta dos indivíduos. A questão é saber qual é a maneira justa de responder à injustiça. Essa injustiça pode, naturalmente, ter muitas explicações, e aqueles que agem com injustiça quase sempre o fazem com a convicção de que lutam por uma causa superior. Os exemplos de seitas intolerantes e adversárias ilustram essa possibilidade. Mas a propensão humana para a injustiça não é aspecto permanente da vida em comunidade; é maior ou menor, dependendo, em grande parte, das instituições sociais e, em especial, de seu caráter justo ou injusto. Uma sociedade bem-ordenada inclina-se a eliminar, ou pelo menos controlar, as tendências humanas para a injustiça (ver Capítulos VIII-IX) e, por conseguinte, seitas belicistas ou intolerantes, por exemplo, têm muito menos probabilidade de existir, ou de representar perigo, depois de estabelecida tal sociedade. O modo como a justiça exige que enfrentemos a injustiça constitui um problema bem diferente do melhor modo de lidar com as inevitáveis limitações e contingências da vida humana. Esses dois tipos de casos apresentam alguns problemas.

Devemos lembrar que a obediência estrita é uma das estipulações da posição original; os princípios de justiça são escolhidos com base na hipótese de que serão obedecidos por todos. Quaisquer falhas são consideradas exceções (§ 25). Ao dispor esses princípios em ordem lexical, as partes escolhem uma concepção da justiça adequada a condições favoráveis e supõem que uma sociedade justa possa, no momento apropriado, vir a concretizar-se. Ordenados dessa maneira, os princípios definem, então, um sistema perfeitamente justo; pertencem à teoria ideal e definem uma meta que possa orientar o curso da reforma social. Mas, mesmo admitindo-se a validade desses princípios para essa finalidade, ainda devemos indagar de que forma eles se aplicam a instituições em condições aquém de favoráveis, e se fornecem alguma orientação para lidar com casos de injustiça. Os princípios e sua ordem lexical não foram reconhecidos tendo em vista essas situações, e, assim, é possível que não se apliquem a elas.

Não tentarei dar uma resposta sistemática a essas questões. Tratarei de alguns casos especiais mais adiante (cf. Capítulo VI). A ideia intuitiva é dividir a teoria da justiça em duas partes. A primeira parte, a ideal, pressupõe a obediência estrita e elabora os princípios que caracterizam uma sociedade bem-ordenada em circunstâncias favoráveis. Essa parte desenvolve a concepção de uma estrutura básica perfeitamente justa e os correspondentes deveres e obrigações de pessoas submetidas às rígidas limitações da vida humana. Meu principal interesse diz respeito a essa parte da teoria. A teoria não ideal, a segunda parte, é elaborada depois de escolhida a concepção ideal da justiça; só então as partes indagam que princípios adotar em condições mais desafortunadas. Como já indiquei, essa divisão da teoria produz duas partes bastante diferentes. Uma delas consiste de princípios para lidar com ajustamentos a limitações naturais e a contingências históricas; e a outra, de princípios para enfrentar a injustiça.

Levando-se em conta a teoria da justiça em conjunto, a parte ideal apresenta uma concepção de sociedade justa que, se for possível, devemos atingir. As instituições existentes devem ser julgadas à luz dessa concepção e consideradas injustas à medida que dela se afastam sem razão suficiente. A classificação lexical dos princípios especifica quais elementos da teoria ideal são relativamente mais urgentes, e as regras de prioridade indicadas por essa ordenação também devem aplicar-se aos casos não ideais. Assim, até onde as circunstâncias o permitem, temos um dever natural de eliminar quaisquer injustiças, a começar pelas mais cruéis, identificadas pelo seu grau de desvio em relação à justiça perfeita. Naturalmente, essa ideia é extremamente genérica. A avaliação do grau de afastamento do ideal dependerá em grande medida da intuição. Mesmo assim, nosso juízo se orienta pela prioridade indicada pela ordenação lexical. Se tivermos uma noção razoavelmente clara do que é justo, nossas convicções ponderadas de justiça podem ajustar-se melhor, mesmo que não consigamos formular com precisão como essa maior convergência ocorre. Assim, embora pertençam à teoria de um estado de coisas ideal, os princípios de justiça são em geral relevantes.

As diversas partes da teoria não ideal podem ser ilustradas por vários exemplos, alguns dos quais já foram discutidos. Um tipo de situação é a que envolve uma liberdade menos ampla. Já que não há desigualdades, e uma vez que todos devem ter uma liberdade menor, em vez de uma liberdade mais ampla, a questão pode ser avaliada da perspectiva do cidadão igual representativo. Apelar para os interesses desse indivíduo representativo na aplicação dos princípios de justiça significa invocar o princípio do interesse comum. (Considero o bem comum como certas condições gerais que, num sentido apropriado, são igualmente vantajosas para todos.) Vários dos exemplos anteriores envolvem uma liberdade menos abrangente: a regulamentação da liberdade de consciência e da liberdade de pensamento, dentro de padrões compatíveis com a ordem pública, e a limitação do alcance da regra da maioria pertencem a essa categoria (§§ 34, 37). Essas limitações nascem das condições permanentes da vida humana e, portanto, esses casos pertencem àquela parte da teoria não ideal que trata das limitações naturais. Os dois exemplos de restrição à liberdade dos intolerantes e da contenção da violência entre seitas rivais, por envolverem injustiça, pertencem à parte da teoria não ideal que se ocupa da obediência parcial. Em cada um desses quatro casos, porém, a argumentação se desenvolve do ponto de vista do cidadão representativo. Segundo a ideia da ordenação lexical, as limitações impostas à extensão da liberdade ocorrem em nome da própria liberdade e resultam numa liberdade menor, mas ainda igual.

O segundo tipo de caso é o da liberdade desigual. Se alguns cidadãos tiverem mais votos que outros, a liberdade política é desigual; e o mesmo vale se os votos de alguns tiverem peso muito maior, ou se um segmento da sociedade simplesmente não tiver direito a voto. Em muitas situações históricas, é possível que uma liberdade política menor se justificasse. Talvez a interpretação pouco realista da representação proposta por Burke tivesse alguma validade no contexto da sociedade do século XVIII[27]. Se isso era assim, ela expressava o fato de que as diversas liberdades não estão todas no mesmo nível, pois, embora naquela época a liberdade política desigual pudesse ter sido fruto de um

---

27. Cf. H. F. Pitkin, *The Concept of Representation*, Cap. VIII, para uma interpretação da visão de Burke.

aceitável ajuste às circunstâncias históricas, é certo que a servidão, a escravatura e a intolerância religiosa não o eram. Essas circunstâncias não justificam a perda da liberdade de consciência e dos direitos que definem a integridade da pessoa. As razões em favor de certas liberdades políticas e dos direitos a uma justa igualdade de oportunidades são menos prementes. Como já observei (§ 11), pode haver a necessidade de se abdicar de parte dessas liberdades, quando isso for exigido para transformar uma sociedade menos afortunada em uma sociedade na qual as liberdades fundamentais possam ser plenamente desfrutadas. Em condições que no momento presente não podem ser alteradas, talvez não haja nenhuma possibilidade de se instituir o exercício dessas liberdades; mas, se possível, devem-se garantir as mais importantes primeiro. De qualquer maneira, para aceitar a ordem lexical dos dois princípios, não somos obrigados a negar que a exequibilidade das liberdades fundamentais depende das circunstâncias. Devemos, porém, certificar-nos de que o curso da mudança que se está seguindo é de tal natureza que por fim serão criadas as condições sociais em que as limitações a essas liberdades já não se justifiquem. A realização plena dessas condições é, por assim dizer, a tendência inerente de longo prazo de um sistema justo.

Presumo, com essas observações, que são sempre os que têm menos liberdade que devem ser compensados. Devemos sempre avaliar a situação do ponto de vista dessas pessoas (da perspectiva da convenção constituinte ou da legislatura). É essa restrição que torna praticamente certo que a escravatura e a servidão, pelo menos em suas formas conhecidas, só são toleráveis quando atenuam injustiças ainda maiores. Pode haver casos de transição em que a escravidão é melhor que o costume vigente. Vamos supor, por exemplo, que cidades-estados, que em ocasiões anteriores nunca fizeram prisioneiros de guerra, mas sempre impuseram a morte aos capturados, concordem, por meio de um tratado, com a alternativa de mantê-los como escravos. Embora não possamos admitir a instituição da escravidão com base no argumento de que os ganhos maiores de alguns compensam as perdas de outros, pode acontecer que nessas condições, uma vez que todos correm o risco de ser capturados em guerra, essa forma de escravidão seja menos injusta do que o costume vigente. Pelo menos, a servidão prevista não é (vamos supor) hereditária e é aceita pelos cidadãos livres de cidades-estados mais ou menos iguais. Esse arranjo parece defensável, visto como um avanço em relação às instituições estabelecidas, se os escravos não forem tratados com excessivo rigor. É presumível que, com o tempo, essa prática seja totalmente abandonada, uma vez que a troca de prisioneiros de guerra é uma solução ainda mais desejável, porque aos serviços de escravos é preferível a volta dos membros capturados à comunidade. Mas nenhuma dessas ponderações, por mais fantasiosa que seja, tem absolutamente nenhuma possibilidade de justificar a escravatura ou a servidão hereditárias com base em limitações naturais ou históricas. Além disso, não se pode neste ponto apelar para a necessidade ou, pelo menos, para a grande vantagem desses sistemas servis em proveito de formas superiores de cultura. Conforme argumentarei mais adiante, o princípio da perfeição seria rejeitado na posição original (§ 50).

O problema do paternalismo merece aqui alguma discussão, já que foi mencionado na argumentação a favor das liberdades iguais, e diz respeito a uma liberdade menor. Na posição original, as partes supõem que na sociedade elas são racionais e capazes de tratar de seus próprios assuntos. Portanto, não reconhecem quaisquer deveres para com sua própria pessoa, dado que isso é desnecessário para promover seu bem. Mas, uma vez que a concepção ideal foi escolhida, as partes querem proteger-se contra a possibilidade de suas faculdades não estarem desenvolvidas e de não poderem promover racionalmente seus interesses, como acontece no caso das crianças; ou contra a possibilidade de, por alguma desgraça ou acidente, não serem capazes de tomar decisões para o seu bem, como no caso dos que estão gravemente feridos ou sofrem de distúrbios mentais. Também é racional que se protejam contra suas próprias inclinações irracionais consentindo a um sistema de penalidades que lhes possa dar um motivo suficiente para evitar atos de loucura e aceitando certas imposições concebidas para anular as consequências negativas de seu comportamento imprudente. Para esses casos, as partes adotam princípios que estipulam quando outros estão autorizados a agir em nome delas, ignorando-lhes os desejos do momento, se for necessário; e fazem isso reconhecendo que às vezes sua capacidade de agir racionalmente em seu próprio benefício pode falhar ou faltar por completo[28].

Assim, os princípios do paternalismo são os que as partes reconheceriam na posição original, no intuito de se protegerem contra as fraquezas e enfermidades de sua razão e vontade na sociedade. Outras pessoas recebem a autorização, e às vezes a exigência, de agir em nosso nome para fazerem o que nós mesmos faríamos se estivéssemos no gozo de nossa razão, autorização essa que só entra em vigor quando não podemos cuidar de nosso próprio bem. As decisões paternalistas se orientam pelo conhecimento dos próprios interesses e preferências manifestos do indivíduo, desde que não sejam irracionais ou, na ausência desse conhecimento, pela teoria dos bens primários. Quando pouco ou nada sabemos sobre uma pessoa, agimos por ela como agiríamos em relação a nós mesmos, do ponto de vista da posição original. Tentamos obter para ela aquelas coisas que é de presumir que ela queira, seja lá o que mais ela possa querer. Devemos saber demonstrar que, após desenvolver ou recuperar suas capacidades racionais, o indivíduo em questão aceitará nossa decisão em seu nome e concordará que fizemos por ele o melhor.

---

28. Cf. discussão deste problema em Gerald Dworkin, "Paternalism", texto contido em *Morality and the Law*, org. R. A. Wasserstrom (Belmont, Calif, Wadsworth Publishing Co., 1971), p. 107-26.

No entanto, o requisito de que a outra pessoa, a seu devido tempo, aceite sua condição, não é de forma alguma suficiente, mesmo que essa condição não seja passível de crítica racional. Assim, imaginemos que duas pessoas, em plena posse de sua razão e vontade, defendam convicções filosóficas ou religiosas diferentes; e suponhamos que haja algum processo psicológico que faça com que cada uma adote a convicção da outra, apesar de esse processo lhes ser imposto contra sua vontade. Vamos supor que, com o tempo, ambas venham a aceitar conscientemente as novas convicções. Mesmo assim, não estamos autorizados a submetê-las a esse tratamento. Duas outras estipulações se fazem necessárias: a intervenção paternalista deve justificar-se pela evidente deficiência ou ausência da razão e da vontade; e deve orientar-se pelos princípios de justiça e pelo que se sabe dos objetivos e das preferências mais permanentes do indivíduo; ou pela teoria dos bens primários. Essas limitações impostas à aplicação e à orientação de medidas paternalistas derivam das suposições da posição original. As partes querem garantir a própria integridade pessoal, bem como suas crenças e seus objetivos últimos, quaisquer que sejam. Os princípios paternalistas são uma proteção contra a nossa própria irracionalidade, e não devem ser interpretados como autorizações a agressões contra nossas convicções e nosso caráter, mesmo que essas agressões ofereçam a perspectiva de garantir posterior consentimento. De modo mais genérico, os métodos educacionais devem igualmente respeitar essas restrições (§ 78).

A força da justiça como equidade parece provir de duas coisas: a exigência de que todas as desigualdades sejam justificadas para os menos favorecidos e a prioridade da liberdade. Essas duas limitações a distinguem do intuicionismo e das teorias teleológicas. Levando-se em conta a discussão anterior, podemos reformular o primeiro princípio de justiça e acoplá-lo à regra de prioridade apropriada. Creio que as alterações e acréscimos sejam autoexplicativos. Os princípios agora se expressam assim:

Primeiro princípio

Toda pessoa deve ter um direito igual ao sistema total mais abrangente de iguais liberdades fundamentais que seja compatível com um sistema similar de liberdade para todos.

Regra de prioridade

Os princípios de justiça devem ser classificados em ordem lexical e, portanto, a liberdade só pode ser restringida em nome da liberdade. Existem dois casos: (a) uma liberdade menos extensa deve reforçar o sistema total de liberdades partilhado por todos, e (b) uma liberdade menor deve ser considerada aceitável por aqueles cidadãos com a liberdade menor.

Talvez seja preciso repetir que ainda não apresentei uma argumentação sistemática em defesa da regra de prioridade, embora a tenha examinado em vários casos importantes. Parece adequar-se bastante bem às nossas convicções ponderadas. Mas a argumentação do ponto de vista da posição original será adiada até a Parte III, onde se poderá trazer à baila toda a força da doutrina contratualista (§ 82).

40. A interpretação kantiana da justiça como equidade

Até aqui concentrei-me em grande medida no teor do princípio da liberdade igual e no significado da prioridade dos direitos que esse princípio define. Parece-me apropriado observar a esta altura que existe uma interpretação kantiana da concepção de justiça da qual esse princípio provém. Essa interpretação se baseia na ideia kantiana de autonomia. É um erro, na minha opinião, dar ênfase ao lugar da generalidade e da universalidade na ética de Kant. Não há novidade alguma na afirmação de que os princípios morais são gerais e universais; e, como já vimos, essas condições, de qualquer modo, não nos levam muito longe. É impossível construir uma teoria moral sobre uma base tão exígua, e, portanto, restringir a essas noções a discussão da doutrina kantiana significa reduzi-la à trivialidade. A verdadeira força de sua visão reside noutros pontos[29]. Em primeiro lugar, ele parte da ideia de que os princípios morais são objeto de escolha racional. Eles definem a lei moral que os homens podem racionalmente almejar para dirigir sua conduta numa comunidade ética. A filosofia moral torna-se o estudo da concepção e do resultado de uma decisão racional adequadamente definida. Essa ideia tem consequências imediatas, pois, tão logo pensamos os princípios morais como a legislação para um reino dos fins, torna-se claro que esses princípios não só devem ser aceitáveis para todos, mas devem também ser públicos. Por fim, Kant supõe que essa legislação moral deve ser acatada em condições que caracterizem os homens como seres racionais iguais e livres. A descrição da posição original é uma tentativa de interpretar essa concepção. Não quero aqui argumentar em defesa dessa interpretação com base no texto de Kant. Certamente alguns preferem fazer dele uma leitu-

---

29. Deve-se evitar, em especial, a ideia de que a doutrina de Kant oferece, na melhor das hipóteses, apenas os elementos gerais, ou formais, de uma concepção utilitarista (ou, na verdade, de qualquer outra concepção) da moral. Essa ideia encontra-se em Sidgwick, *The Methods of Ethics*, 7.ª ed. (Londres, Macmillan, 1907), p. xvii e xx do Prefácio, e em F. H. Bradley, *Ethical Studies*, 2.ª ed. (Oxford, Clarendon Press, 1927), IV Ensaio, e remonta pelo menos até Hegel. É preciso não perder de vista toda a abrangência de sua visão e levar em conta seus trabalhos posteriores. Infelizmente, não existe nenhum comentário sobre a teoria moral de Kant na sua totalidade; talvez fosse impossível escrevê-lo. Mas os trabalhos canônicos de H. J. Paton, *The Categorical Imperative* (Chicago, University of Chicago Press, 1948), de L. H. Beck, *A Commentary on Kant's Critique of Practical Reason* (Chicago, University of Chicago Press, 1960), e de outros precisam ser complementados por estudos dos outros escritos. Cf. aqui a obra de M. J. Gregor, *Laws of Freedom* (Oxford, Basil Blackwell, 1963), uma interpretação de *The Metaphysics of Morals*, e a breve obra de J. G. Murphy, *Kant: The Philosophy of Right* (Londres, Macmillan, 1970). Além dessas, não se podem ignorar *The Critique of Judgement, Religion within the Limits of Reason* e os escritos políticos sem distorcer a doutrina kantiana. Sobre os escritos políticos, cf. *Kant's Political Writings*, org. Hans Reiss e trad. de H. B. Nisbet (Cambridge, The University Press, 1970).

ra diferente. Talvez seja melhor tomar as observações que se seguem como sugestões para relacionar a justiça como equidade com o ponto alto da tradição contratualista alcançado com Kant e Rousseau.

Kant afirmava, creio eu, que uma pessoa age de modo autônomo quando os princípios de sua ação são escolhidos por ela como a expressão mais adequada possível de sua natureza de ser racional igual e livre. Os princípios que norteiam suas ações não são adotados em razão de sua posição social ou de seus dotes naturais; ou em vista do tipo específico de sociedade na qual ela vive ou das coisas específicas que venha a querer. Agir com base em tais princípios é agir de modo heterônomo. Ora, o véu de ignorância priva as pessoas que ocupam a posição original do conhecimento que as capacitaria a escolher princípios heterônomos. As partes chegam a suas escolhas em conjunto, na condição de pessoas racionais iguais e livres, sabendo apenas da existência das circunstâncias que originam a necessidade de princípios da justiça.

Sem dúvida, a argumentação em defesa desses princípios faz vários acréscimos à concepção de Kant. Por exemplo, acrescenta a característica de que os princípios escolhidos devem aplicar-se à estrutura básica da sociedade; e as premissas que caracterizam essa estrutura são utilizadas na derivação dos princípios de justiça. Mas acredito que esse e outros acréscimos são bastante naturais e se mantêm bem próximos da doutrina de Kant, pelo menos quando se tem uma visão global de seus escritos sobre a ética. Supondo-se, então, que o raciocínio a favor dos princípios da justiça esteja correto, podemos dizer que, quando as pessoas agem com base nesses princípios, estão agindo de acordo com os princípios que escolheriam na condição de pessoas racionais e independentes numa posição original de igualdade. Os princípios de suas ações não dependem de contingências naturais ou sociais, nem tampouco expressam o viés das especificidades de seu plano de vida ou as aspirações que as motivam. Agindo de acordo com esses princípios, as pessoas expressam sua natureza de seres racionais livres e iguais sujeitos às condições gerais da vida humana. Pois expressar a própria natureza como um ser de determinado tipo é agir com base nos princípios que seriam escolhidos se essa natureza fosse o elemento determinante decisivo. É claro que a escolha das partes na posição original está sujeita às limitações dessa situação. Mas, quando agimos de modo consciente com base nos princípios de justiça no curso ordinário de eventos, adotamos deliberadamente as restrições da posição original. Uma razão para se fazer isso, no caso de pessoas que podem e querem agir assim, é dar expressão à própria natureza.

Os princípios de justiça também são análogos aos imperativos categóricos. Por imperativo categórico Kant entende um princípio de conduta que se aplica à pessoa em virtude de sua natureza de ser racional livre e igual. A validade do princípio não pressupõe que se tenha determinado desejo ou objetivo. Ao passo que um imperativo hipotético, em contraste, supõe exatamente isso: ele nos leva a dar certos passos como meios eficazes de alcançar um objetivo específico. Quer se trate de um desejo voltado para determinada coisa, quer se trate de um desejo de algo mais genérico, como certos tipos de sentimentos agradáveis ou prazeres, o imperativo correspondente é hipotético. Sua aplicabilidade depende de se ter um objetivo que não constitua uma condição necessária para ser um indivíduo humano racional. A argumentação a favor dos dois princípios de justiça não presume que as partes tenham objetivos específicos, mas apenas que desejam certos bens primários. São coisas que é racional querer, seja lá o que mais se deseje. Assim, dada a natureza humana, desejá-los é parte de ser racional, e embora se presuma que cada qual tenha alguma concepção do bem, nada se sabe sobre seus objetivos últimos. A preferência por bens primários provém, portanto, apenas das suposições mais gerais sobre a racionalidade e sobre as condições da vida humana. Agir com base nos princípios de justiça é agir com base em imperativos categóricos, no sentido de que eles se aplicam a nós quaisquer que sejam os nossos objetivos específicos. Isso simplesmente expressa o fato de que nenhuma dessas contingências aparece como premissa no raciocínio para deduzi-los.

Podemos também observar que a suposição motivacional do desinteresse mútuo corresponde à noção kantiana de autonomia e apresenta mais uma razão a favor dessa condição. Até aqui, essa suposição foi usada para caracterizar as circunstâncias da justiça e oferecer uma concepção clara que orientasse o raciocínio das partes. Vimos também que o conceito de benevolência, sendo uma noção de segunda ordem, não funcionaria bem. Agora podemos acrescentar que a suposição de desinteresse mútuo objetiva permitir que a escolha de um sistema de objetivos últimos seja livre[30]. A liberdade para adotar uma concepção do bem só é limitada por princípios deduzidos de uma doutrina que não impõe nenhuma restrição prévia a tais concepções. Pressupor o desinteresse mútuo na posição original põe essa ideia em prática. Postulamos que as partes têm exigências conflitantes num sentido apropriadamente geral. Se seus fins fossem limitados de alguma forma específica, isso apareceria desde o princípio como uma restrição arbitrária à liberdade. Ademais, se as partes fossem concebidas como altruístas ou interessadas em determinadas espécies de prazer, os princípios escolhidos se aplicariam, até o ponto em que a argumentação o demonstrasse, apenas a pessoas cuja liberdade se limitasse a escolhas compatíveis com o altruísmo ou o hedonismo. Da forma como agora a argumentação se apresenta, os princípios de justiça se aplicam a todas as pessoas que têm planos racionais de vida, quaisquer que sejam seu conteúdos, e esses princípios representam as limitações apropriadas à liberdade. Assim, é possível dizer que as restrições impostas às concepções do bem resultam de uma interpretação da situação contratual que não impõe limites prévios ao que os homens desejam. Há uma variedade de

---

30. Devo esta observação a Charles Fried.

razões, portanto, para a premissa motivacional do desinteresse mútuo. A premissa não é apenas uma questão de realismo no tocante às circunstâncias da justiça ou uma maneira de tornar a teoria operacional. Também se vincula à ideia kantiana de autonomia.

Há, porém, uma dificuldade que precisa ser esclarecida. Ela foi claramente expressa por Sidgwick[31]. Ele observa que nada é mais surpreendente na ética de Kant do que a ideia segundo a qual o homem realiza seu eu verdadeiro quando age segundo a lei moral, ao passo que, se permite que suas ações sejam determinadas por desejos dos sentidos ou por objetivos contingentes, submete-se à lei da natureza. No entanto, na opinião de Sidgwick, essa ideia não resulta em nada. Parece-lhe que, do ponto de vista de Kant, a vida de um santo e a de um canalha expressam igualmente o resultado de uma escolha livre (por parte do eu numenal) e estão igualmente sujeitas a leis causais (na qualidade de eu fenomenológico). Kant jamais explica por que o canalha não expressa, numa vida má, a sua identidade livremente escolhida, da mesma forma que o santo expressa sua identidade livremente escolhida numa vida virtuosa. A objeção de Sidgwick é decisiva, na minha opinião, contanto que se suponha, como a exposição de Kant pode dar a entender, que o eu numenal pode escolher qualquer conjunto coerente de princípios, e que a ação pautada por esses princípios, quaisquer que sejam, é suficiente para expressar a própria escolha como aquela de um ser racional igual e livre. A resposta de Kant deve ser que, embora agir com base em qualquer conjunto coerente de princípios pudesse ser o resultado de uma decisão por parte do eu numenal, nem todas as ações dessa natureza praticadas pelo eu fenomenológico expressam essa decisão de um ser racional igual e livre. Assim, se uma pessoa realiza seu eu verdadeiro expressando-o em suas ações e se deseja acima de

---

31. Cf. *The Methods of Ethics*, *Appendix*, "The Kantian Conception of Free Will" (extraído de *Mind*, Vol. 13, 1888), p. 511-6, esp. p. 516.

tudo realizar esse eu, então ela optará por agir segundo princípios que manifestem sua natureza de ser racional igual e livre. A parte que falta na argumentação diz respeito ao conceito de expressão. Kant não demonstrou que agir segundo a lei moral expressa a nossa natureza de maneiras identificáveis, de uma forma que agir de acordo com princípios contrários não o faça. Esse defeito é sanado, na minha opinião, pela concepção da posição original. O essencial é que precisamos de uma argumentação que demonstre que princípios, caso existam, seriam escolhidos por pessoas racionais iguais e livres, princípios esses que devem ser aplicáveis na prática. Essa questão exige solução definitiva para atender à objeção de Sidgwick. Minha sugestão é considerar a posição original, em vários aspectos importantes, semelhante ao ponto de vista do eu numenal perante o mundo. As partes, na qualidade de eus numenais, têm completa liberdade para escolher quaisquer princípios que desejem; mas têm também o desejo de expressar sua natureza de membros racionais e iguais do reino inteligível, detentores exatamente dessa liberdade de escolha, isto é, seres que podem ver o mundo dessa maneira e expressar essa perspectiva em sua vida como membros da sociedade. Devem decidir, então, quais princípios, conscientemente escolhidos e obedecidos na vida cotidiana, manifestarão da melhor maneira essa liberdade em sua comunidade e revelarão, da maneira mais plena, sua independência em relação às contingências naturais e aos acidentes sociais. Se a argumentação da doutrina contratualista estiver correta, esses princípios são, de fato, os que determinam a lei moral, ou mais exatamente, os princípios de justiça para instituições e indivíduos. A descrição da posição original se parece com o ponto de vista do eu numenal, no que se refere ao significado do ser racional igual e livre. Nossa natureza como seres desse tipo se exprime quando agimos segundo os princípios que escolheríamos quando tal natureza se expressa nas condições que determinam a escolha. Assim, os homens demonstram sua liberdade e sua independência em relação às contingências da natureza e da sociedade agindo de maneira que teriam aprovado na posição original.

Vemos então que, corretamente entendido, o desejo de agir de forma justa provém, em parte, do desejo de expressar, da maneira mais plena, o que somos ou podemos ser, isto é, seres racionais iguais e livres, com liberdade de escolha. É por esse motivo, creio eu, que Kant fala da incapacidade de agir segundo a lei moral como gerando vergonha e não sentimentos de culpa. E isso é apropriado, uma vez que, na opinião dele, agir injustamente é agir de maneira que não expressa a nossa natureza de seres racionais iguais e livres. Tais atos ferem, portanto, o nosso autorrespeito, nosso senso de valor como pessoas, e a vergonha é a vivência dessa perda (§ 67). Agimos como se pertencêssemos a uma categoria inferior, como se fôssemos criaturas cujos princípios fundamentais fossem decididos por contingências naturais. Aqueles que interpretam a doutrina moral de Kant como uma doutrina do dever e da culpa o interpretam de forma bastante equivocada. O principal objetivo de Kant é aprofundar e justificar a ideia de Rousseau de que a liberdade consiste em agir de acordo com as leis que instituímos para nós mesmos. E isso não conduz a uma moralidade de obediência austera, mas sim a uma ética de autoestima e respeito mútuo[32].

Podemos, então, entender a posição original como uma interpretação procedimental da concepção kantiana de autonomia e do imperativo categórico nos quadros de uma teoria empírica. Os princípios que regulam o reino dos fins são os que seriam escolhidos nessa situação, e a descrição dessa posição nos possibilita explicar em que sentido agir

---

32. Cf. B. A. O. Williams, "The Idea of Equality", em *Philosophy, Politics and Society*, Segunda Série, org. Peter Laslett e W. G. Runciman (Oxford, Basil Blackwell, 1962), p. 115 s. Para uma confirmação dessa interpretação, cf. observações de Kant sobre a educação moral em *The Critique of Practical Reason*, Parte II. Consulte-se também Beck, *A Commentary on Kant's Critique of Practical Reason*, p. 223-36.

com base nesses princípios expressa a nossa natureza de pessoas racionais iguais e livres. Essas ideias já não são puramente transcendentes e desprovidas de vínculos identificáveis com a conduta humana, pois a concepção procedimental da posição original nos permite estabelecer esses vínculos. Naturalmente, afastei-me de Kant em vários aspectos. Não posso aqui tratar dessas questões, mas há dois pontos dignos de nota. Supus que a escolha da pessoa na qualidade de eu numenal é uma escolha coletiva. A força da natureza igual do eu está em que os princípios escolhidos devem ser aceitáveis para outros eus. Já que todos são similarmente livres e racionais, cada qual deve ter uma voz igual na escolha dos princípios públicos da comunidade ética. Isso significa que, na qualidade de seres numenais, todos devem consentir a esses princípios. A menos que os princípios do canalha fossem objeto de um acordo, eles não podem expressar essa livre escolha, por mais que um eu singular possa estar decidido a adotá-los. Mais adiante, tentarei definir de modo claro um sentido em que esse acordo unânime é a melhor expressão da natureza até mesmo de um único eu (§ 85). Isso de forma alguma anula os interesses da pessoa, como a natureza coletiva da escolha talvez pareça indicar. Mas, por ora, deixo de lado essa questão.

Em segundo lugar, pressupus sempre que as partes sabem que estão sujeitas às condições da vida humana. Estando no âmbito das circunstâncias da justiça, elas estão situadas no mundo junto com outros homens, que também enfrentam limitações de escassez moderada e de exigências conflitantes. A liberdade humana deve ser regida por princípios escolhidos à luz dessas restrições naturais. Assim, a justiça como equidade é uma teoria da justiça humana, e entre as suas premissas estão os fatos elementares acerca dos seres humanos e de seu lugar na natureza. A liberdade das inteligências puras que não estão sujeitas a essas limitações (Deus e os anjos) situa-se fora do âmbito da teoria. Talvez Kant entendesse que sua doutrina deveria se aplicar a todos os seres racionais como tais, e que por isso a situação social dos homens no mundo não deveria ter papel algum na definição dos princípios primeiros de justiça. Nesse caso, essa seria mais uma diferença entre a justiça como equidade e a teoria kantiana.

Mas a interpretação kantiana não tem a intenção de ser uma interpretação da doutrina de Kant propriamente dita, porém da justiça como equidade A doutrina de Kant é marcada por várias dicotomias, em especial as dicotomias entre o necessário e o contingente, a forma e o conteúdo, a razão e o desejo, os númenos e os fenômenos. Para muitos, abandonar essas dicotomias, conforme entendidas por ele, significa abandonar o que há de característico em sua teoria. Minha opinião é outra. Sua concepção moral tem uma estrutura característica que é mais claramente discernível quando essas dicotomias não são interpretadas no sentido que ele lhes atribuiu, mas sim quando são remodeladas e sua força moral é reformulada no âmbito de uma teoria empírica. Aquilo que denominei interpretação kantiana indica como isso é possível.

Capítulo V
As parcelas distributivas

Neste capítulo trato do segundo princípio de justiça e descrevo um arranjo institucional que satisfaz suas exigências dentro do contexto de um Estado moderno. Começo pela observação de que os princípios de justiça podem fazer parte de uma doutrina da economia política. A tradição utilitarista tem salientado essa aplicação, e devemos observar o desempenho desses princípios nesse aspecto. Também enfatizo que esses princípios trazem em si certo ideal de instituições sociais, e esse fato será importante quando analisarmos os valores da comunidade na Parte III. Como uma preparação para as discussões subsequentes, faço alguns breves comentários sobre os sistemas econômicos, sobre o papel dos mercados, e assim por diante. Volto-me então para o difícil problema da poupança e da justiça entre as gerações. Os pontos essenciais são alinhavados de uma forma intuitiva e, em seguida, faço algumas observações dedicadas à questão da preferência temporal e a alguns outros casos de prioridade. Depois disso, tento demonstrar que a interpretação das parcelas distributivas pode explicar o lugar dos preceitos da justiça ditados pelo bom senso. Também examino o perfeccionismo e o intuicionismo como teorias da justiça distributiva, concluindo assim, até certo ponto, a comparação com outras doutrinas tradicionais. A questão da escolha entre uma economia de propriedade privada e o socialismo fica em aberto; do ponto de vista somente da teoria da justiça, diferentes estruturas básicas parecem satisfazer seus princípios.

41. O conceito de justiça na economia política

Meu objetivo neste capítulo é observar como os dois princípios funcionam na forma de uma concepção da economia política, ou seja, como padrões por meio dos quais analisar os arranjos e as políticas econômicas e suas instituições básicas. (A economia do bem-estar é muitas vezes definida da mesma maneira[1]. Não uso esse termo porque o termo "bem-estar" insinua que a concepção moral implícita é utilitarista; a expressão "escolha social" é muito melhor, embora eu acredite que suas conotações são ainda muito restritas.) A doutrina da economia política deve conter uma interpretação do bem público que se baseie numa concepção de justiça. Deve orientar as ponderações do cidadão quando ele analisa as questões da política econômica e social. O cidadão deve assumir a perspectiva da convenção constituinte ou a do estágio legislativo e avaliar como se aplicam os princípios de justiça. Uma opinião política se refere ao que promove o bem de todo o corpo político e se fundamenta em algum critério de divisão justa das vantagens sociais.

Desde o início salientei que a justiça como equidade se aplica à estrutura básica da sociedade. Trata-se de uma concepção que serve para classificar as formas sociais consideradas como sistemas fechados. Alguma decisão a respeito desses arranjos de fundo é fundamental, e é impossível evitá-la. De fato, o efeito cumulativo da legislação econômica

---

1. A economia do bem-estar é definida dessa forma por K. J. Arrow e Tibor Scitovsky em sua introdução a *Readings in Welfare Economics* (Homewood, Ill., Richard D. Irwin, 1969), p. l. Cf. discussão mais detalhada em Abram Bergson, *Essays in Normative Economics* (Cambridge, Harvard University Press, 1966), p. 35-9, 60-3, 68 s.; e A. K. Sen, *Collective Choice and Social Welfare* (San Francisco, Holden-Day, 1970), p. 56-9.

e social é o de especificar a estrutura básica. Além disso, o sistema social dá forma às necessidades e aspirações que seus cidadãos vêm a ter. Define, em parte, que tipo de pessoa eles querem ser e também o tipo de pessoa que são. Assim, o sistema econômico não é apenas um dispositivo institucional para satisfazer desejos e necessidades existentes, mas também um modo de criar e moldar necessidades no futuro. O modo como os indivíduos trabalham em conjunto agora para satisfazer seus desejos atuais exerce influência sobre os desejos que terão mais tarde, o tipo de pessoa que virão a ser. Essas questões são, sem dúvida, perfeitamente óbvias, e sempre foram reconhecidas. Foram enfatizadas por economistas tão diferentes quanto Marshall e Marx[2]. Já que os arranjos econômicos produzem esses resultados, e de fato devem fazê-lo, a escolha dessas instituições envolve alguma concepção do bem humano e do esboço das instituições que o realizarão. Essa escolha deve, portanto, ter fundamentos morais, políticos e também econômicos. Considerações de eficiência são apenas uma das bases dessa escolha, e muitas vezes têm uma importância relativa menor nisso. É claro que essa decisão pode não ser tomada abertamente, mas por omissão. Muitas vezes aquiescemos sem pensar na concepção política e moral implícita no *status quo*, ou deixamos que as coisas sejam resolvidas pelo resultado da ação de forças sociais e econômicas conflitantes. Mas a economia política deve examinar esse problema, mesmo que a conclusão final seja a de que é melhor deixar a decisão ao sabor dos acontecimentos.

Pode parecer, à primeira vista, que a influência do sistema social sobre as necessidades humanas e sobre a visão que os homens têm de si próprios impõe uma objeção decisiva à perspectiva contratualista. Pode-se pensar que a concepção contratualista de justiça se baseia nos objetivos de

---

2. Cf. discussão desse ponto e de suas consequências para os princípios políticos em Brian Barry, *Political Argument* (Londres, Routledge and Kegan Paul, 1965), p. 75-9.

indivíduos existentes e regula a ordem social por meio de princípios que as pessoas escolheriam com base nesses objetivos. Como, então, pode essa doutrina definir um ponto arquimediano, do qual se possa avaliar a própria estrutura básica? Pode parecer que não há alternativa, a não ser julgar as instituições à luz de uma concepção ideal da pessoa que se baseia em fundamentos perfeccionistas ou apriorísticos. Mas, como deixa claro a análise da posição original e sua interpretação kantiana, não devemos ignorar a natureza muito especial dessa situação e o alcance dos princípios nela adotados. Só se fazem suposições as mais genéricas sobre os objetivos das partes, ou seja, supõe-se que elas nutrem um interesse por bens primários sociais, por coisas que se presume que os seres humanos querem, independentemente do que mais possam querer. Com certeza, a teoria desses bens depende de premissas psicológicas que podem revelar-se incorretas. Mas, de qualquer modo, a ideia é definir uma classe de bens que são normalmente desejados como partes de planos racionais de vida, planos esses que podem incluir os mais variados tipos de fins. Supor, então, que as partes querem esses bens, e fundamentar nessa suposição uma concepção da justiça, não é o mesmo que vinculá-la a determinado padrão de interesses humanos, pois estes podem ser gerados por determinada organização das instituições. A teoria da justiça pressupõe, de fato, uma teoria do bem, mas dentro de limites amplos isso não prejulga a escolha do tipo de pessoa que os homens querem ser. Entretanto, uma vez deduzidos os princípios de justiça, a doutrina contratualista de fato estabelece certos limites para a concepção do bem. Esses limites decorrem da prioridade da justiça sobre a eficiência, bem como da prioridade da liberdade sobre as vantagens econômicas e sociais (supondo-se que a ordem serial prevaleça). Pois, como observei anteriormente (§ 6), essas prioridades significam que os desejos de coisas que são inerentemente injustas, ou os desejos que não podem ser atendidos a não ser violando-se arranjos justos, não têm peso algum. Não há nenhum valor em satisfazer esses desejos, e o sistema social deve desestimulálos. Além disso, devemos levar em conta o problema da estabilidade. Um sistema justo deve gerar sua própria sustentação. Isso quer dizer que ele deve ser organizado de modo que suscite em seus membros o senso de justiça correspondente, um desejo real de agir segundo as normas desse sistema por razões de justiça. Assim, a exigência de estabilidade e o critério de desestimular desejos que entrem em conflito com os princípios de justiça impõem outras restrições às instituições. Estas devem não apenas ser justas, mas também estruturadas de modo a incentivar a virtude da justiça naqueles que delas fazem parte. Nesse sentido, os princípios de justiça definem uma parte do ideal de pessoa que os arranjos sociais e econômicos devem respeitar. Por fim, como revelou a argumentação a favor da incorporação de ideais nos princípios que nos regem, certas instituições são necessárias aos dois princípios. Elas definem uma estrutura básica ideal, ou pelos menos um esboço de tal estrutura, na direção da qual o curso da reforma deve evoluir.

O resultado dessas ponderações é que a justiça como equidade não está à mercê de interesses e necessidades existentes. Ela define um ponto arquimediano para avaliar o sistema social sem recorrer a considerações apriorísticas. O objetivo de longo alcance da sociedade é definido em suas linhas principais, independentemente dos desejos e das necessidades específicas de seus membros atuais. E a concepção ideal da justiça é definida porque as instituições devem fomentar a virtude da justiça e desestimular desejos e aspirações que com ela sejam incompatíveis. Sem dúvida, o ritmo da mudança e as reformas específicas que são necessárias a qualquer momento dependem das condições vigentes. Mas a concepção de justiça, a forma geral de uma sociedade justa e o ideal de pessoa compatível com ela não se encontram nessa mesma relação de dependência. Não há lugar para a questão de saber se os desejos que os homens têm de desempenhar o papel do superior ou do inferior podem não ser tão fortes a ponto de se permitirem instituições autocráticas, ou a questão de se as percepções que os homens têm das práticas religiosas de outros podem não ser tão inquietantes a ponto de que não seja necessário permitir a liberdade de consciência. Não cabe perguntar se em condições razoavelmente favoráveis os ganhos econômicos de instituições tecnocráticas, de caráter autoritário, podem ser tão grandes a ponto de justificar o sacrifício das liberdades fundamentais. É claro que essas observações presumem que estão corretas as suposições gerais a partir das quais foram escolhidos os princípios de justiça. Mas se elas estão corretas, isso significa que esse tipo de questão já está decidido por esses princípios. Certas formas institucionais estão implícitas na concepção de justiça. Essa visão partilha com o perfeccionismo a característica de estabelecer um ideal de pessoa que restringe a satisfação de desejos existentes. Nesse aspecto, tanto a justiça como equidade quanto o perfeccionismo se opõem ao utilitarismo.

Pode parecer, já que o utilitarismo não distingue entre a qualidade dos desejos, e que todas as satisfações têm algum valor, que ele não tem critérios para escolher entre sistemas de desejos ou ideais da pessoa. Pelo menos de um ponto de vista teórico, isso está incorreto. O utilitarista pode sempre argumentar que, dadas as condições sociais, e os interesses humanos sendo o que são, e levando-se em conta como eles vão se desenvolver sob este ou aquele arranjo institucional, incentivar um padrão de necessidades em detrimento de outro talvez conduza a maior saldo líquido (ou a uma média mais alta) de satisfação. Com base nisso, o utilitarista seleciona entre os possíveis ideais de pessoa. Certas atitudes e desejos, sendo incompatíveis com a cooperação social frutífera, tendem a reduzir a felicidade total (ou média). Grosso modo, as virtudes morais são disposições e desejos nos quais em geral podemos nos basear para promover o maior saldo de bem-estar. Assim, seria um erro alegar que o princípio de utilidade não oferece fundamentos para a escolha entre os ideais de pessoa, embora na prática a sua aplicação possa ser difícil. No entanto, a escolha realmente depende de desejos existentes e das circunstâncias sociais atuais, bem como de seus desdobramentos naturais no futuro. Essas condições iniciais podem exercer grande influência sobre a concepção do bem humano que se deve incentivar. A diferença é que tanto a justiça como equidade quanto o perfeccionismo definem de maneira independente uma concepção ideal de pessoa e de estrutura básica, de modo que não somente certos desejos e inclinações necessariamente são desestimulados, como também os efeitos das circunstâncias iniciais acabarão por desaparecer. No utilitarismo, porém, não podemos ter certeza do que irá acontecer. Como não há nenhum ideal contido em seu princípio fundamental, o ponto de partida pode sempre influenciar o caminho que vamos seguir.

Em resumo, a questão essencial é que, apesar das características individualistas da justiça como equidade, os dois princípios de justiça não dependem de desejos existentes nem das circunstâncias sociais atuais. Assim, podemos deduzir a concepção de uma estrutura básica justa, e um ideal de pessoa compatível com ela, que podem servir como um padrão para a avaliação das instituições e como orientação geral da mudança social. Para encontrar um ponto de Arquimedes, não é necessário recorrer a princípios perfeccionistas ou aprioristicos. Supondo-se certos desejos gerais, tais como o desejo por bens primários sociais, e tomando como base os acordos que seriam alcançados em uma situação inicial adequadamente definida, podemos atingir a independência necessária em relação às circunstâncias existentes. A posição original é caracterizada de tal modo que a unanimidade é possível; as deliberações de qualquer pessoa são típicas de todas elas. Além disso, a mesma coisa vale para os juízos ponderados dos cidadãos de uma sociedade bem-ordenada regulada efetivamente pelos princípios de justiça. Todos têm um senso de justiça similar, e, com relação a isso, uma sociedade bem-ordenada é homogênea. O debate político recorre a esse consenso moral.

Pode-se pensar que a suposição de unanimidade é característica da filosofia política do idealismo[3]. No entanto, no modo como ela é utilizada na visão contratualista, não há nada caracteristicamente idealista na suposição de unanimidade. Essa condição faz parte da concepção procedimental da posição original e representa uma restrição que se impõe a argumentos. Desse modo, ela modela o teor da teoria da justiça, os princípios que devem estar de acordo com nossos juízos ponderados. Da mesma maneira, Hume e Adam Smith supõem que, se os homens assumissem determinado ponto de vista, ou seja, o do observador imparcial, seriam levados a ter convicções semelhantes. A sociedade utilitarista também pode ser bem-ordenada. A maior parte da tradição filosófica, o intuicionismo inclusive, presume que existe alguma perspectiva adequada a partir da qual se pode esperar a unanimidade em questões morais, pelo menos entre pessoas racionais com informações suficientes e semelhantes nos aspectos relevantes. Ou, se a unanimidade é impossível, as disparidades entre os juízos se reduzem bastante quando se adota tal perspectiva. Teorias morais distintas surgem de diferentes interpretações desse ponto de vista, que denominei situação inicial. Nesse sentido, a ideia da unanimidade entre pessoas racionais está implícita em toda a tradição da filosofia moral.

O que distingue a justiça como equidade é o modo como ela caracteriza a situação inicial, a situação na qual a condição de unanimidade se apresenta. Já que é possível fazer uma interpretação kantiana da posição original, essa concepção da justiça tem, de fato, afinidades com o idealismo. Kant tentou dar um fundamento filosófico à ideia da vontade geral proposta por Rousseau. A teoria da justiça, por sua vez, tenta formular uma interpretação procedimental natural da concepção kantiana do reino dos fins e das noções de autonomia e de imperativo categórico (§ 40). Desse modo, a estrutura fundamental da doutrina kantiana

---

3. Essa sugestão se encontra em K. J. Arrow, *Social Choice and Individual Values*, 2.ª ed. (Nova York, John Wiley and Sons, 1963), p. 74 s., 81-6.

é separada de seu contexto metafísico para que se possa
percebê-la com maior clareza e apresentá-la relativamente
livre de objeções.

Há outra semelhança com o idealismo: a justiça como
equidade concede um papel central ao valor da comunidade, e depende da interpretação kantiana para explicá-lo.
Trato desse assunto na Parte III. A ideia essencial é que queremos interpretar os valores sociais, o bem intrínseco de atividades institucionais, comunitárias e associativas por intermédio de uma concepção da justiça que, em sua base
teórica, é individualista. Por motivos de clareza, entre outros, não convém ter por base um conceito indefinido de
comunidade, ou supor que a sociedade é um todo orgânico
com vida própria, distinta da vida de todos os seus membros em suas inter-relações, bem como superior a ela. Assim,
a concepção contratualista da posição original é elaborada
em primeiro lugar. É razoavelmente simples, e o problema
de escolha racional que apresenta é relativamente preciso. A partir dessa concepção, por mais individualista que
possa parecer, devemos explicar o valor da comunidade.
Caso contrário, a teoria da justiça não terá êxito. Para isso,
precisaremos de uma interpretação do bem primário do
autorrespeito que o relacione às partes da teoria já elaboradas. Mas, por enquanto, deixarei de lado esses problemas e
continuarei a analisar algumas outras consequências dos dois
princípios de justiça para os aspectos econômicos da estrutura básica.

42. Algumas observações acerca dos sistemas econômicos

É essencial ter em mente que o nosso tema é a teoria
da justiça, e não a economia, por mais elementar que seja.
Somente estamos interessados em certos problemas morais de economia política. Por exemplo, indagarei: qual é o
índice adequado de poupança ao longo do tempo? Como

deveriam ser organizadas as instituições básicas de tributação e propriedade? Ou: em que nível se deve fixar o mínimo social? Com essas indagações, minha intenção não é explicar a teoria econômica, e muito menos acrescentar algo ao que ela diz sobre o funcionamento dessas instituições. Tentar fazer isso aqui seria obviamente inadequado. Introduzo certas partes elementares da teoria econômica apenas para ilustrar o teor dos princípios da justiça. Se a teoria econômica for usada de maneira incorreta, ou se a própria doutrina tradicional estiver errada, espero que isso não prejudique os propósitos da teoria da justiça. Mas, como já vimos, os princípios éticos dependem de fatos gerais e, portanto, uma teoria da justiça para a estrutura básica pressupõe uma análise desses arranjos econômicos. É necessário fazer algumas suposições e esmiuçar as suas consequências para que possamos testar as concepções morais. Essas suposições certamente serão imprecisas e excessivamente simplificadas, mas isso não terá muita importância se nos possibilitarem revelar o conteúdo dos princípios de justiça; para nós basta que, numa ampla gama de circunstâncias, o princípio de diferença leve a implicações aceitáveis. Em resumo, examino questões de economia política simplesmente para avaliar o significado prático da justiça como equidade. Discuto essas questões do ponto de vista do cidadão que tenta organizar seus juízos acerca da justiça das instituições econômicas.

A fim de evitar mal-entendidos e indicar alguns dos principais problemas, começarei com algumas poucas observações a respeito dos sistemas econômicos. A economia política se ocupa em grande medida do setor público e da forma adequada das instituições básicas que regulam as atividades econômicas, dos impostos e dos direitos de propriedade, da estrutura dos mercados, e assim por diante. O sistema econômico regula que coisas são produzidas e por que meios, quem as recebe e em troca de que contribuições, e que parcela dos recursos sociais é destinada à poupança e ao provimento de bens públicos. Idealmente, todos

INSTITUIÇÕES 331

esses problemas deveriam ser enfrentados de maneira que atendessem aos dois princípios de justiça. Mas temos de perguntar se isso é possível e quais são as exigências específicas desses princípios.

Para começar, é útil distinguir entre dois aspectos do setor público; caso contrário, a diferença entre a economia capitalista e o socialismo permanecerá obscura. O primeiro aspecto se relaciona com a propriedade dos meios de produção. A distinção clássica define que o tamanho do setor público no socialismo (medido pela fração do produto total que é gerada por empresas estatais, que sejam geridas por funcionários do Estado ou por conselhos de trabalhadores) é muito maior. Em uma economia de propriedade privada, o número de empresas públicas é presumivelmente pequeno e, de qualquer forma, se limita a casos especiais como os serviços públicos e os transportes.

A segunda característica bastante diferente do setor público é a proporção do total dos recursos sociais destinada aos bens públicos. A distinção entre bens privados e bens públicos levanta várias questões complicadas, mas a ideia principal é que o bem público tem dois traços característicos, a indivisibilidade e o caráter público[4]. Ou seja, há muitos indivíduos (um público, por assim dizer) que querem uma quantidade maior ou menor desse bem, mas só poderão obtê-lo se cada qual o obtiver na mesma quantidade. A quantidade produzida não pode ser dividida da mesma forma como o são os bens privados, e comprada pelos indivíduos, segundo suas preferências, por preços mais altos ou mais baixos. Há vários tipos de bens públicos, dependendo de seu grau de indivisibilidade e da dimensão do público envolvido. O caso mais puro de bem público é aquele de um bem absolutamente indivisível para toda a sociedade. Um exemplo típico é a defesa da nação contra um ataque

---

4. Cf. discussão dos bens públicos em J. M. Buchanan, *The Demand and Supply of Public Goods* (Chicago, Rand MacNally, 1968), esp. Cap. XI. Essa obra contém apêndices bibliográficos bastante úteis.

estrangeiro (injustificado). Todos os cidadãos devem receber esse bem na mesma quantidade; não se pode conceder uma proteção variável de acordo com os desejos de cada um. Nesses casos a consequência da indivisibilidade e do caráter público é que o provimento de bens públicos deve ser assegurado pelo processo político, e não pelo mercado. Tanto a quantidade a ser produzida quanto o seu financiamento devem ser estabelecidos por lei. Como não existe o problema da distribuição, uma vez que todos os cidadãos recebem a mesma quantidade, os custos de distribuição são nulos. Várias características dos bens públicos decorrem desses dois aspectos. Em primeiro lugar, há o problema do carona[5]. Quando o público é grande e inclui muitos indivíduos, existe a tentação de que cada pessoa tente se eximir de fazer a sua parte. Isso acontece porque, faça o que fizer, a ação de um dado indivíduo não afeta de forma significativa a quantidade produzida. Ele considera a ação coletiva dos outros como um fato estabelecido, de uma maneira ou de outra. Se o bem público é produzido, seu acesso a esse bem não será diminuído se não der a sua contribuição. Se não for produzido, de todo modo sua ação não teria alterado a situação. Qualquer cidadão recebe a mesma proteção contra a invasão estrangeira, independentemente de ter pago os impostos ou não. Portanto, nesse caso puro, não se pode esperar que aconteçam mecanismos de troca e acordos voluntários.

Em consequência disso, o fornecimento e o financiamento dos bens públicos devem ficar a cargo do Estado, e deve-se fazer cumprir alguma norma obrigatória que determine o pagamento. Mesmo que todos os cidadãos estivessem dispostos a pagar o que lhes cabe, supõe-se que só o fariam se tivessem certeza de que os outros também pa-

---

5. Cf. Buchanan, Cap. V; e também Mancur Olson, *The Logic of Collective Action* (Cambridge, Harvard University Press, 1965), Caps. I e II, onde o problema é discutido em relação com a teoria das organizações.

garão a sua quota. Assim, mesmo depois que os cidadãos concordaram em agir coletivamente, e não como indivíduos isolados que veem as ações dos outros como dadas, ainda resta a tarefa de fazer cumprir o acordo. O senso de justiça nos leva a promover esquemas justos e a fazer a nossa parte neles quando acreditamos que os outros, ou pelo menos um número suficiente deles, também farão a sua. Mas, em circunstâncias normais, só se pode ter uma certeza razoável em relação a isso se houver uma norma obrigatória que seja efetivamente cumprida. Supondo-se que o bem público beneficie a todos, e que todos concordem com a sua produção, o uso da coerção é perfeitamente racional do ponto de vista de cada indivíduo. Muitas das atividades tradicionais do governo, na medida em que são justificáveis, podem ser explicadas dessa forma[6]. A necessidade da imposição de normas pelo Estado ainda existiria mesmo que todos fossem motivados pelo mesmo senso de justiça. As propriedades características dos bens públicos essenciais requerem acordos coletivos, e todos precisam de uma garantia sólida de que esses acordos serão mantidos.

Um outro aspecto da natureza dos bens públicos é o das externalidades. Quando os bens são públicos e indivisíveis, sua produção causará benefícios e perdas para outros que talvez não tenham sido levados em conta por aqueles que fornecem esses bens ou que decidem produzi-los. Assim, no caso mais puro, se apenas uma parte dos cidadãos paga os impostos necessários para cobrir os gastos em bens públicos, a sociedade como um todo é, mesmo assim, afetada pelos itens fornecidos. No entanto, aqueles que concordam com esses tributos talvez não levem em conta esses efeitos, e, portanto, o montante de gastos públicos é presumivelmente diverso do que seria se todos os benefícios e todas as perdas tivessem sido levados em conta. Os casos mais frequentes são aqueles em que a indivisibilidade é par-

---

6. Cf. W. J. Baumol, *Welfare Economics and the Theory of the State* (Londres, Longmans, Green, 1952), Caps. I, VII-IX, XII.

cial e o público, menor. Aquele que se vacina contra uma doença contagiosa ajuda os outros assim como a si mesmo; e, embora possa não valer a pena para tal pessoa obter essa proteção, isso pode ser importante para a comunidade local, levando-se em conta todas as vantagens. E, é claro, há os casos notáveis de danos públicos, como quando as indústrias poluem e destroem o meio ambiente. Em geral, o mercado não leva esses custos em conta, de forma que os bens produzidos são vendidos por preços muito inferiores aos seus custos sociais marginais. Há uma divergência entre a contabilidade privada e a social que o mercado deixa de registrar. Uma tarefa essencial da lei e do Estado é instituir as correções necessárias.

Fica evidente, então, que a indivisibilidade e o caráter público de certos bens essenciais, juntamente com as externalidades e as tentações às quais dão origem, tornam necessários acordos coletivos, organizados e garantidos pelo Estado. A interpretação segundo a qual as leis políticas se fundamentam unicamente na propensão humana para os interesses próprios e a injustiça é superficial. Mesmo entre homens justos, quando se trata de bens indivisíveis em relação a um grande número de indivíduos, suas decisões isoladas não conduzirão ao bem comum. É necessário que haja algum arranjo coletivo, e todos querem uma garantia de que ele será honrado se cada um se dispuser a fazer a sua parte. Em uma comunidade grande, não é de esperar que exista o grau de confiança mútua na integridade alheia que tornaria supérflua a imposição de leis. Em uma sociedade bem-ordenada, as sanções necessárias são, sem a menor dúvida, suaves, e podem nunca vir a ser aplicadas. Ainda assim, a existência desses dispositivos é uma condição normal da vida humana mesmo nesse caso.

Nessas observações, distingui os problemas de isolamento dos problemas de garantia[7]. O primeiro tipo de pro-

---

7. Essa distinção é feita por A. K. Sen em "Isolation, Assurance and the Social Rate of Discount", *Quarterly Journal of Economics*, Vol. 81 (1967).

blema surge sempre que o resultado das decisões isoladas de muitos indivíduos é pior para todos do que algum outro curso de ação, mesmo que, considerando-se a conduta dos outros de forma paramétrica, a decisão de cada pessoa seja perfeitamente racional. Esse é simplesmente o caso geral do dilema do prisioneiro, do qual o estado de natureza formulado por Hobbes é o exemplo clássico[8]. O problema do

---

8. O dilema do prisioneiro (atribuído a A. W. Tucker) é a ilustração de um jogo não cooperativo e que não é de soma-zero. É não cooperativo porque os acordos não são obrigatórios (ou de possível imposição), e não é soma-zero porque não se trata do caso no qual o que uma pessoa perde a outra ganha. Assim, vamos imaginar dois prisioneiros que são levados ao promotor público e interrogados separadamente. Os dois sabem que, se nenhum dos dois confessar, ambos cumprirão uma pena menor por um crime menos grave, e passarão um ano na prisão; mas, se um deles confessar e se dispuser a depor como testemunha, será libertado, sendo o outro condenado a cumprir uma pena particularmente pesada de dez anos. Se ambos confessarem, cada um terá de cumprir uma pena de cinco anos. Nessa situação, supondo-se uma motivação mutuamente desinteressada, o curso de ação mais razoável para ambos – que nenhum dos dois confesse – é instável. Isso pode ser observado na seguinte tabela de perdas e ganhos (no que se refere ao número de anos de prisão):

Primeiro Prisioneiro	Segundo Prisioneiro	
	não confessa	confessa
Não confessa	1,1	10,0
Confessa	0,10	5,5

Para se proteger, se não para tentar promover seus próprios interesses, cada um tem um motivo suficiente para confessar, independentemente do que o outro faça. Decisões que são racionais do ponto de vista de cada um levam a uma situação que é pior para ambos os prisioneiros.

Claramente, o problema é encontrar algum meio de dar estabilidade ao melhor plano. Podemos notar que, se os prisioneiros partilhassem do conhecimento ou de que ambos são utilitaristas, ou de que aderem princípios de justiça (com aplicações restritas aos prisioneiros), o seu problema estaria resolvido. Ambas as perspectivas nesse caso apoiam o arranjo mais sensato. Cf. discussão dessas questões em sua relação com a teoria do Estado em W. J. Baumol, citado na nota 6 anterior. Cf. análise do jogo do dilema do prisioneiro em R. D. Luce e Howard Raiffa, *Games and Decisions* (Nova York, John Wiley and Sons, 1957), Cap. V, esp. p. 94-102. D. P. Gauthier, "Morality and Advantage", *Philosophical Review*, Vol. 76 (1967), trata o problema do ponto de vista da filosofia moral.

isolamento é identificar essas situações e garantir o compromisso coletivo obrigatório que seria melhor do ponto de vista de todos. O problema da garantia é diferente. Aqui o objetivo é garantir às partes que cooperam que o acordo comum está sendo cumprido. A disposição de cada pessoa para contribuir depende da contribuição das outras. Portanto, para manter a confiança pública no sistema que é superior do ponto de vista de todos, ou, no mínimo, melhor que a situação que se verificaria em sua ausência, deve-se estabelecer algum dispositivo para administrar multas e penalidades. É nisso que a mera existência de um soberano efetivo, ou mesmo a crença geral em sua eficácia, tem um papel fundamental.

Uma última observação sobre os bens públicos. Já que a proporção de recursos sociais destinada à sua produção é distinta da questão da propriedade pública dos meios de produção, não há ligação necessária entre ambas. Uma economia de propriedade privada pode alocar uma grande parte da renda nacional para esses fins; uma sociedade socialista pode alocar uma parte pequena, e vice-versa. Existem bens públicos de vários tipos, que variam de equipamentos militares até serviços de saúde. Tendo obtido o consenso político para alocar e financiar esses bens, o Estado pode comprá-los do setor privado ou de empresas estatais. A relação específica de bens públicos produzidos e os procedimentos adotados para limitar os danos públicos dependem da sociedade em questão. Não se trata de uma questão de lógica institucional, mas de sociologia política, incluindo-se nessa rubrica o modo pelo qual as instituições afetam o equilíbrio de benefícios políticos.

Tendo tratado, de maneira resumida, de dois aspectos do setor público, eu gostaria de concluir com alguns comentários sobre até que ponto os arranjos econômicos podem se basear em um sistema de mercados cujos preços são determinados de forma livre pela oferta e pela procura. É preciso distinguir vários casos. Todos os regimes em geral se valem do mercado para distribuir os bens de consumo realmente produzidos. Qualquer outro procedimento é administrativamente inepto, e os dispositivos de racionamento e seus correlatos serão utilizados apenas em casos especiais. Mas, em um sistema de mercado livre, a produção de bens também é orientada quanto ao tipo e à quantidade pelas preferências dos consumidores, indicadas por suas compras no mercado. Os bens que trazem um lucro maior que o normal serão produzidos em maiores quantidades até que o lucro excedente seja reduzido. No regime socialista, as preferências dos planejadores ou as decisões coletivas muitas vezes desempenham um papel preponderante na definição da orientação da produção. Tanto o sistema de propriedade privada quanto o socialista normalmente permitem a livre escolha da ocupação e da posição de trabalho. Apenas sob os sistemas de comando central de um tipo ou de outro é que existe uma interferência explícita nessa liberdade.

Por fim, uma das características básicas dos regimes é a abrangência da utilização do mercado para decidir o índice de poupança e a orientação dos investimentos, assim como a fatia da riqueza nacional destinada a preservar o bem-estar social das gerações futuras e impedir que sejam atingidas por danos irremediáveis. Há várias possibilidades. O índice de poupança pode ser determinado por decisão coletiva, ao passo que a orientação dos investimentos é deixada em grande parte para empresas que competem pelos capitais. Tanto na sociedade de propriedade privada quanto na socialista pode haver uma grande preocupação com a prevenção de danos irreversíveis e com a preservação de recursos naturais e do meio ambiente. Mas qualquer um dos dois sistemas pode se sair mal a esse respeito.

É evidente, portanto, que não há um vínculo essencial entre o emprego de mercados livres e a propriedade privada dos meios de produção. A ideia de que em condições normais os preços competitivos são justos ou equitativos remonta, no mínimo, à Idade Média[9]. Embora os economis-

---

9. Cf. Mark Blaug, *Economic Theory in Retrospect*, edição revisada (Homewood, Ill., Richard D. Irwin, 1968), p. 31 s. E a bibliografia, p. 36 s., esp. os artigos de R. A. de Roover.

tas conhecidos como burgueses tenham pesquisado minuciosamente a ideia de que a economia de mercado é, em certo sentido, o melhor sistema, esse fato é uma contingência histórica porque, pelo menos teoricamente, o regime socialista pode valer-se das vantagens desse sistema[10]. Uma dessas vantagens é a eficiência. Sob certas condições, os preços competitivos selecionam os bens que devem ser produzidos e alocam os recursos para a sua produção de tal maneira que não há como melhorar nem a escolha de métodos produtivos pelas empresas nem a distribuição dos bens que resulta das compras feitas pelos consumidores. Não existe nenhuma reorganização da configuração econômica resultante que melhore a situação de um indivíduo (em vista de suas preferências) sem que, com isso, piore a situação de outro. Não é possível nenhuma outra troca mutuamente vantajosa, nem existem quaisquer processos produtivos exequíveis que venham a fornecer uma quantidade maior de algum bem desejado sem que isso exija uma redução na produção de outro. Se assim não fosse, a situação de alguns indivíduos poderia tornar-se mais vantajosa sem acarretar perda para ninguém. A teoria do equilíbrio geral mostra como, dadas as condições adequadas, a informação fornecida pelos preços leva os agentes econômicos a agir de maneira que contribuem para que se obtenha esse resultado. A competição perfeita é um procedimento perfeito no tocante à eficiência[11]. Sem dúvida, as condições necessárias são muito especiais e raramente, ou nunca, são totalmente satisfeitas no mundo real. Ademais, as deficiências e as imperfeições do mercado costumam ser graves, e os ajustes compensatórios devem ser feitos pelo setor responsável pela

---

10. Cf. discussão dessa questão, com referências bibliográficas, em Abram Bergson, "Market Socialism Revisited", *Journal of Political Economy*, Vol. 75 (1967). E também Jaroslav Vanek, *The General Theory of a Labor Managed Economy* (Ithaca, Cornell University Press, 1970).

11. Sobre a eficiência da concorrência, cf. W. J. Baumol, *Economic Theory and Operations Analysis*, 2.ª ed. (Englewood Cliffs, N.J., Prentice-Hall, 1965), p. 355-71; e T. C. Koopmans, *The Essays on the State of Economic Science* (Nova York, McGraw-Hill, 1957), o primeiro texto.

alocação (cf. § 43). É preciso identificar e corrigir as restrições monopolistas, a falta de informações, as economias e deseconomias externas e outros fenômenos semelhantes. E o mercado fracassa totalmente no caso dos bens públicos. Mas não precisamos nos ocupar dessas questões aqui. Esses arranjos idealizados são mencionados para esclarecer a noção correlata de justiça procedimental pura. Podemos, então, usar a concepção ideal para avaliar os arranjos existentes e como uma ferramenta para identificar as mudanças que devem ser feitas.

Uma outra vantagem, mais significativa, do sistema de mercado é que, dadas as instituições básicas necessárias, esse sistema é compatível com as liberdades iguais e com a igualdade equitativa de oportunidades. Os cidadãos têm liberdade de escolha de carreiras e ocupações. Não há motivo nenhum para haver um controle centralizado e coercitivo da força de trabalho. De fato, na ausência de certas diferenças nos ganhos que surgem em um sistema competitivo, é difícil imaginar como se poderiam evitar, pelo menos em circunstâncias normais, certos aspectos de uma sociedade de comando central que são incompatíveis com a liberdade. Além disso, um sistema de mercados descentraliza o exercício do poder econômico. Qualquer que seja a natureza interna das empresas, sejam elas estatais ou privadas, ou sejam elas geridas por empresários ou por gerentes eleitos pelos trabalhadores, elas tomam como dados os preços de produtos e de insumos, e traçam seus planos em função deles. Quando os mercados são realmente competitivos, as empresas não se engajam em guerras de preços ou outras competições por poder de mercado. Em conformidade com decisões políticas tomadas democraticamente, o Estado regula o ambiente econômico ajustando certos elementos que estão sob seu controle, tais como o valor total de investimentos, a taxa de juros, a quantidade de moeda em circulação, e assim por diante. Não existe necessidade de um planejamento abrangente direto. Os consumidores individuais e as empresas têm liberdade para tomar suas decisões de maneira independente, sujeitos somente às condições gerais da economia.

Ao observar a coerência dos mecanismos de mercado de instituições socialistas, é essencial distinguir entre as funções alocativa e distributiva dos preços. A função alocativa se vincula ao uso dos preços para se alcançar a eficiência econômica, e a função distributiva se relaciona com a renda a ser recebida pelos indivíduos em retribuição por sua contribuição. É perfeitamente coerente que o regime socialista estabeleça uma taxa de juros para alocar recursos entre os projetos de investimentos e estipule encargos a serem pagos pelo uso de capital e de bens naturais escassos, tais como a terra e as florestas. De fato, é preciso fazer isso para que esses meios de produção sejam utilizados da melhor forma, pois, mesmo que esses bens caíssem do céu sem depender de esforço humano, ainda assim seriam produtivos, no sentido de que, quando combinados com outros fatores, o resultado é uma produção maior. Disso não se segue, entretanto, que seja preciso haver pessoas privadas que, como proprietárias desses bens, recebam os equivalentes monetários dessas avaliações. Esses preços, na realidade, são indicadores para que se elabore um planejamento eficiente das atividades econômicas. Exceto no caso do trabalho de todos os tipos, os preços no socialismo não correspondem à renda distribuída a indivíduos privados. Em vez disso, a renda imputada a recursos coletivos e naturais reverte para o Estado e, portanto, seus preços não têm função distributiva[12].

É necessário, então, reconhecer que as instituições de mercado pertencem tanto aos regimes de propriedade privada quanto aos socialistas e distinguir entre as funções alocativa e distributiva dos preços. Como no socialismo os meios de produção e os recursos naturais são de proprieda-

---

12. Cf. a distinção entre as funções alocativa e distributiva dos preços em J. E. Mead, *Efficiency, Equality and the Ownership of Property* (Londres, George Allen and Unwin, 1964), p. 11-26.

de pública, a função distributiva fica muito restringida, ao passo que o sistema de propriedade privada usa os preços em graus variáveis para ambos os fins. Julgo ser impossível determinar de antemão qual desses dois sistemas e de suas várias formas intermediárias atenderá de modo mais completo às exigências da justiça. Talvez não haja uma solução geral para essa questão, já que ela depende em grande medida das tradições, das instituições e das forças sociais de cada país, assim como de suas circunstâncias históricas específicas. A teoria da justiça não abrange essas questões. Mas o que ela pode fazer é traçar de modo esquemático o perfil de um sistema econômico justo que admita muitas variações. O julgamento político em qualquer caso específico dependerá de se saber qual variante tem maiores probabilidades de produzir o melhor resultado na prática. A concepção da justiça é parte necessária, mas não suficiente, de qualquer avaliação política desse tipo.

O esquema ideal esboçado nas próximas seções faz uso considerável de arranjos de mercado. Só assim, acredito, será possível lidar com o problema da distribuição como um caso de justiça procedimental pura. Além disso, dessa forma podemos também nos beneficiar da eficiência e proteger a importante liberdade de escolha de ocupação. A princípio, suponho que o regime é uma democracia de cidadãos-proprietários, já que esse é o mais conhecido[13]. Mas, como já comentei, com isso não se pretende prejulgar a escolha do regime em casos específicos. Nem, é claro, implica que as sociedades reais em que os meios de produção são de propriedade privada não sejam atingidas por graves injustiças. O fato de existir um sistema de propriedade privada ideal não implica que as formas históricas sejam justas, ou sequer toleráveis. E, é claro, o mesmo é válido para o socialismo.

---

13. O termo "democracia de cidadãos-proprietários" ("property-owning democracy") vem de Meade, *ibid.*, e é o título do Cap. V.

43. Instituições de fundo para a justiça distributiva

O principal problema da justiça distributiva é a escolha de um sistema social. Os princípios de justiça se aplicam à estrutura básica e regulam o modo como suas instituições mais importantes se combinam em um único sistema. Ora, como já vimos, a ideia da justiça como equidade é usar a noção de justiça procedimental pura para lidar com as contingências de situações específicas. Deve-se estruturar o sistema social de modo que a distribuição resultante seja justa, independentemente do que venha a acontecer. Para se atingir esse objetivo, é necessário situar o processo econômico e social dentro de um contexto de instituições políticas e jurídicas adequadas. Sem um esquema apropriado dessas instituições de fundo, o resultado do processo distributivo não será justo. A justiça de fundo estará ausente. Farei uma breve descrição dessas instituições de apoio, tais como poderiam existir em um Estado democrático adequadamente organizado que permita a propriedade privada de capital e de recursos naturais. Esses arranjos são conhecidos, mas pode ser útil vermos como se adequam aos dois princípios de justiça. Posteriormente, as modificações para o caso de um regime socialista serão consideradas de maneira resumida.

Em primeiro lugar, presumo que a estrutura básica é regulada por uma constituição justa que assegura as liberdades da cidadania igual (já descritas no capítulo anterior). Pressupõem-se a liberdade de consciência e a de pensamento e garante-se o valor equitativo da liberdade política. O processo político é conduzido, até onde permitam as circunstâncias, como um procedimento justo para a escolha do tipo de governo e para a produção de legislação justa. Também suponho que há uma igualdade de oportunidades que é equitativa (em oposição à igualdade formal de oportunidades). Isso significa que, além de manter as formas usuais de capital social de "overhead", o Estado tenta assegurar oportunidades iguais de educação e cultura para pessoas semelhantemente dotadas e motivadas, seja subsidiando escolas particulares, seja implantando um sistema de ensino público. Também impõe e assegura a igualdade de oportunidades nas atividades econômicas e na livre escolha de ocupação. Isso se consegue fiscalizando-se a conduta de empresas e associações privadas e impedindo-se a criação de restrições e de barreiras monopólicas que dificultem o acesso às posições mais cobiçadas. Por último, o Estado garante um mínimo social, seja por intermédio de benefícios familiares e de transferências especiais em casos de doença e desemprego, seja mais sistematicamente por meio de dispositivos tais como a complementação progressiva da renda (denominado imposto de renda negativo).

Pode-se considerar que, ao implantar essas instituições de fundo, o Estado se divide em quatro setores[14]. Cada setor consiste em vários órgãos, ou atividades, a eles relacionadas, encarregados da preservação de certas condições econômicas e sociais. Essas divisões não coincidem com a organização habitual do Estado, e sim devem ser entendidas como funções diferentes.

O setor de alocação, por exemplo, serve para manter o sistema de preços razoavelmente competitivo e para impedir a formação de um poder excessivo de mercado. Esse poder não existe se o mercado não puder tornar-se ainda mais competitivo de uma forma que seja consistente com os requisitos de eficiência e levando-se em conta os fatos geográficos e as preferências dos consumidores. O setor de alocação também se encarrega de identificar e corrigir, por exemplo, por meio de impostos e subsídios adequados, bem como de alterações na definição dos direitos de propriedade, os desvios mais óbvios da eficiência, gerados quando os preços não exprimem de maneira apropriada os benefícios e os custos sociais. Para tanto, pode-se, por exemplo, recorrer a impostos e subsídios adequados, ou a mudanças no

---

14. Para a ideia de R. A. Musgrave, cf. *The Theory of Public Finance* (Nova York, MacGraw-Hill, 1959), Cap. I.

alcance e na definição dos direitos de propriedade. O setor de estabilização, por outro lado, esforça-se para tanto quanto possível gerar pleno emprego, no sentido de que aqueles que procuram emprego possam encontrá-lo, e no sentido de que a livre escolha de ocupação e o acesso ao crédito sejam assegurados por uma vigorosa demanda efetiva. Esses dois setores, em conjunto, têm o propósito de manter a eficiência geral da economia de mercado.

O mínimo social é de responsabilidade do setor de transferências. Mais tarde discorrerei sobre o nível em que se deve fixar esse mínimo; mas, por enquanto, bastarão algumas observações gerais. A ideia essencial é que o funcionamento desse setor leva em conta as necessidades e atribui a elas um peso apropriado no tocante a outras reivindicações. Um sistema competitivo de preços não leva em conta as necessidades e, portanto, não pode ser o único instrumento de distribuição. Deve haver uma divisão de trabalho entre as partes do sistema social para atender a preceitos de justiça fundamentados no bom senso. Instituições diferentes respondem a exigências diferentes. Mercados competitivos adequadamente regulamentados asseguram a livre escolha de ocupação e conduzem a um uso de recursos e a uma alocação de mercadorias eficientes entre os consumidores. Eles conferem um peso às normas convencionais relativas a salários e aos rendimentos, ao passo que o setor de transferências garante um certo nível de bem-estar social e atende às exigências da necessidade. Mais adiante discorrerei sobre esses preceitos fundamentados no bom senso, e o modo como eles surgem no contexto de várias instituições. O importante aqui é que certos preceitos tendem a ser associados com instituições específicas. Fica a cargo das instituições de fundo em seu conjunto definir como as exigências desses preceitos serão equilibradas. Uma vez que regulam a estrutura básica como um todo, os princípios de justiça também regulam o equilíbrio entre os preceitos. Em geral, portanto, esse equilíbrio varia segundo a concepção política de justiça adotada.

É claro que a justiça das parcelas distributivas depende das instituições de fundo e de como alocam a renda total, isto é, os salários e outros rendimentos acrescidos das transferências. É com razão que se objeta fortemente contra a definição competitiva da renda total, já que isso ignora as exigências da necessidade e de um padrão de vida adequado. Do ponto de vista do estágio legislativo, é racional que asseguremos para nós e nossos descendentes uma proteção contra essas contingências do mercado. De fato, pode-se presumir que o princípio de diferença exige isso. Mas, uma vez que um mínimo apropriado seja garantido pelas transferências, talvez seja perfeitamente justo que o restante da renda total seja definido pelo sistema de preços, supondo-se que seja razoavelmente eficiente e livre de restrições monopólicas, e que externalidades que excedam os limites do razoável tenham sido eliminadas. Ademais, esse modo de lidar com as exigências da necessidade parece mais efetivo do que a tentativa de regulamentar a renda por meio de padrões de salário mínimo e métodos afins. É melhor atribuir a cada setor apenas as tarefas que são compatíveis com cada qual. Já que o mercado não é adequado para atender às exigências da necessidade, estas devem ser atendidas por um arranjo distinto. A questão de saber se os princípios de justiça são ou não satisfeitos gira, portanto, em torno da questão de saber se a renda total dos menos favorecidos (salários mais transferências) possibilita a maximização de suas expectativas a longo prazo (obedecendo-se às restrições das liberdades iguais e da igualdade equitativa de oportunidades).

Por fim, temos o setor de distribuição. Sua função é preservar uma justiça aproximada nas parcelas distributivas por meio da tributação e dos ajustes necessários ao direito de propriedade. Podemos distinguir dois aspectos desse setor. Em primeiro lugar, ele impõe vários impostos sobre heranças e doações e estabelece restrições ao direito de herança.

A finalidade desses tributos e normas não é aumentar a receita (liberar recursos para o governo), mas corrigir, gradual e continuamente, a distribuição da riqueza e impedir concentrações de poder que prejudiquem o valor equitativo da liberdade política e da igualdade equitativa de oportunidades. Por exemplo, o princípio da tributação progressiva poderia ser aplicado aos beneficiários[15]. Isso incentivaria uma ampla dispersão da propriedade que é, ao que parece, uma condição necessária à manutenção do valor equitativo das liberdades iguais. A herança desigual de riquezas não é, em si mesma, mais injusta que a herança desigual de inteligência. É verdade que é mais fácil sujeitar a primeira ao controle social; mas o essencial é que, na medida do possível, as desigualdades que se fundamentam em ambas satisfaçam o princípio de diferença. Assim, a herança é permissível, contanto que as desigualdades resultantes tragam vantagens para os menos afortunados e sejam compatíveis com a liberdade e com a igualdade equitativa de oportunidades. Como já foi definido, a igualdade equitativa de oportunidades significa certo conjunto de instituições que assegura oportunidades semelhantes de educação e cultura para pessoas de motivações semelhantes e que mantém cargos e posições abertos a todos, com base nas qualidades e nos esforços razoavelmente relacionados com os deveres e tarefas pertinentes. São essas instituições que correm risco quando as desigualdades de riqueza excedem certo limite; e, da mesma forma, a liberdade política tende a perder o valor e o governo representativo a só existir nas aparências. Os tributos e as leis do setor de distribuição devem evitar que esse limite seja ultrapassado. Naturalmente, onde fixar esse limite é uma questão de julgamento político orientado pela teoria, pelo bom senso e pela mera intuição, pelo menos dentro de um leque bastante amplo. Sobre esse tipo de questão a teoria da justiça não tem nada de específico a dizer. Seu objetivo é formular os princípios que devem regular as instituições básicas.

A segunda parte do setor de distribuição é um sistema de tributação que tem a finalidade de arrecadar a receita

---

15. Cf. Meade, *Efficiency, Equality and the Ownership of Property*, p. 56 s.

exigida pela justiça. Recursos sociais devem ser destinados ao Estado, para que possa fornecer os bens públicos e realizar as transferências necessárias para atender ao princípio de diferença. Esse problema pertence ao setor de distribuição, já que a carga tributária deve ser partilhada de forma justa e esse setor tem por objetivo criar arranjos institucionais justos. Deixando de lado muitas complicações, vale notar que uma tributação proporcional sobre o consumo pode fazer parte do melhor sistema tributário[16]. Em primeiro lugar, ela é preferível a um imposto sobre a renda (de qualquer tipo) no contexto dos preceitos da justiça baseados no bom senso, já que impõe uma tributação sobre o quanto a pessoa retira do estoque comum de bens, e não sobre o quanto ela contribui (supondo-se aqui que a renda é ganha de forma justa). Além disso, o imposto proporcional sobre o consumo total (por exemplo, a cada ano) pode conter as isenções usuais para dependentes, e assim por diante; todos são tratados de maneira uniforme (ainda na suposição de que a renda é ganha de forma justa). Portanto, pode ser melhor usar a tributação progressiva apenas quando é necessária para proteger a justiça da estrutura básica no tocante ao primeiro princípio de justiça e à igualdade equitativa de oportunidades e, assim, evitar acúmulos de propriedade e poder que provavelmente solapam as instituições correspondentes. Seguir essa regra pode nos ajudar a indicar uma distinção importante nas questões de política pública. E se os tributos proporcionais se mostrarem mais eficientes, por exemplo, porque interferem menos nos incentivos, esse poderia ser um argumento decisivo a favor deles, se um sistema exequível puder ser desenvolvido. Como vimos antes, essas são questões de julgamento político, que não fazem parte de uma teoria da justiça. E, de qualquer forma, aqui estamos analisando tal tributo proporcional como parte de um sistema ideal para uma sociedade bem-

---

16. Cf. Nicholas Kaldor, *An Expenditure Tax* (Londres, George Allen and Unwin, 1955).

-ordenada, a fim de ilustrar o teor dos dois princípios. Disso não decorre que, dada a injustiça das instituições existentes, mesmo impostos sobre a renda vertiginosamente progressivos não se justifiquem, quando todos os fatores são levados em conta. Na prática, temos geralmente de escolher entre diferentes arranjos injustos ou *second bert*, e então recorremos à teoria não ideal para descobrir o sistema menos injusto. Algumas vezes, esse sistema incluirá medidas e políticas que um sistema perfeitamente justo rejeitaria. Dois erros podem promover um acerto, no sentido de que a melhor combinação disponível pode conter um equilíbrio de imperfeições, um ajuste de injustiças que se compensam umas às outras.

As duas partes do setor de distribuição decorrem dos dois princípios de justiça. O imposto sobre a herança e sobre a renda com taxas progressivas (quando necessário) e a definição legal dos direitos de propriedade devem assegurar as instituições da liberdade igual em uma democracia de cidadãos-proprietários, assim como o valor equitativo dos direitos estabelecidos por elas. Os impostos proporcionais sobre o consumo (ou sobre a renda) devem fornecer a receita para os bens públicos, para o setor de transferências e para a instituição da igualdade equitativa de oportunidades na educação, e assim por diante, de modo que implantem o segundo princípio. Não houve menção em momento algum aos critérios tradicionais de tributação, tais como aquele segundo o qual os tributos devem incidir de acordo com os benefícios recebidos ou a capacidade contributiva[17]. A referência aos preceitos de bom senso em conexão com os tributos sobre o consumo é uma consideração secundária. O alcance desses critérios é regido pelos princípios de justiça. Uma vez que o problema das parcelas distributivas é reconhecido como aquele da moldagem das instituições de fundo, nenhuma força independente é atribuída às má-

---

17. Cf. discussão desses critérios de tributação em Musgrave, *The Theory of Public Finance*, Caps. IV e V.

ximas convencionais, por mais apropriadas que possam ser em certos casos delimitados. Supor o contrário é não assumir um ponto de vista suficientemente abrangente (cf. § 47, abaixo). Também é evidente que a estrutura do setor de distribuição não pressupõe as hipóteses típicas dos utilitaristas a respeito das utilidades individuais. Os impostos sobre heranças e a tributação progressiva da renda, por exemplo, não dependem da ideia de que os indivíduos têm funções de utilidade semelhantes que satisfaçam o princípio do valor marginal decrescente. O objetivo do setor de distribuição não é, evidentemente, maximizar o saldo líquido de satisfação, mas estabelecer instituições de fundo justas. Dúvidas sobre a forma das funções de utilidade são irrelevantes. Isso representa um problema para o utilitarismo, e não para a teoria contratualista.

Até agora, parti do pressuposto de que o objetivo dos setores do Estado é instituir um regime democrático no qual a terra e o capital são distribuídos de forma ampla, embora possam não sê-lo de forma igual. A sociedade não é dividida de forma que um setor muito pequeno controle a maior parte dos recursos produtivos. Quando tal distribuição se verifica e as parcelas distributivas atendem aos princípios de justiça, muitas das críticas socialistas à economia de mercado são neutralizadas. Mas é evidente que, pelo menos em teoria, um regime socialista liberal também pode satisfazer os dois princípios de justiça. Precisamos apenas supor que os meios de produção são de propriedade pública e que as empresas são geridas por conselhos de trabalhadores, por exemplo, ou por agentes indicados por eles. As decisões coletivas tomadas democraticamente, segundo a constituição, definem as características gerais da economia, tais como o índice da poupança e a parcela da produção da sociedade destinada aos bens públicos essenciais. Dado o ambiente econômico resultante, empresas regidas por forças de mercado se comportam praticamente como antes. Embora as instituições de fundo assumam formas diferentes, especialmente no caso do setor de distribuição, em princípio não há motivo para que parcelas distributivas justas não possam ser alcançadas. A teoria da justiça não favorece, por si mesma, nenhuma das duas formas de regime. Como já vimos, a decisão quanto ao melhor sistema para determinado povo depende das circunstâncias, das instituições e das tradições históricas desse povo.

Alguns socialistas objetaram a todas as instituições de mercado considerando-as intrinsecamente degradantes, e alimentaram a esperança de criar uma economia na qual os homens fossem predominantemente motivados por interesses sociais e altruístas. Em relação à objeção, o mercado não é, de fato, um arranjo ideal, mas, com certeza, dadas as instituições de fundo necessárias, são eliminados os piores aspectos daquilo que se conhece como escravidão salarial. A questão, portanto, passa a ser a da comparação entre as alternativas possíveis. Parece improvável que o controle da atividade econômica pela burocracia que tenderia a se desenvolver em um sistema socialmente regulado (quer seja centralmente dirigido ou dirigido pelos acordos firmados por associações industriais) viesse a ser mais justo do que o controle exercido por meio de preços (sempre supondo-se a necessária estrutura). Não há dúvida de que o sistema competitivo é impessoal e automático nos detalhes de sua operação; seus resultados específicos não expressam a decisão consciente dos indivíduos. Mas, em muitos aspectos, essa é uma virtude desse arranjo; e o uso do sistema de mercado não implica falta de uma razoável autonomia humana. Uma sociedade democrática pode optar por basear--se nos preços com vistas às vantagens de fazê-lo e, então, manter as instituições de fundo exigidas pela justiça. Essa decisão política, assim como a regulação desses arranjos que a cercam, pode ser perfeitamente racional e livre.

Ademais, a teoria da justiça supõe um limite definido para a força da motivação social e altruísta. Presume que os indivíduos e grupos apresentem exigências conflitantes, e, embora estejam dispostos a agir de maneira justa, não estão preparados para renunciar aos seus interesses. Não há necessidade de uma maior elaboração para afirmarmos que esse pressuposto não implica que os homens são egoístas no sentido comum da palavra. Uma sociedade em que todos podem alcançar a sua felicidade completa, ou na qual não há reivindicações conflitantes e as necessidades de todos se adaptam sem coerção a um plano harmônico de atividades econômicas, é, em certo sentido, uma sociedade que está além da justiça. Ela já eliminou as circunstâncias nas quais é necessário apelar a princípios do direito e da justiça[18]. Não estou interessado nesse caso ideal, por mais desejável que seja. Devemos notar, entretanto, que mesmo nesse caso a teoria da justiça tem um importante papel teórico: ela define as condições nas quais a coerência espontânea dos objetivos e das necessidades dos indivíduos não é nem coagida nem fabricada, e sim expressa uma harmonia apropriada que é compatível com o bem ideal. Não posso me aprofundar mais nessas questões. O ponto central é que os princípios de justiça são compatíveis com regimes de tipos bastante diferentes.

É preciso analisar uma última questão. Vamos supor que a interpretação das instituições de fundo feita acima seja suficiente para nossos fins e que os dois princípios de justiça conduzam a um sistema definido de atividades governamentais e de definições legais da propriedade, juntamente com um sistema de tributação. Nesse caso, o total dos gastos públicos e as fontes necessárias de receita estão bem definidos, e a resultante distribuição de renda e riqueza é justa, seja qual for. (Cf. §§ 44, 47 abaixo.) Disso não decorre, entretanto, que os cidadãos não devam optar por fazer mais gastos públicos. Se um número suficientemente grande desses cidadãos acredita que os benefícios marginais dos bens públicos são maiores do que os dos bens disponíveis

---

18. Alguns autores interpretaram a concepção marxista de uma sociedade comunista plena como uma sociedade além da justiça nesse sentido. Cf. R. C. Tucker, *The Marxian Revolutionary Idea* (Nova York, W. W. Norton, 1969), Caps. I e II.

por intermédio do mercado, seria adequado encontrar modos pelos quais o Estado pudesse fornecê-los. Uma vez que a distribuição de renda e riqueza é considerada justa, o princípio orientador muda. Vamos supor, então, que existe um quinto setor do Estado, o setor de trocas, que consiste em um corpo especial de representantes que analisa os diversos interesses sociais e suas preferências por bens públicos. A constituição o autoriza a considerar apenas aqueles projetos de lei que regulamentam as atividades do Estado que não estão relacionadas àquilo que é exigido pela justiça, e esses projetos de lei só devem ser aprovados quando satisfazem o critério da unanimidade de Wicksell[19]. Isso significa que não se aprova nenhum gasto público a não ser que, ao mesmo tempo, haja um acordo sobre os meios para cobrir seus custos, acordo esse que, se não for unânime, deve aproximar-se dessa condição. Uma moção que proponha novas atividades públicas deve conter um ou mais arranjos alternativos para a partilha dos custos. A ideia de Wicksell é de que, se o bem público é um emprego eficiente de recursos sociais, deve haver algum sistema de distribuição do acréscimo de impostos entre diversos tipos de contribuinte que obterá a aprovação de todos. Se não existir tal proposta, o gasto sugerido é um desperdício e não deveria ser feito. Assim, o setor de trocas funciona de acordo com o princípio de eficiência e institui, com efeito, um órgão especial de negociação, que fornece os bens e os serviços públicos onde o mecanismo de mercado falha. Deve-se acrescentar, porém, que há dificuldades bastante concretas que obstruem a realização dessa ideia. Mesmo deixando-se de lado as es-

---

19. Esse critério foi formulado por Knut Wicksell em seu *Finanztheoretische Untersuchungen* (Jena, 1896). A maior parte foi traduzida com o título de "A New Principle of Just Taxation" e incluída em *Classics in the Theory of Public Finance*, org. R. A. Musgrave e A. T. Peacock (Londres, Macmillan, 1958), p. 72-118, esp. p. 91-3, onde o princípio é apresentado. Sobre algumas dificuldades nele implícitas, ver Hirafumi Shibata, "A Bargaining Model of the Pure Theory of Public Expenditure", *Journal of Political Economy*, Vol. 79 (1971), esp. p. 27 s.

tratégias de votação e a ocultação de preferências, as discrepâncias no poder de negociação, nos efeitos para a distribuição de renda e em coisas semelhantes podem impedir que se alcance um resultado eficiente. Talvez só seja possível uma solução aproximativa. No entanto, não tratarei desses problemas.

Fazem-se necessários alguns comentários para evitar mal-entendidos. Em primeiro lugar, como salientou Wicksell, o critério da unanimidade pressupõe a justiça da distribuição existente de renda e riqueza e da definição vigente dos direitos de propriedade. Sem essa importante cláusula, esse critério teria todos os defeitos do princípio de eficiência, uma vez que simplesmente expressa esse princípio para o caso dos gastos públicos. Mas, quando atendida essa condição, o princípio da unanimidade é correto. Compelir, por meio do aparato estatal, alguns cidadãos a pagar por bens ou serviços que não desejam, mas que outros querem, não se justifica, da mesma forma que não se justifica obrigá-los a reembolsar os gastos particulares de outrem. Assim, o critério do benefício agora se aplica, ao passo que antes isso não acontecia; e aqueles que querem mais despesas públicas de vários tipos devem usar o setor de trocas para ver se é possível um acordo sobre os impostos necessários. O montante do orçamento do setor de trocas, que é diferente do orçamento público, é determinado pelos gastos que por fim são acordados. Em teoria, os membros da comunidade podem se reunir para comprar bens públicos até o ponto em que o valor marginal desses bens se iguale ao valor marginal de bens privados.

Devemos ressaltar que o setor de trocas contém um corpo representativo em separado. A razão disso é salientar que a base desse sistema é o princípio do benefício e não os princípios de justiça. Já que a concepção das instituições de fundo deve nos ajudar a organizar nossos juízos ponderados acerca da justiça, o véu de ignorância se aplica ao estágio legislativo. O setor de trocas é apenas um arranjo de negociação. Não há restrições às informações (exceto aquelas exigidas para que o sistema se torne mais eficiente), pois o setor depende do conhecimento que os cidadãos têm a respeito do valor relativo que eles próprios atribuem aos bens públicos e privados. Devemos também observar que, no setor de trocas, os representantes (e os cidadãos, por intermédio de seus representantes) se orientam, de maneira bem adequada, por seus interesses, ao passo que, na descrição dos outros setores, partimos da hipótese de que os princípios de justiça se aplicam às instituições unicamente com base em informações gerais. Tentamos definir o que legisladores racionais, adequadamente limitados pelo véu de ignorância, e, nesse sentido, imparciais, promulgariam para aplicar a concepção de justiça. Legisladores ideais não votam segundo seus próprios interesses. Estritamente falando, então, a ideia do setor de trocas não faz parte da sequência de quatro estágios. No entanto, é provável que haja confusão entre as atividades do Estado e as despesas públicas necessárias para a manutenção de instituições básicas justas e aquelas que decorrem do princípio do benefício. Tendo-se em mente a distinção entre os setores, acredito que a concepção da justiça como equidade se torna mais plausível. Com certeza, muitas vezes é difícil distinguir entre os dois tipos de atividades estatais, e pode parecer que alguns bens públicos pertencem às duas categorias. Deixo de lado esses problemas, na esperança de que a distinção teórica seja clara o bastante para os nossos fins aqui.

44. O problema da justiça entre gerações

Devemos agora analisar a questão da justiça entre gerações. Não é preciso pôr em destaque as dificuldades levantadas por esse problema. Ele submete qualquer teoria ética a testes severos, se não impossíveis. No entanto, a análise da justiça como equidade ficaria incompleta sem uma discussão dessa importante questão. O problema surge no contexto presente porque ainda permanece aberta a questão de saber se o sistema social como um todo, a economia competitiva cercada pela família adequada de instituições básicas, pode satisfazer os princípios de justiça. A resposta dependerá obrigatoriamente, pelo menos em certa medida, do nível a ser fixado para o mínimo social. Mas isso, por sua vez, se liga ao problema de até que ponto a geração presente é obrigada a respeitar os direitos de suas sucessoras.

Até agora nada foi dito a respeito de quão generoso deve ser o mínimo social. O bom senso pode contentar-se em dizer que o nível correto depende da riqueza média do país e que, outros fatores permanecendo constantes, o mínimo deve ser mais alto quando essa média aumenta. Ou também se poderia dizer que o nível adequado é determinado por expectativas costumeiras. Mas essas proposições são insatisfatórias. A primeira delas não é suficientemente precisa, já que não explica como o mínimo depende da riqueza média e ignora outros aspectos relevantes tais como a distribuição; ao passo que a segunda não oferece critério algum para que se diga quando as próprias expectativas costumeiras são razoáveis. Depois de aceito o princípio de diferença, contudo, deve-se estabelecer o mínimo no ponto em que, levando-se em conta os salários, maximize as expectativas do grupo menos favorecido. Ajustando-se o montante de transferências (por exemplo, o montante dos benefícios monetários suplementares), é possível aumentar ou diminuir as perspectivas dos mais desafortunados, o seu índice de bens primários (medido pelos salários mais transferências), de modo a chegar ao resultado desejado.

À primeira vista, pode parecer que o princípio de diferença exige um mínimo muito alto. É natural imaginarmos que a maior riqueza dos que estão em melhores condições deve ser reduzida até que, por fim, todos tenham aproximadamente a mesma renda. Mas isso é uma ideia errônea, embora possa funcionar em circunstâncias especiais. A expectativa adequada na aplicação do princípio de diferença é que as perspectivas a longo prazo dos menos favorecidos se estendam às gerações futuras. Cada geração deve, além de preservar os ganhos em cultura e civilização e manter intactas as instituições justas que foram estabelecidas, também poupar a cada período de tempo um montante adequado de capital real. Essa poupança pode assumir várias formas, do investimento líquido em máquinas e outros meios de produção ao investimento na escolarização e na educação. Supondo-se por enquanto que exista um princípio justo de poupança que nos informe qual deve ser o montante desse investimento, define-se o nível do mínimo social. Vamos supor, para simplificar, que o mínimo é ajustado pelas transferências financiadas por impostos proporcionais sobre o consumo (ou sobre a renda). Nesse caso, aumentar o mínimo implica aumentar a proporção na qual o consumo (ou a renda) é tributado. É presumível que, à medida que essa fração cresce, chega-se a um ponto além do qual acontece uma dentre duas situações: ou não é possível fazer a poupança adequada, ou os impostos mais elevados interferem tanto na eficiência econômica que as perspectivas dos menos favorecidos da geração atual deixam de aumentar e começam a cair. Em qualquer um dos dois casos, atingiu-se o mínimo correto. O princípio de diferença foi atendido, e nenhuma elevação adicional é necessária.

Esses comentários a respeito de como especificar o mínimo social nos levaram ao problema da justiça entre gerações. Encontrar um princípio justo de poupança é um dos aspectos dessa questão[20]. Acredito não ser possível, pelo

---

20. Os economistas discutem esse problema com frequência no contexto da teoria do desenvolvimento econômico. Cf. exposição em A. K. Sen, "On Optimizing the Rate of Saving", *Economic Journal*, Vol. 71 (1961); James Tobin, *National Economic Policy* (New Haven, Yale University Press, 1966), Cap. IX; e R. M. Solow, *Growth Theory* (Nova York, Oxford University Press, 1970), Cap. V. Numa extensa literatura, consultar F. P. Ramsey, "A Mathematical Theory of Saving", *Economic Journal*, Vol. 38 (1928), reimpresso em Arrow e Scitovsky, *Readings in Welfare Economics*, T. C. Koopmans, "On the Concept of Optimal Economic Growth" (1965), em *Scientific Papers of T. C. Koopmans* (Berlim, Springer Verlag, 1470). Sukamoy Chakravarty, *Capital and Development Planning* (Cambridge, M. I. T. Press, 1969), traça um panorama teórico que toca as questões normativas. Se, para fins teóricos, concebermos a sociedade ideal como aquela cuja economia se encontra num estado de crescimento estável

menos por ora, definir limites precisos no tocante a qual deve ser a taxa de poupança. Parece que a questão de saber como o ônus da acumulação de capital e da elevação do padrão de civilização e cultura deve ser distribuído entre as gerações não admite uma solução definitiva. Disso não decorre, entretanto, que não se possam formular algumas restrições éticas importantes. Como eu já disse, uma teoria moral caracteriza uma perspectiva da qual se devem avaliar as políticas públicas; e com frequência fica patente que uma solução sugerida é equivocada, mesmo que não exista uma doutrina alternativa disponível. Assim, parece evidente, por exemplo, que o princípio clássico de utilidade aponta na direção errada no que diz respeito à justiça entre gerações. Se usarmos o tamanho da população como variável e postularmos uma alta produtividade marginal de capital e um horizonte temporal muito distante, a maximização da utilidade total pode conduzir a um índice excessivo de acumulação (pelo menos no futuro próximo). Uma vez que, do ponto de vista moral, não há motivos para ignorar o bem-estar futuro com base em uma pura preferência temporal, a conclusão mais provável será que as maiores vantagens das gerações futuras serão suficientemente grandes para superar quase todos os sacrifícios presentes. Tal conclusão pode se mostrar verdadeira, se não por outra razão porque, com mais capital e melhor tecnologia, será possível sustentar uma população suficientemente grande. Assim, a doutrina utilitarista pode nos levar a exigir grandes sacrifícios das gerações mais pobres em nome de maiores vantagens para gerações posteriores que estarão em situação muito melhor. Mas esse cálculo de vantagens, que contrabalança as perdas de alguns com os benefícios de outros, parece ainda

---

(possivelmente zero), e que, ao mesmo tempo, é justa, então o problema da poupança é escolher um princípio para distribuir os ônus para alcançar essa trajetória de crescimento (ou esse tipo de trajetória, se existirem várias), e para manter a justiça dos arranjos necessários, uma vez que esse nível for atingido. No texto, porém, não sigo essa sugestão; minha discussão se desenvolve num nível mais primitivo.

menos justificado entre gerações do que entre contemporâneos. Mesmo que não possamos definir com precisão um princípio justo de poupança, devemos ser capazes de evitar esse tipo de exagero.

A doutrina contratualista avalia o problema do ponto de vista da posição original e exige que as partes adotem um princípio de poupança apropriado. Parece claro que, da forma como se encontram, os dois princípios de justiça devem ajustar-se a essa questão. Pois, quando aplicado à questão da poupança ao longo de gerações, o princípio de diferença ou bem não acarreta poupança nenhuma, ou bem acarreta uma poupança insuficiente para aprimorar o suficiente as circunstâncias sociais, de modo que se possam exercer de forma efetiva todas as liberdades iguais. Ao seguir um princípio justo de poupança, cada geração faz uma contribuição em favor daqueles que vêm depois e a recebe de seus predecessores. As gerações posteriores não têm como melhorar a situação da geração menos afortunada anterior. Assim, o princípio de diferença não se aplica à questão da justiça entre gerações, e o problema da poupança deve ser tratado de alguma outra maneira.

Houve quem considerasse injustas as sortes distintas reservados a cada geração. Herzen comenta que o desenvolvimento humano é um tipo de iniquidade cronológica, pois aqueles que vivem mais tarde se beneficiam do trabalho de seus predecessores, sem que para isso paguem o mesmo preço. E Kant achava desconcertante o fato de que as gerações anteriores devessem carregar seus fardos apenas para o bem das gerações posteriores, e que apenas estas últimas tivessem a sorte de habitar o edifício já concluído[21]. Essas opiniões, embora inteiramente naturais, estão deslocadas, pois, embora tenha um caráter especial, a rela-

---

21. A observação de Alexander Herzen consta na introdução feita por Isaiah Berlin a *Roots of Revolution* (Nova York, Alfred Knopf, 1960) de Franco Venturi, p. xx. Sobre Kant, cf. "Idea for a Universal History with a Cosmopolitan Purpose", em *Political Writings*, org. Hans Reiss e trad. H. B. Nisbet (Cambridge, The University Press, 1970), p. 44.

ção entre gerações não dá origem a nenhuma dificuldade insuperável.

É um fato natural que as gerações se estendam no tempo e que os benefícios econômicos fluam apenas em uma direção. Essa situação é inalterável e, portanto, não levanta uma questão da justiça. Justo ou injusto é o modo como as instituições lidam com as limitações naturais e a maneira como elas são estruturadas para tirar proveito de possibilidades históricas. Obviamente, para que todas as gerações ganhem (exceto, talvez, as primeiras), as partes devem concordar com um princípio de poupança que assegure que cada geração receba de seus predecessores o que lhe é devido e faça a sua parte justa em favor daqueles que virão depois. Os únicos intercâmbios econômicos entre as gerações são, por assim dizer, virtuais, ou seja, ajustes corretivos que se podem fazer na posição original quando se adota um princípio justo de poupança.

Quando analisam esse problema, as partes não sabem a que geração pertencem ou, o que acaba sendo a mesma coisa, em que estágio de civilização sua sociedade se encontra. Não têm como saber se essa sociedade é pobre ou relativamente rica, mais agrícola do que industrializada, e assim por diante. O véu de ignorância é completo nesses aspectos. Porém, já que interpretamos a posição original como se fosse adotada no momento presente (§ 24), as partes sabem que são contemporâneas; e assim, a não ser que modifiquemos nossos pressupostos iniciais, não há motivo para que concordem em fazer qualquer tipo de poupança.

As gerações anteriores terão ou não poupado; não há nada que as partes possam fazer para alterar tal fato. Portanto, para alcançar um resultado razoável, supomos, em primeiro lugar, que as partes representam linhagens familiares, digamos, que se preocupam pelo menos com seus descendentes imediatos; e, em segundo lugar, que o princípio adotado deve ser tal que elas gostariam que as gerações anteriores o tivessem adotado (§ 22). Essas restrições, juntamente com o véu de ignorância, têm por função garantir que qualquer geração se preocupe com todas as outras.

Depois de formular um princípio justo de poupança (ou melhor, limitações a princípios desse tipo), as partes devem perguntar-se até que ponto estariam dispostas a poupar a cada estágio de desenvolvimento, supondo-se que todas as gerações pouparam, ou pouparão, segundo o mesmo critério. Devem analisar sua disposição para poupar em qualquer fase de civilização, sabendo que os níveis que propõem devem reger todo o ciclo de acumulação. É essencial salientar que um princípio de poupança é uma norma que atribui uma taxa apropriada (ou uma variação de taxas) para cada nível de desenvolvimento, ou seja, trata-se de uma norma que define um plano de taxas de poupança. É presumível que haja variação nas taxas atribuídas a estágios distintos. Quando o povo é pobre e poupar é difícil, deve-se exigir uma taxa mais baixa; ao passo que, numa sociedade mais rica, é racional esperar poupanças maiores, já que o ônus real da poupança é menor. Com o tempo, depois de bem estabelecidas as instituições, e efetivamente instituídas todas as liberdades fundamentais, a acumulação líquida exigida cai para zero. Nesse ponto, a sociedade cumpre seu dever de justiça ao manter instituições justas e preservar sua base material. O princípio justo da poupança se aplica ao que a sociedade deve poupar como uma questão de justiça. Se seus membros desejarem poupar para outros fins, essa já é uma outra questão.

É impossível ser muito específico a respeito do esquema de taxas (ou de variação de taxas) que seria reconhecido; o máximo que podemos esperar dessas ponderações intuitivas é a exclusão de certos extremos. Assim, podemos supor que as partes evitem a imposição de taxas muito altas nos estágios iniciais de acumulação, pois, mesmo que se pudessem beneficiar com isso se viessem mais tarde, lhes deve ser possível aceitar de boa-fé essas taxas mesmo no caso de sua sociedade se revelar pobre. As exigências do comprometimento se aplicam aqui da mesma maneira que antes (§ 29). Por outro lado, as partes desejarão que todas as gerações propiciem alguma poupança (excluindo-se circunstâncias especiais), já que somos beneficiados quando nossos predecessores fizeram a sua parte. Essas observações definem limites amplos para a norma da poupança. Para estreitar um pouco mais o leque de variações, vamos supor que as partes perguntem o que é razoável para os membros das gerações adjacentes esperarem uns dos outros a cada nível de desenvolvimento. Elas tentam montar um esquema justo de poupança contrabalançando o quanto estariam dispostas a poupar em favor de seus descendentes imediatos com o que se sentem no direito de reivindicar de seus predecessores mais próximos. Assim, imaginando-se no papel de pais, devem definir o quanto deveriam poupar para seus filhos e netos, tendo em mente o que se julgam no direito de reivindicar de seus pais e avós. Quando atingirem uma estimativa que pareça equitativa de ambos os lados, com a devida margem para melhorias nas circunstâncias, então a taxa justa (ou a variação de taxas justas) para esse estágio está definida. Feito isso para todos os estágios, está definido o princípio justo de poupança. É claro que as partes em momento algum devem perder de vista o objetivo do processo de acumulação, ou seja, um estado da sociedade que tenha uma base material suficiente para criar instituições justas e no qual todas as liberdades fundamentais possam ser realizadas. Supondo-se que o princípio de poupança atenda a essas condições, nenhuma geração pode supor que alguma outra esteja em falta por segui-lo, independentemente da distância temporal que as separa.

Deixarei para as próximas seções a questão da preferência temporal e os problemas de prioridade. Por ora, quero indicar algumas características do enfoque contratualista. Em primeiro lugar, embora seja evidente que um princípio justo de poupança não pode ser literalmente adotado de maneira democrática, a concepção da posição original atinge o mesmo resultado. Como ninguém sabe a que geração pertence, a questão é considerada do ponto de vista de cada um e o princípio adotado expressa uma acomodação equitativa. Todas as gerações estão virtualmente representadas na posição original, já que o mesmo princípio seria sempre escolhido. O resultado será uma decisão democrática ideal, equitativamente adaptada às reivindicações de cada geração e que, portanto, satisfaz o preceito segundo o qual o que afeta a todos a todos interessa. Ademais, é de imediato óbvio que cada geração, exceto talvez a primeira, ganha com a manutenção de uma taxa razoável de poupança. O processo de acumulação, uma vez iniciado e levado adiante, traz benefícios para todas as gerações subsequentes. Cada uma lega à outra um equivalente justo em capital real, que é definido por um princípio justo de poupança. (Devemos ter em mente que esse capital não consiste apenas em fábricas e máquinas etc., mas também no conhecimento e na cultura, bem como nas técnicas e habilidades, que tornam as instituições justas e o valor equitativo da liberdade possíveis.) Esse equivalente é uma retribuição pelo que foi recebido das gerações anteriores e possibilita que as posteriores vivam melhor em uma sociedade mais justa.

Também é característico da doutrina contratualista definir uma sociedade justa como o objetivo visado pelo processo de acumulação. Essa característica decorre do fato de que uma concepção ideal de uma estrutura básica justa está contida nos princípios escolhidos na posição original. Nesse aspecto, a justiça como equidade difere das doutrinas utilitaristas (§ 41). Pode-se considerar o princípio de poupança justa como um entendimento entre as gerações no sentido de que cada uma delas se encarregue da sua respectiva parte do ônus de instituir e preservar uma sociedade justa. O objetivo do processo de poupança é estabelecido de antemão, embora só seja possível discerni-lo em linhas gerais. Circunstâncias específicas, à medida que surgirem, definirão, no decorrer do tempo, os aspectos mais pormenorizados. Mas de qualquer forma não estamos condenados a maximizar indefinidamente. De fato, é por esse motivo que o acordo acerca do princípio de poupança é firmado depois dos princípios de justiça para instituições, embora esse princípio restrinja o princípio de diferença. Esses princípios nos informam pelo que devemos lutar. O princípio de poupança representa uma interpretação, formulada na posição original, do dever natural previamente aceito de dar sustentação e promover instituições justas. Nesse caso, o problema ético consiste em concordar com uma trajetória ao longo do tempo que seja justa para todas as gerações durante todo o curso da história dessa sociedade. O que parece justo para as pessoas presentes na posição original define a justiça nesse caso tanto quanto em outros.

A importância do último estágio da sociedade não deve, entretanto, ser mal-interpretada. Embora todas as gerações devam fazer a sua parte para que se alcance essa situação justa, além da qual não se exige nenhuma poupança líquida, essa situação não deve ser considerada a única que confere significado e finalidade a todo o processo. Pelo contrário, todas as gerações têm seus próprios objetivos. Não estão subordinadas umas às outras, assim como os indivíduos não o estão entre si; e nenhuma geração tem demandas mais fortes que qualquer outra. A vida de um povo é concebida como um sistema de cooperação que se estende ao longo do tempo histórico. Deve ser regida pela mesma concepção de justiça que rege a cooperação dos contemporâneos.

Por fim, o último estágio em que se deve fazer poupança não se caracteriza por grande abundância. Talvez essa ponderação mereça algum destaque. O aumento da riqueza pode não ser supérfluo para alguns fins; e, de fato, talvez a renda média não seja muito alta, em termos absolutos. A justiça não exige que as gerações anteriores poupem para que as posteriores sejam meramente mais ricas. A poupança é exigida como uma condição para a realização plena de instituições justas e das liberdades iguais. Se houver necessidade de acumulação adicional, será por outros motivos. É um equívoco acreditar que uma sociedade boa e justa tem de aguardar o advento de um alto padrão material de vida. O que as pessoas querem é um trabalho significativo em livre associação com outras, com essas associações regendo suas relações mútuas dentro de uma estrutura de instituições básicas justas. Para que se atinja tal estado de coisas, não há necessidade de grande riqueza. Na verdade, além de certo ponto, é mais provável que a riqueza se torne um verdadeiro obstáculo, na melhor das hipóteses uma distração sem sentido, se não uma tentação à indulgência e à falta de objetivos. (Não há dúvida de que a própria definição de trabalho significativo é um problema. Embora não seja um problema de justiça, dedico-lhe alguns comentários no § 79.)

Temos agora de combinar o princípio de poupança justa com os dois princípios de justiça. Para isso, presume-se que esse princípio é definido do ponto de vista dos menos favorecidos de cada geração. São os indivíduos representativos desse grupo ao longo do tempo que, por meio de ajustes virtuais, devem especificar a taxa de acumulação. Encarregam-se, na verdade, de limitar a aplicação do princípio de diferença. Em qualquer geração, suas expectativas devem ser maximizadas obedecendo-se à condição de fazer a poupança que seria objeto de acordo. Assim, o enunciado completo do princípio de diferença contém o princípio de poupança como restrição. Embora o primeiro princípio de justiça e o princípio das oportunidades equitativas sejam anteriores ao princípio de diferença numa mesma geração, o princípio de poupança limita o escopo daqueles princípios entre gerações.

É claro que não é preciso que a poupança dos mesmos favorecidos seja feita por meio de sua participação ativa no processo de investimento. Essa participação consiste em eles darem sua aprovação aos arranjos econômicos e de outros tipos necessários à acumulação adequada. A poupança é realizada aceitando-se com base em um julgamento político aquelas políticas concebidas para melhorar o padrão de vida de gerações posteriores dos menos favorecidos, renunciando-se assim aos ganhos imediatos que estejam disponíveis. Ao se apoiarem esses arranjos, pode-se fazer a poupança necessária; e nenhum indivíduo representativo dos menos favorecidos em qualquer geração pode se queixar de que a outra não cumpriu sua parte.

Isso é suficiente para um breve esboço de algumas das principais características do princípio de poupança justa. Podemos agora ver que entre gerações há deveres e obrigações exatamente como entre contemporâneos. A geração atual não pode fazer o que bem lhe aprouver, mas é obrigada, por princípios que seriam escolhidos na posição original, a definir a justiça entre pessoas que vivem em épocas diferentes. Além disso, os homens têm um dever natural de apoiar e promover instituições justas e, para isso, é preciso aprimorar a civilização até certo nível. A dedução desses deveres e obrigações pode à primeira vista parecer uma aplicação forçada da doutrina contratualista. No entanto, essas exigências seriam reconhecidas na posição original e, portanto, a concepção da justiça como equidade as abrange sem nenhuma alteração de sua ideia fundamental.

45. Preferência temporal

Ao escolher o princípio de poupança, presumi que as pessoas presentes na posição original não têm uma preferência temporal pura. Precisamos analisar os motivos dessa suposição. No caso de um indivíduo, evitar a preferência temporal pura é uma característica de sua racionalidade. Como afirma Sidgwick, a racionalidade implica uma preocupação imparcial com todas as partes da nossa vida. A mera diferença de localização no tempo, o fato de algo ser anterior ou posterior, em si mesmo não é um motivo racional para que tenhamos mais ou menos interesse por isso. Sem dúvida, uma vantagem presente ou no futuro próximo pode ser considerada mais importante por ser mais garantida ou provável, e devemos levar em consideração o modo como mudarão a nossa situação e a nossa capacidade para certas fruições específicas. Mas nada disso justifica nossa preferência por um presente inferior a um futuro melhor simplesmente em razão da posição temporal mais próxima do primeiro[22] (§ 64).

Sidgwick achava que as noções de bem universal e de bem individual são semelhantes em aspectos essenciais. Ele afirmava que, assim como o bem de uma pessoa é construído por comparações e integrações dos diversos bens de cada momento sucessivo no tempo, o bem universal também é elaborado por comparações e integrações do bem de diversos indivíduos. As relações das partes com o todo e entre si mesmas são análogas nos dois casos, fundamentadas no princípio agregativo de utilidade[23]. O princípio justo de poupança para a sociedade não deve, portanto, sofrer influência da preferência temporal pura, pois, como antes, a posição temporal diferente entre pessoas e gerações não justifica que lhes seja dispensando um tratamento diferente.

Já que na justiça como equidade os princípios de justiça não são extensões dos princípios de escolha racional para uma única pessoa, a argumentação contra a preferência temporal tem de ser de outro tipo. A questão é resolvida com referência à situação original, mas, quando vista dessa perspectiva, chegamos à mesma conclusão. Não há razão alguma para que as partes confiram qualquer peso à mera posição no tempo. Elas têm de escolher uma taxa de poupança para cada nível de civilização. Se distinguirem entre períodos anteriores e mais remotos porque, por exemplo, os estados de coisas futuros parecem agora menos importantes, o estado de coisas atual parecerá menos importante no futuro. Embora qualquer decisão a ser tomada só possa ser tomada agora, não há nenhum fundamento para preferir a desconsideração do futuro pelo presente à desconsideração do presente pelo futuro. A situação é simétrica e uma escolha é tão arbitrária quanto a outra[24]. Já que as pessoas

---

22. Cf. *The Methods of Ethics*, 7.ª ed. (Londres, Macmilan, 1907), p. 381. A preferência temporal também é rejeitada por Ramsey, "A Mathematical Theory of Saving".
23. *Methods of Ethics*, p. 382. Cf. também § 30, nota 37.
24. Cf. Sen, "On Optimizing the Rate of Savings", p. 482.

da posição original assumem a perspectiva de cada período, estando sujeitas ao véu de ignorância, essa simetria é clara para elas, que não consentirão com um princípio que conceda um peso maior ou menor a períodos mais próximos. Só assim lhes é possível chegar a um acordo consistente de todos os pontos de vista, pois reconhecer um princípio de preferência temporal é autorizar pessoas em posições temporais diferentes a atribuir pesos diferentes às pretensões umas das outras com base unicamente nessa contingência.

Como acontece com a prudência racional, a rejeição da preferência temporal pura não é incompatível com o fato de se levarem em conta incertezas e mudanças de circunstâncias; nem exclui o uso de uma taxa de juros (tanto em uma economia socialista como em uma economia de propriedade privada) para racionar capitais escassos para investimentos. A restrição significa, mais precisamente, que no que se refere a princípios primeiros de justiça não nos é permitido tratar as gerações de modo diferente apenas com base em sua localização anterior ou posterior no tempo. A posição original é definida de modo que conduza ao princípio correto nesse aspecto. No caso do indivíduo, a preferência temporal pura é irracional: significa que ele não está considerando todos os momentos como fazendo igualmente parte de uma única vida. No caso da sociedade, a preferência temporal pura é injusta: significa (no exemplo mais comum, o da desconsideração do futuro) que os que estão vivos tiram vantagens de sua posição no tempo para favorecer os próprios interesses.

A visão contratualista concorda, então, com Sidgwick, na rejeição do uso da preferência temporal como fundamentação para a escolha social. Os vivos podem, caso permitam que tais ponderações os motivem, cometer uma injustiça para com seus antepassados e descendentes. Ora, essa proposição pode parecer contrária aos princípios democráticos, pois às vezes se afirma que esses princípios exigem que as vontades da geração atual definam a política social. Sem dúvida, presume-se que é preciso esclarecer e averiguar essas preferências sob as condições adequadas. A poupança coletiva para o futuro tem muitos aspectos de bem público e, nesse caso, surgem problemas de isolamento e de garantia[25]. Mas, supondo-se que essas dificuldades sejam superadas e que o entendimento coletivo esclarecido da geração atual seja conhecido dentro das condições exigidas, pode-se supor que uma visão democrática do Estado não aprova a intervenção do Estado em benefício das gerações futuras, mesmo quando o julgamento público está patentemente equivocado.

Saber se essa objeção está correta depende da forma de interpretá-la. Não pode haver objeção a ela se a considerarmos uma descrição de uma constituição democrática. Uma vez que a vontade pública está claramente expressa na legislação e nas políticas sociais, o governo não pode contrariá-la sem que deixe de ser democrático. Ele não está autorizado a ignorar as opiniões do eleitorado em relação ao montante de poupança que se deve fazer. Se um regime democrático se justifica, então o fato de o governo ter esse poder acabará produzindo uma injustiça maior. Devemos decidir entre arranjos constitucionais de acordo com a probabilidade que cada um tem de levar a uma legislação justa e efetiva. Um democrata é aquele que acredita que uma constituição democrática é a que melhor atende a esse critério. Mas a sua concepção de justiça inclui uma cláusula para as pretensões justas das gerações futuras. Mesmo que, como uma questão prática, o eleitorado tenha a última palavra na escolha do regime, isso só acontece porque esse eleitorado tem probabilidades maiores de estar correto do que um governo dotado do poder de se sobrepor a seus desejos. Porém, como uma constituição justa, mesmo em condições favoráveis, é um caso de justiça procedimental imperfeita, o povo pode decidir de forma errada. Causando

---

25. Cf. Sen, *ibid.*, p. 479; e S. A. Marglin, "The Social Rate of Discount and the Optimal Rate of Investment", *Quarterly Journal of Economics*, Vol. 77 (1963), p. 100-9.

danos irreversíveis, por exemplo, pode perpetuar graves injúrias contra outras gerações que, em outra forma de governo, talvez fossem evitadas. Ademais, a injustiça pode ser perfeitamente evidente e demonstrável como tal pela mesma concepção de justiça que fundamenta o próprio regime democrático. Alguns dos princípios dessa concepção podem, na verdade, estar mais ou menos explícitos na constituição e ser utilizados com frequência pelo judiciário e por pareceres abalizados em sua interpretação.

Nesses casos, então, não há motivo para que um democrata não possa se opor à vontade do povo por meio de formas adequadas de não cumprimento, ou mesmo tentando contorná-la se for autoridade governamental. Embora se acredite na validade da constituição democrática e se aceite o dever de apoiá-la, o dever de obedecer a leis específicas pode ser sobrepujado em situações nas quais o julgamento coletivo é suficientemente injusto. Não há nada de sacrossanto na decisão pública concernente ao nível de poupança; e seu viés pela preferência temporal não merece nenhum respeito especial. De fato, a ausência das partes prejudicadas – as gerações futuras – torna essa decisão ainda mais questionável. Não se deixa de ser democrata a não ser que se pense que alguma outra forma de governo seria melhor e que os próprios esforços estejam voltados para esse objetivo. Uma vez que não se acredite nisso, e sim se pense que as formas apropriadas de não obediência – por exemplo, atos de desobediência civil ou de objeção de consciência – são modos tanto necessários quanto razoáveis de corrigir políticas instituídas democraticamente, então a própria conduta é compatível com a aceitação de uma constituição democrática. No próximo capítulo tratarei dessa questão de maneira mais pormenorizada. Por ora, o essencial é que a vontade coletiva no tocante à provisão para o futuro está sujeita, como estão todas as outras decisões, aos princípios de justiça. As características peculiares desse caso não fazem dele uma exceção.

Devemos observar que rejeitar a preferência temporal pura como um princípio fundamental é compatível com o reconhecimento de que certa desconsideração do futuro pode aprimorar critérios que, de outra forma, seriam falhos. Por exemplo, já comentei que o princípio utilitarista pode levar a uma taxa de poupança extremamente elevada, que impõe sacrifícios excessivos às gerações que vêm antes. É possível corrigir essa consequência, até certo ponto, desconsiderando-se o bem-estar daqueles que viverão no futuro. Já que o bem-estar das gerações posteriores passa a contar menos, não é preciso poupar tanto quanto antes. Também é possível alterar a acumulação exigida ajustando-se os parâmetros da função de utilidade postulada. Não posso discutir aqui essas questões[26]. Infelizmente, só posso emitir a opinião de que esses procedimentos simplesmente atenuam as consequências de princípios equivocados. A situação é, em alguns aspectos, semelhante àquela que encontramos na concepção intuicionista que combina o padrão de utilidade com o princípio da igualdade (cf. § 7). Naquele caso, o critério de igualdade adequadamente ponderado serve para corrigir o critério de utilidade quando nenhum dos dois princípios isoladamente seria aceitável. Assim, de modo análogo, tendo começado com a ideia de que o índice apropriado de poupança é aquele que maximiza a utilidade social ao longo do tempo (que maximiza alguma integral), podemos obter um resultado mais plausível se o bem-estar das gerações futuras receber um peso menor; e a forma mais adequada de fazê-lo depende da rapidez com que a população está crescendo, com produtividade de capital, e assim por diante. Estamos ajustando, portanto, certos parâmetros para atingir uma conclusão mais compatível com os nossos juízos intuitivos. Podemos descobrir que, para assegurar a

---

26. Cf. Chakravarty, *Capital and Development Planning*, p. 39 s, 47, 63-5, 249 s. Solow, *Growth Theory*, p. 79-87, traz uma análise do problema matemático.

justiça entre gerações, essas modificações no princípio de utilidade são necessárias. Não há dúvida de que introduzir a preferência temporal pode ser um avanço nesses casos; mas acredito que apelar para ela desse modo é uma indicação de que partimos de uma concepção incorreta. Há uma diferença entre essa situação e a visão intuicionista anteriormente mencionada. Ao contrário do princípio da igualdade, a preferência temporal não tem nenhum apelo ético intrínseco. Ela é introduzida de maneira puramente *ad hoc* para moderar as consequências do critério de utilidade.

46. Outros casos de prioridade

O problema da poupança justa pode ser utilizado para ilustrar outros casos da prioridade da justiça. Uma característica da doutrina contratualista é o fato de que ela define um limite superior no tocante a quanto se pode pedir que uma geração poupe para o bem-estar das gerações posteriores. O princípio de poupança justa funciona como uma restrição à taxa de acumulação. Cada geração deve fazer sua respectiva parte para que se atinjam as condições necessárias a instituições justas e ao valor equitativo da liberdade; mas não se pode exigir nada além disso. Pode-se objetar que, principalmente quando a soma de vantagens é muito grande e corresponde a desenvolvimentos de longo prazo, talvez taxas mais elevadas de poupança sejam necessárias. Alguns podem ir mais além, afirmando que as desigualdades de riqueza e autoridade que violam o segundo princípio de justiça talvez se justifiquem se os benefícios econômicos e sociais subsequentes forem suficientemente grandes. Para fundamentar esse ponto de vista, talvez indiquem casos nos quais parecemos aceitar essas desigualdades e essas taxas de acumulação em nome do bem-estar das gerações futuras. Keynes observa, por exemplo, que as gigantescas acumulações de capital realizadas antes da Primeira Guerra Mundial jamais poderiam ter existido em uma sociedade na qual a riqueza fosse dividida igualmente[27]. A sociedade do século XIX, afirma ele, estava organizada de modo a pôr a renda acumulada nas mãos daqueles que tinham menos probabilidades de consumi-la. Os novos ricos não eram educados para fazer grandes gastos e preferiam, aos prazeres do consumo imediato, o poder conferido pelos investimentos. Foi precisamente a desigualdade na distribuição da riqueza que possibilitou a rápida acumulação de capital e a melhoria relativamente constante do padrão geral de vida de todas as pessoas. Foi esse fato, na opinião de Keynes, que ofereceu a principal justificativa do sistema capitalista. Se os ricos tivessem gastado suas novas riquezas consigo mesmos, esse regime teria sido rejeitado como intolerável. Decerto há modos mais eficientes e justos de elevar o nível de bem-estar e cultura do que o descrito por Keynes. Só em circunstâncias especiais, entre elas a frugalidade da classe capitalista, em contraste com a autoindulgência da aristocracia, ocorre de a sociedade obter recursos financeiros para investimento concedendo aos ricos mais do que eles acham que podem gastar consigo mesmos. Mas o essencial aqui é que se pode fazer com que a justificativa de Keynes, independentemente de suas premissas terem ou não fundamento, gire exclusivamente em torno da melhoria da situação da classe trabalhadora. Embora suas circunstâncias pareçam duras, presume-se que Keynes afirma que, apesar das injustiças ostensivas do sistema, não havia nenhuma possibilidade real de eliminá-las e de melhorar a situação dos menos afortunados. Sob arranjos distintos, a situação dos trabalhadores teria sido ainda pior. Não precisamos analisar se essas afirmações são verdadeiras ou não. Basta perceber que, ao contrário do que se poderia pensar, Keynes não afirma que as penúrias dos pobres se justificam pelo maior bem-estar das gerações subsequentes. E isso está de acordo com a primazia da justiça em relação à efi-

---

27. Cf. J. M. Keynes, *The Economic Consequences of The Peace* (Londres, Macmillan, 1919), p. 18-22.

ciência e a um total maior de vantagens. Sempre que se infringem as restrições da justiça na questão da poupança, deve-se demonstrar que as circunstâncias são tais que não infringi-las prejudicaria ainda aqueles sobre quem a injustiça recai. Esse caso é semelhante aos outros já discutidos no tocante à prioridade da liberdade (cf. § 39).

Está claro que as desigualdades que Keynes tinha em mente também transgridem o princípio da igualdade equitativa de oportunidades. Assim, somos levados a examinar o que se deve argumentar para relevar a violação desse critério e como formular a norma adequada de prioridade[28]. Muitos autores afirmam que a igualdade equitativa de oportunidades teria graves consequências. Acreditam que algum tipo de estrutura social hierárquica e uma classe dirigente com características fortemente hereditárias são essenciais para o bem público. O poder político deveria ser exercido por homens experientes nas tradições constitucionais de sua sociedade e educados desde a infância para assumi-las, homens cujas ambições são moderadas pelos privilégios e comodidades de sua posição garantida. Caso contrário, os riscos se tornam muito grandes, e as pessoas sem cultura e convicção lutam entre si para controlar o poder do Estado no intuito de satisfazer seus objetivos tacanhos. Dessa forma, Burke acreditava que as grandes famílias do estrato dominante contribuem, em virtude da sabedoria de sua dominação política, para o bem-estar geral de geração a geração[29]. E Hegel achava que as restrições impostas a igualdade de oportunidades, tais como a primogenitura, são essenciais para que se assegure a existência de uma classe proprietá-

---

28. Neste e nos vários parágrafos seguintes, agradeço a Michael Lessnoff. Cf. seu texto em *Political Studies*, Vol. 19 (1971), p. 75 s. A formulação e a discussão das normas de prioridade aqui e no § 39 se beneficiaram de suas críticas.

29. Cf. *Reflections on the Revolution in France* (Londres, J. M. Dent and Sons, 1910), p. 49; e John Plamenatz, *Man and Society* (Londres, Longmans, Green, 1963), Vol. 1, p. 346-51.

ria especialmente dotada para o exercício do poder político, em virtude de sua independência em relação ao Estado, à busca de lucro e às tantas contingências da sociedade civil[30]. As famílias privilegiadas e as instituições de propriedade preparam aqueles que são por elas beneficiados para ter uma visão mais clara dos interesses universais, tendo em vista o benefício de toda a sociedade. Sem dúvida, não é preciso favorecer, por exemplo, um sistema rigidamente estratificado; pelo contrário, pode-se afirmar que é essencial para o vigor da classe dirigente que as pessoas de talentos incomuns tenham a possibilidade de acesso a ela e sejam inteiramente aceitas. Mas essa condição é compatível com a negação do princípio da igualdade equitativa de oportunidades.

Para sermos coerentes com relação à prioridade da igualdade equitativa de oportunidades em detrimento do princípio de diferença, não basta argumentar, como parece que Burke e Hegel fazem, que toda a sociedade, inclusive os menos favorecidos, se beneficiam de certas restrições à igualdade de oportunidades. Também temos de sustentar que a tentativa de eliminar essas desigualdades interferiu tanto no sistema social e no funcionamento da economia que, pelo menos a longo prazo, as oportunidades dos menos favorecidos seriam ainda mais limitadas. A prioridade das oportunidades equitativas, assim como no caso paralelo da prioridade da liberdade, significa que temos de apelar às oportunidades dos que têm menos oportunidades. Temos de sustentar que uma gama maior de alternativas mais desejáveis está aberta a eles do que de outro modo seria o caso.

Deixarei de lado essas complicações. No entanto, devemos salientar que, embora a vida e a cultura internas da família exerçam influência, talvez tanto quanto qualquer outro fator, na motivação de uma criança e sua capacidade de

---

30. *Philosophy of Right*, § 306, trad. T. M. Knox (Oxford, The Clarendon Press), p. 199.

se beneficiar da educação, e, por sua vez, suas perspectivas de vida, todos esses efeitos não são obrigatoriamente incompatíveis com a igualdade equitativa de oportunidades. Mesmo em uma sociedade bem-ordenada que atenda aos dois princípios de justiça, a família pode ser uma barreira para a igualdade de oportunidades entre os indivíduos. Pois, conforme o defini, o segundo princípio exige apenas perspectivas iguais de vida em todos os estratos da sociedade para os que têm motivação e capacidades semelhantes. Se houver variações entre famílias do mesmo estrato no tocante ao modo como cada uma educa as aspirações da criança, então, embora possa haver igualdade equitativa de oportunidades entre estratos, não haverá oportunidades iguais entre indivíduos. Essa possibilidade levanta a questão de saber até que ponto se pode levar a noção de igualdade de oportunidades, mas só discutirei esse tópico adiante (§ 77). Só vou salientar aqui que obedecer ao princípio de diferença e às normas de prioridade indicadas por ele reduz a premência de se atingir uma igualdade de oportunidades perfeita.

Não examinarei se existem argumentos sólidos a favor de uma estrutura hierárquica de classes que anulem o princípio da igualdade equitativa de oportunidades. Essas questões não fazem parte da teoria da justiça. O importante é que, embora possam algumas vezes parecer egoístas e hipócritas, essas alegações se apresentam na forma certa quando sustentam (corretamente ou não) que as oportunidades dos estratos menos favorecidos da comunidade seriam ainda mais limitadas se essas desigualdades fossem eliminadas. Deve-se sustentar que não são injustas, uma vez que as condições para a realização plena dos princípios de justiça não existem.

Depois de indicar esses casos de prioridade, agora quero apresentar a formulação final dos dois princípios de justiça para instituições. Em nome da completude, fornecerei uma formulação completa que inclui as anteriores.

Primeiro princípio

Cada pessoa deve ter um direito igual ao mais abrangente sistema total de liberdades básicas iguais que seja compatível com um sistema similar de liberdades para todos.

Segundo princípio

As desigualdades econômicas e sociais devem ser dispostas de modo a que tanto:
(a) se estabeleçam para o máximo benefício possível dos menos favorecidos que seja compatível com as restrições do princípio de poupança justa, como
(b) estejam vinculadas a cargos e posições abertos a todos em condições de igualdade equitativa de oportunidades.

Primeira regra de prioridade (a prioridade da liberdade)

Os princípios de justiça devem ser dispostos em ordem lexical e, portanto, só se podem restringir as liberdades básicas em nome da própria liberdade. Existem dois casos:
(a) uma liberdade menos extensa deve fortalecer o sistema total de liberdades partilhado por todos;
(b) uma liberdade desigual deve ser aceitável para aqueles que têm menor liberdade.

Segunda regra de prioridade (a prioridade da justiça sobre a eficiência e o bem-estar)

O segundo princípio de justiça precede lexicalmente o princípio da eficiência e o princípio da maximização da soma de vantagens; e a igualdade equitativa de oportunidades precede o princípio de diferença. Há dois casos:
(a) a desigualdade de oportunidades deve aumentar as oportunidades daqueles que têm menos oportunidades;
(b) uma taxa elevada de poupança deve, pesando-se tudo, mitigar o ônus daqueles que carregam esse fardo.

À guisa de comentário, esses princípios e essas regras de prioridade estão, obviamente, incompletos. Deverão, decerto, sofrer outras modificações, mas não complicarei ainda mais a formulação dos princípios. Basta observar que, quando passamos para a teoria não ideal, a ordenação lexical dos dois princípios, e as avaliações que isso envolve, indicam regras de prioridade que parecem bastante razoáveis em muitos casos. Com diversos exemplos, tentei ilustrar como se podem usar essas regras e também demonstrar a plausibilidade delas. Assim, a ordenação dos princípios de justiça na teoria ideal ilumina e orienta a aplicação desses princípios às situações não ideais. Essa ordenação identifica que limitações é preciso resolver em primeiro lugar. Nos exemplos mais extremos e intrincados da teoria não ideal, essas prioridades entre as normas sem dúvida falharão; e, de fato, talvez não consigamos encontrar uma solução satisfatória. Mas devemos tentar adiar ao máximo o dia do ajuste de contas e tentar organizar a sociedade de modo que ele nunca chegue.

47. Os preceitos de justiça

Está completo o esboço do sistema de instituições que satisfazem os dois princípios de justiça. Uma vez definida a taxa justa de poupança, ou especificada a variação apropriada das taxas, temos um critério para ajustar o nível do mínimo social. A soma de transferências e benefícios propiciados por bens públicos essenciais deve ser organizada de modo a elevar as expectativas dos menos favorecidos, de forma compatível com a poupança exigida e com a preservação das liberdades iguais. Quando a estrutura básica se apresenta nesse formato, a distribuição resultante será justa (ou, pelo menos, não será injusta), seja qual for. Cada qual recebe a renda total (salários mais transferências) a que tem direito dentro do sistema público de normas no qual se fundamentam suas expectativas legítimas.

Como vimos anteriormente (§ 14), a principal característica dessa concepção de justiça distributiva é conter um vasto componente da justiça procedimental pura. Não se tenta definir a distribuição justa de bens e serviços com base nas informações sobre as preferências e pretensões de determinados indivíduos. De um ponto de vista apropriadamente geral, esse tipo de conhecimento é considerado irrelevante e, de qualquer forma, apresenta complexidades impossíveis de contornar com princípios de simplicidade tolerável com os quais é razoável esperar que possa haver concordância. Mas, para que a ideia de justiça procedimental pura tenha êxito, é necessário, como já vimos, estruturar e administrar de maneira imparcial um sistema justo de instituições básicas. Apoiar-se na justiça procedimental pura pressupõe que a estrutura básica satisfaça os dois princípios.

Essa interpretação das parcelas distributivas é simplesmente um aperfeiçoamento da já conhecida ideia de que a renda e os salários serão justos, uma vez que um sistema competitivo (viável) de preços esteja adequadamente organizado e inserido em uma estrutura básica justa. Essas condições são suficientes. A distribuição resultante é um caso de justiça de fundo, de forma análoga ao resultado de um jogo limpo. Mas precisamos examinar se essa concepção é adequada a nossas ideias intuitivas a respeito do que é justo e injusto. Devemos nos perguntar principalmente até que ponto ela é compatível com os preceitos de justiça ditados pelo bom senso. Pode parecer que ignoramos inteiramente essas noções. Agora eu gostaria de demonstrar que é possível levá-las em conta e explicar sua posição subordinada.

Podemos formular o problema da seguinte maneira. Mill argumentou corretamente que, enquanto permanecermos no nível dos preceitos ditados pelo bom senso, não haverá conciliação possível dessas máximas de justiça. Por exemplo, no caso dos salários, o preceito segundo o qual cada um ganha de acordo com seu esforço e o de que cada um ganha de acordo com sua contribuição são, isoladamente, ditames contrários. Além disso, se desejamos atribuir-lhes certos pesos, eles não oferecem um modo de decidir como avaliar seus méritos relativos. Assim, os preceitos ditados pelo bom senso não expressam uma teoria determinada dos salários justos ou equitativos[31]. Não se infere disso, porém, como parece que Mill presume, que só podemos encontrar uma concepção satisfatória se adotarmos o princípio utilitarista. Algum princípio mais elevado é, de fato, necessário; mas há outras alternativas além da oferecida pelo utilitarismo. É até possível elevar um desses preceitos, ou alguma combinação deles, à condição de um princípio primeiro, como quando se diz: de cada um segundo suas necessidades[32]. Da perspectiva da teoria de justiça, os dois princípios da justiça definem o critério mais elevado correto. Por conseguinte, o problema é analisar se os preceitos de justiça ditados pelo bom senso surgiriam em uma sociedade bem-organizada e como receberiam seus pesos apropriados.

Analisemos o caso dos salários em uma economia perfeitamente competitiva cercada por uma estrutura básica justa. Vamos supor que cada empresa (seja pública ou privada) deva ajustar seus níveis de remuneração às forças de longo prazo de oferta e procura. Os níveis de remuneração dessas empresas não podem ser altos a ponto de não ser possível pagá-los, nem baixos a ponto de não haver um número suficiente de pessoas a oferecer suas qualificações em razão de outras oportunidades disponíveis. Numa situação de equilíbrio, a atratividade relativa de diferentes empregos será igual, levando-se todos os fatores em conta. É fácil, então, perceber como surgem os diversos preceitos de justiça. Eles simplesmente identificam as características dos empregos que são significativos ou do lado da oferta, ou do lado da demanda, ou de ambos os lados do mercado. O que define a demanda de trabalhadores por uma empresa é a pro-

---

31. *Utilitarianism*, Cap. V, § 30.
32. Esse preceito é citado por Marx em *Critique of the Gotha Program*, em *Karl Marx and Frederick Engels, Selected Works* (Moscou, Foreign Languages Publishing House, 1955), Vol. II, p. 24.

dutividade marginal do trabalho, ou seja, o valor líquido da contribuição de uma unidade de trabalho medida pelo preço de venda das mercadorias que produz. O valor dessa contribuição para a empresa depende das condições do mercado, de quanto os consumidores estão dispostos a pagar pelas diversas mercadorias. Experiência e treinamento, talento natural e conhecimento especializado tendem a elevar a remuneração. As empresas estão dispostas a pagar mais a quem tem essas características porque sua produtividade é maior. Esse fato explica e dá peso ao preceito segundo o qual cada um recebe de acordo com a sua contribuição, e, como casos especiais, temos as normas segundo as quais cada um deve receber de acordo com seu treinamento, ou experiência, e assim por diante. Todavia, da perspectiva da oferta, também é preciso conceder uma remuneração maior para convencer aqueles que mais tarde poderão oferecer seus serviços a assumir os custos de treinamento e do adiamento do exercício profissional. Da mesma forma, os empregos que envolvem incerteza ou instabilidade, ou que sejam exercidos em condições arriscadas e extenuantes, costumam ter melhor remuneração. Caso contrário, não haveria quem os assumisse. Essas circunstâncias dão origem aos preceitos segundo os quais cada um deve receber de acordo com seu esforço, ou com os riscos que corre, e assim por diante. Mesmo quando se supõe que os indivíduos têm as mesmas habilidades naturais, essas normas ainda se aplicam em razão das exigências da atividade econômica. Dados os objetivos das unidades de produção e daqueles que procuram trabalho, determinadas características são percebidas como relevantes. Em qualquer momento dado, as práticas salariais das empresas tendem a reconhecer esses preceitos e, com tempo para os ajustes, a lhes atribuir os pesos que as condições do mercado requerem.

Tudo isso parece razoavelmente claro. Porém, há outros pontos mais importantes. Em primeiro lugar, é provável que diversas concepções de justiça gerem preceitos ditados pelo bom senso bastante semelhantes. Assim, em uma sociedade regida pelo princípio de utilidade, é bem provável que todas as normas acima fossem reconhecidas. Contanto que os objetivos dos agentes econômicos sejam suficientemente semelhantes, certamente se recorrerá a esses preceitos, e as práticas salariais os levarão em conta de maneira explícita. Por outro lado, os pesos a serem atribuídos a esses preceitos não serão, em geral, os mesmos. É nesse ponto que as concepções de justiça divergem. Não só haverá uma tendência a operar práticas salariais de outros modos, como também é quase certo que as tendências a longo prazo da economia seguirão outro rumo. Quando a família de instituições de fundo é governada por concepções distintas, as forças de mercado às quais as empresas e os trabalhadores devem se ajustar não são as mesmas. Um equilíbrio distinto entre oferta e demanda fará com que os diversos preceitos se equilibrem também de maneiras diversas. Assim, as diferenças entre as concepções de justiça não aparecem nas normas ditadas pelo bom senso, mas na ênfase relativa e cambiante que essas normas recebem ao longo do tempo. Em nenhum dos casos pode-se considerar fundamental a noção costumeira ou convencional de equilíbrio justo ou equitativo, pois isso dependerá dos princípios que regem o sistema de instituições básicas e dos ajustes às circunstâncias presentes exigidos por eles.

Um exemplo pode esclarecer esse ponto. Vamos supor que a estrutura básica de determinada sociedade garante a igualdade equitativa de oportunidades, ao passo que a estrutura básica de outra sociedade não o faz. Na primeira sociedade, então, o preceito segundo o qual cada um recebe de acordo com a sua contribuição, em sua forma específica de "a cada um de acordo com seu treinamento e formação", terá um peso bem menor. É provável que isso aconteça, mesmo se presumirmos, como indicam os fatos, que as pessoas têm diferentes talentos naturais. O motivo disso é que, com muito mais pessoas recebendo os benefícios do treinamento e da educação, o contingente de indivíduos qualificados na primeira sociedade será muito maior. Quando não há restrições de acesso à educação nem imperfeições no mercado de capitais para empréstimos (ou subsídios) para a educação, o prêmio obtido pelos mais talentosos é muito menor. A diferença relativa entre a remuneração dos mais favorecidos e a dos menos favorecidos tende a diminuir; e essa tendência é ainda mais forte quando se obedece ao princípio da diferença. Assim, o preceito segundo o qual cada um recebe de acordo com seu treinamento e educação tem menos peso na primeira sociedade do que na segunda, ao passo que o preceito segundo o qual cada um recebe de acordo com seu esforço ganha mais peso na primeira. Sem dúvida, uma concepção de justiça exige que, quando mudam as condições sociais, também mude o equilíbrio adequado dos preceitos. Com o tempo, a aplicação consistente de seus princípios vai remodelando a estrutura social, e as forças do mercado também mudam, alterando-se assim os pesos dos preceitos. Não há nada de sacrossanto no equilíbrio existente, mesmo que ele esteja correto.

Além disso, é essencial ter em mente o lugar secundário das normas ditadas pelo bom senso. Algumas vezes isso se torna difícil porque essas normas são conhecidas da vida cotidiana, e por isso é provável que adquiram em nosso pensamento uma proeminência que não é justificada considerando-se o *status* derivativo de tais normas. Não é plausível elevar qualquer um desses preceitos à condição de um princípio primeiro. É provável que cada um deles tenha surgido em resposta a uma característica pertinente relacionada a certas instituições específicas, sendo essa característica apenas uma dentre muitas e essas instituições, de um tipo especial. Adotar um desses preceitos como um princípio primeiro com certeza levará a desprezar outros fatores que deveriam ser levados em conta. E se todos os preceitos, ou vários deles, forem tratados como princípios primeiros, nada se acrescenta em termos de clareza sistemática. Os preceitos fundamentados no bom senso não estão no nível adequado de generalidade. Para encontrar princípios primeiros adequados, devemos nos distanciar desses preceitos. Reconheça-se que alguns preceitos parecem bastante gerais à primeira vista. Por exemplo, o preceito segundo o qual cada um recebe de acordo com sua contribuição abrange muitos casos de distribuição em uma economia perfeitamente competitiva. Aceitando-se a teoria da distribuição da produtividade marginal, cada fator da produção recebe um rendimento de acordo com o quanto acrescenta à produção (supondo-se que os meios de produção sejam de propriedade privada). Nesse sentido, um trabalhador recebe o valor pleno dos frutos de seu trabalho, nada mais, nada menos. À primeira vista, isso nos parece justo. Invoca a ideia tradicional do direito natural à propriedade dos frutos do nosso trabalho. Por conseguinte, para alguns autores, o preceito da contribuição parece um princípio de justiça satisfatório[33].

No entanto, é fácil perceber que esse não é o caso. O produto marginal do trabalho depende da oferta e da procura. A contribuição de cada indivíduo por meio do trabalho varia com a demanda de empresas por suas qualificações, e essa demanda, por sua vez, varia de acordo com a demanda pelos produtos dessas empresas. A contribuição de cada indivíduo também sofre influência do número de pessoas que oferecem talentos semelhantes. Não se pode presumir, então, que seguir o princípio da contribuição leva a um resultado justo, a não ser que as forças básicas de mercado, e a disponibilidade de oportunidades expressas por elas, sejam adequadamente reguladas. E, como vimos, disso se deduz que a estrutura básica como um todo é justa. Não existe, portanto, um modo de conferir um peso adequado aos preceitos de justiça, a não ser instituindo-se os arranjos institucionais exigidos pelos princípios de justiça. Algumas instituições podem, de fato, conferir uma proeminência especial a certos preceitos, por exemplo pelo modo como a economia competitiva dá ênfase ao preceito da

---
33. J. B. Clark é muitas vezes citado como exemplo. Mas cf. a discussão feita por J. M. Clark em *The Development of Economic Thought*, org. H. W. Spiegel (Nova York, John Wiley and Sons, 1952), p. 598-612.

contribuição. Mas não se pode fazer nenhuma inferência a respeito da justiça da distribuição final recorrendo-se à interpretação de qualquer preceito isoladamente. A ponderação geral dos muitos preceitos é feita pelo sistema como um todo. Assim, o preceito da necessidade é deixado a cargo do setor de transferências; não funciona como preceito de salários em hipótese alguma. Para avaliar a justiça das parcelas distributivas, devemos observar o funcionamento dos arranjos institucionais de fundo como um todo, a proporção de renda e riqueza provinda de cada setor[34].

Contra essa análise dos preceitos ditados pelo bom senso e a ideia de justiça procedimental pura, pode-se apresentar a objeção de que uma economia perfeitamente competitiva jamais pode ser realizada. Os fatores de produção na verdade nunca recebem seus produtos marginais e, pelo menos nas circunstâncias atuais, os ramos de atividade logo caem no domínio de algumas grandes empresas. A concorrência, na melhor das hipóteses, é imperfeita, e as pessoas recebem menos do que o valor de sua contribuição e, nesse sentido, são exploradas[35]. A resposta a isso é que, em primeiro lugar, de qualquer forma, a concepção de uma economia competitiva adequadamente regulada, com as instituições básicas apropriadas, constitui um sistema ideal que mostra como se poderiam implantar os dois princípios de justiça. Essa concepção serve para ilustrar o teor desses princípios, e cria um modo pelo qual tanto uma economia da propriedade privada quanto um regime socialista satisfazem essa concepção de justiça. Tendo em vista que as circunstâncias vigentes sempre ficam aquém das suposições ideais, temos alguma noção do que é justo. Além disso, estamos numa posição melhor para avaliar a gravidade das

---

34. Assim, o erro de J. B. Clark em sua réplica a Marx reside na sua análise deficiente da questão da justiça básica. Cf. J. M. Clark, *ibid*, p. 610 s. A exploração marxista é compatível com a competição perfeita, já que é resultado de determinada estrutura das relações de propriedade.
35. Sobre essa definição de exploração, cf. A. C. Pigou, *The Economics of Welfare*, 4.ª ed. (Londres, Macmillan, 1932), p. 549-51.

imperfeições existentes e para decidir qual é a melhor forma de nos aproximarmos da situação ideal.

Um segundo aspecto é o seguinte: o sentido em que as pessoas são exploradas pelas imperfeições do mercado é muito particular, ou seja, transgride-se o preceito da contribuição, e isso acontece porque o sistema de preços deixou de ser eficiente. Mas, como acabamos de ver, esse preceito é apenas uma das várias normas secundárias, e o que realmente importa é o funcionamento de todo o sistema e se esses defeitos são ou não compensados em algum outro ponto. Ademais, já que, em essência, o princípio que não é satisfeito é o da eficiência, poder-se-ia muito bem afirmar que toda a comunidade é explorada. Mas, na verdade, a ideia de exploração não cabe aqui. Ela implica uma injustiça profunda no sistema das instituições básicas e tem pouca relação com as ineficiências dos mercados[36].

Por último, em vista do lugar secundário do princípio de eficiência na justiça como equidade, os inevitáveis desvios da perfeição do mercado não são especialmente alarmantes. É mais importante que o sistema competitivo conceda espaço ao princípio da livre associação e da escolha individual de ocupação, num contexto de igualdade equitativa de oportunidades, e que ele permita que as decisões dos consumidores definam os itens a serem produzidos para fins privados.

Um dos pré-requisitos fundamentais é a compatibilidade dos arranjos econômicos com as instituições da liberdade e da livre associação. Assim, se os mercados forem razoavelmente competitivos e abertos, é exequível adotar a noção de justiça procedimental pura. Ela parece mais viável do que quaisquer outros ideais tradicionais, pois está explicitamente estruturada para coordenar os inúmeros critérios possíveis dentro de uma única concepção coerente e praticável.

---

36. Cf. Mark Blaug, *Economic Theory in Retrospect*, p. 434 s.

48. Expectativas legítimas e mérito moral

O bom senso costuma supor que a renda e a riqueza, assim como as outras boas coisas da vida em geral, deveriam ser distribuídas de acordo com o mérito moral. A justiça é a felicidade que está de acordo com a virtude. Embora se reconheça que esse ideal não poderá nunca ser plenamente realizado, essa é a concepção adequada de justiça distributiva, pelo menos como um princípio *prima facie*, e a sociedade deve tentar realizá-la tanto quanto as circunstâncias o permitam[37]. Mas a justiça conto equidade rejeita essa concepção. Tal princípio não seria escolhido na posição original. Parece que não há como definir o critério necessário nessa situação. Ademais, a ideia da distribuição de acordo com a virtude não consegue distinguir entre mérito moral e expectativas legítimas. Assim, é verdade que, quando indivíduos e grupos participam de arranjos justos, eles fazem exigências mútuas definidas pelas normas publicamente reconhecidas. Tendo feito várias coisas, que são encorajadas pelos arranjos existentes, esses indivíduos e grupos têm agora certos direitos, e parcelas distributivas justas honram essas reivindicações. Um sistema justo, portanto, determina aquilo a que as pessoas têm direito e satisfaz suas expectativas legítimas, que estão fundamentadas nas instituições sociais. Mas aquilo a que elas têm direito não é proporcional ao valor intrínseco de ninguém nem depende dele. Os princípios de justiça que regem a estrutura básica e especificam os deveres e obrigações dos indivíduos não mencionam o mérito moral, e não há nenhuma tendência de as parcelas distributivas corresponderem a ele.

---

37. Cf., por exemplo, W. D. Ross, *The Right and the Good* (Oxford, The Clarendon Press, 1930), p. 21, 26-8, 35, 57 s. De maneira semelhante, Leibniz, em "On the Ultimate Origin of Things" (1697), fala da lei da justiça que "declara que cada um [cada indivíduo] participa da perfeição do universo e de uma felicidade que lhe é própria em proporção à sua própria virtude e à boa vontade que alimenta em relação ao bem comum". *Leibniz*, ed. P. P. Wiener (Nova York, Charles Scribner's Sons, 1951), p. 353.

Essa objeção é confirmada pela análise precedente dos preceitos ditados pelo bom senso e de seu papel na justiça procedimental pura (§ 47). Por exemplo, ao definir os salários, a economia competitiva atribui um peso ao preceito da contribuição. Mas, como já vimos, a dimensão da contribuição de cada pessoa (calculada por sua produtividade marginal) depende da oferta e da demanda. Com certeza, o valor moral de uma pessoa não varia segundo o número de indivíduos que ofertem qualificações semelhantes, ou que por acaso desejem o que essa pessoa é capaz de produzir. Ninguém presume que, quando as qualificações de uma pessoa passam a ser menos procuradas ou se deterioram (como acontece com os cantores), o seu merecimento moral também sofra modificação semelhante. Tudo isso é perfeitamente óbvio e há muito tempo reconhecido[38]. Isso simplesmente expressa o fato observado antes (§ 17), de que um dos pontos fixos de nossos juízos morais é o de que ninguém merece seu lugar na distribuição dos talentos naturais, assim como ninguém merece o seu ponto de partida na sociedade.

Além disso, nenhum dos preceitos de justiça tem como objetivo recompensar a virtude. A maior remuneração obtida por talentos naturais raros, por exemplo, deve cobrir os custos de treinamento e estimular os esforços de aprendizado, assim como dirigir o talento para onde melhor contribua para o interesse comum. As parcelas distributivas resultantes não estão correlacionadas com o valor moral, uma vez que a distribuição inicial dos talentos naturais e as contingências de seu cultivo e desenvolvimento nos primeiros anos de vida são arbitrárias de um ponto de vista moral. O preceito que intuitivamente parece chegar mais próximo de recompensar o mérito moral é o da distribuição segundo o esforço, ou melhor, segundo o esforço consciencioso[39]. Mais uma vez, porém, parece claro que o esforço

---

38. Cf. F. H. Knight, *The Ethics of Competition* (Nova York, Harper and Brothers, 1935), p. 54-7.
39. Cf. Knight, *ibid.*, p. 56 s.

que uma pessoa está disposta a fazer sofre influência de suas capacidades e talentos naturais e das alternativas que então a seu alcance. Outros fatores permanecendo constantes, é mais provável que os mais talentosos se esforcem conscienciosamente, e parece não haver um modo de não levar em conta a sua maior boa fortuna. A ideia de recompensar o mérito é impraticável. E, decerto, à medida que se dá ênfase ao preceito da necessidade, o valor moral tem de ser ignorado. Tampouco a estrutura básica tende a equilibrar os preceitos de justiça de modo a realizar nos bastidores a correspondência necessária com uma noção de mérito. A estrutura básica é regida pelos dois princípios da justiça, que definem objetivos completamente diferentes.

Pode-se chegar à mesma conclusão de outra maneira. Nos comentários anteriores, a ideia de valor moral, como algo distinto das pretensões de uma pessoa fundamentadas em expectativas legítimas, não foi explicada. Vamos supor, então, que definimos essa ideia e demonstramos que não há correlação nenhuma entre ela e as parcelas distributivas. Só temos de considerar uma sociedade bem-ordenada, ou seja, uma sociedade cujas instituições são justas e na qual se reconhece publicamente esse fato. Seus membros também têm um forte senso de justiça, um desejo efetivo de cumprir com as normas existentes e de propiciar uns aos outros aquilo a que têm direito. Nesse caso, podemos supor que todos têm um valor moral igual. Agora definimos essa noção por referência ao senso de justiça, ao desejo de agir segundo os princípios que seriam escolhidos na posição original (§ 72). Mas é evidente que, entendido dessa maneira, o valor moral igual das pessoas não implica que as parcelas distributivas sejam iguais. Cada qual deve receber aquilo que os princípios de justiça afirmam que é seu direito, e esses princípios não exigem igualdade.

O essencial é que o conceito de valor moral não oferece um princípio primeiro de justiça distributiva. Isso acontece porque esse conceito não pode ser introduzido antes do reconhecimento dos princípios de justiça e de dever e obrigação naturais. Uma vez que esses princípios estejam à mão, podemos definir o valor moral por referência a ter um senso de justiça; e, como discutirei adiante (§ 66), podemos caracterizar as virtudes como desejos ou tendências de agir segundo os princípios correspondentes. Assim, o conceito de mérito moral é secundário em relação aos de direito e de justiça, não tendo nenhum papel na definição substantiva das parcelas distributivas. O caso é análogo ao que acontece na relação entre as normas substantivas de propriedade e a lei que se aplica a roubos e furtos. Essas transgressões e as imperfeições morais que as acarretam pressupõem a instituição da propriedade, que é definida com objetivos sociais independentes e anteriores. Organizar a sociedade com o objetivo de recompensar o mérito moral como um princípio fundamental seria o mesmo que criar a instituição da propriedade para punir ladrões. O critério "a cada um segundo sua virtude" não seria, portanto, escolhido na posição original. Já que desejam promover suas concepções do bem, as partes não têm nenhum motivo para organizar suas instituições de modo que as parcelas distributivas sejam definidas pelo mérito moral, mesmo que conseguissem encontrar um padrão independente para deferi-lo.

Numa sociedade bem-ordenada, os indivíduos adquirem o direito a uma parte do produto social desempenhando certas tarefas que são encorajadas pelos arranjos institucionais existentes. As expectativas legítimas que surgem são o avesso, por assim dizer, do princípio da equidade e do dever natural de justiça, pois, da mesma maneira que se tem o dever de dar apoio a arranjos justos, e a obrigação de fazer a própria parte ao se aceitar uma posição neles, também aquela pessoa que cumpriu com o esquema de cooperação e fez a sua parte tem direito a ser tratada pelos outros de acordo com seu comportamento. Eles estão obrigados a atender a suas expectativas legítimas. Assim, quando existem arranjos econômicos justos, tratam-se as pretensões dos indivíduos de acordo com as normas e os preceitos (com seus pesos respectivos) que essas práticas consideram pertinentes. Como vimos, é incorreto dizer que parcelas distributivas justas recompensam os indivíduos segundo seu valor moral.

Mas podemos dizer, usando a frase tradicional, que um sistema justo dá a cada pessoa o que lhe é devido, ou seja, um sistema justo atribui a cada pessoa aquilo a que tem direito, segundo a definição do próprio sistema. Os princípios de justiça para instituições e indivíduos estabelecem que fazer isso é justo.

Devemos salientar que, mesmo sendo as pretensões de uma pessoa reguladas pelas normas existentes, podemos ainda fazer uma distinção entre ter um direito a alguma coisa e merecê-la em um sentido que, embora corrente, não é moral[40]. A título de ilustração: depois de um jogo, muitas vezes se diz que quem perdeu merecia ganhar. Não se quer dizer com isso que os vitoriosos não têm o direito de reivindicar o título de campeão, ou qualquer outro prêmio conferido ao vencedor. O que se quer dizer é que o time perdedor exibiu em um grau mais alto as habilidades e as qualidades exigidas pelo jogo e cujo exercício é aquilo que confere atratividade ao esporte. Portanto, os perdedores realmente mereciam ganhar, mas perderam em razão da má sorte ou de outras contingências que levaram a partida a um desfecho desfavorável. De maneira semelhante, nem mesmo os melhores arranjos econômicos levam sempre aos resultados pretendidos. As titularidades de fato adquiridas pelos indivíduos inevitavelmente se afastam de maneira mais ou menos ampla daquelas que o esquema está projetado para permitir. Algumas pessoas que ocupam cargos mais altos, por exemplo, podem não ter em grau maior que as outras os talentos e qualidades desejados. Tudo isso é bem evidente. Sua menção aqui se refere ao fato de que, embora possamos realmente distinguir entre as pretensões que os arranjos existentes exigem que honremos, com relação ao

---

40. Neste ponto, apoio-me nas observações de Joel Feinberg, *Doing and Deserving* (Princeton, Princeton University Press, 1970), p. 64 s.

que os indivíduos fizeram e a como as coisas acabaram se dando, e as pretensões que teriam sido honradas em circunstâncias mais ideais, isso não implica que as parcelas distributivas deveriam estar de acordo com o valor moral. Mesmo quando tudo acontece da melhor maneira possível, não existe uma tendência à distribuição e à virtude coincidirem.

Sem dúvida, alguns podem mesmo assim argumentar que as parcelas distributivas deveriam ser compatíveis com o valor moral, pelo menos na medida do possível. Essas pessoas podem acreditar que, se os que estão em melhores condições não têm caráter moral superior, o fato de terem maiores vantagens é uma afronta ao nosso senso de justiça. Essa opinião pode surgir quando se considera a justiça distributiva oposta, em algum aspecto, à justiça punitiva. É verdade que, em uma sociedade razoavelmente bem-ordenada, quem é punido por transgredir leis justas geralmente fez algo errado. Isso acontece porque o propósito do direito penal é defender os deveres naturais básicos, que nos proíbem de causar danos à vida ou à integridade física de outras pessoas, ou privá-las de sua liberdade e propriedade, e as punições devem servir a esse fim. Não são simplesmente um sistema de tributos e ônus concebido para colocar um preço em certas formas de conduta, e desse modo orientar a conduta dos homens para o benefício mútuo. Seria muito melhor se nunca se cometessem os atos proibidos pelo código penal[41]. Assim, uma propensão para cometer tais atos é sinal de mau caráter, e numa sociedade justa as penas se aplicarão somente àqueles que manifestem essa falha.

É patente que a distribuição das vantagens econômicas e sociais é completamente diferente. Esses arranjos não são o inverso, por assim dizer, do direito penal, de modo que, enquanto um deles pune certas transgressões, o outro re-

---

41. Cf. H. L. A. Hart, *The Concept of Law* (Oxford, The Clarendon Press, 1961), p. 39; e Feinberg, *Doing and Deserving*, Cap. V.

compensa o valor moral[42]. A função de parcelas distributivas desiguais é cobrir os custos de treinamento e educação, atrair indivíduos aos lugares e associações em que eles são mais necessários do ponto de vista social, e assim por diante. Supondo-se que todos aceitam a adequação da motivação de interesse próprio ou de grupo devidamente orientada por um senso de justiça, cada qual decide fazer o que mais estiver de acordo com seus objetivos. As variações de salários e rendimentos e os benefícios especiais de certos cargos devem simplesmente influenciar essas escolhas, de modo que o resultado final esteja de acordo com a eficiência e a justiça. Numa sociedade bem-ordenada, não haveria necessidade de direito penal, exceto na medida em que o problema da garantia o tornasse necessário. A questão da justiça criminal pertence, em sua maior parte, à teoria da aquiescência parcial, enquanto a interpretação das parcelas distributivas pertence à teoria da aquiescência estrita, e, portanto, à análise do sistema ideal. Considerar a justiça distributiva como o inverso da justiça retributiva e vice-versa é inteiramente equivocado e indica uma justificativa para as parcelas distributivas diferente daquela que lhes é apropriada.

49. Comparação com concepções mistas

Embora tenha muitas vezes comparado os princípios de justiça com o utilitarismo, eu ainda não disse nada sobre as concepções mistas. Recorde-se que estas são definidas mediante a substituição do segundo princípio de justiça pelo padrão de utilidade e outros critérios (§ 21). Agora preciso analisar essas alternativas, principalmente porque muitas pessoas podem considerá-las mais razoáveis que os princípios de justiça, os quais, pelo menos à primeira vista, parecem impor exigências um tanto rigorosas. Mas é preciso salientar de imediato que todas as concepções mistas aceitam

---

42. Sobre esse ponto, cf. Feiberg, *ibid.*, p. 62, 69n.

o primeiro princípio e, portanto, reconhecem o lugar primordial das liberdades iguais.

Nenhuma dessas concepções é utilitarista, pois mesmo que se substitua o segundo princípio, ou alguma parte dele, como por exemplo o princípio de diferença, pelo princípio de utilidade, a noção de utilidade permanece em um lugar secundário. Assim, na medida em que um dos principais objetivos da justiça como equidade é criar uma alternativa à doutrina utilitarista clássica, esse objetivo é alcançado mesmo que acabemos por aceitar uma concepção mista, em vez dos dois princípios de justiça. Além disso, dada a importância do primeiro princípio, parece que essas alternativas preservam a característica essencial da teoria contratualista.

Fica evidente dessas observações que é muito mais difícil argumentar contra as concepções mistas do que contra o princípio de utilidade. Muitos autores que parecem defender uma variante da teoria utilitarista, mesmo que se expresse vagamente como um equilíbrio e harmonização de interesses sociais, claramente pressupõem um sistema constitucional fixo que garanta as liberdades fundamentais em certo grau mínimo. Assim, esses autores de fato defendem alguma doutrina mista, e portanto não se podem mais usar como antes os fortes argumentos fundamentados na liberdade. O principal problema, então, é o que ainda se pode dizer a favor do segundo princípio em contraste com o princípio de utilidade quando ambos são limitados pelo princípio da liberdade igual. Precisamos examinar as razões para rejeitar o padrão de utilidade até mesmo nesse caso, embora esteja claro que essas razões não serão tão decisivas quanto aquelas que fundamentam a rejeição das doutrinas da utilidade clássica e média.

Vejamos, em primeiro lugar, uma concepção mista que se aproxima bastante dos princípios de justiça, ou seja, a resultante da substituição do princípio da diferença pelo princípio da utilidade média limitado por um determinado mínimo social, tudo o mais permanecendo inalterado. A dificuldade é a mesma que em geral encontramos nas doutrinas intuicionistas: como escolher o mínimo social e ajustá-lo a circunstâncias variáveis? Pode parecer que qualquer pessoa que use os dois princípios de justiça também esteja procurando um equilíbrio entre a maximização da utilidade média e a manutenção de um mínimo social adequado. Se levarmos em conta apenas seus juízos ponderados, e não a razão que a levou a fazer esses julgamentos, as avaliações dessa pessoa podem confundir-se com as de alguém que adota essa concepção mista. Suponho que exista uma latitude suficiente na definição do nível do mínimo social em circunstâncias variáveis para produzir tal resultado. Como saber, então, se uma pessoa que adota essa concepção mista não está de fato se baseando no princípio de diferença? Com certeza, essa pessoa não tem consciência de que o invoca, e na verdade pode até repudiar tal sugestão. Mas o fato é que o nível atribuído ao mínimo exigido que restringe o princípio de utilidade média conduz precisamente às mesmas consequências a que se chegaria se essa pessoa tivesse realmente adotado o princípio de diferença. Além disso, ela é incapaz de explicar por que escolhe o mínimo da forma como o faz; sua melhor justificativa é afirmar que toma a decisão que lhe parece mais razoável. Seria ir longe demais alegar que essa pessoa está realmente utilizando o princípio de diferença, pois seus julgamentos talvez se enquadrem em algum outro padrão. No entanto, é verdade que a sua concepção de justiça ainda precisa ser identificada. A discricionariedade existente para a definição do mínimo adequado fora de vista deixa a questão não resolvida.

É possível dizer coisas semelhantes de outras teorias mistas. Assim, pode-se restringir o princípio da utilidade média estabelecendo-se alguma exigência distributiva, quer por si mesma, quer em combinação com algum mínimo adequadamente escolhido. Por exemplo, pode-se substituir o princípio de diferença pelo critério da maximização da utilidade média menos alguma fração (ou múltiplo) do desvio padrão da distribuição resultante[43]. Como esse desvio é

---

43. Cf. uma tese desse tipo em Nicholas Rescher, *Distributive Justice* (Nova York, Bobbs-Merill, 1966), p. 35-8.

o menor quando todos atingem a mesma utilidade, esse critério indica uma maior preocupação com os menos favorecidos do que no caso do princípio da utilidade média. Os traços intuicionistas dessa concepção também são claros, pois precisamos indagar como a fração (ou o múltiplo) do desvio padrão deve ser escolhida e como esse parâmetro deve variar com a própria média. Mais uma vez, o princípio de diferença pode estar nos bastidores. Esse tipo de teoria mista é semelhante a outras concepções intuicionistas que nos levam a adotar uma pluralidade de objetivos, pois afirma que, uma vez mantido determinado piso, tanto um bem-estar médio mais elevado quanto uma distribuição mais igualitária são objetivos desejáveis. Uma instituição é inconfundivelmente preferível a outra se for melhor em ambos os aspectos.

Visões políticas diferentes, entretanto, equilibram esses objetivos de maneiras distintas, e precisamos de critérios para definir os seus pesos relativos. O fato é que em geral não concordamos com nada de muito substancial quando aceitamos objetivos desse tipo. Deve-se reconhecer que há uma ponderação bastante minuciosa de objetivos implícita em qualquer concepção da justiça razoavelmente completa. Na vida cotidiana, não raro nos contentamos com a enumeração dos preceitos ditados pelo bom senso e dos objetivos das políticas, acrescentando que, em determinadas questões, temos de ponderá-los à luz dos fatos gerais da situação. Embora esse seja um conselho prático útil, não expressa uma concepção articulada de justiça. Com efeito, significa que devemos exercer o nosso julgamento da melhor maneira possível, tendo como diretriz a estrutura desses objetivos. Só as políticas que são preferíveis de acordo com cada um desses objetivos são claramente mais desejáveis. Em contraste, o princípio de diferença é uma concepção relativamente precisa, já que ordena todas as combinações de objetivos segundo quão efetivas sejam para prometer as perspectivas dos menos favorecidos.

Assim, embora pareça à primeira vista uma concepção um tanto especial, o princípio de diferença ainda pode ser o critério que, quando combinado com os outros princípios de justiça, permanece em segundo plano e controla os pesos expressos em nossos juízos cotidianos, da forma como poderiam se ajustar a diferentes princípios mistos. Nosso modo habitual de confiar na intuição orientada por padrões de ordem inferior pode obscurecer a existência de princípios mais básicos que respondem pela força desses critérios. Naturalmente, só poderemos decidir a questão de saber se os dois princípios de justiça, e em especial o princípio de diferença, explicam nossos juízos acerca da justiça distributiva se entrarmos em minúcias acerca das consequências desses princípios e observarmos até que ponto estamos preparados para aceitar os pesos que deles resultam. É possível que não haja conflito entre essas consequências e nossas convicções ponderadas. Decerto não deveria haver nenhum conflito com os julgamentos que são pontos fixos, aqueles que, ao que parece, não estamos dispostos a reconsiderar em nenhuma circunstância previsível. Caso contrário, os dois princípios não seriam totalmente aceitáveis e teriam de passar por alguma revisão.

Mas talvez as nossas percepções habituais não impliquem nada muito definido a respeito do problema de equilibrar fins concorrentes. Nesse caso, a questão central é saber se podemos concordar com a especificação muito mais exata, representada pelos dois princípios, de nossa concepção de justiça. Contanto que se preservem alguns pontos fixos, temos de decidir qual é o melhor modo de completar nossa concepção de justiça e de estendê-la a outros casos. É possível que os dois princípios, em vez de entrarem em choque com nossas convicções intuitivas, ofereçam um fundamento relativamente concreto para questões que são pouco familiares para o senso comum, que as deixa não resolvidas. Assim, embora o princípio de diferença nos pareça estranho à primeira vista, uma reflexão sobre suas implicações, uma vez que seja adequadamente circunscrito, pode nos convencer de que ele está de acordo com nossos juízos ponderados ou que projeta essas convicções de maneira aceitável para novas situações.

Paralelamente a essas observações, podemos notar que recorrer ao interesse comum é convenção política das sociedades democráticas. Nenhum partido político admite publicamente que pressiona por alguma legislação que seja desvantajosa para qualquer grupo social reconhecido. Mas como se deve entender essa convenção? Com certeza, ela representa algo além do princípio de eficiência, e não podemos supor que o governo atinja igualmente os interesses de todos. Já que é impossível maximizar em relação a mais de um ponto de vista, é natural, dado o *ethos* da sociedade democrática, escolher o ponto de vista dos menos favorecidos e promover suas perspectivas a longo prazo da melhor maneira que seja compatível com as liberdades iguais e com oportunidades equitativas. Parece que as políticas em cuja justiça depositamos mais confiança pelo menos se inclinam nessa direção, no sentido de que esse setor da sociedade ficaria em pior situação se tais políticas sofressem restrições. Em geral, essas políticas são justas, mesmo que não sejam perfeitamente justas. O princípio de diferença pode, portanto, ser interpretado como uma ampliação razoável das convenções políticas de uma democracia, uma vez que enfrentemos a necessidade de adotar uma concepção da justiça razoavelmente completa.

Ao comentar que as concepções mistas têm características intuicionistas, não quero dizer que esse fato seja uma objeção decisiva a elas. Como já comentei (§ 7), essas combinações de princípios certamente têm grande valor prático. Não há dúvida de que essas concepções identificam padrões plausíveis com referência aos quais as políticas podem ser analisadas e, dadas as instituições básicas adequadas, podem nos orientar para conclusões bem fundamentadas. Por exemplo, uma pessoa que aceitar a concepção mista para maximizar o bem-estar médio menos alguma fração (ou múltiplo) do desvio padrão presumivelmente favorecerá a igualdade equitativa de oportunidades, pois parece que o fato de haver oportunidades mais iguais para todos eleva a média (via aumento de eficiência) e diminui a desigualdade.

Nesse caso, o substituto do princípio da diferença sustenta a outra parte do segundo princípio. Ademais, é evidente que, em algum ponto, não podemos deixar de recorrer a nossos juízos intuitivos. A dificuldade das concepções mistas é que elas podem recorrer a esses juízos precipitadamente e deixar de definir uma alternativa clara para o princípio de diferença. Na falta de um método para atribuir os pesos (ou parâmetros) adequados, é possível que esse equilíbrio seja, na verdade, definido pelos princípios de justiça; a não ser, é claro, que esses princípios gerem conclusões que não possamos aceitar. Se isso acontecer, pode ser preferível alguma concepção mista, a despeito de seu apelo à intuição, principalmente se recorrer a ela ajudar a acrescentar ordem e harmonia às nossas convicções ponderadas.

Outra ponderação que favorece o princípio da diferença é sua relativa facilidade de interpretação e aplicação. De fato, para algumas pessoas, o que as atrai nos critérios mistos é serem um modo de evitar as exigências relativamente rígidas do princípio da diferença. É relativamente simples identificar o que promoverá os interesses dos menos favorecidos. Pode-se identificar esse grupo por seu índice de bens primários e podem-se resolver as questões de política pública perguntando-se qual seria a escolha do indivíduo representativo adequadamente situado. Mas, na medida em que se atribui um papel ao princípio da utilidade, a imprecisão da ideia de bem-estar médio (ou total) é problemática. É necessário chegar a alguma estimativa das funções de utilidade para os diversos indivíduos representativos, e criar entre elas uma correspondência interpessoal, e assim por diante. Os problemas desse procedimento são tão grandes, e as aproximações tão inexatas, que opiniões profundamente conflitantes podem parecer igualmente plausíveis para pessoas diferentes. Algumas podem alegar que os ganhos de um grupo compensam as perdas de outro, enquanto outras podem negar tal fato. Ninguém sabe dizer que princípios fundamentais explicam essas diferenças, ou como seria possível resolvê-las. É mais fácil para os que ocupam posições sociais mais fortes promover seus interesses de maneira injusta, sem que fique evidente que ultrapassaram os limites. Sem dúvida, tudo isso é óbvio, e sempre se reconheceu que os princípios éticos são vagos. Não obstante, nem todos são igualmente imprecisos, e os dois princípios da justiça apresentam uma vantagem na maior clareza de suas exigências e do que é preciso fazer para satisfazê-las.

Pode-se pensar que é possível superar a imprecisão do princípio da utilidade com uma formulação melhor sobre como se deve medir e agregar o bem-estar. Não quero enfatizar esses problemas técnicos já bastante discutidos, uma vez que as mais importantes objeções apresentadas ao utilitarismo estão em outro nível. Mas uma breve menção dessas questões esclarecerá a doutrina contratualista. Há diversas maneiras de estabelecer uma medida interpessoal de utilidade. Uma delas (que remonta pelo menos a Edgeworth) é supor que cada indivíduo só é capaz de distinguir um número finito de níveis de utilidade[44]. Diz-se que a pessoa é indiferente entre alternativas que pertençam ao mesmo nível de discriminação, e a medida cardinal da diferença de utilidade entre duas alternativas quaisquer é definida pelo número de níveis discerníveis que as separam. A escala cardinal resultante é única, como deve ser, até alcançar uma transformação linear positiva. Para definir uma medida entre pessoas, podemos supor que a diferença entre níveis adjacentes é igual para todos os indivíduos e a medida entre todos os níveis. Com essa regra de correspondência interpessoal, os cálculos ficam bem simples. Na comparação de alternativas, conferimos o número de níveis entre elas para cada indivíduo e então fazemos a soma, levando em conta os valores positivos e negativos.

Essa concepção de utilidade cardinal padece de dificuldades bastante conhecidas. Deixando de lado os problemas

---

44. Cf. A. K. Sen, *Collective Choice and Social Welfare* (San Francisco, Holden-Day, 1970), p. 93 s.; sobre Edgeworth, cf. *Mathematical Psychics* (Londres, 1888), p. 7-9; 60 s.

práticos óbvios e o fato de que a detecção dos níveis de discriminação de cada pessoa depende das alternativas realmente disponíveis, parece impossível justificar o pressuposto de que a utilidade social da mudança de um nível para outro é a mesma para todos os indivíduos. De um lado, esse método conferiria o mesmo peso às mudanças que envolvem o mesmo número de discriminações percebidas pelos indivíduos de maneiras diversas, alguns com sentimentos mais fortes que outros, ao passo que, por outro lado, atribuiria maior importância às mudanças experimentadas pelos indivíduos que parecem fazer mais discriminações. Com certeza, é insatisfatório que se desconsidere a força das atitudes e, principalmente, que se recompense de forma tão intensa a capacidade de perceber diferenças, capacidade esta que pode variar de maneira sistemática segundo o temperamento e a formação[45]. Todo esse processo parece, de fato, arbitrário. No entanto, tem o mérito de ilustrar o modo pelo qual o princípio de utilidade tende a conter pressupostos éticos implícitos no método escolhido para definir a necessária avaliação da utilidade. O conceito de felicidade e de bem-estar não está suficientemente definido, e mesmo para definir uma avaliação cardinal adequada devemos examinar a teoria moral na qual ela será usada.

Surgem dificuldades análogas na definição de Neumann-Morgenstern[46]. Pode-se demonstrar que, se as escolhas de um indivíduo entre alternativas de risco atendem a certos postulados, então existem valores numéricos de utilidade que correspondem às alternativas de uma tal forma que se podem interpretar as decisões do indivíduo como maximizando a utilidade esperada. O indivíduo escolhe como se fosse orientado pela expectativa matemática des-

---

45. Sobre essas dificuldades, cf. Sen, *ibid.*, p. 94 s., e W. S. Vickrey, "Utility, Strategy, and Social Decision Rules", *Quarterly Journal of Economics*, Vol. 74 (1960), p. 519-22.
46. Cf. explicação a esse respeito em Baumol, *Economic Theory and Operations Analysis*, p. 512-28; e Luce e Raiffa, *Games and Decisions*, p. 12-38.

ses valores numéricos de utilidade; e essas atribuições de utilidade são únicas até uma transformação linear positiva. Sem dúvida, não se afirma que o próprio indivíduo use uma atribuição de utilidades ao tomar suas decisões. Esses valores numéricos não decidem suas escolhas, nem são um método pessoal de deliberação. Mais precisamente, já que as preferências de uma pessoa pelas alternativas atendem a certos postulados, o matemático que observa isso pode, pelo menos teoricamente, computar os valores numéricos que descrevem essas preferências como se maximizassem a utilidade esperada no sentido definido. Até aqui, nada se segue sobre o rumo real da reflexão, ou sobre os critérios, se é que existem, nos quais se baseia o indivíduo; e nada se conclui a respeito das características a que correspondem os valores numéricos de utilidade, ou que por eles são representadas.

Supondo-se que possamos definir uma utilidade cardinal para cada pessoa, como se deve estabelecer a medida interpessoal? Uma proposta conhecida é a regra zero-um: atribui-se o valor zero à pior situação possível do indivíduo, e o valor um à sua melhor situação. À primeira, isso parece justo, talvez expressando de outra forma a ideia de que cada um conta por um e ninguém por mais do que um. No entanto, existem outras propostas de simetria semelhante; por exemplo, a que atribui o valor zero à pior alternativa e o valor um à soma das utilidades resultante de todas as alternativas[47]. Ambas as regras parecem igualmente justas, já que a primeira postula utilidade máxima igual para todos, e a segunda postula utilidade média igual; mas podem levar a decisões sociais diferentes. Ademais, essas propostas postulam, de fato, que todos os indivíduos têm capacidades de satisfação semelhantes, e isso parece um preço inusitado a ser pago meramente para definir uma medida interpessoal. É evidente que essas regras definem o conceito de bem-es-

---

47. Cf. Sen, *Collective Choice and Social Welfare*, p. 98.

tar de uma maneira peculiar, pois a noção ordinária pareceria permitir variações, no sentido de que outra interpretação do conceito seria igualmente compatível, se não mais compatível, com o bom senso. Assim, por exemplo, a regra zero-um implica que, as demais condições permanecendo constantes, uma maior utilidade social resulta de educar as pessoas a nutrirem desejos simples e a se satisfazerem com facilidade; e que as exigências dessas pessoas em geral serão as mais urgentes. Elas se satisfazem com menos e, por isso, é de presumir que possam ser levadas para mais perto de sua utilidade mais alta. Para quem essas consequências são inaceitáveis, mas ainda quer defender a perspectiva utilitarista, é preciso encontrar alguma outra medida interpessoal.

Além do mais, devemos observar que, embora os postulados de Neumann-Morgenstern presumam que os indivíduos não apreciam a experiência do risco, o processo real de jogar, a medida resultante sofre, no entanto, influência de atitudes para com a incerteza, conforme definidas pela distribuição total de probabilidades[48]. Assim, se essa definição de utilidade for usada em decisões sociais, as atitudes dos indivíduos diante de situações de risco afetarão o critério de bem-estar a ser maximizado. Mais uma vez, vemos que as convenções que definem as comparações interpessoais têm consequências morais inesperadas. Assim como antes, a medida de utilidade sofre influência de contingências arbitrárias de um ponto de vista moral. A situação é bem diferente daquela da justiça como equidade entendida segundo sua interpretação kantiana, considerando-se a inserção de ideais em seus princípios e o recurso aos bens primários para realizar as comparações interpessoais necessárias.

Poderia parecer, então, que a imprecisão do princípio utilitarista não pode ser eliminada de maneira satisfatória

---

48. Cf. Arrow, *Social Choice and Individual Values*, p. 10; e Sen, *ibid.*, p. 96 s.

simplesmente por uma medida mais precisa da utilidade. Pelo contrário, uma vez examinadas as convenções exigidas para as comparações interpessoais, vemos que há vários métodos para definir essas comparações. Mas esses métodos envolvem suposições muito diferentes, e pode-se pressupor que têm consequências bastante diversas. É uma questão moral a de saber quais dessas definições e suas regras correspondentes, caso existam, são adequadas para uma concepção de justiça. Acho que é isso o que se quer dizer quando se afirma que as comparações interpessoais dependem de juízos de valor. Embora seja óbvio que a aceitação do princípio de utilidade é assunto da teoria moral, é menos evidente que os próprios métodos de avaliação do bem--estar levantem problemas semelhantes. Já que existe mais de um método desse tipo, a escolha depende do sistema de avaliação a ser utilizado; e isso significa que as ponderações éticas podem vir a ser decisivas.

São oportunos aqui os comentários de Maine a respeito das suposições utilitaristas mais comuns. Ele afirma que os fundamentos dessas suposições ficam claros quando percebemos que se trata simplesmente de um procedimento operacional de legislação, e que era assim que Bentham as entendia[49]. Dada uma sociedade populosa e razoavelmente homogênea, bem como um legislativo moderno e vigoroso, o único princípio que pode nortear a legislação em larga escala é o princípio de utilidade. A necessidade de desprezar as diferenças entre as pessoas, mesmo entre pessoas reais, conduz à máxima que define que todos sejam igualmente considerados e aos postulados da similaridade e da utilidade marginal. Não há dúvida que as convenções das comparações interpessoais devem ser julgadas à mesma luz. A doutrina contratualista afirma que, admitido esse fato, também admitiremos que é melhor abandonar inteiramente a ideia de medir e somar o bem-estar. Considerada da pers-

---

49. Esses comentários se encontram em H. S. Maine, *The Early History of Institutions* (Londres, 1897), p. 399 s.

pectiva da posição original, essa ideia não faz parte de uma concepção viável de justiça social. Os dois princípios de justiça são preferíveis e muito mais simples de serem aplicados. Pesando-se tudo, ainda há razões para escolher o princípio de diferença ou todo o segundo princípio, em detrimento do princípio de utilidade, mesmo no contexto restrito de uma concepção mista.

50. O princípio da perfeição

Até agora, falei muito pouco do princípio da perfeição. Mas, tendo acabado de analisar as concepções mistas, gostaria agora de examinar esse princípio. Existem duas variações: na primeira, é o princípio único de uma teoria teleológica que leva a sociedade a organizar as instituições e definir os deveres e as obrigações dos indivíduos de modo a maximizar a perfeição das realizações humanas na arte, na ciência e na cultura. Obviamente, o princípio é tanto mais exigente quanto mais elevado for o ideal pertinente. O peso absoluto que Nieztsche algumas vezes confere à vida dos grandes homens, tais como Sócrates e Goethe, é incomum. Em certas passagens ele diz que a humanidade deve se esforçar continuamente para produzir grandes homens. Valorizamos nossa vida ao trabalhar pelo bem dos espécimes mais elevados[50]. A segunda variação, que se encontra em Aristóteles, entre outros, tem argumentos muito mais fortes.

---

50. Cf. os trechos citados por G. A. Morgan, *What Nietzsche Means* (Cambridge, Harvard University Press, 1941), p. 40-2, 369-76. Especialmente notável é a declaração de Nietzsche: "A humanidade deve trabalhar continuamente para produzir grandes seres humanos singulares – nisso e em nada mais consiste sua tarefa [...] pois a questão é a seguinte: como pode a tua vida, a vida individual, reter o valor mais elevado, a importância mais profunda? [...] Apenas vivendo para o bem dos mais raros e valorosos espécimes". *Untimely Mediations: Third Essay: Schopenhauer as Educator*, Seção 6, extraído de J. R. Hollingsdale, *Nietzsche: The Man and His Philosophy* (Baton Rouge, Lousiana State University Press, 1965), p. 127.

Nessa doutrina mais moderada, aceita-se o princípio da perfeição apenas como um dentre vários outros padrões que há em uma teoria intuicionista. Deve-se equilibrar esse princípio com os outros por intuição. A medida em que essa visão é perfeccionista depende, portanto, do peso dado às exigências da excelência e da cultura. Se, por exemplo, se afirmar que as realizações dos gregos na filosofia, na ciência e na arte justificaram, em si mesmas, a instituição da antiga escravidão (supondo-se que fosse necessária para tais realizações), certamente a concepção é altamente perfeccionista. As exigências da perfeição anulam as fortes reivindicações da liberdade. Por outro lado, pode-se usar o critério simplesmente para limitar a redistribuição de renda e riqueza em um regime constitucional. Nesse caso, serve de contrapeso para as ideias igualitárias. Assim, pode-se dizer que a distribuição deve, de fato, ser mais igualitária, se for necessária para atender às necessidades fundamentais dos menos favorecidos e se somente reduzir os divertimentos e os prazeres dos que estão em melhor situação. Mas a maior felicidade dos menos afortunados não justifica, em geral, a redução dos dispêndios exigidos para a preservação de valores culturais. Essas formas de vida têm um valor intrínseco maior que os prazeres inferiores, por mais amplamente desfrutados que possam ser. Em circunstâncias normais, deve-se reservar certo mínimo de recursos sociais para promover os objetivos da perfeição. A única exceção se dá quando essas reivindicações se chocam com as exigências das necessidades fundamentais. Assim, dada a melhoria das circunstâncias, o peso do princípio da perfeição vai aumentando em relação à maior satisfação de desejos. Sem dúvida, muitos aceitaram o perfeccionismo nessa forma intuicionista.

Ele permite uma gama de interpretações, e parece expressar uma visão muito mais razoável do que a teoria perfeccionista estrita[51].

---

51. Cf. esse tipo de concepção em Bertrand de Jouvenal, *The Ethics of Redistribution* (Cambridge, The University Press, 1951), p. 53-6, 62-5. Cf. também

Antes de analisar por que o princípio da perfeição seria rejeitado, vou comentar a relação entre os princípios de justiça e os dois tipos de teoria teleológica, o perfeccionismo e o utilitarismo. Podemos definir os princípios voltados para ideais como aqueles que não são voltados para a necessidade[52]. Ou seja, os primeiros não consideram como únicas características relevantes a quantidade total de satisfação de necessidades e o modo como isso se distribui entre os indivíduos. Nos termos dessa diferença, os princípios de justiça, bem como o princípio da perfeição (em qualquer das duas variantes), são princípios relativos a ideais. Não abstraem nada dos objetivos dos desejos nem afirmam que as satisfações têm um valor igual quando são igualmente intensas e prazerosas (que é o sentido da afirmação de Bentham, segundo a qual, os demais fatores permanecendo constantes, uma brincadeira de criança é tão boa quanto a poesia). Como já vimos (§ 41), há certo ideal contido nos princípios da justiça, e a satisfação de desejos incompatíveis com esses princípios não tem valor nenhum. Ademais, devemos incentivar certos traços de caráter, em especial o senso de justiça. Assim, a doutrina contratualista é semelhante ao perfeccionismo, pois ambos levam em consideração outras coisas além do saldo líquido de satisfação e o modo como isso se distribui. Na verdade, os princípios de justiça nem mesmo mencionam a quantidade ou a distribuição de bem--estar, mas apenas a distribuição das liberdades e dos outros bens primários. Ao mesmo tempo, conseguem definir um ideal de pessoa sem invocar um padrão anterior de excelência humana. A perspectiva contratualista ocupa, por-

---

Hastings Rashdall, *The Theory of Good and Evil* (Londres, Oxford University Press, 1907), Vol. I, p. 235-43, que defende o princípio segundo o qual o bem de todos deve ter o mesmo valor que o bem semelhante de qualquer pessoa, sendo o critério da perfeição importante para decidir quando os bens das pessoas são iguais. A capacidade para ter uma vida mais elevada constitui um fundamento para tratar as pessoas de forma desigual. Cf. p. 240-2. Há uma opinião semelhante implícita em G. E. Moore, *Principia Ethica*, Cap. VI.
52. Definição extraída de Barry, *Political Argument*, p. 39 s.

tanto, uma posição intermediária entre o utilitarismo e o perfeccionismo.

No tocante à questão de saber se seria adotado determinado padrão perfeccionista, podemos analisar em primeiro lugar a concepção perfeccionista estrita, já que apresenta problemas mais óbvios. Para ter um sentido claro, esse critério deve oferecer algum modo de ordenar tipos diferentes de realização e somar seus valores. É óbvio que essa análise pode não ser muito exata, mas deve ser precisa o suficiente para orientar as principais decisões relativas à estrutura básica. É nesse ponto que o princípio da perfeição encontra dificuldades, pois, embora não se interessem pelos interesses alheios, as pessoas que se encontram na posição original sabem que têm (ou podem ter) certos interesses morais e religiosos, e outros objetivos culturais, que não podem pôr em risco. Ademais, supõe-se que estão comprometidas com distintas concepções do bem, e acreditam ter o direito de fazer exigências umas às outras para promover os seus próprios objetivos. As partes não partilham uma concepção do bem com relação à qual se possa avaliar o gozo de suas capacidades ou mesmo a satisfação de seus desejos. Não têm um critério acordado de perfeição que possa ser usado como princípio para a escolha entre instituições. Reconhecer algum padrão desse tipo seria, com efeito, aceitar um princípio que poderia levar a uma diminuição da liberdade religiosa ou de alguma outra liberdade, se não à perda total da liberdade de promover muitos dos objetivos espirituais de cada um. Se o padrão de excelência é razoavelmente claro, as partes não têm como saber se as suas reivindicações não cairão por terra diante do objetivo social superior de maximizar a perfeição. Assim, parece que o único entendimento que as pessoas presentes na posição original podem alcançar é o de que todos devem ter a maior liberdade igual possível que seja compatível com uma liberdade similar para os outros. Não podem arriscar a liberdade permitindo que um padrão de valor defina o que deve ser maximizado por um princípio teleológico da justiça. Esse caso é completamente diferente de aceitar um índice de bens primários como base de comparações interpessoais. Esse índice tem, de todo modo, um papel secundário, e os bens primários são coisas que os homens geralmente querem a fim de atingir seus objetivos, quaisquer que sejam eles. Querer esses bens não distingue uma pessoa das outras. Mas é claro que aceitá-los para fins de criação de um índice não define um padrão de excelência.

Fica evidente, portanto, que precisamente o mesmo argumento que conduziu ao princípio da igual liberdade exige a rejeição do princípio da perfeição. Mas, ao argumentar dessa forma, não afirmei que aos critérios da excelência falta uma base racional do ponto de vista da vida cotidiana. Claramente existem padrões nas artes e nas ciências para a avaliação dos esforços criativos, pelo menos dentro de determinados estilos e tradições de pensamento. Com muita frequência é incontestável que a obra de uma pessoa seja superior à de outra. De fato, a liberdade e o bem-estar dos indivíduos, quando avaliados pela excelência de suas atividades e obras, têm valores muito diferentes. Isso vale não só para o desempenho real, mas também para desempenho potencial. É bem possível fazer comparações de valor intrínseco; e, embora o padrão de perfeição não seja um princípio de justiça, os juízos de valor têm um papel importante nas relações humanas. Não são vagos a ponto de não poderem constituir um fundamento praticável para a atribuição de direitos. O argumento, mais precisamente, é que, em vista de seus objetivos díspares, as partes não têm nenhuma razão para adotar o princípio da perfeição, dadas as circunstâncias da posição original.

Para chegarmos à ética do perfeccionismo, teríamos de atribuir às partes a aceitação prévia de algum dever natural, digamos, o dever de educar seres humanos que tenham determinado estilo e graça estética, e promover a busca de conhecimento e o cultivo das artes. Mas essa suposição alteraria drasticamente a interpretação da posição original. Embora a justiça como equidade permita o reconhecimento dos valores da excelência numa sociedade bem-ordenada, devem-se buscar as perfeições humanas dentro dos limites do princípio da livre associação. As pessoas se reúnem para promover seus interesses culturais e artísticos da mesma maneira que formam comunidades religiosas. Não empregam o aparelho coercitivo do Estado a fim de conquistar para si mesmas uma maior liberdade ou parcelas distributivas maiores, com base na justificativa de que as suas atividades têm mais valor intrínseco. Nega-se ao perfeccionismo o *status* de princípio político. Assim, os recursos sociais necessários para o sustento das associações dedicadas à promoção das artes, das ciências e da cultura geralmente devem ser conquistados na forma de uma compensação equitativa por serviços prestados, ou provir de contribuições voluntárias dos cidadãos, tudo dentro de um regime regulado pelos dois princípios de justiça.

Na doutrina contratualista, portanto, a liberdade igual dos cidadãos não pressupõe que os objetivos de diversas pessoas tenham o mesmo valor intrínseco, nem que sua liberdade e seu bem-estar tenham o mesmo valor. Postula-se, entretanto, que as partes são pessoas morais, indivíduos racionais com um sistema coerente de objetivos e capacitados para ter um senso de justiça. Como elas têm as propriedades definidoras necessárias, seria supérfluo acrescentar que as partes são pessoas igualmente morais. Podemos dizer, se quisermos, que os homens têm uma igual dignidade, com isso querendo dizer que todos atendem às condições de personalidade moral expressas na interpretação da situação contratual inicial. E, sendo semelhantes nesse aspecto, devem ser tratados segundo as exigências dos princípios de justiça (§ 77). Mas nada disso implica que suas atividades e realizações tenham igual excelência. Pensar assim é fundir a noção de personalidade moral com as diferentes perfeições que caem sob o conceito de valor.

Observei há pouco que, para a liberdade igual, não é necessário que as pessoas tenham o mesmo valor. Ademais, deve-se salientar que o fato de terem igual valor também não é suficiente. Algumas vezes se diz que a igualdade dos direitos básicos decorre da igual capacidade dos indivíduos para as formas superiores de vida, mas não fica claro por que deve ser assim. O valor intrínseco é uma ideia contida no conceito de valor, e saber se a liberdade igual ou algum outro princípio é apropriado depende da concepção de justo. O critério da perfeição exige que, na estrutura básica, os direitos sejam atribuídos de modo a maximizar o total de valor intrínseco. É presumível que a configuração dos direitos e das oportunidades de que desfrutam os indivíduos influa em até que ponto conseguem desfrutar de suas capacidades e excelências latentes. Mas disso não se infere que a distribuição igual das liberdades básicas seja a melhor solução. A situação é semelhante à do utilitarismo clássico: exigimos postulados paralelos às suposições de tipo padrão. Assim, mesmo que as habilidades latentes dos indivíduos fossem semelhantes, a não ser que a atribuição de direitos seja governada por um princípio de diminuição do valor marginal (estimado nesse caso pelo critério usado para a excelência), não seriam assegurados os direitos iguais. De fato, a não ser que existam recursos em abundância, o total de valor talvez seja aumentado ao máximo por direitos desiguais e oportunidades que favoreçam uns poucos. Esse procedimento não é injusto segundo a visão perfeccionista, contanto que seja necessário para produzir um montante maior de excelência humana. Ora, o princípio de diminuição do valor marginal é decerto questionável, embora talvez não tanto quanto o princípio do valor igual. Há poucos motivos para se supor que, em geral, os direitos e os recursos alocados para incentivar e cultivar pessoas altamente talentosas contribuam cada vez menos para o total, depois de atingido determinado ponto da escala pertinente. Pelo contrário, essa contribuição pode crescer (ou permanecer constante) indefinidamente. O princípio da perfeição oferece, portanto, uma base insegura para as liberdades iguais, e é de presumir que se afaste muito do princípio de diferença. As suposições necessárias para se chegar à igualdade parecem implausíveis demais. A fim de encontrarmos uma base firme para as liberdades iguais, parece que devemos rejeitar os princípios teleológicos tradicionais, tanto perfeccionistas quanto utilitaristas. Até agora, tratei o perfeccionismo como uma teoria teleológica de princípio único. Nessa variante, as dificuldades são bem evidentes. As formas intuicionistas são muito mais plausíveis e, quando as reivindicações da perfeição são ponderadas com moderação, não é fácil argumentar contra essas concepções. A discrepância em relação aos dois princípios da justiça é bem menor. No entanto, surgem problemas semelhantes, pois é preciso escolher cada princípio da visão intuicionista, e, embora não seja provável que as consequências sejam tão grandes nesse caso, da mesma forma que antes não existe um fundamento para se reconhecer um princípio de perfeição como um padrão de justiça social. Além disso, os critérios de excelência são imprecisos como princípios políticos, e a sua aplicação às questões públicas será fatalmente desordenada e idiossincrática, por mais razoável que seja a sua invocação e aceitação dentro de tradições e comunidades de pensamento mais restritas. É por esse motivo, entre outros, que a justiça como equidade exige que se demonstre que determinados modos de conduta interferem nas liberdades básicas de outros, ou transgridem alguma obrigação ou dever natural, antes que se possa restringi-los. Pois é quando falham os argumentos que levam a essa conclusão que os indivíduos se veem tentados a recorrer a critérios perfeccionistas de forma *ad hoc*. Quando se diz, por exemplo, que certos tipos de relacionamento sexual são degradantes e vergonhosos e que, por isso, devem ser proibidos, pelo menos para o bem dos indivíduos em questão e independentemente de sua vontade, muitas vezes isso acontece porque não é possível articular uma defesa razoável dessa proibição com base em princípios de justiça. Recorremos, em vez disso, a noções de excelência. Mas, nessas questões, é provável que sejamos influenciados por preferências estéticas sutis e por ideias pessoais de decoro; e as diferenças individuais, de classe e de grupo são quase sempre profundas e irreconciliáveis. Já que essas incertezas infestam os critérios perfeccionistas e põem em risco as liberdades individuais, parece melhor nos basearmos inteiramente nos princípios de justiça, que têm uma estrutura mais definida[53]. Assim, mesmo em sua forma intuicionista, o perfeccionismo seria rejeitado por não constituir um fundamento exequível de justiça social.

Por fim, é claro que teremos de verificar se são aceitáveis as consequências de abrir mão de um padrão de perfeição, já que, à primeira vista, pode parecer que a justiça como equidade não concede espaço suficiente a ponderações voltadas para ideais. Neste ponto, só posso observar que as verbas públicas para as artes e as ciências podem ser fornecidas por intermédio do setor de trocas (§ 43). Nesse caso, não há restrições em relação às razões que os cidadãos possam ter para impor a si mesmos os tributos necessários. Eles podem avaliar os méritos desses bens públicos com base em princípios perfeccionistas, já que a máquina coercitiva do Estado só é usada nesse caso para resolver os problemas do isolamento e da garantia, e ninguém é tributado sem o seu próprio consentimento. O critério de excelência não serve aqui de princípio político e, portanto, se quiser, uma sociedade bem-ordenada pode devotar uma considerável fração de seus recursos a despesas desse tipo. Mas, embora seja possível atender às reivindicações da cultura dessa maneira, os princípios de justiça não permitem

---

53. Bastante ilustrativa a esse respeito é a controvérsia em relação à assim chamada imposição de conduta moral, a moralidade muitas vezes assumindo aí o sentido restrito de moralidade sexual. Cf. Patrick Devlin, *The Enforcement of Morals* (Londres, Oxford University Press, 1965); e H. L. A. Hart, *Law, Liberty and Morality* (Stanford, Calif., Stanford University Press, 1963), que defendem posições diferentes acerca dessa questão. Há mais discussões em Brian Barry, *Political Argument*, p. 66-9; Ronald Dworkin, "Lord Devlin and the Enforcement of Morals", *Yale Law Journal*, Vol. 75 (1966); e A. R. Louch, "Sins and Crimes", *Philosophy*, Vol. 43 (1968).

que se subsidiem universidades e institutos, ou óperas e teatros, com base na alegação de que essas instituições são intrinsecamente valiosas, e que aqueles que nelas se engajam devem ser sustentados, mesmo que isso imponha um custo significativo para outros, que não recebem compensações em troca. Só se justifica a tributação para esses fins se isso promover direta ou indiretamente as circunstâncias sociais que asseguram as liberdades iguais e os interesses a longo prazo dos menos favorecidos de uma maneira adequada. Isso parece autorizar aqueles subsídios cujo caráter justo é menos questionável e, portanto, pelo menos nesses casos, não há nenhuma necessidade evidente de um princípio de perfeição.

Com essas observações concluo a discussão de como os princípios de justiça se aplicam a instituições. É claro que há muitas outras questões que deveriam ser levadas em conta. É possível haver outras formas de perfeccionismo, e cada problema foi examinado apenas de uma forma breve. Devo salientar que a minha intenção é apenas indicar que a doutrina contratualista pode servir muito bem de concepção moral alternativa. Quando examinamos suas consequências para as instituições, parece que ela corresponde às nossas convicções ditadas pelo bom-senso de maneira mais precisa que suas concorrentes tradicionais, e que se estende de uma maneira razoável para problemas anteriormente não resolvidos.

Capítulo VI
Dever e obrigação

Nos dois capítulos anteriores, falei dos princípios da justiça para instituições. Agora vou falar dos princípios do dever e da obrigação naturais que se aplicam a indivíduos. As duas primeiras seções examinam as razões pelas quais esses princípios seriam escolhidos na posição original e seu papel na estabilização da cooperação social. Também haverá uma breve discussão sobre as promessas e o princípio da fidelidade. Na maior parte do tempo, contudo, estudarei as implicações importantes desses princípios para a teoria do dever e da obrigação políticas, em uma estrutura constitucional. Esse parece o melhor modo de explicar o sentido e o teor desses princípios para os fins da teoria da justiça. Esboçarei, em especial, uma análise do caso especial da desobediência civil, que se vincula ao problema do governo da maioria e dos fundamentos para o cumprimento de leis injustas. Comparo a desobediência civil com outras formas de desobediência, tais como a objeção de consciência, a fim de salientar o papel especial daquela na estabilização de um regime democrático aproximadamente justo.

51. Os argumentos a favor dos princípios do dever natural

Em um capítulo anterior (§§ 18-19), defini de maneira resumida os princípios do dever e da obrigação naturais que se aplicam a indivíduos. Agora vamos analisar por que esses princípios seriam escolhidos na posição original. Eles são parte essencial de uma concepção do justo: definem nossos laços institucionais e como nos vinculamos uns aos outros. A concepção da justiça como equidade fica incompleta se não contar com uma interpretação desses princípios.

Do ponto de vista da teoria da justiça, o dever natural mais importante é apoiar e promover instituições justas. Esse dever tem duas partes: primeiro, devemos fazer nossa parte e obedecer às instituições justas existentes que nos dizem respeito; segundo, devemos cooperar na criação de instituições justas quando elas não existem, pelo menos quando podemos fazê-lo sem grande ônus pessoal. Decorre daí que, se a estrutura básica da sociedade for justa, ou tão justa quanto for razoável esperar nas circunstâncias, todos têm um dever natural de fazer o que se lhes exige. Cada um está comprometido, independentemente de seus atos voluntários, performativos ou de outra natureza. Mas nos perguntamos por que seria adotado esse princípio e não algum outro. Vamos supor que, como no caso de instituições, não há nenhum modo pelo qual as partes possam examinar todos os princípios que se poderiam propor. As muitas possibilidades não estão definidas com clareza e entre elas pode não haver uma opção que seja a melhor. Para evitar essas dificuldades, suponho, como fiz anteriormente, que se deve escolher de uma pequena lista de princípios tradicionais e conhecidos. Para abreviar, só vou mencionar aqui a alternativa utilitarista, para fins de esclarecimento e comparação, e assim resumir bastante o argumento.

A escolha de princípio para os indivíduos fica bem simplificada pelo fato de que já foram adotados os princípios para as instituições. As alternativas factíveis ficam imediatamente reduzidas àquelas que constituem uma concepção coerente do dever e da obrigação, quando consideradas em conjunto com os dois princípios de justiça[1]. Essa restrição é

---

[1]. Sou grato a Allan Gibbard pelo esclarecimento deste ponto.

particularmente importante em conexão com aqueles princípios que definem os nossos vínculos institucionais. Assim, vamos supor que as pessoas presentes na posição original, tendo concordado com os dois princípios de justiça, adotem a escolha do princípio de utilidade (em qualquer de suas variantes) como um padrão para os atos dos indivíduos. Mesmo que não houvesse contradição nessa suposição, a adoção do princípio utilitarista levaria a uma concepção incoerente do justo. Os critérios para as instituições e aqueles que se aplicam a indivíduos não se ajustam de uma forma apropriada. Isso fica especialmente claro nas situações em que uma pessoa ocupa uma posição social regida pelos princípios de justiça. Por exemplo, vejamos o caso de um cidadão que vai escolher entre dois partidos políticos, ou o caso de um legislador que não sabe se deve apoiar determinado projeto de lei. A suposição é que esses indivíduos são membros de uma sociedade bem-ordenada que adotou os dois princípios de justiça para as instituições e o princípio da utilidade para os indivíduos. Como estes últimos devem agir? Parece que, na condição de cidadão ou legislador racional, a pessoa deve apoiar o partido ou o projeto de lei mais compatível com os dois princípios de justiça. Isso significa que ela deve votar segundo esse critério e incentivar as outras pessoas a fazer o mesmo, e assim por diante. A existência de instituições implica certos padrões de conduta individual que estão de acordo com normas publicamente reconhecidas. Portanto, os princípios para as instituições têm consequências para aqueles que ocupam posições nesses arranjos. Mas essas pessoas também devem perceber que seus atos são regidos pelo princípio de utilidade. Nesse caso, o cidadão ou legislador racional deve apoiar o partido ou lei cuja vitória ou promulgação tiver maior probabilidade de maximizar o saldo líquido (ou médio) de satisfação. A escolha do princípio de utilidade como padrão para os indivíduos leva a diretrizes opostas. Para evitar esse conflito, é necessário, pelo menos quando o individual ocupa uma posição institucional, escolher um princípio que seja de alguma forma compatível com os dois princípios de justiça. Só em situações não institucionais a visão utilitarista é compatível com os acordos já realizados. Embora o princípio de utilidade possa ter lugar em certos contextos devidamente limitados, já está excluído como uma interpretação geral do dever e da obrigação.

O que há de mais simples a fazer é usar os dois princípios de justiça como parte da concepção do justo para indivíduos. Podemos definir o dever natural de justiça como aquele que consiste em apoiar e promover os arranjos institucionais que atendem a esses princípios; chegamos assim a um princípio compatível com os critérios aplicados às instituições. Resta ainda a questão de saber se as partes presentes na posição original não agiriam melhor se condicionassem a exigência de obediência a instituições justas a certos atos voluntários de sua parte, como, por exemplo, à aceitação dos benefícios desses arranjos ou à promessa ou algum outro compromisso de acatá-las. À primeira vista, um princípio com esse tipo de condição parece estar mais de acordo com a ideia de contrato, que salienta o livre consentimento e a proteção da liberdade. Mas, na verdade, nada se ganharia com essa cláusula. Em vista da ordenação lexical dos dois princípios, já está garantida a cota completa de liberdades iguais. Não há necessidade de outras garantias a esse respeito. Além disso, as partes têm todos os motivos para assegurar a estabilidade de instituições justas, e a maneira mais fácil e mais direta de fazê-lo é aceitar a exigência de apoiá-las e acatá-las independentemente de nossos atos voluntários.

Podemos reforçar essas observações recordando nossas discussões anteriores sobre os bens públicos (§ 42). Comentamos que, numa sociedade bem-ordenada, o conhecimento público de que os cidadãos geralmente têm um senso de justiça efetivo constitui um bem social dos mais valiosos. Isso tende a conferir estabilidade a arranjos sociais justos. Mesmo quando se supera o problema do isolamento e já existem sistemas de grande escala para a produção de bens públicos, há dois tipos de tendências que conduzem à instabilidade. Do ponto de vista do interesse próprio, cada pessoa se sente tentada a deixar de fazer sua parte. Ainda assim essas pessoas se beneficiam dos bens públicos, e mesmo que o valor social marginal de cada dólar de imposto pago por elas seja muito maior do que o do dólar marginal gasto consigo mesmas, apenas uma pequena fração do imposto redunda em vantagem para elas. Essas tendências, que têm origem no egoísmo, conduzem à primeira espécie de instabilidade. Porém, já que, a despeito de seu senso de justiça, os indivíduos só cumprem com as exigências de empreendimentos cooperativos se acreditarem que os outros também farão a parte que lhes cabe, os cidadãos podem sentir-se tentados a deixar de dar a sua contribuição, quando acreditam ou desconfiam, com razão, que os outros não estão fazendo sua parte. Essas tendências provenientes de apreensões acerca da confiabilidade dos outros conduzem à segunda espécie de instabilidade. É particularmente provável que essa instabilidade se torne intensa nos casos em que é perigoso ater-se às normas quando outros não fazem o mesmo. Essa é a dificuldade que aflige os acordos de desarmamento; dadas circunstâncias de receio mútuo, até mesmo pessoas justas podem ser condenadas a uma condição de hostilidade permanente. O problema da garantia, como vimos, é o de manter a estabilidade por meio da eliminação das tentações do primeiro tipo, e, uma vez que isso se faça por meio de instituições públicas, as do segundo tipo também desaparecem, pelo menos numa sociedade bem-ordenada.

 O que se segue dessas observações é que basearmos nossos vínculos políticos num princípio de obrigação complicaria o problema da garantia. Os cidadãos não aceitariam um compromisso nem mesmo com uma constituição justa, a não ser que tivessem aceitado, e tivessem a intenção de continuar aceitando, seus benefícios. Além disso, essa aceitação deve ser, em certo sentido apropriado, voluntária. Mas que sentido é esse? É difícil encontrar uma interpretação plausível disso no caso do sistema político no qual nascemos e iniciamos nossa vida². E, mesmo que fosse possível oferecer tal interpretação, os cidadãos poderiam ainda indagar uns dos outros se estão obrigados, ou se assim se consideram. A convicção pública de que todos estão obrigados a arranjos justos seria menos firme, e talvez fosse necessária uma dependência maior da força coercitiva do poder soberano para garantir a estabilidade. Mas não há motivo para correr esses riscos. Por conseguinte, o melhor para as partes na posição original é reconhecer o dever natural da justiça. Dado o valor que um senso de justiça público e eficaz tem, é importante que o princípio que define os deveres dos indivíduos seja simples e claro e que assegure a estabilidade de ordenamentos justos. Presumo, portanto, que seria escolhido o dever natural de justiça em detrimento de um princípio de utilidade e que, do ponto de vista da teoria da justiça, esse dever é o requisito fundamental para os indivíduos. Os princípios da obrigação, embora compatíveis com ele, não são alternativas, e sim desempenham um papel complementar.

Há, obviamente, outros deveres naturais. Vários já foram mencionados (§ 19). Em vez de analisá-los todos, talvez seja mais instrutivo examinar alguns casos, começando pelo dever do respeito mútuo, que ainda não foi mencionado. Trata-se do dever de manifestar a alguém o respeito que lhe é devido como ser moral, isto é, na qualidade de ser dotado de um senso de justiça e uma concepção do bem. (Em alguns casos essas características podem ser apenas potencialidades, mas não trato aqui dessa dificuldade; cf. § 77.) O respeito mútuo é demonstrado de várias maneiras: em nossa disposição de perceber a situação de outros do ponto de vista deles próprios, da perspectiva de sua con-

---

2. Não aceito em sua totalidade a argumentação de Hume em "Of the Original Contract", mas acredito que, neste ponto, está correta, na medida em que se aplica ao dever político dos cidadãos em geral. Cf. *Essays: Moral, Political, and Literary*, org. T. H. Green e T. H. Grose (Londres, 1875), Vol. I, p. 450-2.

cepção do próprio bem; e também em nossa disposição de explicar as razões de nossos atos sempre que os interesses de outros sejam atingidos de uma maneira significativa[3]. Essas duas maneiras correspondem aos dois aspectos da personalidade moral. Quando necessárias, razões devem ser expostas aos interessados; devem ser apresentadas de boa-fé, com a convicção de que são razões fortes, definidas por uma concepção mutuamente aceitável de justiça que leva em consideração o bem de cada um. Assim, respeitar alguém como pessoa moral é tentar entender, do ponto de vista dela, seus objetivos e interesses, e apresentar-lhe ponderações que lhe permitam aceitar os limites impostos à sua conduta. Uma vez que essa pessoa quer, vamos supor, regular suas ações com base em princípios com os quais todos podem concordar, ela deve ter conhecimento das razões relevantes que explicam dessa forma tais limites. Também se demonstra respeito na disposição de fazer pequenos favores ou cortesias, e isso não por terem algum valor material, mas porque representam uma expressão apropriada da percepção que temos dos sentimentos e aspirações de outra pessoa. O motivo de se reconhecer esse dever é que, embora as partes presentes na situação original não tenham um interesse pelos interesses umas das outras, elas sabem que em sociedade precisam contar com a estima de seus concidadãos. Seu autorrespeito e sua confiança no valor de seu próprio sistema de fins não tolera a indiferença, muito menos o desprezo de outrem. Todos, portanto, se beneficiam de viver numa sociedade na qual se honra o dever do respeito mútuo. O custo para o interesse próprio é pequeno em comparação com o reforço que se recebe no sentido do próprio valor.

Um raciocínio semelhante sustenta os outros deveres naturais. Vejamos, por exemplo, o dever do auxílio mútuo.

---

3. Sobre a noção de respeito, cf. B. A. O. Williams, "The Idea of Equality", *Philosophy, Politics, and Society, Second Series*, org. Peter Laslett e W. G. Runciman (Oxford, Basil Blackwell, 1962), p. 118 s.

Kant afirmou, e outros o acompanharam nisso, que o fundamento para propor esse dever é a possibilidade de surgirem situações em que venhamos a precisar da ajuda de outrem, e não reconhecer esse princípio significa nos privarmos desse auxílio[4]. Embora em ocasiões especiais tenhamos de fazer coisas que não são do nosso interesse, é provável que nos beneficiemos no conjunto, pelo menos a longo prazo e em circunstâncias normais. Em cada caso específico, o ganho da pessoa que precisa de ajuda supera em muito as perdas dos que são chamados a ajudá-la; e, supondo-se que as probabilidades de ser o beneficiário não são muito menores do que as de ser aquele que tem de oferecer auxílio, o princípio é claramente do nosso interesse. Mas esse não é o único argumento a favor do dever de auxílio mútuo, nem mesmo o mais importante. Uma razão suficiente para adotar esse dever é seu efeito penetrante sobre a qualidade da vida cotidiana. O conhecimento público de que estamos vivendo numa sociedade em que podemos contar com a assistência de outros em circunstâncias difíceis é por si só de grande valor. Não faz muita diferença que, na prática, nunca venhamos a precisar dessa assistência e que ocasionalmente sejamos convidados a prestá-la. O saldo em ganhos, interpretado em termos estritos, talvez não seja importante. O valor fundamental do princípio não é medido pela ajuda que de fato recebemos, mas sim pela sensação de segurança e de confiança nas boas intenções das outras pessoas e pelo fato de sabermos que podemos contar com elas em caso de necessidade. Na verdade, basta apenas imaginar como seria a sociedade se a rejeição desse princípio fosse publicamente admitida. Assim, embora os deveres naturais não sejam casos especiais de um úni-

---

4. Cf. *Foundations of the Metaphysics of Morals*, Academy Edition, Vol. 4, p. 423. Há uma discussão mais completa em *The Metaphysics of Morals*, Parte II *(Tugendlehere)*, § 30, Vol. 6, p. 451 s. Kant observa neste ponto que o dever de beneficência (como ele o denomina) deve ser público, isto é, uma lei universal. Cf. § 23, nota 8.

co princípio (pressuposto do qual parti), não há dúvida de que razões semelhantes estão por trás de muitos deles quando se levam em conta as atitudes subjacentes que representam. Quando tentamos imaginar a vida de uma sociedade na qual ninguém tivesse a menor vontade de cumprir com esses deveres, percebemos que ela expressaria uma indiferença, se não um desdém, pelos seres humanos que tornaria impossível termos um sentido do nosso próprio valor. Mais uma vez devemos assinalar a grande importância da publicidade.

Considerando-se qualquer dever natural isoladamente, as razões que favorecem sua adoção são bastante óbvias. Pelo menos fica evidente por que esses deveres são preferíveis à completa inexistência de exigências dessa natureza. Embora não seja muito claro como defini-los e classificá-los de forma sistemática, há poucos motivos para duvidar de que seriam reconhecidos. A verdadeira dificuldade está em sua especificação mais pormenorizada e nas questões de prioridade: como equilibrar esses deveres quando entram em conflito, seja entre si mesmos, seja com as obrigações e com o bem que se pode obter por meio de ações supererrogatórias? Não existem regras óbvias para resolver essas questões. Não podemos dizer, por exemplo, que os deveres antecedem lexicalmente as ações supererrogatórias ou as obrigações. Tampouco podemos simplesmente recorrer ao princípio utilitarista para resolver o impasse. As exigências relativas aos indivíduos opõem-se entre si com tanta frequência que essa solução praticamente equivaleria à adoção do padrão de utilidade para os indivíduos; e, como vimos, essa opção está excluída por conduzir a uma concepção incoerente do justo. Não sei como se deve resolver esse problema, ou mesmo se é possível encontrar uma solução sistemática que formule normas úteis e praticáveis. Tem-se a impressão de que a teoria para a estrutura básica é realmente mais simples. Uma vez que estamos tratando de um sistema abrangente de normas gerais, podemos nos apoiar em certos métodos de agregação que anulam a importância dos elementos complicadores de situações específicas, tão logo adotemos a perspectiva mais ampla e de longo prazo. Por conseguinte, não tentarei discutir neste livro essas questões de prioridade em toda sua generalidade. O que vou fazer é examinar alguns casos especiais relacionados à desobediência civil e à objeção de consciência, sob as circunstâncias daquilo que denominarei um regime aproximadamente justo. Uma explicação satisfatória dessas questões é, na melhor das hipóteses, apenas um começo; mas pode nos dar alguma ideia dos tipos de obstáculo que enfrentamos e ajudar a concentrar nossos juízos intuitivos nas questões certas.

Parece apropriado observar, a esta altura, a conhecida diferença entre um dever que existe "permanecendo constantes as demais condições" (o chamado dever *prima facie*) e o dever que existe levando-se tudo em conta. (Uma diferença paralela vale para as obrigações.) Devemos a Ross a formulação dessa ideia e podemos segui-lo em linhas gerais[5]. Assim, vamos supor que o sistema completo de princípios que seriam escolhidos na posição original seja conhecido. Esse sistema deverá conter princípios aplicáveis a instituições e também a indivíduos, bem como, naturalmente, regras de prioridade para a ponderação desses princípios, quando favorecem lados opostos em determinados casos. Vamos supor também que essa concepção plena do justo seja finita: ela consiste em um número finito de princípios e regras de prioridade. Embora em certo sentido o número de princípios morais (virtudes de instituições e de indivíduos) seja infinito, ou indefinidamente amplo, a concepção plena é quase completa: ou seja, as ponderações morais que deixa de contemplar são, em sua maioria, de pouca importância. Em geral, elas podem ser ignoradas sem que se incorra em um sério risco de erro. A importância das razões morais que não são levadas em conta se torna despre-

---

5. Cf. *The Right and the Good* (Oxford, The Clarendon Press, 1930), p. 18-33, 41 s.

zível à medida que se elabora melhor a concepção do justo. Associado a essa concepção plena (finita, porém completa no sentido definido) há um princípio que afirma sua completude e, se quisermos, também um princípio que impõe ao agente a realização de tal ato, que, dentre todas as alternativas que lhe estão disponíveis, é com razão julgada a correta (ou a melhor) à luz do sistema completo (incluindo-se as regras de prioridade). Neste ponto, imagino que as regras de prioridade são suficientes para resolver conflitos de princípios; ou pelo menos para indicar um caminho para uma atribuição correta de pesos. Evidentemente ainda não estamos em condições de formular essas regras, a não ser para alguns casos; mas, já que conseguimos formular esses juízos, existem regras úteis (a menos que o intuicionista esteja certo e só existam descrições). Seja como for, o sistema completo nos leva a agir à luz de todas as razões relevantes disponíveis (definidas pelos princípios do sistema), à medida que possamos ou devamos identificá-las.

Tendo em mente essas estipulações, as expressões "permanecendo constantes as demais condições" e "levando-se tudo em conta" (e outras expressões correlatas) indicam até que ponto o juízo se baseia no sistema completo de princípios. Um princípio não expressa por si mesmo uma proposição universal que seja sempre suficiente para definir como devemos agir quando satisfeitas as condições do antecedente. Princípios fundamentais especificam características relevantes de situações morais de tal forma que a exemplificação dessas características oferece apoio para determinado julgamento ético e uma razão para fazê-lo. O juízo correto depende de todas as características pertinentes, tais como identificadas e combinadas pela concepção completa do justo. Afirmamos ter examinado cada um desses aspectos do caso quando dizemos que algo constitui nosso dever levando-se tudo em conta ou deixamos implícito que sabemos (ou temos motivos para crer que sabemos) qual seria o resultado dessa investigação completa. Em contraste, ao falar de determinada exigência como um dever que existe permanecendo constantes as demais condições (um dever chamado *prima facie*), estamos dizendo que até o momento só levamos em conta certos princípios, que estamos formulando um juízo baseado em apenas uma subparte do esquema mais amplo de razões. Em geral, não indicarei a diferença entre algo ser um dever (ou uma obrigação) *prima facie* de uma pessoa, e isso ser seu dever levando-se tudo em conta. Em geral, o contexto é suficiente para indicar quando se trata de uma coisa ou de outra. Creio que essas observações expressam os pontos essenciais do conceito de dever *prima facie* de Ross. O importante é que essas ressalvas do tipo "permanecendo constantes as demais condições" e "levando-se tudo em conta" (e, naturalmente, *prima facie*) não operam em proposições isoladas, muito menos em predicados de ações. Elas expressam uma relação entre proposições, uma relação entre um juízo e seus fundamentos; ou, como eu já disse anteriormente, expressam uma relação entre um juízo e uma parte, ou a totalidade, do sistema de princípios que define seus fundamentos[6]. Essa interpretação admite o ponto principal da noção de Ross, pois ele a apresentou como um modo de formular princípios fundamentais de maneira a permitir que as razões por eles definidas possam recomendar linhas de ação opostas em caso específicos, como de fato muitas vezes acontece, sem que isso nos enrede em uma contradição. Uma doutrina tradicional que, pelo menos na opinião de Ross, se encontra em Kant, consiste em dividir os princípios que se aplicam a indivíduos em dois grupos: os da obrigação perfeita e os da obrigação imperfeita; e, depois, em classificar os do primeiro tipo como lexicalmente anteriores (para usar meu termo) aos do segundo tipo. Contudo, além de ser falsa, em geral, a ideia de que as obrigações

---

6. Neste ponto, sigo Donald Davidson, "How Is Weakness of the Will Possible?", em *Moral Concepts*, org. Joel Feinberg (Londres, Oxford University Press, 1969), cf. p. 109. Toda a discussão nas p. 105-10 é relevante para esta questão.

imperfeitas (por exemplo, a de beneficência) devem sempre ceder às perfeitas (por exemplo, a de fidelidade), também não temos nenhuma solução quando as obrigações perfeitas entram em conflito[7]. Talvez a teoria kantiana nos ofereça uma saída; mas, seja como for, Kant deixou esse problema de lado. É conveniente usar a noção de Ross para esse fim. É evidente que essas observações não aceitam sua afirmação de que os princípios fundamentais são evidentes por si mesmos. Essa tese diz respeito ao modo como esses princípios podem ser conhecidos, e que tipo de derivação eles admitem. Essa questão independe do modo como os princípios se combinam num sistema único de razões e fundamentam determinados julgamentos de dever e obrigação.

52. Os argumentos a favor do princípio de equidade

Embora existam vários princípios de dever natural, todas as obrigações têm origem no princípio de equidade (definido no § 18). Devemos lembrar que esse princípio afirma que a pessoa tem uma obrigação de fazer sua parte, especificada pelas normas de uma instituição, sempre que tiver aceitado voluntariamente os benefícios do sistema ou tenha aproveitado as oportunidades que oferece para a promoção de seus interesses, contanto que essa instituição seja justa ou equitativa, isto é, atenda aos dois princípios de justiça. Como já observamos, a ideia intuitiva neste ponto é que, quando um grupo de pessoas se envolve em um empreendimento cooperativo mutuamente vantajoso, de acordo com certas normas, e por isso restringe voluntariamente a própria liberdade, aqueles que se submetem a essas limitações têm direito a uma aquiescência semelhante da parte dos que se beneficiam da sua submissão[8]. Não devemos nos

---

7. Cf. *The Right and the Good*, p. 18 s., e *The Foundations of Ethics* (Oxford, The Clarendon Press, 1939), p. 173, 187.
8. Sou grato, aqui, a H. L. A. Hart, "Are There Any Natural Rights?", *Philosophical Review*, Vol. 64 (1955), p. 185 s.

beneficiar dos esforços cooperativos das outras pessoas sem fazer a parte que nos cabe.

Não se deve esquecer que o princípio de equidade consiste em duas partes: uma que define como contraímos obrigações, isto é, fazendo determinadas coisas voluntariamente; e outra que define a condição de que a instituição em questão seja justa, se não perfeitamente justa, pelo menos justa na medida que é razoável esperar nas circunstâncias. A finalidade dessa segunda estipulação é garantir que as obrigações se originem apenas mediante a satisfação de certas condições básicas. Aceitar instituições explicitamente injustas, ou mesmo admitir sua existência, não gera obrigações. É consenso geral que promessas forçadas são nulas *ab initio*. De maneira semelhante, sistemas sociais injustos são em si mesmos uma espécie de extorsão, e até de violência, e o fato de se aceitá-los não gera obrigações. O motivo dessa condição é que as partes na situação original insistiriam nisso.

Antes de falar da derivação do princípio, há uma questão preliminar a esclarecer. Pode-se objetar que, dada a existência dos princípios de dever natural, o princípio de equidade não é necessário. O dever natural de justiça dá conta das obrigações, pois quando a pessoa se vale de uma estrutura institucional, suas normas se aplicam a ela e vale o dever de justiça. Essa é de fato uma objeção fundamentada. Podemos, se assim quisermos, explicar as obrigações recorrendo ao dever de justiça. Basta interpretar os atos voluntárias exigidos como atos por meio dos quais os nossos deveres naturais são livremente estendidos. Embora anteriormente o sistema em questão não se aplicasse a nós, e não tivéssemos deveres em relação a ele, exceto o dever de não tentar destruí-lo, agora, por meio de nossos atos, ampliamos os laços do dever natural. Todavia, parece apropriado fazer uma distinção entre aquelas instituições, ou aspectos institucionais, que inevitavelmente devem aplicar-se a nós, pois nascemos em seu seio e porque regulam toda a gama de nossas atividades, e aquelas que se aplicam a nós porque praticamos certas ações livremente, como uma forma racional de promover nossos objetivos. Assim, temos um dever natural de acatar a constituição, por exemplo, ou as leis fundamentais que regem a propriedade (na suposição de que sejam justas), ao passo que temos uma obrigação de cumprir os deveres de um cargo que conseguimos conquistar, ou de obedecer às normas de associações ou atividades às quais nos filiamos. Às vezes é razoável ponderar obrigações e deveres de modo diferente, quando entram em conflito, precisamente porque não surgem da mesma maneira. Pelo menos em alguns casos, o fato de as obrigações serem voluntariamente assumidas afeta a forma de avaliá-las quando conflitam com outras exigências morais. Também é verdade que os membros mais bem situados na sociedade têm uma probabilidade maior que os outros de contrair obrigações políticas que não se confundem com deveres políticos. Em geral são essas pessoas que estão mais capacitadas a conseguir um cargo político e a beneficiar-se das oportunidades oferecidas pelo sistema constitucional. Elas têm, portanto, vínculos ainda mais fortes com o sistema de instituições justas. Para salientar esse fato, e enfatizar o modo como muitos vínculos são voluntariamente assumidos, o princípio de equidade nos é útil. Esse princípio deveria nos permitir oferecer uma explicação mais detalhada dos conceitos de dever e obrigação. O termo "obrigação" será reservado, portanto, para exigências morais provenientes do princípio de equidade, ao passo que outras exigências serão denominadas "deveres naturais".

Uma vez que o princípio de equidade será mencionado em seções posteriores, em conexão com questões políticas, discorrerei aqui sobre sua relação com as promessas. O princípio da fidelidade é apenas um caso especial do princípio de equidade aplicado à prática social de fazer promessas. A argumentação a favor disso começa pela observação de que prometer é uma ação definida por um sistema público de normas. Essas normas são, como no caso das instituições em geral, um conjunto de convenções constitutivas.

Assim como as regras de jogos, especificam certas atividades e definem certas ações[9]. No caso das promessas, a norma básica é a que rege o uso das palavras "Prometo fazer x". Sua formulação é mais ou menos a seguinte: se uma pessoa diz "Prometo fazer x" nas circunstâncias apropriadas, deve fazer x, a não ser que condições dirimentes existam. Podemos conceber essa norma como a norma da promessa; podemos considerá-la como uma representação da prática como um todo. Não é, por si só, um princípio moral, mas uma convenção constitutiva. Nesse aspecto, assemelha-se às normas e estudos legais, e às regras de jogos; como acontece com estes, ela existe em uma sociedade quando é observada com certa regularidade.

O modo pelo qual a norma da promessa especifica as circunstâncias apropriadas e as condições dirimentes determina se a prática que representa é justa. Por exemplo, para se fazer uma promessa vinculatória, é preciso estar plenamente consciente, no gozo da própria razão, e conhecer o significado das palavras operantes, de seu uso no ato de fazer promessas, e assim por diante. Ademais, essas palavras devem ser ditas de maneira livre ou voluntária, sem que se esteja sob ameaça ou coerção, e em situações em que se tenha uma posição equitativa razoável para negociar, por assim dizer. Ninguém está obrigado a realizar a promessa se as palavras operantes forem pronunciadas durante o sono, ou em estado de delírio, ou se houve coerção, ou se houve sonegação proposital de alguma informação com o intuito de logro. Em geral, as circunstâncias que dão origem à promessa e as circunstâncias dirimentes devem ser definidas de modo a preservar a liberdade igual das partes e para fazer da prática um meio racional por meio do qual seja possível realizar e estabilizar acordos de cooperação para o benefício mútuo das partes. É inevitável a impossibilidade de

---

9. Sobre normas constitutivas, cf. J. R. Searle, *Speech Acts* (Cambridge, The University Press, 1969), p. 33-42. O Cap. III, esp. as p. 57-62, discute o ato de prometer.

tratar aqui das inúmeras complicações. Deve bastar a observação de que os princípios de justiça se aplicam ao ato de prometer da mesma maneira que se aplicam a outras instituições. Por conseguinte, as restrições às condições apropriadas são necessárias para garantir liberdade igual. Seria profundamente irracional concordar, na posição original, que palavras proferidas durante o sono, ou arrancadas à força, possam comprometer. Sem dúvida, trata-se de algo tão irracional que nos inclinamos a excluir essa e outras possibilidades como incompatíveis com o conceito (com o significado) de fazer promessas. Contudo, não vou considerar a promessa como uma prática justa por definição, já que isso obscurece a diferença entre a norma da promessa e a obrigação que deriva do princípio de equidade. As promessas têm muitas variações, da mesma forma que o direito contratual. Cabe aos princípios de justiça decidir se determinada prática, tal qual entendida por uma pessoa, ou um grupo de pessoas, é justa.

Tendo essas observações por pano de fundo, podemos introduzir duas definições. Em primeiro lugar, a promessa de boa-fé é aquela que surge em conformidade com a norma da promessa, quando a prática que representa é justa. Quando alguém pronuncia as palavras "Prometo fazer x" nas circunstâncias apropriadas definidas por uma prática justa, faz uma promessa de boa-fé. Decorre, então, que o princípio da fidelidade é o princípio segundo o qual se devem cumprir as promessas de boa-fé. É essencial, conforme observado acima, distinguir entre a norma da promessa e o princípio da fidelidade. A norma é simplesmente uma convenção constitutiva, ao passo que o princípio da fidelidade é um princípio moral, uma consequência do princípio de equidade. Vamos supor, então, que exista uma prática justa de se fazerem promessas. Ao fazer uma promessa, isto é, ao pronunciar as palavras "Prometo fazer x" nas circunstâncias apropriadas, o indivíduo recorre, conscientemente, a tal norma e aceita as vantagens de um acordo justo. Partimos do pressuposto de que não há nenhuma obrigação de se fazer uma dada promessa; o indivíduo está livre para fazê-la ou não. Porém, já que tal prática é hipoteticamente justa, o princípio de equidade se aplica e se deve fazer o que a norma especifica, ou seja, deve fazer x. A obrigação de cumprir a promessa é consequência do princípio de equidade.

Afirmei que, ao se fazer uma promessa, recorre-se a uma prática social e se aceitam os benefícios que ela proporciona. Quais são esses benefícios e como funciona essa prática? Para responder a essa pergunta, vamos supor que a razão habitual para se fazerem promessas é criar e estabilizar sistemas de cooperação de pequena escala ou determinado padrão de operações. O papel das promessas é análogo ao que Hobbes atribuía ao soberano. Assim como o soberano preserva e estabiliza o sistema de cooperação social, mantendo publicamente um conjunto eficaz de penalidades, os indivíduos, na ausência de arranjos coercitivos, instituem e estabilizam seus empreendimentos cooperativos, empenhando sua palavra uns aos outros. É muitas vezes difícil iniciar e manter esses empreendimentos. Isso fica bem evidente no caso dos pactos em que uma pessoa deve agir antes da outra. Essa pessoa pode supor que a outra parte não fará sua parte e, portanto, o acordo nunca entra em ação. Está sujeito à instabilidade do segundo tipo, mesmo que a pessoa que deve agir depois de fato viesse a fazer sua parte. Em situações como essa pode não haver meio de se oferecerem garantias à parte que deve agir primeiro, a não ser com uma promessa, isto é, assumindo a obrigação de fazer a própria parte depois. Só assim é possível garantir o arranjo de forma que ambas as partes recebam os benefícios da cooperação. A prática de fazer promessas existe exatamente para esse fim; e, assim, embora normalmente pensemos nas exigências morais como obrigações que nos são impostas para nosso próprio bem, às vezes são deliberadamente autoimpostas em nosso próprio benefício. Assim, prometer é um ato praticado com a intenção pública e deliberada de incorrer numa obrigação cuja existência, nas circunstâncias, promoverá nossos objetivos. Queremos que essa obrigação exista e que sua existência seja conhecida, e também queremos que saibam que reconhecemos essa obrigação e que temos a intenção de respeitá-la. Tendo, portanto, nos valido da prática por esse motivo, o princípio de equidade nos impõe a obrigação de cumprir o que prometemos.

Nessa interpretação sobre como o ato de prometer (ou de realizar pactos) é empregado para iniciar e estabilizar formas de cooperação, segui Prichard em grande medida[10]. Sua discussão contém todos os pontos essenciais. Também presumi, como ele, que cada pessoa sabe, ou pelo menos tem motivos para acreditar, que a outra tem um senso de justiça e, portanto, um desejo em geral efetivo de cumprir com suas obrigações de boa-fé. Sem essa confiança mútua, nada se obtém da simples enunciação de palavras. Numa sociedade bem-ordenada, porém, esse conhecimento está presente: quando seus membros fazem promessas, há um reconhecimento recíproco de que cada um tem a intenção de assumir uma obrigação e uma convicção racional em comum de que a obrigação será cumprida. Esse reconhecimento recíproco e essa convicção em comum permitem que um arranjo cooperativo entre em atividade e continue a existir.

Não há necessidade de comentar ainda mais até que ponto uma concepção compartilhada de justiça (os princípios de equidade e de dever natural, inclusive) e a percepção pública da disposição de cada um de agir segundo essa concepção são um grande bem coletivo. Já assinalei as inúmeras vantagens disso do ponto de vista do problema da garantia. Agora fica igualmente evidente que, com confiança uns nos outros, os homens podem fazer uso de sua aceitação pública desses princípios para ampliar de maneira significativa a abrangência e o valor de esquemas de cooperação mutuamente vantajosos. Do ponto de vista da situa-

---

10. Cf. H. A. Prichard, "The Obligation to Keep a Promise" (aprox. 1940), em *Moral Obligation* (Oxford, The Clarendon Press, 1949), p. 169-79.

ção original, portanto, é claramente racional que as partes concordem com o princípio de equidade, que pode ser usado para garantir esses empreendimentos de maneiras compatíveis com a liberdade de escolha e sem a multiplicação desnecessária de exigências morais. Ao mesmo tempo, dado o princípio de equidade, vemos por que deve existir a prática da promessa como forma de estabelecer livremente uma obrigação quando isso proporciona vantagens mútuas para ambas as partes. Isso é obviamente do interesse de todos. Vou supor que essas ponderações são suficientes para defender o princípio de equidade.

Antes de tratar da questão das obrigações e dos deveres políticos, devo fazer algumas outras observações. Em primeiro lugar, como o ilustra a discussão das promessas, a doutrina contratualista afirma que nenhuma exigência moral decorre da mera existência de instituições. Nem mesmo a norma da promessa, por si só, origina uma obrigação moral. Para levarmos em conta as obrigações fundamentadas na confiança, devemos tomar como premissa o princípio de equidade. Portanto, assim como a maioria das outras teorias éticas, a justiça como equidade afirma que os deveres e as obrigações naturais somente surgem em virtude de princípios éticos. Esses princípios são os que seriam escolhidos na posição original. Junto com os fatos relevantes sobre as circunstâncias existentes, são esses critérios que definem nossos deveres e nossas obrigações e que especificam o que conta como razões morais. Uma razão moral (sólida) é um fato que um ou mais desses princípios identifica como fundamentação de um juízo. A decisão moral correta é a que mais se alinha com os ditames desse sistema de princípios quando ele é aplicado a todos os fatos que julga pertinentes. Assim, uma razão identificada por um princípio pode ser apoiada, invalidada ou mesmo anulada por razões identificadas por um ou mais dentre outros princípios. Suponho, porém, que dentre a totalidade dos fatos, que em certo sentido se presumem infinitos, podemos selecionar um número finito deles como aqueles que se aplicam a qualquer caso específico, de forma que o sistema completo nos permita chegar a um julgamento, levando-se tudo em conta.

Em contraste, as exigências institucionais e as que provêm de práticas sociais em geral podem ser determinadas por meio das normas existentes e de como devem ser interpretadas. Por exemplo, nossas obrigações e nossos deveres legais de cidadãos são definidos por aquilo que a lei é, na medida em que for possível precisar isso. As normas que se aplicam a pessoas que participam de algum jogo dependem das regras do jogo. Se essas exigências estão conectadas a deveres e a obrigações morais já é outra questão. Isso acontece mesmo se os padrões usados pelos juízes e por outras pessoas para interpretar e aplicar a lei se parecem com os princípios do direito e da justiça; ou são idênticos a eles. Pode ser, por exemplo, que numa sociedade bem-ordenada os dois princípios de justiça sejam usados pelos tribunais para interpretar as partes da constituição que regem a liberdade de pensamento e de consciência e garantem a igual proteção da lei[11]. Embora nesse caso esteja claro que, se a lei atender a seus próprios padrões, estaremos moralmente obrigados, permanecendo constantes as demais condições, a cumpri-la, o que a lei exige e o que a justiça requer continuam sendo questões distintas. É especialmente forte a tendência de fundir a norma da promessa com o princípio da fidelidade (como um caso especial que deriva do princípio de equidade). À primeira vista podem parecer idênticos, mas um se define pelas convenções constitutivas existentes, ao passo que o outro é explicado pelos princípios que seriam escolhidos na posição original. Assim, então, podemos distinguir dois tipos de normas. Os termos "dever" e "obrigação" são usados no contexto de ambos os tipos, mas as ambiguidades provenientes desse uso devem ser bastante fáceis de resolver.

---

11. Sobre este ponto, cf. Ronald Dworkin, "The Model of Rules", *University of Chicago Law Review*, Vol. 35 (1967), esp. p. 21-9.

Por fim, eu gostaria de observar que a análise anterior do princípio de fidelidade responde a uma questão levantada por Prichard. Ele se perguntava como é possível, sem apelar a uma promessa geral anterior, ou a um acordo de cumprir acordos, explicar o fato de que, ao pronunciar certas palavras (valendo-se de uma convenção), a pessoa se obriga a fazer algo, em especial quando o ato que a leva a assumir tal obrigação é desempenhado publicamente com a intenção mesma, que se quer que outros reconheçam, de contrair tal obrigação. Ou, segundo Prichard: o que é esse algo implícito na existência de acordos de boa-fé que se parece muito com um acordo de cumprir acordos e que, no entanto, estritamente falando, não pode ser um acordo (já que ninguém fez acordo desse tipo)?[12] A existência de uma prática justa de se fazerem promessas como um sistema de normas constitutivas públicas e o princípio de equidade bastam para a teoria das obrigações fiduciárias. Nem uma coisa nem outra implica a existência anterior de um real acordo de cumprir acordos. A adoção do princípio de equidade é apenas hipotética; só precisamos do fato de que esse princípio seria reconhecido. Quanto ao resto, uma vez que presumimos que uma prática justa de fazer promessas existe, como quer que tenha se estabelecido, o princípio de equidade é suficiente para vincular aqueles que dela se beneficiam, dadas as condições apropriadas já descritas. Assim, o que corresponde àquilo que, para Prichard, se parecia com um acordo anterior sem o ser, é a prática justa de empenhar a própria palavra em conjunto com o acordo hipotético referente ao princípio de equidade. Naturalmente, uma outra teoria ética poderia deduzir esse princípio sem usar a concepção da posição original. Por ora, não preciso sustentar que obrigações fiduciárias não possam ser explicadas de alguma outra maneira. O que estou interessado em demonstrar é que, muito embora a justiça como equidade empregue a ideia de um acordo original, ainda assim consegue responder de maneira satisfatória à pergunta de Prichard.

---

12. Cf. "The Obligation to Keep a Promise", p. 172, 178 s.

53. O dever de obedecer a uma lei injusta

É evidente que não há nenhuma dificuldade para se explicar por que devemos obedecer a leis justas promulgadas na vigência de uma constituição justa. Nesse caso, os princípios do dever natural e o princípio de equidade definem os deveres e as obrigações relevantes. Os cidadãos em geral estão obrigados, em virtude do dever de justiça, e aqueles que assumiram cargos de destaque, ou aproveitaram certas oportunidades de promover seus interesses, têm, além disso, obrigação de fazer sua parte segundo o princípio de equidade. A verdadeira questão está em saber em quais circunstâncias e até que ponto somos obrigados a obedecer a arranjos institucionais injustos. Às vezes se diz que, nesses casos, não temos uma obrigação de obedecer. Mas isso é um erro. A injustiça da lei não é, em geral, razão suficiente para não acatá-la, assim como a validade jurídica da legislação (definida pela constituição vigente) não é razão suficiente para concordar com ela. Quando a estrutura básica da sociedade é razoavelmente justa, avaliando-se isso por aquilo que as circunstâncias vigentes permitem, devemos reconhecer leis injustas como vinculatórias, contanto que não excedam certos limites da injustiça. Ao tentarmos discernir esses limites, tratamos do problema mais profundo da obrigação e do dever políticos. Nisso, a dificuldade em parte reside no fato de haver, nesses casos, um conflito de princípios. Alguns princípios recomendam a obediência, ao passo que outros nos conduzem à direção oposta. Assim, as exigências das obrigações e dos deveres políticos devem ser equilibradas por uma concepção das prioridades apropriadas.

Há, no entanto, mais um problema. Como já vimos, os princípios de justiça (em ordem lexical) pertencem à teoria ideal (§ 39). As pessoas presentes na posição original supõem que os princípios que reconhecem, quaisquer que sejam, serão rigorosamente adotados e seguidos por todos. Assim, os princípios de justiça resultantes são os que definem uma sociedade perfeitamente justa, dadas as condições favoráveis. Com a suposição da aquiescência estrita, chegamos a determinada concepção ideal. Quando perguntamos se e em quais circunstâncias se devem tolerar arranjos injustos, enfrentamos outro tipo de problema. Devemos averiguar como se aplica a concepção ideal de justiça, caso se aplique, aos casos nos quais, em vez de termos de nos ajustar a limitações naturais, deparamo-nos com a injustiça. A discussão desses problemas pertence à parte da teoria não ideal que trata da aquiescência parcial. Isso inclui, entre outras coisas, a teoria da justiça penal e a da justiça compensatória, da guerra justa e da objeção de consciência, da desobediência civil e da resistência armada. Essas questões estão entre as principais da vida política, embora a concepção da justiça como equidade não se aplique diretamente a elas. Não vou tentar discutir esses assuntos de forma plenamente sistemática. Na verdade, tratarei apenas de uma pequena parte da teoria da aquiescência parcial, a saber, o problema da obediência civil e da objeção de consciência. E, mesmo nesse ponto, vou supor que o contexto seja aquele de um estado de quase justiça, isto é, um estado no qual a estrutura básica da sociedade é aproximadamente justa, levando-se apropriadamente em conta aquilo que é razoável esperar nas circunstâncias. Entender esse caso reconhecidamente especial pode ajudar a esclarecer os problemas mais difíceis. Contudo, para tratarmos da desobediência civil e da objeção de consciência, precisamos antes discutir alguns pontos que se referem à obrigação e ao dever políticos.

Em primeiro lugar, é evidente que o nosso dever ou obrigação de aceitar os arranjos existentes pode ser nulo em alguns casos. Essas exigências dependem dos princípios do justo, que podem justificar a não obediência em certas situações, levando-se tudo em conta. A justificativa da não obediência depende do grau de injustiça das leis e das instituições. As leis injustas não estão todas no mesmo nível de igualdade, e o mesmo vale para políticas e instituições. A injustiça pode surgir de duas maneiras: os arranjos vigentes podem afastar-se em diversos graus dos padrões publicamente aceitos e que são mais ou menos justos; ou esses arranjos podem adaptar-se a uma concepção de justiça da sociedade, ou à opinião da classe dominante, mas essa própria concepção pode não ser razoável, sendo até, em muitos casos, claramente injusta. Como vimos, algumas concepções da justiça são mais razoáveis que outras (cf. § 49). Embora os dois princípios de justiça e os princípios correlatos do dever e da obrigação naturais definam a perspectiva mais razoável dentre as que estão na lista, outros princípios não são desarrazoados. De fato, algumas concepções mistas certamente são bastante adequadas para muitos fins. Como regra geral, uma concepção de justiça é razoável em proporção à força dos argumentos que se possam oferecer para adotá-la na posição original. Esse critério é, sem dúvida, perfeitamente natural se a posição original contiver as diversas condições que se devem impor à escolha dos princípios e que levam a uma combinação com nossos juízos ponderados.

Embora seja bem fácil distinguir essas duas maneiras de serem injustas as instituições, uma teoria praticável acerca do modo como atingem nossas obrigações e nossos deveres políticos já é outra questão. Quando as leis e as políticas se desviam dos padrões publicamente reconhecidos, presume-se que até certo ponto seja possível recorrer ao senso de justiça da sociedade. Argumento mais adiante que essa é uma condição que se pressupõe na desobediência civil. Se, porém, não houver transgressão da concepção de justiça vigente, então a situação é bem diferente. O curso de ação a seguir depende muito de até que ponto a doutrina aceita é razoável e dos meios disponíveis para alterá-la. Sem dúvida, é possível conviver com uma variedade de concepções intuicionistas e mistas e com perspectivas utilitaristas, quando não são interpretadas de maneira excessivamente rigorosa. Em outros casos, porém, como quando a sociedade é regida por princípios que favorecem interesses estreitos de classe, é possível que não se tenha outro recurso a não ser opor-se à concepção vigente e às instituições que ela justifica, recorrendo a métodos que tenham probabilidade de êxito.

Em segundo lugar, devemos analisar por que, pelo menos na situação de quase justiça, em geral temos o dever de obedecer a leis injustas, e não apenas a leis justas. Embora alguns autores tenham questionado essa posição, creio que a maioria a aceitaria; só alguns acham que qualquer desvio da justiça, por menor que seja, anula o dever de obedecer às leis vigentes. Como, então, explicar esse fato? Já que o dever de justiça e o princípio de equidade pressupõem que as instituições são justas, há necessidade de mais algumas explicações[13]. Podemos responder a essa questão se postularmos uma sociedade quase justa, na qual existe um regime constitucional viável que satisfaz razoavelmente os princípios de justiça. Assim, suponho que, em sua maior parte, o sistema social é bem-ordenado, embora não seja uma ordenação perfeita, pois, nesse caso, não surgiria a questão de saber se devemos ou não obedecer a leis e políticas injustas. Partindo-se dessas suposições, a interpretação antes apresentada de uma constituição justa como exemplo de justiça procedimental imperfeita (§ 31) oferece uma resposta.

Devemos lembrar que na convenção constituinte o objetivo das partes é encontrar, entre as constituições justas (aquelas que atendem ao princípio da liberdade igual), a que tem maiores probabilidades de conduzir a uma legislação justa e eficaz, em vista dos fatos gerais em relação à sociedade em questão. A constituição é considerada um procedimento justo, mas imperfeito, estruturado para garantir um resultado justo na medida em que as circunstâncias o

---

13. Não comentei esse fato em meu texto "Legal Obligation and the Duty of Fair Play", em *Law and Philosophy,* org. Sidney Hook (Nova York, Nova York University Press, 1964). Nesta seção tentei sanar essa falha. A tese aqui defendida é diferente, porém, pois o dever natural de justiça é o principal princípio de obrigação política para os cidadãos em geral, atribuindo-se um papel secundário ao princípio de equidade.

permitam. É imperfeito porque não há nenhum processo político factível que garanta que as leis promulgadas segundo seus parâmetros serão justas. Nos assuntos políticos, não é possível atingir uma justiça procedimental perfeita. Ademais, o processo constitucional tende a se apoiar, em grande parte, em alguma forma de votação. Suponho, para simplificar, que uma variante da regra da maioria, devidamente limitada, é uma necessidade prática. Contudo, as maiorias (ou coalizões de minorias) estão fadadas a cometer erros, se não por falta de conhecimento e discernimento, pelo menos em consequência de opiniões parciais e egoístas. Não obstante, nosso dever natural de apoiar instituições justas nos obriga a acatar leis e políticas injustas, ou pelo menos a não lhes fazer oposição por meios ilícitos, contanto que elas não ultrapassem certos limites da injustiça. Se temos um dever de apoiar uma constituição justa, devemos respeitar um de seus princípios essenciais: o da regra da maioria. Num estado de justiça aproximada, portanto, temos, em geral, um dever de obedecer a leis injustas em razão do nosso dever de apoiar uma constituição justa: sendo os seres humanos o que são, há muitas ocasiões em que esse dever entrará em cena.

A doutrina contratualista naturalmente leva-nos a indagar como poderíamos ter dado nosso consentimento a um regime constitucional que nos exigisse o cumprimento de leis que consideramos injustas. Pode-se perguntar: como é possível que, sendo livres e ainda desprovidos de grilhões, racionalmente aceitemos um procedimento que pode decidir contra a nossa própria opinião e fazer valer a de outrem?[14] Quando assumimos o ponto de vista da convenção constituinte, a resposta se torna bem clara. Em primeiro lugar, entre o número limitado de procedimentos viáveis que

---

14. A metáfora de "estar livre e ainda desprovido de grilhões" foi extraída da resenha de I. M. D. Little sobre a obra de K. J. Arrow, *Social Choice and Individual Values*, em *The Journal of Political Economy*, Vol. 60 (1952), p. 431. Os comentários que aqui faço seguem Little.

tenham qualquer possibilidade de aceitação, não há nenhum que sempre decidiria a nosso favor. E, em segundo lugar, aceitar um desses processos é, sem dúvida, preferível à ausência de acordo. A situação é análoga àquela da posição original, em que as partes renunciam a toda expectativa de egoísmo do "carona": esta alternativa é a melhor escolha (ou segunda melhor escolha) para cada pessoa (deixando-se de lado as restrições relativas à generalidade), mas não é, obviamente, aceitável para mais ninguém. De maneira semelhante, embora nesse estágio da convenção constituinte as partes já estejam comprometidas com os princípios de justiça, precisam fazer algumas concessões mútuas para pôr em funcionamento um regime constitucional. Mesmo com as melhores intenções, suas opiniões acerca da justiça estão fadadas a entrar em conflito. Na escolha da constituição, portanto, e ao adotar alguma forma de regra da maioria, as partes aceitam os riscos de sofrer as consequências de deficiências de conhecimento e no senso de justiça uma da outra para receber os benefícios de um processo legislativo efetivo. Não há outra maneira de fazer um regime democrático funcionar.

    Contudo, quando adotam o princípio da maioria, as partes aceitam tolerar leis injustas apenas em certas condições. *Grosso modo*, a longo prazo o ônus da injustiça deve ser distribuído de modo mais ou menos uniforme entre os diversos grupos da sociedade, e as tribulações das políticas injustas não devem pesar demais em nenhum caso específico. Por conseguinte, o dever de obedecer é problemático para minorias permanentes que sofreram injustiças por muitos anos. E, decerto, não temos de aceitar a negação das nossas liberdades fundamentais, bem como as de outros, uma vez que essa exigência não poderia estar implícita no significado do dever de justiça na posição original, nem é compatível com o entendimento dos direitos da maioria na convenção constituinte. Pelo contrário, só submetemos a nossa conduta à autoridade democrática até o ponto necessário para compartilhar equitativamente as inevitáveis imperfeições de um sistema constitucional. Aceitar esses reveses é simplesmente reconhecer e estar disposto a trabalhar dentro dos limites impostos pelas circunstâncias da vida humana. Em vista disso, temos o dever natural da civilidade de não mencionar as falhas das ordenações sociais como desculpa fácil para não obedecer a elas, nem explorar as inevitáveis escapatórias das leis para promover nossos interesses. O dever da civilidade impõe o dever de aceitar as falhas das instituições e certa moderação ao beneficiar-se delas. Sem algum tipo de reconhecimento desse dever, a confiança mútua tende a fracassar. Assim, pelo menos num estado de quase justiça, é normal que haja o dever (e, para alguns, também a obrigação) de obedecer a leis injustas, contanto que não ultrapassem certos limites de injustiça. Esta conclusão não é muito mais forte do que aquela que afirma o nosso dever de obedecer às leis justas. Leva-nos, porém, um passo adiante, pois abrange uma gama mais ampla de situações; porém é mais importante o fato de que nos dá alguma ideia das questões a serem levantadas na comprovação dos nossos deveres políticos.

54. O *status* da regra da maioria

As observações anteriores deixam claro que o procedimento da regra da maioria, seja lá como for definido e restringido, tem um lugar subordinado como dispositivo procedimental. Sua justificativa se apoia diretamente nos objetivos políticos que a constituição visa atingir e, portanto, nos dois princípios de justiça. Parti do pressuposto de que alguma forma de regra da maioria se justifica como a melhor maneira disponível de garantir uma legislação justa e efetiva. É compatível com a liberdade igual (§ 36) e possui certa naturalidade, pois, se adotarmos a regra da minoria, não há um critério óbvio para escolher qual minoria deve decidir e transgride-se a igualdade. Um dos aspectos fundamentais do princípio da maioria é que o procedimento deve atender às condições da justiça de fundo. Nesse caso, essas condições são as da liberdade política – liberdade de expressão e de reunião, de participação em assuntos públicos e de influenciar por meios constitucionais os rumos da legislação – e da garantia do valor equitativo dessas liberdades. Quando esse pano de fundo está ausente, não se satisfaz ao primeiro princípio de justiça; contudo, quando está presente, não há garantia de que uma legislação justa resulte disso[15]. Não existe nada, portanto, que garanta a ideia de que a vontade da maioria é correta. Na verdade, nenhuma das concepções tradicionais de justiça defende essa doutrina, sustentando-se sempre que o resultado da votação está sujeito a princípios políticos. Embora em determinadas circunstâncias se justifique que a maioria (adequadamente definida e limitada) tem o direito constitucional de legislar, disso não decorre que as leis promulgadas sejam justas. A principal controvérsia acerca da regra da maioria diz respeito ao melhor modo de defini-la e à questão de saber se restrições constitucionais são recursos eficazes e razoáveis para reforçar o equilíbrio da justiça como um todo. Essas restrições podem quase sempre ser usadas por minorias estabelecidas para preservar suas vantagens ilícitas. Essa é uma questão de juízo político e não pertence à teoria da justiça. Basta observar que, embora os cidadãos em geral submetam a sua conduta à autoridade democrática, isto é, reconhecem que o resultado de uma votação, permanecendo constantes as demais condições, institui uma lei vinculatória, não submetem a ela seu juízo.

---

15. Cf. discussão mais aprofundada sobre a regra da maioria em Herbert McCloskey, "The Fallacy of Majority Rule", *Journal of Politics*, Vol. II (1949), e J. R. Pennock, *Liberal Democracy* (Nova York, Rinehart, 1950), p. 112-4, 117 s. Sobre algumas características interessantes do princípio da maioria do ponto de vista da escolha social, cf. A. K. Sen, *Collective Choice and Social Welfare* (San Francisco, Holden Day, 1970), p. 68-70, 71-3, 161-86. Um problema desse procedimento é o de poder permitir maiorias cíclicas. Mas a falha principal, do ponto de vista da justiça, é que ele permite a violação da liberdade. Cf. também Sen, p. 79-83, 87-9, em que o autor discute o que chama de paradoxo do liberalismo.

Agora quero falar do lugar do princípio da maioria no procedimento ideal que constitui uma parte da teoria da justiça. Define-se uma constituição justa como aquela que seria acordada por delegados racionais em uma convenção constitucional, orientados pelos dois princípios de justiça. Quando justificamos uma constituição, apresentamos ponderações para demonstrar que ela seria adotada nessas condições. De maneira semelhante, leis e políticas justas são aquelas que seriam instituídas no estágio legislativo por legisladores racionais, dentro das limitações impostas por uma constituição justa e que se esforçam conscientemente por seguir os princípios de justiça como seu critério. Quando criticamos leis e políticas, tentamos mostrar que elas não seriam escolhidas nesse processo ideal. Já que até legisladores racionais chegariam com frequência a conclusões divergentes, é preciso haver votação em condições ideais. As restrições impostas às informações não garantirão um acordo, pois as tendências dos fatos sociais gerais serão quase sempre ambíguas e difíceis de avaliar.

A lei ou política é suficientemente justa, ou pelo menos não injusta, se concluímos, quando tentamos imaginar como funcionaria o processo ideal, que a maioria das pessoas que participam desse processo e aplicam suas regras favoreceria essa lei ou essa política. No procedimento ideal, a decisão tomada não é um compromisso, uma negociação entre adversários que tentam promover seus objetivos. A discussão legislativa deve ser concebida não como uma competição de interesses, mas como a tentativa de descobrir a melhor política tal como definida pelos princípios de justiça. Suponho, então, dentro da teoria da justiça, que o único desejo do legislador imparcial é tomar a decisão correta a esse respeito, dados os fatos gerais de seu conhecimento. Ele deve votar unicamente segundo seu julgamento. O resultado da votação oferece uma estimativa do que mais se alinha com a concepção de justiça.

Se perguntarmos qual é a probabilidade de estar correta a opinião da maioria, é evidente que o procedimento ideal apresenta certa analogia com o problema estatístico de reunir as opiniões de um grupo de peritos para chegar ao melhor juízo[16]. Nesse caso os peritos são legisladores racionais, capazes de assumir uma perspectiva objetiva porque são imparciais. Remonta a Condorcet a proposição de que, se a probabilidade de um juízo correto por parte do legislador representativo for maior do que a de um juízo incorreto, a probabilidade de que a decisão majoritária seja correta aumenta conforme aumenta a probabilidade de uma decisão correta pelo legislador representativo[17]. Assim, talvez fiquemos tentados a supor que, se muitas pessoas racionais procurassem simular as condições do procedimento ideal e conduzissem sua argumentação e discussão de acordo com tal procedimento, é quase certo que pelo menos uma grande maioria estaria certa. Isso seria um erro. Precisamos não apenas ter certeza de que a probabilidade de um juízo correto por parte do legislador representativo é maior do que a probabilidade de um juízo incorreto, mas também está claro que os votos de cada pessoa não são independentes. Já que as opiniões sofrerão influência dos rumos da discussão, as formas mais simples de raciocínio probabilístico não se aplicam.

Não obstante, em geral supomos que a discussão conduzida da maneira ideal entre muitas pessoas tem mais probabilidades de chegar à conclusão correta (mediante votação, se necessário) do que as deliberações de qualquer delas sozinha. Por que deve ser assim? No cotidiano, a troca de opiniões com outros controla a nossa parcialidade e amplia nossa perspectiva; somos levados, dessa forma, a ver as coisas do ponto de vista das outras pessoas e perce-

---

16. Sobre esse ponto, cf. K. J. Arrow, *Social Choice and Individual Values*, 2.ª ed. (Nova York, John Wiley and Sons, 1963), p. 85 s. Sobre a ideia da discussão legislativa vista como uma investigação objetiva e não como uma competição entre interesses, cf. F. H. Knight, *The Ethics of Competition* (Nova York, Harper and Brothers, 1935), p. 296, 345-7. Nos dois casos, ver as notas de rodapé.
17, Cf. Duncan-Black, *Theory of Committee and Elections*, 2.ª ed. (Cambridge, The University Press, 1963), p. 159-65.

bemos os limites da nossa visão. Mas, no processo ideal, o véu de ignorância significa que os legisladores já são imparciais. A vantagem da discussão está no fato de que até os legisladores representativos têm limitados conhecimento e capacidade de raciocínio. Nenhum deles sabe tudo o que os outros sabem nem pode chegar às mesmas conclusões às quais podem chegar em conjunto. A discussão é um modo de combinar informações e ampliar a abrangência dos argumentos. Pelo menos ao longo do tempo, parece que os efeitos da deliberação comum são os de aprimorar as decisões.

Assim, chegamos ao problema de tentar elaborar uma constituição ideal para a deliberação pública em questões de justiça, um conjunto de normas elaboradas para reunir o maior conhecimento e capacidade de raciocínio do grupo, de modo a permitir a máxima aproximação possível do juízo correto, ou mesmo de modo a permitir que tal juízo seja alcançado. Não tratarei, porém, dessa questão. O importante a assinalar é que o procedimento idealizado faz parte da teoria da justiça. Mencionei algumas de suas características para elucidar um pouco seu significado. Quanto mais definida fosse a nossa concepção desse procedimento tal qual seria posto em prática em condições favoráveis, tanto mais firme seria a orientação que a sequência de quatro estágios proporcionaria às nossas ponderações. Pois nesse caso teríamos uma ideia mais precisa de como as leis e as políticas seriam avaliadas à luz dos fatos gerais da sociedade. Muitas vezes somos capazes de chegar a um bom entendimento intuitivo sobre como seriam as deliberações no estágio legislativo, quando adequadamente conduzidas.

O procedimento ideal ganha maior clareza contrastado com o processo do mercado ideal. Assim, admitindo-se que sejam válidas as suposições clássicas para haver concorrência perfeita, e que não existem economias ou deseconomias externas, e coisas semelhantes, o que resulta é uma configuração econômica eficiente. O mercado ideal é um procedimento perfeito no que diz respeito à eficiência. Uma das peculiaridades do processo do mercado ideal, em contraste com o processo político ideal conduzido por legisladores racionais e imparciais, está em que o mercado alcança um resultado eficiente mesmo que todos busquem seu próprio benefício. Na verdade, o pressuposto é que esse é o comportamento normal dos agentes econômicos. Ao comprar e vender para maximizar a satisfação ou os lucros, os consumidores e as empresas não emitem nenhum juízo acerca do que constitui, do ponto de vista social, a configuração econômica mais eficiente, dada a distribuição inicial de recursos. Eles promovem seus objetivos dentro do que as normas o permitem, e qualquer julgamento que façam expressa seu próprio ponto de vista. É o sistema todo, por assim dizer, que faz o julgamento da eficácia, julgamento esse derivado das inúmeras fontes de informação decorrentes das atividades das empresas e dos consumidores. O sistema oferece uma resposta, mesmo que os indivíduos não tenham opinião sobre essa questão e muitas vezes nem saibam seu significado.

Assim, apesar de certas semelhanças entre mercados e eleições, o processo de mercado ideal e o procedimento legislativo ideal diferem em aspectos fundamentais. São concebidos para atingir objetivos distintos, o primeiro conduzindo à eficiência, o segundo, se possível, à justiça. E embora o mercado ideal seja um processo perfeito no tocante a seu objetivo, até mesmo a legislatura ideal é um procedimento imperfeito. Parece que não há como caracterizar um procedimento viável que infalivelmente resulte em legislação justa. Uma das consequências desse fato é que, embora o cidadão possa ser obrigado a obedecer às políticas instituídas, permanecendo constantes as demais condições, dele não se exige pensar que essas políticas são justas, e seria equivocado de sua parte submeter seu julgamento à votação. Mas, num sistema de mercado perfeito, o agente econômico, se é que ele tem alguma opinião, deve supor que o resultado é de fato eficiente. Embora o consumidor ou a empresa tenham obtido tudo o que desejavam, devem concordar que, dada a distribuição inicial, atingiu-se uma situação eficiente. Mas não se pode exigir um reconhecimento análogo do resultado do processo legislativo no tocante a questões de justiça. Embora as constituições existentes devam ser concebidas, na medida do possível, para levar às mesmas determinações do procedimento legislativo ideal, na prática estão fadadas a ficar aquém do que é justo. Isso não acontece só porque, como acontece com os mercados existentes, não conseguem conformar-se a sua contrapartida ideal, mas também porque essa contrapartida é a de um procedimento imperfeito. Uma constituição justa deve, até certo ponto, confiar em cidadãos e legisladores que adotem uma visão mais ampla e que façam um bom julgamento ao aplicar os princípios de justiça. Parece que não há como permitir que assumam uma perspectiva estreita ou de interesse setorial, para depois regular o processo a fim de que conduza a um resultado justo. Pelo menos até agora não existe uma teoria das constituições justas no sentido de procedimentos que conduzem a uma legislação justa, correspondente à teoria dos mercados competitivos, entendidos como processos que resultam em eficiência. Isso parece implicar que a aplicação da teoria econômica ao processo constitucional real apresenta graves limitações, na medida em que o senso humano de justiça influi na conduta política, como deve acontecer em qualquer sociedade viável, e que legislação justa é o objetivo social fundamental (§ 76). Certamente a teoria econômica não se se presta a esse procedimento ideal[18].

Essas observações são confirmadas por um outro contraste. No processo ideal de mercado atribui-se algum peso

---

18. Sobre a teoria econômica da democracia, cf. J. A. Schumpeter, *Capitalism, Socialism and Democracy*, 3.ª ed. (Nova York, Harper and Brothers, 1950), Caps. 21-23, e Anthony Downs, *An Economic Theory of Democracy* (Nova York, Harper and Brothers, 1957). A teoria pluralista da democracia, na medida em que se acredita que a competição entre interesses rege o processo político, está aberta a uma objeção semelhante. Cf. R. A. Dahl, *A Preface to Democratic Theory* (Chicago, University of Chicago Press, 1956), e, mais recentemente, *Pluralist Democracy in the United States* (Chicago, Rand McNally, 1967).

à intensidade relativa do desejo. Pode-se gastar uma parte maior da renda em bens que se deseje mais e, dessa maneira, juntamente com os outros compradores, incentiva-se o uso dos recursos da maneira preferida. O mercado permite ajustes sutis em reação ao equilíbrio geral de preferências e ao predomínio relativo de certos desejos. Não há nada correspondente a isso no procedimento legislativo ideal. Cada legislador racional deve apresentar suas opiniões relativas a quais leis e políticas mais se adaptam aos princípios de justiça. Não se atribui, nem se deve atribuir, peso especial a opiniões defendidas com maior convicção, ou aos votos daqueles que declaram que o fato de serem minoria lhes causará grandes dissabores (§ 37). Naturalmente, tal regra de votação é concebível, mas não há fundamentos para que seja adotada no procedimento ideal. Mesmo entre pessoas racionais e imparciais, parece que aquelas que têm maior confiança em suas próprias opiniões não têm uma probabilidade maior de estar certas. Algumas podem ser mais sensíveis às complexidades do caso do que outras. Ao definir o critério para legislação justa, deve-se salientar o peso do juízo coletivo ponderado atingido quando cada pessoa dá o melhor de si em condições ideais para aplicar os princípios corretos. A intensidade do desejo ou a força da convicção é irrelevante quando surgem questões de justiça.

Vimos algumas diferenças entre o processo legislativo ideal e o processo ideal de mercado. Quero agora salientar o uso do processo da regra da maioria como meio de alcançar um acordo político. Como vimos, a regra da maioria é adotada como maneira mais viável de alcançar certos objetivos anteriormente definidos pelos princípios de justiça. Às vezes, porém, esses princípios não são claros ou precisos quanto àquilo que requerem. Isso nem sempre acontece somente porque as evidências são complicadas e ambíguas, ou difíceis de examinar e avaliar. A natureza dos próprios princípios pode deixar aberto um leque de opções, em vez de pôr em destaque qualquer alternativa específica. A taxa de poupança, por exemplo, só é especificada dentro de certos limites; a ideia principal do princípio da poupança justa é excluir certos extremos. Por fim, ao aplicar o princípio de diferença, queremos incluir nas perspectivas dos menos beneficiados o bem primário do autorrespeito; e há muitos meios de se levar em conta esse valor de maneira compatível com o princípio de diferença. Que peso esse bem, e outros a ele relacionados, deve ter no índice dos menos beneficiados é algo que se deve decidir tendo-se em vista as características gerais da sociedade em questão e aquilo que for racional que os menos favorecidos queiram da perspectiva do estágio legislativo. Em casos como esses, então, os princípios de justiça definem um certo leque dentro do qual a taxa de poupança ou a ênfase dada ao autorrespeito devem se localizar. Mas não dizem em que opções desse leque a escolha recairia.

Nessas situações se aplica o princípio do acordo político: se a lei votada, até o ponto em que seja possível garantir, encontra-se dentro do leque de leis que poderiam ser razoavelmente apoiadas por legisladores racionais que procurem, de maneira consciente, obedecer aos princípios de justiça, então a decisão da maioria é praticamente abalizada, embora não seja definitiva. É uma situação de justiça procedimental quase pura. Devemos confiar no curso real da discussão no estágio legislativo para escolher uma política que se enquadre dentro dos limites permitidos. Esses casos não são exemplos de justiça procedimental pura porque o resultado não define literalmente o resultado correto. Trata-se simplesmente de que aqueles que discordam da decisão tomada não conseguem demonstrar convincentemente seu argumento com base na concepção pública de justiça. É uma questão que não se consegue definir com precisão. Na prática, os partidos políticos sem dúvida assumirão posições divergentes nesses tipos de questão. O objetivo constitucional é assegurar que, se possível, o interesse próprio de classes sociais não distorça o acordo político a ponto de que fique fora dos limites permitidos.

55. A definição de desobediência civil

Pretendo agora ilustrar o teor dos princípios do dever e da obrigação naturais esboçando uma teoria da desobediência civil. Conforme já assinalei, essa teoria só se destina ao caso especial de uma sociedade quase justa, bem-ordenada em sua maior parte, porém na qual ocorrem algumas graves transgressões da justiça. Como presumo que o Estado de quase justiça requer um regime democrático, a teoria trata do papel e da conveniência da desobediência civil para a autoridade democrática legítima. Não se aplica a outras formas de governo nem, a não ser incidentalmente, a outros tipos de dissidência ou resistência. Não tratarei dessa modalidade de protesto, assim como da luta e da resistência armadas, como tática para transformar ou mesmo depor um sistema injusto e corrupto. Não há nenhuma dificuldade com respeito a tal ação nesse caso. Se quaisquer meios para esse fim se justificam, então não há dúvida de que a oposição não violenta também se justifica. O problema da desobediência civil, conforme a interpretarei, só se apresenta em Estados democráticos mais ou menos justos e para aqueles cidadãos que reconhecem e aceitam a legitimidade da constituição. A dificuldade é de um conflito de deveres. Em que ponto o dever de acatar as leis promulgadas pela maioria legislativa (ou algum ato do executivo que conte com o apoio de tal maioria) deixa de ser obrigatório à vista do direito de defender as próprias liberdades e do dever de se opor à injustiça? Essa questão envolve a natureza e os limites da regra da maioria. Por esse motivo, o problema da desobediência civil é teste fundamental para qualquer teoria do fundamento moral da democracia.

A teoria constitucional da desobediência civil contém três partes. Em primeiro lugar, define esse tipo de objeção e separa-a das outras formas de oposição à autoridade democrática. Estas vão de manifestações legais e de transgressões das leis que objetivam criar precedentes nos tribunais à luta armada e à resistência organizada. A teoria especifica o lugar da desobediência civil nesse espectro de possibilidades. A seguir, define os fundamentos da desobediência civil e as condições nas quais tal ação se justifica em um regime democrático (mais ou menos) justo. E, por fim, a teoria deve explicar o papel da desobediência civil dentro do sistema constitucional e explicar a propriedade dessa modalidade de protesto em uma sociedade livre.

Antes de passar a essas questões, uma advertência. Não devemos esperar demais de uma teoria da desobediência civil, mesmo que seja uma teoria elaborada para circunstâncias especiais. Princípios precisos que decidem sem ambiguidade os casos reais estão claramente fora de cogitação. Em vez disso, uma teoria útil define uma perspectiva da qual se possa tratar o problema da desobediência civil; identifica as ponderações relevantes e nos ajuda a atribuir-lhes seus pesos corretos nos casos mais importantes. Se nos parecer, após ponderação, que uma teoria acerca dessas questões esclareceu nossa visão e tornou mais coerentes os nossos juízos ponderados, terá valido a pena. A teoria faz o que, no momento, pode-se esperar que faça: ou seja, reduzir a disparidade entre as convicções conscienciosas daqueles que aceitam os princípios fundamentais de uma sociedade democrática.

Começarei por definir desobediência civil como um ato político público, não violento e consciente contra a lei, realizado com o fim de provocar uma mudança nas leis ou nas políticas do governo[19]. Ao agir assim, quem o pratica se di-

---

19. Aqui estou seguindo a definição de desobediência civil de H. A. Bedau. Cf. "On Civil Disobedience", *Journal of Philosophy*, Vol. 58 (1961), p. 653--61. Deve-se notar que essa definição é mais restrita do que o significado indicado no texto de Thoreau, como observo na seção seguinte. Encontra-se uma definição de opinião semelhante no texto "A Letter from Birmingham City Jail", de Martin Luther King (1963), que reaparece em H. A. Bedau, org., *Civil Disobedience* (Nova York, Pegasus, 1969), p. 72-89. A teoria da desobediência civil no texto tenta apresentar essa espécie de concepção num contexto mais amplo. Alguns autores recentes também definiram a desobediência civil de modo mais amplo. Por exemplo, Howard Zinn, *Civil Disobedience and Democracy* (Nova York, Random House, 1968), p. 119 s., define-a como "a

rige ao senso de justiça da maioria da comunidade e declara que em sua opinião ponderada os princípios da cooperação social entre homens livres e iguais não estão sendo respeitados. Um aprimoramento preliminar dessa definição: ela não requer que o ato de desobediência civil transgrida a mesma lei contra a qual protesta[20]. Ela permite o que alguns chamam de desobediência civil tanto direta quanto indireta. E essa definição deve bastar, pois não raro há fortes motivos para não infringir a lei ou a política considerada injusta. Em vez disso, pode-se desobedecer às leis do trânsito ou às leis contra invasões de propriedade como meio de apresentar a própria causa. Assim, se o governo promulga uma lei vaga e cruel contra a traição, não seria apropriado cometer traição como modo de opor-se a ela e, seja como for, a penalidade poderia ser muito mais pesada do que alguém se disporia razoavelmente a aceitar. Em outros casos não há como transgredir a política do governo de maneira direta, como quando ela diz respeito a assuntos internacionais ou atinge outra parte do país. Um segundo aprimoramento: o ato de desobediência civil é, de fato, considerado contra a lei, pelo menos no sentido em que os nele envolvidos não estão simplesmente tentando criar um precedente para uma decisão constitucional; estão dispostos a se opor à lei, mesmo que ela deva ser cumprida. Na verdade, num regime constitucional, os tribunais podem, por fim, alinhar-se com os dissidentes e declarar inconstitucional a lei ou política questionada. Quase sempre acontece, então, que haja certa incerteza com relação a saber se o ato dos dissidentes será considerado ilegal ou não. Mas esse é apenas um elemento complicador. Os que recorrem à desobediência civil para protestar contra leis in-

---

deliberada, discriminada violação da lei por um objetivo social essencial". Estou interessado numa noção mais restrita. Não quero absolutamente dizer que apenas essa forma de dissensão se justifica num Estado democrático.

20. Esse esclarecimento e o seguinte se encontram em Marshall Cohen, "Civil Disobedience in a Constitutional Democracy", *The Massachusetts Review*, Vol. 10 (1969), p. 224-6 e 218-21, respectivamente.

justas não estão dispostos a desistir se os tribunais vierem a discordar deles, por mais satisfeitos que fiquem com a decisão contrária.

Também se deve observar que a desobediência civil é um ato político, não só no sentido de se dirigir à maioria que detém o poder político, mas também porque é um ato orientado e justificado por princípios políticos, isto é, pelos princípios de justiça que regem a constituição e as instituições em geral. Ao justificar a desobediência civil, ninguém apela aos princípios da moralidade pessoal ou a doutrinas religiosas, embora estes possam coincidir com as reivindicações e até apoiá-las; e nem é preciso dizer que não se pode fundamentar a desobediência civil somente em interesses próprios ou de grupo. Pelo contrário, recorre-se à concepção de justiça em comum que fundamenta a ordem política. Presume-se que num regime democrático razoavelmente justo exista uma concepção pública de justiça com relação à qual os cidadãos regulem seus assuntos políticos e interpretem a constituição. A violação persistente e deliberada dos princípios fundamentais dessa concepção no decorrer de qualquer período longo, em especial a transgressão das iguais liberdades fundamentais, convida ou à submissão ou à resistência. Ao engajar-se na desobediência civil, uma minoria obriga a maioria a ponderar se deseja que suas ações sejam construídas dessa maneira, ou se, à vista do senso de justiça em comum, quer reconhecer as reivindicações legítimas da minoria.

Além disso, a desobediência civil é um ato público. Não só se dirige a princípios públicos, mas é realizada em público. Empenha-se em seus atos abertamente; não faz nada de forma secreta ou dissimulada. Podemos compará-la ao discurso público e, por ser uma forma de discurso, uma expressão de convicção política profunda e consciente, acontece no foro público. Por esse motivo, dentre outros, a desobediência civil é não violenta. Tenta evitar o uso da violência, principalmente contra pessoas, não por ser em princípio contra o uso da força, mas porque é a derradeira expressão da própria argumentação. Praticar atos violentos com probabilidade de ferir e causar danos é incompatível com a modalidade de discurso da desobediência civil. Na verdade, qualquer interferência nas liberdades civis de outrem tende a obscurecer a qualidade de desobediência civil do ato. Às vezes, quando o apelo não atinge seu objetivo, pode-se pensar em resistência militante. Contudo, desobediência civil consiste em dar voz a convicções conscientes e profundas; embora possa advertir e admoestar, não é, em si, uma ameaça.

A desobediência civil não é violenta também por outro motivo. Expressa desobediência à lei dentro dos limites da fidelidade à lei, embora esteja à margem da lei[21]. Há transgressão à lei, mas a fidelidade à lei é expressa pela natureza pública e não violenta do ato, pela disposição de arcar com as consequências jurídicas da própria conduta[22]. Essa fidelidade à lei ajuda a comunicar à maioria que o ato é, de fato, politicamente conscientioso e sincero, e que tem o intuito de atingir o senso público de justiça. Ser completamente aberto e não violento é expor a própria sinceridade, pois não é fácil convencer a outrem de que os próprios atos são conscienciosos, ou mesmo ter certeza disso. Não há dúvida de que é possível imaginar um sistema jurídico no qual uma convicção conscienciosa de que a lei é injusta seja aceita como defesa pela transgressão. Pessoas de grande honesti-

---

21. Cf. uma discussão mais completa sobre essa questão em Charles Fried, "Moral Causation", *Harvard Law Review*, Vol. 77 (1964), p. 1.268 s. Pelo esclarecimento que vem a seguir da ideia de ação militante, agradeço a Gerald Loev.

22. Aqueles que apresentam uma definição mais ampla de desobediência civil não aceitam essa descrição. Cf., por exemplo, Zinn, *Disobedience and Democracy*, p. 27-31, 39, 119 s. Além disso, ele nega que a desobediência civil precise ser não violenta. Certamente ninguém aceita a punição como justa, isto é, como merecida por uma ação injustificada. Mais precisamente, pode-se estar disposto a assumir as consequências jurídicas em nome da fidelidade à lei, o que já é outra questão. Há, nesse ponto, margem para manobra no sentido de que a definição admite que a acusação pode ser contestada nos tribunais, caso pareça adequado. Mas chega-se a um ponto além do qual a contestação deixa de ser desobediência civil conforme aqui definida.

dade, com plena confiança umas nas outras, poderiam fazer com que tal sistema funcionasse. Porém o fato é que tal sistema talvez fosse instável até num Estado de quase justiça. Devemos pagar certo preço para convencer as outras pessoas de que nossos atos têm, na nossa opinião cuidadosamente ponderada, uma base moral suficiente nas convicções políticas da comunidade.

A desobediência civil foi definida de maneira que se enquadra entre o protesto e a criação de precedentes jurídicos, de um lado, e a objeção de consciência e as diversas formas de resistência, do outro. Nessa escala de possibilidades, representa aquela forma de contestação que fica no limite da fidelidade à lei. A desobediência civil, assim entendida, distingue-se claramente da ação e da obstrução militantes; e está muito distante da resistência violenta organizada. O militante, por exemplo, opõe-se muito mais ao sistema político vigente. Não o aceita como sistema quase justo ou razoavelmente justo; acredita que se afasta muito dos princípios que professa, ou que adota uma concepção de justiça completamente equivocada. Embora sua ação seja conscienciosa em seus próprios termos, ele não apela ao senso de justiça da maioria (ou daqueles que detêm o poder político), pois acha que o senso de justiça dessas pessoas é errôneo ou inválido. Pelo contrário, por meio de atos bem estruturados de ruptura e resistência, ele procura atacar a visão prevalecente de justiça ou forçar um movimento na direção desejada. Assim, o militante pode tentar escapar à penalidade, pois não está disposto a aceitar as consequências jurídicas de sua transgressão; além de cair nas mãos das forças que ele acredita não serem dignas de confiança, isso também expressaria o reconhecimento da legitimidade da constituição à qual ele se opõe. Nesse sentido, a ação militante não se enquadra dentro dos limites da fidelidade à lei, mas representa uma oposição mais profunda à ordem jurídica. Esse militante acredita que a estrutura básica é tão injusta, ou que se afasta tanto dos ideais que professa, que é preciso tentar preparar o caminho para uma mudança radical ou mesmo revolucionária. E deve-se fazer isso tentando despertar a consciência popular no tocante às reformas fundamentais que é preciso fazer. Em certas circunstâncias, a ação militante e outros tipos de resistência certamente são justificados. Não tratarei, porém, desses casos. Como eu já disse, o meu objetivo limita-se a definir o conceito de desobediência civil e compreender seu papel em um regime constitucional quase justo.

56. A definição de objeção de consciência

Embora eu tenha diferenciado a desobediência civil da objeção de consciência, ainda preciso explicar a segunda ideia. É o que farei agora. É preciso reconhecer, porém, que separar essas duas ideias significa oferecer uma definição mais restrita de desobediência civil do que a tradicional, pois é comum considerar a desobediência civil no sentido mais amplo como qualquer desobediência à lei por motivos de consciência, pelo menos quando não é dissimulada e não envolve o uso da força. O texto de Thoreau é característico, se não definidor, do significado tradicional[23]. A utilidade do sentido mais restrito estará clara, creio, depois de examinada a definição de objeção de consciência.

Objeção de consciência é o não cumprimento de uma exigência legal (ou comando administrativo) mais ou menos direta. É recusa, já que recebemos uma ordem e, dada a natureza da situação, as autoridades tomam conhecimento se a cumprimos ou não. Exemplos típicos são a recusa dos primeiros cristãos de realizar certos atos de lealdade prescritos pelo Estado pagão e a recusa das Testemunhas de Jeová de fazer a saudação à bandeira. Entre outros exemplos estão a falta de disposição dos pacifistas de servir às forças ar-

---

23. Cf. Henry David Thoreau, "Civil Disobedience" (1948), republicado em H. A. Bedau, org., *Civil Disobedience*, p. 27-48. Para uma discussão crítica, cf. os comentários de Bedau, p. 15-26.

madas, ou do soldado de obedecer a uma ordem que acredite ser contrária à lei moral aplicada à guerra. Ou ainda, no caso de Thoreau, a recusa de pagar determinado imposto porque fazê-lo o transformaria em agente de grave injustiça. Presume-se que o ato será conhecido pelas autoridades, por mais que a pessoa deseje, em alguns casos, ocultá-lo. Quando puder ser dissimulado, pode-se falar em evasão de consciência, em vez de objeção de consciência. As infrações dissimuladas do escravo fugitivo são exemplos de evasão de consciência[24].

Há diversas diferenças entre a objeção (ou evasão) de consciência e a desobediência civil. Em primeiro lugar, a objeção de consciência não é uma forma de apelar ao senso de justiça da maioria. Na verdade, tais atos não são, em geral, secretos ou dissimulados, pois o ocultamento é quase sempre impossível. A pessoa simplesmente se recusa, com base em razões de consciência, a obedecer a uma ordem ou a cumprir um mandado legal. A pessoa não apela às convicções da comunidade, e, nesse sentido, a objeção de consciência não é ato no fórum público. Os que estão dispostos a negar obediência reconhecem que pode não haver uma base para o entendimento mútuo; não procuram ocasiões para a desobediência como meio de apresentar sua causa. Pelo contrário, ficam aguardando, na esperança de que não surja a necessidade de desobedecer. São menos otimistas do que os que adotam a desobediência civil e podem não nutrir esperanças de alterar leis ou políticas. A situação pode não lhes dar tempo para defender-se, ou também pode não haver nenhuma possibilidade de que a maioria receba bem suas reivindicações.

A objeção de consciência não se fundamenta obrigatoriamente em princípios políticos; pode fundamentar-se em princípios religiosos ou em princípios que diferem da ordem constitucional. A desobediência civil é um apelo a uma concepção de justiça em comum, ao passo que a objeção de

---

24. Devo essas distinções a Burton Dreben.

consciência pode ter outras razões. Por exemplo, supondo-se que os primeiros cristãos não justificariam sua recusa de obedecer aos costumes religiosos do Império por motivos de justiça, mas apenas por serem contrários a suas convicções religiosas, sua argumentação não seria política; nem, com qualificações semelhantes, o são as opiniões de um pacifista, supondo-se que pelo menos as guerras de legítima defesa são reconhecidas pela concepção de justiça que fundamenta um regime constitucional. A objeção de consciência pode, porém, fundamentar-se em princípios políticos. Pode-se recusar a concordar com uma lei, achando-a tão injusta que obedecer a ela está simplesmente fora de cogitação. Seria esse caso se, por exemplo, a lei nos fizesse ser o agente de escravização de outro, ou nos obrigasse a nos submetermos a uma sorte semelhante. Essas são violações flagrantes de princípios políticos reconhecidos.

É uma questão difícil a de encontrar a linha correta a ser adotada quando alguns apelam a princípios religiosos para se recusar a realizar atos que, parece, são exigidos por princípios de justiça política. O pacifista possui imunidade do serviço militar em guerras justas, presumindo-se que existam tais guerras? Ou será permitido ao Estado impor certas penalidades pela desobediência? Existe a tentação de dizer que a lei deve sempre respeitar os ditames da consciência, mas isso não pode estar correto. Como vimos no caso do intolerante, a ordem jurídica deve reger a busca dos interesses religiosos para pôr em prática o princípio de liberdade igual, e pode, decerto, proibir costumes religiosos como o sacrifício humano, tomando-se como exemplo um caso extremo. Nem a religiosidade nem a consciência bastam para proteger tal costume. Uma teoria da justiça deve resolver, de seu próprio ponto de vista, como tratar aqueles que a contestam. O objetivo de uma sociedade bem-ordenada, ou de uma sociedade num Estado de quase justiça, é preservar e fortalecer as instituições da justiça. Caso se negue plena expressão a uma religião, presume-se que seja porque ela transgride as liberdades iguais de outras pessoas.

Em geral, o grau de tolerância para com concepções morais antagonistas depende de até que ponto é possível conceder-lhes um lugar de igualdade dentro de um sistema justo de liberdades. Para tratar o pacifismo com respeito, e não apenas tolerá-lo, a explicação deve ser que essa posição está razoavelmente de acordo com os princípios da justiça, a principal exceção a isso ficando por conta de sua opinião acerca da participação em uma guerra justa (presumindo-se aqui que em algumas situações as guerras de legítima defesa são justificadas). Os princípios políticos reconhecidos pela comunidade têm certa afinidade com a doutrina professada pelo pacifista. Existe um repúdio em comum à guerra e ao uso da força, e a crença no *status* igualitário dos homens no sentido de pessoas morais. E dada a tendência das nações, em especial das grandes potências, de travar guerras injustificáveis e pôr em ação o aparato do Estado para reprimir contestações, o respeito concedido ao pacifismo serve à finalidade de alertar os cidadãos para os erros que os governos estão propensos a cometer em seu nome. Embora seus argumentos não sejam totalmente sólidos, as advertências e os protestos que o pacifista está disposto a expressar podem ter como consequência que, levando-se tudo em conta, os princípios de justiça acabam por estar mais, e não menos, seguros. É concebível que o pacifismo, como um afastamento natural da doutrina correta, compense a fraqueza dos homens em fazer valer as convicções que professam.

Devemos observar que não há, naturalmente, em situações reais, uma distinção nítida entre desobediência civil e objeção de consciência. Ademais, o mesmo ato (ou sequência de atos) pode ter fortes elementos de ambos. Embora existam casos claros de ambos, a diferença entre eles tem o intuito de elucidar a interpretação da desobediência civil e de seu papel em uma sociedade democrática. Em razão da natureza desse modo de agir como tipo especial de apelo político, em geral ele não se justifica até que outras providências tenham sido tomadas dentro da estrutura jurídica. Em contraste, essa exigência muitas vezes não é cumprida nos casos óbvios de objeção legítima de consciência. Numa sociedade livre, ninguém pode ser obrigado, como os primeiros cristãos o eram, a realizar atos religiosos, o que representa uma violação à liberdade igual, nem deve um soldado obedecer a comandos de inerente malignidade enquanto aguarda um recurso a uma autoridade superior. Essas observações levam à questão da justificação.

57. A justificação da desobediência civil

Com essas diferenças em mente, vou tratar das circunstâncias nas quais a desobediência civil se justifica. Para simplificar, limitarei a discussão a instituições domésticas e, assim, às injustiças internas de determinada sociedade. A natureza um tanto limitada dessa restrição será atenuada pela discussão do problema distinto da objeção de consciência em conexão com a lei moral tal como se aplica à guerra. Começarei por definir o que parecem condições razoáveis para a desobediência civil e, depois, articularei essas condições de maneira mais sistemática com o lugar da desobediência civil num Estado de quase justiça. É claro que as condições enumeradas devem ser consideradas hipóteses; não há dúvida de que haverá situações em que não se sustentam, e podem-se apresentar outras argumentações em defesa da desobediência civil.

A primeira questão refere-se aos tipos de injustiça que são objetos apropriados da desobediência civil. Quando alguém considera tal desobediência um ato político dirigido ao senso de justiça da comunidade, parece razoável, as demais condições permanecendo constantes, limitá-lo a casos de clara e substancial injustiça, e de preferência àqueles casos que estão no caminho da remoção de outras injustiças. Por esse motivo, há uma presunção favorável a se restringir a desobediência civil a transgressões graves do primeiro princípio de justiça, o princípio de liberdade igual, e a violações flagrantes da segunda parte do segundo princípio, o princípio da igualdade equitativa de oportunidades. Naturalmente, nem sempre é fácil saber se esses princípios foram atendidos. Não obstante, se considerarmos que garantem as liberdades fundamentais, muitas vezes se tornará claro que essas liberdades não estão sendo honradas. Afinal, eles impõem certas exigências estritas que devem estar expressas de maneira visível em instituições. Assim, quando se nega a certas minorias o direito de votar ou de ocupar cargos públicos, ou o direito à propriedade e o de ir e vir, ou quando certos grupos religiosos são reprimidos e se negam a outros diversas oportunidades, essas injustiças podem ser óbvias para todos. Integram-se publicamente à prática reconhecida, se não à letra, dos arranjos sociais. A instituição desses erros não pressupõe um exame informado das consequências institucionais.

Em contraste, as infrações ao princípio de diferença são mais difíceis de averiguar. Em geral, há uma ampla gama de opiniões que podem ser conflitantes sem deixar de ser racionais, no tocante a avaliar se esse princípio está sendo cumprido. O motivo disso é que ele se aplica principalmente a instituições e políticas econômicas e sociais. A escolha entre elas depende de convicções teóricas e especulativas, bem como de um manancial de informações estatísticas e de outros tipos, tudo temperado com juízo perspicaz e pura intuição. Diante das complexidades dessas questões, é difícil constatar a influência dos interesses próprios e dos preconceitos; e mesmo que seja possível fazê-lo no nosso próprio caso, é uma outra questão convencer as outras pessoas da nossa boa-fé. Assim, a não ser que as leis tributárias, por exemplo, sejam claramente elaboradas para atacar ou reduzir a liberdade igual fundamental, elas não devem, normalmente, ser contestadas por meio da desobediência civil. O recurso à concepção pública de justiça não é suficientemente claro. É melhor deixar a resolução dessas questões para o processo político, contanto que as liberdades iguais exigidas estejam asseguradas. Nesse caso, pode-se chegar a um compromisso razoável. A violação do princípio da liberdade igual é, então, o objeto mais apropriado da desobediência civil. Esse princípio define o *status* comum da cidadania igual num regime constitucional e repousa na base da ordem política. Quando é plenamente honrado, a suposição é que as outras injustiças, embora talvez persistentes e significativas, não fugirão ao controle.

Outra condição propícia à desobediência civil é a seguinte. Podemos supor que já se fizeram os apelos normais à maioria política e que fracassaram. Os meios legais para obter reparação de nada serviram. Assim, por exemplo, os partidos políticos existentes mostraram-se indiferentes às reivindicações da minoria ou demonstraram falta de disposição para atendê-las. As tentativas de revogar as leis foram ignoradas, e os protestos e as manifestações por meios legais não tiveram êxito. Já que a desobediência civil é o último recurso, devemos ter certeza de que é necessária. Repare-se que não se disse, porém, que foram esgotados todos os meios legais. Seja como for, novos apelos pelos canais usuais podem ser feitos; a liberdade de expressão é sempre possível. Mas se as ações anteriores revelaram uma maioria inerte ou apática, e se for razoável imaginar que novas tentativas também serão infrutíferas, uma segunda condição para a desobediência civil justificada é satisfeita. Essa condição é, porém, uma pressuposição. Alguns casos podem ser tão extremos que talvez não haja o dever de se usar em primeiro lugar somente os meios legais de oposição política. Se, por exemplo, a legislatura viesse a promulgar alguma violação ultrajante da liberdade igual, digamos, a proibição da religião de uma minoria fraca e indefesa, decerto não poderíamos esperar que a seita se opusesse à lei por meio de procedimentos políticos normais. Na verdade, até a desobediência civil poderia ser excessivamente branda, tendo a maioria já se convencido de objetivos perversamente injustos e hostis.

A terceira e última condição sobre a qual discorrerei é bem complicada. Decorre do fato de que, embora as duas condições anteriores sejam com frequência suficientes para justificar a desobediência civil, isso nem sempre acontece. Em certas circunstâncias o dever natural de justiça pode exigir certa moderação. Podemos perceber isso da seguinte maneira: se determinada minoria está justificada ao se engajar na desobediência civil, então qualquer outra minoria em circunstâncias suficientemente semelhantes também o estará. Empregando as duas condições anteriores como critérios para definir circunstâncias suficientemente semelhantes, podemos dizer que, as demais condições permanecendo constantes, as minorias estão similarmente justificadas em recorrer à desobediência civil se tiverem sofrido durante o mesmo período de tempo o mesmo grau de injustiça e se seus apelos políticos igualmente sinceros e pelos canais normais se mostraram na mesma medida inúteis. É concebível, porém, mesmo que seja improvável, que deva haver muitos grupos com justificações igualmente válidas (no sentido recém-definido) para a desobediência civil; mas que, se todos viessem a agir dessa maneira, provocariam distúrbios graves, que poderiam muito bem solapar a eficácia da constituição justa. Aqui estou supondo que há limites para o envolvimento na desobediência civil, para além dos quais ela pode destruir o respeito pela lei e pela constituição, provocando consequências infelizes para todos. Também existe um limite superior na capacidade do fórum público de lidar com tais formas de contestação; o apelo que os grupos praticantes da desobediência civil querem fazer pode ser distorcido, e pode-se perder de vista sua intenção de apelar ao senso de justiça da maioria. Por um desses motivos, ou ambos, a efetividade da desobediência civil como forma de protesto decai além de certo ponto; e os que pensam na possibilidade de recorrer a ela têm de levar em conta essas restrições.

A solução ideal de um ponto de vista teórico requer uma aliança política cooperativa das minorias a fim de regular o nível geral de contestação. Pois consideremos a natureza da situação: há muitos grupos, todos com direitos iguais à desobediência civil. Ademais, todos desejam exercer esse direito, igualmente forte em todos os casos; porém, se todos o fizerem, disso podem resultar danos duradouros à constituição justa para com a qual cada qual reconhece ter um dever natural de justiça. Quando há muitas reivindicações igualmente fortes, que juntas excedem o que se pode oferecer, deve-se adotar algum plano justo para que todas sejam equitativamente consideradas. Em casos simples de reivindicações de bens que são indivisíveis e em número fixo, um rodízio ou uma loteria poderiam ser a solução equitativa quando o número de reivindicações igualmente válidas é grande demais[25]. Mas tal dispositivo é muito implausível nesse caso. O que a situação parece requerer é um entendimento político entre as minorias que sofrem de injustiça. Podem cumprir seu dever perante as instituições democráticas coordenando suas atividades para que, embora todos tenham uma oportunidade de exercer seus direitos, não se excedam os limites quanto ao grau de desobediência civil. Com efeito, é difícil fazer uma aliança desse tipo; porém, com uma liderança perspicaz, não parece impossível.

A situação aqui imaginada é decerto especial, e é bem possível que esses tipos de ponderação não sejam uma barreira para a desobediência civil justificada. É improvável que haja muitos grupos com o mesmo direito de praticar esse tipo de contestação e que, ao mesmo tempo, reconheçam ter um dever para com uma constituição justa. Deve-se notar,

---

25. Cf. discussão das condições em que algum arranjo equitativo se faz necessário em Kurt Baier, *The Moral Point of View* (Ithaca, N.Y., Cornell University Press, 1958), p. 207-13; e David Lyons, *Forms and Limits of Utilitarianism* (Oxford, The Clarendon Press,1965), p. 160-76. Lyons apresenta um exemplo de sistema equitativo de rodízio e também observa que (deixando-se de lado os custos para colocá-los em prática) esses métodos equitativos podem ser razoavelmente eficientes. Cf. p. 169-71. Aceito as conclusões de sua argumentação, inclusive seu parecer de que a noção de equidade não pode ser explicada pela assimilação ao princípio da utilidade, p. 176 s. Também se deve mencionar aqui a discussão anterior de C. D. Broad, "On the Function of False Hypotheses in Ethics", *International Journal of Ethics*, Vol. 26 (1916), esp. p. 385-90.

porém, que uma minoria prejudicada sofre a tentação de acreditar que suas reivindicações são tão fortes quanto as de quaisquer outras, e, por conseguinte, mesmo que os motivos dos diversos grupos para a desobediência civil não sejam igualmente convincentes, muitas vezes faz sentido presumir que suas reivindicações sejam indiscerníveis. Adotando-se essa máxima, as circunstâncias imaginadas parecem ter mais probabilidade de acontecer. Esse tipo de caso também é instrutivo para mostrar que o exercício do direito de contestar, assim como o exercício dos direitos em geral, às vezes é limitado por outros que têm exatamente o mesmo direito. Se todos exercessem esse direito, as consequências seriam deletérias para todos e haveria necessidade de algum plano equitativo.

Vamos supor que, à luz das três condições, tenha-se o direito de recorrer à desobediência civil. A injustiça que se protesta é uma violação clara das liberdades da cidadania igual, ou da igualdade de oportunidades, violação essa mais ou menos deliberada durante longo período de tempo em face de oposição política normal, e quaisquer complicações geradas pela questão da equidade são resolvidas. Essas condições não são exaustivas; ainda se precisa abrir lugar à possibilidade de danos a terceiros, a inocentes, por assim dizer. Suponho, porém, que abrangem os pontos principais. Ainda há, naturalmente, a questão de saber se é sensato ou prudente exercer esse direito. Tendo instituído o direito, temos a liberdade, que não tínhamos antes, de deixar que essas condições resolvam a questão. Mesmo estando dentro dos nossos direitos, agiremos de maneira insensata se nossa conduta só servir para provocar uma retaliação brutal da maioria. Na verdade, em um Estado de quase justiça, a repressão vingativa da contestação legítima é improvável, mas é importante que a ação seja adequadamente concebida para apelar de maneira efetiva à comunidade mais inclusiva. Já que a desobediência civil é uma modalidade de discurso que acontece no fórum público, é preciso tomar cuidado para que seja entendida. Assim, o exercício do direito à desobediência civil deve, como qualquer outro direito, ser estruturado de maneira racional para promover os próprios objetivos ou os objetivos daqueles que se quer ajudar. A teoria da justiça não tem nada de específico a dizer a respeito dessas ponderações práticas. Seja como for, as questões de estratégia e tática dependem das circunstâncias de cada caso. A teoria da justiça, porém, deve dizer em que ponto essas questões são levantadas de uma forma apropriada. Nesta análise da justificação da desobediência civil, não mencionei o princípio de equidade. O dever natural de justiça é o principal fundamento dos nossos laços políticos com um regime constitucional. Conforme salientamos antes (§ 52), possivelmente só os membros mais privilegiados da sociedade estão sujeitos a uma clara obrigação política, como algo distinto do dever político. Estão em melhor situação para alcançar cargos públicos e acham mais fácil tirar proveito do sistema político. E, uma vez que o fazem, adquirem uma obrigação devida aos cidadãos em geral de defender a constituição justa. Mas os membros de minorias subjugadas, por exemplo, que têm fortes motivos para recorrer à desobediência civil, em geral não estão sujeitos a uma obrigação política desse tipo. Isso não quer dizer, porém, que o princípio de equidade não dará origem a obrigações importantes no caso delas[26], pois, além de muitas das exigências da vida privada serem provenientes desse princípio, ele entra em vigor quando pessoas ou grupos se reúnem com fins políticos em comum. Assim como contraímos obrigações para com os outros, com os quais nos unimos em associações privadas as mais variadas, aqueles que se engajam em atividades políticas assumem laços de obrigação uns com os outros. Embora a obrigação política dos contestadores para com os cidadãos seja, em geral, problemática, mes-

---

26. Cf. a discussão dessas obrigações em Michael Waltzer, *Obligations: Essays on Disobedience, War, and Citizenship* (Cambridge, Harvard University Press, 1970), Cap. III.

mo assim laços de lealdade e fidelidade se criam entre eles quando procuram promover sua causa. Em geral, a liberdade de associação sob a égide de uma constituição justa dá origem a obrigações, contanto que os objetivos do grupo sejam legítimos e seus acordos sejam equitativos. Isso acontece tanto em associações políticas quanto naquelas de outra natureza. Essas obrigações são de imensa importância e limitam de diversas maneiras o que os indivíduos podem fazer. Mas diferem da obrigação de obedecer a uma constituição justa. Minha análise da desobediência civil se dá apenas no âmbito do dever de justiça; uma análise mais completa ressaltaria o lugar dessas outras exigências.

58. A justificação da objeção de consciência

Ao examinar a justificativa da desobediência civil, presumi, para simplificar, que as leis e as políticas contestadas referiam-se a questões domésticas. É natural perguntar como a teoria do dever político se aplica à política externa. Para fazê-lo, é necessário estender a teoria da justiça ao direito das nações. Tentarei indicar como fazê-lo. Para definir as ideias, tratarei resumidamente da justificação da objeção de consciência de empenhar-se em certos atos de guerra, ou de servir às forças armadas. Suponho que essa recusa tem fundamentação em princípios políticos, e não em princípios religiosos ou de outra natureza; ou seja, os princípios citados à guisa de justificação são os da concepção de justiça que fundamentam a constituição. O nosso problema é, então, o de relacionar os princípios políticos justos que regem a conduta dos Estados à doutrina contratualista e explicar a fundamentação moral do direito das nações desse ponto de vista.

Vamos supor que já deduzimos os princípios de justiça como aqueles que se aplicam a sociedades como unidades separadas e à estrutura básica. Imaginemos também que foram adotados os diversos princípios do dever e da obrigação naturais que se aplicam a indivíduos. Assim, as pessoas na posição original concordaram com os princípios de justiça tais como se aplicam a sua própria sociedade e a si mesmos na qualidade de membros dela. Neste ponto, pode-se ampliar a interpretação da posição original e considerar as partes representantes de diferentes nações que precisam escolher juntas os princípios fundamentais para regular as reivindicações conflitantes entre Estados. Prosseguindo na concepção de posição inicial, suponho que esses representantes estão privados de diversos tipos de informação. Embora saibam que representam países diversos, cada um deles vivendo nas circunstâncias normais da vida humana, nada sabem sobre as circunstâncias específicas da própria sociedade, de seu poder e sua força em comparação com outras nações, nem conhecem seu lugar na própria sociedade. Mais uma vez, só se permite que as partes contratantes, nesse caso representantes de Estados, tenham conhecimentos suficientes para fazer uma escolha racional a fim de proteger seus interesses, mas não tanto que os mais afortunados dentre eles possam aproveitar-se de sua situação especial. Essa posição original é equitativa entre nações; anula as contingências e os vieses da fortuna histórica. A justiça entre Estados é definida pelos princípios que seriam escolhidos na posição original assim interpretada. Esses princípios são princípios políticos, pois regem as políticas públicas com relação a outros países.

Só posso dar uma indicação dos princípios que seriam reconhecidos. Mas, seja como for, não haveria surpresas, já que os princípios escolhidos seriam, creio, conhecidos[27]. O princípio fundamental do direito das nações é um princípio de igualdade. Os povos independentes organizados na forma de Estados têm certos direitos iguais fundamentais. Esse princípio é análogo ao dos direitos iguais dos cidadãos

---

27. Cf. J. L. Brierly, *The Law of Nations*, 6.ª ed. (Oxford, The Clarendon Press, 1963), esp. os Caps. IV-V. Essa obra contém tudo aquilo de que precisamos neste ponto.

em um regime constitucional. Uma das consequências dessa igualdade das nações é o princípio da autodeterminação, o direito de um povo de resolver seus próprios assuntos sem a intervenção de forças estrangeiras. Outra consequência é o direito à legítima defesa contra ataques, inclusive o direito de fazer alianças defensivas para proteger esse direito. Mais um princípio é o de que se devem cumprir os tratados, contanto que sejam compatíveis com os outros princípios que regem as relações dos Estados. Assim, os tratados de legítima defesa, devidamente interpretados, seriam obrigatórios, mas os acordos de cooperação em ataque injustificado são nulos *ab initio*.

Esses princípios definem quando a nação tem justa causa na guerra ou, na expressão tradicional, *jus ad bellum*. Mas também há princípios que regem os meios aos quais o país pode recorrer para realizar a guerra, seu *jus in bello*[28]. Mesmo numa guerra justa, certas formas de violência são estritamente inadmissíveis, e quando o direito à guerra é questionável e incerto, as restrições aos meios que se podem usar são ainda mais rígidas. Os atos permissíveis em uma guerra de legítima defesa, quando necessários, podem ser totalmente excluídos em uma situação mais duvidosa. O objetivo da guerra é a paz justa e, por conseguinte, os meios empregados não devem destruir a possibilidade de paz nem incentivar um desprezo pela vida humana que ponha em perigo a nossa própria segurança e a segurança da humanidade. A guerra deve ser restringida e ajustada a esse fim. Os representantes dos Estados reconheceriam que seus interesses nacionais, vistos da posição original, são mais bem atendidos quando se reconhecem esses limites aos meios de guerra. Isso porque o interesse nacional de um Estado justo é definido pelos princípios de justiça que já foram re-

---

28. Cf. discussão recente em Paul Ramsey, *War and the Christian Conscience* (Durham, N.C., The Duke University Press, 1961); e também em R. B. Potter, *War and Moral Discourse* (Richmond, Va., John Knox Press, 1969). A segunda obra contém uma proveitosa análise bibliográfica, p. 87-123.

conhecidos. Por conseguinte, tal nação almejará, sobretudo, manter e preservar suas instituições justas e as condições que as tornam possíveis. Não é motivada pelo desejo de poder mundial ou glória nacional; nem trava guerras com a finalidade de obter vantagens econômicas ou aquisição de território. Esses fins são contrários à concepção de justiça que define os interesses legítimos da sociedade, por mais predominantes que sejam na conduta real dos Estados. Dadas essas suposições, então, parece razoável supor que seriam escolhidas as proibições tradicionais que incorporam os deveres naturais que protegem a vida humana.

Se a objeção de consciência em época de guerra apela a esses princípios, está fundamentada numa concepção política, e não obrigatoriamente em ideias religiosas ou de outra natureza. Embora essa forma de recusa possa não ser um ato político, já que não acontece no fórum público, baseia-se na mesma teoria da justiça que fundamenta a constituição e orienta sua interpretação. Ademais, é presumível que a própria ordem jurídica reconheça na forma de tratados a validade de pelo menos alguns desses princípios do direito das nações. Portanto, ao receber a ordem de realizar certos atos de guerra ilícitos, um soldado pode recusá-la se acreditar de maneira consciente e racional que os princípios aplicáveis à conduta de guerra serão violados. Ele pode afirmar que, no fim das contas, seu dever natural de não se tornar agente de injustiça grave e do mal vale mais que seu dever de obedecer. Não posso discutir aqui o que constituiria uma violação manifesta desses princípios. Deve ser suficiente salientar que certos casos claros são perfeitamente conhecidos. A questão essencial é que a justificação cita princípios políticos que podem ser explicados pela doutrina contratualista. Creio ser possível desenvolver a teoria da justiça para tratar desse caso.

Uma questão um pouco diferente é saber se devemos nos alistar nas forças armadas durante determinada guerra. É provável que a resposta dependa do objetivo da guerra, bem como de sua condução. Para definir bem a situação, vamos supor que haja um recrutamento obrigatório em vigor e que o indivíduo tenha de ponderar se cumprirá com seu dever jurídico de ingressar no serviço militar. Vou supor que, sendo o alistamento obrigatório, uma interferência drástica nas liberdades fundamentais da cidadania igual, não pode ser justificado por nenhuma necessidade menos premente do que a da segurança nacional[29]. Numa sociedade bem-ordenada (ou numa sociedade quase justa), essas necessidades são definidas pela finalidade de se preservarem as instituições justas. O alistamento obrigatório só é permissível se for exigido para a defesa da própria liberdade, incluindo-se aqui não só as liberdades dos cidadãos da sociedade em questão, mas também daquelas pessoas de outras sociedades. Por conseguinte, se forças armadas de alistamento compulsório tiverem menos probabilidade de ser instrumento de aventuras injustificadas no exterior, elas podem ser justificadas só por esse motivo, apesar de o alistamento compulsório infringir as liberdades iguais dos cidadãos. Seja como for, porém, a prioridade da liberdade (supondo-se que a ordem serial se verifica) requer que o alistamento compulsório só seja usado quando a segurança da liberdade o exigir. Visto do ponto de vista da legislatura (estágio apropriado para esta questão), o mecanismo de conscrição só pode ser defendido com essa fundamentação. Os cidadãos concordam com isso por ser um modo justo de compartilhar o ônus da defesa nacional. Na verdade, os riscos que qualquer indivíduo deve enfrentar são, em parte, acidentais e casualidades históricas. Porém, pelo menos numa sociedade bem-ordenada, esses males surgem externamente, isto é, de ataques injustificados do exterior. Para as instituições justas é impossível eliminar completamente esses infortúnios. O máximo que podem fazer é tentar garantir que os riscos de sofrimento decorrentes de tais infortúnios impostos sejam compartilhados de maneira mais

---

29. Agradeço a R. G. Albritton pelo esclarecimento desse e de outros assuntos deste parágrafo.

ou menos igual por todos os membros da sociedade no decorrer de sua vida, e que não haja preconceito de classe na seleção daqueles chamados a servir. Imaginemos, então, uma sociedade democrática na qual exista o alistamento obrigatório. A pessoa pode, conscientemente, recusar-se a cumprir com o dever de ingressar nas forças armadas durante determinada guerra com base no fato de que os objetivos do conflito são injustos. Pode ser que o objetivo da guerra seja a busca de vantagem econômica ou de poder nacional. A liberdade fundamental dos cidadãos não pode sofrer interferência para esses fins. E, naturalmente, é injusto e contrário ao direito das nações atacar a liberdade de outras sociedades por esses motivos. Por conseguinte, não existe uma justa causa para a guerra, e isso pode ser tão evidente que o cidadão esteja justificado ao recusar-se a cumprir seu dever jurídico. Tanto o direito das nações quanto os princípios de justiça de sua própria sociedade vêm em seu socorro nessa reivindicação. Às vezes existe outro motivo para a recusa, não com base no objetivo da guerra, porém na forma como é conduzida. Um cidadão pode afirmar que, quando estiver claro que se está violando com regularidade a lei moral da guerra, ele tem o direito de recusar o serviço militar porque tem o direito de ser capaz de honrar seu dever natural. Quando estiver nas forças armadas, e numa situação em que receba ordens de agir da maneira contrária à lei moral da guerra, talvez não consiga resistir à exigência de obedecer. De fato, se os objetivos do conflito forem duvidosos o bastante e se for suficientemente grande a probabilidade de receber comandos de flagrante injustiça, pode-se ter o dever, e não só o direito, de recusar. Na verdade, é provável que a conduta e os objetivos dos Estados ao travar guerra, em especial dos grandes e poderosos, sejam, em algumas circunstâncias, tão injustos que uma pessoa pode se ver forçada a concluir que no futuro previsível será preciso abjurar completamente o serviço militar. Assim entendida, uma forma de pacifismo contingente pode ser uma posição perfeitamente razoável:

admite-se a possibilidade da guerra justa, mas não nas circunstâncias presentes[30].

O que é necessário, então, não é um pacifismo geral, mas uma objeção qualificada de consciência a se envolver na guerra em certas circunstâncias. Os Estados têm tido disposição para reconhecer o pacifismo e para lhe conceder um *status* especial. A recusa de participar de todas as guerras em quaisquer condições é uma visão espiritualista destinada a permanecer no âmbito das doutrinas sectárias. Não contesta a autoridade do Estado, da mesma forma que o celibato dos padres não coloca em questão a santidade do casamento[31]. Ao isentar os pacifistas de suas prescrições, pode até parecer que o Estado demonstra certa magnanimidade. Mas a objeção de consciência fundamentada nos princípios de justiça entre povos conforme se aplicam a determinados conflitos é uma outra questão. Tal recusa é uma afronta às pretensões do governo; e quando se difunde, a continuação de uma guerra injusta pode tornar-se impossível. Dados os objetivos muitas vezes predatórios do poder do Estado e a tendência humana de deixar nas mãos do governo a decisão de declarar guerra, é mais do que necessária uma disposição geral de resistir às pretensões do Estado.

59. O papel da desobediência civil

O terceiro objetivo da teoria da desobediência civil é explicar seu papel dentro do sistema constitucional e explicar sua ligação com a polaridade democrática. Como sempre, suponho que a sociedade em questão seja quase justa, e isso implica que tenha algum tipo de governo democrático, embora ainda possam existir injustiças graves. Em tal

---

30. Cf. em *Nuclear Weapons and Christian Conscience*, org. Walter Stein (Londres, The Merlin Press, 1965), uma apresentação desse tipo de doutrina em relação à guerra nuclear.
31. Essa formulação se encontra em Waltzer, *Obligations*, p. 127.

sociedade, presumo que os princípios de justiça sejam, em sua maior parte, publicamente reconhecidos como condições fundamentais da cooperação voluntária entre pessoas livres e iguais. Ao cometermos a desobediência civil, pretendemos, então, apelar ao senso de justiça da maioria para informar que na nossa opinião sincera e ponderada as condições da livre cooperação estão sendo violadas. É um apelo aos outros para que reconsiderem, para que se ponham no nosso lugar e reconheçam que não podem esperar nossa aquiescência indefinidamente nas condições que nos impõem.

A força desse apelo depende da concepção democrática da sociedade como um sistema de cooperação entre pessoas iguais. Para quem vê a sociedade de outra maneira, esse tipo de protesto pode ser inadequado. Por exemplo, quando se acredita que a lei fundamental expressa a ordem da natureza e se acredita que o soberano governa por direito divino, por ser um representante eleito por Deus, seus súditos só têm o direito de suplicantes. Podem expor sua causa, mas não podem desobedecer se a reivindicação não for atendida. Fazê-lo é rebelar-se contra a autoridade moral legítima (e não simplesmente jurídica) de última instância. Isso não quer dizer que o soberano não pode errar, mas apenas que a situação não se presta a ser corrigida pelos súditos. Porém, se a sociedade for interpretada como sistema de cooperação entre iguais, aqueles atingidos por grave injustiça não precisam resignar-se. Na verdade, a desobediência civil (e também a objeção de consciência) é um dos recursos estabilizadores de um sistema constitucional, embora seja, por definição, um recurso ilegal. Juntamente com coisas como eleições livres e regulares, e um judiciário independente com prerrogativas de interpretar a constituição (não obrigatoriamente escrita), a desobediência civil, empregada com a devida limitação e julgamento judicioso, ajuda a manter e fortalecer as instituições justas. Ao resistir à injustiça dentro dos limites da fidelidade à lei, serve para inibir afastamentos da justiça e para corrigi-los quando ocorrem. A disposição geral de engajar-se na desobediência civil justificada acrescenta estabilidade à sociedade bem-ordenada, ou à sociedade quase justa.

É necessário examinar essa doutrina do ponto de vista das pessoas presentes na posição original. Elas precisam analisar dois problemas correlatos. O primeiro é que, tendo escolhido os princípios para indivíduos, devem elaborar diretrizes para avaliar a força dos deveres e das obrigações naturais e, em especial, a força do dever de acatar a constituição justa e um de seus procedimentos fundamentais, a regra da maioria. O segundo problema é procurar princípios razoáveis para lidar com situações injustas, ou com circunstâncias nas quais o cumprimento de princípios justos seja apenas parcial. Parece que, dadas as presunções que caracterizam a sociedade quase justa, as partes concordariam com as presunções (já discutidas) que especificam quando a desobediência civil é justificada. Elas reconheceriam esses critérios para definir em que casos essa forma de contestação é apropriada. Fazê-lo indicaria o peso do dever natural de justiça em um caso especial importante. Também tenderia a realçar a realização da justiça por toda a sociedade ao fortalecer o autorrespeito dos indivíduos, bem como o respeito mútuo. Conforme salienta a doutrina contratualista, os princípios de justiça são os princípios da cooperação voluntária entre iguais. Negar justiça a outrem é recusar-se a reconhecê-lo como um igual (em consideração a quem estamos dispostos a restringir nossos atos com base em princípios que escolheríamos numa situação de igualdade que fosse justa); ou manifestar uma disposição de explorar as contingências da fortuna e das casualidades naturais para vantagem própria. Em ambos os casos, a injustiça deliberada induz à submissão ou à resistência. A submissão desperta o desprezo daqueles que perpetuam a injustiça e confirma o propósito de fazê-lo, ao passo que a resistência rompe os laços da comunidade. Se, após um bom período de tempo para permitir apelos políticos razoáveis da maneira normal, os cidadãos viessem a contestar por meio da desobediência civil quando ocorressem infrações às liberdades fundamentais, parece que essas liberdades estariam mais, e não menos, garantidas. Por esses motivos, então, as partes adotariam as condições que definem a desobediência civil justificada como meio de criar, dentro dos limites da fidelidade à lei, um recurso final para manter a estabilidade de uma constituição justa. Embora essa modalidade de ação seja contrária à lei, é, não obstante, uma maneira moralmente correta de manter um regime constitucional.

Em uma análise mais completa, talvez se pudesse dar o mesmo tipo de explicação para justificar as condições da objeção de consciência (mais uma vez, supondo-se o contexto de um Estado quase justo). Não tratarei, porém, dessas condições aqui. Gostaria de salientar, em vez disso, que a teoria constitucional da desobediência civil se fundamenta unicamente numa concepção de justiça. Até as características da publicidade e da não violência são explicadas com base nisso. E o mesmo se dá com a interpretação da objeção de consciência, embora requeira uma elaboração ulterior da doutrina contratualista. Em nenhum momento se faz menção a princípios que não sejam políticos; as concepções religiosas e pacifistas não são essenciais para essa interpretação. Embora a motivação dos que praticam a desobediência civil sejam quase sempre convicções desse tipo, não há uma conexão necessária entre elas e a desobediência civil, pois essa forma de atividade política pode ser entendida como meio de apelar ao senso de justiça da comunidade, uma invocação dos princípios reconhecidos de cooperação entre iguais. Sendo um apelo à base moral da vida cívica, é um ato político, não religioso. Depende dos princípios de justiça fundamentados no bom senso que podemos exigir uns dos outros que sejam seguidos, e não de afirmações de fé e amor religiosos, que não podemos exigir que todos aceitem. Não quero dizer, naturalmente, que as concepções não políticas não tenham validade. Podem, de fato, confirmar nosso juízo e amparar nossos atos de maneira que são justas com base em outros fundamentos. Não obstante, não são esses princípios, mas os princípios de justiça, as condições fundamentais da cooperação social entre pessoas livres e iguais que servem de alicerce para a constituição. A desobediência civil, conforme definida, não exige um fundamento sectário, e sim provém da concepção pública de justiça que caracteriza uma sociedade democrática. Assim entendida, a concepção de desobediência civil faz parte da teoria do governo livre.

Uma das diferenças entre o constitucionalismo medieval e o moderno é que naquele a supremacia do direito não era garantida por controles institucionais estabelecidos. O modo de controlar o governante que em seus juízos e éditos se opunha ao senso de justiça da comunidade limitava-se em grande parte ao direito de resistência de toda a sociedade, ou de qualquer parte dela. Mesmo esse direito não era interpretado como um ato da comunidade política; o rei injusto era simplesmente deposto[32]. À Idade Média, portanto, faltavam as ideias fundamentais do moderno governo constitucional, a ideia do povo soberano que tem a autoridade final e a institucionalização dessa autoridade, por meio de eleições e parlamentos, e outras formas constitucionais. Mais ou menos da mesma maneira em que a concepção moderna de governo constitucional foi uma evolução da medieval, a teoria da desobediência civil complementa a concepção puramente jurídica de democracia constitucional. Essa teoria procura formular os fundamentos com base nos quais se pode contestar a autoridade democrática legítima de forma que, embora reconhecidamente contrários à lei, expressem a fidelidade à lei e apelem aos princípios políticos fundamentais do regime democrático. Assim, às formas jurídicas do constitucionalismo podem-se juntar modalidades de protesto ilegal que não violem os objetivos da constituição democrática à vista dos princípios que orientam tal contestação. Tentei demonstrar como es-

---

32. Cf. J. H. Franklin, org., *Constitutionalism and Resistance in the Sixteenth Century* (Nova York, Pegasus, 1969), na introdução, p. 11-5.

ses princípios podem ser interpretados pela doutrina contratualista.

Há quem possa opor-se a essa teoria da desobediência civil, argumentando que não é realista. Ela pressupõe que a maioria tem um senso de justiça, e pode-se replicar que os sentimentos morais não têm força política significativa. O que motiva os seres humanos são interesses distintos, o desejo de poder, prestígio e riqueza. Embora possam ser habilidosos para produzir argumentos morais em apoio a suas reivindicações, entre uma situação e outra suas opiniões não se encaixam numa concepção coerente de justiça. Em qualquer momento dado suas opiniões são ocasionais, calculadas para promover certos interesses. É inquestionável que há muita verdade nessa proposição, mais em algumas sociedades do que em outras. Porém, a questão essencial é a força relativa das tendências que se opõem ao senso de justiça e se este tem força suficiente para que se possa recorrer a ele com resultados significativos.

Talvez alguns comentários tornem mais plausível a análise apresentada. Em primeiro lugar, presumi o tempo todo que se trata de uma sociedade quase justa. Isso implica que existe um regime constitucional e uma concepção de justiça publicamente reconhecida. Naturalmente, em qualquer situação particular, certos indivíduos e grupos podem sentir-se tentados a violar seus princípios, mas o sentimento coletivo a favor deles tem uma força considerável quando a ele se apela de maneira apropriada. Esses princípios se afirmam como condições necessárias à cooperação entre pessoas livres e iguais. Se aqueles que perpetram a injustiça forem claramente identificados e isolados da comunidade mais inclusiva, as convicções da maior parte da sociedade talvez tenham um peso suficiente. Ou, se as partes adversárias forem mais ou menos iguais, o sentimento de justiça daqueles que não estão envolvidos pode ser o fator decisivo. Seja como for, caso não ocorram circunstâncias desse tipo, os critérios da desobediência civil são muito problemáticos, pois, a não ser que se possa apelar ao senso de justiça da sociedade em geral, a maioria pode simplesmente ser levada a apoiar medidas repressivas se o cálculo das vantagens apontar para isso. Os tribunais devem levar em conta a natureza civilmente desobediente do ato do contestador, e o fato de que é justificável (ou pode parecer justificável) pelos princípios políticos fundamentais da constituição e, com base nisso, reduzir, e em alguns casos suspender, a penalidade legal[33]. Contudo, pode acontecer o contrário quando falta o embasamento necessário. Temos de reconhecer, então, que a desobediência civil justificável é normalmente uma forma razoável e eficaz de contestação somente numa sociedade governada em grau considerável por um senso de justiça.

Pode haver algum mal-entendido sobre a maneira pela qual se diz que o senso de justiça funciona. Pode-se pensar que esse sentimento se expressa em profissões sinceras de princípios e em atos que requerem um grau considerável de sacrifício próprio. Mas essa suposição vai longe demais. É mais provável que o senso de justiça da comunidade se revele no fato de que a maioria não consegue tomar as providências necessárias para reprimir a minoria e punir os atos de desobediência civil das formas autorizadas pela lei. As medidas duras que outras sociedades talvez contemplem não são tidas como alternativas reais. Assim, o senso de justiça atinge, de maneira que quase nunca percebemos, a nossa interpretação da vida política, a nossa percepção das providências possíveis, a nossa disposição de resistir aos protestos justificados feitos por outrem, e assim por diante. Apesar de sua força superior, a maioria pode abandonar sua posição e ceder às propostas dos contestadores; seu desejo de fazer justiça enfraquece sua capacidade de defender suas vantagens injustas. O sentimento de justiça será visto como uma força política mais importante na medida em que as formas sutis em que exerce sua influência forem re-

---

33. Cf. discussão geral em Ronald Dworkin, "On Not Prosecuting Civil Disobedience", *The New York Review of Books*, 6 de junho, 1968.

conhecidas, em especial seu papel de tornar indenfensáveis certas posições sociais.

Nestes comentários, presumi que numa sociedade quase-justa existe uma aceitação pública dos mesmos princípios da justiça. Felizmente, essa suposição é mais forte que o necessário. Pode haver, de fato, diferenças consideráveis nas concepções de justiça dos cidadãos, contanto que essas concepções conduzam a juízos políticos semelhantes. E isso é possível, já que se pode inferir a mesma conclusão partindo-se de premissas diferentes. Nesse caso, existe o que podemos chamar de consenso sobreposto, em vez de consenso estrito. Em geral, a sobreposição das concepções professadas de justiça basta para que a desobediência civil seja uma forma razoável e prudente de contestação política. Naturalmente, essa sobreposição não precisa ser perfeita; basta que se satisfaça uma condição de reciprocidade. Ambos os lados devem acreditar que, por mais diferentes que sejam suas concepções de justiça, suas visões defendem o mesmo juízo na situação em questão, e o fariam mesmo que suas situações respectivas se intercambiassem. Finalmente, porém, chega-se a um ponto em que o necessário acordo de julgamento se desfaz e a sociedade se divide em partes mais ou menos distintas que defendem opiniões diversas sobre questões políticas fundamentais. Nesse caso de consenso estritamente fracionado, não há mais base para a desobediência civil. Vamos supor, por exemplo, que aqueles que não apoiam a tolerância e que não tolerariam que outros tivessem poder, queiram protestar contra sua liberdade menor apelando ao senso de justiça da maioria, que defende o princípio da liberdade igual. Embora os que aceitam esse princípio devam, como já vimos, tolerar os intolerantes à medida que a segurança das instituições livres o permita, é provável que não gostem que os intolerantes os lembrem desse dever, pois os intolerantes, caso trocassem de situação, instituiriam sua própria dominação. A maioria está fadada a achar que sua fidelidade à liberdade igual é explorada por outrem para fins injustos. Essa situação ilustra mais uma vez o fato de que o senso de justiça em comum é um grande bem coletivo que requer a cooperação de muitos para se manter. Os intolerantes podem ser considerados "caronas", pessoas que procuram as vantagens das instituições justas, embora não façam sua parte para apoiá-las. Embora aqueles que reconhecem os princípios de justiça devam sempre ser orientados por eles, numa sociedade fragmentada, bem como numa sociedade motivada pelos egoísmos de grupos, inexistem condições para a desobediência civil. Contudo, não é necessário haver consenso estrito, pois com frequência um certo grau de consenso sobreposto permitirá que se atenda à condição de reciprocidade.

Há, na verdade, riscos definidos no recurso à desobediência civil. Um dos motivos das formas constitucionais e de sua interpretação judicial é instituir uma leitura pública da concepção política de justiça e uma explicação da aplicação de seus princípios às questões sociais. Até certo ponto, é melhor que a lei e sua interpretação sejam definidas do que o sejam corretamente. Por conseguinte, pode-se contestar que a análise anterior não define quem deve dizer quando as circunstâncias são tais que justificam a desobediência civil. Isso convida à anarquia, pois incentiva cada um a decidir por conta própria e a abandonar a interpretação pública dos princípios políticos. A resposta a isso é que cada pessoa deve, de fato, tomar decisões próprias. Embora seja comum que as pessoas procurem orientação e conselhos, e aceitem as ordens daqueles que têm autoridade quando lhes parecem razoáveis, sempre se é responsável pelos próprios atos. Não podemos nos despir de nossa responsabilidade e transferir a outros o ônus da culpa. Isso se aplica a qualquer teoria do dever e da obrigação políticos que é compatível com os princípios de uma constituição democrática. O cidadão é autônomo e, ao mesmo tempo, é responsável pelo que faz (§ 78). Se costumamos pensar que devemos cumprir a lei, isso acontece porque nossos princípios políticos normalmente levam a essa conclusão. Decerto num Estado de quase-justiça existe uma presunção a favor do cumprimento na ausência de fortes motivos contrários. As muitas decisões livres e ponderadas dos indivíduos se ajustam num regime político ordeiro.

Porém, embora cada pessoa deva decidir por si se as circunstâncias justificam a desobediência civil, disso não se infere que deva decidir como lhe aprouver. Não é segundo nossos interesses particulares, ou nossas afiliações políticas restritas, que devemos tomar decisões. Para agir de maneira anônima e responsável o cidadão deve seguir os princípios políticos que fundamentam e orientam a interpretação da constituição. Deve tentar avaliar como aplicar esses princípios nas circunstâncias em questão. Se chegar à conclusão, após devida ponderação, de que a desobediência civil se justifica e se comportar de maneira compatível com essa conclusão, age de forma conscienciosa. E, embora possa estar equivocado, não fez o que lhe aprouvesse. A teoria do dever e da obrigação políticos nos permite fazer essas distinções.

Existem paralelos com os entendimentos comuns e as conclusões alcançados. Também aqui cada um é autônomo, sem deixar de ser responsável. Devemos avaliar as teorias e as hipóteses à luz das evidências apresentadas por meio de princípios publicamente reconhecidos. É verdade que há obras investidas de autoridade, mas isso corresponde ao consenso de muitas pessoas, cada uma delas decidindo por si mesma. A ausência de uma autoridade final para decidir e, portanto, de uma interpretação oficial que todos devam aceitar não leva a confusão, mas é, pelo contrário, uma condição para o progresso teórico. Os iguais que aceitam e aplicam princípios razoáveis não precisam de um superior nomeado. Para a pergunta "quem deve decidir?", a resposta é: todos devem decidir, todos se aconselhando consigo mesmos, e com sensatez, civilidade e sorte, em geral funciona bastante bem.

Em uma sociedade democrática, então, reconhece-se que cada cidadão é responsável por sua própria interpretação dos princípios de justiça e por seu próprio comportamento à luz de tais princípios. Não pode haver nenhuma interpretação jurídica desses princípios, ou aprovada pela sociedade, que sejamos sempre moralmente obrigados a aceitar, nem mesmo quando é proferida pela Suprema Corte ou pela legislatura. De fato, cada órgão constitucional, o legislativo, o executivo e o judiciário, apresenta sua interpretação da constituição e dos ideais políticos que lhe dão forma[34]. Embora o tribunal possa ter a última palavra na resolução de qualquer caso específico, não está imune às fortes influências políticas que podem obrigar a uma revisão de sua leitura da constituição. O tribunal apresenta sua doutrina por meio da razão e argumentação; sua concepção da constituição deve, para que possa durar, convencer a maior parte dos cidadãos de sua solidez. A corte última de apelação não é o tribunal, nem o executivo, nem o legislativo, mas o eleitorado como um todo. Aquele que pratica a desobediência civil apela de maneira especial a esse corpo de cidadãos. Não há risco de anarquia, contanto que haja um acordo suficiente e funcional nas concepções de justiça dos cidadãos e sejam respeitadas as condições para o recurso à desobediência civil. É um pressuposto implícito de uma comunidade política democrática o de que os homens podem alcançar tal entendimento e honrar esses limites quando são mantidas as liberdades políticas fundamentais. Não há como evitar completamente os riscos do conflito divisor, da mesma forma que não se pode eliminar a possibilidade de controvérsia científica profunda. Contudo, se a desobediência civil parece ameaçar a concórdia civil, a responsabilidade não recai sobre quem protesta, mas sobre aqueles cujo abuso da autoridade e do poder justifica tal oposição, pois empregar o aparato coercitivo do Estado para manter instituições manifestamente injustas é, em si, uma forma de força ilegítima à qual os homens têm o direito de resistir no momento apropriado.

---

34. Para uma formulação (que me foi muito proveitosa) desse ponto de vista, cf. A. M. Bickel, *The Least Dangerous Branch* (Nova York, BobbsMerrill, 1962), esp. Caps. V e VI.

Com esses comentários, chegamos ao fim da nossa discussão do teor dos princípios de justiça. Ao longo desta parte, meu objetivo foi descrever um sistema de instituições que atenda a esses princípios e indicar como surgem os deveres e as obrigações. É preciso fazer isso para saber se a teoria da justiça exposta combina com nossos juízos ponderados e os amplia de maneira aceitável. Precisamos verificar se define uma concepção política viável e ajuda a concentrar nossas reflexões nas questões morais mais importantes e fundamentais. A análise nesta parte ainda é muito abstrata, mas espero ter oferecido alguma orientação quanto a como se aplicam na prática os princípios de justiça. Contudo, não devemos esquecer a abrangência limitada da teoria apresentada. Na maior parte do tempo, tentei elaborar uma concepção ideal, só ocasionalmente comentando os diversos casos de teoria não ideal. Na verdade, as normas de prioridade indicam diretrizes em muitos casos, e devem ser úteis se não forem muito longe. Mesmo assim, a única questão da teoria não ideal examinada com alguma minúcia é a da desobediência civil no caso especial de justiça aproximada. Se a teoria ideal é digna de estudo, deve ser porque, conforme conjecturei, é a parte fundamental da teoria da justiça e essencial também para a parte não ideal. Não me estenderei nesse assunto. Ainda precisamos completar a teoria da justiça analisando como ela tem raízes no pensamento e no sentimento humanos e como está vinculada a nossos fins e aspirações.

TERCEIRA PARTE
Fins

Capítulo VII
O bem como racionalidade

Nesta parte final, vou proceder da forma como se segue. Em primeiro lugar, apresentarei de maneira mais pormenorizada a teoria do bem, que já foi usada para caracterizar os bens primários e os interesses das pessoas envolvidas na situação original. Por ser necessária uma análise mais abrangente para a argumentação subsequente, essa teoria precisa de uma fundamentação mais firme. O próximo capítulo trata, em grande parte, da psicologia moral e da aquisição do sentimento de justiça. Depois de tratar desses assuntos, estaremos preparados para discutir a estabilidade relativa da justiça como equidade e argumentar no último capítulo que, num sentido a ser definido, a justiça e o bem são congruentes, pelo menos nas circunstâncias de uma sociedade bem-ordenada. Em último lugar, explico como a teoria da justiça se relaciona com os valores sociais e o bem da comunidade. Às vezes, nessa parte a direção geral da exposição pode parecer pouco clara e a transição de um tema para outro, mais abrupta. Talvez convenha ter em mente que o objetivo principal é preparar o caminho para resolver as questões de estabilidade e congruência e explicar os valores da sociedade e o bem da justiça.

60. A necessidade de uma teoria do bem

Até este ponto, pouco falei do conceito de bem, que foi mencionado de passagem quando afirmei que o bem da pessoa é definido pelo que para ela é o projeto de vida mais racional, em circunstâncias razoavelmente favoráveis (§ 15).

Sempre presumi que em uma sociedade bem-ordenada as concepções dos cidadãos de seu próprio bem se adaptam aos princípios de justiça publicamente reconhecidos e têm um lugar apropriado para os diversos bens primários. Mas o conceito de bem só foi usado de maneira superficial. E, na verdade, distinguirei entre duas teorias do bem. O motivo para fazê-lo é que na justiça como equidade o conceito de direito justo antecede o de bem. Em contraste com as teorias teleológicas, algo só é bom se, e somente se, combinar com modos de vida compatíveis com os princípios de justiça que já estão à mão. Mas, para definir esses princípios, é necessário se apoiar em alguma noção do bem, pois precisamos de suposições acerca das motivações das partes presentes na posição original. Já que essas suposições não devem pôr em risco o lugar anterior do conceito de justo, a teoria do bem usada na defesa dos princípios da justiça fica restrita ao mínimo essencial. A essa interpretação eu chamo de teoria fraca do bem: sua finalidade é garantir as premissas acerca dos bens primários necessárias para se chegar aos princípios da justiça. Depois de elaborada essa teoria e explicados os bens primários, estamos livres para usar os princípios de justiça na elaboração posterior do que chamarei de teoria plena do bem.

Para esclarecer essas questões, vamos recordar onde a teoria do bem já teve um papel. Em primeiro lugar, é usada para definir os membros menos favorecidos da sociedade. O princípio de diferença presume que isso é possível. É verdade que a teoria não precisa definir uma medida cardinal de bem-estar social. Não sabemos quando desprivilegiados são os menos afortunados, já que, depois de isolado esse grupo, podemos interpretar suas preferências ordinais (do ponto de vista apropriado) como determinadoras da organização apropriada da estrutura básica (§ 15). Não obstante, devemos ser capazes de identificar esse grupo. Ademais, o índice de bem-estar e as expectativas dos indivíduos representativos são especificados com base nos bens primários. Indivíduos racionais, seja o que for que queiram além disso, desejam certas coisas como pré-requisitos para realizar seus planos de vida. Em circunstâncias normais, preferem liberdades e oportunidades mais amplas às mais restritas, e uma parcela maior, e não menor, de riqueza e renda. Parece bem claro que essas coisas são boas. Mas eu também disse que o autorrespeito e a confiança na noção do próprio valor talvez sejam o mais importante bem primário. E essa indicação foi usada na defesa dos dois princípios de justiça (§ 29). Assim, a definição inicial das expectativas apenas com relação a coisas como a liberdade e a riqueza é provisória; é necessário incluir outros tipos de bens primários, e esses levantam questões mais profundas. Fica óbvio que a análise do bem é necessária para isso; e é preciso que seja a teoria fraca do bem.

Ademais, alguma visão do bem é necessária para defender a justiça como equidade contra diversas objeções. Por exemplo, pode-se dizer que as pessoas presentes na posição original sabem tão pouco sobre a própria situação que é impossível haver um acordo racional no tocante aos princípios de justiça. Já que não sabem quais são seus objetivos, pode ser que seus planos sejam totalmente arruinados pelos princípios com os quais concordam. Portanto, como podem chegar a uma decisão sensata? Pode-se responder que a racionalidade da escolha de uma pessoa não depende de quanto ela sabe, mas apenas de sua capacidade de raciocinar acerca das informações de que dispõe, por mais incompletas que sejam. Nossa decisão é perfeitamente racional, contanto que encaremos as nossas circunstâncias e façamos o melhor possível. Assim, as partes podem, de fato, tomar uma decisão racional, e decerto algumas das concepções alternativas de justiça são melhores que outras. Não obstante, a teoria fraca do bem que se supõe que as partes aceitam demonstra que devem tentar garantir sua liberdade e seu autorrespeito; e que, para promover seus objetivos, quaisquer que sejam, normalmente exigem mais, e não menos, dos outros bens primários. Ao fazerem o acordo original, então, as partes supõem que suas concepções do bem têm determinada estrutura, e isso é suficiente para capacitá-las a escolher princípios de maneira racional.

Em resumo, precisamos do que chamei de uma teoria fraca do bem para explicar a preferência racional pelos bens primários e também a ideia da racionalidade que fundamenta a escolha dos princípios na posição original. Essa teoria é necessária para dar apoio a premissas necessárias, das quais se deduzem os princípios de justiça. Mas, levando-se em conta as outras questões que ainda serão analisadas, torna-se essencial uma análise mais abrangente do bem. Assim, a definição dos atos beneficentes e supererrogatórios depende de tal teoria. O mesmo acontece com a definição do valor moral das pessoas. Esse é o terceiro conceito principal da ética e devemos encontrar um lugar para ele dentro da teoria contratualista. Por fim, teremos de analisar se ser uma boa pessoa é bom para tal pessoa, se não em geral, ao menos sob que condições. Pelo menos em algumas circunstâncias, por exemplo, as de uma sociedade bem-ordenada ou num Estado de quase justiça, acontece que, creio, ser uma boa pessoa é, de fato, um bem. Esse fato tem relação íntima com o bem da justiça e com o problema da congruência de uma teoria moral. Precisamos de uma teoria do bem para definir isso. O traço característico dessa teoria completa, conforme eu já disse, é que requer os princípios de justiça já estabelecidos e, então, usa esses princípios na definição dos outros conceitos morais, nos quais está envolvida a ideia do bem. Uma vez em mãos esses princípios, podemos recorrer a eles na explicação do conceito do valor moral e do bem das virtudes morais. Na verdade, até os projetos racionais de vida que definem quais são as coisas boas para os seres humanos, os valores da vida humana, por assim dizer, são, eles mesmos, restringidos pelos princípios de justiça. Mas é claro que, para evitar a circularidade, devemos distinguir entre a teoria fraca e a teoria completa, e não esquecer em qual delas nos baseamos.

Por fim, quando chegamos à explicação dos valores sociais e da estabilidade da concepção de justiça, há necessidade de uma interpretação mais ampla do bem. Por exemplo, um dos princípios psicológicos fundamentais é que temos uma tendência a amar aqueles que nos amam de uma forma manifesta, aqueles que têm a intenção evidente de promover nosso bem. Nesse caso, o nosso bem consiste em fins últimos, e não só em bens primários. Ademais, para interpretar os valores sociais, precisamos de uma teoria que explique o bem das atividades e, em especial, o bem de todos agirem voluntariamente com base em uma concepção pública de justiça na afirmação de suas instituições sociais. Quando analisamos essas questões, podemos trabalhar dentro do âmbito da teoria completa. Às vezes examinamos os processos pelos quais se adquirem o senso de justiça e os sentimentos morais; ou observamos que as atividades coletivas de uma sociedade justa também são boas. Não há motivo para não usar a teoria completa, já que a concepção de justiça está disponível.

Contudo, quando perguntamos se o senso de justiça é um bem, a questão importante é claramente aquela que é definida pela teoria fraca do bem. Queremos saber se ter e manter um senso de justiça é um bem (no sentido da teoria fraca) para os membros de uma sociedade bem-ordenada. Não há dúvida de que, se o sentimento de justiça for mesmo um bem, será um bem nesse caso especial. E se dentro da teoria fraca acontece que ter um senso de justiça é, de fato, um bem, então a sociedade bem-ordenada é tão estável quanto se possa desejar. Além de gerar suas próprias atitudes de apoio moral, essas atitudes são desejáveis do ponto de vista das pessoas racionais que as tomam quando avaliam sua situação independentemente das restrições da justiça. Chamo de congruência essa combinação entre justiça e bem; examinarei essa relação quando tratarmos do bem da justiça (§ 86).

61. A definição do bem para casos mais simples

Em vez de passar imediatamente à aplicação do conceito de racionalidade à avaliação de planos de vida, parece melhor ilustrar a definição que usarei por meio da análise de casos mais simples. Isso revelará diversas distinções necessárias para um entendimento claro do sentido dessa definição. Assim, suponho que a definição tem os três seguintes estágios (para simplificar, os estágios são formulados por meio do conceito de bem, e não do conceito de melhor): (1) A é um bom X se, e somente se, A tiver as propriedades (em grau mais alto que a média[1] ou do que o X padrão) que é racional querer em X, dado o uso que se faz de X, ou que se espera dele etc. (qualquer que seja a cláusula apropriada); (2) A é um bom X para K (donde K é uma pessoa) se, e somente se, A tiver as propriedades que para K é racional querer em X, dadas as circunstâncias, capacidades e projeto de vida de K (seu sistema de objetivos) e, portanto, à vista daquilo que pretende fazer com X, ou o que quer que seja; (3) o mesmo que 2, mas acrescentando-se uma condição segundo a qual o plano de vida de K, ou a parte dele que for importante no caso em questão, seja racional. Ainda não foi definido o que significa racionalidade no caso dos planos de vida, e trataremos disso mais adiante. Porém, segundo a definição, quando conseguimos mostrar que um objeto tem as propriedades que fazem com que seja racional para alguém com um projeto racional de vida desejá-lo, demonstramos que tal objeto é bom para essa pessoa. E, se certos tipos de coisas atendem a essa condição para as pessoas em geral, então essas coisas são bens humanos. Por fim, queremos garantir que a liberdade e a oportunidade, e uma noção do nosso próprio valor, recaiam nessa categoria[2].

---

1. Cf. W. D. Ross, *The Right and the Good* (Oxford, The Clarendon Press, 1930), p. 67.
2. Como já comentei, existe amplo acordo, com muitas variações, sobre uma teoria do bem segundo essas linhas. Cf. Aristóteles, *Nicomachean Ethics*, Livros I e X; e Santo Tomás de Aquino, *Summa Theologica*, I-I; q. 5-6, *Summa Contra Gentiles*, Livro III, Caps. 1-63, e *Treatise on Happiness*, trad. J. A. Oesterle (Englewood Cliffs, N.J. Prentice Hall, Inc., 1964). Em Kant, *The Fundamental Principles of the Metaphysics of Morals, Academy Edition*, Vol. IV, p. 415-9; e *The Critique of Pure Reason*, primeira parte do Cap. II, Livro I da Parte 1. Cf. a

Passemos agora a alguns comentários sobre os dois primeiros estágios da definição. Temos a tendência de passar do primeiro para o segundo estágio sempre que é necessário levar em conta as características especiais da situação de uma pessoa que a definição especifique ser relevante. Em geral, essas características são seus interesses, capacidades e circunstâncias. Embora ainda não tenhamos definido os princípios da escolha racional, a noção corrente parece clara o bastante por ora. Em geral, há um sentido razoavelmente preciso em se falar apenas de um bom objeto de determinado tipo, sentido explicado pelo primeiro estágio, contanto que haja similaridade suficiente de interesses e circunstâncias entre pessoas interessadas em objetos desse tipo para que seja possível definir padrões reconhecidos. Quando se atendem a essas condições, dizer que algo é bom expressa uma informação útil. Há experiência em comum suficiente com essas coisas, ou conhecimentos a seu respeito, para que tenhamos entendimento das características desejadas, exemplificadas por um objeto normal ou de tipo padrão. Quase sempre há critérios convencionais fundamentados em costumes comerciais, ou de outra nature-

---

discussão que H. J. Paton faz sobre Kant, *In Defense of Reason* (Londres, George Allen and Unwin, Ltd., 1951), p. 157-77. Em Sidgwick, *Methods of Ethics*, 7.ª ed. (Londres, Macmillan, 1907), Livro 1, Cap. IX, e Livro III, Cap. XIV. Esse tipo de visão é defendido pelos idealistas e pelos autores por eles influenciados. Cf., por exemplo, F. H. Bradley, *Ethical Studies*, 2.ª ed. (Oxford, The Clarendon Press, 1926), Cap. II; e Josiah Royce, *The Philosophy of Loyalty* (Nova York, Macmillan, 1908), aula II. E, mais recentemente, H. J. Paton, *The Good Will* (Londres, George Allen and Unwin, 1927), Livros II e III, esp. Caps. VIII e IX; W. D. Lamont, *The Value Judgment* (Edinburgh, The University Press, 1955); e J. N. Findlay, *Values and Intentions* (Londres, George Allen and Unwin, 1961), Cap. V, Seções I e III, e Cap. VI. Nos denominados naturalistas da teoria do valor, cf. John Dewey, *Human Nature and Conduct* (Nova York, Henry Holt, 1922), Parte III; R. B. Perry, *General Theory of Value* (Nova York, Longmans, Green, 1926), Caps. XX-XXII; e C. I. Lewis, *An Analysis of Knowledge and Valuation* (LaSalle, Ill., Open Court Publishing Co., 1946), Livro III. Minha análise baseia-se em J. O. Urmson, "On Grading", Mind, Vol. 59 (1950); Paul Ziff, *Semantic Analysis* (Ithaca, N.Y., Cornell University Press, 1960), Cap. VI; e Philippa Foot, "Goodness and Choice", *Proceedings of the Aristotelian Society*, Vol. sup. 35 (1961), embora esses autores possam não aprovar o que digo.

za, que definem essas propriedades³. Examinando exemplos variados, não há dúvida de que poderíamos perceber como esses critérios evoluem e como são definidos os padrões relevantes. A questão essencial, porém, é que esses critérios dependem da natureza dos objetos em questão e da nossa experiência com eles; e, portanto, só dizemos que certas coisas são boas sem maiores explicações quando se pressupõem determinadas circunstâncias ou se considera um determinado contexto como dado. Os juízos de valor fundamentais são aqueles do ponto de vista das pessoas, dados seus interesses, capacidades e circunstâncias. Só à medida que uma semelhança de condições permita, podemos com segurança abstrair da situação especial de alguém. Em casos complexos, quando a coisa a ser escolhida deve ajustar-se a necessidades e situações específicas, passamos ao segundo estágio da definição. Nossos juízos de valor se adaptam ao agente em questão, conforme requer esse estágio.

Podemos ilustrar esses comentários examinando inúmeros exemplos de certas categorias típicas: artefatos, partes funcionais de sistemas, ocupações e papéis. Dentre os artefatos, digamos que um bom relógio de pulso é aquele que tem as características que é racional querer nos relógios. Há claramente inúmeras características desejadas, além daquela de dar a hora certa. Não deve ser pesado demais, por exemplo. É preciso um meio de avaliar essas características e de lhes atribuir pesos apropriados na análise geral. Não tratarei aqui de como fazer isso. Vale observar, porém, que se considerarmos a definição do bem no sentido tradicional como uma análise, isto é, como a formulação da identidade de um conceito, e se supusermos que, por definição, um relógio de pulso é um artigo usado para dar as horas, e que, por definição, racionalidade é adotar meios eficazes para atingir objetivos, então é analítico que um bom relógio de pulso é aquele que dá a hora certa. Esse fato é estabelecido

---

3. Cf. Urmson, "On Grading", p. 148-54.

somente por meio de verdades da lógica e de definições de conceitos. Porém, já que não pretendo adotar a definição do bem nesse sentido, e sim como uma espécie de diretriz para elaborar expressões substitutas que possam ser usadas para exprimir o que, após ponderação, queremos dizer, não considero analítico esse enunciado. Na verdade, para nossos fins no momento, deixarei essa questão totalmente de lado e simplesmente tratarei de certos fatos acerca dos relógios (ou de qualquer outro objeto) como conhecimento comum. Não há motivo para perguntar se os enunciados que os expressam são analíticos. Nessa análise, então, é certamente verdadeiro que um bom relógio dá a hora certa e essa correspondência com fatos cotidianos basta para confirmar a adequação da definição.

Repito, está claro que a letra "X" da frase "um bom X" não raro precisa ser substituída por diversas expressões, dependendo do contexto. Assim, em geral não basta falar de bons relógios, pois quase sempre precisamos de uma classificação mais pormenorizada. Convidam-nos a avaliar relógios de pulso, cronômetros etc; ou mesmo relógios de pulso que combinem com determinado traje social. Em todos esses casos, são interesses especiais que suscitam certos padrões e classificações apropriados. Essas complicações provêm, em geral, das circunstâncias e são mencionadas de maneira explícita quando parece necessário. Com coisas que não são artefatos normalmente é preciso explicar melhor o significado, pois este não acompanha a menção ao objeto. Assim, por exemplo, a afirmação de que "Wildcat é uma boa montanha" talvez requeira o tipo de explicação que é proporcionada ao se acrescentar que é uma boa montanha para se esquiar. Ou o comentário de que é uma boa noite pode requerer a explicação de que é uma boa noite para ver estrelas, já que é uma noite escura e de céu limpo. Alguns termos indicam a expansão apropriada. Vejamos um exemplo: se compararmos o enunciado de que um corpo é um bom corpo sem vida com o enunciado de que um corpo é um bom cadáver, o sentido do primeiro não fica claro, ao passo que nos referirmos a algo como cadáver expressa seu uso no estudo da anatomia. O bom cadáver é, provavelmente, um corpo que tem as propriedades (sejam quais forem) que é racional desejar para tal fim[4]. Podemos observar *en passant* que compreendemos pelo menos uma parte do que se quer dizer ao chamar algo de bom, embora não saibamos quais sejam as características desejadas do objeto a ser avaliado.

Sempre há, como pano de fundo, um ponto de vista a partir do qual um artefato, uma parte funcional ou papel está sendo avaliado, embora, naturalmente, não seja preciso que esse ponto de vista se torne explícito. Essa perspectiva é caracterizada identificando-se as pessoas cujos interesses são relevantes para se emitir o juízo e, então, pela descrição dos interesses que elas têm pelo objeto. Por exemplo, no caso das partes do corpo (partes funcionais de sistemas), normalmente assumimos o ponto de vista da pessoa em questão e presumimos que seu interesse é o normal. Assim, bons olhos e ouvidos são aqueles que têm as propriedades que é racional querer nos próprios olhos e ouvidos, quando se deseja ver e ouvir bem. A mesma coisa com animais e plantas: quando dizemos que têm bom pelo, ou boas raízes, parece que adotamos o ponto de vista do animal ou da planta. Sem dúvida há alguma artificialidade nisso, em especial no caso das plantas. Por outro lado, talvez haja outras perspectivas que explicariam esses juízos de maneira mais natural. Mas é provável que a definição seja mais adequada para alguns casos do que para outros, e não precisamos nos preocupar demais com esse fato, contanto que seja satisfatória para os fins da teoria da justiça. No tocante à categoria das ocupações, pelo menos em alguns casos, embora as propriedades desejadas sejam as das pessoas que exercem a ocupação, as pessoas cujo ponto de vista assumimos não são as que a exercem. Assim, um bom médico é o que tem a experiência e as habilidades que é racional para o pacien-

---

4. O exemplo é de Ziff, *Semantic Analysis*, p. 211.

te desejar num médico. A experiência e as habilidades são do médico, o interesse na recuperação da saúde pelo qual são avaliadas é o do paciente. Esses exemplos demonstram que o ponto de vista varia de um caso para outro, e a definição do que é bom não contém uma fórmula geral. São questões explicadas conforme a ocasião requer ou apreendidas no contexto.

Mais um comentário: não há nada obrigatoriamente certo, ou moralmente correto, no ponto de vista do qual se julgam as coisas boas ou ruins[5]. Pode-se dizer de um homem que ele é um bom espião, ou um bom assassino, sem aprovar suas habilidades. Aplicando a definição a esse caso, seríamos interpretados como se estivéssemos dizendo que o indivíduo em questão tem os atributos que é racional se desejar em um espião, ou assassino, dado o que se espera dos espiões e dos assassinos. Isso não implica que é apropriado querer que espiões e assassinos façam o que fazem. Normalmente, são governos, conspiradores e assemelhados que contratam espiões e assassinos. Estamos apenas avaliando certas proficiências e talentos do ponto de vista de governos e conspiradores. Se o espião ou assassino é boa pessoa já é outra questão; para respondê-la teríamos de julgar a causa para a qual ele trabalha e seus motivos para fazê-lo.

Essa neutralidade moral da definição do bem é exatamente o que devemos esperar. O conceito de racionalidade em si não serve de fundamento adequado para o conceito de justo; e na teoria contratualista este último é deduzido de outra maneira. Ademais, é preciso acrescentar os princípios de direito e justiça para elaborar o conceito de bem moral. É fácil ver que em muitas ocupações e funções os princípios morais têm um lugar importante na caracterização das propriedades desejadas. Por exemplo, um bom juiz tem

---

5. Sobre esse ponto, cf. Ross, *The Right and the Good*, p. 67. Uma visão relativamente diferente é apresentada por A. E. Duncan-Jones, "Good Things and Good Thieves", *Analysis*, Vol. 27 (1966), p. 113-8.

o forte desejo de fazer justiça, de julgar os casos com equidade, segundo o que a lei exige. Ele tem as virtudes judiciais que seu cargo exige: é imparcial, capaz de avaliar as provas com equidade, não tem preconceitos nem é motivado por ponderações pessoais. Esses atributos podem não bastar, mas, em geral, são necessários. As caracterizações de um bom pai ou de uma boa mãe, amigo ou sócio, e assim por diante, indefinidamente, dependem de uma teoria das virtudes e, portanto, pressupõem os princípios do justo. Essas questões pertencem à teoria completa. Para que o bem no sentido de racionalidade se aplique ao conceito do valor moral, deve acontecer que as virtudes sejam propriedades que seja racional que as pessoas desejem umas nas outras uma vez que adotem o ponto de vista apropriado. Tentarei provar, no momento certo, que isso é o que realmente acontece (§ 66).

62. Um comentário sobre o significado

Complementarei esta análise da teoria fraca do bem com algumas palavras sobre o significado dos juízos de valor. Essas questões não são fundamentais para nosso estudo, mas alguns comentários podem evitar mal-entendidos. Talvez a questão principal seja saber se esses juízos representam um uso prescritivo ou descritivo da linguagem. Infelizmente as ideias de uso descritivo e prescritivo são obscuras, mas tentarei ir direto ao ponto principal[6]. Parece que todos concordam com dois fatos gerais. Em primeiro lugar, os termos "bom" e "mau", e assemelhados, são usados tipicamente quando se dão conselhos, para elogiar etc. Na verdade, esses termos nem sempre são usados dessa maneira, já que podem aparecer em enunciados condicionais, em or-

---

6. Em sua maior parte, minha explicação segue a de J. R. Searle, "Meaning and Speech Acts", *Philosophical Review*, Vol. 71 (1962). Cf. também a sua obra *Meaning and Speech Acts* (Cambridge, The University Press, 1969), Cap. VI; e Ziff, *Semantic Analysis*, Cap. VI.

dens e perguntas, bem como em outros comentários que não têm importância prática. Contudo, seu papel ao se darem conselhos e se elogiarem é característico. Em segundo lugar, os critérios de avaliação podem variar de um tipo de coisa para outro. O que se deseja em moradia não é o que se deseja em vestuário. Uma definição satisfatória de bem deve adequar-se a esses dois fatos.

Simplesmente definirei uma teoria descritiva como aquela que mantém o seguinte par de teses. Em primeiro lugar, apesar das variações de critérios de um objeto para outro, o termo "bom" tem um sentido (ou significado) constante que, para fins filosóficos, é do mesmo tipo que o dos outros predicados normalmente considerados descritivos. De fato, esse sentido constante nos permite entender por que e como os critérios de avaliação variam de um tipo de coisa para outro. A outra tese é que a conveniência de usar o termo "bom" (e seus correlatos) ao se dar conselho, e em expressões de recomendação, é explicada por esse sentido constante, juntamente com uma teoria geral do significado. Suponho que essa teoria contém uma análise dos atos da fala e das forças ilocucionárias segundo as linhas do pensamento de Austin[7]. Uma teoria descritiva afirma que o significado descritivo constante do bem explica seu uso, quando é de fato usado adequadamente, para elogiar e aconselhar etc. Não há necessidade de atribuir ao termo "bem" um tipo especial de significado que ainda não esteja explicado por seu sentido descritivo constante e pela teoria geral dos atos da fala.

O bem no sentido de racionalidade é uma teoria descritiva neste sentido. Da maneira exigida, explica dois fatos genéricos que todos reconhecem. O sentido constante de "bom" é caracterizado pela definição em seus diversos estágios. Assim, algo ser bom é ter as propriedades que é racional querer em coisas de seu tipo, com o acréscimo de al-

---

7. Cf. J. L. Austin, *How To Do Things With Words* (Oxford, The Clarendon Press, 1962), esp. p. 99-109, 113-6, 145 s.

guns detalhes, dependendo do caso. À luz dessa definição é fácil explicar o fato de que os critérios de avaliação diferem de um tipo de coisa para outro. Já que queremos coisas para finalidades diversas, é obviamente racional avaliá-las por intermédio de características diferentes. É útil considerar o sentido de "bom" análogo ao de um signo de função[8]. Podemos, então, considerar que a definição atribui a cada tipo de objeto um conjunto de propriedades pelas quais os exemplos desse tipo devem ser avaliados, ou seja, as propriedades que é racional desejar em coisas desse tipo.

Ademais, a análise da bondade como racionalidade explica por que o termo "bom" aparece nos conselhos e em comentários elogiosos e de aprovação. Assim, por exemplo, quem nos pede conselhos quer a nossa opinião no tocante a qual atividade, digamos, é melhor para essa pessoa. Quer saber o que achamos racional que ela faça. O alpinista que aconselha outro acerca do equipamento e da rota de uma escalada difícil assume o ponto de vista do outro e recomenda o que lhe parece ser um plano sensato de ação. O significado de "bom" e de expressões correlatas não muda nos enunciados considerados consultivos. É o contexto que converte o que dizemos em conselho, embora o sentido das nossas palavras seja o mesmo. Os alpinistas, por exemplo, têm um dever do auxílio mútuo de ajudar uns aos outros e, por conseguinte, têm um dever de oferecer sua opinião ponderada em circunstâncias urgentes. Nessas situações, suas palavras se tornam consultivas. E, assim, conforme a situação, o que dizemos pode ser, e em alguns casos deve ser, considerado conselho. Aceitando-se a teoria do justo já esboçada, o sentido descritivo constante, juntamente com os motivos genéricos por que procuramos a opinião de outrem, explicam esses usos característicos de "bom". Em nenhum momento devemos recorrer a um tipo especial de significado prescritivo ou emotivo.

---

8. Tomo de empréstimo aqui a ideia de P. T. Geach, "Good and Evil", *Analysis*, Vol. 17 (1956), p. 37 s.

Pode-se objetar a esses comentários que a teoria das forças ilocucionárias permite tudo o que afirmaram aqueles que propuseram uma teoria prescritiva ou emotiva do significado. Se isso é assim, é possível que não haja discordância. Não neguei que o entendimento das forças ilocucionárias dos diversos usos de "bom", o fato de ser empregado em enunciados de elogio e assemelhados, seja relevante para a apreensão do significado do termo. Nem me oponho à ideia de que certa força ilocucionária é central no termo "bom", no sentido em que não se pode aceitar como verdadeira a afirmação de que algo é bom e ao mesmo tempo contestar sua força ilocucionária (supondo-se que essa força se verifique no contexto)[9]. A questão é como explicar esses fatos.

Assim, a teoria descritiva afirma que o uso característico de "bom" tem a força de uma recomendação ou conselho, e assemelhados, precisamente em razão de seu sentido descritivo conforme aquele dado pela definição. O significado descritivo de "bom" não é simplesmente uma família de listas de propriedades, uma lista para cada tipo de objeto segundo a convenção ou a preferência. Do modo como a definição o explica, essas listas são formadas à luz do que é racional querer nos objetos dos diversos tipos. Por conseguinte, entender por que a palavra "bom" (e suas correlatas) é empregada nesses atos da fala faz parte do entendimento desse sentido constante. Da mesma maneira, certas forças ilocucionárias são essenciais para "bom" em consequência de seu significado descritivo, assim como a força da narração factual pertence a alguns enunciados em razão de seu significado descritivo. Se concordarmos com a afirmação de que algo é melhor para nós quando ela nos é oferecida na forma de conselho, por exemplo, de fato aceitaremos esse conselho e o realizaremos se formos racionais. A controvérsia, caso haja alguma controvérsia, não trata des-

---

9. Sobre esse e outros pontos, cf. J. O. Urmson, *The Emotive Theory of Ethics* (Londres, Hutchinson University Library, 1968), p. 136-45.

ses fatos reconhecidos, mas diz respeito ao lugar do significado descritivo de "bom" ao explicá-los. A teoria descritiva afirma que, juntamente com uma teoria geral dos atos da fala, a definição de "bom" oferece uma análise adequada desses fatos. Não há motivo para introduzir um outro tipo de significado.

63. A definição do bem para planos de vida

Até este ponto, só discorri sobre os primeiros estágios da definição do bem, nos quais não se levantam questões acerca da racionalidade dos fins, vistos como dados. O fato de algo ser um bom X para K é tratado como equivalente a ter as propriedades que é racional para K desejar em X à vista de seus interesses e objetivos. Contudo, quase sempre avaliamos a racionalidade dos desejos da pessoa, e a definição deve ampliar-se a fim de alcançar esse caso fundamental, caso deva servir aos objetivos da teoria da justiça. A ideia fundamental do terceiro estágio é aplicar a definição do bem aos planos de vida. O plano racional da pessoa define seu bem. Aqui adapto a ideia de Royce de que a pessoa pode ser vista como uma vida humana vivida segundo um plano. Na opinião de Royce, um indivíduo diz quem é ao descrever seus fins e seus motivos, o que pretende fazer na vida[10]. Se esse plano for racional, então direi que a concep-

---

10. Cf. *The Philosophy of Loyalty*, Aula IV, Seção IV. Royce emprega a ideia de um plano para caracterizar os objetivos coerentes e sistemáticos do indivíduo, o que faz dele uma pessoa moral consciente e unificada. Nesse ponto, Royce usa o termo de modo tipicamente filosófico, como fazem muitos dos autores citados no § 61, nota 2, Dewey e Perry, por exemplo. Também farei o mesmo. Ao termo não é conferido nenhum sentido técnico, e nem se invocam as estruturas dos planos para gerar algum outro resultado que não seja o do senso comum mais óbvio. Não investigo essas questões. Cf. discussão sobre planos de vida em G. A. Miller, Eugene Galanter e K. H. Pribram, *Plan and the Structure of Behavior* (Nova York, Henry Holt, 1960); e também o *Textbook of Elementary Pshycology*, de Galanter (San Francisco, Holden-Day, 1966), Cap. IX. A ideia de plano pode ser útil na caracterização da ação intencional.

ção da pessoa de seu bem também é racional. No caso dessa pessoa, o bem real e o aparente coincidem. De maneira semelhante, seus interesses e objetivos são racionais, e é apropriado interpretá-los como pontos de parada na elaboração de juízos que correspondem aos dois primeiros estágios da definição. Essas sugestões são bem simples, mas, infelizmente, definir os pormenores é tarefa um tanto maçante. Para acelerar, partirei de um par de definições e, depois, vou explicá-los e comentá-los nas próximas seções.

O enunciado dessas definições é o seguinte: primeiro, o plano de vida da pessoa é racional se, e somente se, (1) for um dos planos compatíveis com os princípios da escolha racional quando estes são aplicados a todas as características pertinentes de sua situação, e (2) é esse plano, dentre os que atendem a essa condição, que seria escolhido por ela com plena racionalidade deliberativa, isto é, com pleno conhecimento dos fatos pertinentes e após uma ponderação cuidadosa das consequências[11]. (A ideia de racionalidade deliberativa será discutida na próxima seção.) Em segundo lugar, os interesses e objetivos da pessoa são racionais se, e somente se, devem ser incentivados e proporcionados pelo plano que é racional para ela. Observa-se que na primeira dessas definições deixei implícito que o plano racional é provavelmente um dos muitos possíveis que são compatíveis com os princípios da escolha racional. O motivo dessa complicação é esses princípios não destacarem um único plano como o melhor. Temos, pelo contrário, uma classe máxima de planos: cada membro de sua classe é superior a todos os planos nela não inclusos, porém, dentre quaisquer dois projetos da classe, nenhum é superior ou inferior ao outro. Assim, para identificar o plano racional da pessoa,

---

Cf., por exemplo, Alvin Goodman, *A Theory of Action* (Englewood Cliffs, N.J., Prentice-Hall, 1970), p. 56-73, 76-80; mas não trato dessa questão.

11. Para simplificar, suponho que haja um e apenas um plano que seria escolhido, e não vários (ou muitos) perante os quais o agente ficaria indiferente. Por isso, falo todo o tempo do plano que seria adotado por meio de racionalidade deliberativa.

suponho que é o plano pertencente à classe máxima que ela escolheria com plena racionalidade deliberativa. Criticamos o projeto de alguém, portanto, demonstrando que transgride os princípios da escolha racional ou que não é o projeto que essa pessoa levaria adiante se tivesse de avaliar suas perspectivas com atenção à luz de plenos conhecimentos de sua situação.

Antes de ilustrar os princípios de escolha racional, devo dizer algo acerca da ideia bastante complexa de plano racional. É fundamental para a definição de bom, já que o plano racional de vida define o ponto de vista fundamental do qual se devem emitir todos os juízos de valor relativos a determinada pessoa e, por fim, torná-los coerentes. De fato, com algumas qualificações (§ 83) podemos considerar que uma pessoa é feliz quando está a caminho da execução (mais ou menos) bem-sucedida de um plano racional de vida elaborado em condições (mais ou menos) favoráveis, e ela tem uma confiança razoável na viabilidade do projeto. Uma pessoa é feliz quando seus projetos vão bem, suas aspirações mais importantes se realizam e ela tem certeza de que sua boa sorte será duradoura. Como os projetos que é racional adotar variam de uma pessoa para outra, dependendo de seus dotes, circunstâncias etc., cada indivíduo encontra sua felicidade em coisas distintas. O comentário relativo às circunstâncias favoráveis é necessário porque mesmo uma organização racional das atividades da pessoa pode ser uma questão de aceitar o menor dos males, caso as circunstâncias naturais sejam hostis e as exigências de outros homens sejam opressivas. A conquista da felicidade no sentido mais amplo de uma vida feliz, ou de um período feliz na vida, sempre presume um certo grau de sorte.

É preciso ainda mencionar vários outros pontos acerca dos planos de longo prazo. O primeiro tem relação com a estrutura temporal. Um plano decerto fará previsões até mesmo para o futuro mais distante e para nossa morte, mas torna-se relativamente menos específico com relação a períodos mais distantes. Pode-se fazer seguro contra certas contingências gerais, e prover meios gerais para enfrentá-las, mas os detalhes são preenchidos gradualmente, quando há mais informações disponíveis e nossos desejos e necessidades são conhecidos com mais precisão. De fato, um dos princípios da escolha racional é o do adiamento: se no futuro quisermos fazer uma dentre várias coisas, mas não tivermos certeza de qual delas, permanecendo constantes as demais condições, devemos planejar agora para que ambas as alternativas fiquem em aberto. Não devemos imaginar que um plano racional seja uma descrição detalhada de atividades que abranja a vida inteira. Ele consiste em uma hierarquia de planos, sendo os subplanos mais específicos elaborados no momento apropriado.

O segundo ponto tem ligação com o primeiro. A estrutura de um plano não só expressa a falta de informações específicas, mas também reflete uma hierarquia de desejos que se alinham de maneira semelhante, do mais para o menos geral. As principais características do projeto incentivam e asseguram a realização dos objetivos mais permanentes e genéricos. Um plano racional deve, por exemplo, deixar espaço para os bens primários, pois, caso contrário, nenhum projeto consegue ter êxito; mas a forma específica que terão os desejos correspondentes em geral é desconhecida por antecipação e pode aguardar a ocasião certa. Assim, embora saibamos que no decorrer de um longo período de tempo sempre desejaremos comida e bebida, só quando é chegada a hora decidimos fazer uma refeição que consista neste ou naquele prato. Essas decisões dependem das opções disponíveis, dependem do cardápio que a situação permitir.

Assim, planejar é, em parte, programar[12]. Tentamos organizar nossas atividades em uma sequência temporal na qual cada uma delas é realizada por certo período de tempo. Assim, é possível satisfazer de maneira eficaz e harmoniosa um conjunto de desejos inter-relacionados. Os recur-

---

12. Cf. em J. D. Mabbott, "Reason and Desire", *Philosophy*, Vol. 28 (1953), uma discussão desse e de outros pontos.

sos fundamentais de tempo e energia ficam reservados para as atividades segundo a intensidade das necessidades às quais atendem e a sua provável contribuição para a realização de outros fins. O objetivo da deliberação é encontrar um plano que organize melhor as nossas atividades e influa na formação das nossas necessidades subsequentes para que nossos objetivos e interesses possam combinar-se de maneira proveitosa em um sistema de conduta. Os desejos com tendência a interferir em outros fins, ou que destruam a capacidade para outras atividades, são eliminados; ao passo que aqueles que são agradáveis em si mesmos e também apoiam outros objetivos são incentivados. Um plano, então, consiste em subplanos devidamente organizados em uma hierarquia, e suas características gerais preveem os objetivos e os interesses mais permanentes que se complementam uns aos outros. Já que só é possível prever os contornos desses objetivos e interesses, as partes funcionais dos subplanos que tratam deles são decididas de maneira independente no decorrer do tempo. Em geral, as revisões e alterações nos níveis mais baixos não se reverberam por toda a estrutura. Se essa concepção dos planos for plausível, devemos esperar que as boas coisas da vida sejam, *grosso modo*, as atividades e os relacionamentos que têm um lugar de importância nos planos racionais. E os bens primários devem ser as coisas que, em geral, são necessárias para realizar tais planos com êxito, sejam quais forem a natureza específica do plano e seus fins últimos.

Infelizmente, esses comentários são excessivamente breves. Mas só pretendem evitar os mal-entendidos mais óbvios da ideia de plano racional e indicar o lugar dessa ideia na teoria do bem. Agora tentarei explicar o que se quer dizer com princípios da escolha racional. Esses princípios devem ser enumerados para que, por fim, substituam o conceito de racionalidade. As características relevantes da situação da pessoa são identificadas por esses princípios e pelas condições gerais da vida humana às quais os planos devem se ajustar. Neste ponto, mencionarei os aspectos da racionalidade que são mais conhecidos e que parecem menos discutíveis. E, por ora, vou supor que a situação de escolha se relaciona com o curto prazo. A questão é como especificar os pormenores mais ou menos definitivos de um subplano a ser executado durante período de tempo relativamente breve, como quando planejamos férias. O sistema mais amplo de desejos talvez não seja atingido de maneira significativa, embora, naturalmente, alguns desejos venham a ser atendidos nesse intervalo, e outros não.

Pelo menos no tocante às questões de curto prazo, parece que certos princípios são perfeitamente simples e indiscutíveis. O primeiro deles é o de meios eficazes. Vamos supor que se deseje determinado objetivo e que todas as alternativas são meios para alcançá-lo, ao passo que, em outros aspectos, elas são neutras. O princípio postula que devemos adotar a alternativa que alcançará o objetivo da melhor maneira. Ou seja: dado o objetivo, deve-se tentar alcançá-lo com o mínimo de dispêndio de meios (sejam quais forem) possível; ou, dados os meios, deve-se alcançar o objetivo da maneira mais completa possível. Esse princípio talvez seja o critério mais natural de escolha racional. De fato, conforme comentaremos mais tarde, existe a tendência de supor que a deliberação deve sempre assumir essa forma, sendo regida por um único fim último (§ 83). Caso contrário, acredita-se que não há uma forma racional de equilibrar uma pluralidade de objetivos uns com os outros. Mas, por ora, deixo essa questão de lado.

O segundo princípio de escolha racional é que se deve preferir um plano (de curto prazo) a outro, caso sua execução venha a alcançar todos os objetivos desejados do outro plano e um ou mais objetivos. Perry se refere a esse critério como princípio da abrangência, e eu farei o mesmo[13]. Devemos, dessa forma, seguir o plano mais abrangente, caso tal projeto exista. À guisa de ilustração, vamos supor que esta-

---

13. Cf. *General Theory of Value* (Nova York, Longmans, Green, 1926), p. 645-9.

mos planejando uma viagem e temos de decidir se vamos para Roma ou Paris. Supomos que é impossível visitar ambas as cidades. Se, após ponderação, ficar claro que podemos fazer em Paris tudo o que queremos fazer em Roma, bem como algumas outras coisas, então devemos ir para Paris. Adotar tal plano realizará um conjunto maior de fins e não se deixará de fazer nada que o outro poderia ter realizado. Não raro, porém, nenhum dos planos é mais abrangente que o outro; cada um pode alcançar um objetivo que o outro não pode. Devemos recorrer a algum outro princípio para tomar a decisão, ou submeter nossos objetivos a uma análise mais pormenorizada (§ 83).

Podemos denominar o terceiro princípio de princípio da maior probabilidade. Vamos supor que os objetivos que se podem alcançar pelos dois planos sejam mais ou menos iguais. Então pode acontecer que alguns objetivos tenham mais probabilidade de se realizar com um plano do que com o outro, sem que, ao mesmo tempo, seja menos provável que os objetivos restantes sejam alcançados. Por exemplo, embora talvez se possa fazer tudo o que se deseja tanto em Roma quanto em Paris, algumas coisas que se deseja fazer parecem mais prováveis de ter êxito em Paris e, quanto ao restante, tudo é mais ou menos igual. Nesse caso, o princípio afirma que se deve ir para Paris. Uma probabilidade maior de êxito favorece o plano, da mesma maneira que o objetivo mais abrangente. Quando esses princípios trabalham juntos, a escolha é a mais óbvia possível. Vamos supor que preferimos Ticiano a Tintoretto, e que o primeiro de dois bilhetes de loteria oferece mais probabilidade de ganhar um Ticiano, ao passo que o segundo, um Tintoretto. Devemos, então, preferir o primeiro bilhete.

    Até o momento, examinamos a aplicação dos princípios de escolha racional ao caso de curto prazo. Agora pretendo examinar o outro extremo, no qual é preciso adotar um plano de longo prazo, ou mesmo para a vida inteira, como quando escolhemos uma profissão ou ocupação. Pode-se acreditar que ter de tomar tal decisão é uma tarefa imposta apenas por determinada forma de cultura. Em outra sociedade essa escolha talvez não seja necessária. Mas, na verdade, a questão de saber o que fazer da vida sempre existe, embora algumas sociedades o imponham a nós de maneira mais óbvia do que outras e em épocas diversas da vida. A decisão-limite de não ter projeto nenhum, de deixar acontecer o que vier a acontecer, ainda é, teoricamente, um plano que pode ser racional ou não. Ao se aceitar a ideia de um projeto de longo prazo, então, parece claro que tal plano deverá ser avaliado segundo aquilo a que provavelmente nos levará em cada período futuro de tempo. O princípio da abrangência, portanto, funciona assim nesse caso: um plano de longo prazo é melhor que outro para qualquer período de tempo (ou número de períodos) dado se conceder espaço ao incentivo e à realização de todos os objetivos e interesses do outro plano e ao incentivo e à realização de algum outro objetivo ou interesse adicional. O plano mais abrangente, caso exista, deve ser o preferido: ele abrange todos os objetivos do primeiro plano e, pelo menos, também um outro objetivo. Se esse princípio for combinado ao de meios eficazes, então os dois juntos definem que a racionalidade, permanecendo constantes as demais condições, significa preferir meios maiores para realizar nossos objetivos e o desenvolvimento de interesses mais amplos e mais variados, supondo-se que seja possível realizar tais aspirações. O princípio da maior probabilidade dá apoio a essa preferência, mesmo em situações nas quais não tenhamos certeza da exequibilidade dos objetivos mais amplos, contanto que a probabilidade de execução seja tão grande quanto a do plano menos abrangente.

    A aplicação dos princípios de meios eficazes e de maior probabilidade ao caso do plano de longo prazo parece bastante plausível. Mas o uso do princípio da abrangência pode parecer problemático. No sistema de objetivos fixos de curto prazo, supomos que já temos nossos desejos e, com esse fato, analisamos como melhor satisfazê-los. Mas, na escolha de longo prazo, embora ainda não tenhamos os desejos que os diversos planos incentivarão, somos, não obstante, orientados a adotar aquele plano que desenvolverá os interesses mais abrangentes na hipótese de que seja possível realizar esses objetivos adicionais. Alguém pode dizer que, por não ter os interesses mais abrangentes, não perde nada ao decidir não incentivá-los e não satisfazê-los. Essa pessoa pode afirmar que a possível satisfação dos desejos que pode decidir jamais ter é uma ponderação irrelevante. Naturalmente, pode também argumentar que o sistema mais abrangente de interesses a submete a um risco maior de insatisfação; mas essa objeção está excluída, pois o princípio presume que é igualmente provável alcançar o padrão mais abrangente de fins.

Há duas ponderações que parecem favorecer o princípio da abrangência no caso do longo prazo. Em primeiro lugar, supondo-se que o grau de felicidade da pessoa depende, em parte, da proporção de seus objetivos que são alcançados, de até que ponto seus planos se realizam, segue-se que adotar o princípio da abrangência tende a elevar essa proporção e, portanto, aumentar a felicidade da pessoa. Esse efeito só está ausente daquele caso em que todos os objetivos do plano menos abrangente já estão garantidos com segurança. A outra ponderação é que, segundo o Princípio Aristotélico (explicado abaixo, no § 65), suponho que os seres humanos tenham um desejo de ordem superior de adotar o princípio da abrangência. Eles preferem um plano de longo prazo mais abrangente porque sua execução talvez envolva uma combinação mais complexa de capacidades. O Princípio Aristotélico afirma que, os demais fatores permanecendo constantes, os seres humanos desfrutam do exercício de suas capacidades realizadas (suas capacidades inatas ou adquiridas), e que esse desfrute aumenta quanto mais se realiza a capacidade, ou quanto maior for sua complexidade. Uma pessoa tem prazer em fazer algo quando adquire mais proficiência em fazê-lo e, de duas atividades que exerça igualmente bem, prefere aquela que requeira um maior número de discriminações mais sutis e intricadas. Assim, o desejo de realizar um padrão mais amplo de fins, que trazem à tona os talentos mais aprimorados, é um aspecto do Princípio Aristotélico. E esse desejo, juntamente com os desejos de ordem superior de agir com base em outros princípios de escolha racional, é um dos fins reguladores que nos levam a fazer deliberações racionais e a seguir seu resultado.

Muitas coisas nessas observações requerem mais explicações. Está claro, por exemplo, que esses três princípios não são suficientes, em geral, para classificar os planos que nos são acessíveis. Os meios podem não ser neutros, podem não existir planos abrangentes, os objetivos alcançados podem não ser suficientemente semelhantes etc. Para aplicarmos esses princípios, vemos nossos objetivos como estamos inclinados a descrevê-los, e mais ou menos contamos o número de objetivos que podem ser realizados por este ou aquele plano, ou estimamos a probabilidade de êxito. Por esse motivo, vou me referir a esses critérios como princípios de contagem. Eles não requerem uma análise adicional nem alteração dos nossos desejos, nem um juízo no tocante à intensidade relativa dos nossos desejos. Adiarei essas questões para a discussão da racionalidade deliberativa. Parece melhor concluir esta análise preliminar salientando o que parece razoavelmente claro: ou seja, que podemos escolher entre planos racionais de vida. E isso significa que podemos escolher agora quais desejos teremos no futuro.

Pode-se supor, a princípio, que isso não é possível. Às vezes acho que nossos principais desejos pelo menos são fixos e que deliberamos somente sobre os meios de satisfazê-los. Naturalmente, é óbvio que a deliberação nos leva a ter alguns desejos que não tínhamos antes; por exemplo, o desejo de nos valer de certos meios que, após ponderação, passamos a considerar úteis para nossos fins. Ademais, está claro que a ponderação pode nos levar a um desejo geral mais específico, como quando o desejo de ouvir música se torna desejo de ouvir determinada obra. Mas vamos supor que, a não ser nesses tipos de exceção, não escolhemos agora o que desejar agora. Não obstante, podemos decerto decidir agora fazer algo que sabemos poderá atingir os desejos que venhamos a ter no futuro. A qualquer momento, pessoas racionais decidem entre planos de ação à vista de sua situação e convicções, tudo em conjunção com seus principais desejos atuais e com os princípios de escolha racional. Assim, escolhemos entre desejos futuros à luz dos nossos desejos existentes, incluindo dentre eles o desejo de agir segundo princípios racionais. Quando um indivíduo decide o que pretende ser, qual ocupação ou profissão exercer, por exemplo, adota determinado plano de vida. Com o tempo, essa escolha o levará a adquirir certo padrão definido de desejos e aspirações (ou falta deles), alguns aspectos dos quais lhe são peculiares, ao passo que outros são típicos da ocupação ou do modo de vida escolhido. Essas considerações parecem bem evidentes e são simplesmente análogas, no caso de um indivíduo, aos efeitos profundos que a escolha de uma concepção de justiça fatalmente terá sobre os tipos de objetivo e interesse incentivados pela estrutura básica da sociedade. A aceitação dos princípios de justiça também envolve convicções acerca de que tipo de pessoa se deve ser.

64. A racionalidade deliberativa

Já comentei que os princípios mais simples de escolha racional (os princípios da contagem) não bastam para ordenar os planos: às vezes não se aplicam, já que pode não existir nenhum projeto abrangente, por exemplo, ou os meios podem não ser neutros. Ou quase sempre acontece de ficarmos com uma classe máxima. Nesses casos, pode-se recorrer a outros critérios racionais e tratarei de alguns deles adiante. Porém, vou supor que, embora os princípios racionais possam concentrar nossos juízos e definir diretrizes para a reflexão, devemos, por fim, escolher por conta própria, no sentido de que a escolha sempre se baseia no nosso autoconhecimento direto, e não só das coisas que queremos, mas também de quanto as queremos. Às vezes não há como evitar a necessidade de avaliar a intensidade relativa dos nossos desejos. Os princípios racionais podem ajudar-nos a fazê-lo, mas nem sempre conseguem definir essas estimativas de uma forma simples. Na verdade, existe um princípio formal que parece oferecer uma resposta geral. É o princípio que recomenda que se adote o plano que maximiza o saldo líquido esperado de satisfação. Ou, para expressar o critério de maneira menos hedonista, se não mais livre, a pessoa é orientada a escolher o curso de ação que tenha probabilidades maiores de realizar seus objetivos mais importantes. Mas esse princípio também deixa de nos oferecer um método explícito para tomar decisões. Fica, claramente, nas mãos do próprio agente decidir o que mais deseja e julgar a importância comparativa de seus diversos objetivos.

Neste ponto, introduzo o conceito de racionalidade deliberativa seguindo uma ideia de Sidgwick. Ele caracteriza o bem futuro total de uma pessoa como aquilo que desejaria e procuraria agora se as consequências de todos os diversos cursos de conduta a ela acessíveis fossem, no atual momento, previstas por ela com precisão e realizadas de maneira adequada na imaginação. O bem de um indivíduo é uma composição hipotética das forças impulsivas que resulta de uma reflexão deliberativa que atenda a certas condições[14]. Ajustando a ideia de Sidgwick à escolha de planos, podemos dizer que um plano racional para qualquer pessoa é aquele (dentre os que são compatíveis com os princípios de contagem e os outros princípios de escolha racional, uma vez que tenham sido definidos) que ela escolheria com racionalidade deliberativa. É o plano que seria decidido em consequência de ponderação cuidadosa, na qual o agente analisasse, à luz de todos os fatos pertinen-

---

14. Cf. *The Methods of Ethics*, 7.ª ed. (Londres, Macmillan, 1907), p. 111 s.

tes, como seria realizar esses planos e, dessa forma, procurasse identificar o curso de ação que melhor realizaria seus desejos mais fundamentais.

Nessa definição de racionalidade deliberativa, presume-se que não há erros de cálculo nem de raciocínio e que os fatos são corretamente avaliados. Também suponho que o agente não está enganado quanto ao que realmente quer. Pelo menos na maioria dos casos, quando atinge seu objetivo, ele não acha que não o deseja mais nem deseja que tivesse feito outra coisa. Ademais, presume-se que o conhecimento do agente de sua situação e das consequências da realização de cada plano é preciso e completo. Nenhuma circunstância relevante é omitida na análise. Assim, o melhor plano para o indivíduo é aquele que adotaria se tivesse informação completa. É o plano objetivamente racional para ele e define seu verdadeiro objetivo. É verdade que, em geral, o nosso conhecimento acerca do que acontecerá se seguirmos este ou aquele plano é incompleto. Quase nunca sabemos qual é o projeto racional para nós; o máximo que conseguimos é uma convicção razoável acerca de onde está o nosso bem e, às vezes, só podemos conjecturar. Mas, se o agente faz o melhor que uma pessoa racional pode fazer com as informações que lhe estão disponíveis, então o plano que ela segue é um projeto subjetivamente racional. Sua escolha pode ser infeliz, porém se isso acontecer será porque suas convicções são compreensivelmente equivocadas, ou porque seus conhecimentos são insuficientes, e não porque tenha tirado conclusões precipitadas ou falaciosas, nem porque estivesse confuso quanto ao que realmente desejasse. Nesse caso, não se deve culpar a pessoa por qualquer discrepância entre o seu bem real e o aparente.

A ideia de racionalidade deliberativa é, obviamente, muito complexa, e combina muitos elementos. Não tentarei enumerar aqui todas as formas segundo as quais o processo de reflexão pode fracassar. Podem-se, caso necessário, classificar os tipos de erros possíveis; os tipos de teste que o agente deve aplicar para saber se possui conhecimentos adequados, e assim por diante. Deve-se salientar, porém, que uma pessoa racional não continuará a deliberar até encontrar o melhor plano que a ela está aberto. Quase sempre se contentará se elaborar um plano (ou subplano) satisfatório, isto é, que atenda a certas condições mínimas[15]. A deliberação racional é, em si, uma atividade como qualquer outra, e depende de decisão racional definir em que medida devemos nos empenhar nela. A regra formal é que devemos deliberar até o ponto em que os prováveis benefícios do aprimoramento do nosso plano compensem o tempo e o esforço de reflexão. Quando levamos em conta os custos da deliberação, não é razoável preocupar-se com descobrir o melhor plano, aquele que escolheríamos se tivéssemos informações completas. É perfeitamente racional adotar um plano satisfatório quando os possíveis resultados de cálculos e conhecimentos adicionais não compensarem o custo de fazer isso. Nem há nada de irracional em ter uma aversão à própria deliberação desde que se esteja preparado para aceitar as consequências. O bem no sentido de racionalidade não atribui nenhum valor especial ao processo decisório. A importância da ponderação cuidadosa para o agente talvez varie de um indivíduo para outro. Não obstante, uma pessoa é irracional se sua falta de disposição para pensar no que é satisfatório (ou melhor) para ela a leva a desventuras que, após ponderação, admitiria que ela deveria ter se dado ao trabalho de pensar em como evitar.

Nesta análise da racionalidade deliberativa, presumi certa competência da parte da pessoa que decide. Ela conhece as características gerais de seus desejos e objetivos, tanto atuais quanto futuros, e pode estimar a intensidade relativa de seus desejos e decidir, se necessário, aquilo que realmente quer. Ademais, pode prever as alternativas que lhe estão disponíveis e definir uma ordem coerente para elas: dados quaisquer dois projetos, pode decidir qual prefere ou

---

15. Sobre essa questão, cf. H. A. Simon, "A Behavioral Model of Rational Choice", *Quarterly Journal of Economics*, Vol. 69 (1955).

se está indiferente entre ambos, e então essas preferências são transitivas. Depois de escolhido um plano, ela pode aderir a ele e resistir às tentações e distrações do momento que interfiram em sua execução. Essas suposições estão de acordo com a ideia familiar de racionalidade que usei desde o início (§ 25). Não examinarei aqui esses aspectos de ser racional. Parece mais útil mencionar rapidamente alguns meios de criticar nossos fins, o que quase sempre pode nos ajudar a estimar a intensidade relativa dos nossos desejos. Tendo em mente que o nosso objetivo geral é realizar um plano (ou subplano) racional, é patente que algumas características dos desejos tornam isso impossível. Por exemplo, não podemos realizar objetivos cujas descrições não tenham sentido, nem contradizer verdades consagradas. Já que π é um número transcendental, seria inútil tentar provar que é um número algébrico. Na verdade, o matemático que tenta provar essa afirmativa talvez descubra, a propósito, muitos fatos importantes, e esse empreendimento talvez resgate seu trabalho. Porém, na medida em que seu objetivo era provar uma falsidade, seu plano estaria aberto a críticas; e, quando percebesse isso, não mais teria tal objetivo. O mesmo se aplica aos desejos que dependem de termos convicções incorretas. Não se exclui que opiniões equivocadas possam ter um efeito benéfico por nos permitir executar nossos projetos, sendo, por assim dizer, ilusões úteis. Não obstante, os desejos que essas crenças sustentam são irracionais na medida em que a falsidade dessas convicções inviabiliza a execução do plano ou impede a adoção de planos superiores. (Devo comentar aqui que, na teoria fraca do bem, o valor de conhecer os fatos provém da relação desses fatos com a execução bem-sucedida de planos racionais. Pelo menos até este momento não há nenhum fundamento para se atribuir um valor intrínseco a se ter convicções verdadeiras.)

Podemos também investigar as circunstâncias nas quais adquirimos nossos desejos e concluir que alguns dos nossos objetivos são descabidos em vários aspectos[16]. Assim, um desejo pode surgir de generalização excessiva, ou surgir de associações mais ou menos acidentais. Isso é especialmente provável de acontecer no caso das aversões que se desenvolvem quando somos mais jovens e não temos experiência e maturidade suficientes para fazer as devidas correções. Outros desejos podem ser excessivos, tendo adquirido sua peculiar urgência como uma reação exagerada a um período anterior de grave privação ou ansiedade. O estudo desses processos e de sua influência perturbadora sobre o desenvolvimento normal do nosso sistema de desejos não nos interessa aqui. Contudo, eles indicam certas ponderações críticas que são recursos importantes de deliberação. A percepção da gênese dos nossos desejos quase sempre deixa perfeitamente claro para nós que desejamos certas coisas mais do que outras. Assim como alguns objetivos parecem menos importantes em face de exame minucioso, ou até perdem totalmente a atratividade, outros podem assumir uma nítida proeminência que proporciona uma base suficiente para a escolha. Naturalmente, é concebível que, apesar das condições desfavoráveis sob as quais alguns dos nossos desejos e das nossas aversões foram cultivados, eles mesmo assim se ajustem a planos racionais e inclusive contribuam enormemente para realizá-los. Nesse caso, afinal, revelam-se perfeitamente racionais.

Por fim, existem certos princípios relacionados com o tempo que também podemos usar para escolher entre planos. Já mencionei o princípio do adiamento. Ele afirma que, permanecendo constantes as demais condições, os planos racionais tentam manter nossas mãos livres até termos uma noção clara dos fatos relevantes. E também já analisamos as razões para rejeitar a pura preferência temporal (§ 45). Devemos ver nossa vida como um todo, como as atividades

---

16. Pelas observações a respeito deste parágrafo, agradeço a R. B. Brandt.

de um único sujeito racional dispersas no tempo. A mera posição temporal, ou distância do presente, não é motivo para favorecer um momento em detrimento de outro. Os objetivos futuros não podem ser desprezados apenas em razão de serem futuros, embora possamos, é claro, atribuir menos peso a eles, se houver motivos para pensar que, dada sua relação com outras coisas, sua realização é menos provável. A importância intrínseca que atribuímos às diversas partes da nossa vida devem ser as mesmas em todos os momentos do tempo. Esses valores devem depender de todo o projeto, à medida que conseguimos defini-lo, e não devem ser prejudicados pelas contingências da nossa perspectiva atual.

Dois outros princípios se aplicam ao formato geral dos planos no decorrer do tempo. Um deles é o da continuidade[17]. Esse princípio nos lembra que, já que o plano é uma sequência programada de atividades, as atividades anteriores e posteriores fatalmente afetarão umas às outras. O plano como um todo tem certa unidade, um tema predominante. Não há, por assim dizer, uma função utilitária separada para cada período. Além de ser preciso levar em conta os efeitos entre períodos, talvez também seja preciso evitar altos e baixos substanciais. Um segundo princípio correlacionado afirma que devemos levar em conta as vantagens de elevar, ou pelo menos de não reduzir excessivamente, as expectativas. A vida tem diversos estágios, idealmente cada um com os prazeres e tarefas que lhes são próprios. Permanecendo constantes as demais condições, devemos organizar as coisas nos estágios anteriores de forma a garantir uma vida feliz nos estágios posteriores. Parece que, em geral, devem-se preferir expectativas que se elevam com o passar do tempo. Se o valor de uma atividade é avaliado com relação a seu próprio período, supondo-se que isso seja possível, podemos tentar explicar essa preferência pelo fato de

---

17. Tomo emprestado esse termo de Jan Tinbergen, "Optimum Savings and Utility Maximization over Time", *Econometrica*, Vol. 28 (1960).

que os prazeres de antever algo são relativamente mais intensos que os de recordar. Embora a soma total de prazer seja a mesma quando os prazeres são avaliados localmente, em expectativas crescentes oferecem uma medida de contentamento que faz toda a diferença. Mas, mesmo deixando de lado esse elemento, o plano que eleva, ou, pelo menos, não entra em declínio, parece preferível, pois as atividades posteriores podem quase sempre conter e unir os resultados e os prazeres de uma vida inteira numa estrutura coerente de uma forma que um plano com expectativa em declínio não é capaz de fazer.

Nessas observações sobre os dispositivos de deliberação e os princípios relativos ao tempo, tentei complementar a ideia de Sidgwick do bem de uma pessoa. Em resumo, nosso bem é definido pelo plano de vida que adotaríamos com plena racionalidade deliberativa se o futuro fosse previsto com precisão e adequadamente percebido na imaginação. As questões que acabamos de discutir estão ligadas a ser racional nesse sentido. Aqui vale salientar que um plano racional é aquele que seria escolhido se fossem satisfeitas certas condições. O critério do bem é hipotético de maneira semelhante ao critério de justiça. Quando surge a questão de saber se fazer algo está de acordo com o nosso bem, a resposta depende de como isso se encaixa no projeto que seria escolhido com racionalidade deliberativa.

Uma característica do plano racional é que, ao realizá-lo, um indivíduo não muda de ideia e deseja que tivesse feito alguma outra coisa em seu lugar. Uma pessoa racional não vem a sentir uma aversão tão grande pelas consequências previstas que se arrependa de ter seguido o plano que adotou. A ausência desse tipo de arrependimento não é suficiente, porém, para garantir que o plano seja racional. Pode haver outro plano acessível a nós, de modo que, se o tivéssemos examinado, nós o teríamos achado muito melhor. Não obstante, se as nossas informações forem precisas e o nosso entendimento das consequências for completo nos aspectos relevantes, não nos arrependeremos de seguir um plano racional, mesmo que não seja bom se julgado de maneira absoluta. Nesse caso, o plano é objetivamente racional. Podemos, é claro, nos arrepender de outra coisa, por exemplo, que tenhamos de viver em circunstâncias tão desfavoráveis que uma vida feliz seja impossível. É concebível que possamos desejar que jamais tivéssemos nascido. Mas não nos arrependemos de que, tendo nascido, tenhamos seguido o melhor projeto, por pior que possa ser, quando julgado por algum padrão ideal. Uma pessoa racional pode arrepender-se de seguir um plano subjetivamente racional, mas não porque pense que sua escolha esteja de algum modo aberta a críticas. Pois ela faz o que lhe pareceu melhor na ocasião, e se suas convicções mais tarde se mostraram equivocadas, com resultados desagradáveis, ela não teve culpa. Não há motivo para autorrecriminação. Não havia como saber qual era o melhor plano, ou mesmo se um dos projetos era melhor do que os outros.

Reunindo essas reflexões, temos o princípio condutor de que um indivíduo racional deve sempre agir de modo que jamais se culpe, seja qual for o resultado de seus projetos. Considerando-se um ser contínuo no tempo, pode dizer que, a cada momento de sua vida, ele fez o que o equilíbrio de razões o exigia, ou pelo menos o permitia[18]. Por conseguinte, quaisquer riscos que assuma devem valer a pena, para que, caso aconteça o pior que ele tivesse algum motivo para prever, ainda possa afirmar que o que fez estava acima de críticas. Não se arrepende da sua escolha, pelo menos no sentido de mais tarde vir a acreditar que na época teria sido mais racional fazer outra coisa. Esse princípio decerto não nos impedirá de tomar atitudes que levem à desventura. Nada pode nos proteger contra as ambiguidades e as limitações dos nossos conhecimentos, nem garantir que

---

18. Sobre esse e outros pontos deste parágrafo, cf. Charles Fried, *An Anatomy of Values* (Cambridge, Harvard University Press, 1970), p. 158-69, e Thomas Nagel, *The Possibility of Altruism* (Oxford, The Clarendon Press, 1970), esp. Cap. VIII.

encontremos a melhor alternativa disponível. Agir com racionalidade deliberativa só garante que nossa conduta seja irrepreensível e que sejamos responsáveis por nossa pessoa no decorrer do tempo. O que nos surpreenderia é se alguém dissesse que não se importa com o modo como mais tarde ele próprio vai encarar os seus atos atuais, da mesma forma que não se importa com os assuntos de outras pessoas (supondo-se que não se importe muito). Quem rejeita igualmente as reivindicações de seu eu futuro e os interesses de outros não é apenas irresponsável no tocante a estes últimos, mas com relação a sua própria pessoa também. Não se vê como um indivíduo que tem uma existência combinada.

Encarado dessa maneira, o princípio da responsabilidade consigo mesmo se parece com um princípio de justiça: as reivindicações do eu em épocas diversas devem ajustar-se de tal forma que o eu, em cada período, possa afirmar o plano que foi e está sendo seguido. Em determinado momento, por assim dizer, a pessoa não deve poder reclamar dos atos da pessoa em outro momento. Esse princípio não exclui, naturalmente, a sujeição voluntária a dificuldades e a sofrimentos, mas isso deve ser aceitável no momento presente, à vista do bem esperado ou a ser alcançado. Do ponto de vista da posição original, a importância da responsabilidade para a autoestima parece clara. Já que a ideia de racionalidade deliberativa se aplica à posição original, isso quer dizer que as partes não podem concordar com uma concepção de justiça se as consequências de sua aplicação levarem à autorrecriminação caso aconteçam as menos felizes das possibilidades. Devem lutar para se ver livres de tais arrependimentos. E os princípios da justiça como equidade parecem satisfazer essa exigência melhor do que outras concepções, como vimos na discussão anterior sobre as exigências do comprometimento (§ 29).

Uma última observação sobre o bem como racionalidade: pode-se objetar que essa concepção implica que uma pessoa deve estar continuamente calculando e planejando.

Mas essa interpretação se baseia num mal-entendido. O primeiro objetivo da teoria é fornecer um critério para o bem da pessoa. Esse critério é definido principalmente em relação ao plano racional que seria escolhido com plena racionalidade deliberativa. Deve-se ter em mente a natureza hipotética da definição. Uma vida feliz não é aquela que se ocupa de decidir fazer isto ou aquilo. Somente a partir da definição, pouco se pode dizer do conteúdo do plano racional, ou das atividades específicas que compreende. Não é inconcebível que um indivíduo, ou mesmo toda a sociedade, alcance a felicidade agindo inteiramente por inclinação espontânea. Com muita sorte e boa fortuna, é possível que alguns descubram por acaso o modo de vida que adotariam com a racionalidade deliberativa. Em geral, porém, não somos tão abençoados, e sem refletir e nos considerar uma pessoa com uma vida ao longo do tempo, é quase certo que venhamos a nos arrepender do caminho escolhido. Mesmo quando alguém tem êxito em confiar em seus impulsos naturais sem desventura, ainda assim precisamos de uma concepção do bem dessa pessoa para avaliar se ela é mesmo afortunada ou não. Ela pode achar que é, mas talvez esteja iludida; e, para resolver esse problema, temos de examinar as escolhas hipotéticas que teria sido racional que ela fizesse, dando o devido espaço para quaisquer benefícios que ela possa ter obtido por não se preocupar com essas coisas. Conforme já comentei, o valor da atividade de decidir é ele próprio sujeito à avaliação racional. O esforço que devemos dedicar à tomada de decisões vai depender muito mais das circunstâncias. O bem como racionalidade deixa essa questão para a pessoa e para as contingências de sua situação.

65. O Princípio Aristotélico

A definição do bem é puramente formal. Simplesmente declara que o bem da pessoa é definido pelo plano racional de vida que ela escolheria com racionalidade deliberativa dentre a classe máxima de planos. Embora a ideia de racionalidade deliberativa e os princípios de escolha racional dependam de conceitos de complexidade considerável, ainda não podemos deduzir somente da definição de planos racionais que tipos de fins esses projetos têm probabilidade de incentivar. Para chegar a conclusões sobre esses fins, é necessário salientar alguns fatos gerais.

Em primeiro lugar, há as características amplas dos desejos e das necessidades humanas, sua urgência relativa e os ciclos de recorrência, e suas fases de desenvolvimento que sofrem influência de circunstâncias psicológicas e de outra natureza. Em segundo lugar, os planos devem se adequar aos requisitos das capacidades e habilidades humanas, suas tendências de maturação e crescimento, e de que forma são mais bem treinadas e educadas para este ou aquele fim. Ademais, postularei um princípio fundamental de motivação que denominarei Princípio Aristotélico. Por fim, é preciso levar em conta os fatos gerais da interdependência social. A estrutura básica da sociedade está destinada a incentivar e apoiar mais certos tipos de projeto do que outros, recompensando seus membros por contribuir para o bem comum de maneiras compatíveis com a justiça. Levar essas contingências em conta restringe o número de planos alternativos, e o problema da decisão se torna, pelo menos em alguns casos, razoavelmente definido. Na verdade, como veremos, permanece certa arbitrariedade, mas a prioridade do justo a limita de tal modo que deixa de ser um problema do ponto de vista da justiça (§ 68).

Os fatos gerais acerca das necessidades e capacidades humanas talvez sejam bem claros e presumirei que um conhecimento fundamentado no bom senso basta para nossos fins. Antes de tratar do Princípio Aristotélico, porém, devo comentar rapidamente os bens humanos (conforme os denominarei) e as restrições da justiça. Dada a definição de plano racional, talvez vejamos esses bens como aquelas atividades e aqueles objetivos que têm as características, sejam quais forem, que os tornam adequados para um lugar importante, se não principal, na nossa vida[19]. Já que na teoria completa os planos racionais devem ser compatíveis com os princípios de justiça, os bens humanos sofrem restrições semelhantes. Assim, os valores conhecidos da afeição pessoal e da amizade, do trabalho significativo e da cooperação social, a busca de conhecimentos, e a criação e a contemplação de objetos belos não são apenas proeminentes nos nossos projetos racionais, mas podem, em geral, ser promovidos de um modo que a justiça permita. Reconhecidamente, para obtermos e preservarmos esses valores, muitas vezes somos tentados a agir de maneira injusta; mas alcançar esses fins não envolve nenhuma injustiça inerente. Em contraste com o desejo de trapacear e degradar o próximo, fazer algo injusto não está contido na descrição dos bens humanos (§ 66).

A interdependência social desses valores é demonstrada pelo fato de que, além de serem bons para aqueles que deles desfrutam, é provável que aprimorem o bem de outrem. Ao alcançarmos tais fins, geralmente contribuímos com os planos racionais de nossos associados. Nesse sentido, são bens complementares, e isso explica o fato de serem objeto de recomendações especiais, pois recomendar algo é elogiá-lo, descrever as propriedades que o tornam bom (racional de se desejar) com ênfase e expressões de aprovação. Esses fatos da interdependência constituem outras razões para incluir os valores reconhecidos nos planos de longo prazo. Pois, presumindo-se que desejamos obter o respeito e a boa vontade das outras pessoas, ou pelo menos que queremos evitar sua hostilidade e desprezo, tenderão a ser preferíveis os planos de vida que promovem não só os nossos, mas também os objetivos delas.

Voltando-nos agora para o nosso tema em pauta, recordemos que o Princípio Aristotélico é o seguinte: permanecendo constantes as demais condições, os seres huma-

---

19. Para a explicação desses bens, inspirei-me em C. A. Campbell, "Moral and Non-Moral Values", *Mind*, Vol. 44 (1935); cf. p. 279-91.

nos desfrutam do exercício de suas capacidades realizadas (suas capacidades inatas ou adquiridas), e esse desfrute aumenta quanto mais a capacidade se realiza, ou quanto maior for sua complexidade[20]. A ideia intuitiva neste caso é que os seres humanos têm mais prazer em fazer algo quando se tornam mais proficientes em tal atividade, e das duas atividades que realizam com a mesma perícia, preferem a que exija um repertório maior de discriminações mais complicadas e sutis. Por exemplo, o xadrez é um jogo mais complicado e sutil do que o jogo de damas e a álgebra é mais intricada do que a aritmética elementar. Assim, o princípio afirma que aquele que consegue fazer ambas as coisas em geral prefere jogar xadrez a damas, e que preferiria estudar álgebra a aritmética. Não precisamos explicar aqui por que o Princípio Aristotélico é verdadeiro. Presume-se que as atividades complexas são mais agradáveis porque satisfazem

---

20. O nome "Princípio Aristotélico" parece-me adequado, em vista do que Aristóteles fala das relações entre felicidade, atividade e satisfação, em *Ética a Nicômaco*, Livro VII, Caps. 11-14, e Livro X, Caps. 1-5. No entanto, como ele não formula explicitamente tal princípio, e parte dele fica, na melhor das hipóteses, apenas implícita, não o denominei "Princípio de Aristóteles". Mas Aristóteles com certeza afirma dois pontos do princípio: (1) que a satisfação e o prazer nem sempre são, de modo algum, consequência do retorno a um estado normal e saudável, ou da superação de deficiências; pelo contrário, muitos tipos de prazer provêm do exercício de nossas faculdades; e (2) que o exercício de nossas capacidades naturais é um dos principais bens humanos. Além disso, (3) a ideia de que as atividades mais prazerosas e as satisfações mais desejáveis e duradouras originam-se do exercício de habilidades maiores, que envolvem discriminações mais complexas, não só é compatível com a concepção que Aristóteles tem da ordem natural, mas algo semelhante também se enquadra em seus juízos de valor, mesmo quando ele deixa de expressar suas razões. Cf. discussão da análise feita por Aristóteles da satisfação e do prazer em W. F. R. Hardie, *Aristotle's Ethical Theory* (Oxford, The Clarendon Press, 1968), Cap. XIV. A interpretação da teoria de Aristóteles feita por G. C. Field, *Moral-Theory* (Londres, Methuen, 1932), p. 76-8, sugere fortemente o que denominei Princípio Aristotélico. Mill chega quase a afirmá-lo em *Utilitarianism*, Cap. II, §§ 4-8. Importante aqui é o conceito de "motivação de efeito" apresentada por R. W. White, "Ego and Reality in Psychoanalytic Theory", *Psychological Issues*, Vol. III (1963), Cap. III, em que me baseei. Cf. também p. 173-5, 180 s. Agradeço a J. M. Cooper por uma discussão sobre a interpretação desse princípio e sobre a propriedade de sua denominação.

o desejo de variedade e novidade de experiências e deixam espaço para façanhas de engenhosidade e invenção. Também evocam os prazeres da expectativa e da surpresa, e quase sempre a forma geral da atividade, seu desenvolvimento estrutural, é fascinante e belo. Ademais, as atividades mais simples excluem a possibilidade de estilo individual e expressão pessoal que as atividades complexas permitem, ou mesmo exigem, pois como poderiam todos realizá-las do mesmo modo? Se quisermos descobrir nosso próprio estilo, é inevitável seguir nosso talento natural e as lições das nossas experiências passadas. Cada uma dessas características está bem ilustrada no xadrez, chegando mesmo ao ponto em que os grandes mestres têm seu estilo característico de jogo. Deixarei de lado a questão de saber se essas ponderações são explicações do Princípio Aristotélico, ou aprofundamento de seu significado. Creio que nada essencial para a teoria do bem depende dessa questão.

É evidente que o Princípio Aristotélico contém uma variação do princípio da abrangência. Ou, pelo menos, os casos mais claros de maior complexidade são aqueles nos quais uma das atividades a serem comparadas contém todas as habilidades e complexidades da outra atividade e algumas adicionais. Repito que só podemos definir uma ordem parcial, pois cada uma das diversas atividades pode exigir habilidades não usadas em outras. Tal classificação é a melhor que podemos ter, até chegarmos a alguma teoria e medida de complexidade de relativa precisão que nos capacite a analisar e comparar atividades aparentemente díspares. Contudo, não discutirei esse problema aqui, limitando--me a presumir que nossa ideia intuitiva de complexidade bastará para nossos fins.

O Princípio Aristotélico é um princípio de motivação. Trata de muitos dos nossos desejos principais e explica por que preferimos fazer algumas coisas e não outras, exercendo constante influência sobre o fluxo das nossas atividades. Ademais, expressa uma lei psicológica que rege as mudanças de padrão nos nossos desejos. Assim, o princípio implica que as capacidades da pessoa aumentam com o tempo (reveladas pela maturação fisiológica e biológica, por exemplo, pelo desenvolvimento do sistema nervoso de uma criança) e, ao educar essas capacidades e aprender como exercê-las, com o tempo a pessoa virá a preferir atividades mais complexas do que as que pode realizar hoje, nas quais poderá usar as novas capacidades recém-desenvolvidas. As coisas mais simples que antes apreciava não têm mais interesse nem atratividade suficientes. Se perguntarmos por que estamos dispostos a passar pelas tensões do aprendizado e da prática, o motivo pode ser (se não levarmos em conta as recompensas e as penalidades externas) que, ao termos tido algum sucesso em aprender coisas no passado, e ao desfrutar dos prazeres presentes da atividade, somos levados a esperar uma satisfação ainda maior, uma vez que adquiramos um repertório maior de habilidades. O Princípio Aristotélico também tem uma consequência complementar. Ao testemunhar o exercício de habilidades bem cultivadas em outros, essas demonstrações nos dão prazer e despertam o desejo de sermos capazes de fazer o mesmo. Queremos ser como aquelas pessoas que são capazes de exercitar as habilidades que achamos estar latentes na nossa natureza.

    Assim, parece que o quanto aprendemos e até que ponto nos dispomos a educar nossas capacidades inatas depende da extensão dessas capacidades e do grau de dificuldade do esforço de realizá-las. Há uma corrida, por assim dizer, entre a satisfação cada vez maior de exercer uma maior capacidade realizada e as pressões cada vez maiores do aprendizado, quando a atividade se torna mais exaustiva e difícil. Presumindo-se que os talentos naturais tenham um limite superior, ao passo que as dificuldades do treinamento podem se tornar cada vez mais severas, sem limite superior, deve haver algum nível de capacidade adquirida para além da qual os ganhos de um aprimoramento maior nesse nível são anulados pelos ônus da prática e do estudo adicionais necessários para realizá-la e mantê-la. Atinge-se o equilíbrio quando essas duas forças se contrabalançam, e nesse ponto cessa o esforço de alcançar um nível maior de capacidades realizadas. Disso decorre que, se os prazeres propiciados pela atividade aumentam muito lentamente conforme aumenta a habilidade (um índice, vamos supor, de um nível mais baixo de capacidade inata), então os correspondentes esforços maiores para aprender nos levarão a desistir mais rapidamente. Nesse caso, jamais nos envolveremos em certas atividades mais complexas nem adquiriremos os desejos evocados por participar delas.

Ao aceitar o Princípio Aristotélico como um fato natural, em geral será natural, à luz das outras suposições, cultivar e treinar capacidades maduras. Os planos máximos ou satisfatórios são planos que quase com certeza permitem fazê-lo em medida significativa. Não só existe uma tendência nessa direção postulada pelo Princípio Aristotélico, mas os simples fatos da interdependência social e a natureza dos nossos interesses mais estritamente interpretados nos inclinam na mesma direção. Um plano racional – limitado, como sempre, pelos princípios do justo – permite que a pessoa se desenvolva, contanto que as circunstâncias permitam, e exerça tanto quanto possível suas capacidades realizadas. Ademais, seus associados provavelmente apoiarão essas atividades, pois promovem o interesse comum e também porque desfrutam delas como demonstrações de excelência humana. Na medida em que se deseja a estima e a admiração dos outros, as atividades favorecidas pelo Princípio Aristotélico são boas também para as outras pessoas.

Há diversos pontos a ter em mente para evitar mal-entendidos sobre esse princípio. Em primeiro lugar, ele formula uma tendência, e não uma padrão invariável de escolha, e, assim como todas as tendências, pode ser anulado. Inclinações de natureza contrária podem inibir o desenvolvimento da capacidade realizada e a preferência por atividades mais complexas. Há vários riscos, tanto psicológicos quanto sociais, envolvidos no cultivo e na potencial realização dessas capacidades, e apreensões em relação a isso podem prevalecer sobre a propensão inicial. Devemos interpretar que o princípio abre espaço para essas eventualidades. Contudo, se for uma ideia teórica útil, a tendência postulada deve ser relativamente forte – e não facilmente contrabalançada. Acredito que isso acontece de fato, e que na moldagem das instituições sociais é preciso abrir um amplo espaço para isso, caso contrário os seres humanos acharão maçante e vazia sua cultura e sua forma de vida. Sua vitalidade e seu entusiasmo deixarão de existir quando a vida se tornar uma rotina aborrecida. E isso é corroborado pelo fato de que as formas de vida que absorvem as energias humanas, sejam devoções religiosas ou assuntos puramente práticos, ou mesmo jogos e passatempos, tendem a desenvolver suas complexidades e sutilezas de uma forma quase infinita. Quando as práticas sociais e as atividades cooperativas se constituem por intermédio da imaginação de muitos indivíduos, exigem um conjunto cada vez maior de capacidades e de novas maneiras de fazer as coisas. Que esse processo se realiza pelo desfrute da atividade natural e livre parece ser demonstrado pelos folguedos espontâneos das crianças e dos animais, que demonstram as mesmas características.

Mais uma ponderação é que o princípio não afirma que qualquer tipo específico de atividade será preferido. Afirma apenas que preferimos, em circunstâncias normais, atividades que dependem de um repertório maior de capacidades realizadas e que são mais complexas. Explicando com mais precisão: vamos supor que podemos ordenar certo número de atividades numa cadeia por meio da relação de inclusão. Isso significa que a enésima atividade exerce todas as habilidades da enésima primeira atividade e mais algumas. Existe um número indefinido de tais cadeias sem elementos em comum, digamos; e, além disso, inúmeras cadeias podem partir da mesma atividade que representa modos diversos nos quais essa atividade pode ser aperfeiçoada ou enriquecida. O que o Princípio Aristotélico afirma é que, sempre que uma pessoa se envolve numa atividade pertencente à mesma cadeia (e talvez a diversas cadeias), tende a subir na cadeia. Em geral, ela vai preferir a enésima atividade à enésima primeira, e essa tendência será mais forte quanto mais sua capacidade ainda esteja para se realizar e quanto menos onerosos ela achar os esforços de aprendizado e treinamento. É presumível que haja uma preferência por subir na cadeia ou nas cadeias que ofereçam melhores perspectivas de exercer as habilidades superiores com o mínimo de tensão. O rumo que uma pessoa segue, a combinação de atividades que acha mais atraente, é decidido pelas suas inclinações e talentos, pelas circunstâncias sociais, e por aquilo que seus associados apreciam e provavelmente vão incentivar. Desse modo, bens naturais e oportunidades sociais obviamente exercem influência sobre as cadeias que os indivíduos finalmente preferem. Por si só o princípio apenas afirma a propensão à ascensão, sejam quais forem as cadeias escolhidas. Isso não significa que um plano racional contenha quaisquer objetivos específicos, nem que envolva qualquer forma especial de sociedade.

Além disso, podemos supor, embora isso talvez não seja essencial, que toda atividade pertence a alguma cadeia. O motivo disso é que a engenhosidade humana pode descobrir, e normalmente descobre, para cada atividade uma cadeia contínua que gera um repertório cada vez maior de habilidades e complexidades. Paramos de subir na cadeia, porém, quando subir consumirá recursos necessários para expandir ou manter o nível de uma cadeia preferida. E devemos aqui interpretar os recursos de maneira ampla, para que dentre os mais importantes estejam tempo e energia. É por esse motivo que, por exemplo, nos contentamos em amarrar os cadarços dos sapatos ou a gravata de maneira simples, e não é comum realizarmos rituais complexos para esses atos cotidianos. O dia tem um número limitado de horas, e isso impede nossa ascensão aos limites superiores da nossa capacidade em todas as cadeias a nós acessíveis. Não obstante, um prisioneiro na cela, então, pode realizar suas rotinas diárias devagar e inventar modos de fazê-las com os quais ele nem se preocuparia em outras circunstâncias. O critério formal é que um indivíduo racional escolhe um padrão preferido de atividades (compatível com o princípio de justiça) e percorre cada uma de suas cadeias até o ponto em que nenhum aprimoramento ulterior pudesse resultar de qualquer alteração exequível no esquema. Esse padrão geral não nos informa, naturalmente, como decidir; é mais correto dizer que ele dá ênfase aos recursos limitados de tempo e energia, e explica por que algumas atividades são desprezadas em favor de outras, embora, na forma em que nos envolvemos nelas, permitam mais elaboração. Pode-se objetar que não há nenhuma razão para supor que o Princípio Aristotélico seja verdadeiro. Assim como a noção idealista de autorrealização, com a qual tem certa semelhança, pode ter um toque de princípio de filósofo com poucas evidências a seu favor. Mas o princípio parece amparado por muitos fatos da vida cotidiana, e pelo comportamento de crianças e de outros animais superiores. Ademais, parece suscetível a uma explicação evolucionista. A seleção natural deve ter favorecido as criaturas a respeito das quais esse princípio é verdadeiro. Segundo Aristóteles, o homem deseja saber. Presume-se que adquirimos esse desejo por intermédio de desenvolvimento natural e, de fato, se o princípio for sólido, também o desejo de realizar qualquer tipo de atividade mais complexa e exigente, contanto que esteja ao nosso alcance[21]. Os seres humanos desfrutam da maior variedade da experiência, têm prazer com a novidade e a surpresa e com as situações propícias à engenhosidade e à invenção que tais atividades proporcionam. A multiplicidade de atividades espontâneas é uma expressão do nosso deleite com a imaginação e a fantasia criativa. Assim, o Princípio Aristotélico caracteriza os seres

---

21. Cf. G. B. Campbell, *Human Evolution* (Chicago, Aldine Publishing Co., 1966), p. 49-53; e W. H. Thorpe, *Science, Man and Morals* (Londres, Methuen, 1965), p. 87-92. Sobre os animais, cf. Irenäus Eibl-Eibesfeldt, *Ethology*, trad. Erich Klinghammer (Nova York, Holt, Rinehart, and Winston, 1970), p. 217-48.

humanos como significativamente motivados, não somente pela pressão das necessidades corpóreas, mas também pelo desejo de fazer coisas desfrutadas simplesmente por prazer, pelo menos quando as necessidades urgentes e prementes estão satisfeitas. As marcas de tais atividades desfrutadas são muitas, variando da maneira e do modo como são feitas até a persistência com que se retorna a elas mais tarde. Na verdade, nós as realizamos sem o incentivo de recompensa evidente, e permitir-nos o envolvimento nelas muitas vezes pode ser, em si mesma, uma forma de compensação por fazer outras coisas[22]. Sendo o Princípio Aristotélico uma característica dos desejos humanos da forma como hoje existem, os planos racionais devem levar isso em conta. A explicação evolucionista, mesmo que esteja correta, não constitui, naturalmente, uma justificação desse aspecto da nossa natureza. De fato, a questão da justificação não se apresenta. A questão é a seguinte: já que esse princípio caracteriza a natureza humana tal qual a conhecemos, até que ponto deve receber incentivo e apoio, e como levá--lo em conta na estruturação de planos racionais de vida?

O papel do Princípio Aristotélico na teoria do bem é que ele formula um fato psicológico profundo que, em conjunto com outros fatos gerais e a concepção de plano racional, explica nossos juízos ponderados de valor. O que em geral se considera bem humano deve revelar-se objetivo e atividade que têm um lugar importante nos planos racionais. O princípio faz parte da fundamentação que rege esses juízos. Contanto que isso seja verdade, e leve a conclusões compatíveis com nossas convicções acerca do que é bom e ruim (em equilíbrio reflexivo), tem lugar apropriado na teoria moral. Mesmo que essa concepção não seja verdadeira no tocante a algumas pessoas, a ideia de plano racional de longo prazo ainda se aplica. Podemos descobrir o que é bom para elas da mesma maneira que antes. Assim,

---

22. Isso parece aplicar-se também aos macacos. Cf. Eibl-Eibesfeldt, *ibid.*, p. 239.

imaginemos alguém cujo prazer é contar folhas de grama em várias áreas de formato geométrico, tais como praças e gramados bem cuidados. De resto, essa pessoa é inteligente e possui habilidades realmente incomuns, já que consegue sobreviver cobrando para resolver problemas matemáticos difíceis. A definição do bem nos obriga a admitir que o bem para essa pessoa é, de fato, contar folhas de grama, ou, mais precisamente, seu bem é definido por um plano que dá um lugar especialmente proeminente a essa atividade. É claro que ficaríamos surpresos se tal pessoa existisse. Diante desse caso, examinaríamos outras hipóteses. Talvez essa pessoa seja caracteristicamente neurótica e, na infância, passou a ter aversão à camaradagem humana e, assim, conta folhas de grama para evitar o trato com outras pessoas. Porém, se admitirmos que a natureza dessa pessoa é desfrutar dessa atividade, e não desfrutar de nenhuma outra, e que não há meio viável de alterar sua posição, então certamente um plano racional para ela ficará concentrado ao redor dessa atividade. Será, para ela, o objetivo que rege seu plano de ação, e isso define que tal atividade é boa para ela. Menciono esse caso fantasioso apenas para demonstrar que a correção da definição do bem de uma pessoa nos termos do plano racional para ela não requer a veracidade do Princípio Aristotélico. A definição é satisfatória, creio, mesmo que esse princípio se demonstre impreciso, ou falhe completamente. Porém, admitindo o princípio, parece que podemos explicar que coisas são reconhecidas como boas para os seres humanos, considerando-os como são. Ademais, uma vez que este princípio se vincula ao bem primário do autorrespeito, ele acaba por ter uma posição central na psicologia moral que fundamenta a justiça como equidade (§ 67).

66. A definição do bem aplicada a pessoas

Tendo definido o bem da pessoa como a execução bem-sucedida de um plano racional de vida, e os bens menores dessa pessoa como partes desse plano, estamos prontos para apresentar outras definições. Desta maneira, o conceito de bem é aplicado a outros assuntos que têm um lugar importante na filosofia moral. Antes, porém, de fazê-lo, devemos salientar o pressuposto de que os bens primários podem ser explicados pela teoria fraca do bem. Isto é, suponho que é racional querer esses bens, sejam quais forem as outras coisas desejadas, pois são, em geral, necessários para a estruturação e a execução de um plano racional de vida. Presume-se que as pessoas presentes na posição original aceitam essa concepção do bem e, por conseguinte, julgam óbvio seu desejo de mais liberdades e oportunidades, e de recursos maiores para alcançar seus fins. Com esses objetivos em mente, bem como o de garantir o bem primário do autorrespeito (§ 67), avaliam as concepções de justiça que lhes estão disponíveis na posição original.

Que essas liberdades e oportunidades, renda e riqueza, e, sobretudo, o autorrespeito são bens primários é algo que deve, de fato, ser explicado pela teoria fraca do bem. Não se podem usar as restrições dos princípios de justiça para elaborar a lista de bens primários que faz parte da descrição da posição inicial. O motivo disso é, naturalmente, que essa lista é uma das premissas da qual se deduz a escolha dos princípios de justiça. Citar esses princípios para explicar a lista seria uma argumentação circular. Devemos supor, então, que a lista de bens primários pode ser explicada pela concepção de bem como racionalidade em conjunto com os fatos gerais sobre os desejos e as capacidades humanas, suas fases características e exigências de nutrição, o Princípio Aristotélico e as necessidades de interdependência social. Em nenhum ponto podemos apelar às restrições da justiça. Porém, uma vez que estejamos convencidos de que se pode chegar à lista de bens primários dessa maneira, em todas as outras aplicações da definição do bem é possível invocar livremente as restrições do justo. Não defenderei a lista de bens primários aqui, já que suas reivindicações parecem bem evidentes. Retornarei a esse ponto, porém, ocasionalmente, em especial com relação ao bem primário do autorrespeito. No que se segue, aceito a lista como consagrada e aplico a teoria plena do bem. O teste dessa teoria é que deve se ajustar a nossos juízos ponderados de valor em equilíbrio reflexivo.

Ainda temos duas questões da teoria do bem a analisar: devemos descobrir se a definição se mantém tanto para pessoas quanto para sociedades. Nesta seção trato do caso das pessoas, deixando a questão da boa sociedade para o último capítulo, quando for possível aplicar todas as partes da justiça como equidade. Muitos filósofos estão dispostos a aceitar alguma variação do bem como racionalidade para artefatos e papéis, e para valores não morais como a amizade e o afeto, a busca de conhecimentos e o desfrute da beleza etc. De fato, salientei que os elementos principais do bem como racionalidade são extremamente comuns, com os quais concordam filósofos de diversas correntes. Não obstante, muitas vezes se pensa que essa concepção do bem expressa uma teoria instrumental ou econômica do valor que não se mantém no caso do valor moral. Quando se diz que uma pessoa justa ou benevolente é moralmente boa, diz-se que se trata de outro conceito de bem[23]. Eu gostaria de argumentar, porém, que quando os princípios do direito e da justiça estão disponíveis, a teoria plena do bem como racionalidade pode, de fato, abranger esses juízos. O motivo por que a suposta teoria instrumental ou econômica fracassa é que aquilo que é, de fato, a teoria fraca é aplicado diretamente ao problema do valor moral. O que precisamos fazer, pelo contrário, é usar essa teoria apenas como parte da definição da posição original, da qual se deduzem os princípios do direito e da justiça. Podemos, então, aplicar a teoria completa do bem sem restrições e estamos livres para usá-la nos dois casos fundamentais da pessoa boa e da sociedade boa. Desenvolver a teoria fraca para convertê-la na teoria plena via posição original é a etapa essencial.

---

23. Cf. Campbell, "Moral and Non-Moral Values", *Mind*, Vol. 44 (1935); e R. M. Hare, "Geach on Good and Evil", *Analysis*, Vol. 18 (1957).

Vários modos se insinuam a fim de estender a definição ao problema do valor moral, e creio que pelo menos um deles será suficiente. Em primeiro lugar, devemos identificar algum papel ou situação fundamental, digamos o do cidadão, e, então, afirmar que a boa pessoa é aquela que tem em grau mais alto que a média as propriedades de que é racional os cidadãos desejarem uns nos outros. Aqui, a perspectiva relevante é a do cidadão que julga outros cidadãos no mesmo papel. Em segundo lugar, a ideia de boa pessoa poderia ser interpretada como algo que exige uma avaliação geral ou média, de forma que a boa pessoa seja aquela que se sai bem em seus vários papéis, em especial naqueles considerados mais importantes. Por fim, pode haver propriedades que é racional querer nas pessoas quando são vistas no tocante a praticamente quaisquer de seus papéis sociais. Digamos que tais propriedades, caso existam, tenham características gerais[24]. Para ilustrar esta ideia no caso das ferramentas, as propriedades com características gerais são as da eficácia, durabilidade, facilidade de manutenção etc. Essas características são desejáveis em ferramentas de quase todos os tipos. De tipo ainda mais geral são propriedades tais como as de não perder o fio, não enferrujar etc. A questão de saber se algumas ferramentas teriam essas propriedades nem sequer se apresenta. Por analogia, a boa pessoa, ao contrário do bom médico ou do bom agricultor, é aquela que tem em maior grau que a média as propriedades de características gerais (ainda a serem especificadas) que é racional as pessoas desejarem umas nas outras.

De antemão, parece que a última sugestão é a mais plausível. Podemos formulá-la a fim de incluir o primeiro caso como um caso especial e captar a ideia intuitiva do segundo. Há, porém, certas complicações para elaborá-la. A primeira coisa é identificar o ponto de vista do qual as pro-

---

[24]. Com relação à ideia de propriedades de características gerais e à sua utilização aqui, sou grato a T. M. Scanlon.

priedades de características gerais são preferidas de maneira racional e as suposições nas quais essa preferência se fundamenta. Observo de imediato que é indubitável que as virtudes morais fundamentais, isto é, os desejos fortes e normalmente eficazes de agir com base nos princípios fundamentais do justo, estão entre as propriedades de características gerais. Seja como for, parece que isso está fadado a ser verdadeiro, contanto que pressuponhamos que estamos considerando uma sociedade bem-ordenada, ou uma sociedade num estado de quase justiça, como vou supor que é o caso. Já que a estrutura básica de tal sociedade é justa, e esses arranjos institucionais são estáveis com respeito à concepção pública de justiça da sociedade, seus membros, em geral, terão um senso de justiça apropriado e um desejo de afirmar suas instituições. Mas também é verdade que é racional cada pessoa só agir de acordo com os princípios de justiça com base na hipótese de que, em geral, esses princípios são reconhecidos e que as outras pessoas também agem com base neles. Por conseguinte, o membro representativo de uma sociedade bem-ordenada descobrirá que deseja que os outros tenham as virtudes fundamentais e, em especial, um senso de justiça. Seu plano racional de vida é compatível com as restrições do justo, e ele decerto vai querer que outros reconheçam as mesmas restrições. Para tornar essa conclusão absolutamente firme, também gostaríamos de ter certeza de que é racional para aqueles que pertencem a uma sociedade bem-ordenada, que já adquiriram um senso de justiça, manter e até fortalecer esse sentimento moral. Tratarei dessa questão mais adiante (§ 86); por ora, suponho que seja esse o caso. Assim, com todos esses pressupostos em mãos, parece claro que as virtudes fundamentais estão entre as propriedades de características gerais que é racional os membros de uma sociedade bem-ordenada desejarem uns nos outros.

Devemos analisar mais uma complicação. Existem outras propriedades que se presume que tenham características gerais, como as virtudes, por exemplo, da inteligência e da imaginação, da força e da perseverança. Na verdade, é necessário certo mínimo desses atributos para a conduta correta, já que sem capacidade de julgamento e imaginação, digamos, intenções benéficas podem facilmente causar dano. Por outro lado, a não ser que o intelecto e o vigor sejam regidos por um senso de justiça e de obrigação, só podem aperfeiçoar a capacidade que alguns têm de passar por cima das pretensões legítimas de outros. Decerto não seria racional querer que alguns fossem tão superiores nesses aspectos a ponto de que as instituições justas corressem risco. Contudo, a posse desses recursos naturais no grau apropriado é claramente desejável do ponto de vista social e, portanto, de maneira limitada esses atributos também se constituem em características gerais. Assim, ao mesmo tempo que as virtudes morais estão contidas nas propriedades de características gerais, não são as únicas dessa classe.

É necessário, então, distinguir as virtudes morais de recursos naturais. Podemos encarar estes últimos como capacidades naturais desenvolvidas pela educação e quase sempre exercidas de acordo com certos padrões intelectuais característicos, ou outros padrões, com relação aos quais é possível avaliá-las de maneira aproximada. As virtudes, por outro lado, são sentimentos e atitudes habituais que nos levam a agir com base em certos princípios do justo. Podemos distinguir as virtudes umas das outras por meio de seus princípios correspondentes. Presumo, então, que as virtudes podem ser especificadas por meio do uso da concepção de justiça já adotada; depois de entendida essa concepção, podemos confiar nela para definir os sentimentos morais e distingui-los dos recursos naturais.

Uma boa pessoa, então, ou uma pessoa de valor moral, é alguém que tem, em grau superior ao da média, as características gerais do caráter moral que é racional as pessoas da posição original desejarem umas nas outras. Já que os princípios de justiça foram escolhidos, e estamos supondo aquiescência estrita, cada pessoa sabe que, na sociedade, vai querer que as outras tenham sentimentos morais que apoiem a adoção desses padrões. Podemos dizer, alternativamente, que uma boa pessoa tem as características do caráter moral que é racional os membros de uma sociedade bem-ordenada desejarem em seus associados. Nenhuma dessas interpretações apresenta ideias éticas novas e, portanto, a definição do bem como racionalidade foi ampliada e abrange também as pessoas. Em conjunto com a teoria da justiça que contém a interpretação fraca do bem como subparte, parece que a teoria plena oferece uma interpretação satisfatória do valor moral, o terceiro conceito fundamental da ética.

Alguns filósofos acham que, já que a pessoa *qua* pessoa não tem nenhum papel ou função definida, e já que não deve ser tratada como instrumento ou objeto, uma definição nas linhas do bem como racionalidade deve fracassar[25]. Como já vimos, porém, é possível elaborar uma definição desse tipo sem supor que as pessoas tenham algum papel específico, muito menos que sejam coisas a ser usadas com alguma finalidade oculta. É verdade, naturalmente, que a extensão da definição para o caso do valor moral faz inúmeras suposições. Presumo, em especial, que ser membro de alguma comunidade e envolver-se em muitas formas de cooperação é uma condição da vida humana. Mas esse pressuposto é genérico o bastante para não comprometer a teoria da justiça e do valor moral. De fato, é inteiramente adequado, conforme salientei antes, que uma interpretação dos nossos juízos morais ponderados deva basear-se nas circunstâncias naturais da sociedade. Nesse sentido, não há nada *a priori* no tocante à filosofia moral. Basta recordar, à guisa de resumo, que aquilo que permite que essa definição do bem abranja a ideia de valor moral é o uso dos princípios de justiça já deduzidos. Ademais, o teor específico e a modalidade de dedução desses princípios também são relevantes. A ideia da justiça como equidade, de que os princípios de justiça são aqueles com os quais as pessoas racionais concordariam numa situação original de igualdade, pre-

---

25. Cf., por exemplo, Hare, "Geach on Good and Evil", p. 109 ss.

para o caminho para ampliar a definição do bem para as questões mais amplas do bem moral.

Parece desejável indicar o modo pelo qual a definição do bem poderia estender-se a outros casos. Fazê-lo nos dará mais confiança em sua aplicação às pessoas. Assim, vamos supor que para cada pessoa haja um plano racional de vida que defina seu bem. Agora podemos definir um ato de bondade (no sentido de ato beneficente) como aquele que nos sentimos à vontade para praticar ou não, ou seja, não há uma exigência de dever ou obrigação natural que nos constranja a praticá-lo ou não praticá-lo, e que promove e tem a intenção de promover o bem de outrem (seu plano racional). Passando uma etapa à frente, podemos definir uma boa ação (no sentido de ato benevolente) como uma boa ação realizada em benefício do bem de outra pessoa. Um ato beneficente promove o bem de outrem; e uma ação benevolente é realizada em virtude do desejo de que o outro tenha seu bem. Quando a ação benevolente é aquela que traz muito bem para a outra pessoa e que é realizada com considerável perda ou risco para o agente, estimando-se isso por seus interesses interpretados de maneira mais estreita, então a ação é supererrogatória. Um ato que seria muito bom para outra pessoa, em especial o que a protege contra grandes danos, é um dever natural exigido pelo princípio de ajuda mútua, contanto que o sacrifício e os riscos para o agente não sejam muito grandes. Assim, um ato supererrogatório pode ser considerado aquele que uma pessoa realiza pelo bem de outrem, mesmo quando a condição que anula o dever natural se verifique. Em geral, ações supererrogatórias são aquelas que seriam deveres se não fossem atendidas certas condições de isenção que abrem espaço para o interesse próprio razoável. Por fim, naturalmente, para elaborar uma análise contratualista do justo completa, teríamos de elaborar do ponto de vista da posição original o que deve contar como interesse próprio razoável. Mas não tratarei dessa questão aqui.

Finalmente, a teoria completa do bem nos permite distinguir diversos tipos de valor moral, ou a ausência disso.

Podemos, assim, distinguir entre a pessoa injusta, a má e a perversa. À guisa de ilustração, vejamos o fato de que algumas pessoas lutam por poder excessivo, isto é, por autoridade sobre outras pessoas que ultrapassa o que os princípios de justiça permitem e que pode ser exercida de maneira arbitrária. Em cada um desses casos existe a disposição de fazer o que é errado e injusto para alcançar os próprios objetivos. A pessoa injusta, porém, procura dominar em nome de objetivos como riqueza e segurança que, quando devidamente limitados, são legítimos. A pessoa má deseja poder arbitrário porque gosta da sensação de domínio que seu exercício lhe proporciona e procura aclamação social. Também tem um desejo desproporcional de possuir coisas que, quando devidamente limitadas, são boas, ou seja, a estima dos outros e o sentido de autodomínio. É sua maneira de satisfazer essas ambições que a torna perigosa. A pessoa perversa, em contraste, aspira a uma dominação injusta precisamente porque transgride o que pessoas independentes consentiriam numa situação original de igualdade e, portanto, a possessão e a ostentação dessa dominação manifestam sua superioridade e afrontam o autorrespeito de outros.

É essa ostentação e afronta que se deseja. O que motiva a pessoa perversa é o amor pela injustiça: ela se deleita com a impotência e a humilhação daqueles submetidos a ela e se delicia ao ser reconhecida por elas como a autora consciente de sua degradação. Após unir a teoria da justiça com a teoria do bem no que denominei teoria completa, podemos fazer essa e outras distinções. Parece não haver nenhuma razão para temer que as numerosas variações do valor moral não possam ser explicadas.

67. Autorrespeito, excelências e vergonha

Em diversas ocasiões mencionei que talvez o bem primário mais importante seja o autorrespeito. Devemos nos certificar de que a concepção do bem como racionalidade explica por que deve ser assim. Podemos definir o autorrespeito (ou a autoestima) como apresentando dois aspectos. Em primeiro lugar, conforme observamos anteriormente (§ 29), essa ideia contém o sentido que a pessoa tem de seu próprio valor, sua firme convicção de que vale a pena realizar sua concepção de seu bem, seu projeto de vida. E, em segundo lugar, o autorrespeito implica uma confiança na própria capacidade, contanto que isso esteja ao alcance da pessoa, de realizar as próprias intenções. Quando achamos que nossos planos têm pouco valor, não podemos realizá-los com prazer nem nos deleitar com sua execução. Nem podemos continuar nossos esforços quando somos assolados pelo fracasso e pela insegurança. Está claro, então, o motivo por que o autorrespeito é um bem primário. Sem ele, parece que não vale a pena fazer nada, ou, se alguma coisa tem valor para nós, falta-nos disposição para lutar por ela. Todos os desejos e todas as atividades se tornam vazios e fúteis, e naufragamos na apatia e no ceticismo. Por conseguinte, as partes presentes na posição original desejariam evitar praticamente a qualquer preço as situações sociais que solapam o autorrespeito. O fato de que a justiça como equidade dá mais apoio ao autorrespeito do que os outros princípios é um forte motivo para que as partes a adotem.

 A concepção do bem como racionalidade nos permite caracterizar de maneira mais completa as circunstâncias que amparam o primeiro aspecto da autoestima, o sentido do nosso próprio valor. São essencialmente duas: (1) ter um plano racional de vida e, em especial, que satisfaça o Princípio Aristotélico; e (2) achar nossa pessoa e nossos atos admirados e confirmados por outros, que também são estimados e com os quais apreciamos nos associar. Presumo que ao plano de vida de uma pessoa faltará certa atração para ela própria se deixar de demandar suas capacidades naturais de maneira interessante. Quando as atividades deixam de atender ao Princípio Aristotélico, é provável que pareçam maçantes e não nos transmitam nenhuma sensação de competência ou de que vale a pena realizá-las. Uma pessoa se torna mais confiante do próprio valor quando suas capacidades se realizam totalmente e são organizadas de formas que tenham complexidade e refinamento adequados.

Porém, o efeito complementar do Princípio Aristotélico exerce influência sobre até que ponto os outros confirmam e se aprazem com o que fazemos. Embora seja verdade que, a não ser que nossos esforços sejam apreciados por nossos associados, é impossível manter a convicção de que valem a pena, também é verdade que as outras pessoas só tendem a lhes dar valor se o que fizermos suscitar sua admiração ou lhes der prazer. Assim, as atividades que demonstram talentos complicados e sutis, e manifestam discernimento e requinte, são valorizadas tanto pela própria pessoa quanto pelas outras a seu redor. Ademais, quanto mais alguém percebe seu próprio modo de vida como digno de realização, mais provável se torna que venha a receber bem as nossas realizações. Quem tem confiança em si próprio não é mesquinho na apreciação de outros. Articulando esses comentários, parece que as condições para que as pessoas respeitem a si mesmas e umas às outras exigem que seus projetos em comum sejam tanto racionais quanto complementares: esses projetos demandam suas habilidades cultivadas e despertam em cada qual uma sensação de maestria; e eles se encaixam em um sistema de atividades que todos podem admirar e desfrutar.

Pode-se achar que não é possível satisfazer essas estipulações em geral. Pode-se supor que só em uma associação limitada de indivíduos muito talentosos, unidos para realizar objetivos artísticos, científicos ou sociais em comum, seria possível algo desse tipo. Parece que não há como definir uma base duradoura para o autorrespeito na sociedade. Contudo, essa conjectura é equivocada. A aplicação do Princípio Aristotélico é sempre relativa ao indivíduo e, por conseguinte, a seus recursos naturais e à sua situação específica. Normalmente, basta que para cada pessoa exista alguma associação (uma ou mais) à qual pertença e dentro da qual as atividades que são racionais para ela sejam publicamente afirmadas pelas outras. Assim, adquirimos um sentido de que aquilo que fazemos na vida cotidiana tem valor. Ademais, os laços associativos fortalecem o segundo aspecto da autoestima, pois tendem a reduzir a probabilidade de fracasso e dar apoio contra a sensação de falta de confiança em si quando percalços ocorrem. Na verdade, os seres humanos têm capacidades e habilidades variadas, e o que parece interessante e fascinante para alguns não o será para outros. Não obstante, pelo menos numa sociedade bem-ordenada, há uma variedade de comunidades e associações, e os membros de cada uma têm seus próprios ideais apropriadamente combinados com suas aspirações e talentos. A julgar pela doutrina do perfeccionismo, as atividades de muitos grupos podem não demonstrar um alto grau de excelência. Mas não importa. O que importa é que a vida interna dessas associações esteja adequadamente ajustada às capacidades e desejos daqueles que pertencem a elas, e proporciona uma base segura para o senso de valor de seus membros. O nível absoluto de realização, mesmo que pudesse ser definido, é irrelevante. Porém, seja como for, como cidadãos devemos rejeitar o padrão de perfeição como um princípio político e, para os fins da justiça, evitar qualquer avaliação do valor relativo dos modos de vida uns dos outros (§ 50). Assim, o que é necessário é que haja para cada pessoa pelo menos uma comunidade de interesses mútuos à qual ela pertença e onde veja seus esforços confirmados pelos associados. E, de modo geral, essa garantia é suficiente onde quer que na vida pública os cidadãos respeitem os fins uns dos outros e julguem suas reivindicações políticas de maneira que também reforcem sua autoestima. É precisamente essa condição fundamental que é mantida pelos princípios de justiça. As partes da posição original não adotam o princípio da perfeição, pois rejeitar esse critério prepara o caminho para reconhecer o bem de todas as atividades que realizam o Princípio Aristotélico (e que são compatíveis com os princípios de justiça). Essa democracia, ao julgar os objetivos uns dos outros, é o fundamento do autorrespeito numa sociedade bem-ordenada. Mais adiante relacionarei essas questões à ideia de união social e ao lugar dos princípios de justiça no bem humano (§§ 79-82). Neste momento, quero discutir as relações entre o bem primário do autorrespeito, as excelências e a vergonha, e analisar quando a vergonha é uma emoção moral, e não emoção natural. Agora podemos caracterizar a vergonha como o sentimento que se tem ao sentir uma agressão ao autorrespeito ou sofrer um golpe contra a autoestima. A vergonha é dolorosa porque significa a perda de um bem valioso. Há, porém, uma diferença digna de nota entre vergonha e remorso. Este é um sentimento ocasionado pela perda de praticamente qualquer tipo de bem, como quando nos arrependemos de ter feito algo com imprudência ou desatenção que resultou em dano para nós mesmos. Ao explicar o remorso, concentramo-nos, por exemplo, em oportunidades perdidas ou recursos desperdiçados. Contudo, talvez também nos arrependamos de ter feito algo que nos envergonhou, ou mesmo de ter deixado de realizar um plano de vida que desse uma base para a nossa autoestima. Assim, podemos lamentar a falta de um senso de nosso próprio valor. O remorso é o sentimento geral provocado pela perda ou ausência do que achamos bom para nós, ao passo que a vergonha é a emoção provocada por choques no nosso autorrespeito, um tipo especial de bem.

Tanto o remorso quanto a vergonha dizem respeito à própria pessoa, mas a vergonha implica uma relação especialmente íntima com nossa pessoa e com aqueles de quem dependemos para confirmar o sentido do nosso próprio valor[26].

---

26. Minha definição de vergonha se aproxima à de William McDougall, *An Introduction to Social Psychology* (Londres, Methuen, 1908), p. 124-8. Sobre a ligação entre a autoestima e o que chamei de Princípio Aristotélico, segui White, "Ego and Reality in Psychoanalytic Theory", Cap. 7. Sobre a relação da vergonha com a culpa, vali-me de Gerhart Piers e Milton Singer, *Shame and Guilt* (Springfield, Ill., Charles C. Thomas, 1953), embora o contexto de minha

Além disso, a vergonha às vezes é um sentimento moral, recorrendo-se a um princípio do justo para explicá-lo. Temos de descobrir uma explicação para esses fatos. Vamos distinguir entre coisas que são boas principalmente para nós (para aqueles que as possuem) e os atributos da nossa pessoa que são bons tanto para nós quanto para os outros. Essas duas classes não são exaustivas, mas indicam a diferença relevante. Assim, as mercadorias e os objetos de propriedade (bens exclusivos) são bens principalmente para seus proprietários e têm utilidade para eles, e utilidade apenas indireta para outros. Por outro lado, imaginação e sagacidade, beleza e graça e outros recursos e habilidades naturais da pessoa são bens também para outras pessoas: são desfrutados tanto por nós quanto por nossos associados, quando adequadamente demonstrados e exercidos da maneira correta. Eles constituem os recursos humanos para o exercício de atividades complementares, nas quais as pessoas se unem e têm prazer com a realização da própria natureza e com as realizações umas das outras. Essa classe de bens constitui as excelências: são as características e as habilidades da pessoa que é racional para todos (inclusive para nós mesmos) querer que tenhamos. Do nosso ponto de vista, as excelências são bens porque nos permitem realizar um plano de vida mais satisfatório, aumentando nosso senso de maestria. Ao mesmo tempo, esses atributos são apreciados por aqueles com quem nos associamos, e o prazer que temos com nossa pessoa e com o que fazemos sustenta nossa autoestima. Assim, as excelências são uma condição para o progresso humano; são bens, do ponto de vista de todos. Esses fatos os ligam às condições do autorrespeito e explicam seu vínculo com nossa confiança em nosso próprio valor.

---

discussão seja bastante diferente. Cf. também Erik Erikson, "Identity and the Life Cycle", *Psychological Issues*, Vol. I (1959), p. 39-41, 65-70. Sobre a natureza íntima da vergonha, cf. Stanley Cavell, "The Avoidance of Love", em *Must We Mean What We Say?* (Nova York, Charles Scribner's Sons, 1969), p. 278, 286 s.

Analisando em primeiro lugar a vergonha natural, ela não surge da perda ou da ausência de bens exclusivos, ou pelo menos não diretamente, mas de agressões à nossa autoestima em razão de não termos como ou de fracassarmos em exercer certas excelências. A falta de coisas que são boas primariamente para nós seria fato a lamentar, mas não para provocar vergonha. Assim, a pessoa pode sentir vergonha de sua aparência ou de sua falta de inteligência. Em geral, esses atributos não são voluntários e, portanto, não somos culpados por tê-los; contudo, dado o vínculo que há entre a vergonha e o autorrespeito, a razão para sentir-se deprimido por causa deles é óbvia. Com esses defeitos, nosso modo de vida quase sempre é menos satisfatório e recebemos menos incentivo dos outros. Assim, a vergonha natural é despertada por falhas na nossa pessoa, ou por atos e atributos que indiquem isso, que manifestem a perda ou a ausência de propriedades que tanto os outros quanto nós mesmos acharíamos racional possuir. Não obstante, uma qualificação se faz necessária. É o nosso plano de vida que define aquilo de que temos vergonha e, assim, o sentimento de vergonha é relativo a nossas aspirações, ao que tentamos fazer e a quem queremos nos associar[27]. Quem não tem talento musical não se esforça para tornar-se músico e não sente vergonha por não ter tal talento. Na verdade, não se trata de nenhuma deficiência, pelo menos se for possível criar associações satisfatórias fazendo-se outras coisas. Assim, devemos dizer que, em vista do nosso plano de vida, costumamos nos envergonhar daqueles defeitos na nossa pessoa e das falhas em nossos atos que indiquem perda ou ausência das excelências essenciais para realizar nossos mais importantes objetivos associativos.

Voltando-nos agora para a vergonha moral, só precisamos juntar a análise da ideia de boa pessoa (na seção anterior) com os comentários acerca da natureza da vergonha.

---

27. Cf. William James, *The Principles of Psychology*, Vol. I (Nova York, 1890), p. 309 s.

Assim, uma pessoa está sujeita a sofrer vergonha moral quando preza como excelências dessa pessoa aquelas virtudes que o seu plano de vida requer e está estruturado para incentivar. Ela considera as virtudes, ou pelo menos algumas delas, como as propriedades que aqueles com quem se associa querem nela e que ela própria deseja ter em si própria. Possuir essas excelências e expressá-las em suas ações estão entre os objetivos reguladores de sua pessoa e são percebidos como uma condição para ser valorizada e estimada por aqueles com quem faz questão de se associar. Os atos e as características que manifestam ou traem a ausência desses atributos na sua pessoa podem, então, ocasionar vergonha; e o mesmo acontece com a percepção ou a recordação desses defeitos. Já que a vergonha surge de um sentimento de depreciação do eu, temos de explicar como a vergonha moral pode ser assim considerada. Em primeiro lugar, a interpretação kantiana da posição original significa que o desejo de fazer o que é certo e justo é a principal maneira que as pessoas têm de expressar sua natureza de seres racionais livres e iguais. E do Princípio Aristotélico deduz-se que essa expressão de sua natureza é um elemento fundamental de seu bem. Em combinação com a análise do valor moral, temos, então, que as virtudes são excelências. São boas do nosso próprio ponto de vista, bem como do ponto de vista das outras pessoas. A ausência delas tenderá a solapar tanto a nossa autoestima quanto a estima que nossos associados sentem por nós. Por conseguinte, indicações dessas falhas ferem o autorrespeito, o que se faz acompanhar por sentimentos de vergonha.

É útil observar as diferenças entre os sentimentos de vergonha moral e culpa. Embora ambos possam ser provocados por uma mesma ação, eles não têm a mesma explicação (§ 73). Imaginemos, por exemplo, alguém que trapaceia ou cede à covardia e, depois, se sente culpado e envergonhado. Sente-se culpado porque agiu contra seu senso de direito e justiça. Ao promover seus interesses de maneira errada, transgrediu os direitos alheios, e seus sentimentos de culpa serão mais intensos se tiver laços de amizade e associação com as partes prejudicadas. Espera que essas outras pessoas fiquem ressentidas e indignadas com sua conduta; e teme sua ira justificada e a possibilidade de represália. Contudo, também se sente envergonhado porque sua conduta demonstra que deixou de alcançar o bem do autodomínio, e foi julgado indigno dos associados dos quais depende para confirmar sua noção do próprio valor. Teme que o rejeitem e o achem desprezível, objeto de ridículo. Seu comportamento traiu a falta das excelências morais que preza e às quais aspira.

Vemos, então, que, por serem excelências da nossa própria pessoa que levamos aos assuntos da vida social, podemos aspirar a todas as virtudes e que sua ausência pode nos tornar passíveis de vergonha. Algumas virtudes, porém, se unem à vergonha de maneira especial, já que são indicadoras da ausência de autodomínio e de suas excelências complementares: força, coragem e autocontrole. Os erros que manifestam a ausência dessas qualidades são especialmente propícios a nos submeter a sentimentos dolorosos de vergonha. Assim, embora os princípios do direito e da justiça sejam usados para descrever as ações que nos levam a sentir tanto a vergonha como a culpa morais, a perspectiva é diferente em cada caso. No primeiro, concentramo-nos na violação das reivindicações justas de outros e no mal que lhes fizemos, e em seu provável ressentimento ou indignação se descobrirem o que fizemos. No outro caso, porém, somos atingidos pela perda da nossa autoestima e pela nossa incapacidade de realizar nossos objetivos: sentimos a depreciação do eu que vem do menor respeito que os outros podem ter por nós porque não conseguimos viver à altura dos nossos ideais. A vergonha e a culpa morais, está claro, envolvem nossas relações com outras pessoas, e ambas são expressões da nossa aceitação dos princípios fundamentais do direito e da justiça. Não obstante, essas emoções ocorrem dentro de pontos de vista diversos, sendo nossas circunstâncias vistas de maneiras diferentes.

68. Contrastes entre o justo e o bem

Para expor as características estruturais da tese contratualista, passo a mencionar várias diferenças entre os conceitos de justo e do bem. Já que esses conceitos nos permitem explicar o valor moral, são os dois conceitos fundamentais da teoria. A estrutura de uma doutrina ética depende de como ela relaciona essas duas ideias e define suas diferenças. Essas observações se prestam a salientar características distintivas da justiça como equidade.

Uma das diferenças é que, embora os princípios de justiça (e os princípios do justo, em geral) sejam aqueles que seriam escolhidos na posição original, os princípios da escolha racional e os critérios da racionalidade deliberativa não são escolhidos. A tarefa primeira da teoria da justiça é definir a posição inicial de tal modo que os princípios resultantes expressem a concepção correta de justiça do ponto de vista filosófico. Isso significa que as características típicas dessa situação devem representar limitações razoáveis aos argumentos favoráveis à aceitação dos princípios e que os princípios aceitos devem ser compatíveis com nossas convicções ponderadas de justiça em equilíbrio reflexivo. Não surge, porém, um problema análogo para a teoria do bem. Não há, para começar, necessidade de concordar com os princípios da escolha racional. Já que cada pessoa está livre para planejar a própria vida como lhe aprouver (contanto que suas intenções sejam compatíveis com os princípios de justiça), não se exige unanimidade no tocante aos padrões de racionalidade. O que a teoria da justiça presume é que, na teoria fraca do bem, os critérios evidentes da escolha racional sejam suficientes para explicar a preferência pelos bens primários, e que essas variações tais como as que existem entre as concepções de racionalidade não afetem os princípios da justiça adotados na posição original.

Presumi, contudo, que os seres humanos reconhecem certos princípios e que esses padrões podem ser adotados por enumeração para substituir a ideia de racionalidade.

Podemos, se quisermos, permitir certas variações na lista. Assim, há discordância com relação à melhor maneira de lidar com a incerteza[28]. Não há motivo, porém, para que os indivíduos, ao elaborar seus projetos, não sejam vistos como pessoas que seguem suas inclinações nesse caso. Por conseguinte, pode-se acrescentar à lista qualquer princípio de escolha em situação de incerteza que pareça plausível, contanto que não existam argumentos decisivos contra ele. É só na teoria fraca do bem que precisamos nos preocupar com essas questões. Aqui, a ideia de racionalidade deve ser interpretada de modo que se possa definir o desejo geral por bens primários e demonstrar a escolha dos princípios de justiça. Porém, mesmo nesse caso, sustentei que a concepção de justiça adotada é insensível no tocante a interpretações conflitantes de racionalidade. Seja como for, porém, depois de escolhidos os princípios de justiça, e quando já estamos trabalhando com a teoria plena, não há necessidade de formular a teoria do bem de modo a impor a unanimidade a todos os padrões de escolha racional. Na verdade, isso contradiria a liberdade de escolha que a justiça com equidade garante a indivíduos e grupos dentro do âmbito de instituições justas.

A segunda diferença entre o justo e o bem é que, em geral, é bom que as concepções do bem de cada indivíduo tenham diferenças significativas entre si, ao passo que isso não acontece com as concepções de justo. Numa sociedade bem-ordenada, os cidadãos defendem os mesmos princípios do justo e tentam chegar ao mesmo juízo em casos específicos. Esses princípios devem instituir uma ordenação final entre as reivindicações conflitantes que as pessoas fazem umas às outras, e é essencial que essa ordenação seja identificável do ponto de vista de todos, por mais difícil que possa ser, na prática, sua aceitação unânime. Por outro lado, os indivíduos encontram seu bem de maneiras diversas, e

---

28. Cf. a discussão em R. D. Luce e Howard Raiffa, *Games and Decisions* (Nova York, John Wiley and Sons, 1957), p. 278-306.

muitas coisas podem ser boas para uma pessoa e não o ser para outra. Ademais, não há urgência de se chegar a um juízo publicamente aceito no tocante àquilo que é o bem de cada indivíduo. Os motivos que tornam necessário tal acordo em questões de justiça não se verificam no caso dos juízos de valor. Mesmo quando assumimos o ponto de vista de outras pessoa e tentamos avaliar o que lhe traria vantagem, nós o fazemos como conselheiros, por assim dizer. Tentamos nos pôr no lugar de outra pessoa e imaginar que temos seus objetivos e desejos, tentamos encarar a situação do ponto de vista dela. Afora os casos de paternalismo, oferecemos nosso julgamento quando nos pedem, mas não há conflito de direito se nosso conselho for contestado e nossa opinião não for acatada.

Em uma sociedade bem-ordenada, então, os planos de vida dos indivíduos são diferentes no sentido em que esses projetos dão importância a objetivos diversos, e as pessoas ficam livres para definir seu próprio bem, sendo as opiniões de outras pessoas consideradas de forma meramente consultiva. Essa variedade nas concepções do bem é, em si, uma boa coisa; isto é, é racional que os membros de uma sociedade bem-ordenada queiram que seus projetos sejam diferentes. Os motivos disso são óbvios. Os seres humanos têm inúmeros talentos e capacidades, cuja totalidade é inalcançável por qualquer pessoa ou grupo de pessoas. Assim, além de nos beneficiarmos da natureza complementar das nossas inclinações desenvolvidas, temos prazer nas atividades uns dos outros. É como se os outros estivessem revelando uma parte de nós mesmos que não conseguimos cultivar. Temos de nos dedicar a outras coisas, a apenas uma pequena parte do que poderíamos fazer (§ 79). Mas a situação é bem diferente no que se refere à justiça: além de exigir princípios comuns, também exigimos maneiras suficientemente semelhantes de aplicá-los em casos específicos, para que seja possível definir um ordenamento final de reivindicações em conflito. Julgamentos de justiça só são consultivos em circunstâncias especiais.

A terceira diferença é que muitas aplicações dos princípios de justiça são limitadas pelo véu de ignorância, ao passo que as avaliações do bem de determinada pessoa podem basear-se no pleno conhecimento dos fatos. Assim, como já vimos, os princípios de justiça não devem ser apenas escolhidos na ausência de certos tipos de informações específicos, mas quando esses princípios são usados na elaboração de constituições e de arranjos sociais básicos, e para decidir entre leis e políticas, estamos sujeitos a limitações semelhantes, embora não tão rígidas. Também se exige que os delegados da convenção constituinte e os legisladores e eleitores ideais adotem um ponto de vista do qual só conheçam os fatos genéricos apropriados. A concepção de bem de um indivíduo, por outro lado, deve ajustar-se desde o início a sua situação particular. O plano racional de vida leva em conta as nossas habilidades especiais, nossos interesses e nossas circunstâncias, e, portanto, depende apropriadamente da nossa posição social e dos nossos bens naturais. Não há nenhuma objeção a adaptar os planos racionais a essas contingências, pois os princípios de justiça já foram escolhidos e limitam o teor desses projetos, os fins que incentivam e os recursos que usam. Porém, nos julgamentos de justiça, é só no estágio judicial e administrativo que todas as restrições às informações desaparecem, e que se devem decidir os casos específicos à vista de todos os fatos relevantes.

À luz desses contrastes, podemos esclarecer ainda mais uma diferença importante entre a doutrina contratualista e o utilitarismo. Já que o princípio de utilidade deve maximizar o bem entendido como satisfação do desejo racional, devemos considerar como dadas as preferências e as possibilidades existentes de sua continuação no futuro e, então, nos esforçar pelo maior saldo líquido de satisfação. Porém, como já vimos, a definição dos planos racionais é indeterminada em aspectos importantes (§ 64). Os princípios da escolha racional mais evidentes e de fácil aplicação não especificam o melhor plano: ainda resta muito a decidir. Essa indeterminação não representa uma dificuldade para a justiça como equidade, pois os pormenores dos planos não prejudicam em hipótese alguma o que é direito ou justo. Nosso modo de vida, sejam quais forem nossas circunstâncias específicas, deve sempre estar de acordo com os princípios de justiça que são descobertos de maneira independente. Assim, as características arbitrárias dos planos de vida não afetam esses princípios, nem como se deve organizar a estrutura básica. A indeterminação da noção de racionalidade não se traduz em reivindicações legítimas que as pessoas possam impor umas às outras. A prioridade do justo o impede.

O utilitarista, por outro lado, deve admitir a possibilidade teórica de que as configurações de preferências permitidas por essa indeterminação possam levar à injustiça conforme normalmente entendida. Por exemplo, vamos supor que a maior parte da sociedade tenha repugnância por certos costumes religiosos ou sexuais, e os considere abomináveis. Esse sentimento é tão intenso que não basta que esses costumes sejam mantidos ocultos; a simples ideia de que essas coisas estejam acontecendo desperta a fúria e o ódio da maioria. Mesmo quando essas opiniões são insustentáveis no campo moral, parece que não há um modo seguro de excluí-las por serem irracionais. Procurar a maior satisfação dos desejos pode, então, justificar medidas rígidas de repressão contra atos que não causam nenhum dano social. Para defender a liberdade individual nesse caso, o utilitarista tem de demonstrar que, dadas as circunstâncias, o saldo real de vantagens a longo prazo ainda está do lado da liberdade; e essa argumentação pode ter êxito ou não.

Na justiça como equidade, porém, esse problema não surge. Para começar, as convicções intensas da maioria, caso sejam mesmo meras preferências sem sustentação nos princípios de justiça previamente estabelecidos, não têm nenhum peso. A satisfação desses sentimentos não tem um valor que se possa pôr na balança contra as exigências da liberdade igual. Para reclamar contra a conduta e a convicção de outros, devemos provar que seus atos nos prejudicam, ou que as instituições que autorizam o que fazem nos tratam de maneira injusta. E isso significa que devemos recorrer aos princípios que reconheceríamos na posição original. Contra esses princípios, nem a intensidade de um sentimento nem o fato de ser compartilhado pela maioria contam para coisa alguma. Na visão contratualista, então, os fundamentos da liberdade são completamente separados das preferências existentes. Na verdade, podemos considerar os princípios de justiça como um acordo para não levar em conta certos sentimentos quando avaliamos a conduta de outros. Conforme já comentei (§ 50), esses pontos são elementos conhecidos da doutrina clássica liberal. Voltei a mencioná-los para mostrar que a indeterminação da teoria plena do bem não é motivo para objeção. Pode deixar a pessoa indecisa com relação ao que fazer, pois não lhe oferece instruções sobre como decidir. Porém, como o objetivo da justiça não é maximizar a realização de planos racionais, o teor da justiça não é prejudicado em hipótese alguma. Naturalmente, não se pode negar que as atitudes sociais predominantes deixam o governante de mãos atadas. As convicções e as paixões da maioria podem inviabilizar a manutenção da liberdade. Porém, curvar-se a essas necessidades práticas não é igual a aceitar a justificativa de que, se forem fortes o bastante e excederem em intensidade quaisquer sentimentos que possam substituí-los, esses sentimentos devem conduzir a decisão. A visão contratualista, em contraste, exige que nos aproximemos das instituições justas da maneira mais rápida que as circunstâncias permitirem, sejam quais forem os sentimentos existentes. Há um sistema definido de instituições ideais contido em seus princípios da justiça (§ 41).

Desses contrastes fica evidente que, na justiça como equidade, os conceitos do justo e do bem têm características nitidamente distintas. Essas diferenças surgem da estrutura da teoria contratualista e da prioridade do direito e da justiça que disso resulta. Não sugiro, porém, que os termos "justo" e "bem" (e seus correlatos) sejam usados normalmente de maneiras que expressem essas diferenças. Embora nossa linguagem corrente possa dar apoio à interpretação desses conceitos, tal correspondência não é necessária para a correção da doutrina contratualista. Para isso bastam duas coisas. Em primeiro lugar, há um meio de traçar um mapa dos nossos juízos ponderados numa teoria da justiça de tal maneira que, em equilíbrio reflexivo, os equivalentes dessas convicções se revelem verdadeiros, para expressar juízos que podemos aceitar. Em segundo lugar, uma vez que compreendemos a teoria, podemos reconhecer essas interpretações como formulações adequadas daquilo que, após ponderação, agora queremos afirmar. Embora em geral não usemos essas substituições, talvez por serem incômodas demais, ou talvez porque viessem a ser mal-entendidas, estamos dispostos a admitir que abrangem substancialmente o que se quer dizer. É certo que esses substitutos talvez não signifiquem o mesmo que os juízos correntes com os quais são emparelhados. Até que ponto isso acontece é uma questão que não examinarei. Ademais, as substituições podem indicar uma mudança mais ou menos drástica nos nossos juízos morais iniciais, da forma como existiam antes da ponderação filosófica. Mesmo assim, ocorrerão algumas mudanças quando a crítica e a construção filosóficas nos levarem a rever e ampliar nossas opiniões. O importante, porém, é saber se a concepção de justiça como equidade, melhor que qualquer outra teoria atualmente conhecida por nós, consegue conduzir a interpretações verdadeiras dos nossos juízos ponderados e oferecer uma modalidade de expressão para o que queremos afirmar.

Capítulo VIII
O senso de justiça

Tendo apresentado uma análise do bem, volto-me agora para o problema da estabilidade. Tratarei do assunto em duas etapas. Neste capítulo, discorro sobre a aquisição do senso de justiça pelos membros de uma sociedade bem-ordenada, e trato brevemente da força relativa dessa convicção quando definida por outras concepções morais. O capítulo final examina a questão da congruência, isto é, se o senso de justiça se articula com a concepção do nosso bem, de forma que ambos se unam para dar sustentação a um sistema justo. Convém ter em mente que grande parte deste capítulo é uma preparação e que só toco em alguns tópicos para indicar os pontos mais fundamentais que são relevantes para a teoria filosófica. Começo com uma definição de sociedade bem-ordenada e alguns breves comentários sobre o significado de estabilidade. Em seguida, traço um esboço do desenvolvimento do senso de justiça como presumivelmente ocorreria quando instituições justas estivessem firmemente estabelecidas e reconhecidas como justas. Também dispenso alguma atenção aos princípios da psicologia moral; saliento o fato de que são princípios da reciprocidade e relaciono isso com a questão da estabilidade relativa. O capítulo termina com um exame dos atributos naturais em razão dos quais se devem aos seres humanos as garantias da justiça igual, e que definem a fundamentação natural da igualdade.

69. O conceito de sociedade bem-ordenada

No início (§ 1), caracterizei uma sociedade bem-ordenada como aquela moldada para promover o bem de seus membros e regulada de forma efetiva por uma concepção pública de justiça. Assim, é uma sociedade na qual todos aceitam e sabem que os outros aceitam os mesmos princípios de justiça, e as instituições sociais básicas atendem e se sabe que atendem a esses princípios. A justiça como equidade está estruturada para estar de acordo com essa ideia de sociedade. As pessoas presentes na posição original devem supor que os princípios escolhidos são públicos e, assim, devem avaliar essas concepções da justiça tendo em vista suas prováveis consequências quando adotadas como padrões universalmente reconhecidos (§ 23). As concepções que funcionariam se entendidas e acatadas por alguns poucos, ou mesmo por todos, contanto que esse fato não fosse amplamente conhecido, são excluídas pela cláusula da publicidade. Devemos também observar que, como os princípios são aceitos à luz de convicções gerais verdadeiras sobre os seres humanos e seu lugar na sociedade, a concepção de justiça adotada deve ser aceitável com base nesses fatos. Não há necessidade de recorrer a doutrinas teológicas ou metafísicas para sustentar seus princípios, nem de imaginar outro mundo que compense e corrija as desigualdades que os dois princípios permitem neste. Ou as concepções de justiça são justificadas pelas condições da nossa vida, conforme as conhecemos, ou não serão de modo algum[1].

Uma sociedade bem-ordenada também é regida por sua concepção pública de justiça. Esse fato implica que seus membros têm um desejo forte e em geral efetivo de agir conforme o exigem os princípios da justiça. Já que uma so-

---

1. Disso decorre que estão excluídos mecanismos como o da Mentira Nobre na *República* de Platão (cf. Livro III, 414-415), assim como a defesa da religião (quando nela não se acredita) para sustentar um sistema social que de outra forma não sobreviveria, como no exemplo do Grande Inquisidor de *Os irmãos Karamazov*, de Dostoiévski.

ciedade bem-ordenada resiste ao tempo, presume-se que sua concepção de justiça seja estável, isto é, que quando as instituições são justas (conforme definidas por essa concepção), os que participam desses arranjos institucionais adquirem o correspondente senso de justiça e desejam fazer sua parte para preservá-las. Uma concepção de justiça é mais estável que outra se o senso de justiça que tende a gerar for mais forte e tiver mais probabilidade de anular inclinações desestabilizadoras e se as instituições que permite gerarem impulsos e tentações mais fracos a agir de maneira injusta. A estabilidade da concepção depende de um equilíbrio de motivações: o senso de justiça que cultiva e os objetivos que incentiva devem normalmente ter preponderância sobre as propensões à injustiça. Para avaliar a estabilidade de uma concepção de justiça (e da sociedade bem-ordenada que define), deve-se examinar a força relativa dessas tendências opostas.

É evidente que a estabilidade é uma característica desejável das concepções morais. Em circunstâncias normais, as pessoas presentes na posição original adotarão o sistema mais estável de princípios. Por mais atraente que uma concepção de justiça possa ser em outros aspectos, ela estará seriamente comprometida se os princípios da psicologia moral forem tais que deixem de gerar nos seres humanos o necessário desejo de agir com base nela. Assim, ao prosseguir na argumentação a favor dos princípios da justiça como equidade, eu gostaria de mostrar que essa concepção é mais estável que outras alternativas. Essa argumentação proveniente da estabilidade é, em sua maior parte, complementar às razões até o momento citadas (a não ser no caso das ponderações apresentadas no § 29). Quero analisar essa ideia de maneira mais pormenorizada, tanto por ela mesma quanto para preparar o caminho para a discussão de outros assuntos, tais como o fundamento da igualdade e a prioridade da liberdade.

Na verdade, o critério de estabilidade não é decisivo. De fato, algumas teorias éticas o desobedecem totalmente, pelo menos em algumas interpretações. Assim, ocasionalmente se diz que Bentham sustentava tanto o princípio clássico da utilidade quanto a doutrina do egoísmo psicológico. Mas, se é uma lei psicológica que os indivíduos só procurem interesses em si mesmos, é impossível que tenham um senso de justiça efetivo (conforme definido pelo princípio da utilidade). O melhor que o legislador ideal pode fazer é moldar os arranjos sociais de tal modo que os cidadãos sejam persuadidos a agir de forma que maximizem o total de bem-estar motivados somente pelo interesse próprio ou por interesses de grupos. Nessa concepção, a identificação de interesses que resulta é, de fato, artificial: fundamenta-se no artifício da razão, e os indivíduos obedecem ao esquema institucional apenas como meio de atender a seus próprios interesses[2].

Esse tipo de divergência entre os princípios do direito e da justiça e as motivações humanas é incomum, embora instrutivo como um caso-limite. A maioria das doutrinas tradicionais afirma que, em algum grau, pelo menos a natureza humana é tal que adquirimos um desejo de agir de forma justa quando vivemos sob instituições justas e nos beneficiamos delas. Na medida em que isso é verdade, uma concepção de justiça é psicologicamente adequada às inclinações humanas. Ademais, se o desejo de agir com justiça também for regulador de um projeto de vida racional, agir com justiça faz parte do nosso bem. Nesse caso, as concepções de justiça e do bem são compatíveis e a teoria como um todo é congruente. A tarefa deste capítulo é explicar como a justiça como equidade gera seu próprio apoio e demonstrar que ela tem probabilidade de alcançar maior estabilidade do que as alternativas tradicionais, já que está

---

2. Apesar de Bentham ser algumas vezes interpretado como um egoísta psicológico, Jacob Viner apresenta uma análise diferente em "Bentham and J. S. Mill: The Utilitarian Background" (1949), reimpresso em *The Long View and the Short* (Glencoe, Ill., Free Press, 1958); cf. p. 312-4. Viner também fornece aquela que deve ser a interpretação correta da concepção de Bentham do papel do legislador, p. 316-9.

mais alinhada com os princípios da psicologia moral. Para tal fim, descreverei de maneira resumida como os seres humanos em uma sociedade bem-ordenada podem vir a adquirir um senso de justiça e as outras convicções morais. É inevitável que tenhamos de tratar de algumas questões psicológicas bem especulativas; venho sempre presumindo, porém, que os fatos genéricos acerca do mundo, incluindo princípios psicológicos fundamentais, são conhecidos pelas pessoas que se encontram na posição original e que essas pessoas se baseiam nesses fatos ao tomar decisões. Ao refletir sobre esses problemas, aqui examinamos esses fatos para ver como afetam o acordo inicial.

Talvez eu evite mal-entendidos se fizer alguns comentários sobre os conceitos de equilíbrio e estabilidade. Essas duas ideias admitem considerável refinamento teórico e matemático, porém eu as usarei de maneira intuitiva[3]. A primeira coisa a observar é que são aplicadas a sistemas de um certo tipo. Assim, é o sistema que está em equilíbrio, e ele está assim quando alcança um estado que persiste indefinidamente ao longo do tempo, contanto que não sofra pressão de forças externas. Para definir com precisão o estado de equilíbrio, é preciso traçar com critério os limites do sistema e definir com clareza suas características determinantes. Três coisas são essenciais: em primeiro lugar, iden-

---

3. Sobre as noções de equilíbrio e estabilidade aplicadas a sistemas, cf., por exemplo W. R. Ashby, *Design for a Brain*, 2.ª ed. revista (Londres, Chapman and Hall, 1960), Caps. 2-4, 19-20. O conceito de estabilidade que uso é, na verdade, o conceito de quase estabilidade: se o equilíbrio é estável, então todas as variáveis retornam aos seus valores de equilíbrio depois que um distúrbio desequilibrou o sistema; no equilíbrio quase estável, apenas algumas das variáveis retornam à sua configuração de equilíbrio. Sobre essa definição, ver Harvey Leibenstein, *Economic Backwardness and Economic Growth* (Nova York, John Wiley and Sons, 1957), p. 18. Uma sociedade bem-ordenada é quase estável no tocante à justiça de suas instituições e ao senso de justiça necessário para manter tal condição. Embora uma mudança nas circunstâncias sociais possa fazer com que suas instituições deixem de ser justas, no devido tempo elas são reformadas da forma exigida pela situação, e a justiça é restaurada.

tificar o sistema e distinguir entre forças internas e externas; em segundo lugar, definir os estados do sistema, sendo que um estado corresponde a uma determinada configuração de suas características determinantes; e, em terceiro lugar, especificar as leis que ligam esses estados. Alguns sistemas não têm estado de equilíbrio, ao passo que outros têm muitos. Essas questões dependem da natureza do sistema. Um equilíbrio é estável sempre que os afastamentos dele, provocados, digamos, por distúrbios externos, invocam forças internas do sistema que tendem a levá-lo de volta ao estado de equilíbrio, a não ser, é claro, que os choques externos sejam grandes demais. O equilíbrio é instável, pelo contrário, quando distanciar-se dele desperta forças internas do sistema que levam a mudanças ainda maiores. Os sistemas são mais ou menos estáveis, dependendo do poder das forças internas disponíveis para devolver-lhes o equilíbrio. Já que, na prática, todos os sistemas sociais estão sujeitos a algum tipo de perturbação, são praticamente estáveis, digamos, se afastamentos de suas posições preferidas de equilíbrio provocadas por distúrbios normais causam forças intensas o bastante para restabelecer esses equilíbrios após um período de tempo razoável, ou para fazê-los permanecer suficientemente próximos de tais equilíbrios. Infelizmente, essas definições são vagas, mas devem bastar para nossos fins.

Os sistemas aqui relevantes, naturalmente, são as estruturas básicas das sociedades bem-ordenadas correspondentes às diversas concepções de justiça. Estamos interessados nesse complexo de instituições políticas, econômicas e sociais, quando atende, e isso é de conhecimento público daqueles que participam desse complexo, os princípios de justiça. Devemos tentar avaliar a estabilidade relativa desses sistemas. Suponho que as fronteiras desses sistemas são definidas pela ideia de uma comunidade nacional autônoma. Essa hipótese só deixará de valer após a dedução dos princípios de justiça para o direito das nações (§ 58), porém não me aprofundarei nos problemas mais vastos do direito internacional. Também é essencial observar que, neste caso, o equilíbrio e a estabilidade devem ser definidos com relação à justiça da estrutura básica e à conduta moral dos indivíduos. A estabilidade da concepção de justiça não implica que as instituições e práticas da sociedade bem-ordenada não se alterem. Na verdade, presume-se que tal sociedade conterá grande diversidade e adotará ordenações diferentes de tempos em tempos. Nesse contexto, estabilidade significa que, sempre que as instituições se modificam, ainda permanecem justas ou aproximadamente justas, pois são feitos ajustes em razão de novas circunstâncias sociais. Os desvios inevitáveis da justiça são efetivamente corrigidos ou mantidos dentro de limites toleráveis pelas forças internas do sistema. Dentre essas forças, suponho que o senso de justiça comum a todos os membros da comunidade tenha um papel fundamental. Até certo ponto, então, sentimentos morais são necessários para garantir a estabilidade da estrutura básica no tocante à justiça.

Volto-me agora para o modo como se formam esses sentimentos e com respeito a essa questão há, em termos gerais, duas tradições principais. A primeira provém historicamente da doutrina do empirismo e se encontra nos utilitaristas, de Hume a Sidgwick. Em sua forma mais recente e evoluída, é representada pela teoria do aprendizado social. Uma das proposições centrais é que o objetivo da formação moral é fornecer motivações ausentes: o desejo de fazer o que é certo como um bem em si mesmo e o desejo de não fazer o que é errado. A conduta correta é a conduta em geral benéfica para outros e para a sociedade (conforme definida pelo princípio de utilidade), para a qual é comum nos faltar motivação eficaz, ao passo que a conduta errada é o comportamento em geral prejudicial a outros e à sociedade, para o qual muitas vezes temos motivação suficiente. A sociedade deve, de algum modo, corrigir esses defeitos. Isso acontece por meio da aprovação e da desaprovação de pais e de outras autoridades que, quando necessário, recorrem a recompensas e castigos, que vão do ato de dar ou deixar de dar afeto à administração de prazeres e sofrimentos. Finalmente, por meio de processos psicológicos vários, passamos a ter um desejo de fazer o que é certo e uma aversão ao que é errado. A segunda tese é que o desejo de adaptar-se aos padrões morais surge normalmente no início da vida, antes de atingirmos um entendimento adequado das razões de tais normas. Na verdade, algumas pessoas podem jamais alcançar um entendimento dessas razões com base no princípio utilitarista[4]. A consequência é que nossas convicções morais subsequentes talvez venham a ter cicatrizes dessa educação precoce, que, *grosso modo*, modela nossa natureza original. A teoria de Freud tem semelhanças importantes com essa tese. Ele afirma que os processos por meio dos quais a criança passa a ter disposições morais se concentram ao redor da situação edipiana e de conflitos profundos aos quais essa situação dá origem. Os preceitos morais exigidos por aqueles que têm autoridade (neste caso, os pais) são aceitos pelos filhos como a melhor maneira de resolver suas ansiedades, e as disposições resultantes, representadas pelo superego, talvez venham a ser rígidas e punitivas, expressando as tensões da fase edipiana[5]. Assim, a teoria freudiana sustenta as duas proposições, a de que uma parte essencial do aprendizado moral ocorre no início da vida, antes que se

---

4. Este esboço do aprendizado moral provém de James Mill, da seção do *Fragment on Mackintosh* que J. S. Mill incluiu em uma nota de rodapé do capítulo XXIII da *Analysis of the Phenomena of the Human Mind* (1869), escrita por seu pai. O trecho está em [J.S.] *Mill's Ethical Writings*, org. J. B. Schneewind (Nova York, Collier Books, 1965), p. 259-70. Cf. uma análise da teoria do aprendizado social em Albert Bandura, *Principles of Behavior Modification* (Nova York, Holt, Rinehart, and Winston, 1969). Cf. um exame recente do aprendizado moral em Roger Brown, *Social Psychology* (Nova York, The Free Press, 1965), Cap. VIII; e o texto de Martin L. Hoffman, "Moral Development", em *Carmichael's Manual of Psychology*, org. Paul H. Mussen, 3.ª ed. (Nova York, John Wiley and Sons, 1970), Vol. 2, Cap. 23; as p. 282-332 versam sobre a teoria do aprendizado social.

5. Cf. análises da teoria de Freud sobre o aprendizado moral em Roger Brown, *Social Psychology*, p. 350-81; e em Ronald Fletcher, *Instinct in Man* (Nova York, International Universities Press,1957), Cap. VI, esp. p. 226-34.

possa entender a base racional da moralidade, e a de que isso envolve a aquisição de novas motivações por meio de processos psicológicos marcados por conflitos e tensões. Na verdade, a doutrina freudiana é uma dramática ilustração dessas características. Disso decorre que, como os pais e outras pessoas que têm autoridade estão fadados a estar, de várias maneiras, enganados e agir de forma enviesada ao elogiar e censurar, e nas recompensas e nos castigos em geral, é provável que nossas atitudes morais primeiras e irrefletidas sejam, em aspectos importantes, irracionais e desprovidas de justificação. O progresso moral no decorrer da vida consiste, em parte, em corrigir essas disposições à luz daqueles princípios que, por fim, reconheçamos como válidos.

A outra tradição do aprendizado moral provém do pensamento racionalista e é ilustrada por Rousseau e Kant e, às vezes, por J. S. Mill, e mais recentemente pela teoria de Piaget. O aprendizado moral não é tanto uma questão de oferecer motivações ausentes, e sim muito mais uma questão do livre desenvolvimento das nossas capacidades intelectuais e emocionais inatas, segundo suas inclinações naturais. Quando as capacidades de entendimento amadurecem e as pessoas passam a reconhecer seu lugar na sociedade, e são capazes de adotar o ponto de vista de outras, elas prezam os benefícios mútuos que decorrem de se estabelecerem condições justas de cooperação social. Temos uma empatia natural para com as outras pessoas e temos uma susceptibilidade inata aos prazeres da solidariedade e do autodomínio, e isso constitui a base afetiva dos sentimentos morais, quando temos uma compreensão clara das nossas relações com nossos associados, de uma perspectiva geral apropriada. Assim, essa tradição considera os sentimentos morais um produto natural de uma apreciação completa da nossa natureza social[6].

---

6. No que se refere a Rousseau, ver *Emile*, trad. Barbara Foxley (Londres, J. M. Derst and Sons, 1908), esp. p. 46-66 (do Livro II), 172-96, 244-58 (do Livro

Mill expressa esse ponto de vista da seguinte maneira: as instituições de uma sociedade justa são tão apropriadas para nós que qualquer coisa obviamente necessária a ela é aceita quase como se fosse uma necessidade física. Uma condição indispensável a tal sociedade é que todos tenham uma consideração pelos outros com base em princípios de reciprocidade mutuamente aceitáveis. É doloroso para nós quando nossos sentimentos não estão em sintonia com os dos nossos semelhantes, e essa tendência à socialização proporciona, no momento certo, uma base firme para os sentimentos morais. Ademais, acrescenta Mill, ser considerado responsável pelos princípios de justiça no trato com os outros não atrofia a nossa natureza. Pelo contrário, isso realiza nossa sensibilidade social e, ao nos expor a um bem maior, nos capacita a controlar nossos impulsos mais estreitos. Somente quando somos cerceados, não porque causemos dano ao bem de outros, e sim em virtude do mero desprazer de outros, é que nossa natureza é prejudicada. Se as razões para injunções morais se tornam claras na relação que têm com as demandas justas de outros, essas restrições não nos prejudicam, e sim são vistas como compatíveis com o nosso bem[7]. O aprendizado moral não é tanto uma questão de adquirir novas motivações, pois estas surgirão por si mesmas quando ocorrer o devido desenvolvi-

---

IV); para Kant, cf. *The Critique of Practical Reason* (trad. bras. *Crítica da razão prática*, São Paulo, Martins Fontes, 2002), Parte II, que tem o título enganador de "Methodology of Pure Practical Reason"; e cf. J. S. Mill, conforme citado abaixo, na nota 7. Sobre Jean Piaget, cf. *The Moral Judgment of the Child*, trad. Majorie Gabain (Londres, Kegan Paul, Trench, Trubner, 1932). Um desenvolvimento ulterior desse enfoque pode ser encontrado em Lawrence Kohlberg; cf. "The Development of Children's Orientation Toward a Moral Order: 1. Sequence in the Development of Moral Thought", *Vita Humana*, Vol. 6 (1963); e "Stage and Sequence: The Cognitive Developmental Approach to Socialization", em *Handbook of Socialization Theory and Research*, org. D. A. Goslin (Chicago, Rand McNally, 1969), Cap. VI. Para uma crítica, cf. Hoffman, "Moral Development", p. 264-75 (sobre Piaget), p. 276-81 (sobre Kohlberg).
    7. Sobre a opinião de Mill, cf. *Utilitarianism*, Caps. III e V, §§ 16-25; *On Liberty*, Cap. III, § 10; e *Mill's Ethical Writings*, org. J. B. Schneewind, p. 257-9.

mento de nossas capacidades intelectuais e emocionais. Disso decorre que uma apreensão completa de concepções morais deve aguardar a maturidade; o entendimento das crianças é sempre primitivo e os traços característicos de sua moralidade desaparecem em estágios posteriores. A tradição racionalista apresenta um quadro mais otimista, pois afirma que os princípios do direito e da justiça brotam da nossa natureza, e não são incompatíveis com o nosso bem, ao passo que a outra teoria parece não incluir nenhuma garantia desse tipo.

Não tentarei avaliar os méritos relativos dessas duas concepções do aprendizado moral. Decerto há muito de verdadeiro em ambas, e parece preferível tentar combiná-las de uma maneira natural. É preciso salientar que uma visão moral é uma estrutura extremamente complexa de princípios, ideais e preceitos, e que envolve todos os elementos do pensamento, da conduta e dos sentimentos. É certo que nesse desenvolvimento entram muitos tipos de aprendizado, do reforço e do condicionamento clássico, passando pelo raciocínio abstrato de mais alto grau, à percepção sofisticada de casos exemplares. Presume-se que, em algum momento, cada uma dessas formas de aprendizagem tenha um papel relevante. Nas próximas seções (§§ 70-72), traçarei um esboço do desenvolvimento moral conforme ocorreria numa sociedade bem-ordenada que concretize os princípios da justiça como equidade. Só estou interessado nesse caso especial. Assim, meu objetivo é indicar as etapas principais por meio das quais uma pessoa adquiriria um entendimento dos princípios de justiça e a eles aderiria ao se socializar nessa forma específica de sociedade bem-ordenada. Presumo que essas etapas são identificadas pelas principais características estruturais do sistema completo de princípios, ideais e preceitos, conforme se aplicam a arranjos sociais. Conforme explicarei, somos levados a distinguir entre as moralidades da autoridade, de associação e de princípios. A interpretação do desenvolvimento moral está totalmente vinculada à concepção de justiça que se deve aprender e, por conseguinte, pressupõe a plausibilidade, se não a correção, dessa teoria[8].

Neste ponto cabe uma advertência semelhante à que já fiz com relação aos comentários sobre a teoria econômica (§ 42). Convém que a teoria psicológica do aprendizado moral seja verdadeira e esteja de acordo com os conhecimentos existentes. Porém, é impossível levar em conta os pormenores; na melhor das hipóteses, só esboço as linhas principais. Devemos ter em mente que a finalidade da discussão a seguir é examinar a questão da estabilidade e comparar as raízes psicológicas das diversas concepções de justiça. A questão crucial é como os fatos gerais da psicologia moral influenciam a escolha de princípios na posição original. A não ser que a teoria psicológica proposta tivesse algum aspecto defeituoso que questionasse o reconhecimento dos princípios de justiça, em vez do padrão de utilidade, por exemplo, não deve decorrer nenhuma dificuldade irreparável. Também espero que nenhum dos outros usos da teoria psicológica seja inadequado demais. Especialmente

---

8. Embora a visão do desenvolvimento moral a ser seguida nos §§ 70-72 se destine a adequar-se à teoria da justiça, eu a tomei emprestado de várias fontes. A ideia dos três estágios cujo conteúdo é dado pelos preceitos, papéis ideais e princípios se assemelha a William McDougall, *An Introduction to Social Psychology* (Londres, Methuen, 1908), Caps. VII e VIII. A obra de Piaget, *The Moral Judgment of the Child*, me sugeriu a contraposição entre a moralidade de autoridade e as moralidades de associação e de princípios, e grande parte da definição desses estágios. Cf. também a elaboração que Kohlberg faz desse tipo de teoria, nas referências citadas na nota 6 acima, esp. p. 369-89, sobre os seus seis estágios. Na última parte do § 75, observo algumas diferenças entre a visão que apresento e a desses autores. A respeito da teoria de Kolhberg, eu gostaria de acrescentar aqui que acredito que a moralidade de associação equivale aos seus estágios de número três a cinco. O desenvolvimento nesse estágio consiste em tornar-se capaz de assumir papéis mais complexos, exigentes e abrangentes. Mas o mais importante é que suponho que o estágio final, a moralidade de princípios, pode ter conteúdos diferentes, formulados por qualquer uma das doutrinas filosóficas que discutimos. É verdade que defendo a superioridade da teoria da justiça, e elaboro a teoria psicológica a partir dessa hipótese; mas essa superioridade é uma questão filosófica e não pode, julgo eu, ser definida apenas pela teoria psicológica do desenvolvimento.

importante dentre esses usos é a interpretação do fundamento da igualdade.

70. A moralidade da autoridade

Chamarei de moralidade da autoridade o primeiro estágio da sequência do desenvolvimento moral. Embora certos aspectos dessa moralidade sejam preservados em estágios posteriores para ocasiões especiais, podemos considerar a moralidade de autoridade em sua forma primitiva como aquela da criança. Presumo que o senso de justiça é adquirido gradualmente pelos membros mais jovens da sociedade durante o crescimento. A sucessão de gerações e a necessidade de ensinar disposições morais (por mais simples que sejam) às crianças é uma das condições da vida humana.

Vou supor que a estrutura básica da sociedade bem-ordenada contém a família, em alguma forma, e que, portanto, de início as crianças são submetidas à autoridade legítima dos pais. Naturalmente, em uma investigação mais abrangente, a instituição da família poderia ser questionada, e é possível que outros arranjos pudessem se mostrar preferíveis. Mas presume-se que a teoria da moralidade da autoridade poderia, se necessário, ser adaptada para esses diferentes sistemas. Seja como for, é característica da situação da criança o fato de não estar em posição de avaliar a validade dos preceitos e ordens a ela dirigidas por aqueles em posição de autoridade; nesse caso, os pais. À criança faltam os conhecimentos e o entendimento com base nos quais a orientação dos pais poderia ser refutada. Na verdade, falta completamente à criança o conceito de justificação, sendo este adquirido muito mais tarde. Por conseguinte, ela não pode duvidar com razão da propriedade das ordens dos pais. Porém, já que estamos supondo que a sociedade é bem-ordenada, podemos supor, para evitar complicações desnecessárias, que esses preceitos são totalmente justificados. Estão de acordo com uma interpretação razoável dos deveres familiares, conforme definidos pelos princípios de justiça.

Os pais, podemos supor, amam o filho e, com o tempo, o filho passa a amar os pais e confiar neles. Como ocorre essa mudança na criança? Para responder a essa pergunta, presumo o seguinte princípio psicológico: a criança só passa a amar os pais se primeiro eles a amam de forma manifesta[9]. Assim, os atos da criança são motivados, inicialmente, por certos instintos e desejos, e seus objetivos são regidos (quando o são) por interesse próprio racional (em um sentido apropriadamente restrito). Embora a criança tenha potencialidade para amar, seu amor pelos pais é um novo desejo que surge em razão de seu reconhecimento do evidente amor que eles lhe têm e de se beneficiar dos atos em que o amor deles se expressa.

O amor dos pais pela criança é expresso em sua intenção evidente de cuidar dela, fazer por ela o que seu amor-próprio racional suscitaria, e na realização dessas intenções. O amor dos pais se expressa pelo prazer na presença da criança e pelo apoio a sua noção de competência e autoestima. Eles incentivam o esforço da criança para dar conta dos desafios do crescimento e a encorajam a assumir seu próprio lugar. Em geral, amar não significa apenas preocupar-se com seus desejos e necessidades, porém afirmar sua noção do valor de si próprio. Por fim, então, o amor dos pais pela criança dá origem a um sentimento recíproco. O amor do filho não tem uma explicação instrumental racional: ele não ama os pais como meio de alcançar seus objetivos iniciais de interesse próprio. Com esse objetivo em vista, talvez pudesse fingir que os ama, porém, fazê-lo não constituiria

---

9. A formulação dessa lei psicológica é retirada de *Emile*, de Rousseau, p. 174. Rousseau diz que, embora desde o início gostemos do que contribui para a nossa preservação, esse apego é inconsciente e instintivo. "Ce que transforme cet instinct en sentiment, l'attachement en amour, l'aversion en haine, c'est l'intention manifestée de nous nouire ou de nous être utile."

uma transformação de seus desejos originais. Segundo o princípio psicológico enunciado, com o tempo nasce uma nova afeição em razão do evidente amor dos pais.

Há várias maneiras de decompor essa lei psicológica em outros elementos. Assim, é improvável que o reconhecimento infantil do afeto dos pais provoque diretamente um sentimento recíproco. Podemos conjecturar várias outras etapas, da seguinte maneira: quando o amor dos pais pelo filho é reconhecido por ele com base nas intenções evidentes dos pais, a criança tem assegurado seu valor como pessoa. Ela percebe que é admirada por si mesma por quem, para ela, são as pessoas imponentes e poderosas de seu mundo. Percebe o afeto dos pais como incondicional; eles gostam de sua presença e de seus atos espontâneos, e o prazer que têm com ela não depende de atos disciplinados que contribuam para o bem-estar de outros. Com o tempo, a criança passa a confiar nos pais e a ter confiança no ambiente; e isso a leva a tomar iniciativas e a testar suas capacidades em desenvolvimento, sempre com o apoio do afeto e do incentivo dos pais. Gradualmente adquire diversas habilidades e ganha um senso de competência que afirma sua autoestima. É no decorrer de todo esse processo que se desenvolve a afeição da criança pelos pais. Ela os vincula ao êxito e ao prazer que consegue no domínio de seu mundo e a seu sentido de seu próprio valor. E isso faz surgir seu amor por eles.

Devemos agora analisar como o amor e a confiança da criança se manifestam. Neste ponto, é necessário ter em mente as características típicas da situação de autoridade. A criança não tem seus próprios padrões de crítica, pois não está em situação de rejeitar preceitos com argumentação racional. Se ama os pais e neles confia, ela tende a aceitar suas ordens. Também se esforçará por ser igual a eles, supondo-se que sejam, de fato, dignos da estima e adotem os preceitos que apregoam. Exemplificam, vamos supor, conhecimentos e poder superiores; e dão exemplos convincentes daquilo que exigem. A criança, portanto, aceita seus juízos a respeito dela e se inclinará a julgar-se a si mesma como eles o fazem quando desobedece às ordens dos pais. Ao mesmo tempo, naturalmente, seus desejos excedem os limites do que é permitido, pois, caso contrário, esses preceitos seriam desnecessários. Assim, as normas dos pais são consideradas restrições, e a criança talvez se rebele contra elas. Afinal, pode não ver motivo para obedecer a elas; são, em si mesmas, proibições arbitrárias, e ela não tem nenhuma tendência original de fazer o que lhe mandam fazer. Não obstante, se ama os pais e confia neles, então, quando cede à tentação, está disposta a adotar a opinião deles em relação a sua má conduta. Estará propensa a confessar a transgressão e procurar reconciliação. Nessas diversas inclinações se manifesta o sentimento de culpa (em relação à autoridade): sem elas e as inclinações correlatas, o sentimento de culpa não existiria. Mas também é verdade que a ausência desse sentimento indicaria falta de amor e confiança. Em razão da natureza da situação de autoridade e dos princípios da psicologia moral que conectam entre si atitudes éticas e naturais, o amor e a confiança dão origem ao sentimento de culpa quando são desobedecidas as ordens dos pais. Admite-se que, no caso da criança, às vezes é difícil distinguir o sentimento de culpa do medo de castigo e, em especial, do pavor da perda do amor e do afeto dos pais. À criança faltam conceitos para entender as distinções morais e isso se reflete em seu comportamento. Presumi, porém, que, mesmo no caso da criança, é possível separar o sentimento de culpa (em relação à autoridade) do medo e da ansiedade.

À luz deste esboço do desenvolvimento da moralidade da autoridade, parece que as condições que favorecem seu aprendizado pela criança são as que se seguem[10]. Em primeiro lugar, os pais devem amar o filho e ser objetos dignos da admiração dele. Dessa maneira, despertam nele a noção

---

10. Neste ponto, apoio-me e inspiro-me em E. E. Maccoby, "Moral Values and Behavior in Childhood", em *Socialization and Society*, org. J. A. Clausen (Boston, Little Brown, 1968), e Hoffman, "Moral Development", p. 282-319.

de seu próprio valor e o desejo de tornar-se o tipo de pessoa que eles são. Em segundo lugar, devem enunciar regras claras e inteligíveis (e, naturalmente, justificáveis) adaptadas ao nível de compreensão da criança. Além disso, devem expor os motivos dessas ordens, na medida em que são passíveis de compreensão, e também seguir esses preceitos quando também se aplicarem a eles próprios. Os pais devem dar o exemplo da moralidade que exigem, e tornar explícitos seus princípios fundamentais com o passar do tempo. É preciso fazê-lo não só para despertar a inclinação infantil de aceitar tais princípios posteriormente, mas também para expor como esses princípios devem ser interpretados em casos específicos. Presume-se que o desenvolvimento moral não acontece quando essas condições estão ausentes e, em especial, se as ordens dos pais, além de ríspidas e injustificadas, forem impostas por meio de castigos morais ou físicos. A moralidade da autoridade na criança consiste em ela estar disposta, sem a perspectiva de recompensa ou punição, a seguir certos preceitos que, além de lhe parecerem em grande medida arbitrários, também não apelam a suas inclinações originais. A criança adquire a disposição de acatar essas proibições porque as vê dirigidas a ela por pessoas poderosas, que têm seu amor e confiança, e que também agem em conformidade com elas. Ela conclui, então, que tais normas expressam modos de agir que caracterizam o tipo de pessoa que deveria querer ser. Na ausência do afeto e orientação, por exemplo, nenhum desses processos tem possibilidade de acontecer e, com certeza, não acontece em relações destituídas de amor e mantidas por ameaças e represálias repressoras.

A moralidade da autoridade, tal como adquirida pela criança, é primitiva porque em grande parte consiste em um conjunto de preceitos, e a criança não consegue apreender o sistema amplo de direito e justiça dentro do qual se justificam as regras a ela dirigidas. Porém, mesmo uma moralidade da autoridade desenvolvida, na qual é possível entender a fundamentação das regras, demonstra muitas das mesmas características e contém virtudes e vícios semelhantes. Existe, em geral, uma autoridade que é amada e em quem se confia, ou pelo menos que é aceita na condição de digna desse papel, e cujos preceitos é dever da criança obedecer implicitamente. Não cabe a nós analisar as consequências, ficando isso a cargo dos que ocupam esses cargos de autoridade. As virtudes valorizadas são a obediência, a humildade e a fidelidade para com as autoridades; os principais vícios são a desobediência, a voluntariosidade e a temeridade. Devemos fazer o que se espera que façamos, sem questionar, pois não fazê-lo expressa dúvida e desconfiança, bem como certa arrogância e tendência à suspeição. Está claro que a moralidade da autoridade deve estar subordinada aos princípios do direito e da justiça, pois só eles podem definir quando exigências tão extremas, ou restrições análogas, se justificam. A moralidade da autoridade da criança é temporária, uma necessidade que surge de sua situação peculiar e de seu entendimento limitado. Ademais, o paralelo teológico é um caso especial que, em vista do princípio da liberdade igual, não se aplica à estrutura básica da sociedade (§ 33). Assim, a moralidade da autoridade tem apenas um papel restrito nas instituições sociais básicas e só pode ser justificada quando as exigências incomuns de prática em questão tornam essencial conceder a certos indivíduos as prerrogativas da liderança e do comando. Em todos os casos, o alcance dessa moralidade é regido pelos princípios da justiça.

71. A moralidade de associação

O segundo estágio do desenvolvimento moral é o da moralidade de associação. Esse estágio abrange uma vasta série de casos, dependendo da associação em questão, e pode até conter toda a comunidade nacional. A moralidade de autoridade adquirida pela criança consiste, em grande parte, de uma série de preceitos, ao passo que a moralidade de associação é definida pelos padrões morais apropriados ao papel do indivíduo nas diversas associações às quais pertence. Entre esses padrões figuram as normas de moralidade ditadas pelo bom senso, juntamente com os ajustes necessários para adaptá-las à situação específica da pessoa; e essas normas se imprimem na pessoa pela aprovação e pela desaprovação daqueles que ocupam postos de autoridade, ou pelos outros membros do grupo. Assim, nesse estágio, a própria família é considerada um pequeno grupo, normalmente caracterizado por uma hierarquia definida, dentro da qual cada membro tem certos direitos e deveres. Quando a criança vai crescendo, lhe são ensinados os padrões de conduta adequados para alguém que se encontra em sua situação. As virtudes do bom filho ou da boa filha são explicadas, ou pelo menos expressas pelas expectativas dos pais tais como demonstradas por suas aprovações ou desaprovações. De maneira semelhante, existem os grupos da escola e do bairro, e também as formas de cooperação de curto prazo, embora não menos importantes, como os jogos e as brincadeiras com colegas. Correlativamente a essas organizações, aprendem-se as virtudes do bom aluno e do bom colega e os ideais do bom esportista e camarada. Esse tipo de perspectiva moral se estende aos ideais adotados mais tarde na vida e, assim, às diversas condições e ocupações de um adulto, à posição na família e até à posição da pessoa na qualidade de membro da sociedade. O conteúdo desses ideais provém das diversas concepções de boa esposa e bom marido, bom amigo e bom cidadão etc. Assim, a moralidade de associação consiste em um grande número de ideais, cada um definido de maneira adequada ao respectivo *status* ou papel. Nosso entendimento moral aumenta quando nos movemos no curso da vida por uma sequência de posições. A sequência correspondente de ideais requer uma capacidade cada vez maior de realizar julgamento intelectual e discriminações morais mais sutis. Não há dúvida de que alguns desses ideais também são mais abrangentes que outros e impõem exigências bastante distintas ao indivíduo. Como veremos, ter de adotar certos ideais conduz naturalmente a uma moralidade de princípios.

Presume-se que cada ideal específico é explicado no contexto dos objetivos e dos fins da associação à qual pertence o papel ou posição em questão. Com o tempo, a pessoa elabora uma concepção de todo o sistema de cooperação que define a associação e os objetivos a que serve. Sabe que outras pessoas têm outras coisas a fazer, dependendo de seu lugar no sistema cooperativo. Assim, acaba por aprender a acatar o ponto de vista dessas outras pessoas e ver as coisas da perspectiva delas. Parece plausível, então, que adotar uma moralidade de associação (representada por alguma estrutura de ideais) fundamenta-se no desenvolvimento das habilidades intelectuais necessárias para considerar as coisas de uma variedade de pontos de vista e de pensar isso como aspectos de um sistema único de cooperação. Na verdade, quando o analisamos, o leque necessário de habilidades é bem complexo[11]. Em primeiro lugar, devemos reconhecer que esses diversos pontos de vista existem e que as perspectivas dos outros não são iguais às nossas. Porém, não devemos apenas aprender que as coisas lhes parecem diferentes, porém que têm diferentes desejos e objetivos, e planos e motivações distintos; e devemos aprender como captar esses fatos da fala, conduta e expressão dessas pessoas. Em seguida, precisamos identificar as características definidoras dessas perspectivas, o que as outras pessoas em geral querem e desejam, quais são suas convicções e as opiniões mais centrais. Só assim podemos entender e avaliar seus atos, suas intenções e suas motivações. Se não conseguirmos identificar esses elementos principais, não conseguiremos nos pôr no lugar de outra pessoa para descobrir o que faríamos no lugar dela. Para ter uma ideia disso, precisamos, naturalmente, saber qual é, de fato, a perspectiva da outra pessoa. Porém, tendo por fim entendido a situação

---

11. Nas observações seguintes, sigo John Flavell, *The Development of Role-Taking and Communication Skills in Children* (Nova York, John Wiley and Sons, 1968), p. 208-11. Cf. também G. H. Mead, *Mind, Self and Society* (Chicago, University of Chicago Press, 1934), p. 135-64.

da outra pessoa, ainda precisamos regular nossa própria conduta da maneira apropriada em relação a ela. Fazer isso pelo menos em um certo grau mínimo é fácil para os adultos, mas é difícil para as crianças. Não há dúvida de que isso explica, em parte, por que os preceitos da moralidade primitiva da autoridade são, em geral, expressos em termos que se referem a comportamentos externos, e por que as motivações e as intenções são quase sempre ignoradas pelas crianças na avaliação que fazem das ações. A criança ainda não domina a arte de perceber a pessoa de outros, ou seja, a arte de discernir suas convicções, suas intenções e seus sentimentos, de forma que uma percepção dessas coisas não pode informar sua interpretação do comportamento alheio. Ademais, sua capacidade de se pôr no lugar de outras pessoas ainda não está formada e é capaz de desorientá-la. Não é de surpreender, portanto, que esses elementos, tão importantes do ponto de vista moral plenamente constituído, não entrem na análise do primeiro estágio[12]. Mas essa ausência é, pouco a pouco, superada, quando presumimos uma sucessão de papéis mais exigentes, com seus sistemas mais complexos de direitos e deveres. Os ideais correspondentes exigem que analisemos as coisas de uma multiplicidade maior de perspectivas, conforme se deduz da concepção da estrutura básica.

Toquei nesses aspectos do desenvolvimento intelectual para oferecer uma visão mais completa. Não posso analisá-los em pormenores, mas devemos observar que têm, obviamente, papel central na aquisição de concepções morais. Quão bem se aprende a arte de perceber a pessoa é algo que fatalmente afetará a própria sensibilidade moral; e é igualmente importante entender as complexidades da cooperação social. Mas essas capacidades não são suficientes. Alguém cujos projetos sejam puramente manipuladores, e

---

12. Cf. discussão desses pontos em Roger Brown, *Social Psychology*, p. 239-44.

que deseje explorar outras pessoas para proveito próprio, deve, da mesma maneira, caso lhe falte uma força irresistível, possuir tais habilidades. Os truques da persuasão e da astúcia requerem as mesmas realizações intelectuais. Devemos, então, examinar como nos comprometemos com nossos coassociados e, mais tarde, com as instituições sociais em geral. Vejamos o caso de uma associação cujas normas públicas são reconhecidas por todos como justas. Como ocorre, então, que aqueles que participam da associação estejam vinculados por laços de amizade e confiança mútua e confiem que cada um fará sua parte? Podemos supor que esses sentimentos e essas disposições foram gerados pela participação na associação. Assim, uma vez que a capacidade de uma pessoa de se colocar no lugar das outras foi realizada pela criação de laços de acordo com a primeira lei psicológica, então, quando seus associados cumprem com seus deveres e obrigações com a evidente intenção de fazê-lo, ela passa a ter sentimentos amistosos com relação a eles, juntamente com sentimentos de fé e confiança. E esse princípio é uma segunda lei psicológica. Conforme os indivíduos ingressam na associação, um por um ao longo de um período de tempo, ou de grupo em grupo (devidamente limitado em tamanho), eles criam esses vínculos se os outros, de afiliação mais antiga, fazem sua parte e vivem de acordo com os ideais de posição. Assim, se aqueles que estão envolvidos em um sistema de cooperação social costumam agir com a evidente intenção de cumprir suas normas justas (ou equitativas), laços de amizade e confiança mútua tendem a surgir entre eles, comprometendo-os ainda mais fortemente com o esquema de cooperação.

Depois de criados esses laços, a pessoa tende a ter sentimentos de culpa (em relação à associação) quando deixa de fazer sua parte. Esses sentimentos se manifestam de diversas maneiras; por exemplo, na inclinação de compensar os danos causados a outros (reparação), caso tais danos tenham ocorrido, bem como na disposição de admitir que o que fez é injusto (errado) e de desculpar-se. Os sentimentos de culpa também se manifestam ao se admitir a propriedade da punição e da censura, e em se achar mais difícil sentir raiva e indignação quando são os outros que deixam de fazer sua parte. A ausência dessas inclinações trairia a ausência de laços de amizade e de confiança mútua. Isso indicaria a disposição de associar-se com outros em desacordo com os padrões e critérios das expectativas legítimas que são publicamente reconhecidos e usados por todos para julgar suas discordâncias. Uma pessoa que não tem esses sentimentos de culpa não tem escrúpulos com relação aos fardos que recaem sobre os ombros alheios, nem se incomoda com as quebras da confiança por meio das quais os outros são enganados. Porém, quando existem relações de amizade e confiança, tais inibições e reações costumam ser provocadas quando se deixa de cumprir os próprios deveres e obrigações. Se essas restrições emocionais não existirem, na melhor das hipóteses só existe uma aparência de camaradagem e confiança mútua. Assim, da mesma forma que no primeiro estágio desenvolvem-se certas atitudes naturais com relação aos pais, também aqui crescem laços de amizade e confiança entre associados. Em ambos os casos, certas atitudes naturais estão na base dos sentimentos morais correspondentes: a ausência desses sentimentos manifestaria a ausência dessas disposições.

Presume-se que a segunda lei psicológica se aplica de maneira similar à primeira. Já que os arranjos da associação são reconhecidos como justos (e, nos papéis mais complexos, os princípios de justiça são entendidos e servem para definir o ideal apropriado), garantindo assim que todos os seus membros se beneficiem e saibam que se beneficiam de suas atividades, a conduta dos outros ao fazer sua parte é tida como vantajosa para cada um. Nesse caso, a intenção manifesta de honrar as próprias obrigações e os próprios deveres é vista como uma forma de boa vontade, e esse reconhecimento gera sentimentos de amizade e confiança em retribuição. A seu devido tempo, os efeitos recíprocos de cada um fazendo sua parte fortalecem uns aos outros, até que se chegue a uma espécie de equilíbrio. Mas também supomos que os membros mais recentes do grupo reconhecem casos morais exemplares, isto é, as pessoas que são admiradas em diversos aspectos e que exibem em alto grau o ideal correspondente a sua posição. Esses indivíduos exibem experiência e habilidades e virtudes de caráter e temperamento, que incitam nossa imaginação e despertam em nós o desejo de ser iguais a eles e de ser capazes de fazer as mesmas coisas. Em parte, esse desejo de imitar provém de se perceberem esses atributos como pré-requisitos de suas posições mais privilegiadas, mas isso também é um efeito complementar do Princípio Aristotélico, pois gostamos da demonstração de atividades mais complexas e sutis, e essas demonstrações são propensas a suscitar em nós o desejo de fazer essas coisas. Assim, quando os ideais morais pertencentes aos diversos papéis de uma associação justa são honrados com uma intenção manifesta por pessoas atraentes e admiráveis, é provável que esses ideais sejam adotados por aqueles que veem isso se realizar. Essas concepções são percebidas como uma forma de boa vontade, e a atividade em que são exemplificadas se apresenta como uma excelência humana que outras pessoas também podem apreciar. Estão presentes, como antes, os mesmos dois processos psicológicos: as outras pessoas agem com a intenção manifesta de afirmar nosso bem-estar e, ao mesmo tempo, exibem qualidades e modos de agir que nos atraem e despertam o desejo de nos mirarmos em seu exemplo.

A moralidade de associação assume muitas formas, dependendo da associação e do papel em questão, e essas formas representam muitos níveis de complexidade. Porém, se analisarmos as posições mais exigentes que são definidas pelas principais instituições da sociedade, os princípios de justiça serão reconhecidos como reguladores da estrutura básica e como parte do conteúdo de inúmeros ideais importantes. De fato, esses princípios se aplicam ao papel do cidadão que pertence a todos, pois supõe-se que todos, e não só aqueles que participam da vida pública, tenham opiniões políticas acerca do bem comum. Assim, podemos supor que existe uma moralidade de associação na qual os membros da sociedade se veem como iguais, amigos e associados, juntos em um sistema de cooperação que se sabe destinar-se ao benefício de todos e regido por uma concepção de justiça em comum. O conteúdo dessa moralidade é caracterizado pelas virtudes cooperativas: as da justiça e da equidade, da fidelidade e da confiança, da integridade e da imparcialidade. Os vícios típicos são a avidez e a injustiça, a desonestidade e o embuste, o preconceito e a discriminação. Entre associados, ceder a esses defeitos costuma despertar sentimentos de culpa (em relação à associação), de um lado, e de ressentimento e indignação, de outro. Sempre existem atitudes morais como essas, uma vez que nos comprometemos com aqueles que cooperam conosco num sistema justo (ou equitativo).

72. A moralidade de princípios

Uma pessoa que alcança as formas mais complexas da moralidade de associação, conforme expressas, digamos, pelo ideal do cidadão igual, certamente tem um entendimento dos princípios de justiça. Também criou vínculos com muitos indivíduos e comunidades específicas, e está disposta a seguir os padrões morais que a ela se aplicam em suas diversas posições e que são reforçados pela aprovação e pela desaprovação sociais. Tendo se associado a outros e aspirando a realizar essas concepções éticas, está interessada em conquistar aceitação por sua conduta e seus objetivos. Parece que, embora a pessoa entenda os princípios de justiça, sua motivação para acatá-los, pelo menos durante algum tempo, provém, em geral, de seus laços de amizade e camaradagem com os outros e de seu interesse em obter a aprovação da sociedade mais ampla. Agora eu gostaria de discorrer sobre o processo por meio do qual uma pessoa se apega a esses princípios da mais alta ordem eles próprios, de forma que, do mesmo modo como na fase anterior da moralidade de associação ela desejou ser um bom esportista, ela agora deseja ser uma pessoa justa. A concepção de agir com justiça e de promover instituições justas passa a ter para ela uma atratividade análoga à daquela que antes tinham os ideais subordinados. Ao conjecturar sobre como essa moralidade de princípios poderia surgir (aqui, princípios significam princípios primeiros, como aqueles levados em conta na posição original), devemos observar que a moralidade de associação leva, naturalmente, a um conhecimento dos padrões de justiça. Pelo menos em uma sociedade bem-ordenada, esses padrões não só definem a concepção pública de justiça, como também os cidadãos interessados em assuntos políticos, e aqueles que ocupam cargos legislativos e judiciais, e outros cargos semelhantes, são constantemente chamados a aplicá-los e interpretá-los. Não raro têm de assumir o ponto de vista de outras pessoas, não apenas com o objetivo de descobrir o que essas pessoas devem querer, e provavelmente querem, mas com a intenção de alcançar um equilíbrio razoável entre reivindicações conflitantes e de ajustar os diversos ideais subordinados da moralidade de associação. Pôr em prática esses princípios da justiça requer que adotemos as perspectivas definidas pela sequência de quatro estágios (§ 31). Conforme as circunstâncias o exigem, assumimos a perspectiva de uma convenção constitucional, ou de uma legislatura, ou do que quer que seja. Por fim, passamos a dominar esses princípios e entender os valores que garantem e o modo como proporcionam vantagem a todos. Isso nos leva à aceitação desses princípios por uma terceira lei psicológica. Essa lei afirma que, quando as atitudes de amor e confiança e de amizade e confiança mútua são geradas de acordo com as duas leis psicológicas anteriores, o reconhecimento de que nós e aqueles com quem nos preocupamos somos beneficiários de uma instituição consagrada e duradoura tende a engendrar em nós o correspondente senso de justiça. Surge em nós o desejo de aplicar os princípios de justiça e de agir segundo eles, quando percebemos como as instituições sociais que a eles atendem promoveram o nosso bem e o bem daqueles com quem nos associamos. Com o tempo, passamos a admirar o ideal da cooperação humana justa. O senso de justiça se manifesta pelo menos de duas maneiras. Em primeiro lugar, leva-nos a aceitar as instituições justas que se aplicam a nós e das quais nós e nossos associados nos beneficiamos. Queremos fazer nossa parte na preservação dessas instituições. Estamos propensos a nos sentir culpados quando não honramos nossos deveres e nossas obrigações, ainda que não tenhamos nenhum vínculo específico de solidariedade com aqueles dos quais nos beneficiamos. É possível que ainda não tenham tido oportunidade suficiente para demonstrar a intenção evidente de fazer sua parte, e não são, portanto, objeto de tais sentimentos de acordo com a segunda lei. Ou, também, o sistema institucional em questão pode ser tão grande que nunca se constituam vínculos específicos desse tipo. Seja como for, o corpo de cidadãos em geral não está unido por laços de solidariedade entre os indivíduos, e sim pela aceitação dos princípios públicos de justiça. Embora todo cidadão seja amigo de alguns cidadãos, nenhum cidadão é amigo de todos. Mas sua fidelidade em comum à justiça proporciona uma perspectiva unificada, da qual podem julgar suas diferenças. Em segundo lugar, o senso de justiça dá origem à disposição de trabalhar pela criação de instituições justas (ou pelo menos não se opor a elas) e pela reforma das existentes quando a justiça o exige. Queremos agir segundo o dever natural de promover instituições justas. E essa inclinação vai além do apoio àqueles sistemas específicos que afirmam o nosso bem. Ela procura estender a concepção que exprimem para promover situações favoráveis ao bem da comunidade mais ampla.

Quando vamos de encontro a nosso senso de justiça, explicamos nossos sentimentos de culpa recorrendo aos princípios de justiça. Esses sentimentos são explicados, então, de maneira bem diferente das emoções de culpa em relação à autoridade e em relação à associação. O desenvolvimento moral completo já ocorreu e, pela primeira vez, nos sentimos culpados no sentido estrito; e o mesmo se aplica às outras emoções morais. No caso da criança, a noção de ideal moral e a importância das intenções e motivações não são entendidas e, assim, não existe o cenário apropriado para sentimentos de culpa (em relação a princípios). E na moralidade de associação, os sentimentos morais dependem essencialmente de laços de amizade e confiança com determinados indivíduos ou comunidades; e a conduta moral se baseia em grande parte em querer a aprovação dos associados. Isso pode ser verdadeiro mesmo nas fases mais exigentes dessa moralidade. Os indivíduos, em seu papel de cidadãos com pleno entendimento do teor dos princípios de justiça, podem ter motivação para agir segundo esses princípios em razão, em grande medida, de seus laços com determinadas pessoas ou de um apego à sua própria sociedade. Uma vez aceita uma moralidade de princípios, porém, as atitudes morais não mais se vinculam somente com o bem-estar e a aprovação de determinados indivíduos e grupos, e sim são modeladas por uma concepção do justo escolhida independentemente dessas contingências. Nossas convicções morais exibem independência das circunstâncias acidentais do nosso mundo, sendo o significado dessa independência dado pela descrição da posição original e sua interpretação kantiana.

Porém, muito embora os sentimentos morais sejam, neste sentido, independentes de contingências, nossos vínculos naturais a determinadas pessoas e grupos ainda têm um lugar apropriado, pois, dentro da moralidade de princípios, as infrações que antes davam origem à culpa e ao ressentimento (relacionados à associação) e a outros sentimentos morais, agora provocam esses sentimentos no sentido estrito. Recorre-se ao princípio pertinente para explicar a emoção da pessoa. Contudo, quando estão presentes os laços naturais de amizade e confiança mútua, esses sentimentos morais são mais intensos do que se esses laços estivessem ausentes. Os vínculos existentes aumentam o sentimento de culpa e indignação, ou qualquer sentimento necessário, mesmo no estágio da moralidade de princípios. Admitindo-se que esse aumento seja adequado, deduz-se que as violações desses laços naturais são erros. Se supusermos que, por exemplo, um sentimento racional de culpa (isto é, um sentimento de culpa decorrente da aplicação dos princípios morais corretos à luz de convicções verdadeiras ou razoáveis) indica uma falha da nossa parte, e que um maior sentimento de culpa indica uma falha maior, então, de fato, a quebra da confiança e a traição de amizades, e coisas semelhantes, são especialmente proibidas. A violação desses laços com determinados indivíduos e grupos desperta sentimentos morais mais intensos, e disso decorre que essas transgressões são piores. Na verdade, a falsidade e a infidelidade são sempre erradas, contrárias que são aos deveres e às obrigações naturais. Mas nem sempre são igualmente erradas. São piores quando já estão formados laços de afeto e boa-fé, e essa ponderação é pertinente para a elaboração das normas de prioridade apropriadas.

Pode parecer estranho, a princípio, que venhamos a ter o desejo de agir com base numa concepção do direito e da justiça. Como é possível que os princípios morais possam envolver nossos afetos? Na justiça como equidade, essa questão tem diversas respostas. Em primeiro lugar, como já vimos (§ 25), os princípios morais devem ter um determinado teor. Já que são escolhidos por pessoas racionais para julgar reivindicações conflitantes, definem formas acordadas de promover interesses humanos. Avaliam-se instituições e atos do ponto de vista da garantia desses objetivos; e, por conseguinte, princípios inúteis como, por exemplo, o de que não se deve olhar para o céu às terças-feiras, são rejeitados por serem restrições incômodas e irracionais. Na posição original, as pessoas racionais não têm motivo para reconhecer padrões desse tipo. Mas, em segundo lugar, também é verdade que o senso de justiça é contíguo ao amor pela humanidade. Comentei anteriormente (§ 30) que a benevolência fica desorientada quando os muitos objetos de seu amor se opõem entre si. Os princípios da justiça são necessários para orientá-la. A diferença entre o senso de justiça e o amor pela humanidade é que este é supererrogatório, vai além das exigências morais e não invoca as isenções que os princípios do dever e da obrigação naturais permitem. Não obstante, está claro que os objetos desses dois sentimentos estão intimamente relacionados, sendo definidos em grande parte pela mesma concepção de justiça. Se um deles parece natural e inteligível, o outro também o é. Ademais, os sentimentos de culpa e indignação são despertados por danos e privações infligidos a outros ou por nós mesmos ou por terceiros, e o nosso senso de justiça é agredido da mesma maneira. O teor dos princípios de justiça explica isso. Por fim, a interpretação kantiana desses princípios demonstra que, ao agir segundo esses princípios, expressamos nossa natureza de seres racionais livres e iguais (§ 40). Já que fazer isso pertence ao nosso bem, o senso de justiça promove de maneira ainda mais direta o nosso bem-estar. Esse sentimento dá apoio às instituições que capacitam a todos expressarmos nossa natureza comum. Na verdade, sem um senso de justiça em comum ou sobreposto, não é possível existir amizade cívica. O desejo de agir com justiça não é, então, uma forma de obediência cega a princípios arbitrários sem relação com objetivos racionais.

    Não devo, naturalmente, afirmar que a justiça como equidade é a única doutrina capaz de interpretar o senso de justiça de maneira natural. Conforme observa Sidgwick, um utilitarista nunca se percebe como agindo apenas em nome de uma lei impessoal, mas sim sempre pelo bem-estar de algum ser, ou de alguns seres, por quem tenha algum grau de sentimento de solidariedade[13]. A teoria utilitarista, e não há dúvida de que o perfeccionismo também, atende à

---

13. *Methods of Ethics*, 7.ª ed. (Londres, Macmillan, 1907), p. 501.

condição de que é possível caracterizar o sentimento de justiça de modo que seja psicologicamente compreensível. Na melhor das hipóteses, uma teoria deve apresentar uma descrição de um estado de coisas idealmente justo, uma concepção de uma sociedade bem-ordenada tal que a aspiração de realizar esse estado de coisas, e de mantê-lo em existência, atenda ao nosso bem e esteja em conformidade com nossos sentimentos naturais.

Uma sociedade perfeitamente justa deve fazer parte de um ideal que os seres humanos racionais poderiam desejar mais do que qualquer outra coisa, uma vez que tivessem pleno conhecimento e experiência do que ele é[14]. O teor dos princípios de justiça, o modo como são deduzidos e os estágios do desenvolvimento moral demonstram como tal interpretação é possível na justiça como equidade.

Pareceria, então, que a doutrina do ato puramente consciencioso é irracional. Essa doutrina afirma, em primeiro lugar, que a motivação moral mais elevada é o desejo de fazer o que é certo e justo, simplesmente por ser certo e justo, não sendo apropriada nenhuma outra descrição de tal motivação; e, em segundo lugar, que, embora outras motivações certamente também tenham valor moral, por exemplo, o desejo de fazer o que é certo porque fazê-lo aumenta a felicidade humana, ou porque tende a promover a igualdade, esses desejos têm menos valor moral do que fazer o que é certo apenas por ser certo. Ross afirma que o senso do justo é um desejo de um objeto distinto (e não analisável), uma vez que uma propriedade específica (e não analisável) caracteriza os atos que são nosso dever. Os outros desejos moralmente valiosos, embora sejam, de fato, desejos de coisas que são necessariamente vinculadas ao que é certo, não são desejos pelo justo como tal[15]. Mas nessa interpre-

---
14. Sobre esse ponto, cf. G. C. Field; *Moral Theory*, 2.ª ed. (Londres, Methuen,1932), p. 135 s., 141 s.

15. Sobre a ideia de ato puramente consciencioso, cf. W. D. Ross, *The Right and the Good* (Oxford, The Clarendon Press, 1930), p. 157-60, e *The Foundations of Ethics* (Oxford, The Clarendon Press, 1939), p. 205 s. Na afirmação

tação, falta ao senso do justo qualquer motivo evidente; parece mais uma preferência por chá em vez de café. Embora tal preferência possa existir, torná-la reguladora da estrutura básica da sociedade é mera extravagância; e não deixa de ser extravagância por estar disfarçada por uma feliz conexão necessária com fundamentos razoáveis para os juízos de justiça.

Porém, para quem entende e aceita a doutrina contratualista, o sentimento de justiça não difere daquele de agir com base nos princípios com os quais indivíduos racionais concordariam numa situação inicial que desse a todos uma representação igual como pessoas morais. Nem difere de querer agir segundo os princípios que expressam a natureza humana como a natureza de seres racionais livres e iguais. Os princípios de justiça atendem a essas descrições e esse fato nos permite oferecer uma interpretação aceitável do senso de justiça. À luz da teoria da justiça, entendemos como os sentimentos morais podem ser reguladores em nossa vida e podem ter o papel que lhes é atribuído pelas condições formais impostas a princípios morais. Ser governado por esses princípios significa que queremos viver com outros em termos que todos reconheceriam como equitativos de uma perspectiva que todos aceitariam como razoável. O ideal de pessoas que cooperam dessa maneira exerce uma atração natural sobre nossos afetos.

Por fim, podemos observar que a moralidade de princípios assume duas formas; uma correspondente ao senso de direito e justiça; a outra, ao amor à humanidade e ao autodomínio. Conforme observamos, esta é supererrogatória, ao passo que aquela não é. Em sua forma normal do direito e da justiça, a moralidade de princípios contém as virtudes das moralidades de autoridade e de associação. Essa moralidade define o último estágio, no qual todos os ideais subordinados são finalmente entendidos e organizados num

---

de que essa noção faz do justo uma preferência arbitrária, sigo J. N. Findlay, *Values and Intentions* (Londres, George Allen and Unwin,1961), p. 213 s.

sistema coerente por princípios adequadamente gerais. As virtudes das outras moralidades recebem sua explicação e justificação dentro do esquema mais amplo; e suas respectivas reivindicações são ajustadas pelas prioridades atribuídas pela concepção mais abrangente. A moralidade da supererrogação tem dois aspectos, dependendo da direção em que as exigências da moralidade de princípios forem voluntariamente ultrapassadas. De um lado, o amor à humanidade aparece na promoção do bem comum de um modo que ultrapassa em muito nossos deveres e obrigações naturais. Essa moralidade não se destina a pessoas comuns, e suas virtudes peculiares são a benevolência, uma elevada sensibilidade aos sentimentos e desejos do próximo e a humildade apropriada e o desprendimento consigo mesmo. A moralidade do autodomínio, por outro lado, em sua forma mais simples se manifesta em atender com facilidade e elegância aos requisitos do direito e da justiça. Torna-se verdadeiramente supererrogatória quando o indivíduo exibe as suas virtudes características da coragem, da magnanimidade e do autocontrole em atos que pressupõem grande disciplina e educação. E isso ele pode fazer assumindo livremente cargos e posições que exijam essas virtudes para que seus deveres sejam bem exercidos; ou então procurando realizar fins mais elevados de maneira compatível com a justiça, porém indo além das exigências do dever e da obrigação. Assim, as moralidades da supererrogação, as do santo e do herói, não contradizem as normas do direito e da justiça; são marcadas pela adoção voluntária pela pessoa de objetivos que estão em conformidade com esses princípios, mas que se estendem para além daquilo que esses princípios exigem[16].

---

16. Nessa análise dos aspectos da moralidade de supererrogação, baseei-me em J. O. Urmson, "Saints and Heros", em *Essays in Moral Philosophy*, org. A. I. Melden (Seattle, University of Washington Press, 1958). A ideia de autodomínio foi retirada de Adam Smith, *The Theory of Moral Sentiments*, Parte VI, Seção III, que se encontra em *Adam Smith's Moral and Political Philosophy*, org. H. W. Schneider (Nova York, Hafner, 1948), p. 251-77.

73. Características dos sentimentos morais

Nas próximas seções, tratarei de vários aspectos dos três estágios da moralidade de maneira mais pormenorizada. O conceito de sentimento moral, a natureza das três leis psicológicas e o processo pelo qual elas se aplicam requerem comentários adicionais. Voltando-nos à primeira dessas questões, devo explicar que usarei o termo mais antigo "sentimento" para me referir a grupos ordenados e permanentes de disposições reguladoras, tais como o senso de justiça e o amor à humanidade (§ 30), e a vínculos duradouros com determinados indivíduos ou associações que têm papel fundamental na vida da pessoa. Assim, há sentimentos tanto morais quanto naturais. Emprego o termo "atitude" de maneira genérica. Assim como os sentimentos, atitudes são grupos organizados de disposições morais ou naturais, mas, nesse caso, as tendências não precisam ser tão reguladoras ou duradouras. Por fim, usarei as expressões "sensação moral" e "emoção moral" para designar os sentimentos e as emoções que temos em determinadas ocasiões. Quero esclarecer a relação entre convicções, disposições e sentimentos morais, e os princípios morais pertinentes.

Talvez seja possível elucidar melhor as principais características dos sentimentos morais analisando as diversas questões que surgem quando tentamos caracterizá-los e os diversos sentimentos nos quais se manifestam[17]. Vale

---

17. Essas questões são sugeridas pela aplicação do conceito de sensações morais ao tipo de investigação realizada por Wittgenstein em *Philosophical Investigations* (Oxford, Basil Blackwell, 1953). Cf. também, por exemplo, G. E. M. Anscombe, "Pretending", *Proceedings of the Aristotelian Society*, sup. Vol. 32 (1958), p. 285-289; Phillipa Foot, "Moral Beliefs", *Proceedings of the Aristotelian Society*, Vol. 59 (1958-1959), p. 86-9; e George Pitcher, "On Approval", *Philosofical Review*, Vol. 67 (1958). Cf. também B. A. O. Williams, "Morality and Emotions", *Inaugural Lecture*, Bedford College, University of London, 1965. O fato de não poder identificar e distinguir os sentimentos morais dos sentimentos não morais pode ser um problema da teoria emotiva da ética, da forma como formulado por C. L. Stevenson em *Ethics and Language* (New Haven,

observar os modos como se distinguem entre si e das disposições e dos sentimentos naturais com os quais é provável que se confundam. Assim, em primeiro lugar, temos questões como as seguintes: (a) Quais são as expressões linguísticas usadas para dar voz ao fato de ter uma determinada sensação moral e as variações significativas, se houver, dessas expressões? (b) Quais são as indicações comportamentais características de determinado sentimento e quais são os modos como uma pessoa tipicamente trai o que ela sente? (c) Quais são as sensações características e as impressões cinestésicas vinculadas às emoções morais? Quando a pessoa está colérica, por exemplo, pode sentir-se quente, pode tremer e sentir um aperto no estômago. Pode não conseguir falar sem tremer a voz e talvez não consiga reprimir certos gestos. Se existem essas sensações características e manifestações comportamentais do sentimento moral, elas não constituem os sentimentos de culpa, vergonha, indignação ou outros semelhantes. Tais sensações e manifestações características não são necessárias nem suficientes em determinados casos para que alguém se sinta culpado, envergonhado ou indignado. Não estou negando que algumas sensações características e manifestações comportamentais de perturbação talvez sejam necessárias quando a pessoa deve sentir-se sufocada por sentimentos de culpa, vergonha ou indignação. Mas esses sentimentos quase sempre bastam para que a pessoa diga com sinceridade que se sente culpada, envergonhada ou indignada, e que está preparada para explicar de maneira apropriada o motivo de sentir-se como se sente (supondo-se, é claro, que ela aceite essa explicação como correta).

Esta última ponderação apresenta a principal questão na distinção entre os sentimentos morais e as outras emoções, bem como entre si, ou seja: (d) Qual é o tipo definitivo de explicação necessária para que se tenha um sentimento

---

Yale University Press, 1944). Cf. uma discussão dessa questão em W. P. Alston, "Moral Attitudes and Moral Judgments", *Nous*, Vol. 2 (1968).

moral, e como essas explicações diferem de um sentimento para outro? Assim, quando perguntamos a alguém por que se sente culpado, que tipo de resposta queremos? Decerto nem toda resposta é aceitável. A mera menção à punição esperada não basta; isso pode explicar o medo ou a ansiedade, mas não o sentimento de culpa. De maneira semelhante, a menção a males ou desventuras que recaíram sobre a pessoa em consequência de atos passados explica o arrependimento, mas não o sentimento de culpa e muito menos o de remorso. Na verdade, o medo e a ansiedade sempre acompanham o sentimento de culpa por motivos óbvios; mas não se devem confundir essas emoções com os sentimentos morais. Não devemos supor, então, que o sentimento de culpa é uma espécie de medo, ansiedade e arrependimento. Ansiedade e medo não são sentimentos morais; e o arrependimento está ligado a alguma perspectiva do nosso próprio bem, ocasionado, digamos, por não conseguir promover nossos interesses de maneira sensata. Mesmo os fenômenos como os sentimentos neuróticos de culpa, e outros desvios do caso padrão, são aceitos como sentimentos de culpa, e não apenas medos e ansiedades irracionais, em razão do tipo especial de explicação para o afastamento da norma. Em tais casos sempre se supõe que uma investigação psicológica mais profunda descobrirá (ou descobriu) a devida semelhança com outros sentimentos de culpa.

Em geral, é uma característica necessária dos sentimentos morais, e parte do que os distingue das atitudes naturais, que a explicação dessa experiência pela pessoa invoque um conceito moral e seus princípios associados. A explicação que a pessoa dá de seus sentimentos faz menção a algo que foi reconhecido como certo ou errado. Quando questionamos isso, estamos propensos a oferecer várias formas de sentimentos de culpa como contraexemplos. Isso é fácil de entender, pois as formas mais primitivas dos sentimentos de culpa são as da culpa relacionada à autoridade, e é improvável que amadureçamos sem sentir o que podemos chamar de sentimentos residuais de culpa. Por exemplo, pode ter sido ensinado a uma pessoa nascida no seio de uma seita religiosa rígida que ir ao teatro é errado. Embora não acredite mais nisso, tal pessoa nos conta que ainda se sente culpada quando vai ao teatro. Mas não são sentimentos de culpa autênticos, pois ela não pedirá desculpas a ninguém, nem decidirá não ir ver mais nenhuma peça, e assim por diante. Na verdade, ela devia dizer, pelo contrário, que tem certas sensações e sentimentos de inquietação, e semelhantes, que se parecem com aqueles que tem ao se sentir culpada. Supondo-se, então, a solidez da perspectiva contratualista, a explicação de alguns sentimentos morais depende dos princípios de justiça que seriam escolhidos na posição original, ao passo que os outros sentimentos morais se relacionam com o conceito do bem. Por exemplo, a pessoa se sente culpada por saber que se apossou de mais do que lhe estava reservado (conforme definido por algum sistema justo), ou tratou outras pessoas de maneira injusta. Ou a pessoa se sente envergonhada porque tem sido covarde e insincera. Ela deixou de corresponder à concepção de valor moral que havia se proposto a alcançar (§ 68). O que distingue os sentimentos morais entre si são os princípios e as transgressões que suas explicações costumam evocar. A maioria das sensações e das manifestações comportamentais características é a mesma, apresentando-se como distúrbios psicológicos e tendo características em comum com esses distúrbios.

 Vale observar que o mesmo ato pode dar origem a diversos sentimentos morais simultâneos, contanto que, como quase sempre acontece, seja possível dar a devida explicação de cada um deles (§ 67). Por exemplo, uma pessoa que trapaceia pode sentir-se tanto culpada quanto envergonhada: culpada porque traiu uma confiança e tirou proveito injusto para si própria, sendo sua culpa correspondente aos danos causados a outrem; envergonhada porque, ao recorrer a tais meios, condenou-se a seus próprios olhos (e de outros) por ser fraca e indigna de confiança, alguém que recorre a meios injustos e escusos para promover seus objetivos. Essas explicações apelam a diversos princípios e valores, distinguindo os sentimentos correspondentes; mas ambas as explicações costumam aplicar-se. Podemos acrescentar que, para a pessoa ter um sentimento moral, não é necessário que seja verdadeiro tudo o que se afirma para explicá-lo; basta que ela aceite a explicação. Alguém pode estar errado, então, ao pensar que recebeu mais do que devia. Pode não ter culpa. Não obstante, sente-se culpado, pois sua explicação é do tipo certo e, embora equivocadas, as crenças que a pessoa expressa são sinceras.

A seguir, temos um grupo de questões que dizem respeito à relação entre atitudes morais e a ação: (e) Quais são as intenções, os esforços e as inclinações característicos da pessoa que tem determinado sentimento? Que tipos de coisa ela quer fazer, ou se sente incapaz de fazer? Um homem irado normalmente tenta revidar, ou bloquear os objetivos da pessoa com quem está zangado. Quando assolada pelo sentimento de culpa, por exemplo, uma pessoa quer agir corretamente no futuro e luta por modificar essa conduta de maneira compatível com essa atitude: está propensa a admitir o que fez e se acha menos capaz de condenar os outros quando se comportam mal. A situação específica definirá quais dessas disposições se concretizam; e também podemos supor que o grupo de disposições que se pode provocar varia segundo a moralidade do indivíduo. Está claro, por exemplo, que as expressões típicas de culpa e as explicações apropriadas serão bem diferentes conforme os ideais e os papéis da moralidade de associação se tornem mais complexos e exigentes; e esses sentimentos, por sua vez, serão diferentes das emoções relativas à moralidade de princípios. Na justiça como equidade, essas variações são explicadas em primeiro lugar pelo teor das perspectivas morais correspondentes. A estrutura de preceitos, ideais e princípios demonstra quais são os tipos de explicação necessários.

Além disso, podemos perguntar: (f) Que emoções e reações uma pessoa que tem determinado sentimento espera da parte das outras pessoas? Como prevê que reagirão em relação a ela, tal como isso se apresenta, por exemplo, em várias distorções características de sua interpretação da conduta das outras pessoas em relação a ela? Assim, quem se sente culpado, reconhecendo seu ato como uma transgressão das reivindicações legítimas dos outros, espera que se ressintam de sua conduta e o punam de diversas maneiras. Ele também presume que terceiros ficarão indignados com ele. Quem se sente culpado, então, fica apreensivo com o ressentimento e a indignação das outras pessoas, e as incertezas que disso decorrem. Quem se sente envergonhado, em contraste, prevê desdém e desprezo. Não atingiu um padrão de excelência, cedeu à fraqueza e se mostrou indigno da associação com outras pessoas que têm os mesmos ideais. Está apreensivo, temendo que venha a ser alienado e rejeitado, que se torne objeto de escárnio e ridicularização. Assim como os sentimentos de culpa e vergonha têm princípios diferentes em suas explicações, levam-nos a prever atitudes diferentes em outras pessoas. Em geral, a culpa, o ressentimento e a indignação invocam o conceito de justo, ao passo que a vergonha, o desdém e escárnio apelam ao conceito de bem. E essas observações se estendem, de maneira óbvia, ao sentimento de dever e obrigação (quando se aplicam) e ao orgulho apropriado e à noção do próprio valor. Por fim, podemos perguntar: (g) Quais são as tentações características dos atos que dão origem ao sentimento moral e como, em geral, se resolve esse sentimento? Nisso também há diferenças marcantes entre as emoções morais. Os sentimentos de culpa e vergonha têm configurações distintas e são superados de maneiras também distintas, e essas variações expressam os princípios definidores com os quais se relacionam e seus fundamentos psicológicos peculiares. Assim, por exemplo, a culpa é aliviada pela reparação e pelo perdão que permitem a reconciliação, ao passo que a vergonha se desfaz com demonstrações de que os defeitos foram corrigidos e por uma confiança renovada na excelência de si próprio como pessoa. Também está claro, por exemplo, que o ressentimento e a indignação têm suas resoluções características, já que o primeiro é provocado pelo que consideramos injustiças feitas a nós, e a segunda se relaciona com injustiças feitas a terceiros. Não obstante, as diferenças entre os sentimentos de culpa e vergonha são tão marcantes que é útil observar como se encaixam nas distinções feitas entre aspectos diferentes da moralidade. Como já vimos, a violação de qualquer virtude pode dar origem à vergonha; para isso, basta que uma pessoa preze a forma de ação em questão entre as próprias excelências (§ 67). De maneira análoga, um erro pode ocasionar culpa sempre que alguém saia prejudicado, ou que se violem os direitos de outrem. Assim, a culpa e a vergonha expressam uma preocupação com terceiros e com a própria pessoa que deve estar presente em toda conduta moral. Não obstante, algumas virtudes, e, portanto, aquelas moralidades que as salientam, são mais típicas do ponto de vista de um sentimento do que de outro e, portanto, têm relação mais íntima com tal sentimento. Assim, principalmente as moralidades da supererrogação proporcionam o cenário para a vergonha, pois representam as formas mais elevadas de excelência moral, o amor pela humanidade e o autodomínio, e, ao escolhê-las, a pessoa se arrisca a fracassar em razão de sua própria natureza. Seria errado, porém, salientar mais a perspectiva de um sentimento do que de outro na concepção moral completa, pois a teoria do direito e da justiça fundamenta-se na ideia de reciprocidade, que reconcilia os pontos de vista do eu e dos outros percebidos como pessoas morais iguais. Essa reciprocidade tem a consequência de que ambas as perspectivas caracterizam o pensamento e o sentimento moral, geralmente em medida aproximadamente igual. Não tem prioridade nem uma preocupação com os outros nem uma preocupação consigo mesmo, pois todos são iguais, e o equilíbrio entre as pessoas é proporcionado pelos princípios de justiça. E quando esse equilíbrio pende para um lado, como no caso das moralidades da supererrogação, isso decorre de uma escolha do eu, que toma para si, livremente, a parcela maior. Portanto, embora historicamente talvez vejamos os pontos de vista do eu e dos outros como característicos de certas moralidades, ou de certas perspectivas dentro de uma concepção completa, uma doutrina moral completa contém ambos. Isolada, uma moralidade da vergonha ou da culpa é somente apenas parte de uma perspectiva moral. Nesses comentários, salientei dois pontos principais. Em primeiro lugar, as atitudes morais não devem ser identificadas com sensações e manifestações comportamentais características, mesmo que estas existam. Os sentimentos morais requerem certos tipos de explicação. Assim, em segundo lugar, as disposições morais envolvem a aceitação de virtudes morais específicas; e os princípios que definem essas virtudes são usados para explicar os sentimentos correspondentes. Os juízos que elucidam as diversas emoções se distinguem entre si pelos padrões citados em sua explicação. Culpa e vergonha; remorso e arrependimento; indignação e ressentimento recorrem a princípios que pertencem a partes distintas da moralidade ou os invocam de pontos de vista distintos. Uma teoria ética deve explicar e encontrar um lugar para essas distinções, embora se presuma que cada teoria tente fazê-lo à sua própria maneira.

74. A ligação entre atitudes morais e atitudes naturais

Há um outro aspecto das atitudes morais que mencionei no esboço do desenvolvimento do senso de justiça, a saber, sua ligação com certas disposições naturais[18]. Assim, ao examinarmos um sentimento moral, devemos perguntar: quais são as atitudes naturais às quais está relacionado? Temos, então, duas questões, sendo uma o inverso da outra. A primeira indaga acerca das atitudes naturais que pa-

---

18. Em toda esta seção e, de fato, sobre o assunto das emoções morais em geral, sou muito grato a David Sachs.

recem ausentes quando a pessoa deixa de ter certos sentimentos morais. A segunda, por sua vez, indaga quais atitudes naturais se demonstram presentes quando alguém sente uma emoção moral. Ao esboçar os três estágios da moralidade, só me preocupei com a primeira questão, pois seu oposto levanta outros problemas, mais difíceis. Afirmei que, no contexto da situação de autoridade, as atitudes naturais infantis de amor e confiança por aqueles que exercem autoridade levam a sentimentos de culpa (relacionados à autoridade) quando a criança transgride as ordens a ela dirigidas. A ausência desses sentimentos morais demonstraria a ausência desses laços naturais. De maneira semelhante, dentro da estrutura da moralidade de associação, as atitudes naturais de amizade e confiança mútua dão origem a sentimentos de culpa quando não se cumprem os deveres e as obrigações reconhecidas pelo grupo. A ausência desses sentimentos implicaria a ausência desses vínculos. Não se devem confundir essas proposições com seus opostos, pois, embora os sentimentos de indignação e culpa, por exemplo, possam ser, quase sempre, considerados provas de tais afetos, pode haver outras explicações. Em geral, os princípios morais são afirmados por vários motivos e sua aceitação normalmente basta para os sentimentos morais. Na verdade, na teoria contratualista os princípios do direito e da justiça têm certo teor e, como acabamos de ver, há um sentido no qual agir segundo eles pode ser interpretado como agir precupando-se com a humanidade, ou com o bem das outras pessoas. Saber se esse fato demonstra que se age, em parte, com base em certas atitudes naturais, principalmente porque envolvem vínculos com determinados indivíduos, e não apenas formas gerais de solidariedade e benevolência, é uma questão que deixarei de lado. Decerto a explicação anterior do desenvolvimento da moralidade presume que o afeto por determinadas pessoas tem papel essencial na aquisição da moralidade. Mas até que ponto essas atitudes são necessárias para a motivação moral posterior é questão que podemos deixar em aberto, apesar de que seria surpreendente, imagino, se esses vínculos não fossem necessários em certa medida.

A ligação entre as atitudes naturais e os sentimentos morais pode ser expressa da seguinte maneira: esses sentimentos e atitudes são ambos famílias ordenadas de disposições características, e essas famílias se superpõem de tal maneira que a ausência de certos sentimentos morais demonstra a ausência de certos laços naturais. Ou, alternativamente, a presença de certos vínculos naturais dá origem à propensão a certas emoções morais depois que ocorre o desenvolvimento moral necessário. Podemos ver como isso acontece por meio de um exemplo. Se A gosta de B, então, na falta de alguma explicação especial, A teme por B quando B corre perigo e tenta socorrer B. Se C pretende tratar B de maneira injusta, A fica indignado com C e tenta impedir que seu plano tenha êxito. Em ambos os casos, A está disposto a proteger os interesses de B. Ademais, a menos que haja circunstâncias especiais, A fica alegre quando está junto com B e, quando B sofre algum dano ou morre, A fica desolado. Se o dano sofrido por B for de responsabilidade de A, A sentirá remorso. O amor é um sentimento, uma hierarquia de disposições para a experiência e para manifestar essas emoções primárias conforme suscita a ocasião e para agir da maneira apropriada[19]. Para confirmar a ligação entre as atitudes naturais e as convicções morais, simplesmente observa-se que a disposição da parte de A de sentir remorso quando prejudica B, ou culpa quando viola os direitos legítimos de B, ou a disposição de A de sentir indignação quando C procura negar o direito de B, têm relação psicológica íntima com as inclinações naturais de amor na forma de disposição para ficar alegre na presença do outro, ou de sentir-se triste quando ele sofre. Os sentimentos morais são, em alguns aspectos, mais complexos. Em sua forma completa, pressupõem entendimento e aceitação de certos

---

19. Sobre essa questão, cf. A. F. Shard, *The Foundations of Character*, 2.ª ed. (Londres, Macmillan, 1920), p. 55 s.

princípios e capacidade de julgar segundo tais princípios. Porém, presumindo-se isso, a inclinação para sentimentos morais parece fazer parte dos sentimentos naturais tanto quanto a tendência à alegria ou à capacidade de ficar triste. O amor às vezes se expressa na tristeza e, outras vezes, na indignação. Qualquer um sem o outro seria igualmente incomum. O teor dos princípios morais racionais é tal que torna inteligíveis essas ligações.

Uma das principais consequências dessa doutrina é que os sentimentos morais são uma característica normal da vida humana. Não poderíamos eliminá-los sem, ao mesmo tempo, eliminar certas atitudes naturais. Entre pessoas que nunca agissem de acordo com seu dever de justiça, a não ser segundo os ditames de motivações de interesse próprio e conveniência, não haveria laços de amizade e confiança mútua. Quando existem esses vínculos, reconhecem-se outros motivos para agir com equidade. Tudo isso parece razoavelmente óbvio. Mas também decorre do que foi afirmado que, excluindo-se o autoengano, os egoístas são incapazes de sentir ressentimento e indignação: se dois egoístas enganam um ao outro, e isso vem a ser descoberto, nenhum dos dois tem razão para reclamar. Eles não aceitam os princípios de justiça, nem qualquer outra concepção que seja razoável do ponto de vista da posição original; nem sentem nenhuma inibição decorrente de sentimentos de culpa pelo descumprimento de seus deveres. Como vimos, o ressentimento e a indignação são sentimentos morais e, por conseguinte, pressupõem uma explicação por menção à aceitação dos princípios do direito e da justiça. Por hipótese, porém, não é possível dar as explicações apropriadas. Negar que pessoas autointeressadas sejam incapazes de ressentimento e indignação não é, naturalmente, dizer que não podem zangar-se e incomodar-se umas com as outras. Uma pessoa que não tem senso de justiça pode zangar-se com alguém que deixe de agir com justiça. Mas ira e aborrecimento são diferentes de indignação e ressentimento; não são, como estes, emoções morais. Nem se deve negar que os egoístas podem querer que os outros reconheçam os laços de amizade e os tratem de maneira amistosa. Mas não se devem confundir esses desejos com laços de afeto que levem alguém a fazer sacrifícios pelos amigos. Sem dúvida, há dificuldades para distinguir entre ressentimento e ira e entre a amizade aparente e a verdadeira. Certamente as manifestações e ações externadas podem parecer iguais quando se examina uma porção limitada de conduta. Não obstante, a longo prazo, em geral se consegue distinguir a diferença.

Pode-se dizer, então, que a pessoa a quem falta o senso de justiça, e que jamais agiria como requer a justiça, a não ser por interesse próprio e conveniência, além de não ter laços de amizade, afeto e confiança mútua, também é incapaz de sentir ressentimento e indignação. A ela faltam certas atitudes naturais e sentimentos morais de um tipo especialmente elementar. Em outras palavras, aquele a quem falta o senso de justiça também faltam certas disposições e capacidades fundamentais contidas na ideia de humanidade. Os sentimentos morais são realmente desagradáveis, em algum sentido mais amplo do termo desagradável; porém não temos como evitar a propensão a eles sem nos desfigurar a nós mesmos. Essa propensão é o preço do amor e da confiança, da amizade e do afeto, e da devoção a instituições e tradições das quais nos beneficiamos e que atendem aos interesses gerais da humanidade. Ademais, supondo-se que as pessoas possuam interesses e aspirações próprios e que estejam dispostas, na busca de seus próprios objetivos e ideais, a apresentar suas reivindicações uns aos outros – isto é, contanto que ocorram entre elas as condições que dão origem às questões de justiça –, é inevitável que, em razão da tentação e da paixão, essa propensão se concretize. E, uma vez que ter fins e ideais de excelência como motivação implica estar sujeito à humilhação e vergonha, e a ausência da probabilidade de humilhação e vergonha implica a falta de tais fins e ideais, também se pode dizer da vergonha e da humilhação que fazem parte da ideia de humanidade. Ora, não se deve interpretar como uma razão para agir conforme os ditames da justiça o fato de que a alguém que faltem o senso de justiça e, por conseguinte, a propensão para a culpa, também faltam certas disposições e capacidades fundamentais. Mas tal fato tem a seguinte importância: ao entendermos como seria não ter um senso de justiça – que seria não ter parte de nossa humanidade também –, somos levados a aceitar o fato de termos tal sentimento. Disso decorre que os sentimentos morais são parte normal da vida humana. Não podemos eliminá-los sem, ao mesmo tempo, também destruir as atitudes naturais. E também vimos (§§ 30, 72) que os sentimentos morais dão continuidade a essas disposições no sentido em que o amor à humanidade e o desejo de promover o bem comum contam com os princípios do direito e da justiça como necessários para definir seu objeto. Nada disso pretende negar que nossos sentimentos morais possam ser, em muitos aspectos, irracionais e prejudiciais para o nosso bem. Freud tem razão ao afirmar que essas disposições com frequência são punitivas e cegas, contendo muitos dos aspectos mais cruéis da situação de autoridade na qual foram adquiridas. O ressentimento e a indignação, os sentimentos de culpa e remorso, o senso do dever e a censura aos outros frequentemente assumem formas perversas e destrutivas, e embotam sem razão a espontaneidade e o prazer humanos. Quando digo que as disposições morais fazem parte da nossa humanidade, falo das atitudes que apelam a princípios válidos de direito e justiça em sua explicação. A razoabilidade da concepção ética fundamental é uma condição necessária; dessa forma, a conformidade dos sentimentos morais à nossa natureza é definida pelos princípios que seriam acordados na posição original[20]. Esses princípios regem a educação moral e a expressão de aprovação ou desaprovação mo-

---

20. Em *On Liberty*, Cap. III, § 10, Mill observa que, embora o fato de sermos submetidos a normas rígidas de justiça pelo bem dos outros desenvolva a parte social de nossa natureza, sendo portanto compatível com o nosso bem-estar, o fato de sermos constrangidos não para o bem dos outros, mas simplesmente devido ao desprazer que nossos atos lhes causariam, embota nossa natureza quando consentimos isso.

ral, assim como governam a moldagem das instituições. Contudo, mesmo que o senso de justiça seja decorrência normal de disposições humanas naturais dentro de uma sociedade bem-ordenada, ainda assim é verdade que nossos sentimentos morais atuais estão sujeitos a ser irracionais e caprichosos. Contudo, uma das virtudes de uma sociedade bem-ordenada é que, uma vez que a autoridade arbitrária é abolida, seus membros sofrem muito menos com os fardos da consciência opressiva.

75. Os princípios da psicologia moral

Logo examinaremos a estabilidade relativa da justiça como equidade à luz do esboço do desenvolvimento moral. Mas antes de fazê-lo, eu gostaria de fazer alguns comentários sobre as três leis psicológicas. Será útil ter uma formulação delas diante de nós. Supondo-se que representam tendências e que, permanecendo constantes as demais condições, são efetivas, essas leis podem ser enunciadas da seguinte maneira:

> Primeira lei: dado que os pais expressam seu amor preocupando-se com o bem da criança, esta, por sua vez, reconhecendo o amor patente que eles têm por ela, vem a amá-los.
> Segunda lei: dado que a capacidade de solidariedade da pessoa se constituiu por meio de vínculos adquiridos de acordo com a primeira lei, e dado um arranjo social justo e publicamente conhecido por todos como justo, então essa pessoa cria laços amistosos e de confiança com outros membros da associação quando estes, com intenção evidente, cumprem com seus deveres e obrigações, e vivem segundo os ideais de sua posição.
> Terceira lei: dado que a capacidade de solidariedade da pessoa foi constituída por meio da criação de laços em conformidade com as duas primeiras leis, e já que as instituições da sociedade são justas e publicamente conhecidas por todos como justas, então essa pessoa adquire o senso de justiça correspondente ao reconhecer que ela e aquelas com quem se preocupa são beneficiárias desses arranjos.

Talvez a característica mais marcante dessas leis (ou tendências) seja que sua formulação se refere a um contexto institucional que é justo e, no caso das duas últimas, que se reconhece publicamente como tal. Os princípios da psicologia moral têm um lugar para uma concepção de justiça; e resultam formulações distintas desses princípios quando se usam concepções distintas. Assim, alguma perspectiva de justiça entra na explicação do desenvolvimento do sentimento correspondente; as hipóteses sobre esse processo psicológico contêm noções morais, mesmo que só sejam entendidas como partes da teoria psicológica. Tudo isso parece simples e, supondo-se que seja possível enunciar com clareza as ideias éticas, não há dificuldade em perceber como pode haver leis desse tipo. O esboço anterior do desenvolvimento moral indica como é possível resolver essas questões. Afinal, o senso de justiça é uma disposição consolidada de se adotar e querer agir com base no ponto de vista moral, pelo menos da forma como isso é definido pelos princípios de justiça. Não é de surpreender que se devam envolver esses princípios na formação dessa convicção reguladora. Na verdade, parece provável que nosso entendimento do aprendizado moral não possa exceder em muito a nossa compreensão das concepções morais que se devem aprender. De maneira análoga, nosso entendimento de como aprendemos a nossa língua é limitado pelo que sabemos sobre sua estrutura gramatical e semântica. Assim como a psicolinguística depende da linguística, também a teoria do aprendizado moral depende da nossa análise da natureza da moralidade em suas diversas formas. Nossas ideias de senso comum sobre essas questões não bastam para os fins da teoria.

Não há dúvida de que alguns preferem que as teorias sociais evitem recorrer a ideias morais. Por exemplo, podem querer explicar a formação de laços afetivos por intermédio de leis que se refiram à frequência de interação entre os envolvidos em alguma tarefa em comum, ou à regularidade com que algumas pessoas tomam a iniciativa ou exercem orientação abalizada. Assim, uma lei pode afirmar que, entre iguais em cooperação mútua, quando a igualdade é definida pelas normas aceitas, quanto mais os indivíduos interagem entre si, mais provável se torna que surjam sentimentos amistosos entre eles. Outra lei pode afirmar que quanto mais alguém numa posição de autoridade usar seus poderes e conduzir seus subalternos, mais eles passam a respeitá-lo[21]. Porém, já que essas leis (ou tendências) não mencionam a justiça (ou equidade) do arranjo em questão, estão fadadas a ter um alcance bem limitado. Os que estão sujeitos a outro que exerce autoridade certamente o verão de outra forma, dependendo de o arranjo como um todo ser justo e adequadamente moldado para promover o que consideram ser seus interesses legítimos. E o mesmo acontece com a cooperação entre iguais. As instituições são padrões de conduta humana definidos por sistemas públicos de normas, e o próprio exercício dos cargos e das posições que definem normalmente indica certas intenções e objetivos. A justiça ou injustiça dos arranjos institucionais da sociedade e as convicções humanas sobre essas questões influenciam de maneira profunda os sentimentos sociais; em grande parte, definem como vemos a aceitação ou a rejeição de uma instituição por outra pessoa, ou seu empenho em reformá-la ou em defendê-la.

Pode-se objetar que boa parte da teoria social não precisa de nenhuma ideia moral. O exemplo óbvio é a economia. Contudo, a situação na teoria econômica é peculiar porque se pode quase sempre supor uma estrutura fixa de normas e restrições que definem as ações permissíveis a indivíduos e firmas, e certas hipóteses motivacionais simplificadoras são bem plausíveis. A teoria dos preços (pelo menos suas partes mais elementares) é um exemplo disso. Não

---

21. Cf. exemplos de leis (ou tendências) desse tipo em G. C. Homans, *The Human Group* (Nova York, Harcourt, Brace, 1950), p. 243, 247, 249, 251. Em obra posterior, entretanto, a ideia de justiça é apresentada de maneira explícita. Cf. *Social Behavior: Its Elementary Forms* (Nova York, Harcourt, Brace and World, 1961), p. 295 s., que aplica a teoria elaborada nas p. 232-64.

se leva em conta por que os compradores e os vendedores se comportam segundo leis que governam as atividades econômicas; ou como se formam as preferências ou se estabelecem normas jurídicas. Na maioria dos casos, essas questões são consideradas pressupostos e, até certo ponto, não há nenhuma objeção a isso. Por outro lado, a teoria econômica da democracia, a teoria que estende as ideias e os métodos básicos da teoria dos preços ao processo político, deve, apesar de todos os seus méritos, ser usada com cautela[22]. Pois uma teoria de um regime constitucional não deve aceitar as normas como dadas, nem simplesmente supor que serão acatadas. É claro que o processo político consiste em grande medida em promulgar e rever leis e tentar controlar os poderes executivo e legislativo do governo. Mesmo que se faça tudo de acordo com procedimentos constitucionais, precisamos explicar por que esses procedimentos são aceitos. Nada análogo às restrições de um mercado competitivo se verifica nesse caso; e não há sanções jurídicas no sentido comum para muitos tipos de atos inconstitucionais de parlamentares e chefes do executivo e das forças políticas que representam. Os principais agentes políticos são, portanto, orientados em parte pelo que consideram moralmente permissível; e como nenhum sistema constitucional de controles e contrapesos pode conseguir criar uma mão invisível na qual se possa confiar para conduzir o processo a um resultado justo, um senso público de justiça é em certa medida necessário. Pareceria, então, que uma teoria correta da política num regime constitucional justo pressupõe uma teoria da justiça que explique como sentimentos morais influem na condução dos assuntos públicos. Toquei nessa questão antes ao discutir o papel da desobediência civil; aqui basta acrescentar que um dos testes da doutrina contratualista é averiguar se atende bem a esse objetivo.

---

22. Cf. referências a essa teoria da democracia no § 31, nota 2, e no § 54, nota 18. Sem dúvida, aqueles que criaram a teoria estão conscientes dessa limitação. Cf., por exemplo, Anthony Downs, "The Public Interest: Its Meaning in a Democracy", *Social Research*, Vol. 29 (1962).

Uma segunda questão sobre as leis psicológicas é que regem as mudanças nos laços afetivos que pertencem aos nossos objetivos últimos. Para esclarecer isto, podemos observar que explicar um ato intencional é demonstrar como, dadas nossas convicções e as alternativas disponíveis, está de acordo com nosso plano de vida, ou com sua subparte relevante nas circunstâncias em questão. É comum fazer isso por meio de uma série de explicações segundo as quais se faz uma primeira coisa a fim de alcançar uma segunda; que se faz a segunda coisa a fim de alcançar uma terceira, e assim por diante, sendo essa uma série finita, que termina em um objetivo em nome do qual se fazem todas as coisas anteriores. Ao explicarmos nossos diversos atos, podemos citar muitas cadeias de motivos, e esses normalmente se detêm em vários pontos em razão da complexidade do projeto de vida e de sua pluralidade de fins. Ademais, uma cadeia de razões pode ter diversas ramificações, pois cada ato pode ter como objetivo a promoção de mais de um fim. O que define como as atividades que promovem os muitos fins são programadas e se equilibram entre si é o próprio plano e os princípios nos quais se fundamenta.

Dentre nossos objetivos últimos estão nossos laços com pessoas, o interesse que temos na realização dos interesses delas e o senso de justiça. As três leis definem como o nosso sistema de desejos passa a ter novos objetivos últimos quando criamos laços afetivos. Essas mudanças devem distinguir-se de constituirmos desejos derivativos em consequência de conhecimentos adicionais ou de oportunidades posteriores, ou de determinarmos nossos desejos existentes de uma maneira mais específica. Por exemplo, alguém que deseje viajar para determinado lugar recebe a informação de que certa rota é a melhor. Ao aceitar esse conselho, a pessoa tem o desejo de seguir em determinada direção. Desejos derivados desse tipo têm uma explicação racional. São desejos de fazer o que, perante os indícios disponíveis, alcançará de maneira mais eficaz os nossos objetivos atuais, e esses desejos mudam segundo os conhecimentos e as convicções, e também segundo as oportunidades disponíveis. As três leis psicológicas não oferecem explicações racionais de desejos nesse sentido; mais precisamente, elas caracterizam transformações do nosso padrão de objetivos últimos que surge quando reconhecemos a maneira como as instituições e as ações de outros afetam nosso bem. Naturalmente, nem sempre é fácil definir quando o objetivo é último ou derivativo. A diferença se fundamenta no plano racional de vida da pessoa, e a estrutura desse plano nem sempre é óbvia, mesmo para ela. Não obstante, para nossos propósitos no momento, a diferença é clara o bastante.

O terceiro comentário é que as três leis não são meros princípios de associação ou de reforço. Embora tenham certa semelhança com esses princípios de aprendizagem, essas leis afirmam que os sentimentos ativos de amor e de amizade, e mesmo o senso de justiça, nascem da intenção manifesta das outras pessoas de agir para o nosso bem. Por reconhecermos que desejam o nosso bem, desejamos em troca o bem-estar dessas pessoas. Assim, criamos laços com pessoas e instituições de acordo com a percepção que temos sobre como nosso bem é por elas afetado. A ideia fundamental é a reciprocidade. Essa tendência é um fato psicológico profundo. Sem ela, a nossa natureza seria bem diferente e a cooperação social proveitosa seria frágil, se não impossível. Decerto uma pessoa racional não é indiferente a coisas que atinjam de maneira significativa o seu bem; e, supondo-se que essa pessoa desenvolva alguma atitude com relação a elas, adquire um novo vínculo ou uma nova aversão. Se retribuíssemos amor com ódio, ou deixássemos de gostar daqueles que agiram de maneira equitativa com relação a nós, ou nos opuséssemos a atividades que promovessem o nosso bem, uma comunidade logo se dissolveria. Nunca existiram ou devem ter desaparecido rapidamente no decorrer da evolução seres com outra psicologia. A capacidade de ter um senso de justiça, gerada pelas reações de reciprocidade, parece ser uma das condições da sociabilidade humana. As concepções mais estáveis de justiça

talvez sejam aquelas para as quais o senso de justiça correspondente está mais fundamentado nessas tendências (§ 76).
Por fim, alguns comentários sobre a interpretação do desenvolvimento moral como um todo. Recorrer aos três princípios da psicologia moral é, naturalmente, uma simplificação. Uma análise mais completa distinguiria entre diversos tipos de aprendizado e, portanto, entre o condicionamento instrumental (reforço) e o condicionamento clássico, tão provável de modelar nossas emoções e sentimentos. Também seria necessário analisar os exemplos e a imitação e o aprendizado de conceitos e princípios[23]. Não há motivo para negar a importância dessas formas de aprendizado. Para nossos fins, porém, o esquema de três estágios deve bastar. Na medida em que salienta a formação de vínculos como objetivos últimos, o esboço do aprendizado moral lembra a tradição empiricista com sua ênfase na importância de adquirir novas motivações.
Também há laços com o que chamei de perspectiva racionalista. Em primeiro lugar, a aquisição do senso de justiça acontece em estágios ligados ao crescimento do conhecimento e do entendimento.
É preciso elaborar uma concepção do mundo social e do que é justo e injusto para se adquirir um sentimento de justiça. As intenções manifestas das outras pessoas são reconhecidas contra o pano de fundo de instituições públicas tal como interpretadas pela visão que se tem do próprio eu e de sua situação. Não afirmei, porém, que os estágios de desenvolvimento são inatos ou determinados por mecanismos psicológicos. Saber se as diversas propensões nativas influem nesses estágios é questão que deixei de lado. Emprega-se uma teoria do direito e da justiça para descrever qual pode ser o rumo esperado do desenvolvimento. O modo como a sociedade bem-ordenada é organizada e o sistema completo de princípios, ideais e preceitos que regem todo o esquema proporcionam um meio de distinguir os três

---

23. Cf. Brown, *Social Psychology*, p. 411 s.

níveis da moralidade. Parece plausível que, numa sociedade regida pela doutrina contratualista, o aprendizado moral siga a ordem apresentada. Os estágios são definidos pela estrutura do que se deve aprender, passando do mais simples ao mais complexo na medida em que se realizam as capacidades necessárias. Em último lugar, ao fundamentar a teoria do aprendizado moral explicitamente em uma teoria ética específica, fica evidente em que sentido a sequência de estágios representa uma evolução progressiva, e não apenas uma sequência uniforme. Assim como as pessoas formulam gradualmente projetos racionais de vida que atendem a seus interesses mais profundos, também passam a conhecer a dedução dos preceitos e ideais morais que se faz partindo dos princípios que aceitariam numa situação inicial de igualdade. As normas éticas não são mais consideradas meras restrições, e sim articuladas em uma concepção coerente. A ligação entre esses padrões e as aspirações humanas é então percebida e as pessoas entendem seu senso de justiça como uma ampliação de seus vínculos naturais, e como uma maneira de se preocupar com o bem coletivo. As muitas cadeias de razões, com seus diversos pontos de parada, não são mais simplesmente distintas, e sim são vistas como elementos de uma visão sistemática. Essas observações presumem, porém, uma determinada teoria da justiça. Aqueles que adotam outra teoria preferirão outra interpretação dessas questões. Seja como for, porém, é certo que alguma concepção de justiça tem lugar na explicação do aprendizado moral, mesmo que tal concepção pertença somente à teoria psicológica e não seja aceita como filosoficamente correta.

76. O problema da estabilidade relativa

Volto-me agora para a comparação entre a justiça como equidade e outras concepções no tocante à estabilidade. Talvez seja útil recordar que o problema da estabilidade surge porque o esquema justo de cooperação talvez não esteja em equilíbrio, e nem muito menos seja estável. Na verdade, do ponto de vista da posição original, os princípios da justiça são coletivamente racionais, pois todos podem esperar melhorar a própria situação se todos adotarem esses princípios, pelo menos em comparação com o que suas perspectivas seriam na ausência de qualquer acordo. O egoísmo geral representa esse ponto de ausência de acordo. Não obstante, da perspectiva de qualquer homem, tanto o egoísmo de primeira pessoa quanto o do "carona" seriam ainda melhores. Naturalmente, dadas as condições da posição original, nenhuma dessas opções é uma candidata séria (§ 23). Contudo, na vida cotidiana, se estiver inclinado a isso, o indivíduo pode às vezes conquistar benefícios ainda maiores para si mesmo ao aproveitar-se dos esforços cooperativos dos outros. Basta que muitas pessoas estejam fazendo sua parte para que, quando circunstâncias especiais lhe permitirem não contribuir (talvez sua omissão não seja descoberta), ele consiga o melhor de ambos os mundos: nessas ocasiões, pelo menos, é como se o egoísmo do "carona" tivesse sido reconhecido e aceito.

Arranjos institucionais justos podem não estar em equilíbrio, então, porque agir com equidade em geral não é a melhor resposta à conduta justa de outros. Para garantir a estabilidade, é preciso que as pessoas tenham um senso de justiça ou se preocupem com os que estariam em desvantagem com sua defecção, de preferência ambos. Quando esses sentimentos são fortes o bastante para anular as tentações de transgredir as normas, os sistemas justos são estáveis. Cada pessoa passa a considerar que cumprir com o próprio dever e obrigação é a reação correta às ações dos outros. O plano racional de vida de cada pessoa, regido pelo senso de justiça, leva a essa conclusão.

Conforme já comentei, Hobbes relacionou a questão da estabilidade à da obrigação política. Pode-se considerar o soberano hobbesiano como um mecanismo acrescentado a um sistema de cooperação que sem isso seria instável.

A crença geral na eficácia do soberano remove os dois tipos de instabilidade (§ 42). Agora torna-se evidente como as relações de amizade e confiança mútua, e o conhecimento público de um senso de justiça em comum e normalmente eficaz, produzem o mesmo resultado, pois, em razão dessas disposições naturais e do desejo de fazer o que é justo, ninguém quer promover seus interesses de maneira injusta e em prejuízo de outros; isso elimina a instabilidade do primeiro tipo. E já que cada um reconhece que essas inclinações e sentimentos são prevalecentes e efetivos, não há motivo para ninguém pensar que precisa transgredir as leis para proteger seus interesses legítimos; assim, a instabilidade do segundo tipo também é eliminada. É claro que talvez venham a ocorrer algumas infrações, porém, quando ocorrerem, sentimentos de culpa decorrentes da amizade e da confiança mútua e o senso de justiça tendem a restabelecer o arranjo.

Ademais, a sociedade regida por um senso público de justiça é inerentemente estável: em circunstâncias normais, as forças que contribuem para a estabilidade aumentam (até certo limite) com o passar do tempo. Essa estabilidade inerente é consequência da relação recíproca entre as três leis psicológicas. A operação mais eficaz de uma lei fortalece a das outras duas. Por exemplo, quando a segunda lei leva a vínculos mais fortes, o senso de justiça alcançado pela terceira lei é fortalecido em razão da maior preocupação com os beneficiários de instituições justas. E, indo na outra direção, um senso de justiça mais efetivo leva a uma intenção mais segura de fazer a própria parte, e o reconhecimento desse fato desperta sentimentos mais intensos de amizade e confiança. Novamente, parece que, com uma garantia mais firme do próprio valor e uma capacidade mais vigorosa de solidariedade proporcionada por condições mais favoráveis à primeira lei, é de esperar que os efeitos regidos pelas outras leis sejam aprimorados de maneira semelhante. Inversamente, as pessoas que criaram um senso de justiça regulador e têm confiança em sua autoestima mais provavelmente vão zelar pelo bem de seus filhos com uma intenção manifesta de fazê-lo. Assim, os três princípios psicológicos conspiram juntos para dar apoio às instituições de uma sociedade bem-ordenada.

Parece que não há dúvida, então, de que a justiça como equidade é uma concepção moral razoavelmente estável. Mas a decisão na posição original depende de uma comparação: permanecendo constantes os demais fatores, a concepção de justiça preferida é a mais estável. O ideal seria comparar a perspectiva contratualista com todas as rivais nesse aspecto, porém como sempre só vou considerar o princípio de utilidade. Para tanto, convém recordar três elementos que entram na operação das leis psicológicas: uma preocupação incondicional com o nosso bem, uma percepção clara dos motivos dos preceitos e dos ideais morais (auxiliada pela explicação e pela instrução e pela possibilidade de oferecer justificativas precisas e convincentes) e o reconhecimento de que aqueles que obedecem a esses preceitos e ideais, e fazem sua parte nas instituições sociais, tanto aceitam essas normas como também expressam na sua vida e no seu caráter as formas do bem humano que invocam nossa admiração e estima (§ 70). O senso de justiça resultante é tanto mais forte quanto mais se realizam esses três elementos. O primeiro estimula o senso do nosso próprio valor, fortalecendo a tendência à retribuição; o segundo apresenta a concepção moral de tal forma que possa ser imediatamente entendida; e o terceiro mostra a adesão a ela como algo atrativo. A concepção de justiça mais estável, portanto, talvez seja aquela mais evidente para nossa razão, compatível com o nosso bem, e fundamentada não na abnegação, mas na afirmação do eu.

Várias coisas indicam que o senso de justiça correspondente à justiça como equidade é mais forte que a convicção paralela inculcada pelas outras concepções. Em primeiro lugar, a preocupação incondicional de outras pessoas e instituições com o nosso bem é muito mais forte na teoria contratualista. As restrições contidas no princípio de justiça garantem liberdades iguais para todos e nos asseguram que nossas reivindicações não serão desprezadas nem anuladas em nome de uma soma maior de benefícios, mesmo para toda a sociedade. Só precisamos ter em mente as diversas normas de prioridade e o significado do princípio de diferença conforme expresso em sua interpretação kantiana (as pessoas não devem ser tratadas como meios) e sua relação com a ideia de fraternidade (§§ 29, 17). A consequência desses aspectos da justiça como equidade é intensificar a operação do princípio da reciprocidade. Conforme já salientamos, uma preocupação mais incondicional com o nosso bem e uma recusa mais clara da parte das outras pessoas de aproveitar-se de acidentes e contingências devem fortalecer nossa autoestima; e esse bem maior deve, por sua vez, levar a uma vinculação mais forte a pessoas e instituições à guisa de retribuição. Essas consequências são mais intensas do que no caso do princípio de utilidade e, assim, os laços resultantes devem ser mais fortes.

Podemos confirmar essa sugestão ao analisar a sociedade bem-ordenada juntamente com o princípio de utilidade. Nesse caso, é preciso alterar as três leis psicológicas. Por exemplo, a segunda lei agora afirma que as pessoas tendem a criar sentimentos amistosos com relação àqueles que têm intenções evidentes de fazer sua parte em sistemas cooperativos conhecidos publicamente por maximizar a soma de vantagens, ou o de bem-estar médio (de acordo com a variante em questão). Em ambos os casos a lei psicológica resultante não é tão plausível quanto antes. Vamos supor que sejam adotadas certas instituições com base no entendimento público de que as vantagens maiores de alguns contrabalançam as vantagens menores de outros. Por que a aceitação do princípio de utilidade (em qualquer das duas formas) pelos mais afortunados deveria inspirar os menos afortunados a ter sentimentos amistosos com relação a eles? Essa resposta pareceria, de fato, bastante surpreendente, em especial se aqueles em situação melhor apresentaram suas reivindicações afirmando que de sua satisfação resultaria uma soma (ou média) mais elevada de bem-estar. Não há nenhum princípio de reciprocidade em ação nesse caso, e recorrer à utilidade pode simplesmente despertar suspeitas. A preocupação que é expressa por todas as pessoas ao se dar o mesmo peso a cada uma (pesando-se igualmente a utilidade de todos) é fraca comparada àquela expressa pelos princípios de justiça. Assim, é provável que os vínculos gerados dentro de uma sociedade bem-ordenada regida pelo critério de utilidade variem muito entre um setor da sociedade e outro. Alguns grupos talvez tenham pouco desejo, quando muito, de agir com justiça (agora definida pelo princípio utilitarista) com correspondente perda em estabilidade.

É certo que, qualquer que seja o tipo de sociedade bem-ordenada, a força do senso de justiça não será igual em todos os grupos sociais. Contudo, para garantir que vínculos mútuos unam toda a sociedade, todos e cada um de seus membros, é preciso adotar algo semelhante aos dois princípios de justiça. Fica evidente por que o utilitarista salienta a capacidade de compaixão. Aqueles que não se beneficiam da situação melhor de outros devem identificar-se com a soma (ou média) mais elevada de satisfação, caso contrário não vão querer adotar o critério de utilidade. Não há dúvida de que tais inclinações altruístas existem. Contudo, é provável que sejam menos fortes do que aquelas reveladas pelas três leis psicológicas formuladas como princípios de reciprocidade; e uma capacidade acentuada de identificação compassiva parece relativamente rara. Por conseguinte, esses sentimentos proporcionam menos apoio à estrutura básica da sociedade. Além disso, conforme já vimos, seguir a concepção utilitarista tende a ser destrutivo para a autoestima daqueles que levam a pior, em especial quando já são menos afortunados (§ 29). É característico da moralidade de autoridade, quando concebida como moralidade de toda a ordem social, exigir autossacrifício em nome de um bem maior e depreciar o valor do indivíduo e de associações inferiores. O vazio do eu deve ser superado em nome de fins maiores. É provável que essa doutrina incentive o ódio por si próprio com suas consequências destrutivas. Decerto o utilitarismo não chega a esse extremo, mas deve haver um efeito semelhante que enfraquece ainda mais a capacidade de compaixão e distorce o desenvolvimento de laços afetivos. Em um sistema social regido pela justiça como equidade, em contraste, a identificação com o bem dos outros e a valorização do que fazem como algo que é um componente do nosso próprio bem (§ 79) podem ser bem fortes. Mas isso talvez só aconteça em razão da reciprocidade já implícita nos princípios de justiça. Com a garantia constante expressa por esses princípios, as pessoas terão um senso seguro do próprio valor que serve de base para o amor à humanidade. Ao recorrer diretamente à capacidade de compaixão como um fundamento para a conduta justa na ausência da reciprocidade, o princípio de utilidade não só requer mais do que a justiça como equidade, como também depende de inclinações mais fracas e menos comuns. Dois outros elementos afetam a força do senso de justiça: a clareza da concepção moral e a atratividade de seus ideais. Analisarei esta última no próximo capítulo. Tentarei, então, demonstrar que a visão contratualista é mais congruente com o nosso bem do que suas rivais; e, supondo-se esta conclusão, isso confere mais apoio às ponderações precedentes. A maior clareza dos princípios de justiça foi analisada anteriormente (§ 49). Comentei que, em comparação com as doutrinas teleológicas, os princípios de justiça definem uma concepção clara. A ideia de maximizar o bem-estar agregado, ou de alcançar a maior perfeição, pelo contrário, é vaga e amorfa. É mais fácil verificar quando são infringidas as liberdades iguais e definir discrepâncias do princípio de diferença do que decidir se o tratamento desigual aumenta a utilidade social. A estrutura mais definida dos dois princípios (e as diversas normas de prioridade) os oferece com maior nitidez para o intelecto e, por conseguinte, garante sua presença na mente. As explicações e razões oferecidas para defendê-los são entendidas e aceitas com mais facilidade; a conduta de nós esperada é definida com mais clareza por critérios publicamente reconhecidos. Nos três casos, então, a visão contratualista parece possuir maior estabilidade.

É notável que Mill pareça concordar com essa conclusão. Ele comenta que, com o progresso da civilização, as pessoas reconhecem cada vez mais que a sociedade entre os seres humanos é manifestamente impossível com base em qualquer outra coisa que não seja levar em conta os interesses de todos. O aprimoramento das instituições políticas elimina a oposição de interesses e as barreiras e desigualdades que incentivam os indivíduos e as classes a desconsiderar as reivindicações uns dos outros. O objetivo natural desse desenvolvimento é um estado do espírito humano no qual cada pessoa tem uma sensação de unidade com as outras. Mill afirma que quando esse estado de espírito humano é aperfeiçoado, leva o indivíduo a só desejar para si aquelas coisas que incluem as outras pessoas em seus benefícios. Um dos desejos naturais da pessoa é que haja harmonia entre seus sentimentos e os de seus concidadãos. Ela quer se certificar de que seus objetivos e os deles não estão em oposição, de que não está se colocando contra o bem deles, e sim promovendo o que eles realmente desejam[24].

O desejo que Mill caracteriza aqui é o desejo de agir com base no princípio de diferença (ou algum critério semelhante), e não o desejo de agir com base no princípio de utilidade. Mill não percebe a discrepância, mas parece reconhecer intuitivamente que uma sociedade perfeitamente justa na qual os objetivos humanos se reconciliam de maneira aceitável para todos seria aquela que segue a ideia de reciprocidade expressa pelos princípios de justiça. Suas observações estão de acordo com a ideia de que uma concep-

---
24. *Utilitarianism*, Cap. III, §§ 10-11.

ção estável de justiça, que suscita os sentimentos naturais humanos de unidade e solidariedade, tem mais probabilidade de conter esses princípios do que o padrão utilitarista. E essa conclusão é corroborada pela interpretação de Mill acerca das origens do senso de justiça, pois ele acredita que esse sentimento não surge apenas da compaixão, mas também do instinto natural de autoproteção e do desejo de segurança[25]. Essa origem dupla indica que, em sua opinião, a justiça envolve um equilíbrio entre o altruísmo e as reivindicações do eu e, por conseguinte, envolve uma ideia de reciprocidade. A doutrina contratualista atinge o mesmo resultado, mas não o faz por meio de uma ponderação *ad hoc* das duas tendências opostas, mas por meio de uma construção teórica que leva aos princípios apropriados de reciprocidade como uma conclusão.

Ao defender a maior estabilidade dos princípios de justiça, presumi que certas leis psicológicas são verdadeiras, ou aproximadamente verdadeiras. Não tratarei da questão da estabilidade além desse ponto. Observemos, porém, que alguém poderia perguntar como foi que os seres humanos atingiram a natureza descrita por esses princípios psicológicos. A teoria da evolução indicaria que ocorreu em consequência da seleção natural; a capacidade de ter um senso de justiça e os sentimentos morais é uma adaptação da humanidade ao seu lugar na natureza. Conforme afirmam os etólogos, os padrões comportamentais da espécie e os mecanismos psicológicos de sua aquisição são características suas tanto quanto os traços característicos de suas estruturas corporais; e esses padrões de comportamento evoluem, exatamente como evoluem órgãos e ossos[26]. Parece claro que, para os membros de uma espécie que vive em grupos sociais estáveis, a capacidade de cumprir acordos coopera-

---

25. *Ibid*, Cap. V, §§ 16-25.
26. Cf. Konrad Lorenz, em sua introdução a *The Expression of the Emotions in Man and Animals* de Darwin (Chicago, University of Chicago Press, 1965), p. xii-xiii.

tivos justos e de ter as convicções necessárias para lhes dar apoio é bem vantajosa, em especial quando os indivíduos têm uma vida longa e dependem uns dos outros. Essas condições garantem as inumeráveis ocasiões em que a justiça mútua à qual se adere de forma firme é benéfica para todas as partes[27].

A questão fundamental aqui, porém, é se os princípios de justiça estão mais próximos da tendência evolutiva do que o princípio de utilidade. À primeira vista, pareceria que se a seleção é sempre de indivíduos e de suas linhagens genéticas, e se a capacidade para as diversas formas de comportamento tiver alguma fundamentação genética, então o altruísmo no sentido estrito se limitaria, em geral, a parentes e a grupos menores de relacionamento pessoal. Nesses casos, a disposição de fazer autossacrifícios consideráveis favoreceria os descendentes do indivíduo e tenderia a ser escolhida. Voltando-se para o outro extremo, a sociedade que tivesse uma forte propensão à conduta supererrogatória em suas relações com outras sociedades poria em risco a existência de sua própria cultura característica e seus membros correriam o risco de sofrer dominação. Por conseguinte, pode-se conjecturar que é possível que a capacidade de agir com base nas formas mais universais de benevolência racional acabe sendo eliminada, ao passo que a capacidade de obedecer aos princípios de justiça e do dever natural nas

---

27. Os biólogos nem sempre distinguem o altruísmo de outras formas de conduta ética. É comum que classifiquem o comportamento como altruísta ou egoísta. Não é o caso, entretanto, de R. B. Trivers em "Evolution of Reciprocal Altruism", *Quarterly Review of Biology*, Vol. 46 (1971). O autor traça uma distinção entre o altruísmo e o altruísmo recíproco (ou aquilo que eu prefiro chamar simplesmente de reciprocidade). O último é o correspondente biológico das virtudes cooperativas da equidade e da boa-fé. Trivers discute as condições naturais e as vantagens seletivas da reciprocidade, e as capacidades que a sustentam. Cf. também G. C. Williams, *Adaptation and Natural Selection* (Princeton, Princeton University Press, 1966), p. 93-6, 113, 195-7, 247. E a discussão do mutualismo entre espécies em Irenäus Eibl-Eibesfeldt, *Ethology*, trad. Erich Klinghammer (Nova York, Holt, Rinehart and Winston, 1970), p. 146 s., 292-302.

relações entre grupos e indivíduos que não têm parentesco seja favorecida. Também podemos ver como o sistema dos sentimentos morais poderia evoluir como inclinações que dão apoio aos deveres naturais e como mecanismos estabilizadores de esquemas justos[28]. Se isso estiver correto, então mais uma vez os princípios de justiça têm uma fundamentação mais segura.

Essas observações não são concebidas como razões que justificam a visão contratualista. Os principais fundamentos dos princípios de justiça já foram apresentados. Neste ponto, estamos apenas conferindo se a concepção já adotada é viável e se não é tão instável que qualquer outra escolha poderia ser melhor. Estamos na segunda parte da argumentação na qual perguntamos se devemos reconsiderar o reconhecimento anterior (§ 25). Não afirmo, então, que a justiça como equidade é a concepção de justiça mais estável. O entendimento necessário para responder a essa questão está muito além da teoria primitiva que esbocei. A concepção aceita só precisa ser estável o bastante.

77. O fundamento da igualdade

Agora volto-me para o fundamento da igualdade, as características dos seres humanos em razão das quais devem ser tratados segundo os princípios de justiça. Nossa conduta com relação aos animais não é regida por esses princípios, ou é nisso que se acredita em geral. Com base em que, então, distinguimos entre a humanidade e outros seres vivos e consideramos válidas as restrições da justiça somente nas nossas relações com seres humanos? Devemos examinar o que define a escala de aplicação das concepções de justiça.

Para esclarecer nossa questão, podemos distinguir três níveis nos quais o conceito de igualdade se aplica. O primeiro é o da administração de instituições como sistemas

---

28. Sobre essa última questão, cf. Trivers, *ibid.*, p. 47-54.

públicos de normas. Nesse caso, a igualdade é essencialmente justiça como regularidade. Implica a aplicação imparcial e a interpretação constante de leis que estejam de acordo com preceitos tais como o de tratar casos semelhantes de maneira semelhante (da forma como isso é definido por estatutos e precedentes) e outros do mesmo tipo (§ 38). A igualdade nesse nível é o elemento menos controverso na ideia de justiça do senso comum[29]. A segunda aplicação, e muito mais difícil, da igualdade é a aplicação à estrutura substantiva das instituições. Nesse caso, o significado da igualdade é especificado pelos princípios de justiça, que exigem que sejam atribuídos iguais direitos fundamentais a todos. É presumível que isso exclua os animais; decerto eles têm alguma proteção, mas seu *status* não é igual ao dos seres humanos. Porém esse resultado continua inexplicado. Ainda temos de analisar a quais tipos de seres se devem as garantias da justiça. Isso nos leva ao terceiro nível no qual surge a questão da igualdade.

A resposta natural parece ser que são precisamente as pessoas morais que têm direito à justiça igual. As pessoas têm duas características distintivas: primeiro, são capazes de ter (e se presume que têm) uma concepção do próprio bem (expresso por um plano racional de vida); e, em segundo lugar, são capazes de ter (e se presume que adquirem) um senso de justiça, um desejo normalmente efetivo de aplicar e agir segundo os princípios da justiça, pelo menos em um grau mínimo. Usamos a caracterização das pessoas presentes na posição original para especificar o tipo de seres a quem os princípios escolhidos se aplicam. Afinal, as partes adotam esses critérios para reger suas instituições comuns e sua conduta com relação uns aos outros; e a descrição da natureza das partes entra no raciocínio por meio do qual se selecionam esses princípios. Assim, deve-se igual justiça àqueles que têm a capacidade de participar e agir de

---

29. Cf. Sidgwick, *Methods of Ethics*, p. 496.

acordo com o entendimento público da situação inicial. Deve-se observar que a personalidade moral está aqui definida como uma potencialidade que se concretiza normalmente no devido tempo. É essa potencialidade que põe em ação as exigências da justiça. Voltarei a esse ponto mais adiante. Vemos, então, que a capacidade para a personalidade moral é uma condição suficiente para ter o direito à justiça igual[30]. Não se exige nada além do mínimo essencial. Deixarei de lado a questão de se saber se a personalidade moral também é uma condição necessária.

Suponho que a grande maioria da humanidade possua capacidade para ter um senso de justiça e, por conseguinte, essa questão não levanta um problema prático grave. O essencial é que a personalidade moral basta para tornar alguém um sujeito de reivindicações. Não podemos estar muito errados ao supor que sempre se satisfaz a condição suficiente. Mesmo que a capacidade fosse necessária, não seria sensato, na prática, impedir a justiça com base nisso. O risco para as instituições justas seria grande demais.

---

30. Esse fato pode ser empregado para interpretar o conceito de direitos naturais. Em primeiro lugar, ele explica por que é adequado dar esse nome aos direitos protegidos pela justiça. Essas reivindicações dependem apenas de certos atributos naturais, cuja presença pode ser verificada pela razão natural seguindo métodos de investigação determinados pelo senso comum. A existência desses atributos e das reivindicações neles baseadas é estabelecida independentemente das convenções sociais e das normas legais. A adequação do termo "natural" está no fato de que ele indica a diferença entre os direitos identificados pela teoria da justiça e os direitos definidos pela lei e pelos costumes. Mas, além disso, o conceito de direitos naturais contém a ideia de que esses direitos são atribuídos em primeiro lugar às pessoas e que lhes é conferido um peso especial. Exigências que são facilmente sobrepujadas por outros valores não constituem direitos naturais. Ora, os direitos protegidos pelo primeiro princípio têm essas duas características, em vista das regras de prioridade. Assim, a justiça como equidade tem as marcas características de uma teoria de direitos naturais. Não só ela fundamenta os direitos essenciais em atributos naturais e distingue suas bases das normas sociais, mas também atribui direitos às pessoas por meio dos princípios da justiça igual, tendo esses princípios uma força especial que outros valores normalmente não podem sobrepujar. Embora os direitos específicos não sejam absolutos, em condições favoráveis o sistema de liberdades iguais é absoluto na prática.

Devemos salientar que a condição suficiente para a justiça igual, a capacidade para a personalidade moral, não é rigorosa. Quando falta a alguém a potencialidade necessária, seja de nascimento, seja por acidente, isso é tido como defeito ou privação. Não existe raça nem grupo reconhecido de seres humanos aos quais falte esse atributo. São poucos os indivíduos aos quais falta essa capacidade, ou sua realização em um grau mínimo, e a não realização de tal capacidade é consequência de circunstâncias sociais injustas ou empobrecidas, ou de contingências fortuitas. Ademais, embora se presuma que os indivíduos tenham capacidades variáveis de senso de justiça, esse fato não é motivo para privar da proteção da justiça aqueles que têm menos capacidade. Quando atinge um certo mínimo, a pessoa tem direito à liberdade igual da mesma forma que todas as outras. Uma capacidade maior para o senso de justiça, conforme o demonstra, por exemplo, uma maior facilidade para aplicar os princípios de justiça e articular argumentos em casos específicos, é um bem natural, como qualquer outra habilidade. As vantagens especiais que a pessoa recebe ao exercitá-la devem ser regidas pelo princípio de diferença. Assim, se algumas pessoas têm em alto grau as virtudes judiciais da imparcialidade e da integridade, que são necessárias em certos cargos, é legítimo que obtenham quaisquer benefícios que possam estar vinculados a esses cargos. Contudo, a aplicação do princípio da liberdade igual não é afetada por essas diferenças. Às vezes se acredita que os direitos e as liberdades fundamentais devem variar com a capacidade, mas a justiça como equidade nega isso: contanto que se satisfaça o mínimo para a personalidade moral, devem-se todas as garantias da justiça à pessoa.

Essa análise do fundamento da igualdade requer alguns comentários. Em primeiro lugar, pode-se objetar que a igualdade não pode depender de atributos naturais. Não há nenhuma característica natural no tocante à qual todos os seres humanos sejam iguais, ou seja, que todos tenham (ou que um número suficiente tenha) no mesmo grau. Pode parecer que, se quisermos defender uma doutrina da igualdade, temos de interpretá-la de outra maneira, ou seja, como um princípio puramente procedimental. Assim, afirmar que os seres humanos são iguais significa dizer que nenhum deles tem direito a tratamento preferencial na ausência de razões prementes para isso. O ônus da prova favorece a igualdade: isso define uma pressuposição procedimental de que as pessoas devem ser tratadas com igualdade. Os afastamentos do tratamento igual devem ser defendidos, em cada caso, e julgados com imparcialidade pelo mesmo sistema de princípios que se aplica a todos; supõe-se que a igualdade essencial é a igualdade de consideração.

Essa interpretação procedimental conta com diversas dificuldades[31]. Em primeiro lugar, não é nada mais do que o preceito de tratar casos semelhantes de maneira semelhante aplicado no nível mais alto, juntamente com uma atribuição do ônus da prova. A igualdade de consideração não impõe restrições às justificativas que se podem oferecer pelas desigualdades. Não há garantia de um tratamento substantivamente igual, já que os sistemas escravistas e de castas (para mencionar casos extremos) podem satisfazer a essa concepção. A verdadeira garantia de liberdade está no teor dos princípios de justiça, e não nesses pressupostos procedimentais. A definição do ônus da prova não é suficiente. Porém, além disso, mesmo que a interpretação procedimental impusesse certas restrições genuínas às instituições, ainda há a questão de por que temos de seguir o procedimento em alguns casos e não em outros. Certamente ele se aplica a criaturas que pertencem a alguma classe, mas qual? Ainda precisamos de um fundamento natural para a igualdade, para que essa classe seja identificada.

---

31. Cf. discussão a esse respeito em S. I. Benn, "Egualitarianism and the Equal Consideration of Interests", *Nomos IX Equality*, org. J. R. Pennock e J. W. Chapman (Nova York, Atherton Press, 1967), p. 62-4, 66-8; e W. K. Frankena, "Some Beliefs About Justice" (The Lindley Lecture, The University of Kansas, 1966), p. 16 s.

Ademais, não é verdade que fundamentar a igualdade em capacidades naturais seja incompatível com uma visão igualitária. Tudo o que temos de fazer é selecionar uma propriedade de extensão (conforme direi) e proporcionar justiça igual a todos os que atendem a suas condições. Por exemplo, a propriedade de estar no interior do círculo é uma propriedade de extensão dos pontos do plano. Todos os pontos internos do círculo têm essa propriedade, embora suas coordenadas variem dentro de certa extensão. E têm essa propriedade igualmente, já que nenhum ponto do interior do círculo é mais nem menos interno do que qualquer outro ponto interno. Se há uma propriedade de extensão apropriada para isolar o aspecto no qual os seres humanos devem ser considerados iguais, ela é definida pela concepção de justiça. Mas a descrição das partes presentes na posição original identifica tal propriedade e os princípios da justiça nos garantem que quaisquer variações dentro da escala devem ser consideradas como qualquer outro bem natural. Não há nenhum problema em se pensar que uma capacidade natural constitui o fundamento da igualdade.

Como, então, pode parecer plausível que fundamentar a igualdade em atributos naturais solape a justiça igualitária? A ideia de propriedade de extensão é óbvia demais para ser desprezada. Deve haver uma explicação mais profunda. A resposta, creio, é que sempre se pressupõe como verdadeira uma teoria teleológica. Assim, se o justo é maximizar o saldo líquido de satisfação, digamos, então devem-se atribuir direitos e deveres com o intuito de alcançar esse objetivo. Entre os aspectos pertinentes do problema estão as diferentes capacidades produtivas e as diferentes capacidades de satisfação. Pode acontecer que maximizar o bem-estar agregado requeira ajustar os direitos fundamentais a variações nessas características. Naturalmente, em razão dos pressupostos utilitaristas normais, existe uma tendência à igualdade. O importante, porém, é que em ambos os casos a fundamentação natural correta e a atribuição apropriada de direitos dependem do princípio de utilidade. É o teor da doutrina ética, e o fato de ser uma concepção maximizadora, que permite variações na capacidade de justificar direitos fundamentais desiguais, e não a ideia de que a igualdade se fundamenta em atributos naturais. Um exame do perfeccionismo levaria, creio, à mesma conclusão. A justiça como equidade, porém, não é uma teoria maximizadora. Não somos levados a procurar diferenças nas características naturais que atinjam algum máximo e, por conseguinte, sirvam de possíveis fundamentos para diversos graus de cidadania. Embora concorde com muitas teorias teleológicas no tocante à importância dos atributos naturais, a perspectiva contratualista precisa de pressupostos muito mais fracos no que se refere à distribuição desses atributos para definir direitos iguais. Basta que um certo mínimo seja em geral atingido.

Devemos salientar com brevidade alguns outros pontos. Em primeiro lugar, a concepção de personalidade moral e o mínimo exigido podem se mostrar ideias problemáticas em muitos casos. Embora muitos conceitos sejam vagos até certo ponto, o da personalidade moral tem uma probabilidade especial de sê-lo. Porém acho que é melhor discutir essas questões no contexto de problemas éticos definidos. A natureza da questão específica e a estrutura dos fatos gerais disponíveis talvez indiquem uma maneira produtiva de resolvê-las. Seja como for, não se deve confundir a imprecisão do conceito de justiça com a tese de que os direitos fundamentais devem variar segundo as capacidades naturais.

Afirmei que os requisitos mínimos para definir a personalidade moral se referem a uma capacidade, e não à sua efetivação. Um ser que tenha essa capacidade, esteja desenvolvida ou não, deve receber a proteção total dos princípios de justiça. Já que imaginamos que as crianças têm direitos fundamentais (normalmente exercidos em seu nome pelos pais ou tutores), essa interpretação das condições exigidas parece necessária para corresponder a nossos juízos ponderados. Ademais, considerar suficiente a potencialidade está de acordo com a natureza hipotética da posição original e com a ideia de que, no grau máximo possível, a escolha dos princípios não deve sofrer influência de contingências arbitrárias. Por conseguinte, é razoável dizer que àqueles que poderiam participar do acordo inicial, não fosse por circunstâncias fortuitas, garante-se a justiça igual.

É claro que nada disso constitui, literalmente, um argumento. Não defini as premissas das quais se deduz essa conclusão, conforme tentei fazer, embora não com muito rigor, no caso da escolha das concepções de justiça na posição original. Nem tentei provar que a caracterização das partes deve ser usada como o fundamento da igualdade. Pelo contrário, esta interpretação parece ser a realização natural da justiça como equidade. Uma discussão completa trataria dos diversos casos especiais de falta de capacidade. Já comentei de maneira breve, em relação ao problema do paternalismo (§ 39), o caso das crianças. O problema daqueles que perderam temporariamente sua capacidade realizada em razão de infortúnio, acidente ou estresse mental pode ser considerado de maneira semelhante. Porém, os mais ou menos permanentemente privados de personalidade moral podem apresentar uma dificuldade. Não posso examinar aqui esse problema, mas suponho que a teoria da igualdade não seria substancialmente atingida.

Devo concluir esta seção com alguns comentários gerais. Em primeiro lugar, vale salientar a simplicidade da visão contratualista do fundamento da igualdade. A capacidade mínima para o senso de justiça garante que todos tenham direitos iguais. As reivindicações de todos devem ser julgadas segundo os princípios de justiça. A igualdade tem o apoio de fatos gerais da natureza, e não apenas de uma norma procedimental sem força substantiva. A igualdade também não pressupõe a avaliação do valor intrínseco das pessoas, nem a avaliação comparativa de suas concepções do bem. Deve-se justiça àqueles que são capazes de dar justiça.

As vantagens desses pressupostos simples se tornam mais evidentes quando examinamos outras teorias da igualdade. Por exemplo, pode-se pensar que justiça igual significa que a sociedade deve contribuir de maneira proporcional para que cada pessoa realize a melhor vida de que é capaz[32]. De antemão, essa pode parecer uma sugestão atraente. Sofre, porém, de graves dificuldades. Em primeiro lugar, além de exigir um método para avaliar o valor relativo dos projetos de vida, também pressupõe algum modo de avaliar o que conta como uma contribuição igual e proporcional para pessoas com concepções diferentes do próprio bem. Os problemas da aplicação desse padrão são óbvios. Uma dificuldade mais importante é que as capacidades maiores de alguns podem lhes conferir um direito mais forte a recursos sociais, sem relação com vantagens compensadoras para outros. Deve-se supor que essas variações de recursos naturais afetarão o que é necessário para oferecer uma assistência proporcional aos que têm outros projetos de vida. Porém, além de violar o princípio do benefício mútuo, essa concepção de igualdade significa que a força das reivindicações humanas sofre influência direta da distribuição das capacidades naturais e, por conseguinte, de contingências que são arbitrárias do ponto de vista moral. O fundamento da igualdade na justiça como equidade evita essas objeções. A única contingência decisiva é a de ter ou não ter capacidade para o senso de justiça. Ao fazer justiça para quem pode retribuir com justiça, realiza-se o princípio da reciprocidade em seu nível mais alto.

Mais uma observação: podemos agora reconciliar, de maneira mais completa, duas concepções de igualdade. Há autores que distinguem entre a igualdade invocada em conexão com a distribuição de certos bens, alguns dos quais é quase certo que proporcionem um *status* ou prestígio maior aos mais favorecidos, e a igualdade que se aplica ao respeito que se deve às pessoas, seja qual for sua posição social[33].

---

32. Sobre essa ideia, cf. W. K. Frankena, "Some Beliefs about Justice", p. 14 s.; e J. N. Findlay, *Values and Intentions*, p. 301 s.
33. Cf. B. A. O. Williams, "The Idea of Equality", *Philosophy, Politics, and Society*, segunda série, org. Peter Laslett e W. G. Runciman (Oxford, Basil Black-

A igualdade do primeiro tipo é definida pelo segundo princípio de justiça, que rege a estrutura das organizações e as parcelas distributivas de forma que a cooperação social seja tanto eficiente como equitativa. Porém, a igualdade do segundo tipo é fundamental. É definida pelo primeiro princípio de justiça e por deveres naturais como o do respeito mútuo; é devida aos seres humanos definidos como pessoas morais. O fundamento natural da igualdade explica seu significado mais profundo. A prioridade do primeiro princípio sobre o segundo nos permite evitar ter de equilibrar essas concepções de igualdade de uma maneira *ad hoc*, ao passo que a argumentação do ponto de vista da posição original demonstra como surge tal precedência (§ 82).

A aplicação coerente do princípio de oportunidades equitativas exige que concebamos as pessoas independentemente das influências de sua posição social[34]. Mas até que ponto se deve levar essa tendência? Parece que, quando se atende à condição das oportunidades equitativas (conforme definidas), a família levará a oportunidades desiguais entre indivíduos (§ 46). Deve-se, então, abolir a família? Por si só e dando-se a ela certa primazia, a ideia das oportunidades iguais inclina-se nessa direção. Porém, dentro do contexto da teoria da justiça como um todo, há muito menos urgência de se adotar esse rumo. O reconhecimento do princípio de diferença redefine os fundamentos das desigualdades sociais conforme concebidos no sistema da igualdade liberal; e, quando se concede o peso apropriado aos princípios da fraternidade e da compensação, a distribuição natural de recursos e as contingências das circunstâncias sociais podem ser aceitas com mais facilidade. Estamos mais dispostos a ponderar sobre a nossa boa sorte agora que essas diferenças nos favorecem, em vez de nos deixar abater por quanto melhor poderia ser a nossa situação se tivéssemos tido oportunidades iguais às de outras pessoas, se to-

---

well, 1962), p. 129-31; e W. G. Runciman, *Relative Deprivation and Social Justice* (Londres, Routledge and Kegan Paul, 1966), p. 274-84.
   34. Cf. Williams, *ibid*., p. 125-9.

das as barreiras sociais tivessem sido eliminadas. A concepção de justiça, se for realmente eficaz e reconhecida como tal, parece ter mais probabilidade do que suas rivais de transformar a nossa perspectiva acerca do mundo social e nos reconciliar com as disposições da ordem natural e com as circunstâncias da vida humana.

Em último lugar, devemos recordar aqui os limites da teoria da justiça. Além de ficarem de lado muitos aspectos da moralidade, também não se oferece nenhuma interpretação acerca da conduta correta no tocante aos animais e ao restante da natureza. A concepção de justiça é apenas uma das partes de uma perspectiva moral. Embora eu não tenha afirmado que a capacidade de ter um senso de justiça seja necessária para que se esteja sujeito aos deveres da justiça, de todo modo parece que não se exige que asseguremos justiça estrita para criaturas que não têm tal capacidade. Mas disso não se deduz que não haja nenhuma exigência com relação a elas, nem nas nossas relações com a ordem natural. Não há dúvida de que é errado ser cruel com os animais, e a destruição de espécies inteiras pode ser um grande malefício. A capacidade de sentir prazer e dor e as formas de vida das quais os animais são capazes impõem, claramente, deveres de compaixão e humanidade para com os animais. Não tentarei explicar essas convicções ponderadas. Elas não se inserem no âmbito da teoria da justiça, e não parece possível estender a doutrina contratualista de modo a incluí-las de maneira natural. A concepção correta das nossas relações com os animais e com a natureza parece depender de uma teoria da ordem natural e do lugar que nela ocupamos. Uma das tarefas da metafísica é elaborar uma visão do mundo que seja apropriada para esse fim; ela deve identificar e sistematizar as verdades decisivas para essas questões. É impossível prever até que ponto a justiça como equidade necessitaria de modificações para encaixar-se nessa teoria mais ampla. Porém parece razoável esperar que, se ela tem validade como uma teoria da justiça entre pessoas, também não pode estar muito equivocada quando são levadas em conta essas relações mais amplas.

Capítulo IX
O bem da justiça

Neste capítulo trato da segunda e última parte do problema da estabilidade, que diz respeito à questão de serem ou não congruentes a justiça como equidade e o bem como racionalidade. Falta demonstrar que, dadas as circunstâncias de uma sociedade bem-ordenada, o plano de vida racional de uma pessoa sustenta e afirma seu senso de justiça. Trato desse problema por meio da discussão das diversas aspirações de uma sociedade bem-ordenada e dos modos pelos quais seus arranjos justos contribuem para o bem de seus membros. Assim, observo primeiro que tal sociedade concede às pessoas a autonomia e a objetividade de seus juízos de direito e justiça. Em seguida, indico como a justiça se combina com o ideal de união social, ameniza a propensão à inveja e ao ressentimento, e define um equilíbrio no qual dá prioridade à liberdade. Por fim, com o exame da diferença entre a justiça como equidade e o utilitarismo hedonista, tento demonstrar como instituições justas proporcionam a unidade do eu e capacitam os seres humanos a expressar sua natureza de pessoas livres e morais. Reunindo essas características, afirmo, então, que na sociedade bem-ordenada um senso de justiça efetivo pertence ao bem da pessoa e, assim, as tendências à instabilidade são mantidas sob controle, se é que não são eliminadas.

78. Autonomia e objetividade

Antes de tratar das diversas características de uma sociedade bem-ordenada, devo salientar que só me interesso pelo problema da congruência no caso dessa forma social. Estamos, por conseguinte, nos limitando à teoria da aquiescência estrita. Não obstante, este é o primeiro caso a ser examinado, pois, se não houver congruência em uma sociedade bem-ordenada, também não haverá em nenhum outro caso. Por outro lado, não é uma conclusão inevitável, nem mesmo neste caso, que o direito e o bem sejam congruentes. Pois essa relação implica que os membros de uma sociedade bem-ordenada, ao avaliarem seu projeto de vida segundo os princípios da escolha racional, vão decidir manter seu senso de justiça na condição de regulador de sua conduta uns com os outros. Haveria, assim, a necessária combinação entre os princípios de justiça que seriam acordados na ausência de informações e os princípios da escolha racional que não são de modo algum escolhidos e que são aplicados com conhecimento pleno. Princípios que são explicados de maneiras tão diferentes podem, a despeito disso, se combinar quando os princípios de justiça são plenamente realizados. Naturalmente, essa congruência encontra sua explicação em como se configura a doutrina contratualista. A relação, porém, não é óbvia e é preciso elaborar sua base.

Passarei a examinar diversas características da sociedade bem-ordenada que, reunidas, levam pessoas racionais a reafirmar seu senso de justiça. A argumentação é cumulativa e depende de uma convergência de observações, cuja força só será comentada mais adiante (§ 86).

Começo por observar que às vezes duvidamos da solidez das nossas disposições morais quando ponderamos sobre suas origens psicológicas. Ao pensar que essas convicções surgiram em situações marcadas pela submissão à autoridade, talvez nos perguntemos se não deveriam ser completamente rejeitadas. Já que o argumento a favor do bem

da justiça depende de os membros de uma sociedade bem-
-ordenada terem um desejo efetivo de agir com justiça, temos de mitigar essas incertezas. Imaginemos, então, que
alguém acredite que as admoestações de seu senso moral
sejam inibições inexplicáveis que não consegue justificar no
momento. Por que não deveria considerá-las simplesmente
como compulsões neuróticas? Se acontecer que esses escrúpulos de fato sejam gerados e explicados, em grande
parte, pelas contingências da primeira infância, talvez, no
decorrer da história da nossa família e da nossa situação de
classe, e não haja nada a acrescentar a seu favor, então decerto não há nenhum motivo para que governem nossa
vida. Porém, é claro que há muita coisa a dizer para alguém
que seja membro de uma sociedade bem-ordenada. Podem-se indicar para essa pessoa as características essenciais do desenvolvimento do sentimento de justiça e como
se deve por fim entender a moralidade de princípios. Ademais, sua própria educação moral foi regida pelos princípios do direito e da justiça com os quais concordaria numa
situação inicial na qual todos tivéssemos uma igual representação como pessoas morais. Conforme já vimos, a concepção moral adotada é independente de contingências
naturais e de circunstâncias sociais acidentais e, por conseguinte, os processos psicológicos pelos quais adquiriu seu
senso moral estão de acordo com os princípios que ela mesmo teria escolhido sob condições que ela admitiria serem
justas e não distorcidas pelo acaso.

Nem pode alguém numa sociedade bem-ordenada
opor-se às práticas de instrução moral que inculcam um senso de justiça, pois, ao concordarem com princípios do justo,
as partes presentes na posição original consentem, ao mesmo tempo, com os arranjos necessários para tornar esses
princípios efetivos em sua conduta. De fato, a adaptabilida-
de desses arranjos às limitações da natureza humana é uma
ponderação importante na escolha de uma concepção de
justiça. Assim, as convicções morais de ninguém resultam
de doutrinação coercitiva. A instrução é sempre tão refleti-

da quanto o permite o desenvolvimento do entendimento, assim como requer o dever natural do respeito mútuo. Nenhum dos ideais, princípios e preceitos defendidos na sociedade tira proveitos injustamente da fraqueza humana. O senso de justiça de uma pessoa não é um mecanismo psicológico compulsivo espertamente instalado por aqueles que têm autoridade para garantir inabalável obediência da pessoa às leis criadas para promover os interesses daqueles. Nem é o processo de educação simplesmente uma sequência causal que pretende provocar como resultado os sentimentos morais apropriados. Tanto quanto possível, cada estágio prenuncia em seus ensinamentos e explicações a concepção de direito e justiça que tem por objetivo e por referência à qual mais tarde reconheceremos que os padrões morais que nos foram apresentados são justificados.

Essas observações são consequências evidentes da doutrina contratualista e do fato de que seus princípios regem as práticas de instrução moral em uma sociedade bem-ordenada. Segundo a interpretação kantiana da justiça como equidade, podemos dizer que, ao agirem com base nesses princípios, as pessoas agem de maneira autônoma: elas agem com base nos princípios que reconheceriam nas condições que melhor expressam sua natureza de seres racionais iguais e livres. Na verdade, essas condições também expressam a situação dos indivíduos no mundo e o fato de estarem sujeitos às circunstâncias da justiça. Mas isso significa simplesmente que a concepção de autonomia é aquela que é adequada a seres humanos; a noção apropriada a naturezas superiores ou inferiores é, muito provavelmente, diferente (§ 40). Assim, a educação moral é educação para a autonomia. No devido tempo, cada qual saberá por que adotaria os princípios de justiça e como são deduzidos das condições que caracterizam o fato de ser um igual numa sociedade de pessoas morais. Disso decorre que, ao aceitar esses princípios com base nisso, não somos influenciados principalmente pela tradição e pela autoridade, nem pelas opiniões alheias. Por mais necessárias que essas instituições possam ser para que alcancemos um entendimento completo, acabamos por afirmar uma concepção do justo com base em fundamentos razoáveis que podemos estabelecer de maneira independente para nós mesmos. Na teoria contratualista, as ideias de autonomia e objetividade são compatíveis: não existe antinomia entre liberdade e razão[1]. Tanto a autonomia quanto a objetividade são caracterizadas de forma consistente por referência à posição original. A ideia da situação inicial é fundamental para toda a teoria, e outras ideias essenciais também são definidas com base nela. Assim, agir com autonomia é agir segundo os princípios com os quais concordaríamos na condição de seres racionais livres e iguais, e que devemos entender dessa maneira. Esses princípios também são objetivos. São os princípios que desejaríamos que todos (inclusive nós mesmos) seguissem se tivéssemos de assumir juntos o mesmo ponto de vista geral. A posição original define essa perspectiva, e suas condições também representam as da objetividade: as estipulações da posição original expressam aquelas restrições impostas a argumentos que nos obrigam a levar em conta a escolha de princípios não obstruídos pelas singularidades das circunstâncias nas quais nos encontramos. O véu de ignorância impede-nos de modelar nossa perspectiva moral segundo nossos próprios vínculos e interesses. Não olhamos para a ordem social do ponto de vista da nossa situação, e sim assumimos um ponto de vista que todos possam adotar em igualdade de condições. Nesse sentido, vemos a sociedade e o nosso lugar nela de maneira objetiva: compartilhamos um ponto de vista em comum, juntamente com outros, e não de maneira parcial e injusta. Assim, nossos princípios e convicções morais são objetivos na medida em que os deduzimos e os

---

1. A questão da compatibilidade entre a autonomia e a objetividade é discutida por H. D. Aiken em "The Concept of Moral Objectivity", em *Reason and Conduct* (Nova York, Alfred Knopf, 1962), p. 134-70. Cf. também em Huntington Terrell, "Moral Objectivity and Freedom", *Ethics*, Vol. 76 (1965), p. 117-27, uma discussão pela qual sou grato.

testamos presumindo esse ponto de vista geral e avaliando os argumentos favoráveis a eles por meio das restrições expressas pela concepção da posição original. As virtudes judiciais, tais como a imparcialidade e a consideração, são as excelências do intelecto e da sensibilidade que nos capacitam a fazer bem essas coisas.

Uma das consequências de tentarmos ser objetivos, de tentarmos enquadrar nossas concepções e nossos juízos morais de um ponto de vista comum, é que temos mais probabilidade de chegar a um acordo. De fato, os demais fatores permanecendo constantes, a descrição preferida da situação inicial é a que apresenta a maior convergência de opiniões. É, em parte, por esse motivo que aceitamos as restrições do ponto de vista comum, pois não podemos esperar que nossas opiniões se alinhem quando são afetadas pelas contingências de nossas circunstâncias diversas. Naturalmente, porém, nossos juízos não coincidirão em todas as questões e, de fato, muitas questões sociais, se não a maioria delas, talvez ainda sejam insolúveis, principalmente quando vistas em toda sua complexidade. É por isso que são reconhecidas as inúmeras simplificações da justiça como equidade. Só precisamos recordar as razões de ideias tais como o véu de ignorância, a justiça procedimental pura (em oposição à justiça alocativa), a ordenação léxica, a divisão da estrutura básica em duas partes, e assim por diante. Considerando-as em conjunto, as partes esperam que esses e outros dispositivos simplifiquem as questões sociais e políticas de modo que o equilíbrio de justiça resultante, que se torna possível pelo maior consenso alcançado, supere o que se possa ter perdido por conta de se ignorarem certos aspectos possivelmente relevantes das situações morais. Cabe às pessoas presentes na posição original decidir a complexidade dos problemas de justiça. Embora as diferenças éticas estejam fadadas a permanecer, ver o mundo social da posição original permite que se alcancem entendimentos essenciais. A aceitação dos princípios do direito e da justiça gera os laços de amizade cívica e define as bases da civilidade em meio às disparidades que persistem. Os cidadãos conseguem reconhecer a boa-fé e o desejo de justiça uns dos outros, mesmo que o acordo ocasionalmente possa romper-se no tocante a questões constitucionais e, decerto, no que se refere a muitas questões de política pública. Porém, a não ser que houvesse uma perspectiva comum, que reduzisse as diferenças de opinião, a discussão e a argumentação não teriam sentido e não disporíamos de fundamentos racionais para acreditar na validade de nossas convicções. Está claro que essa interpretação da autonomia e da objetividade depende da teoria da justiça. A noção de posição original é usada para interpretar ambas as ideias de maneira coerente. Naturalmente, caso se acredite que os princípios de justiça não seriam escolhidos, o teor dessas concepções deveria ser alterado apropriadamente. Aquele que afirma que se concordaria com o princípio de utilidade acha que a nossa autonomia é expressa quando se obedece a esse critério. Não obstante, a ideia geral será a mesma, e tanto a autonomia quanto a objetividade ainda são explicadas recorrendo-se à situação inicial. Porém, algumas pessoas caracterizam a autonomia e a objetividade de maneira completamente distinta. Afirmam que a autonomia é a liberdade completa para formar nossas opiniões morais e que o juízo consciencioso de cada agente moral deve receber respeito absoluto. A objetividade é, então, atribuída aos juízos que atendem a todos os padrões que o próprio agente, em sua liberdade, decidiu serem relevantes[2]. Esses padrões podem ter ou não ter algo a ver com a adoção de uma perspectiva comum que se possa esperar que os outros adotem; e tampouco a correspondente ideia de autonomia está vinculada a tal perspectiva. Só menciono essas outras interpretações para indicar por comparação a natureza da doutrina contratualista.

Do ponto de vista da justiça como equidade, não é verdade que os juízos conscienciosos de cada pessoa devam ser respeitados absolutamente, nem é verdade que os

---

2. Cf. Aiken, *ibid.*, p. 162-9.

indivíduos estejam totalmente livres para formar suas convicções morais. Essas alegações são equivocadas se significam que, uma vez que tenhamos alcançado nossas opiniões morais de maneira conscienciosa (como acreditamos ser o caso), nos seja permitido agir segundo elas. Ao discutirmos a objeção de consciência, percebemos que o problema neste ponto é decidir como se deve responder àqueles que se esforçam por agir conforme lhes ordena sua consciência equivocada (§ 56). Como ter certeza de que a consciência equivocada é a deles, e não a nossa, e em quais circunstâncias podem ser obrigados a ceder? A resposta a essas perguntas se encontra retornando à posição original: a consciência de uma pessoa está equivocada quando ela procura nos impor condições que transgridem os princípios com os quais concordaríamos em tal situação. E podemos resistir aos planos dessa pessoa de maneira que seria autorizada quando o conflito é visto daquela perspectiva. Não temos de respeitar literalmente a consciência de determinado indivíduo. Devemos respeitá-lo como pessoa e o fazemos limitando seus atos, quando isso se torna necessário, somente quando fazê-lo é permitido pelos princípios que ambos reconheceríamos. Na posição original, as partes aceitam responsabilizar-se pela concepção de justiça escolhida. Não há transgressão à nossa autonomia, contanto que os princípios dessa concepção sejam seguidos de forma apropriada. Ademais, esses princípios estipulam que em muitas ocasiões não podemos transferir para outrem a responsabilidade pelo que fazemos. Os que têm autoridade são responsáveis pelas políticas que procuram executar e pelas instruções que baixam. E aqueles que aceitam executar ordens injustas ou acumpliciar-se com intenções malignas não podem, em geral, alegar ignorância ou que a culpa seja apenas daqueles que se encontram em posições superiores. Os pormenores relativos a essas questões pertencem à teoria da aquiescência parcial. A questão essencial é que os princípios que mais se adaptam à nossa natureza de seres racionais livres e iguais estabelecem nossa responsabilização. Caso contrário, é provável que a autonomia leve à mera colisão de vontades presunçosas, e a objetividade, à adesão a um sistema coerente, embora idiossincrásico.

Neste ponto, devemos observar que em épocas de dúvida social e perda da fé em valores longamente estabelecidos, há uma tendência de recair nas virtudes da integridade: veracidade e sinceridade, lucidez e compromisso, ou, como dizem alguns, autenticidade. Se ninguém sabe o que é verdadeiro, pelo menos podemos criar nossas convicções à nossa maneira, e não adotá-las conforme nos são passadas por outros. Se as normas morais tradicionais deixam de ser relevantes e não entramos em acordo com relação a quais deveriam substituí-las, podemos, pelo menos, decidir com clareza como pretendemos agir e parar de fingir que, de uma forma ou de outra, já está decidido por nós e que temos de aceitar esta ou aquela autoridade. Naturalmente, as virtudes da integridade são virtudes, e estão entre as excelências de pessoas livres. Não obstante, embora necessárias, não são suficientes, pois sua definição permite quase que qualquer teor: um tirano pode apresentar esses atributos em alto grau e, ao fazê-lo, exibir certo encanto, não se enganando com pretextos políticos e desculpas atribuídas à sorte. É impossível elaborar uma perspectiva moral somente com essas virtudes; sendo virtudes de forma, elas são, em certo sentido, secundárias. Mas, unidas à concepção de justiça apropriada, que permita autonomia e objetividade corretamente entendidas, elas ganham vida própria. A ideia da posição original e os princípios nela escolhidos demonstram como se alcança isso.

Em conclusão, então, uma sociedade bem-ordenada afirma a autonomia dos indivíduos e incentiva a objetividade de seus juízos ponderados de justiça. Quaisquer dúvidas que seus membros venham a ter sobre a solidez de suas convicções morais, ao refletir sobre como essas disposições foram adquiridas, podem ser dissipadas quando percebem que suas convicções são compatíveis com os princípios que seriam escolhidos na posição original ou, caso não o sejam, quando reveem juízos para que o sejam.

79. A ideia de união social

Já vimos que, apesar das características individualistas da justiça como equidade, os dois princípios de justiça proporcionam um ponto arquimediano para avaliar as instituições existentes, bem como os desejos e as aspirações que geram. Esses critérios propiciam um padrão independente para orientar o rumo das mudanças sociais sem invocar uma concepção perfeccionista ou orgânica da sociedade (§ 41). Mas permanece a questão de saber se a doutrina contratualista é uma estrutura satisfatória para interpretar os valores da comunidade e para escolher dentre os arranjos sociais para realizá-los. É natural conjecturar que a congruência entre o direito e o bem depende, em grande parte, de saber se uma sociedade bem-ordenada alcança o bem da comunidade. Tratarei de alguns aspectos dessa questão nesta e nas três seções seguintes.

Podemos começar recordando que uma das condições da posição original é que as partes saibam que estão sujeitas às circunstâncias da justiça. Elas presumem que cada uma tem uma concepção do próprio bem à luz da qual faz reivindicações às outras. Assim, embora a considerem um empreendimento cooperativo para o benefício mútuo, a sociedade é tipicamente marcada por um conflito, assim como por uma identidade de interesses. Há duas maneiras de entender essas suposições. A primeira é a adotada pela teoria da justiça: a ideia é deduzir princípios satisfatórios das suposições mais fracas possíveis.

As premissas da teoria devem ser condições simples e razoáveis que todos, ou quase todos, admitiriam e para as quais seja possível oferecer argumentos filosóficos convincentes. Ao mesmo tempo, quanto maior for a colisão inicial de exigências às quais os princípios possam apresentar uma ordem aceitável, tanto mais abrangente a teoria provavelmente será. Por conseguinte, presume-se um profundo conflito de interesses.

A outra maneira de pensar essas suposições é considerar que descrevem um certo tipo de ordem social, ou um certo aspecto da estrutura básica que é efetivamente realizado. Assim, somos conduzidos à ideia de sociedade privada[3]. Suas principais características são, primeiro, que as pessoas que dela façam parte, quer sejam indivíduos, quer associações, têm seus próprios objetivos privados, que podem ser ou conflitantes ou independentes, mas que de todo modo não são complementares. E, em segundo lugar, não se supõe que as instituições tenham qualquer valor intrínseco, não sendo a atividade de ocupar-se delas considerada um bem, e sim muito mais um fardo. Assim, cada pessoa avalia as instituições sociais somente como um meio para atingir objetivos particulares. Ninguém leva em conta o bem de outros, ou o que as outras pessoas possuem; pelo contrário, todos preferem o sistema mais eficiente que lhes renda a maior parcela de recursos. (Mais formalmente: as únicas variáveis da função de utilidade do indivíduo são as mercadorias e os recursos que possui, e não os bens que pertençam a outros nem seu nível de utilidade.)

Podemos supor também que a divisão real das vantagens seja definida, em geral, pelo equilíbrio de poder e pela posição estratégica resultante das circunstâncias existentes. Essa divisão pode, naturalmente, ser perfeitamente justa e satisfazer às reivindicações de reciprocidade. Por obra da fortuna, a situação pode acabar levando a esse resultado. Os bens públicos consistem, em grande parte, dos meios e das condições mantidas pelo Estado para que todos os usem para seus próprios fins conforme o permitirem seus recursos, da mesma maneira que cada um tem seu próprio destino quando viaja pelas estradas. A teoria dos mercados competitivos é uma descrição paradigmática desse tipo de

---

3. A ideia de sociedade privada, ou algo semelhante, encontra-se em muitos lugares. Exemplos bem conhecidos estão em Platão, *A República*, 369--72, e Hegel, *Philosophy of Right (Filosofia do Direito)*, trad. T. M. Knox (Oxford, The Clarendon Press, 1942), §§ 182-187, sob a rubrica de sociedade civil. O *habitat* natural dessa ideia é a teoria econômica (equilíbrio geral), e a discussão de Hegel expressa a sua interpretação de *A riqueza das nações*, de Adam Smith.

sociedade. Já que os membros dessa sociedade não são motivados pelo desejo de agir com justiça, a estabilidade dos arranjos justos e eficientes, quando existem, normalmente requer a adoção de sanções. Por conseguinte, o alinhamento de interesses particulares e coletivos é resultante de dispositivos institucionais estabilizadores aplicados a pessoas que se opõem umas às outras na forma de forças indiferentes, se não hostis. A sociedade privada não se mantém unida em razão da convicção pública de que seus arranjos institucionais básicos são justos e bons em si mesmos, mas em razão dos cálculos de todos, ou de um número suficiente de pessoas para manter o sistema, de que quaisquer mudanças praticáveis reduziriam o estoque de meios com os quais eles podem alcançar seus fins particulares.

Às vezes se afirma que a doutrina contratualista implica que a sociedade privada é o ideal, pelo menos quando a divisão das vantagens atende a um padrão adequado de reciprocidade. Mas isso não acontece, conforme o demonstra a ideia de sociedade bem-ordenada. E, como acabei de dizer, a ideia da posição original tem outra explicação. A interpretação do bem como racionalidade e a natureza social da humanidade também exigem uma outra visão. Não se deve entender de maneira trivial a sociabilidade dos seres humanos. Ela não implica apenas que a sociedade é necessária à vida humana; ou que, ao viverem em comunidade, os seres humanos tenham necessidades e interesses que os incentivem a trabalhar juntos em troca de vantagens mútuas de certas maneiras específicas, permitidas e incentivadas pelas suas instituições. Nem é expressa pelo truísmo de que a vida social é uma condição para desenvolvermos a capacidade de falar e pensar e de participar das atividades comuns da sociedade e da cultura. Não há dúvida de que até os conceitos que usamos para descrever nossos planos e nossa situação, e mesmo para dar voz a nossos desejos e objetivos particulares, quase sempre pressupõem um contexto social, bem como um sistema de convicções e ideias que resultam dos esforços coletivos de uma longa tradição. Esses fatos decerto não são triviais; mas usá-los para caracterizar nossos vínculos recíprocos significa interpretar de maneira trivial a sociabilidade humana. Pois todas essas coisas são igualmente verdadeiras com relação às pessoas que encaram suas relações de maneira puramente instrumental. Percebe-se melhor a natureza social da humanidade comparando-a com a concepção de sociedade privada. Assim, os seres humanos de fato têm fins últimos compartilhados e prezam suas instituições e suas atividades em comum como bens em si mesmos. Precisamos uns dos outros como parceiros em modos de vida nos quais nos envolvemos por seu próprio valor, e os êxitos e prazeres de outros são necessários para nosso próprio bem e também o complementam. Essas questões são bem evidentes, porém requerem alguma elaboração. Na teoria do bem como racionalidade chegamos à conclusão conhecida de que os planos racionais de vida costumam proporcionar o desenvolvimento de pelo menos algumas das capacidades da pessoa. O Princípio Aristotélico aponta nessa direção. Não obstante, uma das características fundamentais dos seres humanos é que ninguém consegue fazer tudo o que poderia; nem, *a fortiori*, consegue fazer tudo o que outras pessoas conseguiriam. As potencialidades de cada indivíduo são maiores do que aquelas que podemos esperar concretizar; e estão muito aquém das capacidades que há entre os seres humanos em geral. Assim, todos devem escolher qual de suas capacidades e possíveis interesses deseja desenvolver; devem planejar sua formação e seu exercício e programar as atividades de maneira ordenada. Pessoas com capacidades semelhantes ou complementares podem cooperar, por assim dizer, para realizar sua natureza em comum. Quando as pessoas estão seguras de que podem desfrutar do exercício de suas próprias capacidades, elas se dispõem a apreciar as perfeições de outros, em especial quando suas diversas excelências têm um lugar aceito numa forma de vida cujos objetivos todos compartilharam.

Assim, podemos dizer, junto com Humboldt, que é por meio da união social fundamentada nas necessidades e nas potencialidades de seus membros que cada pessoa participa da soma total dos dotes naturais realizados das outras pessoas. Somos conduzidos à ideia da comunidade da humanidade cujos membros desfrutam das excelências uns dos outros e da individualidade suscitada por instituições livres, e reconhecem o bem de cada um como um componente da atividade completa cujo sistema como um todo é consentido e dá prazer a todos. Também se pode imaginar essa comunidade ao longo do tempo e, portanto, na história de uma sociedade as contribuições conjuntas de gerações sucessivas podem ser concebidas de maneira semelhante[4]. Alcançando determinadas realizações, nossos pre-

---

[4]. Essa ideia deve ter ocorrido a muitos, e decerto está implícita em várias obras. No entanto, só consegui encontrar algumas formulações precisas de seu teor, na forma como é expressa nesta seção. Cf. uma proposição clara em Wilhelm von Humboldt, *The Limits of State Action*, org. J. W. Burrow (Cambridge, The University Press, 1969), p. 16 s. Humboldt afirma: "Todo ser humano, portanto, pode agir com apenas uma única faculdade predominante de cada vez; ou, antes, toda a nossa natureza nos dispõe, em qualquer momento, a alguma forma única de atividade espontânea. Pareceria, então, que daí decorre que o homem está inevitavelmente destinado a um aperfeiçoamento parcial, já que apenas enfraquece suas energias quando as dirige para uma multiplicidade de objetivos. Mas está nas mãos do próprio homem evitar essa unilateralidade, tentando unir as faculdades distintas de sua natureza, que em geral são exercitadas em separado, trazendo para uma cooperação espontânea, em cada período de sua vida, as centelhas agonizantes de uma atividade e aquelas que o futuro irá acender, e lutando para incrementar e diversificar as capacidades com as quais trabalha, combinando-as harmoniosamente, em vez de buscar a mera variedade de objetos para o seu exercício separado. O que se realiza, no caso do indivíduo, pela união do passado e do futuro com o presente, é produzido na sociedade pela cooperação mútua de seus diversos membros; pois, em todos os estágios de sua vida, cada indivíduo só pode realizar uma dessas perfeições, que representam os traços possíveis do caráter humano. É por meio de uma união social, portanto, fundamentada nas necessidades e nas capacidades internas de seus membros, que cada um consegue participar dos ricos recursos coletivos de todos os outros". Como mero exemplo dessa ideia de união social, podemos pensar em um grupo de músicos cujos participantes poderiam todos ter ensaiado para tocar tão bem quanto os demais qualquer instrumento da orquestra, mas que, por uma espécie de acordo tácito, decidiram que cada um buscasse aperfeiçoar seus talentos no instrumento que escolheu, de forma a realizar as capacidades de todos em suas apresentações conjuntas. Essa ideia também tem um lugar cen-

decessores deixam em nossas mãos levá-las mais longe; suas realizações afetam o modo como decidimos nos empenhar e definem um pano de fundo mais amplo contra o qual é possível entender nossos objetivos. Dizer que o homem é um ser histórico é dizer que as realizações das capacidades de indivíduos vivos em determinada época requer a cooperação de muitas gerações (ou mesmo de sociedades) no decorrer de um longo período de tempo. Também implica que essa cooperação é orientada em qualquer momento dado

---

tral em "Idea for a Universal History" de Kant, em *Kant's Political Writings*, org. Hans Reiss e trad. H. B. Nisbet (Cambridge, The University Press, 1970). Cf. p. 42 s., em que Kant afirma que cada indivíduo teria de viver um vasto período de tempo para aprender como fazer uso completo de suas capacidades naturais, e portanto isso exigirá talvez uma série incalculável de gerações. Não consegui encontrar essa ideia expressamente formulada onde se poderia esperar, por exemplo em *Letters on the Aesthetic Education of Man* de Schiller, org. e trad. E. M. Wilkinson e L. A. Willoughby (Oxford, The Clarendon Press, 1967), em especial nas cartas de número seis e vinte e sete. Nem, julgo eu, nos primeiros escritos de Marx, especialmente em *Economic and Philosophical Manuscripts*. Cf. *Karl Marx: Early Writings*, trad. e org. T. B. Bottomore (Londres, C. A. Watts, 1963), p. 126-9, 154, 156-7, 189, 202 s. Entretanto, a interpretação de Schlomo Avineri, em *The Social and Political Thought of Karl Marx* (Cambridge, The University Press, 1969), p. 231 s., conclui que Marx tem uma ideia similar a essa. No entanto, penso que Marx tende a encarar a sociedade comunista plena como aquela na qual cada pessoa realiza plenamente sua natureza, expressando ela própria todas as suas capacidades. Seja como for, é importante não confundir a ideia de união social com o alto valor conferido à diversidade e à singularidade humanas, como podemos ver em *On Liberty* de Mill, Cap. III, e no romantismo alemão – cf. A. O. Lovejoy, *The Great Chain of Being* (Cambridge, Harvard University Press, 1936), Cap. X; ou com a concepção do bem como realização harmoniosa de capacidades naturais por indivíduos (completos); nem, por fim, com indivíduos talentosos, artistas, estadistas e assim por diante, que a realizam para o resto da humanidade. No caso-limite em que as capacidades de cada um são semelhantes, o grupo realiza, por meio de uma coordenação de atividades entre pares, a mesma totalidade de capacidades que está latente em cada um. Ou, quando essas capacidades diferem e são adequadamente complementares, elas expressam a soma de potencialidades dos membros do grupo em seu conjunto em atividades que são intrinsecamente valiosas, e não uma mera cooperação para vantagem social ou econômica. (Sobre esta última ideia, cf. Smith, *The Wealth of Nations*, Livro 1, Caps. I-II.) Em ambos os casos, as pessoas precisam umas das outras, já que é apenas na cooperação ativa com os outros que as capacidades de cada pessoa alcançam a fruição. O indivíduo só é completo em uma união social.

por um entendimento do que se fez no passado conforme isso é interpretado pela tradição social. Em comparação com a humanidade, todo animal está capacitado para fazer e faz o que em geral poderia fazer, ou o que qualquer outro elemento de sua espécie, que viva na mesma época, possa ou esteja capacitado a fazer. O leque de capacidades realizadas de um único indivíduo da espécie não é, em geral, inferior às potencialidades de outros semelhantes a ele. A notável exceção é a diferença de sexo. Talvez seja por isso que a afinidade sexual é o exemplo mais óbvio da necessidade que os indivíduos, tanto humanos quanto animais, têm uns dos outros. Não obstante, essa atração pode assumir uma feição meramente instrumental, cada indivíduo tratando o outro como meio de chegar ao próprio prazer ou de dar continuidade à linhagem. Se a essa união não se fundirem elementos de afeto e amizade, não exibirá os traços característicos da união social.

Muitas formas de vida têm as características da união social, os fins últimos e as atividades em comum que são valorizados em si mesmos. A ciência e a arte são bons exemplos disso. De maneira semelhante, as famílias, as amizades e outros grupos são uniões sociais. Há alguma vantagem, porém, em pensar nos exemplos mais simples de jogos. Podemos distinguir, com facilidade, quatro tipos de fins: o objetivo do jogo tal como definido pelas regras – por exemplo, vencer a maioria das partidas; as diversas motivações dos jogadores ao jogar, sua empolgação com o jogo, o desejo de exercitar-se etc., que pode ser diferente para cada pessoa; os fins sociais que o jogo representa, que podem não ser intencionais e conhecidos para os jogadores, ou mesmo para qualquer membro da sociedade, sendo questões deixadas para a ponderação do observador interessado; e, então, finalmente, o fim compartilhado, o desejo em comum de todos os jogadores de que uma boa partida do jogo ocorra. Só se alcança esse objetivo compartilhado se o jogo for jogado segundo as regras, se os dois lados forem mais ou menos do mesmo nível e se todos os jogadores acharem que estão jogando bem. Quando se alcança esse fim, porém, todos têm prazer e satisfação com precisamente a mesma coisa. Uma boa partida é, por assim dizer, uma realização coletiva que requer a colaboração de todos. O fim compartilhado da união social não é o simples desejo em comum de determinada coisa. Grant e Lee tinham o mesmo desejo de conquistar Richmond, mas esse desejo não estabelecia nada em comum entre eles. Os seres humanos geralmente querem coisas semelhantes, liberdade e oportunidade, abrigo e nutrição, contudo essas necessidades podem torná-los inimigos. Ter objetivos compartilhados depende de características mais pormenorizadas da atividade para a qual seus interesses os inclinam, conforme esses interesses são regulados pelos princípios de justiça. Deve haver um esquema acordado de conduta no qual as excelências e as fruições de cada qual sejam complementares para o bem de todos. Cada um pode, então, ter prazer nas ações dos outros ao executarem em conjunto um projeto aceitável para todos. Apesar do lado competitivo, muitos jogos ilustram esse tipo de objetivo de maneira bem clara: o desejo público de realizar um jogo bom e limpo deve ser regulador e eficaz para que não esmoreçam o interesse e o prazer de todos.

Pode-se, é claro, pensar o desenvolvimento da arte e de ciência, da religião e cultura de todos os tipos da mesma forma. Aprendendo uns com os outros e admirando suas diversas contribuições, os seres humanos gradualmente constroem sistemas de conhecimento e de crença; elaboram técnicas reconhecidas para fazer as coisas e elaboram estilos de sentimento e expressão. Nesses casos, o objetivo em comum é sempre profundo e complexo, definido pela respectiva tradição artística, científica ou religiosa; e entender esse objetivo costuma exigir anos de disciplina e estudos. O essencial é que haja um fim último compartilhado e maneiras aceitas de promovê-lo que proporcionem reconhecimento público para as realizações de todos. Quando se atinge esse fim, todos encontram satisfação em uma mesma coisa; e esse fato, juntamente com a natureza complementar do bem dos indivíduos, afirma o laço de comunidade.

Não quero salientar, porém, os casos da arte e da ciência e o das formas elevadas de religião e cultura. Em conformidade com a rejeição do princípio de perfeição e da aceitação da democracia na avaliação das excelências uns dos outros, essas realizações não têm nenhum mérito especial do ponto de vista da justiça. De fato, a menção dos jogos tem a virtude da simplicidade, além de ser mais apropriada em alguns aspectos. Ajuda a demonstrar que a preocupação principal é haver muitos tipos de união social e, da perspectiva da justiça política, não devemos tentar classificá-los de acordo com o valor. Ademais, essas uniões não têm tamanho definido; variam de famílias e amizades a associações muito maiores. Nem há limites de tempo e espaço, pois aqueles que estão largamente separados pela história e pelas circunstâncias também podem colaborar na realização de sua natureza comum. Uma sociedade bem-ordenada, e, de fato, a maioria das sociedades, provavelmente conterá inúmeras uniões sociais de diversos tipos.

Com essas observações à guisa de prefácio, podemos agora perceber como os princípios de justiça se relacionam com a sociabilidade humana. A ideia principal é simplesmente que uma sociedade bem-ordenada (correspondente à justiça como equidade) é, em si, uma forma de união social. De fato, é uma união social de uniões sociais. Estão presentes ambos os traços característicos: a operação bem--sucedida de instituições justas é o fim último compartilhado por todos os membros da sociedade, e essas formas institucionais são valorizadas por ser bens em si mesmos. Vamos analisar cada uma dessas características. A primeira é bem simples. Mais ou menos da mesma maneira como os jogadores têm o objetivo compartilhado de realizar uma partida boa e limpa do jogo, também os membros de uma sociedade bem-ordenada têm o objetivo em comum de trabalhar juntos para concretizar sua própria natureza e a dos outros membros de maneiras permitidas pelos princípios de justiça. Essa intenção coletiva é a consequência de todos terem um senso de justiça efetivo. Cada cidadão quer que todos (inclusive ele mesmo) ajam segundo os princípios com os quais todos concordariam numa situação inicial de igualdade. Esse desejo é regulador, como requer a condição da finalidade imposta aos princípios morais; e quando todos agem com justiça, todos encontram satisfação precisamente na mesma coisa. A explicação da segunda característica é mais complicada, porém clara o suficiente com base no que foi dito. Só precisamos observar os diversos modos em que as instituições básicas da sociedade, a constituição justa e as partes principais da ordem jurídica, podem ser consideradas bens em si mesmas quando se aplica a ideia de união social a toda a estrutura básica. Assim, em primeiro lugar, a interpretação kantiana permite-nos dizer que, se todos agem para dar sustentação a instituições justas, isso contribui para o bem de cada qual. Os seres humanos têm um desejo de expressar sua natureza de pessoas morais livres e iguais, e o fazem de maneira mais adequada quando agem com base nos princípios que reconheceriam na posição original. Quando todos se empenham em seguir esses princípios e cada qual tem êxito nisso, então individual e coletivamente sua natureza de pessoas morais se realiza de maneira mais completa e, com ela, seu bem individual e coletivo.

Além disso, porém, o Princípio Aristotélico se aplica tanto às formas institucionais quanto a qualquer outra forma de atividade humana. Vista sob essa luz, uma ordem constitucional justa, quando se acopla às uniões sociais menores da vida cotidiana, propicia uma estrutura para essas muitas associações e estabelece a atividade mais complexa e diversa de todas. Em uma sociedade bem-ordenada, cada pessoa entende os princípios primeiros que regem todo o sistema conforme deve ser no decorrer de muitas gerações, e todos têm uma firme intenção de adotar esses princípios em seu plano de vida. Assim, o projeto de cada pessoa recebe uma estrutura mais ampla e rica do que teria em outra situação; e ajusta-se aos planos das outras pessoas por meio de princípios mutuamente aceitáveis. A vida mais privada de todos é, por assim dizer, um projeto dentro de um projeto, sendo esse projeto de nível superior realizado nas instituições públicas da sociedade. Mas esse projeto mais amplo não define um fim dominante, tal como o da unidade religiosa ou o da máxima excelência da cultura, e muito menos ainda o de poder e prestígio nacionais, ao qual estejam subordinados os objetivos de todos os indivíduos e associações. A intenção pública reguladora é somente a de que a ordem constitucional realize os princípios de justiça. E essa atividade coletiva, se o Princípio Aristotélico for correto, deve ser considerada um bem.

Vimos que as virtudes morais são excelências, atributos da pessoa que é racional desejar em si e uns nos outros por serem coisas admiradas por seu valor intrínseco, ou exibidas em atividades tão prezadas (§§ 66-67). Não há dúvida de que essas excelências se manifestam na vida pública da sociedade bem-ordenada. Por conseguinte, um princípio complementar ao Princípio Aristotélico implica que os seres humanos admiram esses atributos uns nos outros quando se manifestam na cooperação para dar sustentação a instituições justas. Disso decorre que a atividade coletiva de prover justiça é a forma predominante de florescimento humano. Pois, dadas certas condições favoráveis, é por meio da manutenção desses arranjos públicos que as pessoas expressam melhor sua natureza e alcançam as mais amplas excelências reguladoras para as quais cada uma delas está capacitada. Ao mesmo tempo, instituições justas permitem e incentivam a vida interna diversificada das associações nas quais os indivíduos realizam seus objetivos mais específicos. Assim, a realização pública da justiça é um valor da comunidade.

Como um comentário final, devo salientar que uma sociedade bem-ordenada não elimina a divisão de trabalho no sentido mais geral. É certo que é possível superar os piores aspectos dessa divisão: não é preciso que ninguém seja servilmente dependente de outros e obrigado a escolher entre ocupações monótonas e rotineiras que são mortais para a criatividade e a sensibilidade humanas. Pode-se oferecer a cada pessoa uma variedade de tarefas para que os diversos elementos de sua natureza encontrem expressão adequada. Porém, mesmo quando o trabalho é significativo para todos, não podemos superar, nem devemos desejar superar, nossa dependência em relação a outros. Numa sociedade plenamente justa, as pessoas procuram seu bem das formas que lhe são peculiares, e confiam em seus associados para fazer o que não seriam capazes de fazer, bem como o que poderiam ter feito mas não fizeram. É tentador supor que todos poderiam realizar plenamente suas capacidades e que pelo menos alguns poderiam tornar-se exemplos consumados de humanidade. Mas isso é impossível. É uma característica da sociabilidade humana que sejamos, sozinhos, apenas parte do que poderíamos ser. Devemos procurar em outros as excelências que precisamos deixar de lado, ou das quais sejamos totalmente destituídos. A atividade coletiva da sociedade, as muitas associações e a vida pública da comunidade mais inclusiva que as rege, sustenta nossos esforços e permite a nossa contribuição. Contudo, o bem alcançado e proveniente da cultura em comum excede em muito o nosso trabalho, no sentido em que deixamos de ser meros fragmentos: aquela parte de nós que alcançamos diretamente junta-se a uma estrutura mais ampla e justa cujos objetivos nós afirmamos. A divisão de trabalho não é superada por meio de cada um tornar-se completo em si, porém pelo desejo e pelo trabalho significativo dentro de uma justa união social de uniões sociais da qual todos possam participar com liberdade segundo suas inclinações.

80. O problema da inveja

Até aqui presumi sempre que as pessoas presentes na posição original não têm certas propensões psicológicas (§ 25). Um indivíduo racional não está sujeito à inveja, pelo menos quando as diferenças entre ele e os outros não são consideradas resultantes de injustiça e não excedem certos limites. Nem são as partes influenciadas por atitudes diferentes em relação ao risco e à incerteza, ou por tendências a dominar ou subjugar, ou comportamentos semelhantes. Eu supus que essas psicologias especiais também estão por trás do véu de ignorância, juntamente com o conhecimento das partes da concepção do bem de cada qual. Uma explicação dessas estipulações é que, na medida do possível, a escolha de uma concepção de justiça não deve sofrer influência de contingências acidentais. Os princípios adotados devem ser invariantes no tocante às diferenças nessas inclinações pelo mesmo motivo por que queremos que se sustentem de forma independente de preferências individuais e de circunstâncias sociais.

Essas suposições estão relacionadas à interpretação kantiana da justiça como equidade e simplificam muito a argumentação do ponto de vista da posição original. As partes não são persuadidas por diferenças individuais nessas propensões, evitando assim as complicações do processo de negociação que resultaria. Sem informações bem definidas sobre a configuração de inclinações existente, talvez não fosse possível dizer a qual acordo se chegaria, caso se chegasse a algum acordo. Em cada caso, o acordo dependeria da hipótese específica feita sobre tal configuração. A não ser que nos fosse possível demonstrar algum mérito do ponto de vista moral na disposição postulada de psicologias especiais, os princípios adotados seriam arbitrários, não mais seriam resultantes de condições razoáveis. E já que a inveja é, em geral, considerada algo a se evitar e temer, pelo menos quando se torna intensa, parece desejável que, se possível, a escolha de princípios não sofra influência dessa característica. Portanto, por motivos tanto de simplicidade como de teoria moral, pressuponho a ausência de inveja e de conhecimento das psicologias especiais.

Não obstante, essas inclinações existem e, de algum modo, é preciso levá-las em conta. Por isso dividi em duas partes a argumentação a favor dos princípios de justiça: a primeira parte procede com base nas suposições que acabo de mencionar e é ilustrada pela maior parte da argumentação até este ponto; a segunda parte pergunta se a sociedade bem-ordenada correspondente à concepção poderá gerar sentimentos de inveja e padrões de inclinações psicológicas que solapem as organizações que considera justas. De início, raciocinamos como se não houvesse problema nenhum de inveja e as psicologias especiais; depois, tendo nos certificado de quais princípios seriam escolhidos, verificamos se instituições justas assim definidas têm probabilidade de despertar e incentivar tais propensões a ponto de tornar o sistema social inviável e incompatível com o bem humano. Nesse caso, é preciso reconsiderar a adoção da concepção de justiça. Porém, se as inclinações engendradas derem sustentação a arranjos justos, ou se puderem ser facilmente acomodadas por eles, a primeira parte da argumentação está confirmada. A vantagem essencial do processo de duas etapas é que não se aceita como imutável nenhuma constelação específica de inclinações. Estamos simplesmente conferindo a razoabilidade de nossas suposições iniciais e as consequências que extraímos delas à luz das restrições impostas pelos fatos gerais do nosso mundo.

Discutirei o problema da inveja como ilustração do modo como as psicologias especiais entram na teoria da justiça. Embora não haja dúvida de que cada psicologia especial levanta questões diferentes, o procedimento geral pode ser bastante semelhante. Começo salientando o motivo por que a inveja apresenta um problema, ou seja, o fato de que as desigualdades sancionadas pelo princípio de diferença podem ser tão grandes a ponto de despertar a inveja em proporção socialmente perigosa. Para esclarecer essa possibilidade vale diferenciar entre a inveja geral e a específica. A inveja sentida pelos menos privilegiados com relação aos que estão em melhor situação é, normalmente, inveja geral no sentido de que invejam os mais favorecidos pelos tipos de bens, e não pelos objetos específicos que possuem. As classes mais altas afirmam ser invejadas por suas maiores riquezas e oportunidades; aqueles que as invejam querem vantagens semelhantes para si. A inveja específica, pelo contrário, é típica da rivalidade e da concorrência.

Os derrotados na disputa por posições ou honrarias, ou pelo afeto de outrem, estão propensos a invejar o êxito dos rivais e cobiçar o mesmo que eles possuem. Nosso problema é, então, saber se os princípios de justiça e, principalmente, o princípio de diferença com igualdade equitativa de oportunidades têm probabilidade de engendrar, na prática, demasiada inveja geral destrutiva.

Volto-me agora para a definição de inveja que parece apropriada para essa questão. Para organizar as ideias, vamos supor que as comparações interpessoais necessárias são feitas com base em bens primários objetivos, a saber, liberdade e oportunidade, renda e riqueza, que, por simplicidade, tenho normalmente usado para definir as expectativas na aplicação do princípio de diferença. Podemos, então, conceber a inveja como a propensão de perceber com hostilidade o bem maior de outros, embora o fato de serem mais afortunados que nós não diminua nossas próprias vantagens. Invejamos as pessoas cuja situação (avaliada por intermédio de algum índice acordado de bens, conforme comentário anterior) é superior à nossa e estamos dispostos a privá-los de seus benefícios maiores, mesmo que para isso tenhamos de abrir mão de alguma coisa também. Quando as outras pessoas tomam conhecimento da nossa inveja, passam a zelar mais por sua melhor situação e tornam-se ansiosas por tomar precauções contra os atos hostis aos quais a nossa inveja nos torna propensos. Assim entendida, a inveja é coletivamente desvantajosa: o indivíduo que inveja um outro está disposto a fazer coisas que pioram a situação de ambos, desde que isso reduza o suficiente a discrepância entre os dois. Dessa forma, Kant, cuja definição estou em grande medida seguindo, define apropriadamente a inveja como um dos vícios de ter ódio pela humanidade[5].

---

5. *The Metaphysics of Morals*, Parte II, § 36. Na edição traduzida por M. G. Gregor (Nova York, Harper and Row,1964), cf. p. 127. Aristóteles observa que a inveja e o rancor são paixões que não admitem meio-termo; seus próprios nomes já implicam ruindade. *Ética a Nicômaco*, 1107a11.

Essa definição requer comentário. Em primeiro lugar, afirma Kant, há muitas ocasiões em que falamos abertamente do bem maior de outros como invejável. Assim, podemos fazer comentários sobre a invejável harmonia e felicidade de um casamento ou de uma família. De maneira semelhante, uma pessoa poderia dizer a outra que inveja suas oportunidades ou realizações maiores. Nesses casos, os da inveja benigna, conforme os denominarei, não se pretende nem se expressa nenhuma má vontade. Não queremos, por exemplo, que o casamento ou a família sejam menos felizes ou harmoniosos. Com essas expressões convencionais, afirmamos o valor de certas coisas que as outras pessoas têm. Indicamos que, embora não possuamos bens semelhantes ou de valor igual, vale a pena lutar por eles. Espera-se que aqueles a quem dirigimos tais comentários os recebam como uma forma de elogio, e não como demonstração da nossa hostilidade. Um caso um pouco diferente é o da inveja imitativa, que nos leva a tentar alcançar o que os outros têm. A visão de seu bem maior nos motiva a lutar de maneiras socialmente benéficas por coisas semelhantes para nós mesmos[6]. Assim, a inveja propriamente dita, ao contrário da inveja benigna que expressamos com liberdade, é uma forma de rancor que costuma prejudicar tanto seu sujeito quanto seu objeto. É o que a inveja imitativa pode tornar-se em certas situações de derrota e sentimento de fracasso.

Um outro ponto é que a inveja não é um sentimento moral. Não é preciso citar nenhum princípio moral em sua explicação. Basta dizer que a melhor situação de outros chama nossa atenção. Ficamos deprimidos com a boa sorte dessas outras pessoas e já não atribuímos um tão alto valor ao que temos; e essa sensação de mágoa e de perda desperta nosso rancor e nossa hostilidade. Assim, é preciso tomar cuidado para não combinar inveja com ressentimento, pois

---

6. Cf. a diferença entre emulação e inveja em Bishop Butler, *Sermons*, I, em *British Moralists*, org. L. A. Selby-Bigge (Oxford, 1897), Vol. I, p. 205.

o ressentimento é um sentimento moral. Se nos ressentimos por ter menos que os outros, deve ser porque achamos que sua situação melhor é resultante de instituições injustas ou de conduta errada da parte delas. Os que expressam ressentimento devem estar dispostos a provar por que certas instituições são injustas ou como outras pessoas as prejudicaram. O que separa a inveja dos sentimentos morais é o modo diferente como é considerada, o tipo de perspectiva da qual se encara a situação (§ 73).

Também devemos salientar os sentimentos não morais ligados à inveja, que não devem, porém, ser confundidos com ela. O ciúme e a avareza são o reverso, por assim dizer, da inveja. Uma pessoa em melhor situação pode desejar que os menos afortunados permaneçam em seu lugar. Ela tem ciúme de sua situação superior e regateia as vantagens maiores que colocariam as outras pessoas em pé de igualdade com ela própria. E se essa propensão chegar ao ponto de negar-lhes as vantagens de que não precisa e das quais não pode fazer uso, então sua motivação é avareza[7]. Essas inclinações são coletivamente daninhas da mesma maneira que a inveja, pois a pessoa ressentida e avara está disposta a abrir mão de algo para manter distância entre si e os outros.

Até este ponto tratei a inveja e a avareza como vícios. Conforme vimos, as virtudes morais estão entre os traços de caráter de bases amplas que é racional que as pessoas queiram encontrar umas nas outras quando associadas (§ 66). Portanto, os vícios são traços de bases amplas que não são desejados, sendo exemplos claros o rancor e a inveja, já que agem em detrimento de todos. As partes decerto preferirão concepções de justiça cuja realização institucional não gere tais propensões. Espera-se, em geral, que nos abstenhamos dos atos para os quais essas propensões nos incitam e que

---

7. Aristóteles, em *Ética a Nicômaco*, 1108b1-6, caracteriza o rancor como o regozijo com o infortúnio alheio, seja merecido ou não. Pela ideia de que o ciúme, a avareza e o desdém são o inverso da inveja, ou seja, os sentimentos daqueles que são invejados e possuem o que outros desejam, agradeço a G. M. Foster.

tomemos as providências necessárias para nos livrar delas. Não obstante, às vezes as circunstâncias que geram inveja são tão acachapantes que, sendo os seres humanos como são, não é razoável esperar de ninguém que supere seus sentimentos de rancor. A inferioridade de uma pessoa, segundo avaliada pelo índice de bens primários objetivos, pode ser tão grande que chegue a ponto de ferir seu autorrespeito; e, dada sua situação, podemos ser solidários com sua sensação de perda. De fato, podemos nos ressentir por termos nos tornado invejosos, pois a sociedade talvez permita disparidades tão grandes nesses bens que, nas circunstâncias sociais vigentes, não seja possível evitar que essas diferenças provoquem perda de autoestima. Para quem sofre dessa perda, a inveja não é irracional; a satisfação de seu rancor melhoraria sua situação. Quando a inveja é uma reação à perda de autorrespeito em circunstâncias nas quais não seria razoável esperar que alguém se sentisse de outra maneira, direi que é justificável. Já que o autorrespeito é o principal bem primário, as partes não aceitariam, presumo, considerar irrelevante esse tipo de perda subjetiva. Por conseguinte, a questão é saber se a estrutura básica que satisfaz aos princípios da justiça tem probabilidade de despertar tanta inveja desculpável que seja preciso reavaliar a escolha desses princípios.

81. Inveja e igualdade

Agora estamos prontos para examinar a probabilidade de haver inveja geral desculpável em uma sociedade bem-ordenada. Só tratarei deste caso, pois o nosso problema é saber se os princípios de justiça constituem um empreendimento razoável à vista das propensões dos seres humanos, em especial a aversão que eles têm a disparidades de bens objetivos. Presumo que a principal raiz psicológica da tendência à inveja seja a falta de confiança em si, falta de confiança no próprio valor, combinada à sensação de impotência. Nosso modo de vida não proporciona prazer e nos sentimos impotentes para alterá-lo ou adquirir os meios de fazer o que ainda queremos fazer[8]. Em contraste, alguém que tenha certeza do valor de seu projeto de vida e de sua capacidade de realizá-lo não se entrega ao rancor nem tem ciúme da própria sorte. Mesmo que pudesse, não teria vontade de reduzir as vantagens alheias incorrendo em algum custo para si mesmo. Esta hipótese implica que os menos favorecidos tendem a ser mais invejosos da melhor situação dos mais favorecidos, quanto menor for seu autorrespeito e maior sua sensação de não poder melhorar suas perspectivas. De maneira semelhante, a inveja específica despertada por concorrência e rivalidade tem probabilidade de ser mais forte quanto pior for a derrota, pois o golpe sofrido pela confiança em si é mais grave, e a perda pode parecer irrecuperável. É a inveja geral, porém, a nossa principal preocupação neste momento.

Há três condições, suponho, que incentivam surtos hostis de inveja. A primeira delas é a condição psicológica que acabamos de salientar: a de pessoas que não têm confiança suficiente no próprio valor e na capacidade de fazer qualquer coisa que valha a pena. A segunda (e uma de duas condições sociais) é a de que muitas situações em que essa condição psicológica é sentida de maneira dolorosa e humilhante. A discrepância entre si e os outros se torna visível por intermédio da estrutura social e do estilo de vida da sociedade em questão. Os menos afortunados são, por conseguinte, com frequência obrigados a lembrar-se de sua situação, o que às vezes os leva a fazer uma avaliação ainda mais baixa de si mesmos e de seu modo de vida. E a terceira passa por eles acreditarem que sua posição social não

---

8. Esse tipo de hipótese foi proposto por vários autores. Cf., por exemplo, Nietzsche, *On the Genealogy of Morals*, trad. Walter Kaufmann e R. J. Hollingdale (Nova York, Random House, 1967), I, Seções 10, 11, 13, 14, 16; II, Seção 11; III, Seções 14-16; e Max Scheler, *Ressentiment*, trad. de W. W. Holdheim (Glencoe, Ill., The Free Press, 1961), p. 45-50. Cf. discussão da noção nietzscheana de ressentimento em Walter Kaufmann, *Nietzsche* (Princeton University Press, 1950), p. 325-31.

permite nenhuma alternativa construtiva para se opor às circunstâncias privilegiadas dos mais afortunados. A fim de aliviarem a sensação de angústia e inferioridade, acreditam não ter opção além de impor alguma perda aos que estão em melhor situação, mesmo que isso lhes custe algo, a não ser, naturalmente, que se entreguem à resignação e à apatia. Muitos aspectos de uma sociedade bem-ordenada mitigam, ou evitam, essas condições. No tocante à primeira, está claro que, embora seja um estado psicológico, as instituições sociais são uma de suas causas instigadoras fundamentais. Mas venho sustentando que a concepção contratualista de justiça sustenta a autoestima dos cidadãos de maneira mais firme do que quaisquer outros princípios políticos. No fórum público, cada pessoa é tratada com o respeito devido a um igual soberano; e todos têm os mesmos direitos fundamentais que seriam reconhecidos numa situação inicial considerada equitativa. Os membros da comunidade têm um senso de justiça em comum e estão unidos por laços de amizade cívica. Já tratei dessas questões em conexão com a estabilidade (§§ 75-76). Podemos acrescentar que as vantagens maiores de alguns são permitidas em troca de benefícios compensadores para os menos favorecidos; e ninguém imagina que aqueles que têm um quinhão maior sejam mais merecedores de um ponto de vista moral. A felicidade segundo a virtude já foi rejeitada como um princípio de distribuição (§ 48). E igualmente o princípio de perfeição: sejam quais forem as excelências que as pessoas ou as associações exibam, suas reivindicações de recursos sociais serão sempre julgadas por princípios de justiça mútua (§ 50). Por todas essas razões, os menos afortunados não têm motivo para se considerar inferiores, e os princípios públicos aceitos em geral dão suporte à confiança em si próprios. As disparidades entre si e os outros, sejam absolutas ou relativas, devem ser para eles mais fáceis de aceitar do que nas outras formas de sociedade organizada.

Passando à segunda posição, tanto as diferenças absolutas quanto as relativas permitidas em uma sociedade bem--ordenada provavelmente são menores que aquelas que quase sempre prevalecem. Embora na teoria o princípio de diferença permita desigualdades indefinidamente grandes em troca de ganhos pequenos para os menos favorecidos, a disparidade de renda e de riqueza não deve ser excessiva na prática, dadas as instituições básicas de fundo (§ 26). Ademais, a pluralidade de associações em uma sociedade bem-ordenada, cada qual com sua vida interna assegurada, costuma reduzir a visibilidade, ou pelo menos a visibilidade dolorosa, de variações nas perspectivas humanas. Pois tendemos a comparar nossas circunstâncias com as de outras pessoas do mesmo grupo ou de um grupo semelhante ao nosso, ou em posições que consideremos importantes para nossas aspirações. As diversas associações da sociedade tendem a dividi-la em muitos grupos não comparáveis, e as discrepâncias entre essas divisões não atraem o tipo de atenção que perturba a vida dos que se encontram em situação menos favorecida. E essa atitude de ignorar as diferenças de riqueza e de circunstâncias é facilitada pelo fato de que quando os cidadãos encontram uns aos outros, como tem de ocorrer pelo menos nos assuntos públicos, são reconhecidos os princípios da justiça igual. Ademais, na vida cotidiana os deveres naturais são honrados de maneira que os mais favorecidos não façam uma exibição ostentatória de sua condição social superior calculada para rebaixar a situação dos que têm menos. Afinal, se forem eliminadas as condições que predispõem à inveja, também o serão as condições que predispõem ao ciúme, à avareza e ao desdém, os reversos da inveja. Quando aquelas estão ausentes dos segmentos menos afortunados da sociedade, também estas últimas não se manifestarão entre os mais afortunados. Em conjunto, essas características de um regime bem-ordenado diminuem o número de ocasiões em que há probabilidade de que os menos favorecidos considerem sua situação empobrecida e humilhante. Mesmo que tenham alguma predisposição a invejar, tal disposição nunca será fortemente provocada.

    Por fim, analisando-se a última condição, talvez parecesse que uma sociedade bem-ordenada, tanto quanto qualquer outra, oferece alternativas construtivas aos surtos hostis de inveja. O problema da inveja geral, pelo menos, não nos obriga a reavaliar a escolha dos princípios de justiça. Quanto à inveja específica, até certo ponto é uma característica endêmica da vida humana; sendo associada com a rivalidade, pode existir em qualquer sociedade. O problema mais específico para a justiça política é saber até que ponto são generalizados o rancor e o ciúme despertados pela luta por posições e se é possível que isso distorça a justiça das instituições. É difícil resolver esse problema na ausência de conhecimentos mais pormenorizados de formas sociais, disponíveis no estágio legislativo. Mas parece que não há motivo para que os riscos da inveja específica sejam piores numa sociedade regida pela justiça como equidade do que em uma regida por qualquer outra concepção.

Concluo, então, não ser provável que os princípios de justiça despertem a inveja geral desculpável (nem a inveja específica) em um grau problemático. De acordo com esse teste, a concepção de justiça também parece relativamente estável. Devo agora examinar rapidamente as possíveis ligações entre a inveja e a igualdade, considerando os diversos modos como é definida a igualdade conforme a teoria da justiça em questão. Embora haja muitas formas de igualdade, e o igualitarismo admita graus, existem concepções de justiça reconhecidamente igualitárias, embora sejam permitidas certas disparidades significativas. Os dois princípios da justiça se encaixam, suponho, sob essa rubrica.

Muitos autores conservadores afirmam que a tendência à igualdade nos movimentos sociais modernos é uma expressão de inveja[9]. Dessa maneira, tentam desacreditar tal tendência, atribuindo-lhe impulsos coletivos prejudiciais. Antes que se possa examinar essa tese seriamente, porém,

---

9. Cf., por exemplo, Helmut Schoeck, *Envy: A Theory of Social Behavior*, trad. Michael Glenny e Betty Ross (Londres, Secker and Warburg, 1969). Os Caps. XIV-XV contêm muitas referências. A certa altura, até mesmo Marx considerou o primeiro estágio do comunismo como expressão da inveja. Cf. *Early Writings*, p. 153 s.

é preciso argumentar que a forma de igualdade contra a qual há objeções é, de fato, injusta e fadada, por fim, a piorar a situação de todos, inclusive a dos menos afortunados. Não obstante, insistir na igualdade conforme definida pelos dois princípios de justiça não é dar voz à inveja. Isso se demonstra por meio do teor desses princípios e da caracterização da inveja. Também fica evidente na natureza das partes que se encontram na posição original: escolhe-se a concepção de justiça em condições sob as quais, por hipótese, ninguém é motivado pelo rancor e pelo desdém (§ 25). Assim, as reivindicações de igualdade sustentadas pelos dois princípios não surgem desses sentimentos. As reivindicações daqueles que afirmam os princípios podem, às vezes, expressar ressentimento, mas, como vimos, essa é uma outra questão.

Para demonstrar que os princípios de justiça se baseiam em parte na inveja, seria preciso definir que uma ou mais das condições da posição original decorrem dessa propensão. Já que a questão da estabilidade não obriga a reconsiderar a escolha já feita, deve-se demonstrar a influência da inveja com relação à primeira parte da teoria. Porém, cada uma das estipulações da posição original tem uma justificativa que não faz menção à inveja. Por exemplo, invoca-se a função dos princípios morais como uma forma adequadamente geral e pública de organizar demandas (§ 23). Não há dúvida de que pode haver formas de igualdade que surgem da inveja. É concebível que o igualitarismo estrito, a doutrina que faz questão de uma distribuição igual de todos os bens primários, decorra dessa propensão. Isso significa que essa concepção de igualdade só seria adotada na posição original caso se presumisse que as partes fossem suficientemente invejosas. Essa possibilidade não afeta, em hipótese alguma, os dois princípios de justiça. A concepção diferente de igualdade que definem é reconhecida na hipótese de que não existe inveja[10].

---

10. Agradeço a R. A. Schultz por suas úteis sugestões acerca deste e dos próximos parágrafos.

Vemos em diversos exemplos a importância de distinguir a inveja dos sentimentos morais. Vamos supor que se considere a inveja um sentimento generalizado em sociedades camponesas pobres. O motivo disso, pode-se insinuar, é a crença geral de que o agregado de riqueza social é mais ou menos fixo e, assim, o ganho de uma pessoa significa a perda de outra. O sistema social é interpretado, poder-se-ia dizer, como um jogo naturalmente estabelecido e imutável de soma zero. Na verdade, se essa convicção fosse generalizada e o estoque de bens em geral fosse fixo, então se presumiria haver um estrito conflito de interesses. Nesse caso, seria correto pensar que a justiça requer parcelas iguais. A riqueza social não é vista como resultado de cooperação mutuamente vantajosa e, portanto, não há fundamento equitativo para uma divisão desigual de vantagens. O que se diz ser inveja pode ser, na verdade, um ressentimento que pode ou não ser justificado.

As especulações de Freud acerca da origem do senso de justiça sofrem do mesmo defeito. Ele salienta que essa convicção é produto da inveja e do ciúme. Enquanto alguns membros do grupo social se esmeram ciumentamente em proteger suas vantagens, os menos favorecidos são motivados, em virtude da inveja, a tomá-las. Por fim, todos acabam reconhecendo que não podem manter seus comportamentos hostis uns com os outros sem danos para si mesmos. Por isso, aceitam a exigência de igual tratamento como um compromisso. O senso de justiça é uma formação de reação: o que era originalmente ciúme e inveja se transforma em um sentimento social, o senso de justiça que insiste na igualdade para todos. Freud acredita que esse processo é exemplificado na educação de crianças pequenas e em muitas outras circunstâncias sociais[11]. Não obstante, a plausibilidade dessa análise presume que as atitudes iniciais estejam corretamente descritas. Com algumas mudanças, as carac-

---

11. Cf. *Group Psychology and the Analysis of the Ego*, ed. rev., trad. James Strachey (Londres, The Hogarth Press, 1959), p. 51 s.

terísticas fundamentais dos exemplos que ele expõe correspondem às da posição original. Que as pessoas tenham interesses conflitantes e procurem promover sua própria concepção do bem não é, em hipótese alguma, o mesmo que ter como motivação a inveja e o ciúme. Como vimos, esse tipo de oposição dá origem às circunstâncias da justiça. Assim, se os filhos disputam a atenção e o afeto dos pais, aos quais têm direitos iguais, não se pode afirmar que seu senso de justiça provenha do ciúme e da inveja. Decerto é comum que as crianças sejam invejosas e ciumentas e não há dúvida de que suas ideias morais são tão primitivas a ponto de que não apreendam as diferenças necessárias. Porém, fora essas dificuldades, poderíamos igualmente dizer que seus sentimentos sociais provêm do ressentimento, de uma sensação de que recebem um tratamento injusto[12].

E, de maneira semelhante, pode-se dizer aos autores conservadores que é mera avareza o que se manifesta quando aqueles em melhor situação rejeitam as reivindicações de maior igualdade dos menos privilegiados. Mas essa alegação também requer uma argumentação cuidadosa. Não podemos dar crédito a nenhuma dessas acusações ou contra-acusações sem antes examinarmos as concepções de justiça sinceramente defendidas pelos indivíduos e o entendimento que têm da situação social, para ver até que ponto essas pretensões se fundamentam em tais motivos.

Nenhum desses comentários pretende negar que o apelo à justiça é com frequência um disfarce para a inveja. O que se supõe que seja ressentimento pode ser, na verdade, rancor. Porém, racionalizações desse tipo apresentam mais um problema. Além de demonstrar que a concessão de justiça da pessoa não se fundamenta, em si, na inveja, devemos definir se os princípios de justiça citados na explicação dela são sinceramente defendidos conforme ela o de-

---

12. Cf. Rousseau, *Emile*, trad. Barbara Foxley (Londres, J. M. Dent and Sons, 1911), p. 61-3. E também J. N. Shklar, *Men and Citizens* (Cambridge, The University Press, 1969), p. 49.

monstra ao aplicá-los a outros casos nos quais não esteja envolvida, ou, melhor ainda, nos quais viesse a sofrer perda se fossem adotados. Freud pretende ir além de afirmar o truísmo de que a inveja quase sempre se disfarça de ressentimento. Ele quer dizer que a energia que motiva o senso de justiça provém daquela da inveja e do ciúme e que, sem essa energia, não haveria nenhum (ou haveria muito menos) desejo de fazer justiça. As concepções de justiça têm pouca atratividade para nós além daquela que provém desses sentimentos e de sentimentos semelhantes. É essa afirmação que encontra apoio ao se fundir erroneamente inveja com ressentimento.

Infelizmente, o problema das outras psicologias especiais vai ficar sem discussão. De todo modo, elas devem ser tratadas mais ou menos da mesma maneira que a inveja. Tenta-se avaliar a configuração das atitudes em relação a risco e incerteza, dominação e submissão etc., que as instituições provavelmente vão gerar e, então, se é possível que tornem essas instituições inviáveis ou ineficazes. Também precisamos perguntar se, do ponto de vista das pessoas presentes na posição original, a concepção escolhida é aceitável ou, pelo menos, tolerável, sejam quais forem nossas inclinações especiais. A alternativa mais favorável é aquela que tem lugar para todas essas tendências distintas, na medida em que tenham probabilidade de ser incentivadas por uma estrutura básica justa. Existe uma divisão de trabalho, por assim dizer, entre pessoas com inclinações contrárias. Naturalmente, algumas dessas inclinações podem fazer jus a uma recompensa, como ocorre com certas capacidades adquiridas, como, por exemplo, a disposição de se lançar em aventuras e correr riscos incomuns. Porém, se isso é assim, o problema corresponde exatamente ao da recompensa a bens naturais e é coberto pela discussão das parcelas distributivas (§ 47). Aquilo que um sistema social não deve de modo algum fazer é incentivar propensões e aspirações que acabe por ter de reprimir e frustrar. Contanto que o padrão de psicologias especiais gerado pela sociedade ou dê sustentação a suas instituições ou possa ser razoavelmente acomodado por elas, não há necessidade de reconsiderar a escolha de uma concepção de justiça. Acredito, porém, que não demonstrei que os princípios da justiça como equidade passam nesse teste.

82. Os fundamentos da prioridade da liberdade

Já tratamos do significado da prioridade de liberdade e de como se insere nas diversas normas de precedência (§§ 39, 46). Agora que todos os elementos principais da visão contratualista estão diante de nós, é possível examinar os principais fundamentos dessa prioridade. Presumi que, se as pessoas na posição original sabem que é possível exercer de forma efetiva suas liberdades fundamentais, não trocarão uma liberdade menor por vantagens econômicas maiores (§ 26). É apenas quando as condições sociais não permitem a instituição plena desses direitos que se pode admitir que sofram restrição. Só se podem negar as liberdades iguais quando é necessário aprimorar a qualidade da civilização de forma que, com o tempo, todos possam desfrutar dessas liberdades. A garantia de fato de todas essas liberdades numa sociedade bem-ordenada é a tendência a longo prazo dos dois princípios e das normas de prioridade quando são consistentemente implementados em condições razoavelmente favoráveis. Nosso problema é, então, resumir e organizar as razões da precedência da liberdade numa sociedade bem-ordenada, vista do ponto de vista da posição original.

Vamos começar recordando as razões contidas na primeira parte da argumentação em defesa dos dois princípios. Uma sociedade bem-ordenada é definida como uma sociedade regida de maneira eficaz por uma concepção pública de justiça (§ 69). Os membros de tal sociedade são, e se consideram, pessoas morais livres e iguais, ou seja, cada uma delas tem, e acredita que tem, objetivos e interesses fundamentais, em nome dos quais acha legítimo fazer reivindicações uma à outra; e cada uma tem, e acredita que tem, um direito a um respeito e a uma consideração iguais ao se determinarem os princípios segundo os quais deverá ser governada a estrutura básica de sua sociedade. Também tem uma senso de justiça que normalmente rege sua conduta. A posição original é especificada de forma a incorporar a devida reciprocidade e igualdade entre pessoas assim concebidas; e, já que seus objetivos e interesses fundamentais estão protegidos pelas liberdades de que trata o primeiro princípio, elas conferem prioridade a tal princípio. Os interesses religiosos garantidos pela liberdade de consciência foram discutidos como um exemplo disso (§§ 33-35). Nesse sentido, deve-se ter em mente que as partes procuram garantir algum interesse fundamental específico, embora, dado o véu de ignorância, só conheçam a natureza genérica desse interesse; por exemplo, que é um interesse religioso. O objetivo dessas pessoas não é apenas que lhe permitam a prática de uma ou outra religião, porém a prática de uma religião específica, ou seja, sua religião, seja ela qual for (§ 28). Para garantir seus interesses desconhecidos, porém específicos, na situação original as partes são levadas, em virtude das exigências do comprometimento (§ 29), a dar precedência às liberdades fundamentais.

Uma sociedade bem-ordenada também realiza o interesse de mais alta ordem que as partes têm com respeito a como as instituições sociais modelam e regem seus outros interesses, inclusive os fundamentais (§ 26). As partes se veem como pessoas livres que podem reavaliar e alterar seus fins últimos, e que dão prioridade à preservação de sua liberdade nesse aspecto. A maneira como os princípios de justiça regem a estrutura básica, conforme o ilustra a análise da autonomia e da objetividade (§ 78), demonstra que esse interesse da mais alta ordem é garantido em uma sociedade bem-ordenada.

Assim, as pessoas na situação original são motivadas por uma determinada hierarquia de interesses. Precisam, em primeiro lugar, garantir seu interesse de mais alta ordem e seus objetivos fundamentais (dos quais só conhecem a forma geral), e esse fato se expressa na primazia que dão à liberdade; a aquisição de meios que lhes permitam promover seus outros desejos e objetivos tem um lugar subordinado. Embora os interesses fundamentais na liberdade tenham um objetivo definido, ou seja, a instituição efetiva das liberdades fundamentais, é possível que esses interesses nem sempre sejam reguladores. A realização desses interesses pode necessitar de certas condições sociais e certo grau de realização de necessidades e desejos materiais, e isso explica por que as liberdades podem às vezes sofrer restrição. Porém, quando se alcançam as condições sociais e o nível de satisfação das necessidades e desejos materiais que são necessários, como é o caso em uma sociedade bem-ordenada em circunstâncias favoráveis, os interesses de mais alta ordem tornam-se, então, reguladores. Na verdade, conforme presumia Mill, esses interesses se tornam mais intensos quando a situação da sociedade permite que sejam expressos de maneira efetiva, tornando-se, por fim, reguladores e revelando seu lugar prioritário[13]. A estrutura básica deve, então, garantir a vida interna livre das diversas comunidades de interesses nas quais as pessoas e os grupos procuram alcançar, em formas de união social compatíveis com a liberdade igual, os objetivos e as excelências para os quais se sentem atraídos (§ 79). As pessoas querem exercer controle sobre as leis e as normas que regem sua associação, tanto de maneira direta, participando de seus assuntos, ou indireta, por meio de representantes com os quais se vinculam por meio de laços de cultura e posição social.

---

13. Cf. J. S. Mill, *Principles of Political Economy*, org. W. S. Ashley (Londres, Longmans Green, 1909), p. 210. A referência corresponde à primeira parte do último parágrafo, § 3, Cap. I do Livro II. Se interpretarmos que essa passagem implica a ideia de uma hierarquia de interesses, que leva a uma classificação lexical, a visão que expresso no texto é essencialmente a de Mill. Sua afirmação aqui corresponde ao trecho em *Utilitarianism*, Cap. II, §§ 6-8, que foi citado juntamente com outras referências na nota 23 do Cap. I.

Já foi dito o suficiente sobre os fundamentos da precedência da liberdade de que trata a primeira parte da argumentação a favor dos dois princípios da justiça. Devemos agora voltar-nos para a segunda parte da argumentação e perguntar se essa precedência será solapada pelos diversos sentimentos e inclinações que provavelmente serão gerados em uma sociedade bem-ordenada (§ 80). Pode parecer que, mesmo quando as necessidades essenciais são atendidas e alcançados os meios materiais necessários, as pessoas continuam se preocupando com a situação relativa de cada qual na distribuição de riqueza. Assim, se supomos que todos querem uma parcela proporcional maior, o resultado também pode ser um desejo cada vez maior de abundância material. Já que cada pessoa luta por um fim que não se pode alcançar coletivamente, a sociedade talvez se preocupe cada vez mais com o aumento da produtividade e da eficiência econômica. E esses objetivos podem tornar-se tão predominantes a ponto de solapar a primazia da liberdade. Algumas pessoas se opõem à tendência à igualdade exatamente por esse motivo: porque se acredita que gere nos indivíduos uma obsessão por sua parcela relativa da riqueza social. Porém, embora seja verdade que em uma sociedade bem-ordenada talvez haja uma tendência a uma maior igualdade, seus membros se interessam pouco por sua posição relativa como tal. Conforme vimos, não estão muito sujeitos à inveja e ao ciúme, e em geral fazem o que lhes parece melhor da ótica de seu próprio plano de vida, e do plano de vida de seus associados, sem se deixar abater pelas maiores comodidades e prazeres de outros socialmente mais distantes. Assim, não há fortes propensões que os levem a restringir suas liberdades em nome de maior bem-estar econômico absoluto ou relativo.

Naturalmente, disso não decorre que na sociedade justa ninguém esteja preocupado com questões de *status*. A interpretação do autorrespeito como, talvez, o principal bem primário salientou a grande importância que atribuímos a quanto pensamos que os outros nos valorizam. Porém, em uma sociedade bem-ordenada, satisfaz-se a necessidade de *status* por meio do reconhecimento público de instituições justas, juntamente com a vida plena e diversificada das tantas comunidades de interesses autônomas que as liberdades iguais permitem. A base do autorrespeito em uma sociedade justa não está, então, na parcela de renda que a pessoa tem, mas na distribuição publicamente afirmada dos direitos e das liberdades fundamentais. E, sendo essa distribuição igual, todos têm um *status* semelhante e garantido ao se reunirem para tratar dos assuntos comuns da sociedade em geral. Ninguém se inclina a ultrapassar a afirmação constitucional de igualdade para alcançar outros meios políticos para garantir o próprio *status*. Nem, por outro lado, os membros dessa sociedade estão dispostos a aceitar menos que uma liberdade igual. Em primeiro lugar, fazê-lo os deixaria em desvantagem e enfraqueceria sua posição política. Isso também teria por consequência estabelecer publicamente sua inferioridade tal como seria definida pela estrutura básica da sociedade. Esse lugar subordinado na vida pública seria, de fato, humilhante e destruidor da autoestima. E, assim, ao se concordar com uma liberdade que não seja igual, pode-se perder de ambas as formas. Isso é tanto mais verdadeiro quanto mais a sociedade se torna justa, já que os direitos iguais e as demonstrações públicas de respeito têm um lugar essencial para preservar o equilíbrio político e para que os cidadãos se assegurem de seu próprio valor. Assim, embora não seja provável que as diferenças sociais e econômicas entre os diferentes setores da sociedade, os grupos não comparativos, como podemos denominá-los, gerem animosidade, não é fácil aceitar as privações geradas pela desigualdade política e cívica e pela discriminação cultural e étnica. Quando é a posição da igual cidadania que atende à necessidade de *status*, a precedência das liberdades iguais se torna ainda mais necessária. Uma vez escolhida uma concepção de justiça que procura eliminar a importância das vantagens sociais e econômicas relativas como forma de apoio à autoconfiança de cada qual, é essencial que a prioridade da liberdade seja mantida com firmeza.

Em uma sociedade bem-ordenada, o autorrespeito é garantido pela afirmação pública do *status* de cidadania igual para todos; a distribuição de meios materiais é deixada a seu próprio sabor, de acordo com a justiça procedimental pura regida pelas instituições básicas justas que reduzem a amplitude das desigualdades de forma a que não haja inveja justificável. Esse modo de lidar com o problema do *status* tem algumas vantagens. Assim, vamos supor que o modo como alguém é avaliado pelos outros dependesse de seu lugar relativo na distribuição de renda e riqueza. Nesse caso, ter um *status* mais elevado envolveria ter mais meios materiais do que uma grande maioria da sociedade. Nem todos podem ter o *status* mais elevado, e melhorar a situação de uma pessoa significaria piorar a situação de outra. É impossível haver cooperação social para melhorar as condições do autorrespeito. Os meios de alcançar *status*, por assim dizer, são fixos, e o ganho de cada um é a perda de outro. Está claro que essa situação é um grande infortúnio. As pessoas ficam em situação de hostilidade umas perante as outras na busca de sua autoestima. Dada a preeminência desse bem primário, as partes presentes na posição original decerto não querem vir a se encontrar em uma situação de tanta hostilidade. Isso tenderia a dificultar, ou tornar impossível, o bem da união social. A melhor solução consiste em apoiar tanto quanto possível o bem primário do autorrespeito, por meio da garantia das liberdades fundamentais, que de fato podem tornar-se iguais, definindo o mesmo *status* para todos. Ao mesmo tempo, as parcelas relativas de meios materiais ficam relegadas a um lugar subordinado. Assim, chegamos a uma outra razão para decompor a ordem social em duas partes da forma indicada pelos princípios de justiça. Embora esses princípios permitam desigualdades em troca de contribuições que sejam para o benefício de todos, a primazia da liberdade implica igualdade na base social do respeito.

É bem possível que não se consiga realizar plenamente essa ideia. Até certo ponto, o sentido do próprio valor pode depender de posição institucional e da parcela na renda. Se, porém, a análise da inveja social estiver correta, então, com os arranjos apropriados de fundo, essas inclinações não devem ser excessivas. Mas teoricamente podemos, se necessário, incluir o autorrespeito entre os bens primários cujo índice define as expectativas. Assim, em aplicações do princípio da diferença, esse índice pode permitir os efeitos da inveja justificável (§ 80); as expectativas dos menos privilegiados são mais baixas quanto mais severos forem esses efeitos. Decide-se melhor se há necessidade de algum ajuste com relação ao autorrespeito do ponto de vista do estágio legislativo, no qual as partes têm mais informações e se aplica o princípio da determinação política. É preciso admitir que esse problema é uma complicação indesejável. Já que a simplicidade é em si mesma desejável em uma concepção pública de justiça (§ 49), deve-se, se possível, evitar as circunstâncias que suscitam a inveja justificável. Mencionei essa questão não para resolvê-la, mas apenas para salientar que, quando necessário, pode-se entender as expectativas dos menos favorecidos de maneira a incluir o bem primário do autorrespeito.

A segunda parte da argumentação parece confirmar, então, a prioridade da liberdade. Contudo, alguns podem objetar a essa análise da prioridade da liberdade que as sociedades têm outros meios de afirmar o autorrespeito e de lidar com a inveja e outras inclinações destrutivas. Assim, no sistema feudal ou de castas, acredita-se que cada pessoa tem seu lugar na ordem natural das coisas. Presume-se que suas comparações estejam confinadas a seu próprio estamento ou casta; e essas divisões, de fato, geram uma diversidade de grupos não comparáveis definidos de maneira independente do controle humano e sancionados pela religião ou pela teologia. Os seres humanos se conformam com sua posição, se é que alguma vez lhes ocorre questioná-la; e, já que todos se veem cumprindo vocações que lhes são atribuídas, considera-se que todos estão igualmente sujeitos ao destino e são igualmente nobres aos olhos da providência[14]. Essa concepção de sociedade resolve o problema da justiça social eliminando do pensamento as circunstâncias que lhe dão origem. Diz-se que a estrutura básica já está definida, e não é algo sobre o qual os seres humanos possam interceder. Nessa perspectiva, constitui uma interpretação equivocada do lugar dos seres humanos no mundo a suposição de que a ordem social deva ser compatível com os princípios com os quais concordariam.

Contrariamente a essa ideia, sempre presumi que as partes devem ser guiadas em sua escolha de uma concepção de justiça pelo conhecimento dos fatos genéricos acerca da sociedade. Pressupõem, então, que as instituições não são fixas, e sim mudam com o passar do tempo, alteradas pelas circunstâncias naturais e por atividades e conflitos de grupos sociais. As restrições da natureza são reconhecidas, mas os seres humanos não são impotentes para modelar suas organizações sociais. Essa suposição também é parte do pano de fundo da teoria da justiça. Disso decorre que certos modos de lidar com a inveja e outras propensões aberrantes não estão disponíveis para uma sociedade bem-ordenada. Por exemplo, não pode restringi-las por meio da divulgação de crenças falsas ou infundadas, pois o nosso problema é como se deve organizar a sociedade para que se adapte aos princípios que pessoas racionais com crenças gerais verdadeiras reconheceriam na posição original. A condição da publicidade requer que as partes suponham que, na qualidade de membros da sociedade, também conhecerão os fatos gerais. O raciocínio que conduz ao acordo inicial deve ser acessível ao entendimento público. Naturalmente, na elaboração dos princípios necessários, devemos

---

14. Sobre esse ponto, cf. Max Weber, *Economy and Society,* org. Guenther Roth e Claus Wittich (Nova York, Bedminster Press, 1968), Vol. II, p. 435 s., 598 s. Cf. nas p. 490-9 comentários gerais sobre o que os diversos estratos sociais buscavam nas religiões. Consulte-se também Ernst Troeitsch, *The Social Teaching of the Christian Churches,* trad. de Olive Wyon (Londres, George Allen and Unwin, 1931), Vol. I, p. 120-7, 132 s., 134-8; e Scheler, *Ressentîment,* p. 56 s.

confiar no conhecimento corrente tal como reconhecido pelo bom senso e pelo consenso científico vigente. Mas não há nenhuma alternativa razoável a se fazer isso. Temos de admitir que, conforme crenças estabelecidas mudam, é possível que também mudem os princípios de justiça que pareça racional reconhecer. Assim, quando é abandonada a crença numa ordem natural fixa que sanciona uma sociedade hierárquica, presumindo-se que tal crença não seja verdadeira, surge uma tendência na direção dos dois princípios de justiça em ordem seriada. A proteção efetiva das liberdades iguais se torna cada vez mais primordial para dar apoio ao autorrespeito, e isso afirma a primazia do primeiro princípio.

83. Felicidade e fins predominantes

A fim de nos prepararmos para tratar da questão do bem da justiça, discorrerei sobre a maneira como instituições justas enquadram a nossa escolha de um plano racional e incorporam o elemento regulador do nosso bem. Tratarei desse tema de maneira indireta, retornando nesta seção ao conceito de felicidade e salientando a tentação de considerá-lo como determinado por um fim predominante. Isso conduzirá naturalmente aos problemas do hedonismo e da unidade do eu. Como essas questões se relacionam deve tornar-se claro no devido momento.

Anteriormente, afirmei que, com certas qualificações, a pessoa é feliz quando está a caminho da execução (mais ou menos) bem-sucedida de um plano racional de vida elaborado em condições (mais ou menos) favoráveis e tem razoável confiança na possibilidade de realização de suas intenções (§ 63). Assim, estamos felizes quando nossos planos racionais estão indo bem, nossos objetivos mais importantes estão se realizando e temos motivos para acreditar que nossa boa sorte persistirá. A conquista da felicidade depende das circunstâncias e da sorte; e por isso a menção a condições favoráveis. Embora eu não pretenda discutir o conceito de felicidade de forma detalhada, devemos levar em conta mais alguns pontos para evidenciar a ligação com o problema do hedonismo.

Em primeiro lugar, a felicidade tem dois aspectos: o primeiro é a execução bem-sucedida de um plano racional (o programa de atividades e objetivos) que a pessoa luta para realizar; o outro é seu estado de espírito, sua confiança, baseada em bons motivos, de que seu êxito vai perdurar. Ser feliz envolve tanto uma certa realização em atos como uma garantia racional acerca do resultado[15]. Esta definição de felicidade é objetiva: é preciso adaptar os projetos às circunstâncias da nossa vida e a nossa confiança precisa fundamentar-se em convicções sólidas. Alternativamente, pode-se definir a felicidade de maneira subjetiva da seguinte forma: uma pessoa é feliz quando acredita que está a caminho da execução (mais ou menos) bem-sucedida de um plano racional, e assim por diante, como antes, acrescentando-se a cláusula de que, se estiver enganada ou iludida, então que nada, por contingência e coincidência, ocorra para desmentir seus equívocos. Por sorte não é expulsa de seu paraíso dos tolos. A definição a ser preferida será a que melhor se encaixar na teoria da justiça e combinar com nossos juízos ponderados de valor. Neste ponto, basta observar, conforme sugeri algumas páginas atrás (§ 82), que as partes na posição original têm convicções corretas. Reconhecem uma concepção de justiça à luz de verdades gerais acerca das pessoas e de seu lugar na sociedade. Assim, parece natural supor que, ao estruturar seus projetos de vida, possuam lucidez semelhante. É claro que nada disso é argumentação, estritamente falando. Tem-se que, por fim, avaliar a definição objetiva como parte da teoria moral à qual pertence.

Adotando essa definição, e tendo em mente a análise dos planos racionais apresentada anteriormente (§§ 63-65), podemos interpretar as características especiais às vezes

---

15. Sobre essa questão, cf. Anthony Kenny, "Happiness", *Proceedings of the Aristotelian Society,* Vol. 66 (1965-1966), p. 101 s.

atribuídas à felicidade[16]. Por exemplo, a felicidade é autossuficiente, ou seja, é escolhida como um valor em si mesmo. Na verdade, um projeto racional conterá muitos (ou pelo menos alguns) fins últimos, e quaisquer desses objetivos poderá ser perseguido, em parte, também porque complementa e promove um ou mais dos outros objetivos. O apoio mútuo entre objetivos perseguidos como valores em si mesmos é uma característica importante dos planos racionais e, por conseguinte, não se costumam perseguir esses objetivos somente por si mesmos. Não obstante, executar o projeto inteiro, e a firme confiança com que isso é realizado, é algo que por si só queremos fazer e ter. Todas as ponderações, inclusive as do direito e da justiça (empregando aqui a teoria completa do bem), já foram levadas em conta ao se elaborar o plano. E, por conseguinte, a atividade como um todo é autossuficiente.

A felicidade também é autossuficiente: o plano racional, quando realizado com segurança, torna a vida totalmente digna de escolha e não exige nada além disso. Quando as circunstâncias são especialmente favoráveis e a execução é muito bem-sucedida, a felicidade é completa. Dentro da concepção geral que se procurava seguir, não falta nada de essencial, não há como pudesse ter sido nitidamente melhor. Portanto, mesmo que sempre se possa imaginar que os meios materiais que sustentam o nosso modo de vida poderiam ser maiores, e que seria possível escolher outro padrão de objetivos, a realização do próprio projeto pode ter, como costumam ter as composições, as pinturas e os poemas, certa completude que, embora prejudicada pelas circunstâncias e pelos fracassos humanos, fica evidente no todo. Assim, alguns se tornam exemplos de florescimento humano e modelos para imitação, sendo a vida dessas pessoas tão instrutiva no tocante a como viver quanto qualquer doutrina filosófica.

---

16. Principalmente por Aristóteles, *Ética a Nicômaco*, 1097a15b21. Cf. discussão da análise da felicidade feita por Aristóteles em W. F. R. Hardie, *Aristotle's Ethical Theory* (Oxford, The Clarendon Press, 1968), Cap. 11.

Uma pessoa é feliz, então, durante aqueles períodos em que realiza um plano racional bem-sucedido e tem razões para se sentir confiante de que seus esforços serão bem-sucedidos. Pode-se dizer que se aproxima da bem-aventurança quando as circunstâncias são supremamente favoráveis e sua vida é plena. Disso não decorre, contudo, que ao promover um plano racional se esteja perseguindo a felicidade, pelo menos não da forma como normalmente se entende isso. Em primeiro lugar, a felicidade não é um objetivo entre outros ao qual aspiramos, mas a realização do próprio desígnio todo. Porém também presumo que os planos racionais obedecem às restrições do direito e da justiça (conforme estipula a teoria plena do bem). Dizer que alguém procura a felicidade não implica, ao que parece, que essa pessoa esteja disposta ou a transgredir ou a afirmar essas restrições. Por conseguinte, a aceitação desses limites deve ser explícita. E, em segundo lugar, a procura da felicidade quase sempre indica a procura de certos tipos de objetivos, por exemplo, vida, liberdade e o próprio bem-estar[17]. Assim, normalmente ninguém acha que as pessoas que se dedicam a uma causa justa, ou que dedicam a vida à promoção do bem-estar alheio, estão à procura da felicidade. Seria enganoso afirmar isso com relação a santos e heróis, ou àqueles cujo projeto de vida é, em algum grau marcante, supererrogatório. Essas pessoas não têm os tipos de objetivos que recaem sob essa rubrica, que, é verdade, não é nitidamente definida. Contudo, os santos e os heróis, e as pessoas cujas intenções reconhecem os limites do direito e da justiça, ficam, de fato, felizes quando seus planos têm êxito. Embora não lutem pela felicidade, podem, não obstante, ser felizes ao promover as causas da justiça e do bem-estar do próximo, ou ao alcançar as excelências para as quais se sentem atraídos.

Mas como é possível, de forma geral, escolher racionalmente planos de vida? Que procedimento uma pessoa deve

---

17. Sobre essas duas qualificações, cf. Kenny, "Happiness", p. 98 s.

adotar ao se defrontar com esse tipo de decisão? Quero agora retornar a essa questão. Anteriormente, eu disse que um plano racional é aquele que seria escolhido com racionalidade deliberativa, dentre a classe de projetos que satisfazem os princípios da escolha racional e resistem a certas formas de reflexão crítica. Mas, por fim, chegamos à conclusão de que só precisamos decidir qual projeto preferimos, sem mais orientações do princípio (§ 64). Existe, porém, um instrumento de deliberação que ainda não mencionei, que consiste em analisar nossos objetivos. Ou seja, podemos tentar encontrar uma definição mais pormenorizada ou mais esclarecedora do objeto dos nossos desejos, esperando que os princípios de racionalidade resolvam o caso. Assim, pode acontecer que uma caracterização mais completa ou mais profunda do que queremos revele que existe, afinal, um plano abrangente.

Consideremos mais uma vez o exemplo planejar férias (§ 63). Com frequência, quando nos perguntamos por que queremos visitar dois locais distintos, descobrimos que há certos objetivos mais genéricos em segundo plano e que podemos alcançá-los todos ao visitar um lugar, e não o outro. Assim, talvez queiramos estudar certos estilos de arte e uma reflexão mais aprofundada pode revelar que um dos planos é superior ou igualmente bom em todos os aspectos. Nesse sentido, podemos descobrir que o nosso desejo de ir a Paris é mais intenso do que o nosso desejo de ir a Roma. É comum, porém, que mesmo uma descrição mais aprofundada não seja decisiva. Se queremos ver tanto a igreja mais famosa da cristandade quanto o museu mais famoso, talvez fiquemos indecisos. É claro que esses desejos podem passar por um exame mais minucioso. Nada no modo em que se expressa a maioria dos desejos demonstra se existe uma caracterização mais reveladora do que realmente queremos. Mas temos de fazer concessão à possibilidade, e até à probabilidade, de que mais cedo ou mais tarde nos defrontemos com objetivos incomparáveis, entre os quais tenhamos de escolher com racionalidade deliberativa. Podemos dispor, remodelar e transformar nossos objetivos de diversas maneiras ao tentar combiná-los. Recorrendo aos princípios da escolha racional para nos orientar, e formulando nossos desejos da maneira mais lúcida possível, podemos estreitar o âmbito da pura escolha preferencial, mas não podemos eliminá-la totalmente.

A indeterminação da decisão parece decorrer, então, do fato de que a pessoa tem muitos objetivos para os quais não há padrão de comparação pronto para decidir entre eles quando entram em conflito. Há muitos pontos de parada na deliberação prática e muitos modos de caracterizar as coisas que queremos por si mesmas. Assim, é fácil perceber por que é tão atraente a ideia de existir um só fim predominante (em oposição a um fim abrangente) que seja racional desejar[18]. Pois, se existe um fim ao qual todos os outros fins estão subordinados, então é de presumir que todos os desejos, na medida em que forem racionais, admitam uma análise que demonstre que se aplicam os princípios de contagem. O procedimento para se fazer uma escolha racional e a concepção de tal escolha estariam, então, perfeitamente claros: a deliberação sempre trataria de meios para fins, sendo todos os objetivos de menor importância, por sua vez, classificados como meios para um só fim predominante. As muitas cadeias finitas de razões por fim convergem e se encontram no mesmo ponto. Por conseguinte, em princípio, a decisão racional é sempre possível, já que só permanecem as dificuldades de computação e de falta de informação.

É essencial entender o que o teórico do fim predominante quer: a saber, um método de escolha que o próprio agente possa sempre seguir para tomar decisões racionais. Assim, há três requisitos: a concepção de deliberação deve especificar (1) um processo em primeira pessoa que seja (2)

---

18. Essa terminologia de fins "predominantes" e "abrangentes" provém de W. F. R. Hardie, "The Final Good in Aristotle's Ethics", *Philosophy*, Vol. 40 (1965). O autor não faz essa distinção em sua obra *Aristotle's Ethical Theory*.

genericamente aplicável e (3) que garanta conduzir ao melhor resultado (pelo menos em condições favoráveis de informações e dada a capacidade de calcular). Não temos procedimentos que atendam a essas condições. Um dispositivo de resultado aleatório oferece um método geral, mas só seria racional em circunstâncias especiais. Na vida cotidiana, empregamos sistemas de deliberação provenientes da nossa cultura e modificados no decorrer da nossa história individual. Mas não há garantia de que essas formas de reflexão sejam racionais. Talvez só atendam aos diversos critérios mínimos que nos capacitam a ter êxito, sempre aquém do melhor que nos seria possível fazer. Assim, se procuramos um método geral por meio do qual equilibrar nossos objetivos em conflito para selecionar, ou pelo menos identificar em pensamento, o melhor modo de agir, a ideia de um fim predominante parece oferecer uma resposta simples e natural.

Vamos analisar, então, qual poderia ser esse fim predominante. Não pode ser a própria felicidade, pois esse estado é atingido por meio da execução de um plano racional de vida já definido independentemente. O máximo que podemos dizer é que a felicidade é um fim abrangente, o que significa que o próprio plano, cuja realização faz a pessoa feliz, contém e organiza uma pluralidade de objetivos, sejam quais forem. Por outro lado, é implausível demais imaginar o fim predominante como um objetivo pessoal ou social, tal como o exercício do poder político, ou a aquisição de prestígio social, ou a maximização das posses materiais. Decerto é contrário aos nossos juízos ponderados de valor e, de fato, desumano, sentir-se atraído por apenas um desses objetivos a ponto de não moderar sua busca em favor de nada mais, pois o fim predominante tem, pelo menos lexicamente, primazia sobre todos os outros objetivos e procurar promovê-lo sempre requer precedência absoluta. Assim, Loyola afirma que o fim predominante é o de servir a Deus e, assim, salvar a alma humana. Ele é constante no reconhecimento de que promover as intenções divinas é o único critério para equilibrar os fins subordinados. É só por esse motivo que devemos preferir a saúde à doença, a riqueza à pobreza, a honra à desonra, a vida longa à vida curta e, pode-se acrescentar, a amizade e o afeto ao ódio e à animosidade. Devemos ser indiferentes, diz ele, a todos e quaisquer vínculos, pois estes se tornam desmesurados quando nos impedem de ser como pesos igualados na balança, prontos para tomar o rumo que acreditamos mais apropriado à glória de Deus[19].

Deve-se observar que esse princípio de indiferença é compatível com desfrutarmos de prazeres menos elevados e com nos permitirmos participar de brincadeiras e diversões, pois essas atividades relaxam a mente e descansam o espírito para que estejamos mais aptos a promover objetivos mais importantes. Assim, embora Santo Tomás de Aquino acredite que a visão de Deus é a finalidade última de todo conhecimento e empenho humanos, concede um lugar para os jogos e as diversões na nossa vida. Não obstante, esses prazeres só são permitidos até o ponto em que promovem, dessa forma, o objetivo superior ou, pelo menos, não o obstruem. Devemos organizar tudo de modo que nossas concessões à frivolidade e aos folguedos, ao afeto e à amizade, não interfiram na realização do nosso fim último[20].

A natureza extrema das concepções de fim predominante é sempre ocultada pela imprecisão e pela ambiguidade do fim proposto. Assim, se Deus é concebido (e decerto deve ser) como um ser moral, então a finalidade de servir a Ele acima de tudo fica vaga na medida em que as intenções divinas não estejam claras por revelação ou evidentes pela razão natural. Dentro desses limites, a doutrina teológica da moral está sujeita aos mesmos problemas de equilibrar princípios e de determinar precedências que

---

19. Cf. em *Os exercícios espirituais*, A Primeira Semana, as observações contidas em "Princípio e fundamento"; e em A Segunda Semana, as observações contidas em "Três ocasiões em que se pode fazer uma escolha prudente".
20. *Summa Contra Gentiles*, Livro III, Cap. XXV.

perturbam outras concepções. Já que é comum haver questões controversas a esse respeito, a solução proposta pela ética religiosa é somente aparente. E certamente quando o fim predominante é claramente especificado por referência a alguma meta objetiva como o poder político ou a riqueza material, o fanatismo subjacente e a desumanidade se tornam manifestos. O bem humano é heterogêneo porque os objetivos do eu são heterogêneos. Embora subordinar todos os nossos objetivos a uma finalidade não transgrida, estritamente falando, os princípios da escolha racional (não os princípios de contagem, pelo menos), ainda assim isso nos parece irracional, ou até loucura. O eu fica desfigurado quando é colocado, por razões de sistema, a serviço de um de seus fins.

84. O hedonismo como método de escolha

Tradicionalmente, o hedonismo é interpretado de uma dentre duas maneiras: como a afirmação de que o único bem intrínseco é a sensação prazerosa, ou como a tese psicológica de que a única coisa pela qual os indivíduos se empenham é o prazer. Entenderei o hedonismo, porém, de uma terceira forma, ou seja, como a tentativa de realizar a concepção de deliberação relativa à ideia de fim predominante. Essa concepção demonstra como uma escolha racional é sempre possível, pelo menos em princípio. Embora tal empenho fracasse, vou examiná-lo em razão do esclarecimento que permite sobre o contraste entre o utilitarismo e a doutrina contratualista.

Imagino que o hedonista raciocine da forma como se segue: primeiro, supõe que, se a vida humana deve ser orientada pela razão, deve existir um fim predominante. Não há nenhum meio racional de equilibrar entre si os nossos objetivos conflitantes, a não ser vendo-os como meios para algum fim superior. Em segundo lugar, ele interpreta o prazer de maneira estrita como uma sensação agradável. O prazer, quando atributo de sentimento e sensação, é tido como o único candidato plausível ao papel de fim predominante e, por conseguinte, é a única coisa boa em si. O hedonista sustenta que, assim concebido, o prazer é bom não por ser postulado diretamente como princípio primeiro e, então, tido como em conformidade com nossos juízos ponderados de valor. Mais precisamente, alcança-se o prazer como o fim predominante por meio de um processo de eliminação. Se as escolhas racionais são possíveis, tal fim deve existir. Ao mesmo tempo, esse fim não pode ser a felicidade, nem qualquer meta objetiva. Para evitar circularidade de um e o fanatismo de outro, o hedonista se volta para dentro. Encontra o objetivo supremo em alguma qualidade definida de sensação ou em algum sentimento identificável por meio de introspeção. Podemos supor, se preferirmos, que o prazer pode ser ostensivamente definido como aquele atributo comum aos sentimentos e às sensações para com os quais temos uma atitude favorável e queremos prolongar, os demais fatores permanecendo constantes.

Assim, para fins de ilustração, pode-se dizer que o prazer é aquela característica comum a experiências tais como as de sentir o aroma de rosas, comer chocolate, ter retribuído o afeto, e assim por diante, a mesma coisa valendo para o atributo oposto da dor[21].

O hedonista afirma, então, que um agente racional sabe exatamente como proceder para definir seu bem: deve verificar qual dos projetos a ele acessíveis promete o maior saldo líquido de prazer em oposição à dor. Esse plano define sua escolha racional, a melhor maneira de organizar seus objetivos conflitantes. Os princípios de contagem se aplicam trivialmente, já que todas as coisas boas são homogêneas e, por conseguinte, comparáveis como meios para a finalidade única de buscar prazer. Naturalmente, essas avaliações são carregadas de incertezas e de falta de informa-

---

21. O exemplo é de C. D. Broad, *Five Types of Ethical Theory* (Londres, Routledge and Kegan Paul, 1930), p. 186 s.

ções e, em geral, só é possível fazer estimativas rudimentares. Contudo, para o hedonismo não há nenhuma dificuldade real nisso: o que vale é que o máximo de prazer proporciona uma ideia clara do bem. Pretende-se que agora sabemos qual é aquela coisa cuja procura dá forma racional à nossa vida. É em grande medida por essas razões que Sidgwick acha que o prazer deve ser o único fim racional que deve orientar a deliberação[22]. É importante salientar dois pontos. Em primeiro lugar, quando o prazer é visto como atributo especial do sentimento e da sensação, é concebido como uma medida definida na qual se podem basear os cálculos. Calculando-se com base na intensidade e na duração das experiências agradáveis, é teoricamente possível fazer as estimativas necessárias. O método do hedonismo oferece um processo de escolha em primeira pessoa que o padrão da felicidade não oferece. Em segundo lugar, interpretar o prazer como o fim predominante não implica que tenhamos quaisquer metas objetivas em especial. Encontramos prazer nas atividades mais diversas e na procura de uma variedade de coisas. Por conseguinte, visar elevar ao máximo a sensação de prazer parece, pelo menos, evitar a aparência de fanatismo e desumanidade, ao mesmo tempo que define um método racional para a escolha em primeira pessoa. Ademais, agora é fácil explicar as duas interpretações tradicionais do hedonismo. Se o prazer for, de fato, o único fim cuja procura nos permite identificar planos racionais, então decerto parece que o prazer é o único bem intrínseco e chegamos ao princípio do hedonismo por meio de um argumento a partir das condições da deliberação racional. Também decorre disso uma variação do hedonismo: embora seja excessivo afirmar que a conduta racional sempre visaria conscientemente o prazer, de todo modo ela seria regida por um esquema de atividades elaborado para maximizar o saldo líquido de

---

22. *The Methods of Ethics*, 7.ª ed. (Londres, Macmillan, 1907), p. 405-7, 479.

sensações agradáveis. Já que leva às interpretações mais conhecidas, parece que a tese de que a busca do prazer é o único método racional de deliberação é a ideia fundamental do hedonismo.

Parece óbvio que o hedonismo não define um fim predominante razoável. Só precisamos salientar que, uma vez que se conceba o prazer, conforme deve ser, de maneira suficientemente definida para que sua intensidade e duração entrem nos cálculos do agente, não é mais plausível que seja tido como o único objetivo racional[23]. Decerto a preferência por um certo atributo de sentimento ou sensação acima de todo o resto é algo tão desequilibrado e desumano quanto um desejo supremo de maximizar o próprio poder sobre outros ou a riqueza material. Não há dúvida de que era por esse motivo que Sidgwick relutava em admitir que o prazer é uma qualidade específica da sensação; não obstante, é isso que ele tem de admitir se o prazer deve servir, conforme ele quer, de critério supremo para comparar o peso de valores ideais como conhecimento, beleza e amizade[24].

E há ainda o fato de que existem diversos tipos de sensações agradáveis incomparáveis, bem como as dimensões quantitativas do prazer, a intensidade e a duração. Como os equilibraremos quando entram em conflito? Devemos preferir uma experiência breve, porém intensa, de um tipo de sensação, a uma experiência menos intensa, porém mais longa, de outro tipo? Segundo Aristóteles, o homem bom, se necessário, dá a vida pelos amigos, pois prefere um curto período de prazer intenso a um longo período de desfrute mo-

---

23. Como observa Broad em *Five Types of Ethical Theory,* p. 187.
24. Em *Methods of Ethics,* p. 127, Sidgwick nega que o prazer seja uma qualidade mensurável da sensação, independente de sua relação com atos volitivos. Essa é a opinião de alguns autores, afirma ele, mas não a considera aceitável. Ele define o prazer "como uma sensação que, quando sentida por seres inteligentes, é pelo menos apreendida como desejável ou – em casos de comparação – preferível". Parece que a concepção que ele rejeita aqui é aquela em que ele depois se apoia, tomando-a como o critério final para introduzir coerência entre os fins. Cf. p. 405-7, 479. Caso contrário, o método hedonista de escolha já não fornece instruções que se possam seguir.

derado, doze meses de vida nobre a muitos anos de existência monótona[25]. Mas como ele decide isso? Ademais, como observa Santayana, devemos definir o valor relativo do prazer e do sofrimento. Quando afirma que mil prazeres não valem uma dor, Petrarca adota, para compará-los, um padrão que é mais elementar do que ambos. A própria pessoa deve tomar essa decisão, levando em conta todas as suas inclinações e desejos, presentes e futuros. Está claro que não progredimos para além da racionalidade deliberativa. Aparece novamente o problema de uma pluralidade de fins dentro da classe dos sentimentos subjetivos[26].

Pode-se objetar que na economia e na teoria da decisão esses problemas foram superados. Mas essa alegação se fundamenta num mal-entendido. Na teoria da demanda, por exemplo, presume-se que as preferências do consumidor satisfazem a vários postulados: definem uma ordenação completa em relação ao conjunto de alternativas e exibem as propriedades da convexidade e da continuidade etc. Dadas essas suposições, pode-se demonstrar que existe uma função de utilidade que combina essas preferências no sentido de que uma alternativa é escolhida a outra se, e somente se, for mais alto o valor da função de utilidade da alternativa escolhida. Essa função caracteriza as escolhas do indivíduo, o que ele prefere de fato, contanto que suas preferências obedeçam a certas estipulações. Para começar, isso não diz nada sobre como a pessoa organiza suas decisões nessa ordem coerente, nem pode claramente pretender que seja um processo de escolha em primeira pessoa que alguém possa adotar racionalmente, já que só registra o resultado de suas deliberações. Na melhor das hipóteses, os princípios que os economistas presumem que as escolhas de indivíduos racionais satisfazem podem ser apresentados como diretrizes para nossa análise quando toma-

---

25. *Ética a Nicômaco*, 1169a17-26.
26. *The Life of Reason in Common Sense* (Nova York, Charles Scribners,1905), p. 237 s.

mos nossas decisões. Assim entendidos, porém, esses critérios são apenas os princípios da escolha racional (ou análogos a eles) e voltamos mais uma vez à racionalidade deliberativa[27].

Parece indiscutível, então, que não há nenhum fim predominante cuja procura esteja de acordo com nossos juízos ponderados de valor. O fim abrangente de concretizar um plano racional de vida é uma coisa completamente distinta. Não deve surpreender, porém, que o hedonismo deixe de oferecer um método racional de escolha. Wittgenstein demonstrou que é errado postular certas experiências especiais para explicar como distinguimos recordações de imaginações, crenças de suposições, e assim por diante, com relação a outros atos mentais. De maneira semelhante, é previamente improvável que certos tipos de sensações agradáveis possam definir uma unidade de análise cujo uso explique a possibilidade de deliberação racional. Nem o prazer nem qualquer outro fim definido tem o papel que o hedonista lhe atribuiria[28].

---

27. Assim, respondendo à objeção de que a teoria de preços fracassa porque pretende prever o imprevisível, ou seja, as decisões de pessoas que têm livre-arbítrio, Walras diz: "Na verdade, nunca tentamos prever decisões tomadas em circunstâncias de perfeita liberdade; apenas tentamos expressar as consequências dessas decisões em termos matemáticos. Nossa teoria supõe que cada indivíduo determina suas curvas de utilidade ou de necessidade como lhe aprouver". *Elements of Pure Economics,* trad. William Jaffé (Homewood, Ill., Richard D. Irwin, 1954), p. 256. Cf. também P. A. Samuelson, *Foundations of Economic Analysis* (Cambridge, Harvard University Press, 1947), as observações nas p. 90-2, 97 s.; e R. D. Luce e Howard Raiffa, *Games and Decisions* (Nova York, John Wiley and Sons, 1957), p. 16, 21-4, 38.

28. Cf. *The Philosophical Investigations* (Oxford, Basil Blackwell, 1953). A argumentação contra a postulação de experiências especiais é apresentada ao longo de toda a obra para muitos casos diferentes. Sobre sua aplicação ao prazer, cf. as observações de G. E. M. Anscombe, *Intention* (Oxford, Basil Blackwell, 1957). Anscombe diz: "Deveríamos adaptar uma observação de Wittgenstein sobre o significado e dizer ´O prazer não pode ser uma impressão, pois nenhuma impressão poderia ter as consequências do prazer'. Eles [os empiristas britânicos] estavam dizendo que alguma coisa que achavam semelhante a determinada sensação de cócegas ou comichão era obviamente o motivo de se praticar qualquer ato" (p. 77). Cf. também Gilbert Ryle, "Pleasure", *Pro-*

Os filósofos supõem que experiências características existem e orientam a nossa vida mental por muitas razões diferentes. Portanto, embora pareça simples demonstrar que o hedonismo não nos leva a lugar nenhum, o importante é perceber por que alguém seria levado a recorrer a tal expediente desesperado. Já comentei uma possível razão: o desejo de estreitar o alcance da escolha puramente preferencial na definição do nosso bem. Em uma teoria teleológica, qualquer imprecisão ou ambiguidade na concepção do bem é transferida para a concepção do justo. Por essa razão, se o bem dos indivíduos for algo que, por assim dizer, só compete a eles decidir individualmente, o mesmo acontece, dentro de certos limites, com o que é justo. Mas é natural achar que o justo não é questão de mera preferência e, por conseguinte, tenta-se descobrir uma concepção precisa do bem.

Há, contudo, mais uma razão: uma teoria teleológica precisa de um modo de comparar os diversos bens de diferentes indivíduos para que se possa maximizar o bem total. Como fazer essas avaliações? Mesmo que certos objetivos sirvam para organizar os projetos de cada indivíduo, não bastam para definir uma concepção do justo. Pareceria, então, que voltar-se para dentro, para o padrão de sensação agradável, é uma tentativa de encontrar um denominador comum entre a pluralidade de pessoas, como se fosse uma moeda interpessoal, por intermédio da qual se pode especificar a ordenação social. E essa sugestão torna-se ainda mais persuasiva se já se sustentou que esse padrão é o objetivo de cada pessoa na medida em que ela seja racional.

À guisa de conclusão, não devo dizer que uma doutrina teleológica é obrigatoriamente conduzida a algum tipo

---

ceedings of the Aristotelian Society, Vol. sup. 28 (1954), e *Dilemmas* (Cambridge, The University Press, 1954), Cap. IV; Anthony Kenny, *Action, Emotion and Will* (Londres, Routledge and Kegan Paul, 1963). Esses estudos apresentam o que parece ser a visão mais correta. No texto, tento explicar, do ponto de vista da filosofia moral, a motivação da assim chamada concepção de prazer do empirismo britânico. Nem preciso me dar ao trabalho de demonstrar que essa concepção é falaciosa, já que os outros mencionados já o fizeram.

de hedonismo para definir uma teoria coerente. Não obstante, parece que a tendência nessa direção tem certa naturalidade. O hedonismo é, pode-se dizer, o desvio sintomático das teorias teleológicas na medida em que tentam formular um método claro e aplicável de raciocínio moral. A fragilidade do hedonismo reflete a impossibilidade de definir um objetivo definido apropriado para ser maximizado. E isso indica que a estrutura das doutrinas teleológicas é radicalmente equivocada: desde o início ligam o justo ao bem da maneira incorreta.

Não devemos tentar dar forma à nossa vida voltando-nos primeiro para o bem definido de maneira independente. Não são nossos objetivos que revelam nossa natureza, e sim os princípios que reconheceríamos para regular as condições de fundo nas quais esses objetivos devem formar-se e para regular a maneira como devemos procurar alcançá-los. Pois o eu é prévio aos fins que são afirmados por ele; mesmo um fim predominante deve ser escolhido dentre numerosas possibilidades. Não há como ir além da racionalidade deliberativa. Devemos, portanto, inverter a relação entre o justo e o bem proposta pelas doutrinas teleológicas e considerar o justo como anterior. A teoria moral é, então, desenvolvida trabalhando-se na direção oposta. Tentarei agora explicar esses últimos comentários à luz da doutrina contratualista.

85. A unidade do eu

O resultado da discussão anterior é que não existe nenhum fim por referência ao qual seja possível fazermos todas as nossas escolhas de maneira racional. Na definição do bem entram importantes elementos intuicionistas e, na teoria teleológica, esses elementos estão fadados a afetar o justo. O utilitarista clássico tenta evitar essa consequência por meio da doutrina do hedonismo, porém inutilmente. Não podemos, contudo, parar aqui; devemos descobrir uma solução construtiva para o problema de escolha que o hedonismo procura resolver. Assim, deparamo-nos mais uma vez com a questão: se não há um fim único que defina o padrão apropriado de objetivos, como é possível identificar um plano de vida racional? A resposta já foi dada: um plano racional é aquele que seria escolhido com racionalidade deliberativa conforme definida pela teoria plena do bem. Falta constatar se, dentro do contexto da doutrina contratualista, essa resposta é perfeitamente satisfatória e se não surgem os problemas que assolam o hedonismo.

Conforme eu já disse, a personalidade moral se caracteriza por duas capacidades: uma para definir uma concepção do bem, a outra para um senso de justiça. Quando realizadas, a primeira se expressa por um plano racional de vida, a segunda por um desejo regulador de agir segundo certos princípios do justo. Assim, uma pessoa moral é um sujeito com fins que escolheu, e sua preferência fundamental é por condições que lhe permitam estruturar um modo de vida que expresse sua natureza de ser racional livre e igual da maneira mais plena que as circunstâncias o permitirem. A unidade da pessoa se manifesta na coerência de seu projeto, sendo essa unidade fundamentada no desejo de ordem superior de obedecer, de maneiras compatíveis com seu senso de direito e de justiça, aos princípios de escolha racional. Naturalmente, uma pessoa não define seus objetivos todos de uma só vez, e sim gradualmente; porém, das maneiras permitidas pela justiça, é possível formular e seguir um plano de vida e, desse modo, dar forma à própria unidade.

A característica marcante de uma concepção baseada em um fim predominante é como ela presume que se alcança a unidade do eu. Assim, no hedonismo o eu se torna uno ao tentar maximizar a soma de experiências agradáveis dentro de suas fronteiras psíquicas. Um eu racional deve definir sua unidade dessa maneira. Já que o prazer é o fim predominante, o indivíduo é indiferente a todos os aspectos de si mesmo, considerando seus dotes naturais de corpo e mente, e até suas inclinações e vínculos naturais, como tantos materiais para obter experiências agradáveis. Ademais, não é visar ao prazer como seu prazer, mas simplesmente como prazer, que dá unidade ao eu. Se é seu prazer ou o prazer de outrem que se deve promover faz surgir outra questão, que podemos deixar de lado enquanto estivermos lidando com o bem de uma só pessoa. Porém, ao analisar o problema da escolha social, o princípio utilitarista em sua forma hedonista é perfeitamente natural. Pois, se qualquer indivíduo deve organizar suas deliberações procurando o fim predominante do prazer e não é capaz de garantir sua personalidade racional de nenhum outro modo, então parece que inúmeras pessoas, em seus esforços conjuntos, devem esforçar-se por organizar seus atos coletivos de forma a maximizar as experiências agradáveis do grupo. Desse modo, assim como um santo, quando sozinho, deve trabalhar para a glória de Deus, também os membros de uma associação de santos devem trabalhar juntos para fazer todo o necessário para o mesmo fim. A diferença entre o indivíduo e o caso social é que os recursos do eu, suas capacidades mentais e suas sensibilidades e desejos emocionais se colocam em outro contexto. Em ambos os casos, esses materiais estão a serviço do fim predominante. Porém, dependendo das outras agências disponíveis para cooperar com ele, é o prazer do eu ou do grupo social que se deve maximizar.

Ademais, se forem aplicados à teoria do justo os mesmos tipos de ponderação que levam ao hedonismo na forma de uma teoria de escolha de primeira pessoa, o princípio de utilidade parece bem plausível. Vamos supor, em primeiro lugar, que a felicidade (definida como sentimento agradável) seja o único bem. Então, como até os intuicionistas admitem, maximizar a felicidade é, pelo menos, um princípio *prima facie* do justo. Se esse princípio sozinho não for regulador, deve haver algum outro critério, como a distribuição, ao qual se deve atribuir algum peso. Porém, em relação a qual fim dominante de conduta social se devem equilibrar esses padrões? Já que esse fim deve existir para que os juízos do justo sejam racionais, e não arbitrários, parece que o princípio de utilidade especifica a meta necessária. Nenhum outro princípio tem as características necessárias para definir o objetivo supremo de conduta correto. Creio ser esse, em essência, o raciocínio que fundamenta a suposta prova da utilidade de Mill[29].

Na justiça como equidade, porém, a prioridade do justo e a interpretação kantiana revelam uma inversão completa de perspectiva. Para percebê-lo, só precisamos recordar as características da posição original e a natureza dos princípios que são escolhidos. As partes consideram a personalidade moral, e não a capacidade para o prazer e a dor, como o aspecto fundamental do eu. Não conhecem os objetivos finais das pessoas, e são rejeitadas todas as concepções predominantes. Assim, não lhes ocorreria reconhecer o princípio da utilidade em sua forma hedonista. Não há mais motivo para que as partes concordem com esse critério do que há com respeito a maximizar qualquer outro objetivo específico. Elas se consideram seres que podem escolher e escolhem seus fins últimos (sempre plurais em número). Assim como uma pessoa deve escolher seu projeto à luz de informações completas (sem imposição de restrições neste caso), também uma pluralidade de pessoas devem decidir as condições de sua cooperação numa situação que dê a todos uma representação equitativa como seres morais. O objetivo das partes na posição original é definir con-

---

29. Cf. *Utilitarianism,* Cap. IV. Esse capítulo, que já foi objeto de muitos debates, especialmente o § 3, é digno de nota, pois Mill parece acreditar que, se puder afirmar que a felicidade é o único bem, terá demonstrado que o princípio da utilidade é o critério de justiça. O titulo do capítulo se refere à prova do princípio de utilidade; mas o que se oferece é uma argumentação segundo a qual o único bem é a felicidade. Ora, até este ponto, nada se deduz sobre a concepção do justo. É apenas retornando ao primeiro capítulo da obra, e levando em conta a ideia apresentada por Mill sobre a estrutura da teoria moral, conforme expliquei no § 8 e delineei no texto acima, que podemos definir todas as premissas à luz das quais Mill considerava que sua argumentação era uma prova.

dições justas e favoráveis para que cada um crie sua própria unidade. O interesse fundamental na liberdade e nos meios para fazer um uso equitativo da liberdade é a expressão de verem a si mesmas primariamente como pessoas morais com um direito igual à escolha do próprio modo de vida. Assim, reconhecem os dois princípios de justiça, que devem ser classificados em ordem serial conforme as circunstâncias o permitam.

Devemos agora ligar esses comentários ao problema da indeterminação da escolha do qual partimos. A ideia principal é que, dada a prioridade do justo, a escolha da nossa concepção do bem é estruturada dentro de limites definidos. Os princípios de justiça e sua concretização em formas sociais definem limites dentro dos quais nossas deliberações ocorrem. A unidade essencial do eu já é proporcionada pela concepção do justo. Ademais, numa sociedade bem-ordenada, essa unidade é igual para todos; a concepção do bem de todos provém de seu projeto racional, que é subprojeto de um projeto maior e mais abrangente que rege a comunidade como união social de uniões sociais. As muitas associações, de tamanhos e objetivos diversos, sendo ajustadas umas às outras pela concepção pública de justiça, simplificam a decisão porque oferecem ideais definidos e formas de vida que foram criados e testados por inúmeros indivíduos, em certos casos durante gerações. Assim, ao elaborarmos um plano de vida, não começamos do nada; não somos obrigados a escolher dentre incontáveis possibilidades que não têm uma estrutura determinada ou contornos definidos. Portanto, embora não exista um algoritmo para definir o nosso bem nem um método de escolha de primeira pessoa, a prioridade do direito e da justiça restringe essas deliberações de forma segura para que se tornem administráveis. Estando já bem definidos os direitos e as liberdades fundamentais, nossas escolhas não conseguem distorcer as exigências que fazemos uns aos outros.

Dada a precedência do direito e da justiça, a indeterminação da concepção do bem é muito menos problemática.

Na verdade, perdem a força as ponderações que levam a teoria teleológica a adotar a ideia de um fim predominante. Em primeiro lugar, os elementos puramente preferenciais da escolha, embora não sejam eliminados, ficam confinados aos limites do justo já disponíveis. Uma vez que as reivindicações das pessoas umas às outras não são afetadas, a indeterminação é relativamente inócua. Ademais, dentro dos limites permitidos pelos princípios do justo, não é preciso haver um modelo de correção além daquele da racionalidade deliberativa. Se o plano de vida da pessoa atende a esse critério e ela tem êxito em sua realização, e, ao fazê-lo, acha que vale a pena, não há motivo para dizer que seria melhor que tivesse feito outra coisa. Simplesmente não devemos supor que nosso bem racional seja determinado de uma forma única. Do ponto de vista da teoria da justiça, essa suposição é desnecessária. Em segundo lugar, não precisamos ir além da racionalidade deliberativa para definir uma concepção do justo clara e viável. Os princípios de justiça têm um teor definido e a argumentação que os sustenta só emprega a teoria fraca do bem e sua lista de bens primários. Uma vez definida a concepção de justiça, a prioridade do justo garante a precedência de seus princípios. Assim, as duas ponderações que tornam as concepções de fim predominante atraentes para as teorias teleológicas estão ambas ausentes na doutrina contratualista. Essa é a consequência da inversão de estrutura.

Anteriormente, quando apresentei a interpretação kantiana da justiça como equidade, mencionei que há um sentido segundo o qual a condição de unanimidade imposta aos princípios de justiça é apropriada para expressar a natureza até mesmo de um único eu (§ 40). À primeira vista, essa afirmação parece paradoxal. Como a exigência de unanimidade pode deixar de ser restrição? Um dos motivos é que o véu de ignorância garante que todos devem raciocinar da mesma maneira e, portanto, a condição é obviamente atendida. Mas há uma explicação mais aprofundada no fato de que a doutrina contratualista tem uma estrutura que é oposta à da teoria utilitarista. Nesta, cada pessoa traça seu plano racional sem obstáculos e em condições de informação plena, e a sociedade, então, passa a maximizar a satisfação agregada dos planos resultantes. Na justiça como equidade, por outro lado, todos concordam com antecedência acerca dos princípios segundo os quais suas exigências devem ser atendidas. Esses princípios recebem, então, prioridade absoluta para que regulem as instituições sociais de forma indubitável e para que cada qual estruture seus projetos em conformidade com eles. Os planos que forem inadequados devem ser revistos. Assim, o acordo coletivo anterior estabelece já de início certas características estruturais fundamentais que são comuns aos planos de todos. A natureza do eu como pessoa moral livre e igual é a mesma para todos, e a semelhança na forma básica dos projetos racionais expressa esse fato. Ademais, como demonstra a ideia de sociedade como união social de uniões sociais, os membros da comunidade participam da natureza uns dos outros: nós valorizamos o que os outros fazem como coisas que poderíamos ter feito, mas que eles fazem por nós, e eles também valorizam o que fazemos. Já que o eu se realiza nas atividades de muitos eus, as relações de justiça que estão em conformidade com os princípios que seriam admitidos por todos são mais apropriadas para expressar a natureza de cada qual. Por fim, então, a exigência de um acordo unânime se vincula à ideia dos seres humanos que, na condição de membros de uma união social, buscam os valores da comunidade.

Pode-se supor que, uma vez que se atribua precedência aos princípios de justiça, existe afinal de contas um fim predominante que organiza nossa vida. Contudo, essa ideia se fundamenta num mal-entendido. Não há dúvida de que os princípios de justiça precedem lexicalmente o princípio de eficiência, e o primeiro princípio tem prioridade sobre o segundo. Disso decorre a definição de uma concepção ideal da ordem social que deve regular a direção da mudança e os esforços de reforma (§ 41). Mas são os princípios do dever e da obrigação individuais que definem as exigências que esse ideal faz sobre as pessoas, e estas não o tornam totalmente controlador. Ademais, estou o tempo todo supondo que o fim predominante proposto pertence a uma teoria teleológica na qual, por definição, o bem é especificado independentemente do justo. O papel desse fim é, em parte, tornar razoavelmente precisa a concepção do justo. Na justiça como equidade não pode haver nenhum fim predominante nesse sentido, nem, como vimos, há necessidade de um fim predominante para esse propósito. Assim, o fim predominante da teoria teleológica é definido de modo que não possamos nunca alcançá-lo e, por conseguinte, sempre se aplica a ordem de promovê-lo. Recordemos aqui os comentários anteriores sobre o motivo de não ser o princípio de utilidade adequado à ordenação lexical: os critérios que dele decorrem jamais entrarão em ação, a não ser em casos especiais para desfazer impasses. Os princípios de justiça, por outro lado, representam objetivos e restrições sociais mais ou menos definidos (§ 8). Quando implementamos uma certa estrutura de instituições, temos liberdade para definir e procurar alcançar o nosso bem dentro dos limites que esses arranjos institucionais permitem.

À vista dessas reflexões, o contraste entre a teoria teleológica e a doutrina contratualista pode ser expresso da seguinte maneira intuitiva: a primeira define o bem localmente, por exemplo, como uma qualidade mais ou menos homogênea ou atributo da experiência, e a considera uma magnitude abrangente que se deve maximizar para alcançar uma certa totalidade, ao passo que a segunda se move na direção oposta ao identificar uma sequência de formas estruturais cada vez mais específicas de conduta justa, cada uma definida dentro da anterior, procedendo dessa maneira a partir de uma estrutura geral do todo para uma definição cada vez mais precisa de suas partes. O utilitarismo hedonista é o exemplo clássico do primeiro procedimento e o ilustra com uma simplicidade convincente. A justiça como equidade exemplifica a segunda possibilidade. Assim, a sequência de quatro estágios (§ 31) formula uma ordem de acordos e promulgações concebida para construir em diversas etapas uma estrutura hierárquica de princípios, padrões e normas, que, quando aplicados e adotados com coerência, levam a uma constituição definida para a ação social. Essa sequência não visa à especificação completa da conduta. Pelo contrário, a ideia é aproximar as fronteiras, por mais vagas que sejam, entre as quais os indivíduos e as associações estão à vontade para promover seus objetivos e a racionalidade deliberativa tem liberdade de ação. O ideal seria que a aproximação convergisse no sentido em que, com mais algumas etapas, os casos deixados de lado se tornassem de importância cada vez menor. A ideia que orienta a construção como um todo é a da posição original e sua interpretação kantiana: essa ideia contém dentro de si os elementos que selecionam quais informações são relevantes em cada estágio, e gera uma sequência de ajustes apropriados às condições contingentes da sociedade existente.

86. O bem do senso de justiça

Agora que estão diante de nós todas as partes da teoria da justiça, podemos concluir a argumentação a favor da congruência. Basta vincular os diversos aspectos de uma sociedade bem-ordenada e vê-los no contexto apropriado. Os conceitos de justiça e do bem estão ligados a princípios distintos e a questão da congruência é saber se essas duas famílias de critérios combinam. Mais precisamente, cada conceito, com seus princípios associados, define uma perspectiva da qual se podem avaliar as instituições, os atos e os planos de vida. Um senso de justiça é um desejo efetivo de aplicar e agir segundo os princípios de justiça e, portanto, do ponto de vista da justiça. Assim, o que é preciso demonstrar é que é racional (conforme isso é definido pela teoria fraca do bem) para os membros de uma sociedade bem-ordenada afirmarem seu senso de justiça como regulador de seu plano de vida. Falta demonstrar que essa disposição de assumir o ponto de vista da justiça e de ser por ele orientado está de acordo com o bem do indivíduo.

Em que medida esses dois pontos de vista são congruentes provavelmente será um fator crucial para a estabilidade. Mas a congruência não é inevitável, nem mesmo numa sociedade bem-ordenada. Devemos verificá-la. Naturalmente, a racionalidade de escolher os princípios de justiça na posição original não está em questão. Já foi feita a defesa dessa decisão e, se estiver correta, instituições justas são coletivamente racionais e vantajosas para todos de uma perspectiva adequadamente geral. Também é racional para cada um incentivar os outros a dar apoio a esses arranjos e cumprir com seus deveres e obrigações. O problema é saber se o desejo regulador de adotar a perspectiva da justiça pertence ao próprio bem da pessoa quando visto à luz da teoria fraca do bem sem restrições a informações. Gostaríamos de ter certeza de que esse desejo é, de fato, racional; sendo racional para um, é racional para todos e, por conseguinte, não existem tendências à instabilidade. Mais precisamente, pensemos em qualquer pessoa numa sociedade bem-ordenada: ela sabe, presumo, que as instituições são justas e que as outras pessoas têm (e continuarão a ter) um senso de justiça semelhante ao seu e, por conseguinte, que concordam (e continuarão a concordar) com esses arranjos institucionais. Queremos demonstrar que, com base nessas suposições, é racional para uma pessoa, conforme isso é definido pela teoria fraca do bem, afirmar seu senso de justiça. O plano de vida que faz isso é sua melhor resposta aos planos semelhantes de seus associados; e, sendo racional para qualquer pessoa, é racional para todos.

É importante não confundir esse problema com o de justificar para um egoísta por que se deve ser uma pessoa justa. O egoísta é alguém comprometido com o ponto de vista de seus próprios interesses. Seus fins últimos só têm relação consigo mesmo: sua riqueza e sua posição, seus prazeres e seu prestígio social etc. Tal pessoa pode agir com justiça, ou seja, fazer o que o homem justo faria; mas, enquanto continuar egoísta, não pode fazê-lo pelos motivos da pessoa justa. Ter esses motivos é incompatível com o egoísmo. Simplesmente acontece que, em algumas ocasiões, o ponto de vista da justiça e o de seus próprios interesses leva ao mesmo curso de ação. Por conseguinte, não vou tentar demonstrar que numa sociedade bem-ordenada o egoísta agiria com base num senso de justiça, nem mesmo que agiria com justiça porque, ao agir assim, promoveria melhor seus objetivos. Também não vamos argumentar que o egoísta, encontrando-se numa sociedade justa, faria bem, dados seus objetivos, em transformar-se num homem justo. No que estamos interessados é no bem do desejo estabelecido de assumir o ponto de vista da justiça. Presumo que os membros de uma sociedade bem-ordenada já têm esse desejo. A questão é saber se esse sentimento regulador é compatível com seu bem. Não estamos examinando a justiça ou o valor moral de ações a partir de certos pontos de vista; o que estamos examinando é o bem do desejo de adotar determinado ponto de vista, aquele da própria justiça. E devemos avaliar esse desejo não do ponto de vista do egoísta, seja lá qual for, mas à luz da teoria fraca do bem.

Vou supor que os atos humanos decorrem de desejos existentes e que só é possível modificar esses desejos gradualmente. Não podemos decidir a qualquer momento alterar nosso sistema de fins (§ 63). Agimos agora como o tipo de pessoa que somos e com base nas necessidades que temos agora, e não como o tipo de pessoa que poderíamos ter sido ou com base nos desejos que teríamos tido se, antes, tivéssemos feito outras escolhas. Os objetivos reguladores estão especialmente sujeitos a essa restrição. Assim, devemos decidir com bastante antecedência se vamos afirmar nosso senso de justiça ao tentar avaliar nossa situação ao longo de um período de tempo razoavelmente extenso. Não podemos ter as duas coisas. Não podemos preservar um senso de justiça e tudo o que isso implica enquanto, ao mesmo tempo, nos mantemos dispostos a agir com injustiça se fazer isso prometesse alguma vantagem pessoal. Uma pessoa justa não se dispõe a fazer certas coisas, e, se cair em tentação com muita facilidade, é porque, afinal, estava preparada para fazê-lo[30]. Nossa questão só trata, então, dos que apresentam certa psicologia e certo sistema de desejos. Seria obviamente exigir demais pedir que a estabilidade não dependesse de restrições específicas a esse respeito. Em uma das interpretações a questão tem uma resposta óbvia. Vamos supor que alguém tenha um senso de justiça; essa pessoa terá, então, um desejo regulador de obedecer aos princípios correspondentes. Os critérios de escolha racional devem levar esse desejo em conta. Se o que a pessoa quer, com racionalidade deliberativa, é agir do ponto de vista da justiça acima de tudo o mais, é racional para ela agir assim. Por conseguinte, nessa forma a questão é trivial: sendo os tipos de pessoa que são, os membros de uma sociedade bem-ordenada desejam, mais do que qualquer coisa, agir com justiça, e realizar esse desejo faz parte do seu bem. Quando adquirimos um senso de justiça que é verdadeiramente final e efetivo, como requer a primazia da justiça, nos encontramos engajados num plano de vida que, na medida em que sejamos racionais, nos leva a preservar e incentivar esse sentimento. Já que esse fato é de conhecimento público, a instabilidade do primeiro tipo não existe e, por conseguinte, também não existe a do segundo. O verdadeiro problema de congruência é o que acontece se imaginarmos que alguém só dá peso ao próprio senso de justiça até o ponto em que atende a outras descrições que o vinculem a razões especificadas pela teoria fraca do bem. Não devemos confiar na doutrina do ato puramente consciencioso (§ 72). Vamos supor, então, que o desejo de agir com justiça não seja um desejo final como aquele de evitar o sofrimento, a infelicidade ou a apatia, ou o desejo de realizar o interesse abrangente. A teoria da justiça oferece outras descri-

---

30. Cf. Philippa Foot, "Moral Beliefs", *Proceedings of the Aristotelian Society*, Vol. 59 (1958-1959), p. 104. Devo muito a esse artigo, embora não o tenha seguido em todos os seus aspectos.

ções do que o senso de justiça pode desejar; e devemos usá-las para demonstrar que uma pessoa que siga a teoria fraca do bem de fato confirmaria esse sentimento como regulador de seu plano de vida. A questão já está, então, definida. Quero agora salientar os fundamentos da congruência recapitulando diversos argumentos já apresentados. Em primeiro lugar, conforme requer a doutrina contratualista, os princípios de justiça são públicos: caracterizam as convicções morais comumente reconhecidas que são compartilhadas pelos membros de uma sociedade bem-ordenada (§ 23). Não estamos tratando de alguém que esteja questionando esses princípios. Por hipótese, essa pessoa admite, como todas as outras pessoas, que esses princípios são a melhor escolha do ponto de vista da posição original. (Naturalmente, sempre se pode duvidar disso, mas isso levanta uma questão completamente diferente.) Já que se presume que as outras pessoas têm (e continuam a ter) um senso de justiça efetivo, o nosso indivíduo hipotético está ponderando, na verdade, uma política de fingir que tem certas convicções morais, estando o tempo todo pronto para agir como um "carona", sempre que surge a oportunidade para promover seus interesses particulares. Já que a concepção de justiça é pública, ele considera se deve lançar-se em um curso sistemático de logro e hipocrisia, professando, sem convicção, conforme isso seja adequado a seus fins, as opiniões morais aceitas. Que a farsa e a hipocrisia são erros não lhe incomoda, presumo, mas ele terá de pagar o preço psicológico de tomar precauções e manter a pose, e da perda de espontaneidade e naturalidade que isso resulta[31]. Da forma como as coisas são nas sociedades, tais pretensões podem não ter um custo muito alto, já que a injustiça das instituições e o comportamento muitas vezes sórdido de outras pessoas tornam mais fácil suportar as próprias mentiras, mas numa sociedade bem--ordenada não há esse consolo.

---

31. Cf. Foot, *ibid.*, p. 104.

Estas observações se amparam no fato de que existe um vínculo entre agir com justiça e as atitudes naturais (§ 74). Dado o teor dos princípios de justiça e das leis da psicologia moral, querer ser equitativo com nossos amigos e querer oferecer justiça àqueles de quem gostamos faz parte desses afetos tanto quanto o desejo de estar com eles e sentir tristeza ao perdê-los. Supondo-se, portanto, que precisamos desses afetos, é de presumir que a política contemplada é aquela de agir com justiça somente com relação àqueles com os quais estamos ligados por laços de afeto e solidariedade, e de respeitar os modos de vida aos quais nos dedicamos. Porém, numa sociedade bem-ordenada, esses vínculos se ampliam muito e incluem laços com formas institucionais, presumindo-se aqui que as três leis psicológicas sejam plenamente efetivas. Além disso, não podemos, em geral, escolher quem deve sofrer injúria com a nossa iniquidade. Por exemplo, se sonegarmos impostos, ou se descobrirmos algum modo de deixar de dar a nossa justa contribuição à comunidade, todos são prejudicados, nossos amigos e associados juntamente com todos os demais. É verdade que poderíamos pensar em disfarçadamente passar uma parte dos nossos ganhos para aqueles de quem gostamos mais, porém isso se torna uma questão dúbia e complicada. Assim, numa sociedade bem-ordenada, na qual os laços se estendem a pessoas e também a formas sociais, não podemos escolher quem deve perder com nossas defecções, e por isso há fortes motivos para preservar o próprio senso de justiça. Fazê-lo protege, de maneira natural e simples, as instituições e as pessoas de quem gostamos e nos leva a aceitar laços sociais mais amplos.

    Outra ponderação fundamental é a seguinte: do Princípio Aristotélico (e de suas consequências) decorre que participar da vida de uma sociedade bem-ordenada é um grande bem (§ 79). Essa conclusão depende do significado dos princípios de justiça e de sua natureza. São os detalhes da visão contratualista que estabelecem essa conexão. Já que tal sociedade é uma união social de uniões sociais, ela realiza em grau proeminente as diversas formas de atividade humana; e, dada a natureza social da humanidade, o fato de que as nossas potencialidades e inclinações ultrapassam muito o que se pode expressar em uma só vida, dependemos dos esforços cooperativos das outras pessoas, não só para obter os meios do bem-estar, mas também para realizar nossas capacidades latentes. E, contando com certo sucesso em volta, cada um desfruta da maior riqueza e diversidade da atividade coletiva. Não obstante, para compartilhar plenamente dessa vida devemos reconhecer os princípios de sua concepção reguladora, e isso significa que devemos afirmar nosso sentimento de justiça. Para valorizar algo como nosso, é preciso que lhe devotemos certa dedicação. O que une o trabalho da sociedade em uma união social é o reconhecimento mútuo e a aceitação dos princípios de justiça; é essa afirmação genérica que amplia os laços de identificação sobre toda a comunidade e permite que o Princípio Aristotélico tenha suas consequências mais amplas. As realizações individuais e em grupo não são mais vistas somente como uma infinidade de bens pessoais independentes. Em contraste, não confirmar nosso senso de justiça significa limitar-nos a uma perspectiva estreita.

Por fim, há a razão relacionada à interpretação kantiana: agir com justiça é algo que queremos fazer por sermos seres racionais livres e iguais (§ 40). O desejo de agir com justiça e o desejo de expressar nossa natureza de pessoas morais livres acabam por especificar o que é, praticamente falando, o mesmo desejo. Quando alguém tem convicções verdadeiras e um entendimento correto da teoria da justiça, esses dois desejos o levam na mesma direção. Ambos são disposições de agir com base precisamente nos mesmos princípios, ou seja, aqueles que seriam escolhidos na posição original. É claro que essa objeção se baseia numa teoria da justiça. Se essa teoria estiver incorreta, a identidade prática não se verifica. Porém, já que nos interessamos apenas pelo caso especial de uma sociedade bem-ordenada conforme caracterizada pela teoria, temos o direito de supor que seus membros têm uma compreensão lúcida da concepção pública de justiça sobre a qual suas relações estão assentadas.

Vamos supor que essas sejam as principais razões (ou as razões típicas) que a teoria fraca do bem admite para alguém manter seu senso de justiça. Surge agora a questão de saber se são decisivas. Nisso enfrentamos a dificuldade conhecida de um equilíbrio de motivos que, em muitos aspectos, é semelhante ao equilíbrio de princípios primeiros. Às vezes a resposta se encontra na comparação de um equilíbrio de razões com o outro, pois certamente, se o primeiro equilíbrio favorece claramente um curso de ação, então o segundo também o fará, se seus motivos que apoiam essa alternativa forem mais fortes e seus motivos que apoiam as outras alternativas forem mais fracos. Porém, argumentar com base em tais comparações pressupõe certas configurações de motivos que evidentemente vão para um lado, e não para o outro, para servir de referência. Quando essas comparações não dão certo, não podemos ir além das comparações condicionais: se o primeiro equilíbrio favorece determinada escolha, então o segundo também o faz.

Neste ponto, torna-se óbvio que o teor dos princípios de justiça é um elemento fundamental na decisão. Em que medida é para o bem da pessoa ter um senso de justiça regulador vai depender daquilo que a justiça exige dela. A congruência do direito e do bem é definida pelos padrões pelos quais cada conceito é especificado. Conforme salienta Sidgwick, o utilitarismo é mais rigoroso do que o senso comum ao exigir o sacrifício dos interesses privados do agente, quando isso é necessário para a felicidade maior de todos[32]. Também é mais rigoroso do que a teoria contratualista, pois, embora os atos beneficentes que ultrapassam os nossos deveres naturais sejam boas ações e suscitem a nossa estima, não são estritamente necessários. O utilitarismo pode parecer um ideal mais exaltado, mas seu outro lado é

---

32. *Methods of Ethics*, p. 246-53, 499.

que ele pode autorizar níveis mais baixos de bem-estar e liberdade para alguns em benefício de uma felicidade maior de outros que talvez já sejam mais afortunados. Uma pessoa racional, ao estruturar seu plano, hesitaria em dar prioridade a um princípio tão rígido. É provável que isso exceda sua capacidade para a solidariedade e seja prejudicial para sua liberdade. Assim, por mais improvável que seja a congruência do direito e do bem na justiça como equidade, é com certeza mais provável do que na visão utilitarista. O equilíbrio condicional de razões favorece a doutrina contratualista.

A seguinte dúvida indica uma questão um pouco distinta: embora a decisão de preservar nosso sentimento de justiça possa ser racional, podemos por fim sofrer uma perda muito grande ou mesmo ser arruinados por ela. Como vimos, uma pessoa justa não se dispõe a fazer certas coisas e, assim, perante circunstâncias terríveis, talvez decida arriscar sua vida, em vez de ser injusta. Contudo, embora seja verdade que, em nome da justiça, um homem possa perder sua vida onde outro viveria mais tempo, o homem justo faz todas as coisas, levando-se tudo em conta, que mais deseja; nesse sentido, não é derrotado pela má fortuna, cuja possibilidade ele pudesse ter previsto. A questão é igual à dos riscos do amor; de fato, é simplesmente um caso especial. Aqueles que se amam, ou que constituem fortes laços com pessoas ou formas de vida, ao mesmo tempo se tornam passíveis de sofrer ruína: seu amor os torna reféns do infortúnio ou da injustiça de outrem. Amigos e amantes correm grandes riscos para ajudar uns aos outros, e os membros das famílias fazem o mesmo voluntariamente. Estar dispostos a isso faz parte de seus vínculos, tanto quanto qualquer outra inclinação. Ao amarmos, nos tornamos vulneráveis: não existe isso de amar e ao mesmo tempo se dispor a analisar se é o caso de amar ou não. E os amores que talvez façam sofrer menos não são os melhores amores. Quando amamos, aceitamos os riscos de sofrimento e perda. À vista do conhecimento geral que temos do rumo provável da vida, não achamos esses riscos tão grandes a ponto de nos fazer parar de amar. Se males ocorrerem, isso é objeto da nossa aversão, e resistimos àqueles cujas maquinações os fazem ocorrer. Quando amamos não nos arrependemos do nosso amor. Se essas coisas são verdadeiras com relação ao amor sendo o mundo como é, ou quase sempre é, então, *a fortiori*, isso pareceria ser verdadeiro com relação aos amores numa sociedade bem-ordenada, e, portanto, também com relação ao senso de justiça. Pois, numa sociedade na qual os outros são justos, nossos amores nos expõem principalmente aos acidentes da natureza e à contingência das circunstâncias. E algo de semelhante ocorre com o sentimento de justiça, que está ligado a esses afetos. Usando como padrão de comparação o equilíbrio de motivos que nos leva a afirmar os nossos amores, parece que devemos estar dispostos, ao atingir a maioridade, a manter nosso senso de justiça nas condições mais favoráveis de uma sociedade justa.

Uma característica especial do desejo de expressar nossa natureza de pessoas morais fortalece essa conclusão. Com outras inclinações do eu, existe uma escolha de grau e alcance. Nossa política de logro e hipocrisia não precisa ser completamente sistemática; nossos laços afetivos com instituições e com outras pessoas podem ser mais ou menos fortes, e a nossa participação na vida mais ampla da sociedade, mais ou menos plena. Existe uma cadeia contínua de possibilidades, e não uma decisão do tipo tudo ou nada, embora, para simplificar, eu tenha falado mais ou menos nesses termos. Mas o desejo de expressar nossa natureza de seres racionais livres e iguais só pode se realizar quando agimos com base nos princípios do direito e da justiça atribuindo-lhes prioridade máxima. Essa é uma consequência da condição de finalidade: já que esses princípios são reguladores, o desejo de agir com base neles só se satisfaz na medida em que tal desejo é igualmente regulador no tocante a outros desejos. É agir com base nessa precedência que expressa a nossa liberdade em relação à contingência e à casualidade. Por conseguinte, para realizar a nossa natureza, não temos outra alternativa que não a de planejar preservar nosso senso de justiça como regulador dos nossos outros objetivos. Esse sentimento não se realiza se for comprometido e equilibrado contra outros objetivos na forma de apenas um desejo dentre os outros. É um desejo de se comportar de determinada maneira acima de tudo, um empenho que contém em si sua própria prioridade. Podem-se alcançar outros objetivos por intermédio de um plano que dê espaço para cada um deles, já que é possível satisfazê-los, independentemente do lugar de cada qual na ordenação. Mas não é esse o caso do senso de direito e justiça e, portanto, agir de forma injusta é sempre passível de despertar sentimentos de culpa e vergonha, que são as emoções suscitadas pela derrota dos nossos sentimentos morais reguladores. É claro que isso não quer dizer que a realização da nossa natureza de seres livres e racionais seja, em si, uma questão de tipo tudo ou nada. Pelo contrário, até que ponto temos êxito em expressar a nossa natureza depende de quão consistentemente agimos com base no nosso senso de justiça como regulador último. O que não podemos fazer é expressar a nossa natureza por meio de um projeto que considere o senso de justiça apenas como um desejo a ser pesado contra outros. Pois esse sentimento revela o que a pessoa é, e comprometê-lo não é conquistar liberdade para o eu, mas ceder às contingências e aos acidentes do mundo.

É preciso mencionar uma última questão. Vamos supor que, mesmo numa sociedade bem-ordenada, haja algumas pessoas para as quais a afirmação de seu senso de justiça não seja um bem. Dados seus objetivos, suas necessidades e as peculiaridades de sua natureza, a teoria fraca do bem não define razões suficientes para que cultivem esse sentimento regulador. Argumenta-se que para essas pessoas não se pode verdadeiramente recomendar a justiça como uma virtude[33]. E isso é certamente correto, supondo-se que tal re-

---

33. Cf. Foot, p. 99-104.

comendação implique que motivos racionais (identificados pela teoria fraca do bem) aconselham esse curso para elas como indivíduos. Mas nesse caso apresenta-se a questão de saber se aqueles que afirmam seu senso de justiça estão tratando essas pessoas de maneira injusta ao exigir que obedeçam às instituições justas. Infelizmente, ainda não estamos em posição de responder a essa dúvida adequadamente, já que isso pressupõe uma teoria de punição e eu falei muito pouco sobre essa parte da teoria da justiça (§ 39). Presumi aquiescência estrita a qualquer concepção que fosse escolhida e, então, analisei qual dentre aquelas que fazem parte da lista apresentada seria adotada. Contudo, podemos raciocinar da mesma forma que o fizemos no caso da desobediência civil, que é uma outra parte da teoria da aquiescência parcial. Admitindo que a adesão a qualquer concepção que seja reconhecida será imperfeita se for completamente voluntária, em quais condições as pessoas na posição original concordam que se podem empregar instrumentos penais estabilizadores? Elas insistiriam em que se exigisse das pessoas que fizessem somente o que lhes fosse vantajoso conforme isso é definido pela teoria fraca do bem?

Parece claro, à luz da doutrina contratualista como um todo, que não, pois essa restrição de fato corresponde ao egoísmo geral que, como vimos, seria rejeitado. Ademais, os princípios do direito e da justiça são coletivamente racionais e é do interesse de cada um que todos obedeçam a acordos justos. Também é verdade que a afirmação geral do senso de justiça é um grande bem social, que institui a base da confiança mútua e da confiança da qual todos normalmente se beneficiam. Assim, ao concordarem com as penalidades que estabilizam o esquema de cooperação, as partes aceitam o mesmo tipo de restrição sobre os interesses próprios que reconhecem ao escolher os princípios de justiça. Tendo concordado com esses princípios à vista dos motivos já estudados, é racional autorizar as medidas necessárias para manter as instituições justas, presumindo-se que as condições da liberdade igual e do Estado de direito sejam devidamente reconhecidas (§§ 38-39). Aqueles que acham que se dispor a agir com justiça não constitui um bem para eles não podem negar essas proposições. É verdade que, no caso dessas pessoas, arranjos justos não respondem inteiramente a sua natureza e, por conseguinte, os demais fatores permanecendo constantes, serão menos felizes do que seriam se pudessem afirmar seu senso de justiça. Mas, nesse caso, só se pode dizer que sua natureza é seu infortúnio.

O ponto central, então, é que, para justificarmos uma concepção de justiça, não precisamos afirmar que todos, sejam quais forem suas capacidades e desejos, têm uma razão suficiente (conforme definida pela teoria fraca do bem) para preservar seu senso de justiça. Pois nosso bem depende dos tipos de pessoa que somos, dos tipos de necessidades e aspirações que temos e somos capazes de ter. Pode até acontecer de haver muitas pessoas que não acham que o senso de justiça é algo para o seu bem, mas, caso isso aconteça, as forças que contribuem para a estabilidade serão mais fracas. Em tais condições, dispositivos penais terão um papel muito maior no sistema social. Quanto maior a falta de congruência, maior a probabilidade, os demais fatores permanecendo constantes, de haver instabilidade, com os males que a acompanham. Não obstante, nada disso anula a racionalidade coletiva dos princípios de justiça; ainda é vantajoso para cada qual que todos os demais os honrem. Pelo menos isso é verdade contanto que a concepção de justiça não seja tão instável que alguma outra concepção fosse preferível. Mas o que tentei demonstrar é que a doutrina contratualista é superior a suas rivais nesse ponto e, por conseguinte, que não é preciso reconsiderar a escolha dos princípios na posição original. Na verdade, admitida uma interpretação razoável da sociabilidade humana (oferecida pela análise de como o senso de justiça é adquirido por intermédio da ideia de união social), parece que a justiça como equidade é uma concepção suficientemente estável. Os riscos de um dilema do prisioneiro generalizado são eliminados pela combinação do justo com o bem. Naturalmente, em condições normais, o conhecimento e a confiança públicos são sempre imperfeitos. Portanto, até mesmo numa sociedade justa, é razoável admitir certos arranjos coercitivos para garantir obediência, mas o principal objetivo disso é subscrever a confiança dos cidadãos uns nos outros. Esses mecanismos raramente serão invocados e compreenderão apenas uma parte menor do esquema social. Estamos agora no final dessa longa discussão sobre a estabilidade da justiça como equidade. A única questão que resta salientar é que a congruência nos permite completar a sequência de aplicações da definição de bem. Podemos dizer em primeiro lugar que, numa sociedade bem-ordenada, ser uma boa pessoa (e, em especial, ter um senso de justiça efetivo) é, de fato, um bem para tal pessoa; e, em segundo lugar, que essa forma de sociedade é uma boa sociedade. A primeira afirmativa decorre da congruência; a segunda se sustenta porque uma sociedade bem-ordenada tem as propriedades que é racional desejar numa sociedade, dos dois pontos de vista que são relevantes. Assim, uma sociedade bem-ordenada satisfaz os princípios de justiça que são coletivamente racionais da perspectiva da posição original; e, do ponto de vista do indivíduo, o desejo de afirmar a concepção pública de justiça como reguladora do próprio plano de vida está de acordo com os princípios da escolha racional. Essas conclusões sustentam os valores da comunidade e, ao alcançá-los, minha análise da justiça como equidade está completa.

87. Considerações finais sobre a justificação

Não tentarei resumir a apresentação da teoria da justiça. Em vez disso, eu gostaria de encerrar com alguns comentários acerca do tipo de argumentação que ofereci para sustentá-la. Agora que temos diante de nós a concepção completa, podemos salientar de maneira geral os tipos de coisas que se pode dizer a favor dessa teoria. Fazê-lo esclarecerá diversos pontos que talvez ainda suscitem dúvidas.

Os filósofos costumam tentar justificar as teorias éticas de duas maneiras. Às vezes tentam descobrir princípios evidentes por si mesmos, dos quais seja possível deduzir um conjunto suficiente de padrões e preceitos para explicar nossos juízos ponderados. Podemos considerar cartesiana a justificação desse tipo. Ela presume que princípios primeiros podem ser vistos como verdadeiros, e até mesmo como necessariamente verdadeiros; o raciocínio dedutivo, então, transfere essa convicção das premissas para a conclusão.

Um segundo enfoque (denominado naturalismo por abuso de linguagem) consiste em apresentar definições de conceitos morais em termos de conceitos supostamente não morais e, então, demonstrar por meio de procedimentos aceitos do bom senso e das ciências que as proposições assim emparelhadas com os juízos morais afirmados são verdadeiras. Embora nessa perspectiva os princípios primeiros da ética não sejam evidentes por si mesmos, a justificação de convicções morais não apresenta dificuldades especiais. Podem ser demonstradas, dadas as definições, da mesma maneira que as outras afirmações sobre o mundo.

Não adotei nenhuma dessas concepções da justificação, pois, embora alguns princípios morais possam parecer naturais e mesmo óbvios, há grandes dificuldades em se afirmar que são necessariamente verdadeiros, ou mesmo em se explicar o que isso quer dizer. Na verdade, afirmei que esses princípios são contingentes no sentido de que são escolhidos na posição original à luz de fatos gerais (§ 26). Candidatas mais prováveis a verdades morais necessárias são as condições impostas à adoção de princípios; mas, na verdade, parece melhor considerar essas condições simplesmente como estipulações razoáveis que devem por fim ser avaliadas por toda a teoria à qual pertencem. Não há conjunto de condições ou princípios primeiros dos quais seja plausível afirmar que são necessários ou definidores da moralidade e, por conseguinte, especialmente adequados para carregar o fardo da justificação. Por outro lado, o método do chamado naturalismo deve, em primeiro lugar, distinguir os conceitos morais dos não morais e, então, conquistar a aceitação das definições expostas. Para que a justificação tenha êxito, pressupõe-se uma teoria precisa do significado, e parece que isso não está disponível. E, seja como for, as definições se tornam a parte principal da doutrina ética e, assim, por sua vez, precisam ser justificadas. Por conseguinte, é melhor, imagino, considerar a teoria moral como qualquer outra teoria, levando devidamente em conta seus aspectos socráticos (§ 9). Não há motivo para supor que seus princípios primeiros ou suposições necessitem ser evidentes por si mesmos, ou que seus conceitos e critérios possam ser substituídos por outras ideias que se possam certificar como não morais[34]. Assim, embora eu tenha afirmado, por exemplo, que o fato de algo ser correto, ou justo, pode ser entendido como se isso estivesse de acordo com os princípios pertinentes que seriam reconhecidos na posição original, e que podemos, dessa maneira, trocar as primeiras noções pelas últimas, essas definições são feitas dentro da própria teoria (§ 18). Não afirmo que a concepção da posição original não tenha força moral ela própria, nem que a família de conceitos na qual se apoia seja eticamente neutra (§ 23). Simplesmente deixo essa questão de lado. Não procedi, então, como se os princípios primeiros, ou condições, ou definições, tivessem características especiais que lhes permitissem um lugar peculiar na justificação de uma doutrina moral. São elementos e instrumentos funda-

---

34. A visão aqui proposta está de acordo com a análise contida no § 9, que segue "Outline for Ethics" (1951). Beneficiou-se, porém, da concepção de justificação de W. V. Quine, em *Word and Object* (Cambridge, M. I. T. Press, 1960), especialmente o Cap. 1. Cf. também a sua obra *Ontological Relativity and Other Essays* (Nova York, Columbia University Press, 1969), Essay 4. Para um desenvolvimento dessa concepção que inclui explicitamente o pensamento e o juízo morais, cf. Morton White, *Toward Reunion in Philosophy* (Cambridge, Harvard University Press, 1956), Parte III, sobretudo p. 254-8, 263, 266 s.

mentais da teoria, mas a justificação se encontra na concepção completa e em como ela se ajusta a nossos juízos ponderados em equilíbrio reflexivo, e os organiza. Conforme salientamos antes, a justificação é uma questão do apoio mútuo das muitas ponderações, de tudo se encaixar em uma única visão coerente (§ 4). Aceitar essa ideia nos permite deixar de lado as questões de significado e definição e passar à tarefa de elaborar uma teoria substantiva da justiça.

As três partes da exposição dessa teoria objetivam compor um todo unificado, apoiando-se umas às outras mais ou menos da forma como se segue. A primeira parte apresenta os fundamentos da estrutura teórica, e se argumenta a favor dos princípios de justiça com base em estipulações razoáveis relativas à escolha de tais concepções. Defendi a naturalidade dessas condições e apresentei motivos pelos quais são aceitas, mas não afirmei que fossem evidentes por si mesmas, ou exigidas pela análise dos conceitos morais ou pelo significado dos termos éticos. Na segunda parte, examinei os tipos de instituição que a justiça recomenda e os tipos de dever e obrigação que impõe aos indivíduos. O objetivo sempre foi demonstrar que a teoria proposta é mais compatível com os pontos fixos das nossas convicções ponderadas do que as outras doutrinas conhecidas, e isso nos leva a rever e extrapolar nossos juízos de uma forma que parece, após ponderação, ser mais satisfatória. Princípios primeiros e juízos específicos parecem, depois de ponderação, combinar-se razoavelmente bem, pelo menos em comparação com teorias alternativas. Por fim, na terceira parte investigamos se a justiça como equidade é uma concepção exequível. Isso nos obrigou a levantar a questão da estabilidade e a perguntar se o direito e o bem, conforme definidos, são congruentes. Essas ponderações não determinam o reconhecimento inicial dos princípios da primeira parte da argumentação, mas o confirmam (§ 81). Elas demonstram que a nossa natureza é de molde a permitir que a escolha original seja levada a cabo. Nesse sentido, poderíamos dizer que a humanidade tem uma natureza moral.

Poder-se-ia sustentar que esse tipo de justificação enfrenta dois tipos de dificuldade. Em primeiro lugar, está sujeita à objeção geral de que apela ao mero fato do acordo. Em segundo lugar, há a objeção mais específica segundo a qual a argumentação que apresentei depende de uma lista específica de concepções de justiça, dentre as quais as partes na posição original devem escolher, e isso presume um acordo entre pessoas não somente em seus juízos ponderados, porém também no que consideram condições razoáveis a se imporem à escolha de princípios primeiros. Pode-se dizer que o acordo com respeito a convicções ponderadas está sempre mudando e varia de uma sociedade, ou parte dela, para outra. Alguns dos pontos ditos fixos talvez não o sejam realmente, nem todos aceitarão os mesmos princípios para preencher as lacunas de seus juízos existentes. E qualquer lista de concepções de justiça, ou consenso sobre o que conta como condições razoáveis à escolha de princípios, é decerto mais ou menos arbitrária. O argumento apresentado a favor de justiça como equidade, segundo a objeção, não escapa dessas limitações.

No tocante à objeção geral, a resposta é que a justificação é uma argumentação dirigida àqueles que discordam de nós, ou a nós mesmos, quando estamos indecisos. Isso supõe um choque de opiniões entre pessoas ou dentro de uma mesma pessoa, e procura convencer a outras, ou a nós mesmos, da aceitabilidade dos princípios nos quais se fundam nossas reivindicações e juízos. Concebida para reconciliar pela razão, a justificação baseia-se naquilo que todas as partes da discussão têm em comum. Idealmente, justificar uma concepção de justiça para alguém consiste em oferecer-lhe uma prova de seus princípios com premissas que ambos aceitamos, tendo esses princípios, por sua vez, consequências que estão de acordo com nossos juízos ponderados. Assim, a mera prova não é justificação. A prova simplesmente apresenta relações lógicas entre proposições. Mas a prova se torna justificação quando os pontos de partida são mutuamente reconhecidos, ou as conclusões são tão abrangentes e persuasivas que nos convencem da correção da concepção expressa por suas premissas.

É perfeitamente adequado, então, que o argumento a favor dos princípios da justiça parta de algum consenso. Essa é a natureza da justificativa. Não obstante, as objeções mais específicas estão corretas ao implicar que a força da argumentação depende das características do consenso ao qual se recorre. Sobre isso, diversos pontos devem ser salientados. Para começar, embora se deva concordar que qualquer lista de alternativas pode ser, até certo ponto, arbitrária, a objeção é equivocada quando se a interpreta no sentido de que todas as listas são igualmente arbitrárias. Uma lista que contém as principais teorias tradicionais é menos arbitrária do que aquela que não inclui as candidatas mais óbvias. Decerto a argumentação a favor dos princípios de justiça se fortaleceria caso se demonstrasse que ainda são a melhor opção de uma lista mais abrangente, avaliada de maneira mais sistemática. Não sei até que ponto se pode fazer isso. Duvido, porém, que os princípios de justiça (conforme os defini) sejam a concepção preferida em algo que se assemelhe a uma lista completa. (Presumo aqui que, dado um limite superior imposto à complexidade e a outras restrições, a classe das alternativas razoáveis e praticáveis é efetivamente finita.) Mesmo que a argumentação que propus esteja correta, ela só demonstra que uma teoria que por fim seja adequada (caso exista) será mais parecida com a visão contratualista do que com quaisquer das outras doutrinas analisadas. E nem mesmo essa conclusão foi comprovada em um sentido estrito.

Não obstante, ao comparar a justiça como equidade com essas concepções, a lista usada não é simplesmente *ad hoc*: contém teorias representativas da tradição da filosofia moral que compreende o consenso histórico sobre quais, até o momento, parecem ser as concepções morais mais razoáveis e praticáveis. Com o tempo, serão elaboradas outras possibilidades, o que apresentará uma base mais convincente para a justificação quando a principal concepção for submetida a um exame mais rigoroso. Porém só podemos prever essas coisas. Por ora, é apropriado tentar reformular a doutrina contratualista e compará-la com algumas poucas alternativas conhecidas. Esse procedimento não é arbitrário; e não há nenhuma outra forma de seguir adiante. Voltando-nos para a especial dificuldade acerca do consenso sobre condições razoáveis, observemos que um dos objetivos da filosofia moral é procurar bases possíveis de acordo onde pareçam não existir. Ela deve tentar ampliar o alcance de algum consenso existente e estruturar concepções morais mais discriminadoras para nossa ponderação. As bases de justificação não estão disponíveis: é preciso descobri-las e expressá-las de maneira adequada, às vezes por meio de conjecturas afortunadas, outras vezes assinalando-se as exigências da teoria. É com esse objetivo em mente que se articulam na ideia da posição original as diversas condições impostas à escolha de princípios primeiros. A ideia é que ao se articularem restrições razoáveis suficientes em uma única concepção, torne-se óbvio que uma dentre as alternativas apresentadas deve ser preferida. Deveríamos querer que o resultado, talvez inesperado, desse recém-observado consenso fosse a superioridade de determinada perspectiva (dentre as conhecidas).

Mais uma vez, o conjunto das condições incorporadas na ideia da posição original não fica sem ter uma explicação. É possível sustentar que essas exigências são razoáveis e relacioná-las ao propósito dos princípios morais e ao papel que têm para estabelecer os vínculos de comunidade. Os fundamentos da ordenação e da finalidade, por exemplo, parecem bem claros. E vemos agora que se pode explicar a publicidade como uma forma de garantir que o procedimento de justificação pode perfeitamente ser levado a cabo (no limite, por assim dizer) sem que tenha efeitos perversos. A publicidade permite que todos justifiquem a própria conduta perante todos os outros (quando a conduta é justificável) sem consequências contraproducentes ou outras consequências perturbadoras. Se levarmos a sério a ideia de uma união social e de sociedade na forma de união social de tais uniões, então decerto a publicidade será uma condição natural. Ela ajuda a estabelecer que uma sociedade bem-ordenada é uma atividade no sentido de que seus membros seguem, e sabem que os demais também o fazem, a mesma concepção reguladora; e todos compartilhando benefícios do trabalho de todos, de maneira que sabe que cada qual está de acordo. A sociedade não está compartimentada com relação ao reconhecimento mútuo de seus princípios fundamentais. E, de fato, deve ser assim para que a ação vinculadora da concepção de justiça e do Princípio Aristotélico (e dos efeitos que o acompanham) possa se manifestar.

É certo que não se pode definir a função de princípios morais de uma única forma; isso admite diversas interpretações. Poderíamos tentar escolher dentre eles procurando identificar aquele que usa o conjunto mais fraco de condições para caracterizar a situação inicial. A dificuldade que há nessa sugestão é que, embora de fato devamos preferir condições mais fracas, os demais fatores permanecendo constantes, não há nenhum conjunto mais fraco; não existe um mínimo, a não ser não se adotando quaisquer condições, e isso não nos interessa. Por conseguinte, devemos procurar um mínimo restrito, um conjunto de condições fracas que ainda nos permitam construir uma teoria da justiça viável. Certas partes da justiça como equidade devem ser encaradas dessa maneira. Comentei diversas vezes a natureza mínima das condições impostas aos princípios quando examinadas uma a uma. Por exemplo, a suposição da motivação mutuamente desinteressada não é uma estipulação exigente. Além de permitir que fundamentemos a teoria numa ideia razoavelmente precisa de escolha racional, também pede pouco às partes: assim, os princípios escolhidos podem regular conflitos mais amplos e mais profundos, um desiderato óbvio (§ 40). Tem a vantagem ulterior de distinguir os elementos morais mais evidentes da posição original na forma de condições gerais, do véu de ignorância, e assim por diante, para que possamos ver com mais clareza como a justiça requer de nós ir além de uma preocupação com nossos próprios interesses. A discussão da liberdade de consciência ilustra com mais clareza a suposição de desinteresse mútuo. Aqui a oposição das partes é bem grande, contudo ainda se pode demonstrar que, se houver possibilidade de acordo, tal acordo será no tocante ao princípio da liberdade igual. E, conforme salientamos, essa ideia pode estender-se também aos conflitos entre doutrinas morais (§ 33). Se as partes presumem que na sociedade afirmam alguma concepção moral (cujo teor lhes é desconhecido), ainda assim podem aceitar o primeiro princípio. Este princípio, por conseguinte, parece ter um lugar especial entre as perspectivas morais; ele define um acordo no limite, uma vez que postulemos disparidades suficientemente amplas que sejam compatíveis com certas condições mínimas para uma concepção prática de justiça.

Agora eu gostaria de comentar várias objeções que independem do método de justificação e que tratam de certas características da própria teoria da justiça. Uma delas é a crítica de que a visão contratualista é uma doutrina estreitamente individualista. Para lidar com essa dificuldade, os comentários anteriores oferecem a resposta, pois, uma vez entendido o sentido da suposição de desinteresse mútuo, a objeção parece equivocada. Dentro da estrutura da justiça como equidade, podemos reformular e tratar de temas kantianos utilizando uma concepção adequadamente geral de escolha racional. Por exemplo, encontramos interpretações da autonomia e da lei moral como uma expressão da nossa natureza de seres racionais livres e iguais; o imperativo categórico também tem seu análogo, assim como a ideia de jamais tratar as pessoas apenas como meios, ou de não tratá-las como meios em hipótese alguma. Mais adiante, na última parte, a teoria da justiça demonstrou levar em conta também os valores da comunidade, e isso fortalece a afirmação anterior de que, contido nos princípios da justiça, há um ideal de pessoa que serve de ponto arquimediano para julgar a estrutura básica da sociedade (§ 41). Esses aspectos da teoria da justiça se desenvolvem devagar, partindo do que parece ser uma concepção excessivamente racionalista que não provê valores sociais. A posição original é usada em primeiro lugar para definir o conteúdo da justiça, os princípios que a definem. Somente depois disso a justiça é vista como parte do nosso bem e vinculada à nossa sociabilidade natural. Não se podem avaliar os méritos da ideia de posição original concentrando-se em apenas uma de suas características, mas, como comentei com frequência, isso só pode ser feito enfocando-se a teoria como um todo que se constrói com base nessa ideia.

Se a justiça como equidade é mais convincente do que as formulações mais antigas da doutrina contratualista, acredito que isso se deve a que a posição original, conforme indiquei acima, une em uma só concepção um problema razoavelmente claro de escolha com condições amplamente reconhecidas como adequadas para impor-se à adoção de princípios morais. Essa situação inicial combina a clareza necessária com as restrições éticas pertinentes. É, em parte, para preservar essa clareza que evitei atribuir às partes qualquer motivação ética. Elas decidem somente com base no que parece mais bem calculado para promover seus interesses, tanto quanto sejam capazes de identificá-los. Assim, podemos explorar a ideia intuitiva de escolha racional prudencial. Podemos, contudo, definir variações éticas da situação inicial presumindo que as partes sejam influenciadas por considerações morais. É um erro objetar que a ideia do acordo original não mais seria eticamente neutra, pois essa ideia já contém características morais e assim como têm de contê-las, por exemplo, as condições formais impostas a princípios e o véu de ignorância. Simplesmente dividi a descrição da situação original para que tais elementos não entrem na caracterização das partes, embora mesmo neste ponto possa surgir a questão de se saber o que vale como elemento moral e o que não vale. Não há necessidade de resolver esse problema. O importante é que as diversas características da posição original devem ser expressas da maneira mais simples e persuasiva. Ocasionalmente toquei em algumas variações éticas possíveis da situação inicial (§ 17). Por exemplo, pode-se supor que as partes acatam o princípio de que ninguém deve ser beneficiado por recursos e contingências não merecidos e, por conseguinte, escolhem uma concepção de justiça que atenue as consequências dos acidentes naturais e da sorte social. Ou pode-se dizer que aceitam um princípio de reciprocidade que exija que os acordos distributivos sempre recaiam na parte ascendente da curva de contribuições. Repito que uma noção de cooperação justa e voluntária pode limitar as concepções da justiça que as partes estão dispostas a adotar. Não há motivo *a priori* para supor que essas variações tenham de ser menos convincentes, ou que as exigências morais que expressam não sejam amplamente compartilhadas. Ademais, vimos que as possibilidades que acabo de mencionar parecem confirmar o princípio de diferença, dando-lhe mais apoio. Embora eu não tenha proposto uma visão desse tipo, elas decerto merecem um exame mais aprofundado. O essencial é não recorrer a princípios que sejam controversos. Assim, rejeitar o princípio de utilidade média impondo-se uma norma na posição original contra correr riscos tornaria o método inútil, já que alguns filósofos procuraram justificar esse princípio deduzindo-o como consequência da atitude impessoal apropriada em certas situações de risco. Devemos descobrir outros argumentos contra o critério de utilidade: em que medida é apropriado assumir riscos está entre os pontos em discussão (§ 28). A ideia do acordo inicial só pode ter êxito se suas condições forem, de fato, amplamente reconhecidas, ou puderem vir a sê-lo.

    Uma outra falha da justiça como equidade, pode-se objetar, é que os princípios de justiça não derivam da ideia de respeito por pessoas, de reconhecimento de seu valor e dignidade inerentes. Já que a posição original (conforme a defini) não contém essa ideia, pelo menos explicitamente, pode-se considerar infundada a argumentação a favor da justiça como equidade. Acredito, porém, que embora os princípios da justiça só sejam efetivos se os homens tiverem um senso de justiça e, portanto, se respeitarem uns aos outros, a ideia de respeito por pessoas ou de valor inerente das pessoas não constitui uma base adequada para se chegar a esses princípios. São precisamente essas ideias que requerem interpretação. A situação é análoga à da benevolência: sem os princípios do direito e da justiça, os objetivos da benevolência e as exigências de respeito ficam ambos indefinidos; ambas as ideias pressupõem esses princípios já deduzidos de maneira independente (§ 30). Uma vez disponível a concepção de justiça, porém, as ideias de respeito e dignidade humana podem receber um significado mais definido. Entre outras coisas, demonstra-se respeito pelas pessoas tratando-as de maneira que elas possam perceber como justificada. Mais do que isso, porém, isso está manifesto no teor dos princípios aos quais recorremos. Assim, respeitar as pessoas é reconhecer que possuem uma inviolabilidade fundamentada na justiça que nem mesmo o bem-estar da sociedade como um todo pode sobrepujar. Significa afirmar que a perda de liberdade por alguns não se torna correta em virtude do maior bem-estar desfrutado por outros. As prioridades lexicais da justiça representam o valor das pessoas que Kant afirma não ter preço[35]. A teoria da justiça oferece uma tradução dessas ideias, mas não podemos partir delas. Não há como evitar as complicações da posição original, ou de algum dispositivo semelhante, se quisermos apresentar de maneira sistemática as nossas noções de respeito e da base natural da igualdade.

 Essas observações nos trazem de volta à convicção de senso comum, que comentamos no início, de que a justiça é a principal virtude das instituições sociais (§ 1). Tentei expor uma teoria que nos permita compreender e avaliar essas impressões acerca da primazia da justiça. A justiça como

---

35. Cf. *The Foundations of the Metaphysics of Morals*, p. 434-6, Vol. IV da Academy Edition.

equidade é o resultado: essa teoria expressa essas opiniões e sustenta sua tendência geral. E embora, naturalmente, não seja uma teoria totalmente satisfatória, oferece, creio, uma alternativa à visão utilitarista que por tanto tempo teve lugar predominante na nossa filosofia moral. Tentei apresentar a teoria da justiça como uma doutrina sistemática viável de modo que a ideia de maximizar o bem não prevaleça por falta de alternativa. A crítica das teorias teleológicas não pode proceder de forma frutífera se for feita pouco a pouco. Devemos tentar construir um outro tipo de perspectiva que tenha as mesmas virtudes de clareza e de sistema, porém que produza uma interpretação mais discriminadora de nossos sentimentos morais.

Por fim, podemos lembrar que a natureza hipotética da posição original suscita a indagação: por que devemos ter algum interesse nela, seja moral ou qualquer outro tipo de interesse? Recordemos a resposta: as condições contidas na descrição dessa situação são condições que de fato aceitamos. Ou, caso não as aceitemos, que então possamos ser convencidos a fazê-lo por meio de ponderações filosóficas do tipo ocasionalmente apresentado. É possível dar uma justificativa a cada aspecto da posição original. Assim, o que fazemos é combinar em uma única concepção a totalidade das condições que estamos dispostos a reconhecer, após a devida ponderação, como razoáveis na nossa conduta uns em relação aos outros (§ 4). Ao apreendermos essa concepção, podemos, a qualquer momento, ver o mundo social do ponto de vista exigido. Bastar raciocinar de certas maneiras e seguir as conclusões alcançadas. Esse ponto de vista também é objetivo e expressa a nossa autonomia (§ 78). Sem fundir todas as pessoas em uma só, porém reconhecendo--as como distintas e separadas, tal ponto de vista permite que sejamos imparciais, mesmo entre pessoas que não são contemporâneas, mas pertencem a muitas gerações distintas. Assim, ver o nosso lugar na sociedade da perspectiva dessa posição é vê-lo *sub specie aeternitatis*: é encarar a situação humana não só de todas as perspectivas sociais, mas também de todas as perspectivas temporais. A perspectiva da eternidade não é uma perspectiva de um certo lugar que esteja além do mundo, nem o ponto de vista de um ser transcendente; mais precisamente, é uma certa forma de pensar e sentir que pessoas racionais podem adotar dentro do mundo. E, tendo feito isso, podem, seja qual for sua geração, reunir em um esquema único todas as perspectivas individuais e alcançar juntas os princípios reguladores que todos podem afirmar ao viver segundo eles, cada qual de seu próprio ponto de vista. A pureza de coração, caso seja possível alcançá-la, consistiria em ver as coisas com clareza e agir com graça e autocontrole da perspectiva de tal ponto de vista.

TABELA DE CONVERSÃO

Seção	Edição de 1971: páginas	Edição de 1999: páginas
1	3-6	3-6
2	7-11	6-10
3	11-17	10-15
4	17-22	15-19
5	22-27	19-24
6	27-33	24-30
7	34-40	30-36
8	40-45	36-40
9	46-53	40-46
10	54-60	47-52
11	60-65	52-56
12	65-75	57-65
13	75-83	65-73
14	83-90	73-78
15	90-95	78-81
16	95-100	81-86
17	100-108	86-93
18	108-114	93-98
19	114-117	98-101
20	188-122	102-105
21	122-126	105-109
22	126-130	109-112
23	130-136	112-118
24	136-142	118-123
25	142-150	123-130
26	150-161	130-139

Seção	Edição de 1971: páginas	Edição de 1999: páginas
27	161-166	139-144
28	167-175	144-153
29	175-183	153-160
30	183-192	160-168
31	195-201	171-176
32	201-205	176-180
33	205-211	180-185
34	211-216	186-190
35	216-221	190-194
36	221-228	194-200
37	228-234	200-206
38	235-243	206-213
39	243-251	214-220
40	251-257	221-227
41	258-265	228-234
42	265-274	234-242
43	274-284	242-251
44	284-293	251-258
45	293-298	259-262
46	298-303	263-267
47	303-310	267-273
48	310-315	273-277
49	315-325	277-285
50	325-332	285-292
51	333-342	293-301
52	342-350	301-308
53	350-355	308-312
54	356-362	313-318
55	363-368	319-323
56	368-371	323-326
57	371-377	326-331
58	377-382	326-331
59	382-391	335-343
60	393-399	347-350
61	399-404	350-355
62	404-407	355-358
63	407-416	358-365
64	416-424	365-372
65	424-433	372-380
66	433-439	380-386

TABELA DE CONVERSÃO

Seção	Edição de 1971: páginas	Edição de 1999: páginas
67	440-446	386-391
68	446-452	392-396
69	453-462	397-405
70	462-467	405-409
71	467-472	409-413
72	472-479	414-419
73	479-485	420-425
74	485-490	425-429
75	490-496	429-434
76	496-504	434-441
77	504-512	441-449
78	513-520	450-456
79	520-529	456-464
80	530-534	464-468
81	534-541	468-474
82	541-548	474-480
83	548-554	480-486
84	554-560	486-491
85	560-567	491-496
86	567-577	496-505
87	577-587	506-514

ÍNDICE REMISSIVO

Abrangência, princípio da, 509
Ação boa (benevolente), 542
Ação militante, 457-8
Acaso, na dotação natural, *cf.*
  Distribuição de dotes naturais
Acordo político, princípio do, 451
Acton, Lord, 266n
Adiamento, princípio do, 507, 520
Aiken, H. D., 637n, 639
Ajuda mútua, dever de, 137, 421-2, 502
Albritton, R. G., 473n
Alistamento compulsório, 474-5
Alston, W. P., 593n
Alternativas: apresentação de; § 21: 148-53; modos e dificuldades de especificação, 148-50; pequena lista de, 150-1; alternativas condicionais excluídas, 152; argumentação a favor de princípios relativa à lista de, 152-3, problema da lista *ad hoc* na justificação, 716-7
Altruísmo, perfeito, 232; limitado, *cf.* Desinteresse mútuo

Amdur, Robert, 139n
Amor: definição de, 234, 572-3; de muitas pessoas, problema do, 234-5; lei do, nas leis psicológicas, 572-6, 579-80, 588, 610; como se relaciona com os sentimentos morais, 573-4, 599-605; na explicação da inteligibilidade psicológica da moralidade, 586-8; como família de disposições, 601-2; riscos do, na argumentação em favor da congruência, 707-8. *Cf. também* Benevolência; Amor à humanidade; Supererrogação; Atos supererrogatórios
Amor à humanidade, 234-5, 588, 590-1, 598-9
Amor à injustiça, 542-3
Análise do significado: papel da, na teoria moral, 61-2, 158-9; e definição contratualista do direito 132-3, 226-7; e definição de bondade, 497-8; e pequena teoria do bem, 500-4, 557-8; e justificativa; 712-3

Animais, 20, 622-3, 631-2
Anscombe, G. E. M., 68n, 592n
Aprovação, 502-3, 526-7
Aquiescência estrita, como condição formal, 178
Aquino, Santo Tomás de, 265-6, 494n
Argumento do senhor de escravos, 203
Argumentos a favor de concepções de justiça, § 20: 144-8; segunda parte das teorias constratualistas, 19; ideia intuitiva de, 144-5 e método da teoria social; 144-5; idealmente dedutivas, 146-7; diversas interpretações da situação inicial, 147
Aristocracia natural, 79, 89-90
Aristóteles, 61n, 111, 301, 494n, 687; definição de justiça, 13; e perfeccionismo, 31, 404; e Princípio Aristotélico, 527n; e felicidade, 678n; sobre a inveja e o desdém, 656n, 658n
Arrependimento, 521-2, 547-9, 549-50, 594
Arrow, K. J., 162n, 174n, 241n, 322n, 328n, 402n, 441n, 446n
Ashby, W. R., 563n
Atitudes morais, cf. Sentimentos morais
Atitudes naturais: e sentimentos morais, 571-6, 581-2, 584-9, 599-605; e senso de justiça na argumentação a favor da congruência, 700
Atividade de planejamento, racionalidade da, 523-4
Ato bom (beneficente), 542
Ato puramente consciencioso, doutrina do, 589, 702

Atos supererrogatórios, 140-1, 235-6, 423-4, 542, 679-80
Audomínio, moralidade do, 590-1, 597-8
Austin, J. L., 501n
Autoestima, cf. Autorrespeito
Autogoverno, valor do, 288-9
Autointeresse, e condição de finalidade, 165
Autonomia, §78: 634-42; definição, 635-6; interpretação kantiana de, 311-20; e responsabilidade dos cidadãos na desobediência civil, 484-5; e educação moral, 635-6; e posição original, 637-9; relação com objetividade, 637-9; e consciência equivocada, 639-40; e virtudes da integridade, 640-1
Autoproteção, direito à, 267-8
Autorrespeito, § 67: 543-51; definido como o mais importante bem primário, 544; na argumentação a favor dos princípios de justiça, 218-9; consequências do utilitarismo sobre, 221-2, no valor do autogoverno, 288-9; como caracterizante da ética kantiana, 318; circunstâncias associativas que sustentam, 544-7; como se relaciona com a vergonha e as excelências, 547-51; e moralidade do autodomínio, 551; como se relaciona com a inveja, 645, 661-4; na argumentação a favor da prioridade da liberdade, 671-2; direito

fundamental, e liberdades da cidadania igual como base do, 671-2; espaço para, no índice de expectativas, 673; nos sistemas feudal e de castas, 674. *Cf. também* Excelências; Vergonha
Avareza, 658-9, 662-3, 665
Avineri, Shlomo, 647n

Baier, Kurt, 158n, 161n, 466n
Bandura, Albert, 566n
Barry, Brian, 41n, 45n, 323n, 406n, 412n
Baumol, W. J., 45n, 186n, 333n, 335n, 338n, 400n
Beardsmore, R. W., 182n
Beck, L. W., 312n
Bedau, H. A., 453n
Bem, definição do, na teoria restrita, §§ 61-62: 493-500; definição do, em três estágios, 493-4; ilustrado por casos mais simples, 496-7; neutralidade moral da, 499-500; discussão do significado na, 500-4
Bem, teoria completa do, 535-43; definição, 490-2; e valor moral, 500; 538-42; e bens humanos, 525; e congruência, 699-708. *Cf. também próxima entrada*
Bem, teoria restrita do, § 60: 489-93; definição da, necessidade de, 490-3; explica os bens primários; 491, 535-6, 552-3; comparada com a teoria completa, 489-90, 491-2; definição do bem em três estágios, 493-500; discussão do significado na, 500-4; definição do bem aplicado aos planos de vida, 504-6; princípios da escolha racional na; 509-14; e racionalidade deliberativa, 514-24; fatos gerais na, 524-5; e Princípio Aristotélico; 526-35; comparado com o conceito de justo, 552-5; e problema da congruência, 699-715
Bem como racionalidade, *cf.* Bem, teoria fraca do
Bem comum, definição de, 289, 306
Beneficência, 422n; ato de definição, 542
Benevolência: ato de definição de, 542 e atos supererrogatórios, 140-1; comparados como condição formal para o desinteresse mútuo combinado com o véu de ignorância, 180-1; conflito de amores na, 233-4; e ideia da divisão, 234-5; como ideia de segunda ordem, 235-6
Benn, S. L., 626n
Bennett, Jonathan, 174n
Bens humanos, 525-7, 534-5
Bens primários; § 15: 108-13; definição de, 75-6, 110; diferença entre sociais e naturais, 75; autorrespeito como o mais importante, 76, 218, 491, 543-4; índice para o fundamento das espectativas, 109-11; papel dos, nas comparações interpessoais, 109-10, 113, 403; problema

do índice de, 111-2; motivos para usá-los na definição das expectativas, 111-2, e racionalidade de fazê-lo na posição original, 173; deduzidos de suposições gerais, 314, 324; explicados pela teoria fraca do bem, 490-2, 535-6, 553: Cf. também Expectativas

Bens públicos, 330-2, 418-9

Bentham, Jeremy, 27n, 35, 37n, 406, 562; seu utilitarismo comparado com a justiça como equidade, 39-41; sobre a identificação artificial de interesses, 69, 243, 562n; Maine, sobre suas hipóteses, 403

Bergson, Abram, 322n, 338n

Berlin, Isaiah, 247n, 283n, 358n

Bickel, A. M., 485m

Black, Duncan, 446n

Blaug, Mark, 337n

Boa sociedade, 712

Boa-fé, do acordo original, 215-6, 224

Boorman, Scott, 118n

Bowman, M. J., 117n

Bradley, F. H., 132n, 312n, 495n

Braithwaite, R. B., 163n

Brandt, R. B., 28n, 41n, 136n, 139n, 196-7n, 519n; e condição de publicidade, 223n

Brierly, J. L., 470n

Broad, C. D., 227n, 466n, 685n, 687n

Brown, Roger, 566n, 579n, 611n

Buchanan, J. M., 84n, 242n, 331-2n

Burke, Edmund, 306, 374

Butler, Bishop, 657n

Cadeias de atividades, 531-3

Cadeias de motivos, 609, 611-2

Campbell, B. G., 533n

Campbell, C. A., 526n, 537n

Cantor, Georg, 62

Capacidades naturais; e fundamento da igualdade, 626-30

Características naturais fixas, 117-8

Carnap, Rudolf, 205n

Carona: problema do, 332-6; egoísmo, 151, 164-5, 441-2, 483, 703

Carreiras abertas ao talento, 80-1, 87-8, 127-8

Casos semelhantes, preceito de, 293-4

Cavell, Stanley, 548n

Chakravarty, Sukamoy, 356n, 370n

Chomsky, Noam, 57n

Circunstâncias da justiça § 22: 153-8; definição de, 153-4; elementos objetivos das, 154; elementos subjetivos das, 154-5; existência das presumidas, na posição original, 155; deveres e obrigações para com terceiros em, 155-6; suposições motivacionais nas, 155-6; pressupõem conflito de ideais, 157; papel das, na interpretação kantiana, 311-3, 320; duas interpretações das, 642-3

Ciúme, 658, 666

Civilidade, dever de, 443

Clark, J. B., 383-4n

Clark, J. M., 383-4n

Classe mais desfavorecida, definição de, 115-6
Classe máxima de planos, 505, 514
Cohen, Marshall, 454n
Comparações interpessoais de bem-estar: no utilitarismo, 109, 402-4; na justiça como equidade, 109-11, 113; função dos bens primários nas, 110, 112-3, 263; e unidade de expectativas, 212-5; e alguns procedimentos de utilidade cardinal, 399-404; presupostos morais nas, 402-4
Completude, aproximativa, definição de, 425-7, 699
Complexidade, limites à, 55, 160, 172-3, 638-9
Concepções mistas, § 49: 392-404; lista das, 150; com mínimo social e restrições distributivas distribuição, 393-5; características institucionais das, 395-8; e princípio de diferença; 397-8; imprecisão das, 397-9; utilidade cardinal e comparações interpessoais, 399-404
Condorcet, Marquês de, 446
Conduta política equitativa, dever de, 296n
Congruência: conceito de, definição de, 493, 562; problema da, definição de, 634-5, 699-704; argumentação a favor da, 704-12. *Cf. também* Senso de justiça, bem do
Consciência, evasão de 459

Consciência: *Cf.* Igual liberdade de
Consciência equivocada, 45-60, 639-40
Consciência repressiva, 603-5
Conselho, 500-1, 553-4
Consenso, 21-2, 638-40, 716-20; sobreposto *versus* estrito, 483
Consenso sobreposto, 482-3
Constant, Benjamin, 247, 273
Constituição: justiça da; 241-2, 272-90, 445; caso da justiça procedimental imperfeita, 243-4, 272, 440-1, 448; regra da maioria na, 281-4, 443-4; para um procedimento ideal de deliberação pública, 445-6
Contingências das circunstâncias sociais: e ideia intuitiva dos princípios da justiça, 19; no sistema de liberdade natural, 88-9; na igualdade liberal, 89-90; na igualdade democrática e princípio de diferença, 91, 94-5, 122-3
Continuidade, princípio da, 520-1
Contra-exemplos, utilidade limitada dos, 63
Contrato social, teoria tradicional do, 13-4,14-15, 39-40, 134-5
Contribuição, curva de, 92-3, 125
Contribuição, preceito da, 378--83, 387-9
Convenção constituinte, estágio da, 241-4
Cooper, J. M., 527n
Coordenação, problema da, 7-8
Culpa: sentimentos de, definição de, 585-6, 593-4;

ética de Kant não é uma ética da; 318; diferença da vergonha para, 550-1; 596-7; culpa em relação à autoridade, 574; e atitudes naturais, 574, 581, 586-7, 602-5; culpa em relação à associação, 581; culpa em relação à princípios, 585-7; racional, definição de, 587; inteligibilidade psicológica da, 587-91; explicação da, 593-4; neurótica, 594; resíduos; 594--5; características da, como um sentimento moral, 594-8; e aspectos da moralidade, 598; e condição de finalidade, 708
Cultura: reivindicações de, na justiça como equidade, 121, 409-10, 412-3, 545-6; reivindicações de, no perfeccionismo, 308, 404-5, 407-9; papel da tradição histórica da, na união social, 648-9

Dahl, R. A., 278n, 449n
Darwin, Charles, 620n
Davidson, Donald, 174n, 426n
De Roover, R. A., 337n
Definição, papel da na teoria moral, 59, 132-3, 158-9, 182, 247-8, 712-3
Definição de Neumann--Morgenstern de utilidade cardinal, 400-1
Democracia constitucional: definição de, 273-4; 280-1; exemplo de estrutura básica justa, 239; dispositivos constitucionais da, 277-8;

fracaso histórico da, 279-80; e senso de justiça, 300; liberdades da, mais bem--fundamentadas na justiça, 300; e problemas de poupança justa, 368-70; lugar da regra da maioria na, 442-4; teoria econômica da, 447-51; lugar da desobediência civil na teoria da, 452, 479; papel da desobediência civil na, 475-9. *Cf. também* Igual participação, princípio da
Deontológicas, teorias, 36-7, 48-9
Desejos: racionais (como interesses), definição de, 506--7; e planos racionais, 506-10; escolha de sistemas de, 513-4, 702; estimativa de intensidade relativa de, 518, 680; agir com base nos princípios da escolha racional, como reguladores, 513-4; leis que regem mudanças nos sistemas de, 527-9, 609-11; senso de justiça como regulador, 606, 692, 700-3, 708-9; últimos sempre plurais em número, 609, 682, 694; diferença entre derivativo e último, 609-10; e unidade do eu, 692-3; último, e condição de finalidade, 701-3, 708-9
Desinteresse mútuo: definição de, 16; e circunstâncias da justiça, 155-7; diferenciado de egoísmo, 156; e significado de racionalidade, 175; combinada com o véu de ignorância comparado à

ÍNDICE REMISSIVO

benevolência, 180-1, 183; e princípios para orientar a benevolência, 235-6; na caracterização da autonomia 315-6, 720-1
Desobediência civil, § 55: 452-8, § 57: 462-9, § 59: 475-86; definição de, 453-7; para se opor a políticas de poupança, 369-70; como problema da teoria da democracia, 452; três partes da teoria da, e senso de justiça, 452, 462, 480-1; como ato político, 453-5; e fidelidade às leis, 456; difença entre, e resistência organizada, 457-8; objetivos apropriados da, 462-3; três condições de justificação da, 462-5; problema de equidade na, 462-3; critérios da, 467; e o princípio de equidade, 468-9; papel da, na preservação da constituição democrática, 475-8; teoria da, fundamentada na concepção de justiça, 478-9; lugar da, na teoria constitucional, 479; e tipos de consenso, 480; responsabilidade dos cidadãos na, 484-6
Dever, considerados todos os fatores, 425-7
Dever, *prima facie*, 425-7
Dever de obedecer, *cf.* Dever político
Dever envolve a capacidade de cumprir ("ought implies can"), preceito de, 293, 298-9

Dever político, § 53: 437-43; para cidadãos em geral, 139-40, 440n, 468-9; em relação a leis justas, 437; casos da teoria da aquiescência ideal e parcial distinguidos, 437-8; dois contextos de leis injustas, 438-40; dever para com leis injustas como dever para com uma constituição justa, 440-3; e regra da maioria, 441-3
Deveres consigo mesmo, 308-9
Deveres naturais, § 19: 137-41, § 51: 415-27; definição de, 137-8; ordem de escolha dos, 130-3; dever de justiça e outros exemplos de, 137-8; relação com atos supererrogatórios, 140-1; com outras gerações, 256, 364-5; argumentação a favor do dever de justiça, 415-9; dever de respeito mútuo, 421-2; de auxílio mútuo, 421-2; problema da prioridade dos, 423-4; dever *prima facie* e dever considerados todos os fatores, 424-5
Devido processo legal, 296
Devlin, Patrick, 412n
Dewey, John, 495n, 504n
Dicotomia agregação--distribuição, 44-5, 53, 394-5
Diggs, B. J., 68n
Dilema do prisioneiro, 335, 712
Direito das nações, 9, 130, 138, 564; e deveres naturais, 138; dedução do, 470-2; e guerra justa e objeção de consciência, 665-9

Direitos naturais, 34, 39
Distribuição, setor de, 345-9
Distribuição de dotes naturais: e ideia intuitiva dos princípios da justiça, 14-5, 17-8; em sistema de liberdade natural, 88-9; em igualdade liberal, 90; em igualdade democrática e princípio da diferença, 91, 219, 631-2, 720-1; como nem justa nem injusta, 91; e valor moral, 92-3, 387; e eugenia, 128-9; relação com o fundamento da igualdade, 625-30; e duas concepções de igualdade, 630-1; como caracteriza a sociabilidade humana e a união social, 648-9
Divisão de trabalho, 652-3, 667
Dobzhansky, Theodosius, 129n
Dostoiévski, Fyodor, 560n
Dotes naturais, cf. Distribuição de dotes naturais
Downs, Anthony, 449n, 608n
Dreben, Burton, 459n
Duncan-Jones, A. E., 499n
Dworkin, Gerald, 309n
Dworkin, Ronald, 412n, 435n, 481n

Economia de propriedade privada, 330-2, 337
Economia política, § 41: 321-9; concepção da, definida, 321-2; e economia do bem-estar, 321-2; necessidade de ideal de pessoa na, 322-7; problema do ponto arquimediano e inclusão de ideais, 323-7; e suposição de unanimidade, 327-8; e valores da comunidade, 329

Edgeworth, F. Y., 27n, 35, 39-40, 81n; crítica à sua argumentação a favor do princípio da utilidade, 207-8; fusão de pessoas em, 231n; e utilidade cardinal, 399-400
Educação, 121, 128, 310, 636
Educação moral, 604-5
Eficiência, princípio de: definição de, 80-7; e otimalidade de Pareto, 80; aplicado à estrutura básica, 84-5; não é um princípio de justiça, 86; papel do, no sistema de liberdade natural, 86-7; papel na igualdade liberal, 88-9; relação com o princípio de diferença, 96, 98-9
Eficiência, problema da, 5-6
Egoísmo: tipos de, enumerados, 151; alternativas inferiores aos princípios de justiça, 144-5, 165; excluído por exigências do justo, 160-1, 165; geral; como ponto de ausência de acordo, 165; justiça como equidade não é um caso de, 179-80; e capacidade de ter sentimentos morais, 602-3; problema do, distinto do problema da congruência, 700-1; e punição, 711-2
Eibl-Eibesfeldt, Irenäus, 533-4n, 621n
Entrelaçamento, 99-101
Equidade, 293-4
Equidade, princípio de, § 18: 134-6, § 52: 427-36; duas partes da definição de, 134-5,

427-8; abrange todas as obrigações, 135-6; Locke sobre o, e a justiça de fundo, 135-6; traços característicos do, 135; obrigação política dos cidadãos, em geral problemática, 135-6, 418-9, 428; rejeitado como única base dos laços políticos, 419; permite análise mais discriminadora das exigências, 428-9; explica a obrigação de cumprir promessas, 430-5; argumentação a favor de, 431-5; requisitos não encontrados somente em instituições, 434-5; e a questão de Prichard, 436; e a obrigação política de membros de grupos, 468-9
Equilíbrio, 145, 563-4
Equilíbrio reflexivo, 25, 58-60, 145-6, 534, 537, 715
Erikson, Erik, 548n
Escassez moderada, 155, 319
Escolha puramente preferencial, *cf.* Indeterminação da escolha
Escolha racional, princípios de: aplicam-se aos planos de vida, 504-6; na melhor das hipóteses, define a classe maximal, 505, 514-5; definição de princípios relativos ao tempo, 506-7, 519-21; princípios de contagem, definição dos, 509-14; especificando desejos de alta ordem, 514; não escolhidos com unanimidade, 552; para escolha em situação de incerteza, 552-3; e véu de ignorância, 555. *Cf. também* Incerteza, escolha em situação de
Escravidão, 192, 307-8, 405
Estabilidade, da cooperação social: como problema social, definição de, 7, 613-5; papel do soberano para preservar, 297, 333-4, 420, 613-4, 711-2; papel do senso público de justiça na preservação da, 332-3, 418-9, 433-4, 614; dois tipos de instabilidade, definição de, 418-9, 613-4; na argumentação a favor do dever de justiça, 418-9; papel das promessas na, 431-2; papel da desobediência civil na, 475-7
Estabilidade, de concepções de justiça: definição de, 561-2; conhecimento da, figura entre os fatos gerais, 167; relação com a condição de publicidade na argumentação a favor dos dois princípios, 217-24; apelo a, na questão de tolerar os intolerantes, 270-1; e o problema da congruência, 493, 699-709; distinguida de estrutura básica imutável, 564-5; estabilidade inerente da, e leis psicológicas, 614; estabilidade relativa da, e leis psicológicas, 614-21; e tendência de evolução, 621-2
Estabilidade, de sistemas, 563-5
Estabilidade, inerente, 614

Estabilidade, relativa, § 76: 612-2; de concepções de justiça, definição de, 614; problema da, explicação do, 561-2, 612-3; estabilidade inerente, definição e relação com as três leis psicológicas, 614-5; estabilidade relativa dos princípios de justiça e de utilidade, 614-21; e tendência de evolução, 621-2
Estado, quatro setores do, 343-9, 351-3
Estágio legislativo, 243-4
Estrutura básica da sociedade, § 2: 8-13; definição de, 8-9; quando bem-ordenada, definição de, 5-6; justiça como primeira virtude da, 4; como objeto principal da justiça, 8-13, 65, 102-3; princípios de justiça para, não aplicáveis em geral, 9-10; algumas virtudes da, e ideais sociais, 11-2; duas partes da, 75, 243-4; como base para a justiça procedimental, 106-7; como moderadora das necessidades humanas e dos ideais da pessoa, 322-7; e estabilidade relativa, 563-4
Estrutura das teorias éticas, 29-31, 690-1, 694n, 695
Eternidade, perspectiva da, 724-5
Ética da criação, 193
Eu, unidade do, § 85: 691-9; em perspectivas do fim predominante, 692; no hedonismo e na prova de utilidade de Mill, 692-3; na justiça como equidade, 692-4; e condição de unanimidade, 696-7; comparação entre as estruturas das teorias contratualista e teleológica, 698-9
Eugenia, 128-30
Evolução, 533-4, 620-1
Excelências, 548; definição de, 548-9; e vergonha natural, 548-9; relação com as virtudes e a vergonha moral, 549-50; e as virtudes do autodomínio, 551. *Cf. também* Autorrespeito; Vergonha
Exigências de obrigação e dever natural, 134-41
Exigências do comprometimento, 177, 215-6, 360, 523, 669
Expectativas, definição de, 78; e indivíduos representativos, 78-9; utilitarismo e avaliação precisa das, 108-9; como se fundamentam no índice de bens primários, 110-3; problema do índice, 111; motivos para usar os bens primários como base das, 112-3; falta de unidade de, na utilidade média, 211-3. *Cf. também* Bens primários
Expectativas legítimas, § 48: 386-92; e leis justas; não fundamentadas no mérito moral, 386-7; valor moral não recompensado ao se obedecer a preceitos de justiça, 386-9; como surgem na sociedade bem-ordenada, 389-90; titularidades, mérito e valor

moral, distinguidos de 389-
-90; justiça distributiva, não é
o contrário de punitiva, 390-1
Exploração, 384
Falk, W. D., 158n
Família, instituição da: e
igualdade equitativa de
oportunidades, 89, 374, 631-2;
e fraternidade,125-6; pessoas
na situação original como
chefes de, 156; na moralidade
de autoridade, 571-2; na
moralidade de associação,
576-7
Feinberg, Joel, 391-2n
Felicidade, § 83: 676-84;
definição de, 111, 676-7;
como autossuficiente, 677-8;
e bem-aventurança, definição
de; 679; não necessariamente
visada por um projeto
racional de vida, 678-9; de
santos e heróis, 679; fim
não-predominante, 382-3
Fellner, William, 188n, 205n,
209n
Fidelidade, princípio da, *cf.*
Promessas
Fidelidade à lei, 456-7, 476-7
Field, G. H., 527n, 589n
Fim abrangente, 681-2, 689
Fim predominante: definição
de, 681-2; não empregado na
justiça como equidade, 651-2,
697-9; não pode constituir a
felicidade, 681-3; Loyola e
Tomás de Aquino como
exemplificando, 683; natureza
extrema do, 682-4; e
princípios de contagem, 684;

uso do, no hedonismo, 684-9;
necessidade de escolha de,
689-91; e unidade do eu, 691-2
Finalidade, como condição
formal, 163-4; na
argumentação a favor dos
dois princípios, 215-9; na
argumentação a favor da
congruência, 702-2, 708
Findlay, J. N., 495n, 590n, 630n
Fins, *cf.* Desejos
Firth, Roderick, 227n, 227n
Flavell, John, 578n
Fletcher, Ronald, 566n
Foot, Philippa, 182n, 495n,
592n, 702-3n, 709n
Forças ilocucionárias, 502-4
Fórum público, 277-8, 455,
465-6, 467, 544f
Foster, G. M., 658n
Frankena, W. K., 29n, 158n,
626n, 630n
Franklin, J. H., 479n
Fraternidade, 125-6
Frege, Gottlob, 62
Freud, Sigmund, 566n, 604,
665-8
Fried, Charles, 315n, 456n, 522n
Fuchs, critério de, 117n
Fuller, Lon, 72n, 290n, 294n

Galanter, Eugene, 504n
Gauthier, D. P., 29n, 298n, 335n
Geach, E. T., 502n
Generalidade: como condição
formal, 159-60, 225, 311-2; e
variações do egoísmo, 160-1,
164-5
Geometria moral, 147, 153
Georgescu-Roegen, Nicholas,
52n

Gewirth, Alan, 139n
Gibbard, Allan, 18n, 28n, 416n
Gierke, Otto, 13n
Goethe, J. W. von, 404
Goldman, Alvin, 505n
Goodman, Nelson, 25n
Gough, J. W., 13n
Gregor, M. J., 312n
Grice, G. R., 13n
Grupos não comparáveis, 545-7, 661-2, 671-2, 674-5
Guerra justa, 471-2

Halévy, Elie, 69n
Hardie, W. F. R., 12n, 61n, 527n, 678n, 681n
Hare, R. M., 158n; 231n; 537n, 541n
Harman, G. H., 204n
Harmonia dos interesses sociais, 125
Harrison, Jonathan, 27n
Harrrod, R. F., 27n
Harsanyi, J. C., 28n, 166n, 196n
Hart, H. L. A., 6n; 67n, 134-5n, , 153n; 252n; 295n, 299n, 391n; 412n; 427n
Hedonismo, § 84: 684-91; definição de, 31, 684-5; como método do fim predominante de escolha de primeira pessoa, 684-5; fracasso do, 687-8; não resgatado pela teoria da utilidade, 557; tendência ao hedonismo nas teorias teleológicas, 690-1; e unidade do eu, e a prova de Mill da utilidade, 693-4
Hegel, G. W. F., 312n, 374, 643n
Hempel, C. G., 174n
Herança, 345-6

Herzen, Alexander, 358
Hicks, J. R., 207n
Hobbes, Thomas, 13n, 298, 335, 432-3
Hoffman, M. L., 566n, 568n
Hollingsdale, J. R., 404n
Homans, G. C., 607n
Homem injusto, 542-3
Houthakker, H. S., 52n
Humboldt, Wilhelm von, 645-8
Hume, David, 10, 27n, 153n; crítica a Locke, 29n; 420n; e circunstâncias da justiça, 155; e espectador compassivo imparcial, 226-30, 233-4, 328
Hutcheson, Francis, 27n, 52n

Ideais, e funções dos, 570n, 576-7, 582-3
Ideal de pessoa, 325-6
Ideal social, definição de, 11
Idealismo, 328-9
Identificação artificial dos interesses, 68, 243, 562n
Igual liberdade de consciência, §§ 33-35: 252-72; e argumentações a favor do primeiro princípio de justiça, 252-3; como leva a direitos iguais, 253-6; razões para fortalecê-la, quando levados em conta os descendentes, 256; argumentos de Mill a favor, 258-9; liberdade igual insegura no no caso de princípios teleológicos, 259; fundamentos para a regulação pelo Estado da, 260-2; apelo ao bom senso e ao conhecimento público na regulação, 263-6; e tolerância,

263-90; tolerância para com os intolerantes, 266-72; e estabilidade das instituições justas, 270-1; liberdade igual e diferenças morais e culturais, 271-2, 583; e perfeccionismo, 406-11
Igual respeito, direito a um, na definição dos princípios da estrutura básica, 668-9
Igualdade, o fundamento da, § 77: 621-32; personalidade moral como, 23, 409, 623-5, 711-2; e direitos naturais, 624n; e dotes naturais, 625-30; objeção à interpretação procedimental da, 626; em teorias teleológicas 628; como potencialidade, 628-9; simplicidade da, em comparação a outras perspectivas, 629-30; e reciprocidade, 630; e dois conceitos de igualdade, 631-2; e limites da justiça como equidade, 632
Igualdade, tendência à § 17: 120-30; princípio de reparação, 120-3; distribuição dos talentos naturais como um recurso comum, 121, 220-1, 631-2, 585; e reciprocidade, 123-6; e harmonia de interesses; 125; princípio de fraternidade, 125-6; princípio de diferença evita sociedade meritocrática, 128-9; eugenia, 128-30; e inveja, 663-8
Igualdade de consideração, 626
Igualdade democrática, 79, 91-101. *Cf. também* Princípio da diferença

Igualdade equitativa de oportunidades, § 14: 100-8, § 46: 371-7; definição de, 88-9; e a família, 89, 374, 631-2; e justiça procedimental pura, 101-7; papel de, na justiça de fundo, 103-6; comparada com a justiça alocativa, 107; lexicalmente anterior ao princípio de diferença, 107-8; casos que ilustram a prioridade da, 373-4; norma de prioridade para a, formulada, 376-7; e duas concepções de igualdade, 631-2
Igualdade formal de oportunidades, *cf.* Carreiras abertas ao talento
Igualdade liberal, 79, 88-90
Igualitarismo, 663-4
Imparcialidade, 230-4
Imperativos categóricos, 314-5, 720
Império da lei, § 38: 290-301; sistema jurídico, definição do, 291-2; preceito de dever envolve a capacidade de cumprir ("ought implies can"), 293; preceito dos casos semelhantes, 293-4; preceito de não haver crime sem lei, 294; preceitos da justiça natural; 294-6; relação com a liberdade, 295-6; e sanções penais e princípio da responsabilidade, 298-9; e casos que ilustram a prioridade da liberdade, 298-300
Incerteza, escolha em condições de: conhecimento de atitudes

especiais para com a, excluído pelo véu de ignorância, 165-6, 209; dois princípios de justiça e regra *maximin* da, 186-7; posição original como caso de, 189; uso da lei de Laplace na incerteza, no utilitarismo normal; 206-8; ausência de, no utilitarismo clássico e divisão, 233, diversas regras para, e teoria restrita, 552-3
Inclusão, 39, 194-5, 325-6, 362-3, 403-4
Indeterminação da justiça, 246, 450-1; da escolha, 681, 690, 695-6
Indiferença, curvas de, 45-6
Indiferença, princípio da, 683
Indivíduos representativos, definição de, 78
Instabilidade, dois tipos de, 418-9, 613-4
Instituições, §10:47-52; definição de, 65-6; organização dos principais, objeto primeiro dos princípios da justiça, 8, 65-6; existência e publicidade das normas das, 688-9; normas constitutivas das, distinguidas de estratégias, 69-70; e identificação artificial de interesses, 68; e justiça formal, 70-2; como aquilo que define o teor das obrigações, 135
Instituições de fundo, § 43: 342-54; e interpretações do segundo princípio, 87-90; e tipos de justiça procedimental, 103-6; e setores do Estado, 343-54; mínimo social e setor de

transferências, 344; tributação e setor de distribuição, 345-9; em um regime socialista, 350-3; setor de trocas, 353-4
Integridade, virtudes da, 641
Interdependência social, fatos da, 526-7
Interesse comum, princípio do; definição de, 115, 306; e cidadania igual, 115-6; e tolerância, 260-6; como convenção política, 397
Interesse nacional, legítimo, 471-2
Interpretação kantiana da justiça como equidade, § 40: 311-20; princípios morais como objetos de escolha racional, 311-2; ideia de autonomia em, 313; princípios de justiça como imperativo categóricos, 314-5; e desinteresse mútuo; 315-6; objeção de Sidgwick, 316-7; posição original como interpretação procedimental da ética kantiana, 318-9; na explicação da vergonha moral, 549-50; na inteligibilidade psicológica da moralidade, 588-9; na ideia de união social, 651; efeito sobre o entendimento da unidade do eu, 696-7; condição de unanimidade da, 696-7; na argumentação a favor da congruência, 705-6
Intuicionismo, § 7: 41-9; sentido amplo *versus* sentido tradicional de, definidos, 41-2; tipos de, por níveis de

generalidade, 42-5; representado por curvas de indiferença, 45-6; e problema da prioridade, 47-50; incompleto, mas não irracional, 47-50; pode ser teleológico ou deontológico, 48-9; nas concepções mistas, 394-8; em formas mais comuns de perfeccionismo, 404-5, 411-2

Inveja, §§ 80-81: 653-68; formas de, definição de, 656-9; problema da, definição do, 654-6, 659; e racionalidade, 174-5, 653-4; e argumentação em duas partes a favor dos princípios de justiça; 174, 653-4, psicologias especiais, 655-6, 667; não é um sentimento moral, 657, reversos da, 657-9; inveja desculpável, 659; condições que dispõem à, 660-1; na sociedade bem-ordenada pelos dois princípios de justiça, 661-3,674; e igualdade, 663-8; e condições da posição original, 664-5 Freud a respeito da, e gênese do senso de justiça; 665-6; e índice de expectativas, 673-4; como os sistemas feudal e de castas lidam com ela, 675-6

Isolamento, problema do, 334-6, 418

James, William, 549n
Jevons, W. S., 52n
Jogos como exemplos de uniões sociais, 648-9

Jouvenal, Bertrand; 406n
Juízos ponderados: definição de, 57; pontos fixos dos, 23-4, 395, 715-8; papel dos, na justificação, 23-5, 146, 718; e equilíbrio reflexivo, 24-5, 58-9; como fatos a serem explicados pela teoria moral, 59

Justiça, conceito de: diferente de concepção de, definição de, 6, 10-2; como virtude primeira das instituições, 4-5, 723; princípios de, atribuem direitos e deveres fundamentais e regulam reivindicações conflitantes, 4-6, 11, 158; objeto principal da, estrutura básica, 8-13, 65-6; mas somente uma parte de um ideal social, 10-2

Justiça, concepção geral de: princípio da, formulado, 75; relação com os dois princípios de justiça (como concepção especial), 75-6, 306-8; falta-lhe estrutura definida, 76

Justiça, concepções de: diferentes de conceito de, definição de, 6, 10-2; papel dos princípios de, 4-6, 11; distinguida de ideais sociais, 11; teor da, 181-2; graus de razoabilidade da, 438-40. *Cf.* também Estabilidade, das concepções de justiça

Justiça, dever natural de: definição de, 139-40, 415-6; e obrigação política, 139, 420, 440n; e tolerância para com os intolerantes, 270; argumentação a favor do,

415-21; e dever para com uma constituição justa, 437-43; peso do, e desobediência civil, 476
Justiça, dois princípios de, concepção especial dos, § 11: 73-9; § 26: 182-95, § 29: 215-26; primeiro e último enunciado dos, 73, 376; definição dos, como concepção especial quando em ordem lexical, 73-4; como caso especial de concepção geral, 75-6; como tendência a longo prazo da justiça, 76, 185, 541n; bens primários nos, 75-6, 110-3; consequências da aplicação a instituições, 77-8; indivíduos representativos nos, 78, 113-9; argumentação inicial a favor dos, 182-5; como solução maximin, 186-7; lugar dos fatos gerais na argumentação a favor dos, 191-5; argumentação a favor dos, proveniente da finalidade e das exigências do comprometimento, 215-6; argumentação a favor dos, com base na publicidade e nas restrições impostas aos acordos, 217; argumentação a favor dos, com base no autorrespeito e em tratar as pessoas como fins, 218-23. *Cf. também* Primeiro princípio de justiça; Segundo princípio de justiça
Justiça, formal, 70-2, 219, 291-5, 622-3

Justiça, objeto principal da, 8-13: *Cf. também* Estrutura básica
Justiça, papel da, § 1: 4-8; como virtude primeira das instituições, 4-5, 723; para atribuir direitos e deveres fundamentais e regular reivindicações conflitantes, 4-5; conceito e concepções, diferença entre, 6; e outros problemas sociais, 5-6
Justiça, substantiva, 70-2
Justiça alocativa, 77-8, 107
Justiça como equidade, § 3: 13-21; ideia intuitiva de, definição de, 13-16; não é uma interpretação de significado corrente, 11-2; natureza hipotética da, 14-5, 25, 146, 204; 724-5; nome da, explicação do, 14; o correspondente ao estado de natureza na, 14; ideia intuitiva da, princípios da, 17-8; duas partes da, 18-9; e propriedade do termo "contrato", 18-9; alcance limitado da, 20-1, 632; como teoria deontológica, 35; e prioridade do justo, 37-41; inclusão de ideais na, 39, 194-5, 325; apelo à intuição na, 49-55; e problema da prioridade, 506-7; e complexidade dos fatos morais, 54; como teoria moral; 56-60, 146-7; dispositivos simplificadores da, 63, 107-8, 112, 172-3, 610, 638-9; e justiça procedimental pura, 146, 166; não egoísta, 179-80; recurso a fatos gerais

na, 193-5; conceito de imparcialidade na, 233-4; reivindicações culturais na, 408-9, 412-3, 545-6; como teoria dos direitos naturais, 624n; estrutura da, 699-700; algumas objeções a ponderar, 721-24 Justiça como regularidade, *Cf.* Justiça, formal
Justiça de fundo, 101-8; e igualdade equitativa de oportunidades, 101-2, 105-6; papel da estrutura básica na, 101-2, 106-8; como condição da justiça processual pura, 103-7; como condição das obrigações, 135-6, 428, 468; e salários justos (parcelas distributivas), 378-83. *Cf. também* Instituições de fundo
Justiça distributiva: principal problema da, 5, 7-10, 73-4, 103; e justiça procedimental pura, 106-7; como felicidade segundo a virtude, 386-90; não oposta à justiça punitiva, 391
Justiça entre gerações: e eugenia, 128-30; e suposição motivacional na posição original, 156-7, 170-1; e o véu de ignorância, 165-7, 171; no problema da poupança, 170; 354-65; e liberdade de consciência, 257; na tradição histórica da união social, 648--50. *Cf. também* Poupança justa
Justiça natural, preceitos de, 294-6
Justiça política, definição de, 272-3. *Cf. também* Igual participação, princípio da

Justiça procedimental, imperfeita: definição de, 103-4; no utilitarismo clássico, 107; e constituição justa, 242-3, 272-3, 440-3, e procedimento ideal, 447
Justiça procedimental, perfeita, 103-4, 447
Justiça procedimental, pura: definição de, 103-4; e justiça de fundo, 81, 105-8; e igualdade equitativa de oportunidades, 101-8; vantagens da, 106-7; e posição original, 146, 166; e salários justos, 378-85
Justiça procedimental, quase pura, 246, 451
Justificação, § 4: 21-6, § 87: 712-25; como problema da escolha racional, 21-2; pressupõe algum consenso, 22-3, 717-8; papel dos juízos ponderados e dos princípios na, 23-26, 148, 716-20; como apoio mútuo de muitas ponderações, 24-5, 715-6; cartesiana e naturalista rejeitadas, 712-3; três partes da exposição em relação a, 715-6; objeções ao método de, examinadas, 716-20; algumas objeções à justiça como equidade, discussão de, 720-4; e variações éticas da situação inicial, 722-3
Justificação cartesiana, 712-5
Justo, conceito de: definição contratualista do, 133-4, 226-7; restrições formais do, 158-65; generalidade; 159-60;

universalidade, 160-1;
publicidade; 161-2;
ordenamento, 160-1;
finalidade, 163-4; definição
do observador ideal, 132-3;
comparado com o bem, § 68:
552-8; com relação à
necessidade de acordo, 552-3,
à diversidade de concepções
do, 553-4; e o véu de
ignorância, 555; prioridade do
justo em comparação com o
utilitarismo, 37-41, 616-21; e
análise do significado, 557-8
Justo, concepção completa do,
130-5, 424-7, 435

Kaldor, Nicholas, 347n
Kant, Immanuel: na tradição do
contrato social; 13; sobre a
prioridade do justo, 38n, 52n,
723; teoria do bem, 111, 494n;
condição de publicidade em,
161, 311-2, 422n; véu de
ignorância implícito em,
171-2, 313; doutrina não
egoísta, 179-80; imperativo de
tratar as pessoas como fins,
interpretado, 220-4; 616; e
interpretação kantiana da
justiça como equidade,
311-20; sua ética de respeito
mútuo, 318; e Rousseau, 318,
328; dever de auxílio mútuo
em, 421-2; sobre a poupança,
358; norma de prioridade
para exigências, 421-2; sobre
o aprendizado moral, 566-7;
sobre a união social, 647n;
definição de inveja, 656
Kaufmann, Walter, 660n

Kenny, Anthony, 677n, 679n,
690n.
Keynes, J. M., 205n, 371-3
King, Martin Luther, 453n
Kirchenheimer, Otto, 290n
Kneale, W. K., 227n
Knight, F. H., 280n, 387n, 446n
Kohlberg, Lawrence, 568n, 570n
Koopmans, T. C., 80n, 338n;
356n
Kyburg, H. E., 209n

Lamont, W. D., 495n
Laplace, Marquês de, 205
Legalidade, princípio da, cf.
Império da lei
Lei de Laplace, 209
Leibenstein, Harvey, 563n
Leibniz, G. W. von, 386n
Lessnoff, Michael, 373n
Lewis, C. L., 230n, 232n, 495n
Lewis, D. K., 161n
Liberdade, conceito de, § 32:
247-52; como padrão de
formas sociais, 77-8, 247-8,
252n, 296; forma triádica do,
247-8; questão de positiva e
negativa, 247; sistema total
de, 248-9, 282-3, 298-9, 310-1;
avaliada do ponto de vista de
cidadãos iguais, 248-9, 307;
valor da liberdade e o fim da
justiça social, 250-1; política,
valor equitativo da, 277-8; e
império da lei, 295-6; e
paternalismo, 308-10
Liberdade de expressão, 274-5,
277-8
Liberdades fundamentais,
enumeração das, 73-4
Ligação em cadeia, 96-101

ÍNDICE REMISSIVO 749

Little, I. M. D., 86n, 174n, 207n, 441n
Livre associação, princípio da, 385, 409, 468-9
Locke, John, 13, 39-40, 135, 160, 265-6
Loev, Gerald, 456n
Lorenz, Konrad, 620n
Loteria natural, cf. Distribuição de dotes naturais
Louch, A. R., 412n
Lovejoy, A. O., 647n
Loyola, Santo Inácio de, 682n
Lucas, J. R., 153n, 163n, 290n
Luce, R. D., 103n, 186n, 211n, 335n, 400n, 553n, 689n
Lyons, David, 28n, 466n

Mabbott, J. D., 27n, 174n
MacCallum, G. G., 247n
Maccoby, E. E., 574n
Maine, H. S., 403
Maior probabilidade, princípio da, 510
Marglin, S. A., 191n, 368n
Marshall, Alfred, 323
Marx, Karl, 323, 351n, 379n, 384n, 647n, 538n
McCloskey, H. J., 42n
McCloskey, Herbert, 444n
McDougall, William, 547n, 570n
Mead, G. H., 578n
Meade, J. E., 339-40; 346n
Meiklejohn, Alexander, 249n
Meios efetivos, princípio de, 496-7, 509, 684
Mens rea, 299
Mercado ideal, procedimento do, 447-51
Mercados, uso dos, nos sistemas econômicos, 336-41

Mérito, e justiça distributiva, 18-9, 123-4, 386-92
Método de escolha, de primeira pessoa, 401, 681, 684-9, 693, 695
Mill, J. S., 27n, 108, 252n, 277, 527n, 566n, 604n, 647n, 670; sobre a força dos preceitos da justiça, 32n; sobre o problema da prioridade, 49-50; ordem lexical em, 52n; como defensor do utilitarismo médio, 196; análise dos argumentos a favor da liberdade, 258-9; argumentação a favor do voto plural, 286-8; sobre o valor do autogoverno, 288-9; sobre equilibrar preceitos de justiça, 378-9; sobre o aprendizado moral, 567, 619-20; prova da utilidade, interpretação da, 693-4
Mill, James, 566n
Miller, G. A., 504n
Mínimo social, 344, 354-6, 377, 393-5
Moore, G. E., 41, 48, 406n
Moralidade de associação; § 71: 576-83; como segundo estágio da moralidade, 576; contexto institucional e papéis ideais da, 576-7; desenvolvimento intelectual na, 577-9; segunda lei psicológica e culpa (em relação à associação), 579-80; e Princípio Aristotélico, 582; características e virtudes da, 583-4
Moralidade de autoridade, § 70: 571-6; como primeiro estágio

da moralidade, 571; família
como contexto institucional da;
571; primeira lei psicológica e
culpa (relacionada à
autoridade), 572-4; condições
favoráveis para adquirir, 573-5;
características e virtudes da,
574-5
Moralidade de princípios, § 72:
583-91; como estágio final da
moralidade, 583-4; contexto
institucional da, 583-4;
terceira lei psicológica e culpa
(relacionada a princípio),
583-7; senso de justiça e
vínculos especiais, 586-7;
inteligibilidade psicológica da,
586-91; duas formas de, suas
características e virtudes, 590-1
Morgan, G. A., 404n
Murphy, J. G., 14n, 312n
Musgrave, R. A., 343n, 348n
Myrdal, Gunnar, 196n

Nagel, Thomas, 234n, 522n
Não há crime sem lei, preceito
de, 294
Nash, J. R., 163n
Naturalismo, 713
Natureza social da humanidade,
610, 645, 652, 696-7
Necessidade, preceito da, 345,
384, 388
Negociação, 163n, 169-70
Nietzsche, Friedrich, 31, 404, 660n
Noblesse oblige, 90, 140
Normas constitutivas, 67-8, 429
Nozick, Robert, 42n

Objeção de consciência: § 56:
458-62, § 58: 469-75;
definição de, 458-9;
distinguida de evasão de
consciência, 459; comparada
com a desobediência civil,
459-60; tolerância em relação
a e consciência equivocada,
461; pacifismo geral como
afastamento natural, 461;
direito das nações deduzido,
469-72; justificação de, no
caso de determinada guerra,
472-4; e recrutamento
obrigatório, 474-5 e pacifismo
contingente, 475; pacifismo
discriminador preferido ao
pacifismo geral, 475
Objetividade, 637-8
Objetivos, *cf.* Desejos
Obrigação política, *cf.* Equidade,
princípio de
Obrigações, *cf.* Equidade,
princípio de
Observador empático imparcial:
na definição do justo, 226-8;
no utilitarismo, 31-2, 35-6,
40-1, 226-36; análise de
Hume do, 226-30, 232-4, 328
Observador ideal, 226-8
Olson, Mancur, 332n
Oppenheim, Felix, 248n
Ordem, como condição formal,
162-3, 165
Ordem lexical: definição de,
51-2; na justiça como
equidade, 52-4; como
ferramenta simplificadora,
52-5, 107-8; dos dois
princípios de justiça, 73-4;
182-3; e forma lexical do
princípio de diferença, 72.
Cf. também Prioridade

ÍNDICE REMISSIVO 751

Ordem seriada, *cf.* Ordem lexical
Pacifismo: genérico, 461, 475; contingente, 474-5
Page, A. N., 81n
Pareto, Vilfredo, 80, 145
Participação igual, princípio da §§ 36-37: 272-90; definição do, 273, 275-6; dois aspectos da justiça política, 272-3; características de um regime constitucional; 274, 280-1; extensão da, definição da, 276; valor equitativo dos direitos definidos pela, 277-8; fracasso histórico dos regimes constitucionais, 279-80; não define um ideal de cidadania, 281; três modos de limitar, 281-2; justificação de dispositivos constitucionais que limitam a extensão, 281-7; e intensidade dos desejos, 284-5; justificação das desigualdades de, 286-8; Mills sobre o voto plural, 287-8; fundamentos do autogoverno, 288-9
Paternalismo, 257, 308-10
Paton, H. J., 312n, 495n
Pattanaik, P. K., 197n
Paul, G. A., 258n
Pearce, I. F., 51-2n
Pennock, J. R., 126n, 444n
Perelman, Ch., 71n
Perfeccionismo, § 50: 404-15; definido como teoria teleológica, 30-1; alcance da intuição no, 48-9, 404-5, 411-2; reivindicações da cultura no, 308, 404-5; duas formas distintas de, 404-5; relação com princípios voltados para ideais e princípios voltados para necessidades, 406; argumento contra a visão estrita de, a partir da liberdade igual, 407-11; interpretação da posição original no; 408; componentes análogos a suposições-padrão no, 410; argumento contra a perspectiva moderada, 411-2; reivindicações de cultura na justiça como equidade, 412-3, 661-2; rejeição do, como princípio político e democracia de associação, 546, 651; como psicologicamente compreensível, 588-9
Péricles, 161
Permissões, 140
Perry, R. B., 29n, 126n, 495n, 504n; a tese dele comparada à justiça como equidade, 171, 180; e princípio da abrangência, 509
Pessoa, e planos racionais, 504-5, 521-3
Pessoa má, 542-3
Pessoa (personalidade) moral: definição de, 15, 23, 624; como fundamento da igualdade 23, 409, 624-30; e perfeccionismo, 409; e dever de respeito mútuo, 421-2; liberdade e igualdade da 668-70; e unidade do eu, 691-2

Pessoa perversa, 542-3
Pessoas livres e iguais, 184-5, 480-1; interesses da mais alta ordem de, 184-5, 669-70
Petrarca, 688
Piaget, Jean, 567n, 570n
Piers, Gerhart, 547n
Pigou, A. C., 27n, 39, 384n
Pitcher, George, 592n
Pitkin, H. E., 135n, 139n, 280n, 306n
Plamenatz, J. P., 139n
Planos de vida; § 63: 504-14; definição de 111, 504-5; racionalidade da definição de, 504-6; como determinante do bem da pessoa, 105-11, 504-6., 521; classe máxima de, 505; características de, 505-8; subplanos dos, 509; princípios de escolha racional de, 509-14; e Princípio Aristotélico, 512, 529-30, 534-5; possibilidade de escolha entre, 514-5; definição objetivamente e subjetivamente racional de, 516-7; planos satisfatórios, 517; como gerando vergonha, 549
Platão, 560n, 643n
Poincaré, Henri, 26n
Pole, J. R., 286n
Ponto arquimediano, 324-7, 642, 720
Pontos de parada, pluralidade de, 609, 612, 682
Pontos de partida, 114-5, 119
Pontos fixos dos juízos ponderados, 23-4, 396, 715-6
Posição original, § 4: 21-6; definição de, como interpretação da situação inicial, 22, 147; relação com a teoria do contrato social, 13-4; como situação hipotética, 14-5, 26, 146, 204, 587; como *status quo* inicial equitativo, 21, 146, 163n; e justificativa, 24-5, 718-22; como guia da intuição, 26; natureza das argumentações a partir da, 144-8; apresentação de alternativas na, 148-53; e circunstâncias da justiça, 153-7; restrições formais do conceito de justo na, 158-65; e o véu de ignorância, 165-73; unanimidade na, 169, 328-9; racionalidade das partes na, 173-4; lista de elementos da, 177-8; interesses de ordem mais elevada das partes, 184-5, 669-70; escolha em circunstâncias de incerteza na, e norma maximin, 188-9; condições da, comparadas com o observador empático imparcial, 229-30; interpretação kantiana da, 311-20; como interpretação processual de Kant, 318-20, 328-9; e o problema da poupança, 170, 358-60; e preferência temporal, 365-6; forma da, na dedução do direito internacional, 469-70; e responsabilidade consigo mesmo, 523; e autonomia e objetividade, 637-8; condições da e problema da inveja, 665-6; abarca reciprocidade e igualdade

entre pessoas morais livres e iguais, 668-70
Posições sociais relevantes, § 16: 113-9; definição de, 113-4; e pontos de partida, 114-5, 119; dois casos principais, 114-5, 118-9; cidadania igual como, 114-5; dos mais desfavorecidos, definida, 116-7; e características naturais fixas, 117-8; necessidade de análise das, 119
Potter, R. B., 471n
Poupança justa, princípio da; § 44: 354-65; suposição motivacional para a 156, 170, 358-60; necessária para definir o mínimo social, 354-6; e preferência temporal, 357-8, 365-71; no utilitarismo clássico, 357, 370-1; construção da, na teoria contratualista, 357-65; relação com o princípio de diferença, 358-9; políticas públicas de poupança e princípios democráticos, 367-71; e questões de prioridade, 371-2; no enunciado final dos dois princípios, 376-7; e princípio do acordo político, 451. Cf. também Preferência temporal
Prazer, 684-90
Preceitos de justiça: § 47: 377-85; definição dos, 42-3; no utilitarismo, 31, 34, 379; no império da lei, 291-5; equilíbrio dos, 344-5; 378-9, 382-3, 395; na justiça procedimental pura e salários justos, 378-83; lugar subordinado dos, 382-3; e imperfeições da concorrência, 385; e valor moral, 387-8
Preços, funções alocativa e distributiva dos, 340
Preferência temporal, § 45: 365-71; definição de, 365-71; no utilitarismo clássico, 356-8, 370-1; Sidgwick acerca da, 365-6; oposição a políticas relacionadas com, no regime constitucional, 369-70; como parâmetro para ajustes *ad hoc*, 371
Pressupostos comuns do utilitarismo, 193-5, 264-5, 349, 402-4, 410, 627-8
Pribram, K. H., 504n
Price, Richard, 42n .
Prichard, H. A., 42n, 433, 436
Primeiro princípio de justiça: primeiro enunciado do, 73-4; último enunciado do, 311, 376; aplica-se à primeira parte da estrutura básica, 73, 243-4; como critério a ser empregado na convenção constituinte, 243-4; e igual liberdade de consciência, 252-72; e justiça política, 272-90; e império da lei, 290-301; significado da prioridade do 301-11; afirmado por conceitos mistos, 393; e perfeccionismo, 406-12; violações do, como objetivo apropriado da desobediência civil, 462-3. Cf. *também* Igual liberdade de consciência; Justiça política

Princípio Aristotélico, § 65: 524-35; definição, 526-8; e princípios da escolha racional, 513, 530; como princípio de motivação, 528-9; efeitos que acompanham o, 528-9, 581, 652, 704-5; influência sobre planos racionais de vida, 530; como tendência, 530-1; e cadeias de atividades, 532-3; explicação evolucionista, 533-4; como fato psicológico profundo, 534-5; ajuda a explicar juízos de valor, 535-6; ligação com o autorrespeito e com as excelências, 543-6, 549-50; na moralidade de associação, 581-2; e união social, 645-6, 652; na argumentação a favor da congruência, 704-5; e publicidade, 719

Princípio da autoridade, 292

Princípio da razão insuficiente, 203-4, 203-7, 208

Princípio de diferença, § 13: 91-101; definição de, 91-4; na igualdade democrática, 91; e sistema perfeitamente justo, 94-9; e sistema totalmente justo, 95; relação com a eficiência, 96, 99; e ligação em cadeia, 97-101; e entrelaçamento, 97-101; e utilidade média, 99; forma lexical do, 100; e comparações interpessoais, 110; relação com o princípio da reparação, 120-1; considera a distribuição de talentos naturais um recurso comum, 121-3, 221, 630-1, 722; e reciprocidade, 123-5; como interpretação do princípio de fraternidade, 125-7; e sociedade meritocrática, 127-8; e eugenia, 128-30; argumentação que leva ao, 185-3; objeção de que permite desigualdades excessivas, 190-3; e a interpretação kantiana, 220-1, 616; e mínimo social, 355-6; significado do, no problema da poupança, 356-7, 363; e prioridade das oportunidades equitativas, 375; e concepções mistas, 393-9; rege equilíbrio de preceitos, 396-7; como convenção política da democracia, 397; clareza relativa do, 398-9; e problema da inveja, 653-4, 662; autorrespeito e índice de expectativas, 673-4; e variações éticas da situação inicial, 720-2

Princípios de contagem da escolha racional; 513-4; procedimento de escolha de primeira pessoa, 679-80; e fins predominantes, 681-4; no hedonismo, 684-6

Princípios morais, função dos, 160-1, 163-4, 719-20

Princípios relativos a ideais, 406

Princípios relativos ao tempo, 506-7, 514-21

Princípios voltados para a necessidade, 406

Prioridade da justiça, 4-5, 96, 371-3

Prioridade da liberdade, § 39: 301-11, § 82: 541-548; significado de, 185, 301-11; norma da, enunciada, 310-1, 376; casos que ilustram, 281-9, 299-300, 303-4, 305-8; melhor garantida pela justiça, 301-2, teoria ideal e não ideal, definição de, 304-5; e paternalismo, 308-10; e alistamento compulsório, 472-3; motivos da, provenientes da primeira parte da argumentação a favor do princípio, 184-5, 668-70; bases da, nos objetivos e interesses fundamentais das partes, 183; 669; bases da, nos interesses de mais alta ordem das partes, 184-5, 669-70; razões para a prioridade, provenientes da segunda parte da argumentação, 669-76; e desejo de vantagens econômicas, 671-2; argumentação a favor, deduzida do desejo de *status* e autorrespeito, 671-2; e Condição de publicidade e crenças gerais verdadeiras, 675-6
Prioridade das oportunidades equitativas: definição de, 107; casos que ilustram, 373-4; norma da prioridade, enunciada, 376-7
Prioridade do justo: definição de, 37-8; na justiça como equidade, 37-8, 52n, 555-6, 557-8, 695-6; e indeterminação do bem, 555-8; e a unidade do eu, 692; como afeta a indeterminação da escolha, 692-4
Probabilidade, conceito de, 210-1
Problema da garantia, 334-5, 391n, 419, 433-4
Problema da prioridade, § 8: 49-54; três formas de lidar com, 49-54; no utilitarismo e no intuicionismo, 49-50; na justiça como equidade, 51-5, 76-7; e ordem lexical, 51-5; limitando o recurso à intuição no, 53; e deveres naturais, 137; regras para o, enunciadas para a justiça, 310-1, 376-7; e princípios para indivíduos, 423-4
Procedimento ideal, 445-52
Promessas, 135-6, 430-4, 435-6
Propriedade privada, 340-1
Propriedades de características gerais, 538-42
Psicologia moral, princípios da, § 75: 605-12; primeira lei, 573, 605; segunda lei, 581-2, 605; terceira lei, 584-5, 605; remete aos princípios de justiça, 606; concepções morais na psicologia e na teoria social, 606-9, 612; como leis da transformação dos sistemas de fins últimos, 609-10; como princípios da reciprocidade, 610; e estabilidade relativa, 613-9; e evolução, 621-2
Psicologias especiais, problema das, 175-7, 653-4, 667
Publicidade: como implícita na teoria contratualista, 20, 215;

das leis, 48-49; como condição formal, 161n, 162, 560; na argumentação a favor da estabilidade, 217; de crenças gerais, 560-1, 675-6; e inveja, 674-6; na argumentação a favor da congruência, 703; e justificações na união social, 718-9
Punição, 298-9, 391-2, 711-2
Pureza de coração, 724-5

Quase estabilidade, 563n
Quase justiça, estado de, 440-2, 443; definição de, 438, 452-3
Quine, W. V., 133n, 159n, 714n

Racionalidade das partes, § 25: 173-82; definição de, 173-4; e inveja, 174-5, 653-68; e desinteresse mútuo, 175; como se relaciona com a condição de aquiescência estrita, 175-6; elementos da situação inicial e variações enumeradas, 177-8; um aspecto de indivíduos teoricamente definidos, 178; relação com egoísmo e benevolência, 179-80; e teor da moralidade, 181-2
Racionalidade deliberativa, § 64: 514-24; definição segundo Sidgwick, 515-8; na definição de plano racional de vida, 504-6; e modos de julgar a intensidade dos desejos, 517-8; princípios relativos ao tempo e o princípio da continuidade, 519-20; como critério hipotético, 521-4; e arrependimento e autorrecriminação, 521-3; e responsabilidade consigo mesmo, 523; não implica planejamento excessivo, 523-4; e fracasso do hedonismo, 689; impossibilidade de ir além da, 690-1; e unidade do eu, 691-3
Racionalidade objetiva dos planos, 516, 521-3
Racionalidade subjetiva dos planos de vida, 516, 522-3
Raiffa, Howard, 103n, 186n, 211n, 335n, 400n, 553n, 689n
Ramsey, F. P., 356n, 366n
Ramsey, Paul, 471n
Rancor, cf. Inveja
Raphael, D. D., 120n
Rashdall, Hastings, 406n
Razoabilidade da concepção de justiça, 392-3, 438-40
Razões (motivos) morais, 135-6, 426-7, 435
Reciprocidade: utilitarismo incompatível com, 17-8, 40-1, 617-8; no princípio de diferença, 123-6; na harmonia de interesses, 125; na argumentação fundamentada na estabilidade e no respeito mútuo, 218-9; em condições de consenso, 482-3; como característica de leis psicológicas, 610, 617-21; e o fundamento da igualdade, 630-1; contida na posição original, 668-9; como variação ética da situação inicial, 722
Recomendação, 526

ÍNDICE REMISSIVO

Reformadores protestantes
    acerca da tolerância, 266
Região de contribuições
    positivas, 94-5, 99, 123-4
Regra da maioria, § 54: 443-52;
    pura, definição de, 276-7; e
    princípio de participação,
    276-7, 281-2; circunscrita por
    dispositivos constitucionais,
    281-5; e intensidade de
    desejos, 284-5, 449-50; e carta
    de direitos, 286;
    argumentação a favor, em
    uma constituição justa, 441-3;
    limites do princípio da maioria,
    442-3; *status* da, 443-4; papel
    da, no procedimento ideal,
    445-8; comparação com o
    procedimento do mercado
    ideal, 447-51; e princípio do
    acordo político, 451
Regra maximin: definição de,
    186-7; como dispositivo
    heurístico para organizar os
    argumentos a favor dos
    princípios de justiça, 186-91,
    215; situações nas quais é
    razoável, 188; e posição
    original, 189
Remorso, 594
Reparação, princípio da, 120-1
Rescher, Nicholas, 42n, 394n
Respeito mútuo, dever de, 133,
    220-1, 421-2, 630
Respeito pelas pessoas, 641,
    722, na ética de Kant, 318.
    Cf. também Igual respeito
Responsabilidade, princípio da,
    299, 483-4, 640
Responsabilidade consigo
    mesmo, princípio da, 523

Ressentimento, 586, 597, 658,
    658-9, 662, 665-6
Restrições formais do conceito
    de justo, § 23: 158-65; não
    resultantes da análise do
    significado, 158-9; adequação
    decorre da função dos
    princípios morais, 159;
    generalidade, 159-60;
    universalidade, 160-1;
    publicidade, 161-2;
    ordenação, 162-3; finalidade,
    163-4; excluem variantes de
    egoísmo, 165
Retidão como equidade, 20,
    132-4
Roles, Robert, 90n
Ross, W. D., 42n, 49, 52n, 386n,
    424-7, 494n, 499n, 589-90
Rousseau, J. J., 13, 170n, 265-6,
    328, 567, 572n, 666
Royce, Josiah, 495n, 504
Ruggiero, Guido, 247n
Runciman, W. G., 631n
Ryle, Gilbert, 689n

Sachs, David, 599n
Salários, justos, 379-85
Samuelson, P. A., 689n
Santayana, George, 90n, 688
Savage, L. J., 209n
Scanlon, T. M., 538n
Schaar, John, 128n
Scheler, Max, 660n, 675n
Schiller, Friedrich, 647n
Schneewind, J. B., 61n
Schopenhauer, Arthur, 179-80
Schultz, R. A., 572n
Schumpeter, J. A., 449n
Scitovsky, Tibor, 322n
Searle, J. R., 68n, 430n, 475n

Segundo princípio de justiça, § 12: 79-90; primeiro e segundo enunciados do, 73-4, 100; último enunciado do, 376 interpretações do, 79-90; e sistema de liberdade natural, 80, 90; e princípio da eficiência, 80-7; e igualdade liberal, 88-90; aristocracia natural, 89-90; e igualdade democrática e princípio de diferença, 91-101; e estágio legislativo, 243-4
Sen, A. K., 52n, 80n; 86n, 100n, 162n; 174n, 197n, 322n 334n, 356n, 368n; 399n, 400-1n, 444n
Senso de justiça: definição de; 56, 387-9, 624; como se manifesta nos juízos ponderados, 46-60; relação com a condição de aquiescência estrita, 175-6; relação com o amor pela humanidade, 235-6, 588; público, estabiliza a cooperação, 332, 418-9, 433-4, 613-4; usado para definir valor moral, 388-9; da maioria, como alvo desobediência civil, 453, 464-5, 481-2; como é adquirido no terceiro estágio, 584-7; como psicologicamente compreensível, 588-91; capacidade para, condição da sociabilidade humana, 610-1; por que é mais forte na justiça como equidade, 615-20; Mill, sobre o, 619-20; e evolução, 621-2; capacidade para, como fundamento da igualdade, 624-30; gênese e validade de seus ditames, 634; define o fim último comum da sociedade como união social de uniões sociais, 651-2; Freud, sobre a gênese do, 665-8; *Cf.* também próximo verbete

Senso de justiça, bem do, § 86: 699-712; problema do, pertence à teoria fraca, 493; problema do, definição do, 634, 699-703; e interpretação óbvia do, 702-3; argumentação que parte da ligação com atitudes naturais, 704; argumentação com base no princípio aristotélico e na sociabilidade humana, 704-5; argumentação com base na interpretação kantiana, 705; equilíbio de razões a favor do, 706-7; e riscos do amor, 707-8; argumentação com base na finalidade, 708-9; conduta justa com relação àqueles para quem não é um bem, 708-12; ligação com a estabilidade da justiça como equidade, 711-2

Sentimentos morais, §§ 73-74: 592-9; em que sentido são independentes de contingências, 586; alguns termos, explicação de, 592-3; relação com sensações e comportamentos característicos, 592-3; princípios morais nas explicações das, 594-6; como

são resolvidos e sua relação com atitudes de outros, 594-5; culpa e vergonha, 598-9; ligação com atitudes naturais, 599-602; como característica normal da vida humana, 602-5; egoístas incapazes de, 603-4; podem assumir formas irracionais, 603-5
Sequência de quatro estágios, § 31: 239-47; três tipos de questões políticas, 239-40; necessária como um esquema para aplicar princípios de justiça, 240-1; como elaboração da posição original, 240-1; convenção constituinte, 241-45; como parte da teoria da justiça, 241n, 246; estágio legislativo, 243-4; divisão de trabalho entre os princípios da, 243-4; estágio dos casos específicos, 245; disponibilidade de conhecimentos na, 245-6
Setor de transferências, 344
Setor de trocas, 352-3, 412-3
Shaftesbury, Lord, 27n
Shand, A. R., 601n
Sharp, F. C., 227n
Shklar, J. N., 290n, 540n
Sidgwick, Henry, 32n, 35, 39-40, 111, 495n, 565; considerado representante do utilitarismo clássico, 27; sobre o problema da prioridade, 49-50; concepção de teoria moral, 61n.; sobre a justiça formal, 71, 623n; definição de igualdade de oportunidades adotada, 88n; rejeitou a utilidade média, 226; fusão de pessoas em, 231n; sua objeção a Kant, 312n, 316-7; acerca da preferência temporal, 365-6; acerca da racionalidade deliberativa, 515, 521; sobre a possibilidade de inteligilidade psicológica do utilitarismo, 588-9; hedonismo em, 686-7, acerca da rigidez do utilitarismo ao exigir sacrifícios, 706-7
Simon, H. A., 174n, 517n
Singer, Milton, 547n
Sistema completo de princípios, 424-6, 435, 612
Sistema de liberdade natural, 79-80, 623, 90
Sistema jurídico, definição de, 291-2
Sistemas de castas, 118, 122, 127
Sistemas de loteria, 466
Sistemas econômicos, § 42: 329-42; uso da teoria econômica, 329-30; propriedade privada *versus* pública, 331-6; bens públicos, 331-6; problemas de isolamento e garantia, 334-5; dilema do prisioneiro, 335n, uso de mercados, 336-42; função alocativa e distributiva dos preços, 340-1; escolha entre economia com propriedade privada e socialismo não decidida somente pela justiça, 340-1
Smart, J. J. C., 28n; 196n, 231n
Smith, Adam, 27n, 69, 227n, 328, 591n, 643n, 647n

Soberano, papel do, na estabilidade, 297, 334-6, 420, 613-4, 711-2
Socialismo, 331, 337-41, 349-50
Sociedade bem-ordenada, conceito de, § 69: 560-71 definição de, 4-5, 561-3, 669; estabilidade da concepção de justiça da, 270-1, 561-2; conceitos de equilíbrio e estabilidade, definição de, 562-4; quase estabilidade da, 563n; duas tradições do aprendizado moral, 565-70; análise do desenvolvimento moral na, vinculada a uma teoria da justiça, 569-70, 606, 612
Sociedade meritocrática, 127-8
Sociedade privada, 643-5
Sócrates, 404
Solidariedade, no utilitarismo, 33, 259-60, 226-30, 616-7
Solow, R. M., 356n, 370n
Spiegelberg, Herbert, 120n
Stace, W. T., 156n
Status, desejo de, 671-2
Stein, Walter, 475n
Steinhaus, Hugo, 103n
Stevenson, C. L., 592n
Strawson, P. F., 158n
Supererrogação, moralidades da, 590-1, 598

Tamanho da população, 196
Tawney, R. H., 88n
Teor das concepções do justo: concepções sem sentido, excluídas; 181-2; e inteligibilidade psicológica, 590-1, 600-1

Teoria da aquiescência estrita, *cf.* Teoria ideal
Teoria da aquiescência parcial, 10, 299-300, 303-8, 438, 710-1
Teoria descritiva do bem, 501-4
Teoria do aprendizado moral; duas tradições da, 565-70; pressupõe teoria moral, 569-70, 606, 612; na justiça como equidade, 604-619
Teoria econômica da democracia, 447-51, 608
Teoria emotiva do significado, 503-4
Teoria ideal: definição e comparação com a teoria não ideal, 9-10, 304-5, 437-8; como parte fundamental da teoria da justiça, 10, 299, 486; e sanções penais, 299, 391; e normas de prioridade, 299, 377. *Cf. também* Aquiescência estrita
Teoria linguística, 56-7, 606-7
Teoria moral: natureza da, § 9: 55-6; como tentativa de descrever nossas capacidades morais, 56-7; comparada com a linguística, 56-7, 606; juízos ponderados na, 58-60, 715-8; e equilíbrio reflexivo, 598-9; como teoria dos sentimentos morais, 60; lugar das definições na, 60-2, 132-4, 158-9, 182; o que esperar da, 63, 246-7, 452-3; dispositivos simplificadores na, 63; 107-8, 610; fatos gerais na, 193-5; 330, 524-5, 563, 569-71; papel da, na teoria psicológica e social, 606-9, 612. *Cf. também* Justificação

ÍNDICE REMISSIVO 761

Teoria não ideal, 304-8, 377, 437-8, 486; definição de; 305. *Cf. também* Aquiescência
Teoria prescritiva do significado, 503-4
Teorias teleológicas: definição das, 29-31; atratividade intuitiva das, 30; podem ser intuicionistas, como no perfeccionismo, 48-9; liberdade igual insegura nas, 259, 409-10; fundamento da igualdade nas, 628; hedonismo como desvio sintomático das, 690-1; papel dos fins predominantes nas, 697-8; estrutura das, comparada com a teoria contratualista, 698
Terrell, Huntington, 637n
Thoreau, H. D., 453n, 458
Thorpe, W. H., 533n
Tinbergen, Jan, 520n
Tobin, James, 356n
Tolerância para com intolerantes, 266-72
Transitividade, como condição formal, 162-3
Tratar pessoas como fins, 220-4, 616
Tributação, 346-7, 351-3
Trivers, R. B., 621n
Troeltsch, Ernst, 675n
Tucker, A. W., 335n
Tucker, R. C., 351n
Tullock, Gordon, 84n, 242n
Tussman, Joseph, 139n

Unanimidade: como condição formal, 149; como condição não desarrazoada dado o véu de ignorância, 168-72; relação com a ética de Kant, 318-9; na tradição filosófica, 327-8; não se aplica à teoria fraca do bem, 553; relação com a unidade do eu, 696-7
União social, § 79: 642-53; definição de, 645-8; duas interpretações das circunstâncias da justiça, 642-3; conceito de sociedade privada, definição de, 643-5; natureza social da humanidade, explicação da, 645-8; ilustrações da união social, 648-50; sociedade bem-ordenada como união social de uniões sociais, explicação de, 651-2; atividade coletiva da justica na, um valor de comunidade, 652; divisão de trabalho na, 652-3
Universalidade, como condição formal, 160-1, 225, 311-2
Urmson, J. O., 27n, 495-6n, 503n, 591n
Utilidade cardinal, 109, 399-404
Utilitarismo, clássico, §§ 5-6: 26-41, § 30: 226-36; definição de, 27, 30-1, 196-7; amplia o princípio da escolha para uma pessoa à escolha social, 28, 31-2; como teoria teleológica, 29-32; concepção do bem no, 29-31; distribuição no, 31; *status* dos preceitos da justiça no, 31, 34, 380-90; espectador imparcial no, 32-3, 36, 226-34; fusão de pessoas no, 32-3, 36, 228-30; e prioridade do justo,

37-9; solução para o problema da prioridade, 49-50; e justiça alocativa, 107; relação com a justiça procedimenal imperfeita, 107; comparações interpessoais no, 109, 402-4; pressupostos comuns do, 193-5, 260, 349, 402-4, 627-8; confiança em fatos gerais, 193-5; discutido na argumentação com base na finalidade e na estabilidade, 217-24; papel da compaixão, 218, 226-34; e tratar pessoas como fins, 220-4; e definição de direito do espectador empático imparcial, 226-30; confunde impessoalidade com imparcialidade, 229-34; relação com o altruísmo perfeito, 231-2; ausência de se assumir riscos no, 232; e ideia de divisão, 234-5; acerca do problema da poupança, 358, 370-1. *Cf.* também Utilitarismo, média

Utilitarismo, médio, §§ 27-28: 196-215; definição de,195-6; preferido ao clássico na teoria contratualista, 196-7; raciocínio que leva ao, e correr riscos no, 198-202; argumento do senhor de escravos a favor do, 203; oposição ao, por usar o princípio da razão insuficiente, 203-7; interpretação objetiva de Edgeworth da probabilidade no, como irrealista, 207-8; discussão do conceito de probabilidade, 211-5; falta de unidade de expectativas no, 211-5; na argumentação proveniente da finalidade e da estabilidade, 217-24; papel da compaixão no, 218-9, 616-7; como fundamento da liberdade igual, 253-5; 259; e inserção de ideais; e de problema da poupança, 370-1; e concepções mistas, 394-5; imprecisão relativa do, 398-9; como princípio para indivíduos, 416-7, 423; e indeterminação do justo, 555-8, 695-5; como psicologicamente compreensível, 588-9; estabilidade relativa do, 616-20; e evolução, 621-2; e fundamento da igualdade, 627-8; como teoria teleológica, tendência para o hedonismo, 690-1; interpretação da prova de Mill, 692-3; estrutura do, comparada com a teoria contratualista, 695-9; ostensivamente menos congruente que a teoria contratualista, 706-7

Valor moral das pessoas, § 66: 535-43; definição de, 538-42; não constituindo o fundamento da justiça distributiva, 387-9; problema pertence à teoria plena do bem, 491-2, 537-8; bens

primários, definição de, 535-7; diferenciado dos dotes naturais, 539-40; e ideia de função; 541; definição do bem ampliada para outros casos, 542-3; como bem em si mesmo, e questão de congruência, 699-710
Valores de comunidade: problema dos, na justiça como equidade, 329, 642, 720-1; por que a justiça na união social é caso de, 651-2; justiça como caso de, que relação tem com a condição de unanimidade, 696-7; a congruência confirma a justiça como caso de, 711-2
Vanek, Jaroslav, 338n
Vantagem mútua, *cf.* Reciprocidade
Venturi, Franco, 358n
Verdade necessária, 25, 61-2, 713
Vergonha, 547-51; definida como dano ao autorrespeito, 547-8; natural, 549-50; moral, 549-50; como sentimento moral, comparada com a culpa, 550-1, 594-8; relação com a moralidade do autodomínio, 551, 597-8; relação com aspectos da moralidade e com a supererrogação, 598; ligação com a condição de finalidade, 708. *Cf. também* Autorrespeito; Excelências
Véu de ignorância; § 24: 165-73; definição de, 15, 23, 165-6; conhecimento do que é excluído pelo, 15, 22-3, 165-7, 209, 245-6; não obscurece o significado da posição original, 167-8; não irrational, 169; consequência sobre a condição de unanimidade, 168-70; exclui negociação, 169-70; no problema da poupança, 170, 359; implícito na ética de Kant, 171-2, 313; limites à complexidade dos fatos gerais, 172-3; com o desinteresse mútuo comparado à benevolência, 180-1; veda o registro histórico para as partes, 225; variações do, na sequência de quatro estágios, 245-6; e o problema da poupança justa, 358-9; não se mantém na aplicação dos princípios de escolha racional, 555
Vickrey, W. S., 199n, 276n, 400n
Vida, perspectivas de, *cf.* Expectativas
Viner, Jacob, 562n
Virtudes: definição de, 235-6; diferença entre, e dotes naturais, 538-9; como excelências, 550; do autodomínio, 551, 590-1, 598-9; da moralidade de autoridade, 574-6; da moralidade de associação, 582; judiciais, 638; de integridade; 640-1
Virtudes judiciais, 638
Vlachos, Georges, 14n
Vlastos, Gregory, 12n

Walras, Leon, 689n

Walzer, Michael, 139n, 468n, 475n
Warnock, G. F., 182n
Warrender, Howard, 298n
Weber, Max, 675n
Wechsler, Herbert, 290n
White, Morton, 714n
White, R. W., 527n, 547n
Whiteley, C. H., 136n
Wicksell, Knut, 196, 352n

Williams, B. A. O., 88n, 182n, 421n, 592n
Williams, G. C., 621n
Wittgenstein, Ludwig, 592n, 689
Wollheim, Richard 252n, 296n

Young, Michael, 127n

Ziff, Paul, 495n, 498n, 500n
Zinn, Howard, 453n, 456n